정부의 디지털 혁신

정부의 디지털 혁신

초판 인쇄 2020년 10월 31일
초판 발행 2020년 11월 11일

글쓴이 엄석진 김준형 최낙범 황한찬 정희정 서교리

펴낸이 김영훈
편집인 전영완
펴낸곳 도서출판 문우사
주소 경기도 고양시 일산서구 킨텍스로 255, 일산 디엠시티 스카이뷰 오피스동 1304호
전화 031) 901-6542, 070) 4200-6542 **팩스** 031) 906-6542
홈페이지 www.munu.co.kr **대표메일** moonwoosa@hanmail.net
출판신고번호 제396-2013-000113호

ISBN 979-11-85994-77-2 93350

값 35,000원

이 책은 2018년도 서울대학교 행정대학원 한국행정연구소 연구총서로 발간되었으며, 2017년 정부(교육부)의 재원으로 한국연구재단의 지원을 받아 수행된 연구임 (NRF-2017S1A3A2066084)

정부의 디지털 혁신

DIGITAL TRANSFORMATION OF GOVERNMENT

엄석진
김준형
최낙범
황한찬
정희정
서교리

문우사
MoonWoo

머리말

"새로운 세상에서는 새로운 학문이 필요하다."

"A new political science is needed for a world itself quite new."

Alexis de Tocqueville, *Democracy in America*(1853)

새로운 시대는 새로운 행정학을 필요로 한다. 지금까지의 행정학이 우리의 공적 삶을 유지하기 위해 국가, 시장, 공동체에 얼마나 의존해야 하는가를 주요한 문제로 다루어 왔다면, 새로운 시대의 행정학은 새로운 정보기술과 그 활용에 따라 구성되는 가상 세계를 어떻게 다루고 활용해야 할 것인가의 문제를 다루어야 한다. 실제 세계의 문제를 해결하기 위해 어떤 정보기술의 '조합'을 선택해야 하며, 정보기술의 기반 위에서 구성되는 가상 세계의 편익을 활용하고 위협에 대응하기 위해 실제 세계의 국가, 시장, 공동체가 어떻게 재구성되어야 할 것인지를 분석하는 데 행정학이 기여해야만 할 것이다. 아울러, 새로운 정보기술이 '잘못된 손' 또는 '나쁜 손'에 의해 잘못 활용되지 않도록 실제 세계의 거버넌스를 더욱 건강하게 만들어야 할 책임과 윤리를 새로운 시대의 행정학은 가르쳐야 한다. 이 책은 이와 같은 도전에 응전하고자 한다.

이 책은 정보기술의 도입과 활용을 통해 나타나는 정부의 디지털 혁신에 대한 이론과 역사, 다양한 응용과 분석, 그리고 향후 전망을 다룬 연구서이다. 이미 출간된 저자의 관련 연구를 수정·보완하고, 각 장의 주제에 따라 필요한 부분은 새로 집필하였다. 이 책을 구상하고 집필하면서 염두에 두었던 부분들은 다음과 같다.

첫째, 정부 및 공공부문에서의 정보기술 활용의 역사적 변화와 시기적 특징을 포괄하고자 노력하였다. 정보기술이 등장한 이래, 정부가 도입했던 정보기술의 특성과

정부의 디지털 혁신의 내용은 시기별로 달랐다. 예를 들면, 1990년대 초반 인터넷 사용이 확대되면서 전자정부라는 개념이 새롭게 등장하였다. 2000년대 소셜미디어와 모바일 네트워크, 스마트 디바이스의 발전은 스마트 정부라는 새로운 개념을 만들었다. 이제 인공지능, 블록체인, 빅데이터, 클라우드 등 또 다른 정보기술이 정부의 미래상을 새롭게 정의하려 하고 있다. 이 책에서는 각 시기별 정보기술의 특성에 따른 정부의 변화를 다루면서도 그것들이 연속적임을 강조하고자 하였다. 이와 같은 큰 흐름을 온전히 담기 위해 책 제목도 '전자정부론'이나 '스마트정부론'보다는 『정부의 디지털 혁신』으로 정하였다.

둘째, 정부의 디지털 혁신에 대한 균형적 시각을 반영하고자 노력하였다. 정부의 디지털 혁신과 관련된 다양한 사회과학적 요인들, 즉 행위자, 조직 및 관리, 제도, 그리고 환경 등 다양한 이론적 시각과 주요 요인들을 고루 다루고자 하였다. 그럼에도 불구하고 기술적 요인의 중요성 역시 간과하지 않으려 했다. '가능자enabler'로서의 정보기술이 열어주는 새로운 혁신의 가능성과 기회의 확장에 주목하면서도, 그와 같은 가능성과 기회가 의도대로 실현되기 위해서는 다양한 요인들이 정보기술의 도입 및 활용과 함께 '공진화co-evolution'해야 함을 강조하였다.

셋째, 이론과 실증분석을 결합하고자 노력하였다. 이 분야를 가르치고 연구하면서 가장 어려웠던 부분 중 하나는 정부의 디지털 혁신이라는 주제가 행정학의 각 분야별 이론이나 다른 사회과학 분야의 이론과는 큰 관련 없이 다루어지고 있다는 점이었다. 특히, 학생들에게는 정부 및 공공기관에서의 정보기술의 도입과 활용에 대한 실증적 관찰과 분석 기회가 적을 뿐만 아니라, 제대로 수집되고 공개된 데이터도 부족해서 실증연구에 어려움을 겪는 것 같았다. 그래서 충분하지는 않지만, 이 책의 각 장에서는 장별 주제에 대한 이론적 배경과 다양한 방법론을 적용한 실증분석 결과를 함께 제시하였다.

이와 같은 기획의도에 따라, 이 책은 다음과 같이 크게 세 부분으로 구분될 수 있다. 첫째, 제1장부터 제4장까지는 '정부의 디지털 혁신에 대한 이론과 역사'를 다루고 있다. 정부의 디지털 혁신의 개념과 유형(제1장), 미국과 한국에서의 디지털 혁신의 역사(제2장)에 대한 논의를 통해 정부의 디지털 혁신의 변화와 연속성을 다루고자 하였다. 제3장과 제4장에서는 다양한 이론적 시각에서 정의되는 정보시스템 성공의 정의와 영향 요인, 정보시스템 성공과 영향 요인 간의 인과적 관계에 대한 개념적 모형을 소개하였다.

둘째, 제5장부터 제10장까지는 정부의 디지털 혁신과 관련된 구체적인 사례를 다루고 있다. 전자정부의 고도화를 위한 '정부기능연계모델' 사업(제5장)과 공무원의 활동(제6장) 사례를 통해 전자정부 성공 요인에 대한 독자들의 이해를 높이고자 하였다. 소셜미디어(제7장), 공공 스마트폰 앱(제8장), 스마트 워크(제9장), 정보공개제도와 공공데이터 개방(제10장) 등 정부의 디지털 혁신의 주요 측면들을 다루었다. 각 장은 (1) 각 주제에 대한 개관, (2) 한국에서의 추진 현황, (3) 연구 및 분석을 위한 이론적 배경, (4) 실증 분석 결과로 구성하여 각 주제에 대한 이론, 현황, 실증분석을 연결하고자 하였다.

마지막으로 제11장은 지능정보시대의 정부의 디지털 혁신에 대한 전망을 담고 있다. 이미 본격적으로 구축·활용되고 있는 패러다임 전환paradigm-shift적인 정보기술이 가져올 사회적 영향력과 이에 대한 다양한 시나리오를 제시하고 주요 정책과제를 제시하였다.

최선의 노력을 다했으나, 주제의 깊이와 범위를 고려할 때, 많이 부족하다는 점을 잘 알고 있다. 더 많은 세부 주제를 다루었어야 했고, 실증분석의 타당성도 더 높였어야 했다. 지능정보시대의 정부의 디지털 혁신에 대한 전망은 더 멀리 그리고 더 깊게 내다보았어야 했다. 앞으로 많은 노력을 통해 보완해 나갈 것을 약속드린다.

돌이켜 보면, 필자가 정부의 디지털 혁신과 관련하여 실무와 연구 및 강의를 해온 지도 적지 않은 시간이 지났다. 공군장교 시절, 비행단 내에 근거리 통신망LAN: Local Area Network이 구축되자 그토록 경직적이던 관료제 조직과 구성원들의 행태가 '저절로' 변하는 것을 보고 '정보기술의 힘'을 실감할 수 있었다. 석사학위 취득 후 'IT 기업으로 유학 다녀오겠다'며 정보시스템 구축과 정보화 컨설팅을 수행하는 IT 기업에 취직하였다. 컨설턴트로서 당시 본격적으로 추진 중이던 전자정부 과제에 참여할 수 있었다. 그 과정에서 '몸으로' 정부의 디지털 혁신을 공부할 수 있었다.

박사과정 중에는 지도교수님이신 정용덕 교수님(현 금강대학교 총장)의 지도로 거버넌스 이론과 신제도주의를 공부할 수 있었다. 학위논문 주제에 대해 고민하던 중, 우연히도 미국 University of Massachusetts Amherst의 Jane Fountain 교수님의 저서 *Building the virtual state: Information technology and institutional change*를 읽게 되었다. 공공부문에서의 정보기술, 조직 및 제도에 대한 통합적 이해를 제공하는 이

책으로부터 큰 영향을 받았다. 1년이라는 짧은 기간이었지만 연수 기회를 얻어 Fountain 교수님의 지도하에 박사논문 준비를 할 수 있었다. 두 분의 은혜는 말로는 표현할 수 없다.

교수가 된 후에는 좋은 제자들 덕분에 행복하게 공부할 수 있었다. 문자 그대로 '하나를 가르치면 열을 아는' 제자들이, 아무것도 없는 내게로 와서 이 책의 주제에 대해 관심을 보이고 함께 연구해 주었다. 그 제자들이 이 책의 공저자들이다. 지금은 대학교수로서, 국책연구기관과 공공기관의 연구원으로서, 그리고 박사후보자로서 정부의 디지털 혁신을 연구하고 실무를 담당하고 있다. 지면을 통해 청출어람靑出於藍의 제자들에게 고마움과 자랑스러움을 전하고 싶다.

마지막으로 공부한다는 이유로 이기적인 아들의 모든 것을 이해해 주시는 양가의 부모님께 감사드린다. 아내에게는 늘 부족한 남편이고 자식들에게는 머릿속이 자기 연구로만 가득 찬 재미없는 아빠다. 이 고마움을 어떻게 다 갚을 수 있을까… 언젠가 좋은 학자가 된다면 가족들에 대한 미안함을 조금이나마 덜 수 있지 않을까 하는 마음을 담아 이 책을 출간한다.

2020년 10월
관악의 연구실에서
저자들을 대표하여 엄석진 씀

차 례

제 1 장

정부의 디지털 혁신

I

서론: 행정혁신의 동인으로서의 정보기술

역사적으로 볼 때, 세계 각국은 더 효율적인 행정, 더 유능한 행정, 더 민주적인 행정을 구현하기 위해 끊임없이 행정혁신을 시도해왔다. 사실 효율성과 민주성의 측면에서 많은 비판을 받고 있는 관료제 역시 제1차 산업혁명 시대의 행정혁신의 산물로 볼 수 있다. 독일의 사회학자 막스 베버Max Weber가 분석한 대로, 관료제는 제1차 산업혁명 시대가 요구했던 정확성, 신속성, 명료성, 통일성, 엄격한 상명하복, 갈등 축소, 물적·인적 비용의 절감 등 모든 기술적 측면에서 과거의 조직 형태에 비해 우수했기 때문이다(Weber, 1921; 1968).

1960년대 이후에는 정보기술이 행정혁신의 핵심 동인 중 하나로 등장하였다. 미국의 경우, 1890년 연방정부가 인구센서스 자료의 처리를 위해 천공카드를 활용한 전기제표기electronic tabulating machine를 도입한 이래로, 대규모 자료를 처리하고 행정의 효율성을 높이기 위해 정보기술을 지속적으로 도입하였다. 미국 연방정부의 정보시스템 구축은 대통령을 비롯한 정치인들의 관심사였으며, 이에 따라 지속적으로 대규모의 투자가 이루어져 왔다. 아울러, 1960년대부터는 연방정부로의 정보기술 도입과 관련된 내부 규제 및 조정체계에 대한 평가와 그에 따른 다양한 조치가 본격적으로 이루어지기 시작했다(Margetts, 2012: 123).

특히, 인터넷이 보편화, 상용화되는 1990년대부터는 정보기술과 인터넷을 행정에 도입하는 전자정부e-government가 행정혁신을 위한 가장 중요한 전략이자 수단으로 등장하였다. 인터넷의 등장은 정부 내부의 업무 수행방식을 바꾸었을 뿐만 아니라, 정부의 대국민 서비스, 정부와 시민 간의 상호작용을 변화시켰다. 전자정부 서비스의 수준이 높아지고 범위가 확대되면서, 전자정부는 이제 정부운영시스템의 개선, 정부

기능의 합리적 조정과 부처 간 협력의 제고, 대민서비스 전달방식의 혁신 등 행정혁신 그 자체로 자리매김하였다.

인터넷의 확산과 활용이 심화되고 관련 기술들이 발전하면서, 새로운 특성을 가진 정보기술이 행정에 도입되었다. 예를 들면, 무선인터넷과 스마트폰에 기반한 '모바일 정부', 소셜미디어의 양방향 소통을 활용한 '소셜미디어 정부', 정부가 보유한 정보와 데이터의 선제적 개방을 통한 '열린 정부 open government' 등이 그 예이다. 또한 2010년대 말부터는 새로운 형태의 디지털 혁신이 전 사회적으로 추진되고 있다. 인공지능 AI: Artificial Intelligence, 클라우드, 빅데이터, 블록체인, 드론, 로봇, 자율주행자동차 등 기존의 인터넷 시대의 정보기술과는 차별화된 특성을 지닌 '제4차 산업혁명 시대'의 정보기술들이 행정에 적용되면서 새로운 공공서비스의 도입과 정부의 일하는 방식의 변화를 가져오고 있다.

이렇듯 정부는 정보기술의 최대 후원자였을 뿐만 아니라 최대 수요자였다(Mazzucato, 2015; Fountain, 2001). 정부는 그 당시에 등장하는 최신의 정보기술을 활용하여 정부의 기능 및 업무 수행 방식을 변경하고, 변화하는 행정환경에 대응하며, 정부의 역량 제고를 통해 성과를 향상시키기 위한 다양한 혁신과 개혁을 시도하였다. 이러한 정부의 디지털 혁신 Digital Transformation of Government은 경제와 사회의 디지털 혁신과 맞물려 미래 사회 및 경제의 변화와 정부의 기능 및 형태의 변화를 이끌고 있다(OECD, 2019). '정부의 디지털 혁신'이라는 용어는 '제4차 산업혁명'에 대한 논의와 함께 비교적 최근에 활발히 사용되고는 있지만, 정부 및 공공부문에의 정보기술의 적용을 통한 행정혁신이라는 넓은 의미로 해석하고자 한다. 이런 시각에서 본다면, 정부의 디지털 혁신은 정보기술 및 컴퓨터 발전의 역사와 함께 한다고 해도 과언이 아니다.

한국 정부 역시 이와 같은 흐름에서 결코 뒤처지지 않았다. 특히, 1967년 6월 24일 경제기획원 통계국에 국내 최초의 컴퓨터(IBM 1401)가 도입된 이래, 1970년대 「행정전산화사업」, 1980년대 「국가기간전산망사업」, 1990년대 「초고속국가정보통신망사업」 및 「국가정보화촉진사업」, 2000년대 「전자정부 11대 과제」 추진 및 「전자정부 31대 로드맵사업」 등이 꾸준히 진행되어 왔다. 동시에 공무원 및 일반 시민을 위한 정보화 교육, 정보 인프라 구축 및 투자, 전자정부에 따른 행정 프로세스 개편 등 유·무형의 투자와 혁신이 이루어져 왔다.

이 장에서는 1990년대 인터넷의 등장 이후의 정부의 디지털 혁신을 개관한다. 제2절에서는 1990년대 인터넷의 확산과 함께 나타난 '전자정부'에 대해 개관하면서 전자정부의 정의, 비전과 목표, 전자정부 서비스의 유형 등을 살펴본다. 2000년대에 들어서면서 전자정부의 효과성 미비, 비효율적 정보화 투자 등이 문제가 되면서 전자정부의 고도화 및 투자 효율화가 주요한 이슈로 대두되었는데 이와 관련된 논의를 전자정부의 고도화라는 측면에서 논의하였다. 제3절에서는 소셜미디어, 스마트폰의 등장을 배경으로 하는 '스마트 정부'에 대해 논의한다. 스마트 정부의 개념과 등장 배경 등을 살펴보고, 스마트 정부의 다양한 특성을 분석해본다.

Ⅱ

전자정부

1. 전자정부의 정의

'전자정부'라는 용어는 미국 클린턴Bill Clinton 행정부에서 그 개념이 도입되어 확산된 개념으로 학문적 용어라기보다는 정책적 용어로 사용되기 시작하였다(황종성, 2003). 전자정부는 '정보기술을 활용하여 행정 내부적으로는 행정업무의 효율성을 제고하고 행정 외부적으로는 정부의 각종 정보 및 행정서비스를 제공하는 정부'라는 개념에서부터 출발하였다. 이후 정보기술을 통한 시민참여와 민주주의의 확대와 같은 이슈들이 제기되면서 그 개념의 폭이 확장되어 왔다. 이와 같은 전자정부 개념의 변화와 그 역사적 맥락을 고려하면서, 전자정부를 "인터넷의 등장과 확산을 배경으로 다양한 정부기능의 수행과 그 변화를 위한 정보기술의 광범위한 활용"으로 정의하고자 한다(Fountain, 2007; Snellen, 2005).

지금까지 제시되어 온 전자정부에 대한 개념들의 다양성은 정부의 다양한 기능들 중 어느 차원을 강조하는가에 따라 다음의 세 가지 정의 중 하나로 구분할 수 있다. 첫째, 전자정부를 공공서비스 전달의 관점에서 정의하는 것이다. 즉 전자정부를 "정보통신기술을 이용하여 시민에 대한 정부서비스 전달방식을 변경하는 것"으로 정의한다. 전자정부를 공공서비스 전달의 관점에서 정의하려는 이 개념은 클린턴 행정부가 '전자은행e-banking'을 정부에 적용하려 한 개념이 가장 대표적인 예가 될 것이다(NPR, 1993). 이와 같은 개념은 전자정부가 주목받기 시작한 초기에 강조되었던 것으로, 정보기술을 혁신 인자로 하여 공공서비스 전달을 효율화하고 이를 통해 정부개혁을 이끌어내려는 전략적 구상을 내포한다.[1]

1 이러한 관점에서 수립된 전자정부 추진전략의 대표적인 경우가 1999년 영국 정부가 발표한

둘째, 전자정부를 조직 내부의 관점에서 정의하는 것이다. 이 경우, "모든 정부 업무 수행을 좀 더 효율화하고 성과를 제고하기 위해 정보통신기술을 이용하는 업무수행 방식"으로 정의할 수 있다(Bellamy & Taylor, 1994). 이러한 정의에 따르면 전자정부는 정부 내부의 각 요소들을 연계하고 좀 더 효율적으로 작동하도록 정보기술을 이용하는 정부를 의미한다. 이와 같은 관점에서 보면 전자정부는 조직 과정적 측면과 조직 구조적 측면의 변화로 이어지게 된다. 즉 정보기술이 업무 효율화를 실현하고 이것이 다시 조직 전반의 비용 절감과 성과 제고로 이어지기 위해서는 업무 프로세스 재설계 BPR: Business Process Reengineering 등과 같은 조직적, 제도적 요소들의 재설계가 요구된다(서진완, 1998; Hammer & Champy, 1993). 아울러, 정책문제의 다차원성과 복잡성을 고려할 때, 조직 간·업무 간 경계를 뛰어넘는 네트워크 조직으로의 변화가 요구된다. 이때 전자정부는 인터넷이나 데이터베이스 database 기술의 활용을 통해 효율적인 정보교류와 의사소통이 이루어짐으로써 네트워크 조직화를 촉진한다.

셋째, 전자정부를 거버넌스의 관점에서 정의하는 것이다(송희준, 2004). 이 경우 전자정부는 "전자적 수단 또는 정보통신기술을 이용하여 정부와 시민 간의 관계를 변화시키는 것"으로 정의된다. 즉 시민, 기업 등 다양한 민간행위자들이 정보통신기술을 이용하여 정부와 지속적으로 협의와 조정을 해나가며, 사회적 문제를 해결하는 과정 및 구조로서의 전자정부를 의미하게 된다. 따라서 전자민주주의나 전자적 시민참여가 강조된다.

2. 전자정부 서비스의 구분

전자정부가 제공하는 전자적 서비스를 정부 내부 그리고 사회의 구성 요소들 간의 관계라는 맥락에서 재구성 또는 재분류해 볼 수 있다(Schelin, 2003; Hiller & Belanger, 2001). Holmes(2001: 15-84)는 '전자정부의 ABC'라는 제목하에 전자정부를 ① 정부와 시민 간 관계 Administration to Citizen, ② 정부와 기업 간 관계 Administration to Business, ③ 정부와 정부 간 관계 Administration to Administration 라는 세 가지 차원으로 구분하고 있다. 첫째, 정부와 시민 간 관계의 관점에서는, 전자정부를 통해 정부가 시민들을 위한 더 나은 공공서비스와 행정정보를 제공하는 것으로 이해한다. 둘째, 정부와 기업 간 관계에서의

「정부현대화(Modernizing Government) 전략」이다. 영국 정부는 공공서비스 전달의 관점하에서 "정부의 모든 행정서비스를 2005년까지 50%, 2008년까지 100% 온라인(on-line)화하겠다."는 목표를 제시한 바 있다(European Commission, 2007: 18).

전자정부는 정부와 기업을 연결하는 매개체로서의 기능을 하게 된다. 이러한 관점에서는 정부가 전자정부를 통해 기업을 위한 공공서비스를 제공할 뿐만 아니라, 기업들로부터 조세를 수취하거나 정부물품을 조달하게 된다. 셋째, 정부와 정부 간 관계에서는 전자정부가 입법 – 사법 – 행정부 간, 정부부처 간, 중앙정부와 하위정부 간의 관계를 촉진하도록 개선하는 매개체로서 기능하게 된다.

Hiller와 Bélanger(2001)는 Holmes(2001)의 분류에 더하여 ① 정치과정의 일부로서의 정부와 개인 Government to Individuals as part of the political process, ② 시장에서의 정부와 기업 Government to Companies in the Market, ③ 정부와 정부 피고용인들 Government to Employees이라는 세 가지의 관계를 추가하고 있다. 첫째, 정치과정의 일부로서의 정부와 개인 간의 관계에서 전자정부는 민주적 정치과정하에서 개인의 정책과정에의 참여를 촉진하고 나아가 전자투표 e-voting를 가능하게 한다는 점을 강조하고 있다. 전자정부를 통해 매개되는 정책과정에서의 정부와 개인 간의 관계는 민간부문의 정보시스템이 매개하는 관계와는 전혀 성격이 다른, 공공부문만의 독특한 관계라 하겠다. 둘째, 시장에서의 정부와 기업 간의 관계는 앞서 언급한 Holmes(2001)의 정부와 기업 간 관계를 좀 더 세분화한 것이다. 즉 정부가 시장에서 기업의 물품이나 서비스를 전자정부를 통해 구매함으로써 거래에 드는 비용의 절감과 함께 더 나은 서비스를 구매하게 된다는 점을 강조하고 있다. 셋째, 정부와 피고용인들 Government to Employees 간의 관계에서 정부는 전자정부를 통해 내부관리를 효율화할 수 있음을 강조한다. 즉 민간기업과 마찬가지로 정부는 정보시스템을 통해 피고용인들과의 의사소통을 좀 더 원활히 할 수 있을 뿐만 아니라, 인적자원관리의 효율성과 효과성을 제고할 수 있게 된다.

위와 같은 전자정부에 대한 관계론적 분류는 기본적으로 전자정부를 전자상거래의 확장이라는 관점에서 정의하는 것이며, 공무원이나 행정자원과 같은 정부 내부의 구성 요소의 관리 또는 정부와 기업 또는 시민과 같은 사회적 구성 요소들 간 상호작용을 원활히 하고 개선하는 매개체로 간주하고 있다. 그러나 민간부문의 전자상거래에 대한 분석틀을 그대로 적용하기보다는 정부부문에 고유한 관계적 특성, 즉 정치적 상호작용과 민주주의적 측면이 반영되는 방향으로 확대되었음을 알 수 있다(Gil-Garcia, 2005: 18). 이와 같은 관계론적 분류와 그에 따른 전자정부 분석은 첫째, 전자정부가 제공하는 서비스와 정보시스템의 기능을 좀 더 세분화하여 파악할 수 있다는 점, 둘째, 각각의 관계 속에서 상대적으로 강조되는 이해관계자들과 전자정부의 요소들을 식별하는 데 도움을 준다는 점에서 그 의의가 있다.

3. 전자정부의 고도화

1) 전자정부 고도화의 장애 요인

전자정부가 추진되고 실제로 정보시스템이 구축되면서, 전자정부 구축을 통해 실현되리라 기대했던 효과들이 발현되지 않거나, 기대효과가 실현되기 위해서는 다양한 기술적, 관리적, 제도적 조치들이 필요하다는 점이 지적되기 시작했다. 즉 전자정부에 대한 "수사rhetorics와 실제reality 간의 괴리"(Accenture, 2001)가 나타났으며, 전자정부가 기대했던 효과를 거두기 위해서는 무엇이 필요한가라는 문제가 제기되기 시작하였다(Bekkers & Homburg, 2005). 이에 따라, 전자정부의 효과성과 효율성을 제고하고 전자정부 서비스를 고도화하기 위해 극복해야 할 기술적, 조직적, 제도적 장애 요인들에 대한 분석이 제시되었다(United Nations, 2008; Snellen, 2005).

Frissen(1992)은 조직의 정보화가 성공하기 위해서는 ① 정보시스템의 성공적 도입, ② 정보의 흐름과 관계의 조정, ③ 정보정책 개발, ④ 전문인력 충원 및 정보화 관련 전문지식 확산, ⑤ 조직구조의 조정 등이 필요함을 지적하고 있다. UN과 미국행정학회ASPA: American Society for Public Adminstration (2002)는 전자정부 추진의 장애 요인들을 ① 제도/운영적 측면, ② 관리적 측면, ③ 정책/기획적 측면으로 구분하여 〈표 1.1〉과 같이 제시하고 있다.

거시적 관점에서 전자정부 추진의 성공조건 또는 장애 요인들도 제시되었다. 전자정부 선도국들에 대한 비교 분석을 통해, 첫째, 전자정부 추진에 대한 리더십, 둘째,

〈표 1.1〉 전자정부 추진의 장애 요인

구분	장애 요인
제도/운영적 측면	• 기술/정보기반 구축 비용 • 전자정부 서비스 제공을 위한 자원의 부족 • 공공부문 내의 혁신에 대한 유인체계 부재 • 조직 간, 관할권 간 분리 • 제도적 지원의 부재
관리적 측면	• 정보자원관리의 미비와 정보공동활용의 미비 • 최고 의사결정자들의 정보화 리더십 부족 • 중간관리층의 관리 능력 부족과 정보화 추진력 미비 • 노동조합이나 조직원들의 반발
정책/기획적 측면	• 통합적인 정책 지침이나 정보화 추진계획의 부재 • 정책이나 지침의 비일관성 • 정보화 수준의 비균질성으로 인한 병목효과

출처: UN & ASPA(2002: 49)

고객 지향적인 시스템의 구축, 셋째, 사용자로부터의 환류의 반영, 넷째, 민간부문과의 긴밀한 협조관계가 제시되었다(Booz Allen and Hamilton, 2002; Deloitte Research, 2001). 특히 민간부문과의 긴밀한 협조관계가 중요한 것으로 지적되고 있는데, 이는 전자정부의 수요자로서의 국민과 기술공급자로서의 기업이 고려되지 않으면 안 된다는 의미로 이해된다.

2) 전자정부 고도화를 위한 전자정부 선도국들의 조치

이와 같은 장애 요인들은 전자정부의 효과가 극대화되는 '연계·통합 단계'에 이르는 데에 더욱 강하게 작용한다(Snellen, 2005; Fountain, 2001: 100). 즉 정보시스템을 통한 기관 간의 업무 연계와 데이터 통합에 이러한 장애 요인들이 더 강하게 작용함으로써 전자정부 효과의 극대화를 막고 있다는 것이다. 이와 같은 장애 요인들을 극복하기 위해 전자정부 선도국들은 다양한 제도 및 기술을 도입하였다. 첫째, 기술적 측면에서는 데이터 및 정보시스템의 통합과 연계, 그리고 전자정부 시스템의 효과성을 제고하기 위한 새로운 기술들을 채택하고 있다. 예를 들면, 미국의 경우 웹 2.0이나 블로그 서비스를 채택하여 정부와 국민 간의 상호작용을 촉진하고자 노력하였다. 싱가포르나 벨기에는 전자주민카드를 도입하였으며, 휴대폰이나 전파식별 RFID: Radio Frequency Identification 기술, 개인용 휴대정보단말기 PDA: Personal Digital Assistant 와 같은 무선 mobile 기기를 활용한 서비스를 제공하는 추세가 강화되었다(UN, 2008).

둘째, 정부가 보유한 정보자원 및 전산자원에 대한 거시적, 총체적 holistic 관리방안으로서 ITA Information Technology Architecture 를 도입하여 정보자원의 통합적 활용과 정보시스템의 효과성 제고를 추구하였다(UN, 2008; Ross *et al.*, 2006: 1-24; Rocheleau, 2006: 145-157). 범정부 차원의 ITA 구성을 통해 각 부처들이 정보자원의 도입과 활용 과정에서 준수하여야 할 기술적 표준을 제정하고, 나아가 정보시스템을 통해 통합적으로 서비스되어야 할 기능을 식별함으로써 효율적이고 효과적인 전자정부 추진을 도모하였다.

셋째, 다부처 연계 전자정부 추진을 가속화하고 이를 위한 기관들 간의 협력을 제고하기 위해 전자정부 추진체계의 변화를 추진하였다(UN, 2008; OECD, 2005; 박정은·송희준, 2006). 부처 간 협력 수준과 정보시스템의 통합을 제고할 수 있도록 범정부 차원의 추진체계를 구성하고, 전자정부 전담부처 등을 개편함으로써 '통합' 단계의 전자정부로 발전하고자 하였던 것이다. 또한 비록 공식적인 추진체계의 변화를 기하지는 않더라도 부처 간 협력을 강화하기 위한 다양한 비공식적 협의체나 포럼 등을 설치함으로써 부처 간 협력 수준의 제고를 도모하기도 하였다. 예를 들면, 호주와 오스트리아, 스위스는 정보시스템의 연계와 정보자원의 효율적 관리를 위한 추진체계를 연방정부와 지방정부가 공동으로 구성하는 등 추진체계의 범위와 권한을 조정하였다(UN, 2008).[2]

2 전자정부 고도화를 위한 ITA의 도입과 전자정부 추진체계의 변화에 대해서는 제5장 참조.

Ⅲ

스마트 정부

1. 스마트 정부의 등장 배경

인터넷의 등장 이후 정보통신기술은 지속적으로 발전해왔다. 매년 처리 속도는 더 빨라지고, 저장 용량은 더 커져 왔으며, 대규모의 데이터와 이를 처리하기 위한 더 강력한 컴퓨팅 능력을 가진 소프트웨어가 등장해왔다. 특히, "인류 역사상 가장 빠른 확산 속도를 보인 기계장치"인 스마트폰의 확산과 모바일mobile 정보통신기술의 발전은 컴퓨터 산업의 발전 방향을 바꿨을 뿐만 아니라, 전 산업분야에 걸친 모바일 서비스의 확대를 가져왔다.[3]

스마트폰 등 모바일 정보기술 및 소셜미디어의 등장과 확산은 두 개의 흐름으로 이어졌다. 첫째, 네트워크의 확장이다. 기존에는 사람과 사람을 1:1로 이어주던 통신망telecommunication이 인터넷의 등장과 함께 사람을 1:N 또는 N:N으로 이어주는 디지털 네트워크로 확장되더니, 이제는 사람과 사람 간의 네트워크를 넘어 사물과 사물을 잇는 네트워크로 확장되고 있다. 둘째, 정보의 축적과 저장, 계산이라는 컴퓨팅 능력의 확대에 따른 지능기술thinking technology의 등장이다. 기존의 정보기술이 특정 업무절차와 과정을 효율화하고 비용을 절감하는 과정기술process technology이었다면, 현재의 정보기술 변화는 데이터 저장 능력의 확대와 빅데이터 분석기법, 나아가 인공지능기술을 활용하여 엄청난 양의 정보와 더 강력한 계산능력을 기반으로 하는 지능기술적 성

3 *The Economist*. (Feb, 28, 2015.). The Truly Personal Computer. 이 기사에서는 지구를 "전화기의 행성(Planet of the Phones)"으로, 인간을 "포노 사피엔스(Phono sapiens)"로 명명하면서 스마트폰이 이 시대의 특징을 결정짓는 기술임을 강조하고 있다. 아울러, 스마트폰이 "진정한 개인용 슈퍼컴퓨터"로 간주되고 있으며 기존 산업의 모바일화를 가속화하고 있다고 평가하였다.

격까지 보유하게 되었다(황종성, 2017). 이와 같은 정보기술의 발달은 기업에게는 새로운 상품의 개발, 개인 맞춤형 서비스의 창출, 기업 효율성의 개선을 통한 새로운 경쟁력 제고 기회를 제공함과 아울러, 공유경제라는 새로운 경제·사회 시스템의 등장을 가져왔다(Benkler, 2011; Shirkey, 2008).

인터넷과 모바일 기기가 보편화되면서 디지털 시민들digital citizens이 등장하였다. 디지털 시민들은 디지털 서비스에 대한 접근성의 확대를 향유하고 요구하면서, 콘텐츠를 스스로 창조하고, 인터넷을 통한 협력과 공유를 실천하고 있다. 이와 같은 디지털 시민들의 등장은 사회 및 경제 각 분야에 혁명적인 반향을 일으켜왔을 뿐만 아니라, 인터넷 자체의 성격을 변화시켜 온 것으로 평가된다(Benkler, 2011; Shirkey, 2008). 당연히, 프라이버시, 정보보안 등 정보화에 따른 사회적 비용에 대한 경고 역시 크다(Schmidt & Cohen, 2013; McKinsey Global Institute, 2013; Tabscott, 2009). 이에 따라 한국을 비롯한 세계 각국은 최근의 정보통신기술ICT: Information and Communications Technology 발전과 국가·사회 발전 간의 선순환 구조 구축을 국가 미래의제로 채택하고 다양한 정책적 대응을 추진해왔다(송희준·조희정, 2013; 한국정보화진흥원, 2011).

2. 스마트 정부의 개념

스마트폰 기반의 모바일 앱과 소셜미디어의 대두로 정보기술 기반의 정부 내부 운영방식 및 시민들과의 소통방식이 변화하였다. 예를 들면, 스마트폰을 통해 세금이나 주차위반 과태료를 납부하거나, 정부 민원서류·면허·허가를 발급받을 수 있게 되는 등 스마트폰 활용을 통해 공공서비스의 개선이 이루어지고 있다. 또한 소셜미디어의 확대는 국민들의 참여 가능성을 높이고 있다. 예를 들면, 소셜미디어의 확산은 국민들을 정부의 정책결정자와 직접 연결시켜 준다. 이와 같은 연결성의 강화는 정책결정자들과 국민들 간의 상호작용 확대를 가져와 국민의 의사에 반응할 수 있도록 만든다. 나아가서는 정보기술의 발전에 따라 국민들의 차별화된 요구와 특성을 파악할 수 있는 정보를 얻을 수 있는 가능성도 증가하고 있다(Sobaci & Karkin, 2013).

이와 같은 정보환경의 변화와 그에 따른 정부 운영방식의 변화로 인해, 기존의 유선 인터넷 기반의 전자정부 개념이 진화되고 확장된 '스마트 정부smart government' 개념이 제시되었다(Petrov, 2013; Gil-Garcia, 2012). 스마트 정부의 개념은 한 사회가 당면한 정책문제의 해결을 위해 스마트폰, 모바일 정보기술, 소셜미디어 등 새로운 정보기술의 조합과 그 활용으로 정의될 수 있다(Gil-Garcia *et al.*, 2014).

스마트 정부 등장의 기저에는 스마트폰, 소셜미디어 등 새롭게 등장하고 있는 정보기술들을 통한 커뮤니케이션과 사회적 조정방식의 변화가 자리하고 있다. 우선 스마트폰의 활용을 통해 개인 간, 개인과 조직 간, 조직과 조직 간 커뮤니케이션의 방식과 네트워크 구축 가능성이 높아지고 더 확장되었다. 나아가 이를 통해 집단 형성에 소요되는 비용과 상호 조정에 드는 비용이 크게 낮아지게 되었다. 유연하고도 빠른 커뮤니케이션 도구를 통해, 그룹을 더 쉽게 형성할 수 있게 되었으며, 개인들이 정식으로 관리할 필요 없이 더 쉽게 그룹 작업에 참여할 수 있게 되었을 뿐만 아니라, 조직 활동에 필요한 조정 비용을 크게 낮춤으로써 새로운 조직 활동을 촉진하게 되었다. 이를 통해 어느 때보다도 더 많고 더 널리 흩어져 있는 개인들 간의 소통, 공유, 협력이 가능해지면서 공통 목적을 가진 공동 작업이 가능해졌다(Shirky, 2008). 또한 빅데이터 분석기법이나 인공지능의 활용을 통해 좀 더 타당하고 근거에 기반한 정책결정이 가능하게 되었을 뿐만 아니라, 드론이나 로봇을 통해 기존에는 정부가 집행능력을 가지지 못한 정책문제에 대한 대안적 정책수단을 확보할 수 있게 되었다(Mayer-Schönberger & Cukier, 2013).

기존의 유선 인터넷 기반의 전자정부가 웹사이트를 통해 일방향 서비스와 기초적인 수준의 쌍방향 서비스를 제공하는 수준에서 크게 벗어나지 못한 형태의 전자정부 구현에 머물 수밖에 없었다면, 스마트 정부는 다양한 모바일 기술을 통해 국민들과의 쌍방향 소통을 고도화시키고 정부 중심의 정보 제공이 아닌 국민 중심의 정보 제공이 이루어지는, 소통·공유·협력을 통한 공동 작업이 가능해진 전자정부로의 진화[4]로 볼 수 있다(한국정보화진흥원, 2011: 296-299).

각국 정부와 공공기관들은 모바일 기반의 스마트 정부로의 패러다임 전환을 시도하고 있으며, 그 방안의 하나로 스마트폰을 활용한 공공서비스 제공 확대를 추진하였다(김병선 외, 2014; 황성수, 2012; Gil-Garcia *et al.*, 2014; Hung *et al.*, 2013; OECD·ITU, 2011). 1990년대 초 인터넷의 확산과 함께 제시된 전자정부e-government가 당시 정부의 공공관리 및

4 웹 2.0 정신이 구현된 전자정부의 특징을 살펴보면 다음과 같다. 첫째, 사용자 중심으로 서비스를 개편한다는 원칙하에 공공서비스 접근을 위한 디바이스를 다양화함으로써 사용자의 접근용이성을 높이는 것으로, 기존의 인터넷을 이용한 서비스 이외에도 모바일 기기 및 DMB, TV 등을 통한 서비스를 제공하는 것을 의미한다. 둘째, 정부 2.0에서는 사용자를 과거와 같은 정보의 단순 소비자가 아니라 개방 및 참여의 사상하에서 개방된 플랫폼을 활용하여 새로운 서비스를 창출할 수 있는 프로슈머(prosumer)로 인정하는 것이다. 셋째, 효율화보다는 사용자 편의성 도모, 부가가치 창출의 원동력인 공공정보 공개, 그리고 민간 서비스와 연계한 매시업(mashup) 등에 대한 요구가 크다(나종회 외, 2008: 241-242).

대국민 서비스 제공, 정책결정의 타당성과 신뢰성 제고에 중요한 전환점으로 작용했던 것과 마찬가지로, 소셜미디어, 스마트폰 등 무선 및 모바일 ICT의 적용, 정보자원의 저장과 분석기법의 발달에 기반한 빅데이터 등을 바탕으로 한 스마트 정부는 정부의 공공관리 및 국가 거버넌스에 새로운 기회를 제공할 수 있을 것으로 기대되었다. 스마트 정부의 제도화는 정부의 정책역량 제고와 정부와 시민사회 간의 연결성 강화, 그리고 참여, 협력 및 투명성 제고를 통한 민주주의의 확대를 위한 가능자可能者, enabler로 작용할 것으로 예상되었다(Mergel, 2013; World Economic Forum, 2011; Dunleavy *et al.*, 2006).

3. 스마트 정부의 특성 및 다양한 측면

1) 소셜 정부

첫째, 소셜social 정부이다. 소셜미디어와 집단지성을 이용하여, 개인화된 서비스를 제공하면서도 정부–사회 간 협력을 촉진하여 공적 가치를 창조하는 정부이다. 소셜미디어는 사람들이 의견과 생각, 경험, 관점 등을 서로 공유하기 위해 사용하는 온라인 툴과 플랫폼을 총칭한다(CIO Council, 2009: 2).

소셜미디어는 상호작용과 관계성이라는 중요한 특징을 갖고 있다. 사용자들 간의 상호작용이 서비스의 부수적인 것이 아니라 핵심 요소이며, 사용자들 간에 지속적인 관계를 맺을 뿐만 아니라 계속 확장되는 특징을 갖고 있다. 특히 저렴한 비용으로 메시지를 쉽고 빠르게, 언제 어디서든 전달할 수 있는 장점으로 인하여(MENG, 2008), 소셜미디어는 이미 오프라인에서 친분이 있거나 또는 관심사가 흡사한 사용자들의 상호작용과 관계 속에서 콘텐츠가 생산되고 확대되는 메커니즘을 이어갈 수 있으며, 이로 인하여 사용자들이 오히려 기존 미디어보다 소셜미디어에 대해 더 신뢰를 하는 경향이 있다(류한석, 2009: 4). 대표적인 서비스 채널로서 트위터Twitter, 페이스북Facebook, 그리고 유튜브Youtube 및 블로그 등이 중심적인 위치를 차지하고 있다.

이런 특징 때문에 공공부문에서도 소셜미디어의 활용에 따른 기대효과가 다음과 같이 제시되고 있다. 첫째, 정보 제공의 개선 가능성이다. 이미 활성화되어 시민들이 많이 사용하고 있는 트위터를 통하여 정부는 적은 비용으로 시민에게 정보를 제공해 줄 수 있다는 것이다(Mossberger *et al.*, 2013). Snead(2013)는 소셜미디어를 정부의 주요 웹사이트와 연동시켜 시민들이 그것을 매개로 자세한 정보를 수록해 놓은 정부의 웹사이트에 쉽게 접속하고 정보를 얻을 수 있다고 한다. 그리고 이는 투명성 transparency 제고에 긍정적인 영향을 미칠 것이라고 보았다. 둘째, 정부에 대한 시민의 참여 participation 와 개입 engagement 의 증대 가능성이다(Mergel, 2013). 공공부문에서의 트위터 활용이 정부와 시민의 의사소통을 활성화시키고 시민의 의견 개진을 증가시킬 것으로 기대하는 것이다. 셋째, 공공서비스의 개선 가능성이다. 공공서비스의 질이 어떠한지, 전달방식은 적합한지, 수혜자의 의사에 반응적인 것인지 등이 트위터를 매개로 정부와 시민 간에 공유될 수 있으며, 이를 통해 공공서비스의 질적 개선이 이루어질 수 있다는 것이다.

2) 모바일 정부

둘째, 모바일 mobile 정부이다. 모바일 애플리케이션이나 스마트폰 등 최신의 모바일 기술을 활용하여 언제, 어디서나 시민이 원하는 서비스를 제공하고 시민들의 협력을 구하는 정부를 의미한다. 무선통신기술의 발달 및 스마트폰 활용의 광범위한 확산은 공공부문에서도 무선통신기술을 접목하여 차세대 전자정부를 채택 및 발전시켜야 할 필요성을 불러일으켰고, 이는 모바일 정부에 대한 논의로 이어져왔다(Kushchu & Kuscu, 2004).

모바일 정부는 시민, 기업, 그리고 정부기관을 비롯해 전자정부와 연관되어 있는 주체들의 이익을 향상시키기 위한 목적으로 모든 종류의 무선 및 모바일 기술, 서비스, 애플리케이션, 그리고 기기를 활용하는 전략과 이러한 전략의 실행을 일컫는다(Kushchu, 2007). 유선 인터넷을 기반으로 하는 기존의 전자정부와의 연관성과 관련하여, 초기의 연구는 모바일 정부를 전자정부의 일부분 혹은 보조적인 현상으로 간주하는 경향이 있었지만(Kumar & Sinha, 2007; Kushchu & Kuscue, 2003), 최근의 연구는 모바일 정부 서비스가 모바일 기기의 이동성을 활용하여 기존 전자정부에서는 실현될 수 없었던 서비스 내용 및 기능을 빠르고 다양하게 제공하고 있다는 점을 강조하면서, 모바일 정부의 독특한 측면이 부각되고 있다(Hung, Chang, & Kuo, 2013; World Economic Forum, 2011). 〈표 1.2〉는 모바일 정부의 개념을 모바일 기술의 발달 및 모바일 기기 확산 이전의 정부 형태, 즉 전통적 정부 및 전자정부와의 비교를 통해 제시하고 있다.

모바일 정부는 구현된 이동성 및 편재성 ubiquity 을 통해 편리함 및 신속함을 갖춘 더욱 개인화된 공공서비스를 제공하고, 이에 따라 시민들은 의견 표출 및 교환, 참여 측면에서 고도화된 상호 소통 및 양방향 서비스를 향유한다(OECD, 2012). 구체적으로, 모

〈표 1.2〉 전통적 정부, 전자정부, 모바일 정부 개념 개요

항목	전통적 정부	전자정부	모바일 정부
원칙	관료주의적 절차 (전화, 팩스)	ICT를 이용한 프로세스 리엔지니어링 (인터넷, PC)	무선 기기와의 원활한 통합 및 연결
서비스 시간	하루 8시간, 주 5일	하루 24시간, 주 7일	하루 24시간, 연중무휴
서비스 공간	직접 방문, 팩스, 전화	인터넷을 이용한 고객의 가정과 사무실	고객이 위치한 곳, 물리적 위치
서비스 형태	관련 기관에 수차례 방문	몇 번의 클릭으로 웹포털 접속	필요한 서비스에 한 번에 접속

출처: Uhm(2010)

바일 정부의 효과성은 다음과 같다. 첫째, 모바일 서비스의 특성인 이동성과 편재성을 통해 기존 행정시스템으로는 구현할 수 없었던 서비스를 제공할 수 있다. 예를 들어, 장애인, 노인, 시골 거주민 등 환경 및 거리상의 제약으로 인해 행정서비스 혜택을 누리기 어려웠던 시민들에게도 행정서비스에 대한 접근성과 편리성을 높일 수 있고, 공무원 또한 모바일 기기를 통해 시민들에게 행정서비스를 간편하게 전달할 수 있다. 둘째, 위치기반 서비스LBS: Location Based Service를 바탕으로 개인의 위치를 정확히 파악해 서비스를 제공하기 때문에 정부의 직접적인 서비스 제공이 가능한데, 이는 수직적이고 위계적인 정부 조직구조를 수평적으로 전환시킬 수 있다는 장점이 있다.

특히, 스마트폰의 등장과 빠른 확산은 스마트폰 기반의 모바일 정부의 전면화로 이어졌다. 앞서 언급한 스마트 정부의 다양한 측면들이 결국에는 스마트폰을 핵심적인 채널로 하여 전달되거나, 스마트폰을 통해 다양한 정보들이 수집되기 때문이다. 스마트폰이 본격적으로 보급되면서, 이론적으로만 논의가 되었던 모바일 정부의 다양한 특성들이 실제로 구현되기 시작하였을 뿐만 아니라 더 큰 부가가치를 사용자에게 제공할 수 있게 되었다(World Economic Forum, 2011). 스마트폰이 기존의 피처폰이 가지고 있었던 기능 외에도 모바일 정부의 특성을 구현하는 데 활용될 수 있는 새로운 기술적 장점들을 보유하고 있기 때문이었다. 스마트폰이 텍스트, 이미지, 오디오, 비디오 등 다양한 유형의 정보를 송수신 및 처리, 재생하는 데 더욱 강력한 처리능력을 보유했으며, 블로그, 유튜브 등과 같은 동영상 소셜미디어, 트위터와 같은 단문 블로그 및 메시지 보드, 팟캐스트podcast 등 다양한 매체들을 활용한 새로운 유형의 서비스를 실행하는 데 적합했다.

3) 분석적 정부

셋째, 분석적 analytic 정부이다. 빅데이터 분석기법과 다양한 센서 sensor를 이용하여 수집된 데이터를 활용하여 더 좋은 서비스와 더 정확한 정책결정을 수행하는 정부를 의미한다. 1990년대 이후 센서 기술, 데이터베이스 관련 기술, 컴퓨팅 용량 및 분석 기술이 발달하면서, 모든 분야에서 '데이터 기반의 문제 해결'이 가능해지는 선순환 고리가 구축되기 시작하였다. 전 사회적으로 그리고 하나의 조직 내에 축적되는 데이터의 양이 크게 증가하였다. 데이터의 용량과 처리 속도, 그리고 데이터 확보의 원천이 다양해지면서 전례 없이 풍부하고 대규모의 데이터를 확보할 수 있게 되었다. 이와 함께, 강력한 컴퓨팅이 가능한 하드웨어와 소프트웨어의 발달은 축적된 데이터의 분석과 그에 따른 정책적 제언의 도출을 가능하도록 만들었다.

이 중 최근에 주목받고 있는 기술이 빅데이터이다. 빅데이터란 과거 아날로그 환경에서 생성되던 데이터에 비하면 그 규모가 방대하고, 생성 주기도 짧고, 형태도 수치 데이터뿐 아니라 문자와 영상 데이터를 포함하는 대규모 데이터를 말한다(정용찬, 2013). 빅데이터 활용을 위한 3대 요소는 다음과 같다(한국정보화진흥원, 2012).

① 자원(빅데이터): 데이터 자원 확보, 데이터 품질 관리

② 기술(빅데이터 플랫폼): 데이터 저장·관리 기술, 대용량 데이터 처리 기술, 빅데이터 분석 기술·시각화 기술

③ 인력(데이터 사이언티스트): 수학·공학(기술과 엔지니어링) 능력, 경제학·통계학·심리학 등 다문학적 이해 능력, 비판적 시각과 커뮤니케이션 능력, 스토리텔링 등 시각화 능력

빅데이터의 구축과 컴퓨팅 역량의 증가는 정부기능 수행과 의사결정 과정에서의 증거 기반/분석적 의사결정을 촉진하는 데 기여한다(Mayer-Schönberger & Cukier, 2013). 구체적으로는 데이터 분석을 통해 특정 문제에 대한 유형을 발견할 수 있다. 조직의 문제 해결과 신속한 의사결정, 그리고 업무 효율화 등 미션과 비전의 실행을 위하여 관련된 내부 데이터와 외부 데이터를 모두 수집하고 이를 분석함으로써 특정 유형을 발견할 수 있다. 공공부문의 경우에는 정책의사결정 지원을 위한 예측기능의 강화에 해당하는 사례가 많으며, 소셜미디어를 활용하는 재난 대응의 효율화 등 행정영역별 분석에 주된 관심이 있는 것으로 파악되기도 하였다(한국행정연구원, 2015).

이와 같은 분석적 정부는 한국에서도 가시적으로 나타나고 있다. 예를 들면 국민건강보험공단이 건강보험가입자 전원에 관련된 19년치 데이터를 분석하여 폐암과 흡연의 상관관계를 분석해낸 사례, 서울시가 심야버스 노선 선정의 효율성을 높이기 위해 심야 통화기록 30억 건, 심야 택시 승하차 관련 데이터 500만 건을 분석한 사례 등을 들 수 있다. 이들 사례들은 빅데이터 분석을 통해 공공부문에서 데이터/증거 기반의 의사결정이 이루어짐을 보여주는 사례이다.[5]

4) 투명하고 신뢰받는 정부

넷째, 투명하고 신뢰받는transparent and trustworthy 정부이다. 공공정보의 개방을 통해 책임성과 투명성을 제고하고, 시민들의 참여를 촉진하는 정부에 대한 의미한다. 아울러, 확고한 정보 보안과 사생활privacy 보호를 통해 신뢰받는 정부를 의미한다(Petrov, 2013). 세계 각국은 인터넷의 양방향성을 활용하여 적극적인 정부정보의 공개나 정책결정에 시민참여를 촉진하는 '열린 정부open government'를 적극 추진하고 있다. 소셜미디어, 빅데이터, 모바일 기술 등을 활용하여 정부가 보유하는 공공정보의 개방을 통해 행정의 투명성과 책임성을 제고하고, 시민들이 적극적으로 참여하는 정책결정을 통해 정책과정에서 시민의 영향력 확대를 기대하는 것이다.

예를 들면, 오바마Barack Obama 행정부는 '투명성과 열린 정부Transparency and Open Government' 정책의제를 중심으로 트위터 등 다양한 소셜미디어를 활용하여 연방정부가 보유한 정보를 제공 및 공유할 뿐만 아니라, 'We the People'이라는 국민 청원 플랫폼 등을 개설하였다. 이에 따라, 모든 연방기관들이 소셜미디어를 개설하고 활용하고 있다(Mergel, 2013). 미국 회계감사원GAO: Government Accountability Office의 보고서에 따르면 미국 연방정부기관들은 보유한 행정정보를 소셜미디어에 게재 또는 재게재posting and re-posting 하거나, 홈페이지에 게재하지 않은 정보를 게재하는 데 사용하기도 하고, 콘텐츠에 대한 응답이나 기관정책에 대한 코멘트 요청, 또는 비정부기관 웹사이트와의 링크 제공 등에 사용하고 있는 것으로 조사되었다(GAO, 2011).

아울러, 위와 같은 정보기술 활용과정은 필연적으로 정보보안과 사생활 보호의 문제를 가져올 수밖에 없다. 무분별한 공공정보의 공개가 자칫 개인정보의 유출로 이어질 수 있다. 확고한 정보 보안과 사생활 보호가 스마트 정부의 기반이 되어야 한다.

---

5 미래창조과학부 편. 『창조경제 실현을 위한 2013 빅데이터 국내 사례집』 참조.

Ⅳ 결론

이 장에서는 1990년대 인터넷의 등장 이후의 정부의 디지털 혁신을 개관하였다. 제2절에서는 1990년대 인터넷의 확산과 함께 나타난 '전자정부'의 개념과 함께 고도화에 대해 살펴보았다. 제3절에서는 소셜미디어, 스마트폰의 등장을 배경으로 하는 '스마트 정부'에 대해 살펴보았다. 스마트 정부의 개념과 등장 배경, 그리고 다양한 특성을 분석하였다.

전자정부와 스마트 정부, 그리고 그 이후의 스마트폰, 소셜미디어, 사물인터넷 IoT: Internet of Things, 빅데이터, 인공지능, 드론, 자율주행자동차, 로봇 등 최근의 정보기술의 발전은 범사회적인 패러다임 전환 paradigm-shift 적 변화로 이어지고 있다(황종성, 2017; Brynjolfsson & McAfee, 2014). 스마트 정부하에서 나타난 네트워크 확장과 지능기술의 결합은 드론, 자율주행자동차, 로봇과 같은 더욱 발전된 형태의 정보기술 보편화로 이어지고 있으며, '공유경제', '지능사회'로 일컬어지는 새로운 경제 및 사회 시스템으로의 변화로 이어질 전망이다.[6]

지금까지 살펴본 것처럼, 정보기술의 발전에 따라 행정혁신의 전략과 초점도 변화해왔다. 또 정보기술의 변화에 발맞추어 정부도 정보기술을 활용하여 새로운 형태의 공공서비스를 창출하고 행정 내부의 일하는 방식과 정부와 시민 간의 상호작용방식을 변화시켜 왔다. 제2장에서는 미국과 한국에서의 전자정부 추진의 역사를 좀 더 구체적으로 살펴보면서 정부의 디지털 혁신의 전략과 초점, 그리고 정부의 디지털 혁신에 대한 패러다임의 변화를 살펴본다.

6 2010년대 후반 이후에 나타난 '제4차 산업혁명', '지능정보기술'의 도입 및 활용, 그 사회적 의미 및 향후 전망에 대해서는 이 책의 제11장에서 다룬다.

참고문헌

김병선·안종욱·신동빈. (2014). 「서비스 중심의 국가 공간정보 플랫폼 연계 방안에 관한 연구」. 『한국공간정보학회지』, 22(2), 11-18.

돈 탭스콧. (2009). 『디지털 네이티브』. (이진원 옮김). 비즈니스북스.

류한석. (2009). 「트위터 열풍과 소셜미디어의 진화」. 『DigiEco Focus』. KT경제경영연구소.

박정은. (2006). 「전자정부 추진조직과 정책 및 성과의 관계: 역사적 제도주의 관점의 국가간 비교」. 이화여자대학교 대학원 행정학과 박사학위 논문.

박정은·송희준. (2006). 「전자정부 추진조직과 정책의 관계에 관한 국가간 비교연구」. 『한국정책학회보』, 15(4).

서진완. (1998). 「정보기술을 활용한 행정업무과정의 혁신지침」. 『KIPA 연구보고서』. 서울: 한국행정연구원.

송희준. (2004). 「전자정부사업의 전자 거버넌스 진화단계 분석」. 『한국거버넌스학회보』, 11(2).

송희준·조희정. (2013). 『소셜미디어와 정부PR』. 서울: 대영문화사.

에릭 슈미트·제러드 코언. (2013). 『새로운 디지털 시대』. (이진원 옮김). 시공사.

요차이 벤클러. (2011). 『펭귄과 리바이어던: 협력은 어떻게 이기심을 이기는가』. (이현주 옮김). 반비.

정용찬. (2013). 『빅데이터』. 커뮤니케이션북스.

클레이 서키. (2008). 『끌리고 쏠리고 들끓다』. (송연석 옮김). 갤리온.

한국정보화진흥원. (2011). 『스마트 사회 실현을 위한 IT 이슈와 전략』. 한국정보화진흥원.

______________. (2012). 『성공적인 빅데이터 활용을 위한 3대 요소: 자원, 기술, 인력』. 한국정보화진흥원.

한국행정연구원. (2015). 『정부업무평가에서 빅데이터 활용방안 연구』. 한국행정연구원.

황성수. (2012). 「스마트폰 기반 모바일 정부 시대에 맞는 참여적 거버넌스 모색: Social Media를 활용한 정책홍보와 시민참여를 중심으로」. 『한국지역정보화학회지』, 15(4), 29-46.

황종성. (2003). 「전자정부의 쟁점과 연구동향」. 『정보화정책』, 10(3).

______. (2017). 「지능시대의 정부: 인공지능이 어떻게 행정을 변화시킬 것인가?」. 서울대학교 행정대학원 '정책 & 지식 포럼' 발표문.

OECD. (2012). 『모바일 정부: 반응하는 정부와 연결된 사회를 위한 모바일 기술』. 서울: OECD 대한민국 정책센터.

Accenture. (2001). *e-Government Leadership: Rhetoric vs. Reality-Closing the Gap*.

Bekkers, V., & Homburg, V. (2005). E-Government as an Information Ecology: Backgrounds and Concepts. In Bekkers, V., & Homburg, V. (ed.), *The Information Ecology of E-Government*. Amsterdam: IOS Press.

Bellamy, C., & Taylor, J. A. (1994). Reinventing Government in the Information Age. *Public Money and Management*, 14(3).

Booz Allen and Hamilton. (2002). International e-Economy Benchmarking. The World's Most Effective Policies for the e-Economy.

Brynjolfsson, E., & McAfee, A. (2014). *The second machine age: work, progress, and prosperity in a time of brilliant technologies*. WW Norton & Company.

CIO Council. (2009). *Engaging through social media: A guide for civil servants*.

Deloitte Research. (2001). *e-Government's Next Generation: Transforming the Government Enterprise through Customer Service*.

Dunleavy, P., Margetts, H., Bastow, S., & Tinkler, J. (2006). New public management is dead—long live digital-era governance. *Journal of public administration research and theory*, 16(3), 467-494.

Fountain, J. (2001). *Building the Virtual State: Information Technology and Institutional Change*. Washington, D.C.: Brookings Institution Press.

__________. (2007). Challenges to Change in Government: Technology-based Cross-agency Innovations in the U.S. In European eGovernment Research Network Conference. Oslo, Norway.

Frissen, P. (1992). Information in Public Administration. *International Review of Administrative Science*, 12(4).

Government Accountability Office. (2011). *SOCIAL MEDIA: Federal Agencies Need Policies and Procedures for Managing and Protecting Information They Access and Disseminate*. GAO.

Gil-Garcia, J. R. (2005). Enacting State Websites: A Mixed Method Study Exploring E-Government Success in Multi-Organizational Settings. Ph.D Thesis, University at Albany, SUNY, Albany, N.Y.

__________. (2012). *Enacting electronic government success : An integrative study of government-wide websites, organizational capabilities, and institutions*. New York: Springer

__________. (2012a). Towards a smart State? Inter-agency collaboration, information integration, and beyond. *Information Polity*, 17.

Gil-Garcia, J. R., Helbig, N., & Ojo, A. (2014). Being smart: Emerging technologies and innovation in the public sector. *Government Information Quarterly*, 31, I1-I8.

Hammer, M., & Champy, J. (1993). *Reengineering The Corporation-A Manifesto for Business Revolution*. Nicholas Brealey.

Hiller, J. S., & Bélanger, F. (2001). Privacy Strategies for Electronic Government. In *E-Government*, eds. Abramson, M. A., & Means, G. E. Lanham, Maryland: Rowman and Littlefield Publishers.

Holmes, D. (2001). *e.gov. e-business Strategies for Government*. London: Nicholas Brealey Publishing.

Hung, S., Chang, C., & Kuo, S. (2013). User acceptance of mobile e-government services: An empirical study. *Government Information Quarterly*, 30(1), 33-44.

Kumar, M., & Sinha, O. (2007). M-government: Mobile technology for e-government, in the proceedings of the Fifth International Conference on E-Governance. Hyderabad, India.

Kushchu, I. (2007). *Mobile Government: An emerging Direction in e-government*. Hershey, PA: IGI Publishing.

Kushchu, I., & Kuscue, H. (2003). *From e-government to m-government: Facing the inevitable, in the proceedings of the European Conference on e-Government*. Dublin: Trinity College.

Margetts, H. (2012). *Information technology in government: Britain and America*. Routledge.

Mazzucato, M. (2015). *The entrepreneurial state: Debunking public vs. private sector myths (Vol. 1)*. Anthem Press.

Mayer-Schönberger, V., & Cukier, K. (2013). *Big data: A revolution that will transform how we live, work, and think*. Houghton Mifflin Harcourt.

McKinsey Global Institute. (2013). *Clouds, big data, and smart assets: Ten tech-enabled business trends to watch*. McKinsey Global Institute.

MENG(Marketing Executive Networking Group). (2008). *Social Media in Marketing*.

Mergel, I. (2013). Social Media adoption and resulting tactics in the U.S. federal government. *Government Information Quarterly*, 30(2), 123-130.

Mossberger, K., Wu, Y. H., & Crawford, J. (2013). Connecting citizens and local governments? Social media and interactivity in mayor U.S. cities. *Government Information Quarterly*, 30(4), 351-358.

NPR(National Performance Review). (1993). *Creating a government that works better and costs less: report of the National Performance Review*. N.Y.: Random House.

OECD(Organization for Economic Cooperation and Development). (2005). *E-Government for Better Government*. Paris: Public Management Service, OECD.

OECD/International Telecommunication Union(ITU). (2011). *M-Government: Mobile Technologies for Responsive Governments and Connected Societies*. OECD Publishing.

OECD. (2019). *Going Digital: Shaping Policies, Improving Lives*. OECD Publishing, Paris, https://doi.org/10.1787/9789264312012-en.

Petrov, O. (2013). Open Data as a Key Enabler of Smart Government. A paper presented at Global e-Government Forum 2013, Seoul, Korea.

Rocheleau, B. (2006). *Public Management Information Systems*. Hershey, PA: Idea Group Publishing.

Ross, J. W., Peter, W., & Robertson, D. C. (2006). *Enterprise Architecture as Strategy: Creating a Foundation for Business Execution*. Boston: Harvard Business School Press.

Schelin, S. H. (2003). E-Government: An Overview. In *Public Information Technology: Policy and Management Issues*, ed. Garson, G. D. Hershey, PA: Idea Group Publishing.

Snead, J. T. (2013). Social media use in the U.S. Executive branch. *Government Information Quarterly*, 30(1), 56-63.

Snellen, I. (2005). E-Government: A Challenge for Public Management. In *The Oxford Handbook of Public Management*, eds. Ferlie, E., Lynn Jr., L. E. & Pollitt, C. Oxford: Oxford University Press.

Sobaci, M. Z., & Karkin, N. (2013). The use of twitter by mayors in Turkey: Tweets for better public services? *Government Information Quarterly*, 30(4), 417-425.

Uhm, O. (2010). *Introduction of m.government & IT convergence technology*. KAIST Institute for IT Convergence.

United Nations. (2008). *UN E-Government Survey 2008: From E-Government to Connected Governance*. New York: UN.

United Nations & American Society of Public Administration(ASPA). (2002). *Global e-Government Survey 2002*. New York: UN.

Weber, M. (1921/1968). *Economy and Society: An Outline of Interpretive Sociology. Translated by Guenther Roth and Claus Wittich*. New York: Bedminster Press.

World Economic Forum. (2011). *The Future of Government: Lesson Learned from around the World*. Geneva, Switzerland.

제 2 장

정부의 디지털 혁신 : 미국과 한국의 사례

I

서론

1990년대 인터넷 등장 이후 정부의 디지털 혁신은 당시의 정보기술의 발전에 발맞추어 새로운 공공서비스의 창출, 정부 내부의 일하는 방식의 변화, 정부와 시민 간의 상호작용의 변화가 함께 진행되어 온 결과라 할 수 있다. 인터넷의 확산과 함께 나타난 '전자정부', 소셜미디어, 스마트폰의 등장을 배경으로 하는 '스마트 정부'는 각 시기에 나타난 특징적 정보기술과 그 정보기술의 잠재력을 활용하여, 행정의 효율성과 효과성, 민주성의 강화로 연결시키기 위한 디지털 정부혁신의 유형들로 이해할 수 있을 것이다.

그러나 좀 더 시기를 세분화해서 살펴보면, 구체적인 디지털 혁신의 전략과 내용은 지속적으로 변화해왔다. 각 시기별로 이전 시기의 전자정부 및 스마트 정부 추진의 한계에 대한 논의와 그 한계를 극복하기 위한 새로운 전략과 초점의 변화, 새롭게 대두되는 정보기술의 적용 방안이 논의되었다. 기존의 디지털 혁신의 문제점과 한계를 극복하기 위해 디지털 혁신 전략과 사업의 초점이 변화해왔으며, 정보기술의 발전이 정부의 디지털 혁신의 패러다임 전환적 변화를 추동하기도 하였다.

이 장에서는 미국과 한국의 각 정권별로 디지털 혁신의 목표와 구체적인 사업의 내용을 살펴보고, 이전 시기의 디지털 혁신의 한계와 이를 극복하기 위한 전략과 방법 등에 대해 살펴보고자 한다. 이와 같은 역사적 분석을 통해 앞서 언급했던 전자정부와 스마트 정부의 지향과 내용을 좀 더 구체적으로 파악할 수 있을 것이다. 또한 정부의 디지털 혁신이 단순히 정보기술의 변화를 따랐던 것만이 아니고, 당시의 정치적·행정적·사회적 요인들이 결합되면서, 이전 시기의 한계를 극복하고 당대의 문제를 극복하는 데 적합한 정보기술을 선택하고 이를 통해 정보기술과 제도, 관련 행위자들이 상호 공진화coevolution했음도 확인할 수 있을 것이다.

제2절에서는 미국에서의 정부의 디지털 혁신 역사를 살펴본다. 클린턴 행정부가 성립되기 이전 시기인 1980년대까지와 클린턴 행정부, 부시 행정부, 그리고 오바마 행정부의 디지털 혁신 전략과 주요 사업 등을 살펴본다. 제3절에서는 한국에서의 정부의 디지털 혁신 역사를 살펴본다. 정권별로는 전두환 정부 시기부터 박근혜 정부 시기까지 진행되어 온 주요 행정정보화 및 전자정부 추진 내용 및 결과를 각 정권별로 분석한다. 제4절에서는 한국의 각 정부별로 행정정보화와 전자정부 추진체계를 개관한다. 결론 장에서는 향후 정부의 디지털 혁신 추진 방향을 간략히 검토한다.

Ⅱ

미국에서의 정부의 디지털 혁신

1. 1980년대까지의 정보기술 도입

미국 연방정부가 인구센서스 자료의 처리를 위해 컴퓨터를 도입한 이래로, 인구센서스 자료와 같은 대규모의 자료처리뿐만 아니라 행정개혁을 위해 지속적으로 정보기술의 도입이 진행되어 왔다. 정보시스템의 구축은 대통령을 비롯한 정치인들의 관심사였으며, 이에 따라 지속적이고 대규모의 투자가 이루어져 왔다. 그러나 연방정부로의 정보기술 도입과 관련된 내부 규제 및 조정체계에 대한 평가와 그에 따른 다양한 조치는 1960년대부터 본격적으로 시도되었다(Margetts, 1996: 123). 1963년 케네디 대통령은 연방정부가 자동 데이터 처리 ADP: Automative Data Process 를 어떻게 활용할 수 있을 것인지에 대해 연구하도록 예산실에 지시하였다.

1976년 포드 행정부는 정보기술의 도입을 위해 연방정부의 부처들에서 파견된 위원들로 구성된 위원회를 구성하고 자료처리관리 DPM: Data Processing Management, 행정부 – 의회 관계, 관리정보체계, 인사관리, 정부 – 민간 관계, 정보자원공유로 구성된 6개 분야 42개의 권고안을 제시하였다(Head, 1982). 1978년 카터 대통령은 「정부재조직프로젝트 President's Reorganization Project」의 일환으로 연방정부의 정보기술 도입에 대한 평가를 진행하였다. 연방기관의 기능 수행 결과에 대한 평가체계에서 정보기술의 도입과 활용이 하나의 평가부문으로 자리 잡았다.

1980년대에는 다음과 같은 정치·사회적 배경들과 맞물리면서 연방정부의 IT 투자가 급속도로 증가하였다(Margetts, 1999: 37). 그 이유로는 첫째, 정치적 요인을 들 수 있다. 1980년대 공화당 정부가 추진해온 감축관리는 정보기술의 도입을 가속화시켰다. 대통령을 비롯한 정치인들은 행정개혁을 위한 정보기술의 도입을 주장해왔으며, 이와 같은 압력 요인은 민간부문 및 시민들의 정보기술 활용능력의 제고에 따라 더욱 가중되었다. 이에 따라 연방정부는 더 광범위한 영역에서 더 많은 정보기술을 도입하였다. 레이건 대통령과 부시 대통령 모두 행정 정보화 사업에 대해 깊은 관심과 의지를 표명하였고, 레이건 행정부로부터 부시 행정부까지 다양한 행정정보시스템 구축사업들이 '대통령 의제 정보시스템PPS: Presidential Priority Systems'이라는 이름하에 추진되었다.

둘째, 군사적 요인을 들 수 있다. 정보기술의 발전 초기 단계에서 미국 연방정부는 정보기술의 발전과 개발에 크게 기여하였다. 인터넷의 예와 같이, 정보기술의 발전은 냉전시대의 군사력 발전의 일환으로 진행되었기 때문이다. 이러한 경향은 1980년대 연방정부의 정보기술 예산총액의 증가 추이를 통해 확인할 수 있다. 1982년 연방정부의 정보기술에 대한 지출총액은 9,100만 달러로 총운영예산의 3.4%를 차지하였으나, 1993년에는 5.7%(1982년 달러 기준 1억 6,900만 달러)로 증가하였다(Margetts, 1999: 37). 또한 〈표 2.1〉에서 보는 바와 같이, 전체 정보기술에 대한 계약액에 있어서도 1980년부터 1986년까지 총 58%, 1986년에서 1990년까지 38%의 증가를 보이고 있는 것으로 나타나, 증가세는 다소 둔화되고 있으나 여전히 1980년대 동안 높은 증가율을 보이고 있는 것으로 나타나고 있다. 아울러, 지출의 부처별 구성을 살펴보면, 공군부, 육군부, 해군부, 국방부의 지출비중이 높은 것으로 나타나고 있다. 1982년, 1986년, 1990년 각 연도별로 부처별 정보기술 계약액수를 살펴보면, 육군부, 해군부, 공군부의 액수가 최상위를 차지하고 있다.

그러나 이와 같은 정보기술에 대한 투자액의 지속적 증가에도 불구하고, 정보기술 도입의 성과는 미흡한 것으로 평가되었다(Margetts, 1996: 122-146; Head, 1982). 첫째, 주요 정보시스템 구축사업들이 실패하였다. 예를 들면, 포드 행정부 당시 제시된 정보시스템 구축과 관련된 42개의 권고안 중 대부분이 실행조차 되지 않았으며[1], 레이건-부시 행정부 시기에 추진되었던 대통령 의제들도 클린턴 행정부의 성립과 함께 중단되었다.

둘째, 연방정부의 정보자산에 대한 도입 및 관리 체계가 부실하였다. 1983년 레이건 행정부는 '정보화 특위ADP Taskforce'를 구성하여 정보기술의 도입정책을 검토한 바 있다. 정보화 특위는 정보기술의 도입에 대한 기획과 관리에 있어 일관된 체제가 이

1 좀 더 자세히 살펴보면, 2개 권고안만이 완료되었으며, 4개는 부분 완료, 나머지 36개 과제는 아무런 조치가 시행되지 않았다(Head, 1982).

〈표 2.1〉 미국 연방기관별 정보기술 계약액: 1982~1990년

	1982년 ($1,000)	1982년 순위	1986년 ($1,000)	1986년 순위	1982~1986년 변화(%)	1990년 ($1,000)	1990년 순위	1986~1990년 변화(%)
육군부(Army)	1,897	2	3,262	2	72	3,451	1	6
해군부(Navy)	1,871	3	3,106	3	66	3,308	2	7
안전부(OSD)	502	9	1,015	9	102	3,267	3	222
공군부 (Air Force)	2,384	1	3,862	1	62	3,181	4	−18
우주항공국 (NASA)	932	7	1,529	6	64	2,423	5	58
교통부 (Transport)	198	15	363	15	83	2,286	6	530
에너지부 (Energy)	812	8	1,559	5	92	2,151	7	38
재무부 (Treasury)	1,179	5	1,108	8	−6	1,779	8	61
복건복지처 (HHS)	1,094	6	1,193	7	9	1,749	9	47
총무처(GSA)	1,307	4	1,621	4	24	1,665	10	3
농무부 (Agriculture)	313	10	879	10	181	988	11	12
보훈처(VA)	299	11	428	12	43	767	12	79
상무부 (Commerce)	296	12	556	11	88	748	13	35
법무부 (Justice)	205	14	407	13	99	746	14	83
내무부 (Interior)	265	13	389	14	47	545	15	40
국무부(State)	52	21	214	17	312	522	16	144
환경처(EPA)	88	19	166	18	88	404	17	143
해병대부 (Marine)	178	16	271	16	52	340	18	25
노동부 (Labor)	109	17	159	19	46	186	19	17
주택도시개발부 (HUD)	56	20	84	20	50	148	20	76
교육부 (Education)	88	18	84	20	−5	108	21	29
총계	14,126		22,255		58	30,762		38

출처: Margetts(1999: 38)

루어지지 못하고 있으며, 정보기술의 도입과 관리에 대한 리더십이 취약하다고 보고하였다. 이와 같은 정보기술의 도입과 관리시스템의 미비로 인해 정보시스템 활용의 유용성과 잠재력이 충분히 발휘되지 않고 있을 뿐만 아니라, 연방 예산의 낭비로 이어지고 있다고 진단하였다.

이에 대해 의회는 연방정부에 대한 입법적 통제를 통해 정보기술의 도입과 관리를 개선하고자 하였다. 예를 들면, 1965년에는 컴퓨터 조달 등 연방정부의 정보자원관리를 규정한 「Brooks법」이 통과되었다. 이 법은 정보기술 및 정보자원의 도입에 있어 조달의 공정성과 경쟁을 제고하는 데 그 목적이 있었으며, 정보기술 예산의 급격한 증가에 대한 의회로부터의 견제였다(Wolfe, 1999). 1980년에 제정된 「문서감축법Paperwork Reduction Act: PRA」은 1983년 말까지 연방정부의 문서량을 25% 감축한다는 목표와 함께 ① 연방정부의 정보의 수집·유지·활용·배포 비용의 감축, ② 수집된 정보의 활용도 극대화, ③ 연방정부의 정보정책 및 그 실행의 조정 및 통합, 그리고 ④ 연방정부와 공공부문의 공공서비스 전달, 프로그램 관리, 생산성 향상, 그리고 정보처리 업무의 감축을 위해 자동정보처리 및 통신기술의 도입과 활용을 규정하였다. 이와 함께, 규제개혁과 정보정책의 추진을 위해 관리예산처OMB: Office of Management and Budget 내에 '정보·규제국OIRA: Office of Information and Regulatory Affairs'을 설치하였다(임지봉, 2001; Garson, 2005).

2. 클린턴 행정부의 전자정부정책

1) 추진 배경

1993년 클린턴 정부 출범 당시 미국의 가장 중요한 이슈는 국내경제문제에 집중되어 있었다. 연간 1,500억 달러가 넘는 무역적자와 함께 1970년대부터 계속된 재정적자는 2,900억 달러로 사상 최고치에 이르러 중요한 국가적 이슈가 되었다. 이러한 상황에서 클린턴 행정부는 경제회복을 최우선 과제로 내걸었다. 이를 위해 우선 재정지출 억제와 정보기술을 통한 경제성장의 신경제 비전을 제시하게 된다. 이러한 정책기조하에 정부부문에는 IT를 활용하여 과감한 정부개혁을 추진함과 동시에 초고속 국가정보통신기반NII: National Information Infrastructure을 구축하고 IT 산업의 육성과 전자상거래의 촉진을 통해 경기회복을 꾀하는 정책을 추진하였다(박정은, 2006: 75).

2) 비전과 목표

클린턴 행정부는 경제회복을 위해 정보기술을 활용한 신경제 비전을 제시함과 아울러, 정부혁신의 주요한 도구로서 정보기술을 제시하였다.[2] 클린턴 행정부의 전자정부 비전은 행정개혁추진기구인 국가성과평가위원회NPR: National Performance Review의 첫 번째 보고서(1993)인 「더 효율적인 정부의 재창조」에서 제시되고 있다. 이를 정리하면 아래 〈표 2.2〉와 같이 크게 네 가지 차원으로 구분될 수 있다. 우선 정보기술의 활용을 통해 업무를 수행하고 혜택을 향유하는 주체의 측면이다. 정보기술을 사용하는 주체는 크게 행정부 내부(연방정부 공무원, 연방정부 기관 등)와 행정부 외부의 주체(고객으로서의 시민, 기업과 같은 민간부문의 행위자, 그리고 의회와 주 정부 및 지방 정부)로 구분할 수 있다. 또 다른 기준으로는 이들 주체들의 수준에 관한 것이다. 첫째, 공무원과 고객으로서의 시민이라는 개인 수준이다. 공무원 개인, 그리고 정보기술을 활용하여 공공서비스를 이용하는 고객이 그 주체가 된다. 둘째, 기관 및 조직이라는 집합적 수준이다. 집합적 수준에서 정보기술의 활용과 그 효과의 수혜자는 기관이나 조직이 될 수 있다. 이와

〈표 2.2〉 NPR이 제시하는 전자정부의 비전과 기대효과

		정보기술 향유 주체의 위치	
		행정부 내부	행정부 외부
정보기술 향유 주체의 수준	개인 수준	• 효율적인 업무수행 도구 • 더 정확하고 효과적인 정책결정과 관리를 가능하게 하는 수단 • 더 높은 성과와 생산성 향상을 위한 업무 도구	• 새로운 방식의 공공서비스 전달 수단 • 더 빠르고 편리하며, 만족도 높은 공공서비스 전달
	집합 수준	• 정부의 업무수행 비용을 절감 • 더 높은 성과와 생산성을 달성하는 정부의 구현 • 조직의 규모를 감축할 수 있는 효과적인 수단 • 조직 간 장벽을 허물 수 있는 수단 • 정부 보유 정보의 판매를 통해 수익을 창출할 수 있는 재정적 자원	• 행정부의 책임성을 제고할 수 있는 수단 • 민간 및 주·지방정부와의 파트너십을 제고할 수 있는 수단

출처: NPR(1993)의 내용을 저자가 정리

2 이는 클린턴 행정부의 행정개혁 추진기구인 국가성과평가위원회(NPR: National Performance Review)에서 발간된 일련의 보고서들을 통해 제시되었으며, 정부혁신의 원칙과 그에 따른 권고안(recommendations) 및 실행계획(action items)이 제시되었다. 클린턴 행정부 시기 동안 발간된 NPR의 전자정부 추진 관련 주요 보고서에 대해서는 박정은(2006: 83) 참조.

같은 관점에서 NPR이 제시하는 전자정부의 비전과 기대효과는 다음 네 가지의 유형으로 구분될 수 있다.

첫째, 전자정부는 연방정부 공무원들이 더 효율적으로 그들의 업무를 수행할 수 있도록 만드는 도구로서 의의를 지닌다. 전자정부를 통해 더 많은 정보를 더 정확하게 습득하고 분석할 수 있게 됨으로써 더 정확한 정책결정을 내릴 수 있을 뿐만 아니라, 더 효율적으로 업무를 처리할 수 있게 된다. 이는 더 높은 성과와 생산성의 향상으로 이어진다. 예를 들면 재정관리정보시스템의 활용을 통해 정책결정자들이 예산투입의 현황, 사업성과의 산출내역과 같은 정보를 파악할 수 있게 되어 더 신속하고 정확한 정책결정을 내릴 수 있다.

둘째, 정부의 고객인 시민들은 정보기술을 통해 더 좋은 공공서비스를 더 편리하게 이용하고 혜택을 받을 수 있게 된다. 예를 들면, 정보시스템을 기반으로 하여 신용카드를 통해 세금을 납부하거나, 온라인을 통해 은행계좌로 직접 연금을 수령할 수 있게 됨으로써 정부의 업무시간에 구애받지 않고 공공서비스를 활용할 수 있게 된다. 또한 정보시스템을 활용함으로써 자신에게 더 적합한 일자리에 대한 정보를 정부로부터 제공받을 수 있게 된다. 정보시스템을 활용한 공공서비스의 제공은 더 나아가 더 공정한 fairer 서비스의 공급으로 이어지게 된다.

셋째, 집합적 수준의 행정부 내부, 즉 연방정부 기관 및 조직의 관점에서 보면, 전자정부는 운영비용을 줄이는 데 기여한다. 예를 들면, 신용카드나 온라인을 통한 송금과 지출은 수표 발행이나 기타 서식의 사용량과 관련 인력을 줄일 수 있게 된다. 아울러, 정보시스템의 활용으로 더 적은 인원으로 적어도 기존과 같은 양의 업무를 수행할 수 있게 된다. 이를 통해 조직 규모의 감축이 가능하게 된다. 나아가 전자정부는 정부의 수입 증대에도 기여하게 된다. 즉 정부가 보유한 정보 government information 를 CD-ROM과 같은 전자매체를 이용해 기관이나 기업에 판매함으로써 정부의 주요한 수입원으로 활용할 수 있다.

나아가 정보기술의 정부 업무에의 적용은 비용의 절감뿐만 아니라, 정부의 일하는 방식을 바꿈으로써 효율적인 정부를 이룰 수 있도록 하는 도구가 된다. 즉 정보기술을 통해 조직 간 장벽을 허물고 공공서비스의 전달을 더 빠르게 진행할 수 있게 된다. 이를 위해서는 국가 차원의 전략 nation-wide strategy 의 수립이 요구된다.

넷째, 집합적 수준의 행정부 외부 즉, 의회나 주·지방정부의 관점에서 보면, 전자정부는 책임성 및 파트너십의 제고의 수단이 된다. 예를 들면, 재정관리정보시스템을 통해 산출되는 정보는 행정부 공무원의 책임과 업무기준을 명확히 함으로써 의회 및 국민들에 대한 책임성을 강화하게 하는 도구가 된다. 또 중앙정부와 주·지방정부 그리고 관련 기업들이 지역공간정보를 공동으로 구축하고 활용함으로써 상호 파트너십의 강화에도 기여하게 된다.

3) 사업 내용

이와 같은 비전과 목표하에 클린턴 행정부는 〈표 2.3〉에서 제시되고 있는 바와 같

〈표 2.3〉 클린턴 행정부 시기 NPR의 전자정부 권고안과 조치 사항

보고서	분야	권고안	조치 사항 수
정보기술을 이용한 리엔지니어링 (1993)	리더십	IT01: 강력한 리더십에 의한 정보기술의 정부 적용	2
	전자정부	IT02: 종합 전자급부 전달시스템 구현	2
		IT03: 정부 정보 및 서비스에 대한 종합 전자접근시스템	5
		IT04: 전국 법 집행 및 공공안전망 구축	2
		IT05: 정부 간 세금 파일링/신고/납부 처리시스템 구축	2
		IT06: 국제무역 정보시스템 구축	1
		IT07: 전국 환경정보 색인 작성	1
		IT08: 범정부적 전자우편 서비스의 계획/시범/제공	2
	전자정부 지원 메커니즘	IT09: 정부의 정보 기반 개선	4
		IT10: 프라이버시/보안 보장 시스템 및 메커니즘 개발	11
		IT11: 정보기술 구매 방법 개선	6
		IT12: 혁신 동기 제공	4
		IT13: 연방 공무원에 대한 정보기술 교육훈련/기술지원	5
미국의 전자정부를 향한 도정 (1997)	전자정부	A01: 정부서비스에 대한 국민의 접속 향상	8
		A02: 전국적으로 통합된 전자수혜이체 시행	3
		A03: 1999년까지 모든 연방지불금을 전자자금이체	2
		A04: 환경정보를 국민에게 제공	6
		A05: 기업을 위한 환경·안전·보건 자원을 전자적 구축	1
		A06: 정부 간 무선 공공안전 네트워크를 구성	5
		A07: 국가의 범죄재판을 위한 정보기술의 필요성 대처	4
		A08: 고용주의 세금 정리 및 신고를 단순화	5
		A09: 국제무역을 위한 데이터의 신속 이용 지원	3
		A10: 전자적인 수출지원센터 구축	3
		A11: 능률적인 정부업무 절차를 위해 전자상거래 이용	4
		A12: 정부 간 정보사업을 확대	4
		A13: 전 세계적으로 정보기술 경험의 공유를 향상	2
	전자정부 지원 메커니즘	A14: 프라이버시와 보안을 보증	3
		A15: 정부서비스 정보 기반을 통합	5
		A16: 정보기술의 조달을 개선	3
		A17: 연방 직원들의 생산성을 제고	3
		A18: 정보기술 학습을 강화	2

출처: NPR(1997; 1993)

이 다양한 전자정부 과제를 추진하였다. NPR의 정보기술 관련 첫 번째 보고서인 『정보기술을 통한 리엔지니어링』에서는 정보기술 리더십의 강화와 함께, 7개의 정보시스템 구축 및 전자정부 지원 메커니즘 확립에 관한 5개의 권고안을 제시하고 있다. 1997년에는 추가로 시민들의 정부서비스에 대한 접근성을 향상시킬 것 등 18개의 권고안과 66개의 세부 실행계획을 제시하였다. 전체적으로 NPR은 정보기술 분야에 있어서 31개 권고안과 109개의 세부 실행계획을 제시하였으며, 이는 전체 권고안 144개 중 약 22%, 전체 세부 실행계획 1,428개 중 7.6%를 차지하였다.

3. 부시 행정부의 전자정부 고도화정책

1) 추진 배경

1990년대 이후 신경제의 핵심이 된 IT는 10여 년 미국 경제를 끌어올린 견인차 역할을 하였으나, 1990년대 후반부터 'IT 거품경제'의 부작용이 나타났다. 또한 민간부문부터 정보통신기술의 도입이 과연 생산성 향상을 가져왔는가에 대한 논쟁이 이어지면서 정보통신기술에 대한 관리의 필요성이 대두되기 시작하였다. 정치적으로는 부시 행정부의 관리주의적 개혁이 그 배경이 된다. 부시 대통령은 연방정부의 행정개혁을 위한 방향과 세부 과제들을 담은 「대통령 관리 의제 President Management Agenda」를 2001년 8월 발표하면서, 다음과 같은 원칙을 제시하고 있다(OMB, 2001). 첫째, 관료 중심이 아닌 국민이 체감할 수 있는 혁신을 이행하는 '시민 중심 citizen-centered'의 원칙, 둘째, 투자에 대한 명확한 성과가 발생 가능한 혁신을 지향하는 '결과 지향 result-oriented'의 원칙, 셋째, 경쟁을 통해 혁신을 촉진하는 '시장 기반 market-based'의 원칙을 행정개혁의 원칙으로 제시하였다.

이와 같은 원칙하에서 부시 행정부는 주도적이지만 제한적인 정부의 활동을 강조하고 있으며, 모든 관리의제에 개입하기보다는 우선순위에 입각하여 중요한 의제들을 선정하고 이의 달성에 주력하는 방향으로 행정개혁의 전략을 수립하였다. 그리고 그 출발점으로서 공공관리 개혁을 추진하면서 '전자정부의 확대'를 5대 범정부적 관리 의제의 하나로 제시하였다(Breul, 2007; OMB, 2001).

2) 비전과 목표

부시 행정부는 정부의 IT 활용 수준이 민간에 크게 뒤처져 있을 뿐만 아니라, 초기의 기대와는 달리 IT가 정부의 생산성이나 효율성 향상, 그리고 국민들에 대한 공공서비스 전달의 개선에도 크게 기여하지 못하였다고 진단하였다(OMB, 2002; 2001). 그 이유로서 다음과 같은 네 가지를 제시하였다. 첫째, 연방기관들은 정보시스템을 구축함에 있어 자신들의 필요와 업무목적만을 고려할 뿐 시민들이 어떠한 요구를 가지고 있는지에 대해서는 고려하지 않기 때문이다. 둘째, IT를 활용함에 있어 새롭고 혁신적인 업무 절차나 개선방안을 개발하여 이를 정보화하기보다는 현재의 업무 절차를 그대로 자동화하기 때문이다. 셋째, 기관 내부의 목적과 필요에만 집중된 정보시스템 구현은 필연적으로 기관 외부의 시민이나 다른 정부기관들과의 연계가 되지 않은 정보시스템의 구축으로 이어지게 된다. 이는 소위 '자동화의 섬island of automation' 현상을 가져와 비효율과 불편을 가중시킨다. 넷째, 변화에 대한 저항이다. 기존의 예산절차는 정부기관들을 연계하는 다부처 전자정부 시스템의 구현을 지원하지 않고 있으며, 기관들의 문화나 조직의 변화에 대한 두려움이 혁신을 저해하는 요소로 지적되었다.

이와 같은 현실 인식하에 부시 행정부는 대통령의 행정개혁 원칙에 입각하여 "정부의 인적자원 및 물리적 자산과 정보기술을 활용한 관리기법을 결합함으로써 전통적 방식과 정보화가 결합된 조직click and mortar enterprise으로서의 정부"를 전자정부 추진의 비전으로 설정하였다. 이러한 비전하에 "3회 이내의 클릭으로 원하는 정보와 서비스를 인터넷을 통해 얻을 수 있는 전자정부 구현"을 그 목표로 하고 있다(OMB, 2002). 이와 같은 비전과 목표를 달성하기 위해서는 연방기관들의 운영절차의 통합과 단순화가 이루어져야 한다. 이를 위해 부시 행정부는 다수의 부처를 연계하는 전자정부 프로젝트를 전략으로 채택하였다. 다양한 부처들의 업무와 운영방식을 조사하여 유사한 목적을 가졌거나 서비스 수혜자나 업무 대상이 같을 경우, 업무 프로세스를 통합하고 단순화하여 공통의 정보시스템을 활용토록 함으로써, 시민들에게는 단일한 접점을 제공하고 내부적으로는 정보자원의 통합 관리와 정보시스템의 효과성을 제고하고자 하였다.

이와 같은 전자정부 추진 목표를 달성하기 위해 2002년 제정된 「전자정부법」에 따라 OMB 내에 전자정부 추진 전담기관으로 전자정부국Office of e-government and IT을 설치하였다. OMB 내 전자정부국의 설치를 통해 클린턴 행정부 당시 OMB, NPR, GITS, 총무처GSA: General Services Administration 등 다양한 기관에 분산되어 있던 추진기능을 대통령 직속의 상시적 예산 및 관리 기구인 OMB 내 전자정부국으로 집중하여 OMB 중심체제로 재편하였다.[3]

2002년 발표된 「전자정부 전략e-Government Strategy」에서는 전자정부 추진을 위한 기본 전략으로 부처 간 협조 및 조정을 강화하고, 시민수요 중심의 서비스를 제공한다는 원칙을 제시하였다. 세부적으로는 첫째, 성과 측면에서 국민 특성별 그룹화를 통해 각 특성별 수요와 기대에 충족하는 통합 사이트를 구축하여 인터넷에서 3번 클릭으로 원하는 정보와 서비스를 얻을 수 있도록 하였다. 둘째, 투자 측면에서는 정부 업무흐름을 재설계하고 정보기술의 중복 투자를 제거한다. 연방정부 아키텍처FEA: Federal Enterprise Architecture를 구축하여 부처 간 유사 업무영역과 중복 IT 투자 영역을 찾아 통합하는 등 업무흐름을 재설계하고 통합 사이트 구축에 필수적인 다부처 관련 사업을 중점 지원하였다. 셋째, 기반 조성 측면에서 전자정부 신뢰성을 높여 이용 확대할 수 있도록 기술적·행정적 조치를 시행하였다. 이를 위해 정보 보호, 프라이버시 보호, 온라인 거래의 중요도에 따른 4단계 인증체계 구축 등이 추진되었다(OMB, 2002).

3) 사업 내용

이와 같은 비전과 목표하에 부시 행정부는 24개의 다부처 연계 전자정부사업과 공통 기반의 전자인증사업 등 총 25개 사업을 선정하고 추진해왔다(〈표 2.4〉 참조).

〈표 2.4〉 부시 행정부의 전자정부 추진과제

구분	사업명	내용	주관기관
정부-시민 간 관계 영역	여가생활 (Recreation One-Stop)	여가 장소 및 관련 물품 구매가 가능한 온라인 통합 사이트	내무부
	정부지원자격조회 (GovBenefits.gov)	개인의 정부지원자금 및 서비스 수혜 가능 여부 조회 및 지원 신청 사이트	노동부
	개인 세금신고 서비스 (IRS Free File)	시민 스스로가 세금 신고를 할 수 있도록 도와주는 온라인 서비스	재무부
	정부대출서비스 (GovLoan.gov)	각종 대출프로그램을 원스톱(One-Stop)으로 검색 및 신청할 수 있는 통합 사이트	교육부
	USA 서비스(USA Services)	시민들의 전화, 이메일, 팩스 등을 통한 각종 문의 사항에 대해 답해주는 원스톱) 서비스	총무처

3 미국 전자정부 추진 전담기관 전자정부국에 대한 자세한 분석은 제5장 제3절 참조

정부-기업간 관계 영역	규정 제정(E-Rulemaking)	연방정부가 제정 중인 규제 관련 규정의 검색 및 의견 제출 온라인 사이트	환경처
	기업세금서비스(Expanding E-Tax Products for Businesses)	기업의 세금 신고를 보다 쉽고 편리하게 도우며, 세금 정보를 제공	재무부
	연방자산매각 (Federal Asset Sales)	각 연방기관의 처분재산 및 비품정보의 통합과 기업의 구매 가능	총무처
	수출지원(International Trade Process Streamlining)	20여 개 중소수출업체의 지원 사이트를 통합하여, 각종 정보 및 거래 제공	상무부
	원스톱(One-Stop) 기업 지원 (Business Gateway)	중소기업의 창업에서 폐업까지 활동에 필요한 법, 규정, 거래, 정보 등 제공	중소기업처
	통합건강정보(Consolidated Health Informatics)	시민의 건강정보를 기관 간 공유할 수 있는 정보표준 제정	보건복지처
정부-정부 간 관계 영역	지리정보(Geospatial One-Stop)	지리정보의 통합 사이트 구축으로 연방·주·지방 정부의 공동이용 추구	내무부
	재해관리(Disaster Management)	재해 관련 정보와 대응수단의 온라인 공유 및 시스템 구축	국토안보부
	공공안전을 위한 무선통신 (SAFECOM)	연방·주·지방 정부 간 무선으로 응급 상황에 대한 정보 공유	국토안보부
	출생·사망정보 공유(E-Vital)	연방정부와 주정부 간 출생 및 사망 기록을 온라인으로 공유	사회보장처
	정부보조금(Grants.gov)	각종 단체들의 연방재정보조의 기회 검색 및 신청을 지원하는 서비스	보건복지처
내부 관리 효율 영역	교육훈련(E-Training)	공무원이 온라인으로 수준 높은 교육을 받을 수 있도록 서비스	인사처
	원스톱 채용(Recruitment One-Stop)	정부의 일자리 현황 검색과 이력서 제출 등이 가능한 직원채용 통합시스템	인사처
	인적자원 통합관리 (Enterprise HR Integration)	연방정부 공무원의 데이터베이스 구축 및 교환과 인적자원관리의 분석 시스템 구축	인사처
	전자신원조회(E-Clearance)	통합된 공무원 신원조회절차 제공	인사처
	봉급관리(E-Payroll)	연방정부의 22개 봉급시스템 통합	인사처
	출장관리(E-Gov Travel)	부처별 출장관리체계 일원화, 원스톱 출장서비스	총무처
	통합조달환경(Integrated Acquisition Environment)	조달, 물류, 성과 등에 관한 다른 부처의 상세한 정보 통합	총무처
	전자기록관리 (E-Records Management)	범정부적인 전자기록 보존, 관리 시스템	국가기록처
공통	전자인증(E-Authentication)	인터넷을 통한 거래에 있어 자기 확인 및 전자서명 시스템 구축	총무처

출처: OMB(2002)

이와 같은 전자정부 추진은 전자정부 예산의 증가를 가져왔다. [그림 2.1]에서 보는 바와 같이, 대통령 관리의제인 25개 전자정부 추진에 소요되는 예산총액은 2003 회계연도부터 지속적으로 증가해왔다. 그러나 한 가지 특기할 사항은 미국의 경우 의회로부터의 배정된 예산 배정액은 점차 감소한 반면, 전자정부 시스템 활용을 통해 거둔 수익금의 증가로 예산액의 감소를 충당하고 있다는 점이다. 또한 대통령 관리의제인 25개 사업 외에 연방기관이 독자적으로 추진하는 사업에 대한 예산까지 포함하는 정보화 투자의 경우에도 〈표 2.5〉에서 보는 바와 같이 2002 회계연도부터 2008 회계연도까지 지속적으로 증가하였다.

[그림 2.1] 부시 행정부의 대통령 관리의제 전자정부 예산 추이 (단위: 백만 달러)

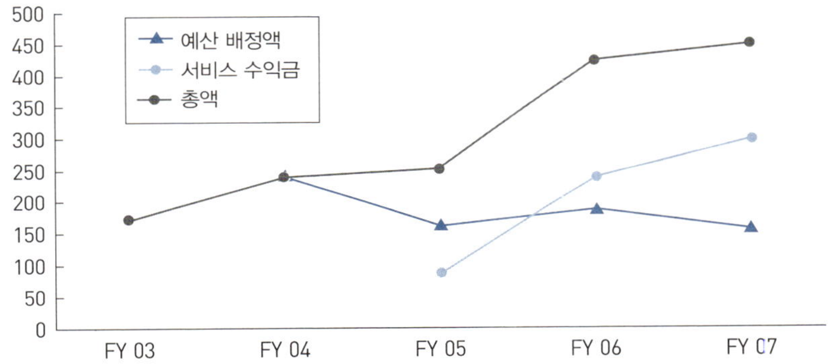

출처: OMB(2006)

〈표 2.5〉 부시 행정부의 정보화 투자 증가 추이 (단위: 백만 달러)

회계연도	FY 2002	FY 2003	FY 2004	FY 2005	FY 2006	FY 2007	FY 2008
IT 투자액	50,441	57,073	58,586	62,176	66,215	64,911	66,405

출처: OMB, U.S. Government Budget: Analytical Perspective, 각 연도.

4. 오바마 행정부의 디지털 혁신정책[4]

1) 추진 배경

2009년 1월에 취임한 오바마 대통령은 세계적인 글로벌 금융위기의 극복과 미국의 경제성장을 정부의 최우선 과제로 인식하고 있었다. 이러한 대통령의 인식하에 오바마 행정부는 국가혁신을 통한 국민과 기업의 창조적 활동이 경쟁력 있는 일자리 창출과 지속적인 경제성장을 가져온다고 확신하면서 2009년 「미국의 혁신전략A Strategy for American Innovation」을 발표하였다. 오바마 정부는 국가혁신을 위해 이전 정부보다 더욱 적극적인 ICT 활용을 강조하였다. 미국의 국가혁신을 성공적으로 실현하기 위해 국가정보화 전략과 혁신과제 지원을 위한 ICT 활용방안을 체계적으로 연계하여 추진하였다. 이와 같은 맥락에서 ICT를 활용한 연방정부 디지털 혁신 과제들이 추진되었다.

2) 비전과 목표, 사업 내용

가. ICT 기반의 '열린 정부' 구현

오바마 정부는 미국혁신을 위해 국정운영방식을 최우선으로 혁신하고자, 기존 행정부 역사상 유례없는 수준의 '열린 정부Open Government' 구현을 새로운 지향점으로 선정하였다. 웹 2.0, 모바일 인터넷, 소셜미디어, 스마트폰 등 새로운 ICT 기기와 기술발전은 열린 정부의 이념과 구현원칙 달성을 위해 필수불가결한 기반이자 도구로서 간주되었다.

오바마 대통령은 2009년 1월 21일, 대통령 취임 이후 연방기관을 대상으로 한 최초의 메모랜덤[5]에서 '열린 정부' 구현을 통해 "정부에 대한 대중의 신뢰 수준을 높일 수 있고 투명성, 참여, 협력적인 정부 시스템을 구축함으로써 민주주의를 강화하고 정부의 효율성과 효과성을 높일 수 있다"고 강조하였다. 구체적으로, 대중에게 정부가 무엇을 하고 있는지에 대한 정보를 제공함으로써 얻어지는 투명성은 정부의 책임성을 높일 수 있다. 대중들이 그들의 아이디어와 전문성을 제공하게 하는 참여는 정부가

4 이 절은 한국정보화진흥원(2011)의 『오바마 정부의 신(新)국가정보화전략 분석 및 시사점』의 내용 중 정부의 디지털 혁신과 관련성이 높은 내용을 참고하여 작성되었다. 오바마 행정부 시기의 전반적인 디지털 혁신 사업에 대한 내용은 위 보고서를 참조.

5 The White House. "The President's Memorandum on Transparency and Open Government". 2009. 1. 21.

정책을 결정함에 있어 사회에 더 넓게 퍼진 정보를 활용하게 할 수 있게 한다. 마지막으로 참여는 연방정부 내의 기관과 연방정부-주정부-지방정부, 그리고 공공부문과 민간부문의 파트너십과 협력을 고양함으로써 정부의 효과성을 높일 수 있다.

대통령 메모랜덤을 바탕으로 OMB는 「열린 정부 지침Open Government Directive」(2009. 12. 8.)을 발표하고 모든 연방부처 및 기관을 대상으로 '열린 정부' 정책을 추진하도록 독려하였다. 주요 내용은 다음과 같다.

(1) 정부가 보유한 정보를 온라인에 게시
(2) 정부가 보유한 정보의 질적 개선
(3) '열린 정부'의 문화를 창조하고 제도화
(4) '열린 정부'를 위한 실현 가능한 정책 프레임워크를 개발

이와 같은 지침하에 오바마 행정부는 투명성, 참여, 협업이라는 3대 구현원칙에 따라 각각의 추진전략과 서비스 모델을 개발하여 추진하였다. 첫째, 공공정보 개방·공유 확대를 통한 투명한 정부 구현이다. 공공정보의 투명한 개방과 공유를 통해 기업과 시민의 정보 재활용 및 새로운 가치 창출의 기회를 부여하고자 하였다. 이와 같은 목적에 따라 'Data.gov' 등의 웹사이트가 구축되고 서비스가 제공되었다(〈표 2.6〉 참조).

〈표 2.6〉 오바마 행정부의 투명성 증진을 위한 웹사이트 및 정보서비스 사례

서비스	성격	내용
Data.gov	연방정부의 정보 제공 웹사이트	• 연방부처 및 기관이 생성·보유하고 있는 모든 데이터를 시민들이 자유롭게 검색하고 저장하여 재구성할 수 있도록 구축 • 다양한 포맷의 Raw 데이터, 농업, 환경, 교육 등 주요 데이터셋과 지리정보 등 카테고리로 구분
IT Dashboard	IT 예산정보 제공 웹사이트	• 모든 연방부처 및 기관의 IT 예산과 프로젝트 성과 등에 관한 연도별 추이 등의 데이터 제공 • 전문가들의 IT 투자 분석과 성과 정보, 웹 기술을 활용한 3차원 입체 그래프 등으로 구성
Performance.gov	연방정부와 기관의 주요 분야별 업무성과 정보 제공 웹사이트	• 조달, 예산관리, 인적자원, 기술, 성과 개선, 열린 정부, 지속가능성, 고객서비스 등 8대 주요 정책부문의 추진 경과 및 성과정보 제공

출처: 한국정보화진흥원(2011)

둘째, 웹 2.0 기반 소셜미디어 활성화를 통한 참여지향적 정부 구현이다. 웹 2.0 기술과 소셜미디어 등을 도입하여 소통 채널의 다양화, 참여 접근성 및 편리성 강화 등을

통해 정부–국민 간 양방향 소통 기반의 참여를 촉진하고자 하였다. 이와 같은 목적에 따라 'We the People' 등의 웹사이트가 구축되고 서비스가 제공되었다(〈표 2.7〉 참조).

〈표 2.7〉 오바마 행정부의 참여 증진을 위한 웹사이트 및 정보서비스 사례

서비스	성격	내용
We the People	온라인 국민청원 플랫폼	• 가장 최근 오픈한(2011년 9월) 전 국민 대상 온라인 청원 지원 시스템으로 간단한 이메일 등록으로 정부에 대한 청원 제시 가능 • 30일 이내에 2만 5,000명의 온라인 서명이 모이면 정부 관계자들이 협의를 통해 정책 반영 여부 및 결과 피드백을 공지
Stay Connected	연방정부의 공식 소셜미디어 사이트	• 백악관은 페이스북, 마이스페이스, 유튜브 등 8개의 소셜미디어를 연계한 소통 채널 구축 • 정부의 기존 웹 포털에는 댓글이나 코멘트가 어려웠지만, 소셜미디어의 자유로운 의견 게시와 토론기능으로 이용률 및 지지도 증가
e-타운홀 미팅	대통령의 타운홀 미팅 결과 게시 및 생중계	• 오바마 대통령은 플로리다 포트마이어스 100여 명의 주민을 대상으로 시작한 순회 미팅(2009. 2. 10.)을 꾸준히 개최하며, 이를 백악관 홈페이지와 인터넷 등으로 생중계 • 현장토론과 질의응답을 보면서 인터넷으로 실시간 질문을 하는 등 대통령과의 직접 소통

출처: 한국정보화진흥원(2011)

셋째, 다자간 협업 네트워크 구축을 통한 협력 지향적 정부 구현이다. 복잡하고 다양한 정책현안 해결을 위해 정부 내외의 이해관계자 및 전문가로 구성된 협업 네트워크 구축으로 정책결정과 집행역량 강화를 추구하고자 하였다(〈표 2.8〉 참조).

〈표 2.8〉 오바마 행정부의 협력지향적 정부구현을 위한 협업 네트워크 구축 사례

서비스	성격	내용
SF 311	다채널 대민서비스 통합센터	• 샌프란시스코시의 콜센터(311)에 여러 개의 소셜미디어를 연계하여 국민과 정부의 공동 문제해결을 위한 협업 네트워크 구축 • 도로 청소, 쓰레기 수거, 담벼락 낙서 제거 등을 신고하고, 원스톱 처리로 피드백
Challenge.gov	정책현안 솔루션 공모 사이트	• 연방부처 및 기관들이 정책현안 및 문제해결을 위한 정책 솔루션 공모안을 제시 • 일정 기간 동안 다양한 정책 솔루션을 수렴하여 심사한 뒤, 선정된 아이디어에 일정 금액을 포상하는 등 동기부여 촉진

출처: 한국정보화진흥원(2011)

나. IT 투자의 효율성 제고를 위한 데이터센터 통합 및 클라우드 시스템 확대

오바마 행정부는 연방정부의 ICT 투자효과가 낮고 비효과적임을 인식하고 이의 개선을 위해 노력하였다. 연방정부 정보화책임관협의회 CIO Council가 조사한 바에 따르면, 연방정부는 지난 10년간 ICT 부문에 약 6,000억 달러 이상을 투자했지만, 민간업계보다 낮은 ICT 생산성과 잦은 일정 지연과 중복투자 등으로 재정적 부담이 가중되었다. 이에 ICT 투자 효율화를 위해 「정보기술개혁계획」을 추진하였다.

「정보기술개혁계획」에 따라 범정부 협업 기반의 25개 프로젝트를 중점관리 대상 프로젝트로 지정하고 각각의 프로젝트를 '운영효율성 향상'과 '효과적인 대규모 ICT 사업관리'로 나누어 지정하였다. 이 중 '운영효율성 향상'을 위한 프로젝트는 데이터센터 통합과 클라우드 컴퓨팅 도입·확산을 우선 추진하도록 강조하였다. 구체적인 내용은 다음과 같다. 첫째, 데이터센터 통합은 1998년 432개에서 2010년 2,094개로 증가한 데이터센터를 6단계에 걸쳐 2015년까지 최소 800개로 통·폐합을 추진하였다. 둘째, 클라우드 컴퓨팅 도입·확산은 2009년 3월 발표된 '연방 클라우드 컴퓨팅 이니셔티브'와 '클라우드 우선 정책'에 따라 78개 정보화 시스템을 클라우드 전환 대상으로 선정하였다(2011년 6월). 이와 함께, 부처나 기관별로 대규모 기능 중심의 맞춤형 시스템을 구현하던 방식에서 경량기술 light technology과 공유 솔루션을 채택하여 기존 시스템 확장·연계를 통한 방식으로 연방정부의 ICT 투자의 효율성을 추구하였다(한국정보화진흥원, 2011).

다. 빅데이터 및 인공지능의 도입과 활용에 대한 정책 수립

오바마 행정부는 빅데이터와 인공지능 활용에 대한 정책보고서 작성을 통해 전자정부와 스마트 정부를 넘어 다가올 지능정보시대를 대비하였다. 연방정부기관의 연구개발 및 과학기술정책을 조정하는 국가과학기술위원회 NSTC: National Science and Technology Council와 대통령실이 주도하여 빅데이터 및 인공지능 등 당시에 점차로 발전하는 정보기술의 발전과 그것이 발휘할 사회적인 영향력을 전망하고 그에 대응하기 위한 정책대안을 제시하기 위해 이루어진 작업이었다.[6]

---

6 빅데이터와 관련된 보고서로는 *Big data: Seizing opportunities, preserving values*(2014; 2015), *Big Data and Privacy: A Technological Perspective*(2014), *Consumer data privacy in a networked world: A framework for protecting privacy and promoting innovation in the global digital economy*(2012) 등이 발간되었다. 인공지능과 관련된 보고서로는 *Preparing for the Fu-*

이들 보고서는 빅데이터와 인공지능에 대한 광범위한 현황조사 및 사례조사, 전문가들과의 의견을 종합하여 빅데이터 및 인공지능의 발전 방향을 전망하고 향후 당면하게 될 사회적 도전과 과제를 정리하고 그에 대한 정책권고안을 담고 있다. 예를 들면, 『인공지능의 미래를 대비하며 PREPARING FOR THE FUTURE OF ARTIFICIAL INTELLIGENCE』 보고서(2016년 10월)는 인공지능의 역사와 정의, 현황 등에 대한 개관과 함께 공익 public good 을 위한 인공지능 활용이라는 관점하에 정부에서의 인공지능 활용, 규제, 연구, 노동, 경제 등 인공지능이 미치는 영향력과 그에 대한 분야별 대응을 다루고 있다. 특히, 인공지능 활용이 공정성, 안전, 정의 등의 가치를 유지하기 위한 거버넌스 구조와 글로벌 차원의 도전에 대해 언급하면서 인공지능에 대한 교육과 연구, 윤리, 국제관계 등의 측면에서 주요 이슈를 살펴보고 23개의 정책권고안을 제시하고 있다(〈사례 1〉 참조).

사례 1 **미국 오바마 행정부의 인공지능 정책권고안**

권고안 1: 민간기관 및 공공기관은 인공지능과 머신러닝이 사회에 도움이 될 수 있도록 책임 있는 활용과 그 방법에 대해 검토하여야 한다. 업무상 첨단기술과 데이터과학을 전면적으로 활용하지 않는 사법기관이나 공공기관은 이 기술들을 활용하기 위한 방법과 전략 수립을 지원해줄 수 있는 인공지능 연구자 및 실무자와의 파트너십 체결을 고려할 필요가 있다.

권고안 2: 연방정부 기관은 인공지능 활용을 위한 개방형 교육 데이터와 개방형 데이터 표준을 우선시해야 한다. 정부는 사회문제 해결에 인공지능을 활용할 수 있도록 데이터세트(data set) 공개에 노력해야 한다. 인공지능 연구를 가속화하기 위해 대규모의 정부 데이터세트 공개를 목표로 하는 '인공지능을 위한 데이터 개방' 정책과 정부, 학계 및 민간 부문을 아우르는 개방형 데이터 표준 및 모범 사례 활용 활성화 정책을 추진해야 한다.

---

ture of Artificial Intelligence(2016), *The National Artificial Intelligence Research and Development Strategic Plan*(2016)이 발간되었다.

권고안 3: 연방정부 주요 기관들은 인공지능 적용을 위한 역량 개선 방안을 모색해야 한다. 예를 들어, DARPA와 유사한 조직을 만들거나 교육부가 학생들의 학습 성과 개선에 인공지능과 관련된 기술활용 여부를 결정하기 위한 'ARPA-ED'라는 조직 설치를 제안한 것처럼, 고위험, 고수익의 인공지능 연구와 그 적용을 지원하기 위한 다양한 대안을 검토해야 한다.

권고안 4: 국가과학기술위원회 머신러닝·인공지능 분과위원회는 정부 전체의 인공지능 실무자들을 위한 실행위원회를 발전시켜야 한다. 기관들은 정부 운영에 있어 인공지능의 사용에 관한 표준과 모범 사례를 개발하고 공유하기 위해 협력해야 한다. 기관은 연방정부 직원 교육 프로그램에 인공지능과 관련된 학습 기회가 포함되도록 보장해야 한다.

권고안 5: 기관은 인공지능이 적용 가능한 제품에 대한 규제 정책을 수립할 때 상급자 수준의 적절한 기술적 전문성을 활용해야 한다. 인공지능이 적용 가능한 제품에 대한 효과적인 규제는 기관의 리더십, 기존 규제 프레임워크와 일반적인 규제 실무에 정통한 직원, 그리고 인공지능에 대한 지식을 보유한 기술전문가 간의 협업이 필수적이다. 기관의 리더들은 필요한 기술 인재를 새로 채용하기 위한 조치를 취하거나 기관의 재직자들 중에서 기술 인재를 확보할 수 있어야 하며, 규제정책에 대한 토론 과정에서 충분한 기술적 전문가가 참여할 수 있도록 보장해야 한다.

권고안 6: 기관은 연방기관의 직원들이 기술 현황에 대한 보다 다양한 시각을 가지고 역량을 강화할 수 있도록 전반적인 인사 배치 및 교류 방안을 고려해야 한다.

권고안 7: 교통부는 안전, 연구 및 기타 목적을 위한 데이터 공유를 증가시키는 방법에 대해 산업 및 연구자와 협력해야 한다. 지상 및 항공 운송에서 인공지능이 수행할 미래의 역할은 명백하다. 따라서 연방 기관 및 직원들은 단기적으로는 소비자의 사생활(privacy) 보호에 부합하면서도, 기술이 성숙됨에 따라서 더 좋은 정책결정의 기반이 될 수 있는 점점 더 많은 데이터 세트를 개발하는 데에 초점을 맞추어야 한다.

권고안 8: 미국 정부는 확장성이 뛰어나고 자율 항공기와 조종사가 조종하는 항공기 모두에 적합한 첨단 자동 항공교통관리시스템을 개발하고 구현하는 데 투자해야 한다.

권고안 9: 교통부는 완전 자율주행자동차와 자율주행항공기가 운송시스템에 안전하게 통합될 수 있도록 새로운 운송수단의 설계를 포함하여 진화하는 규제 프레임워크의 개발을 계속해야 한다.

권고안 10: 국가과학기술위원회 머신러닝·인공지능 분과위원회는 인공지능 기술의 발전 상황을 점검해야 한다. 특히 주요 정책지표와 관련해서는 인공지능 기술의 현황에 대해 행정부 고위 관리에게 정기적으로 보고해야 한다. 분과위원회는 지식의 진보와 전문가들의 의견 변화를 반영하여 주요 착안 사항에 대한 목록을 업데이트해야 한다. 분과위원회는 필요할 경우 인공지능기술의 반전에 대해 대국민 보고를 검토해야 한다.

권고안 11: 정부는 주요 정책지표와 관련하여 다른 나라의 인공지능기술 현황도 검토해야 한다.

권고안 12: 산업계는 정부가 산업부문에서 인공지능기술의 동향 및 발전에 대한 최신의 정보와 지식을 갖출 수 있도록 정부와 협력해야 한다.

권고안 13: 연방정부는 기본적·장기적 인공지능 연구를 우선시해야 한다. 연방 및 민간 부문에서 이루어지는 인공지능에 대한 지속적인 연구개발의 증가는 국가 전체적으로 이익이 될 것이다. 특히 기초 연구와 장기적, 고위험 연구는 더욱 그러하다. 기초연구와 장기연구는 민간부문이 투자할 가능성이 낮은 분야이기 때문에 이들 분야의 연구개발을 위해서는 연방정부의 투자가 중요하다.

권고안 14: 국가과학기술위원회의 관련 분과위원회들은 인공지능 연구자, 전문가, 사용자를 포함하는 인공지능 인력의 적정 수준의 규모, 역량, 다양성을 보장하기 위한 조치들을 개발하기 위해 인공지능 관련 인력의 교육 및 훈련 프로그램에 대한 연구를 개시해야 한다.

권고안 15: 대통령실은 인공지능과 자동화가 미국 고용시장에 미치는 영향을 추가 조사하고 권고된 정책 대응의 방향성을 제시하는 후속 보고서를 발간해야 한다.

권고안 16: 개인에 대해 영향력 있는 의사결정을 내리거나 그와 같은 의사결정을 위한 지원을 제공하는 인공지능 기반 시스템을 이용하는 연방기관은 증거 기반 증명 및 확인에 기초하여 해당 시스템의 효용성(efficacy)과 공정성(fairness)을 보장하기 위해 각별히 주의해야 한다.

권고안 17: 개인에 대한 영향력 있는 의사결정을 위해 인공지능 기반 시스템의 사용을 통해 주·지방 정부에 보조금을 지급하는 연방기관은 보조금 조건을 검토하여 연방보조금 기금으로 구입한 인공지능 기반 제품 또는 서비스가 충분히 투명한 방식과 효용성과 공정성의 증거에 의해 결과를 산출하는지를 확인해야 한다.

권고안 18: 학교와 대학은 인공지능, 머신러닝, 컴퓨터 과학, 데이터 과학에 관한 커리큘럼의 필수적인 부분으로서 윤리 및 보안, 사생활 보호, 안전 등과 관련된 주제를 포함해야 한다.

권고안 19: 인공지능 전문가, 안전 전문가, 그리고 그와 관련된 전문 학회가 힘을 합쳐 인공지능 관련 안전공학(safety engineering)의 성숙을 위해 노력해야 한다.

권고안 20: 미국 정부는 인공지능과 관련된 국제적 개입, 그리고 국제적인 개입과 점검이 필요한 인공지능 주제 목록 개발을 위한 정부 차원의 전략을 개발해야 한다.

권고안 21: 미국 정부는 외국 정부, 국제기구, 산업, 학계 등 인공지능 연구개발과 관련된 주요 국제적 이해관계자들과의 관계를 심화시키고 정보를 교환하고 협력을 촉진해야 한다.

권고안 22: 기관의 계획과 전략은 인공지능이 사이버 보안에 미치는 영향과 사이버 보안이 인공지능에 미치는 영향을 고려해야 한다. 인공지능 문제와 관련된 기관은 미국 정부와 민간 부문 사이버 보안 동료들을 상대로 인공지능 시스템과 생태계가 적국에 대해 안전하고 탄력적으로 유지될 수 있도록 하는 방법에 대한 의견을 제시해야 한다. 사이버보안 문제와 관련된 기관들은 효율적이고 효과적인 사이버보안을 위해 인공지능을 적용할 수 있는 혁신적인 방법을 위해 미국 정부와 민간 부문 인공지능 동료들을 참여시켜야 한다.

권고안 23: 미국 정부는 자율·반자율 작동 무기에 대해 국제적 인도주의 법률과 일관된 정부 차원의 단일 정책 개발을 완료해야 한다.

출처: 국가과학기술위원회(Preparing for the Future of Artificial Intelligence, 2016)

Ⅲ

한국에서의 정부의 디지털 혁신[7]

1. 전두환·노태우 정부의 「행정전산망사업」

1) 추진 배경

한국은 1960년대 말부터 개별 부처 수준에서 행정 전산화를 추진해왔다. 1967년 경제기획원 조사통계국에서 'IBM 1401'을 도입함으로써 컴퓨터를 인구조사에 사용하였다. 1970년 4월, 경제기획원이 예산업무 전산화를, 이듬해인 1971년에는 체신부가 전화요금 업무를 전산화하기 시작하였다. 1969년부터 1970년대 중반에는 한국과학기술연구소 KIST 가 포트란 FORTRAN 이나 코볼 COBOL 과 같은 고급언어를 프로그래밍할 수 있는 대형 컴퓨터(CDC 3300)를 도입하였다.

이와 함께, 1970년대에는 체신부, 관세청, 관상대, 전매청, 서울시 등 각 기관들이 자체 고유 업무를 각각 전산화하기 시작하였다. 산발적으로 추진되어 온 이러한 행정업무의 전산화를 국가적인 차원에서 묶어 종합적으로 추진하기 위해 1975년 정부는 총무처에 행정전산화추진위원회를 설치하고 국가적인 행정전산화를 추진하는 데 필요한 근거 규정을 제정하여 기본계획을 수립했다. 1978년 발표된 "제1차 행정전산화 기본계획"은 당시까지 기관별로 추진되던 행정전산화를 기본계획의 틀 안에서 추진되도록 했다.

1980년대 이후부터는 다양한 정보화 계획과 사업들이 진행되어 왔는데 이 중 범정

7 이 절에서는 각 시기별로 주요한 행정정보화 및 전자정부 사업을 선별하여 분석하였다. 한국의 전자정부 및 정보화 정책의 전반적인 역사적 전개와 세부적인 사업, 그리고 그 내용 및 결과 등에 대해서는 행정안전부(2017), 정보통신부(2005)를 참조할 것.

부 차원을 아우르는 사업이 국가기간전산망사업이다. 국가기간전산망 기본계획이 추진되던 1980년대 당시 한국의 전자산업은 초기단계였으며 정보산업은 매우 취약한 상태였다. 정부는 전산화와 정보산업 육성을 상호 연계시킨다는 취지 아래 종합적인 정보산업 육성방안을 마련하여 정보산업을 육성하기 시작하였다(정보통신부, 2005: 27).

행정분야에서는 앞서 언급한 바와 같은 행정전산망계획은 여러 행정기관을 묶는 계획에서 점점 그 범위가 확대되어 전국 금융기관·교육기관 그리고 국방 및 안보까지 포괄하게 되면서 그 명칭도 '국가기간전산망'으로 바뀌게 되었다. 1986년 5월 「전산망보급확장과이용촉진에관한법률」(이하 '전산망법')의 제정 및 1988년 12월 국가기간전산망 기본계획의 수립은 이러한 변화를 반영하는 것이다.

2) 목표 및 전략

국가기간전산망사업의 목표는 2000년대 초까지 선진국 수준의 정보사회 실현이었다. 이를 위해 1990년대 중반까지 국가기간전산망을 완성하여 작고 효율적인 정부를 구현하고 높은 기업 생산성을 실현함으로써, 궁극적으로 국가경쟁력을 확보하고 유지하도록 한다는 것이었다. 이와 같은 목표하에 국가기간전산망사업은 '톱다운Top-Down' 사업추진 방식과 '선투자, 후정산'이라는 사업추진 전략을 채택하였다.

첫째, 톱다운 방식의 사업추진이란 종래의 부처별 사업추진방식에서 업무별 종합추진방식으로 전환을 의미한다. 이에 따라 국가기간전산망을 행정전산망(정부 및 정부투자기관 대상), 금융전산망(은행, 보험, 증권기관 대상), 교육·연구전산망(대학 및 연구소 대상), 국방전산망(국방 관련 기관 대상), 공안전산망(공안 관련 기관 대상)으로 구분하였다. 또한 행정전산망사업은 주민·부동산·고용·통관·자동차·경제통계 등의 업무에 대한 정보화를 우선 추진하였다.

둘째, '선투자, 후정산'이란 전담 사업자가 소요 자금을 선투자하고, 정부가 사업완료 후 정산해주는 파이낸싱 기법을 의미한다. 이와 같은 '선투자, 후정산' 기법의 도입은 대규모 사업추진에 따른 위험분산과 함께 예산상의 제약을 극복할 수 있는 계기를 마련하였다(정보통신부, 2005: 30; 행정안전부, 2017: 55)는 긍정적 평가와 함께, 당시 권위주의 정부의 「예산회계법」 규정을 무시한 재정자원 동원이라는 부정적 평가도 제시되고 있다(안문석, 1999; 한국전자정부포럼, 2006: 47에서 재인용).

3) 사업 내용

가. 제1차 국가기간전산망 기본계획과 행정전산망 구축계획

국가기간전산망사업은 1983년부터 기본 방향과 방침이 정해지는 등 구체화되기 시작했지만, 실제 집행은 전산망법의 제정, 전산망조정위원회의 구성 등 관련 법령, 소요 자금, 추진체계가 정비되는 1987년부터 본격적으로 추진되었다. 6개 우선 업무가 중심이 된 행정전산망 사업은 〈표 2.9〉와 같은 내용으로 추진되었다.

〈표 2.9〉 행정전산망 6대 우선추진 업무

주관 기관	대상 업무	주요 내용	서비스 내역
내무부	주민등록 관리	전 국민의 인적 사항을 컴퓨터에 수록, 전국 읍·면·동사무소를 온라인으로 연결	• 주민등록업무(신규, 출생, 말소 등) • 민방위 등 일선행정지원업무 • 주민등록 등본·초본 및 제증명 발급 • 각종 통계 보고
	부동산 관리	전국 3,200만 필지의 토지 및 임야대장을 전산화하여 298개 시·군·구(출장소 포함)를 온라인으로 연결	• 토지 이동(분할, 합병, 지목변경 등) • 소유권 및 등급 변경 • 제증명 발급(토지대장 등) • 지적통계 관리 및 정책자료 출력
교통부	자동차 관리	자동차 등록 사항을 전산화하여 전국 133개 기관 온라인 연결	• 자동차 등록(신규, 이전 등) • 자동차 검사 및 정비 • 제증명 발급(자동차등록원부 등) • 각종 통계 및 정책자료 제공
관세청	통관 관리	수·출입 통관 수속 및 보세화물 관리를 전산화하여 세관, 관세사, 은행 등 109개 기관을 온라인 연결	• 수·출입 신고 및 검사 • 재세 수납 관리 • 보세운송화물 관리 • 보세장치장 반출입 관리
노동부	고용 관리	취업 알선, 사업장 관리, 직업지도 업무를 전산화하고 전국 49개 노동부 지방사무소를 온라인 연결	• 취업알선 • 사업장 관리 • 작업지도
통계청	통계 관리	물가, 인구, 산업생산 등 20개 부문의 국가 기본통계를 전산화하여 온라인으로 정보 제공	• 물가, 인구 등 20개 부문 통계 관리 • 통계정보 검색 • 통계수치를 이용한 각종 비율의 자동 계산

출처: 정보통신부(2005: 39)

나. 제2차 국가기간전산망 기본계획과 행정전산망 구축계획

1차 국가기간전산망사업 결과, 안정적인 재원 확보의 미흡, 기기 및 전문기술의 대외 의존, 전산망의 안전운영체제 미비 등과 같은 문제점들이 드러났다. 이에 따라 1차 국가기간전산망의 확충·보완·발전 측면에서 제2차 국가기간전산망사업이 추진되었다(정보통신부, 2005: 50). 2차 행정전산망사업은 2차 국가기간전산망사업의 정책 기조 하에서 '국민 편의 위주의 작은 정부 구현 촉진'에 그 목표를 두었다.

이와 같은 목표하에 세부적으로는 국민 편의 증진 및 행정능률 향상 효과가 큰 신규 업무 추진, 행정전산망 1단계 우선 업무의 지속적 보완·발전, 행정전산화 비용의 국내 정보산업 투자 활용 등과 같은 세부 전략을 수립하였다. 그리고 ① 국민 복지(보건사회부), ② 우체국 종합서비스(체신부), ③ 해상화물 관리(관세청), ④ 지적재산권 정보관리(특허청), ⑤ 기상정보 관리(기상청), ⑥ 물품목록 관리(조달청), ⑦ 어선 관리(수산청) 등 7개 업무를 우선 업무로 선정하여 사업을 추진하였다. 또한 지방행정전산화를 추진하기 위하여 시·군·구 지방전산화 시범사업을 실시하고 주민등록전산망사업, 여권발급전산망사업, 토지종합정보망 등을 구축하였다.

2. 김영삼 정부의 행정정보화

1) 추진 배경

1990년 중반부터 세계무역기구WTO: World Trade Organization의 출범 등 경제의 세계화가 급속히 진행되었으며 정보통신기술과 인터넷의 발전으로 '디지털 경제', '지식기반 경제'가 강조되기 시작하였다. 이러한 세계경제 및 기술적 환경의 변화 속에서 국내적으로는 산업구조의 고도화를 위한 구조조정과 가속적인 시장개방의 필요성이 대두되었다.

이와 같은 국제경제적·기술적 환경 변화와 함께, 국내 정치적으로는 정치개혁과 행정개혁이 진행되고 있었다. 특히 대표적인 개혁 프로그램의 일환으로서 김영삼 정부가 추진한 금융실명제 등은 전산화를 전제로 하는 것이었기 때문에 정보화는 '정책 집행의 중요한 수단'으로 인식되기 시작하였다(안문석, 1996: 9). 나아가 클린턴 행정부의 「정부 재창조 운동」은 전자정부를 통한 행정개혁의 극대화 가능성을 보여주는 것이었다. 결론적으로 경제의 세계화와 정보기술의 발전, 산업 구조조정과 행정개혁의 필요성 제고라는 제반 환경 변화에 대한 대응으로서 범국가사회적인 정보화와 전자정부가 본격적으로 추진되었다(방민석, 2002: 203-215).

2) 목표 및 전략

정부는 정보화를 위한 국가전략사업으로 초고속정보통신기반 구축사업을 추진하기로 결정하고, 1994년 12월 체신부를 정보통신부로 확대·개편하면서 정보통신산업 육성, 통신·방송 기술 개발업무 등을 정보통신부로 일원화하였다. 이와 함께 1995년 8월 「정보화촉진기본법」을 제정하고, 행정·입법·사법 등 국가의 모든 영역에 대한 정보화 업무를 관장하는 정보화추진위원회를 설치하여 국가사회 정보화의 추진체계를 마련하였다. 정보통신부는 정보화추진위원회의 간사 역할을 담당하면서 정보화촉진기본계획의 수립과 정보화촉진기금의 배분을 통한 정책조정을 담당하였다(정보통신부, 2005).

1996년 6월 정보통신부는 「정보화촉진기본법」에 따라 각 부처의 부문별 계획을 종합하여 「제1차 정보화촉진기본계획」을 수립하였다. 「제1차 정보화촉진기본계획」의 궁극적인 목표는 공공부문의 정보화, 산업정보화, 개인 생활의 정보화를 추진하고, 각급 행정기관, 학교·도서관·연구소, 기업, 병원과 가정까지를 초고속 정보통신망으로 상호 연결하며, 이를 전 세계와도 연결하여 세계 정보통신의 거점hub으로 발전시켜 국내외 정보를 용이하게 이용할 수 있는 체제를 구축한다는 것이었다. 특히 고도정보사회의 기반 조성을 위해 핵심적이고 시급한 정보화사업 중 2000년까지 실현 가능하고 파급효과가 큰 10대 중점과제를 선정하여 예산·인력·기술 등을 우선 지원하도록 하였는데, 이와 같은 10대 과제 중 하나로 '작지만 효율적인 전자정부 구현'이 제시되었다.

3) 사업 내용

「제1차 정보화촉진계획」이 제시하고 있는 행정정보화 추진 내용은 다음과 같다. 첫째, 2000년까지 대국민 민원서비스를 획기적으로 개선하고자 원스톱one-stop 민원처리 서비스와 PC통신을 통한 '안방민원 서비스'를 확대하는 것이었다. 둘째, 정보공동활용 및 행정정보공개를 촉진하기 위한 정보공동활용체제의 구축이 제시되었다. 행정정보연계체제를 구축하고 PC통신을 통해 행정정보를 제공하며, 국회정보시스템 구축을 통한 입법정보를 제공하는 등의 사업들이 추진되었다. 셋째, 행정정보화 활용 확대를 위한 기반 조성을 목표로 하였다. 이를 위해 2000년까지 공무원 1인당 1PC 보급을 추진하였다(정보통신부, 1996).[8]

8 이후 추진된 주요한 정보화계획을 열거한다면, 「제1차 정보화촉진기본계획」(1996~2000) –「Cyber Korea 21」(1999~2001) –「e-Korea Vision 2006」(2002~2006) –「Broadband IT Korea Vision 2007」(2003~2007) –「u-Korea 기본계획」(2006~2010) –「제4차 국가정보화기본계획」(2008~2012) – 「제5차 국가정보화 기본계획」(2013~2017) 순으로 진행되어 왔다(정충식, 2018: 75-86).

1990년대 이르러서는 정보화의 급속한 진전에 따라 날로 늘어나는 네트워크 수요에 대응하고 망 간, 기관 간 연동을 위한 정보통신망의 확충작업이 활발히 추진되었다. 1996년에 이르러 정부종합청사를 중심으로 전 중앙행정기관과 지방자치단체, 입법부, 사법부 망을 하나로 연결하여 정부고속망이 개통되었다. 또한 내무부, 광역·기초지방자치단체를 연결하는 지방행정종합정보망을 1994년에 구축하였다. 특히, 김영삼 정부가 출범하던 1993년부터 초고속국가정보통신망사업이 추진되었다. 초고속국가정보통신망은 정부가 공공재원을 투자하여 국가나 지방자치단체 등 공공기관들이 저렴한 요금으로 이용할 수 있도록 전국 주요 도시와 중소도시 간을 광케이블 중심으로 연결하는 고속·대용량의 국가기간망이다. 초고속정보통신망 구축사업은 국민 대상 공중망과 정부·공공부문 대상 국가망, 그리고 기술 시험·검증을 위한 선도망 구축으로 구분·추진되었다. 이 사업의 1단계인 1995년부터 1998년까지는 전국 80개 지역에 초고속망을 구축, 국가기관, 지방자치단체, 교육기관, 연구기관 등 약 1만 5,000개의 공공기관에 초고속정보통신망을 연결하여 정보통신망 서비스를 제공하였다(행정안전부, 2017: 76-82).

이와 같은 정부의 정보화정책으로 인해 [그림 2.2]에서 보는 바와 같이 1995년 이후 정보화사업 수와 예산이 급격하게 증가하였다. 특히 여권 발급, 통관, 지적재산권(특허), 조달, 국세, 지방세 등 다양한 분야의 사업들이 추진되었다. 그러나 이 시기의 정보화 추진은 다부처 연계 사업 중심이기보다는 단일 부처 중심의 부처별 정보화의 성격이 강했다.

[그림 2.2] 김영삼 정부 시기의 정보화지원사업 추진 내역 (단위: 개, 억 원)

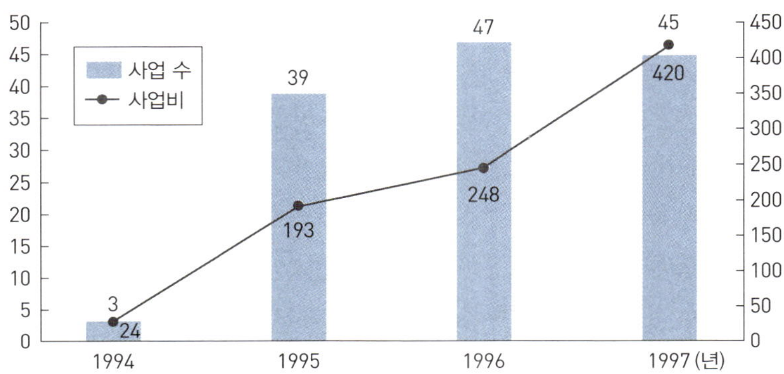

출처: 행정자치부, 『전자정부사업 연차보고서』, 각 연도.

3. 김대중 정부의 「전자정부 11대 과제」

1) 추진 배경

세계적 차원에서는 지식정보사회가 심화되고 정보기술산업이 부가가치 창출과 국가경제 발전의 주요한 동력으로 인식되면서 선진국들의 정보화 투자를 가속화하기 시작하였다. 국내적으로는 IMF 외환위기 극복과 일자리 창출, 그리고 국가경쟁력 강화를 위해 IT 산업의 발전과 국가사회 전반의 정보화가 강조되기 시작하였다. 이에 정부는 1999년 3월, 「Cyber Korea 21」 계획을 수립하였다. 국가경쟁력의 약화와 외환위기의 근본적인 원인을 지식경영, 지식격차에서 찾았으며, 이를 극복하기 위해 정보화를 기반으로 하는 지식기반경제로의 전환을 추구하고자 하였다(정보통신부, 2005: 96).

2) 목표 및 전략

국가정보화계획의 일환으로 정부는 일련의 전자정부 추진계획을 발표함으로써 본격적으로 전자정부를 추진하게 된다. 1999년 9월 행정자치부는 「전자정부 종합실천계획」을 발표하였다. "정보기술을 활용한 행정개혁을 통해 생산성 높고 국민 위주의 질 높은 서비스를 제공하는 21세기 지식정보사회형 전자정부 구현"을 목표로, 18대 과제를 제시하였다(행정자치부, 1999). 그러나 이와 같은 전자정부 추진 목표와 과제들은 구체적인 실천전략이 미흡하고 또한 매년 각 부처의 계획을 토대로 행정정보화 시행계획을 수립하여야 하므로, 장기적인 비전과 목표가 결여되었다. 또한 기존의 전자정부사업이 개별 부처 중심으로 추진됨으로 인해, 부처 간 정보 연계 및 공동 활용과 유기적 조정을 이끌어내는 데 한계가 있었다(정충식, 2009: 104).

김대중 정부 후반기에 들어서는 2002년부터 범정부 차원에서 부처들을 아우르면서 행정개혁의 관점에서 전자정부를 추진할 필요성이 제기되었다. 이에 따라 전자정부특별위원회가 설치되고 「전자정부구현을 위한 행정업무 등의 전자화촉진에 관한 법률」(이하 '전자정부법')이 제정되면서 본격적인 전자정부 추진을 위한 제도적 기반이 갖추어 졌다. 전자정부특별위원회는 전자정부를 "다양한 행정서비스를 온라인화함으로써 언제 어디서나 고객의 접근과 이용이 가능한 서비스형 정부"로 정의하였다(전자정부특별위원회, 2003: 102). 전자정부 비전의 실현을 위해 2002년까지 달성하고자 했던 목표는 첫째, 전자정부 단일창구를 통한 대국민 서비스를 인터넷으로 처리G2C 하고, 둘째, 정부와 기업 간의 전자거래방식 적용으로 투명성을 극대화G2B 하며, 셋째, 행정업무의 처리는 생산성과 투명성을 극대화 G2G 하며, 넷째, 정보 유통 및 관리의 안전성과 신뢰성을 확보하는 것이었다.

3) 사업 내용

김대중 정부는 위와 같은 추진목표하에 〈표 2.10〉과 같이 전자정부 11대 중점과제를 선정하여 추진하였다. 또한 전자정부 11대 중점과제 이외에도, 매년 30건 이상의 정보화지원사업이 추진되었다([그림 2.3] 참조). 이와 함께, 당시 서울·과천·대전의 정부종합청사 간을 연결하는 정부고속망과 지방행정종합정보망, 그리고 전국단일행정 전화망을 전자정부망으로 통합·구축하여 모든 부처·지자체들을 연결하는 전국망 규

〈표 2.10〉 김대중 정부의 전자정부 11대 중점과제

구분	과제명	주관부처	내용
프론트 오피스	정보화를 통한 국민지향적 민원서비스 제공	행정자치부 정보통신부 기획예산처	주민 등 5다 국가 DB 공동활용체계 구축을 통한 민원행정서비스 혁신, 정부대표전자민원실 구축
	4대 사회보험정보 시스템 연계구축	보건복지부 노동부	정보시스템 연계를 통해 4대 보험 간 통합고지, 신상정보 연계관리, 보험 관련 통합검색서비스 제공 등
	정부통합전자조달 시스템 구축	기획예산처 정보통신부	인터넷을 통한 국가조달업체 등록, 입찰, 계약, 대금지급 등 모든 조달절차 온라인화 및 단일 조달창구 구축
	인터넷을 통한 종합 국세서비스체제 구축	국세청 재정경제부	인터넷 기반 종합세무행정서비스(전자신고 등)
백 오피스	국가재정정보시스템 구현	재정경제부 기획예산처	재정 관련 시스템 간 정보 공유 및 연계
	시군구 행정종합정보화	행정자치부 서울시	호적 등 시군구 업무(21종)의 정보화
	교육행정정보시스템 구축	교육인적자원부 재정경제부	학교, 교육청, 교육부를 연계하는 학사 및 교육행정 자료의 온-오프라인 유통체계 구축
	표준인사관리시스템 구축	중앙인사위원회	종이 없는 인사행정 구현 및 전 공무원 인사정보 DB화
전자정부 기반조성	전자결재 및 전자문서 유통정착	행정자치부	문서업무의 전산화 및 실시간 공문서 유통체계 구축
	전자관인시스템 구축 및 전자서명시스템 확산	행정자치부 정보통신부	범정부적 전자인증시스템 구축 및 확산
	범정부적 통합전산환경의 단계적 구축	행정자치부	부처별로 분산 운영되는 전산실 및 각종 정보자원의 통합운영시스템 구축

출처: 전자정부특별위원회(2003: 105)

[그림 2.3] 김대중 정부 시기의 정보화지원사업 추진 내역 (단위: 개, 억 원)

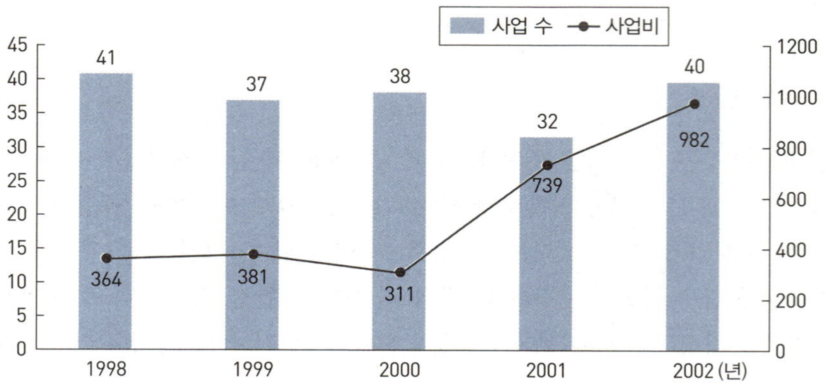

출처: 행정자치부. 『전자정부사업 연차보고서』, 각 연도.

모로 단일화하되, 지역의 시군구 청사들은 다른 부처의 지역 관서들을 연결하는 해당 담당 지역 내의 접속점 역할을 함으로써, 행정자치부 통합망이 범정부 백본backbone 망의 역할을 할 수 있도록 하였다(한국정보화진흥원, 2019: 61-62).

이는 정보화 사업비와 예산의 증가를 가져왔다. 전체 정보화 예산은 〈표 2.11〉에서 제시되고 있는 바와 같이, 1998년부터 2001년까지 연평균 28% 이상 상승하였다. 정보화 공공근로, 1단계 초고속통신망 구축사업 등 대규모 사업이 완료됨에 따라 2002년에는 감소세를 보였으나 1998년부터 2004년까지 연평균 증가율은 11.2%로 통합재정규모 증가율 7.9%를 상회하였다.

〈표 2.11〉 김대중 정부 시기의 정보화 투자규모 추이 (단위: 억 원, %)

구분	1998	1999	2000	2001	2002
합계(A=a+b)	14,843	16,623	19,208	31,162	27,949
(증가율, %)		(12.0)	(15.6)	(62.2)	(−10.3)
예산(a)	7,150	8,562	12,155	15,029	16,114
기금(b)	7,693	8,061	7,053	16,133	11,830
통합재정규모(B)	115.4	121	129.3	136.8	136
(A/B, %)	(1.3)	(1.4)	(1.5)	(2.3)	(2.1)

출처: 기획예산처. 『나라살림, 2005』, 2005. 1.

4. 노무현 정부의「전자정부 31대 로드맵사업」

1) 추진 배경

김대중 정부까지 지속적으로 추진해온 국가정보화정책은 ICT 인프라의 확충 및 ICT 산업의 성장 등 양적 측면에서는 큰 성과를 낳았으나, 질적인 측면에서는 여러 문제점이 제기되기 시작하였다. 예를 들면, 정보이용환경은 개선되었지만, ICT 기술을 통해 국가경쟁력이 확충될 정도의 질적 고도화는 이루지 못하였다는 평가가 제시되었다. 특히 전자정부를 비롯한 공공부문의 정보화의 경우, 지속적인 ICT 투자가 진행되어 왔음에도 불구하고, 기관 간 정보 공유 및 연계 활용의 미흡 등으로 인해 실질적 효과는 미약하다는 평가가 대두되었다(정보통신부, 2003).

이와 같은 문제가 제기되는 가운데, 2003년 2월 출범하는 노무현 정부는 정부혁신을 대통령 의제로서 추진하였다. 전자정부는 정부혁신을 위한 주요한 수단으로 자리매김되면서, "공무원의 일하는 방식 혁신을 통한 투명한 행정, 정보자원관리 혁신을 통한 효율적 행정, 그리고 정보서비스 혁신을 통한 참여하는 행정"을 추구하기 위한 수단으로서의 위상을 갖게 된다(정부혁신지방분권위원회, 2005: 13-20).

2) 목표 및 전략

노무현 정부는 전자정부 비전을 '세계 최고 수준의 열린 전자정부 구현'으로 설정하였다. 구체적인 전자정부 추진의 목표는 다음과 같다. 첫째, 서비스 전달 혁신을 통한 네트워크 정부의 구축이다. 이것은 정보통신기술을 활용하여 전자정부 서비스를 구현함으로써, 정부의 국민에 대한 각종 민원서비스의 양적 확대와 질적 고도화를 도모하고자 하였다. 둘째, 행정의 효율성과 투명성의 향상을 통하여 지식정부를 구현하고자 하였다. 전자정부를 통하여 정부가 보유하고 있는 행정정보의 공개, 공유 및 공동 활용을 획기적으로 확대함으로써, 행정의 투명성과 공직의 책임성을 제고하고 정책 결정과 서비스 전달 등 전반적인 정부 활동의 지적 수준을 제고하고자 하였다. 셋째, 진정한 국민주권을 실현하는 참여정부 구축이다. 국민이 전자정부를 통하여 국정과정 전반에 참여하도록 한다는 것이었다(정부혁신지방분권위원회, 2005: 16-20).

3) 사업 내용

노무현 정부는 위와 같은 비전과 목표하에「전자정부 로드맵」을 구성하였다. 전자

〈표 2.12〉 노무현 정부의 전자정부 로드맵 사업

분야	10대 어젠다	우선 추진 과제		주관 기관
일하는 방식 혁신	1. 전자적 업무처리의 정착	1) 문서처리 전 과정의 전자화	전자문서유통체계 고도화	행정자치부
			기록물관리체계 구축	
			문서대장 전자화	
		2) 국가 및 지방 재정 종합정보화	지방재정 정보화	행정자치부 교육인적자원부
			국가재정정보 고도화	
			지방교육재정 정보화	
		3) 전자지방정부 구현	시도행정 정보화	행정자치부
			시군구행정 정보화	
		4) 전자감사체계 구축		감사원
		5) 전자국회 구현		국회사무처
		6) 형사사법 통합정보체계 구축		법무부
		7) 인사행정종합정보화	중앙인사행정 고도화	중앙인사위원회 행정자치부
			자치단체 인사행정 정보화	
		8) 외교통상정보화		외교통상부
		9) 국정과제 실시간 관리	e-지원시스템 구축	행정자치부 대통령비서실
			정부업무관리시스템	
	2. 행정정보 공동 이용 확대	10) 행정정보 공유 확대		행정자치부
	3. 서비스 중심의 업무 재설계	11) 정부기능연계모델 개발		행정자치부
대국민 서비스 혁신	4. 대국민 서비스 고도화	12) 인터넷민원서비스 고도화		행정자치부
		13) 국가안전관리종합서비스		소방방재청
		14) 건축·토지·등기 연계 및 고도화	인터넷 건축행정 정보화	건설교통부 행정자치부
			부동산 정보관리센터	
		15) 종합국세서비스 고도화		국세청
		16) 국가복지종합정보서비스		보건복지부
		17) 식·의약품 종합정보서비스	식·의약품 종합정보서비스	식품의약품안전청 농림부 해양수산부
			농축수산물 안전 관리	
		18) 고용·취업 종합정보서비스		노동부
		19) 행정심판 인터넷서비스		법제처
	5. 대기업 서비스 고도화	20) 기업지원 단일창구서비스		산업자원부
		21) 국가물류 종합정보서비스		해양수산부 관세청
		22) 전자무역서비스		산업자원부 관세청
		23) 외국인 종합지원서비스		산업자원부 법무부 노동부
		24) 전자정부 해외진출 지원		정보통신부
	6. 전자적 국민참여 확대	25) 온라인 국민참여 확대	온라인 국민참여 포털	행정자치부 국민고충처리위원회 중앙선거관리위원회
			전자정부서비스 이용 활성화	
			행정정보공개 온라인 확대	
			전자투표 및 전자선거 도입	

정보 자원 관리 혁신	7. 정보자원의 통합 표준화	26) 범정부 통합전산환경 구축	정보통신부
		27) 전자정부 통신망 고도화	정보통신부
		28) 범정부 정보기술 아키텍처(ITA) 적용	정보통신부
	8. 정보보호 체계의 강화	29) 정보보호체계 구축	국가정보원 행정자치부 정보통신부
	9. 정보화 인력 · 조직 전문화	30) 정보화 인력 및 운영조직 강화·정비	행정자치부
법제도 정비	10. 전자정부 관련 법제 정비	31) 전자정부 구현 및 안전성 관련 법제 정비	행정자치부

출처: 정부혁신지방분권위원회(2005: 61-63)

정부 로드맵은 전자정부 비전과 목표를 달성하는 데 필수적인 4개 분야, 10개 어젠다, 31개 과제로 구성되어 있다. 일하는 방식 혁신 분야는 전자적 업무처리 정착 등 3개 어젠다에 11개 과제, 대국민 서비스 혁신은 대국민 서비스 고도화 등 3개 어젠다에 14개 과제로 구성되었다. 반면 정보자원 관리 혁신 분야에는 정보자원의 통합 및 표준화 등 3개 어젠다에 5개 과제, 법·제도 정비 분야에는 전자정부 관련 법제 정비 1개 어젠다에 1개 과제가 포함되어 있다(〈표 2.12〉 참조).

이와 같은 31대 과제와 함께 각 부처가 추진하는 정보화지원사업들도 추진되었다. [그림 2.4]에서 보는 바와 같이, 노무현 정부 시기 동안 매년 40건 이상의 정보화지원사업이 추진되었으며, 2005년 이후에는 전자정부 로드맵 과제의 본격적인 추진으로 사업비가 급격히 상승하였다.

[그림 2.4] 노무현 정부 시기의 정보화지원사업 추진 내역 (단위: 개, 억 원)

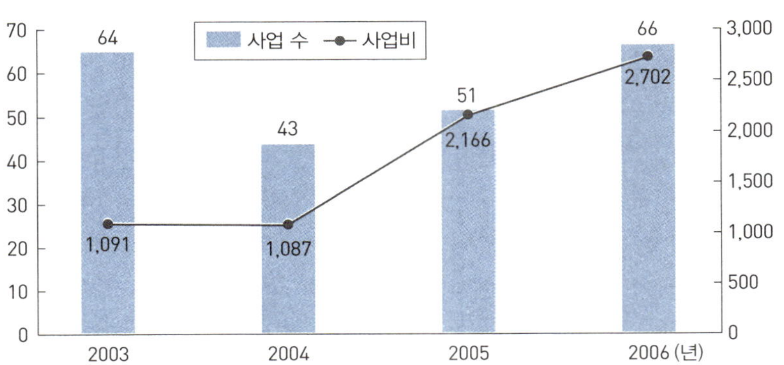

출처: 행정자치부. 『전자정부사업 연차보고서』. 각 연도.

〈표 2.13〉 노무현 정부 시기의 정보화 투자규모 추이

(단위: 억 원, %)

연도	2003	2004	2005	2006	2007
예산	16,380	16,947	20,272	23,469	21,762
기금	11,413	11,060	8,780	10,874	12,138
총액	29,796	30,011	31,057	36,349	35,907
증가율	−0.6	2.3	2.1	18.2	0.6

출처: 행정자치부. 『전자정부사업 연차보고서』, 각 연도.

전체 정보화 예산 역시 〈표 2.13〉에서 제시되고 있는 바와 같이, 정보화 공공근로, 1단계 초고속통신망 구축사업 등 대규모 사업이 완료됨에 따라 2003년까지 감소세를 보였다. 그러나 2004년부터 2007년까지 연평균 5.8%의 증가율을 보이고 있다.

5. 이명박 정부의 국가정보화

1) 추진 배경

이명박 정부는 출범 초기 정부 조직개편을 통해 정보통신부를 해체하고 전자정부와 국가정보화를 통합하여 추진하였다. 또한 「정보화촉진기본법」을 「국가정보화기본법」으로 개정한 후 2009년 11월에 가서야 국가정보화전략위원회가 출범하였다. 이처럼 이명박 정부는 이전의 정부와는 달리, 전자정부를 국가정보화와 통합하여 추진하였다.

이명박 정부의 국가정보화 추진 배경은 지난 정부까지의 전자정부 성과에 대한 평가와 함께 촉진 중심의 기존 정책의 한계에 주목하고 있다. 즉, 지속적인 전자정부 추진으로 중앙 및 지방 정부에 많은 정보시스템이 구축되었으나, 데이터와 정보시스템이 기관별로 운영되어, 호환성이 낮고 공동 활용을 통한 비용 절감 및 성과 창출 효과가 높지 못하다고 진단하였다. 또한 인터넷 이용자가 3,400만 명에 이르는 등 정보화가 사회 전반으로 확산되었으나, 유해 및 허위 정보의 범람으로 불건전 사이버문화가 지속적으로 발생하여 국민의 불안이 가중되는 등 사회적 신뢰가 심각하게 훼손되고 있다는 것이다. 국가경제의 측면에서도 ICT산업의 성장률 둔화와 함께 첨단 ICT를 통한 전통산업의 활성화 미흡, 네트워크·서버 등 ICT 산업 간의 불균형 문제가 제기되고 있다고 진단한다(한국정보화진흥원, 2010; 정진우, 2013: 20에서 재인용).

이에 이명박 정부는 국가정보화와 전자정부에 대한 새로운 정책 패러다임을 강조하면서 '단절과 분산'에서 '소통과 융합', '촉진'에서 '활용' 등으로 정보화 정책 방향을 전환하였으며, 정보화 역기능 해소분야도 비중 있게 다루고 있다. 또한, 민간의 전문 역량을 활용하기 위하여 그동안 정부 중심의 추진체계를 민관 간 거버넌스형 협업체계로 전환하였다(국가정보화전략위원회, 2008).

2) 목표 및 전략

위와 같은 배경하에 제시된 이명박 정부의 국가정보화 비전은 "'창의'와 '신뢰'의 선진 지식정보사회"이다. 국가정보화 비전에 나타나는 '창의'란 정보통신기술을 창의적으로 활용함으로써 각 부문의 효율성을 제고하고 새로운 부가가치를 창출하는 것을 의미하며, '신뢰'는 건전한 정보문화 확립을 통해 지속 가능한 정보화의 추진 환경을 조성하는 것을 의미한다. '선진 지식정보사회'는 지식과 정보의 창의적 활용과 융합을 통하여 국민이 보다 편리하고 안전하게 잘살 수 있도록 새로운 가치를 창출하는 사회를 의미한다(국가정보화전략위원회, 2008). 이러한 국가정보화 비전을 실현하기 위하여 이명박 정부는 5대 목표(2대 엔진, 3대 분야), 20대 어젠다를 설정하였다(〈표 2.14〉 참조).

〈표 2.14〉 이명박 정부의 국가정보화 추진 목표

구분	추진 목표	내용
3대 분야	일 잘하는 지식정부	참여, 공유, 개방의 문화를 행정에 접목하여 정부 업무의 효율성과 신뢰를 제고하고 맞춤형 통합서비스 제공으로 국민과 기업의 실질적 가치창출 뒷받침
	디지털로 잘사는 국민	ICT의 강점과 저력을 바탕으로 경제 전반의 실질적 ICT 활용성과를 높이고 경제구조의 선진화로 국가경제 활성화에 기여
	신뢰의 정보사회	사이버 공간상의 신뢰성 확보와 아울러, 재난재해, 식품안전, 복지 등 정보화에 기반을 두면서 국민 생활 전반의 신뢰제고를 통해 사회적 자본을 축적하고 신뢰받는 선진 지식정보사회를 실현
2대 엔진	창의적 소프트파워	국가지식 창출 및 활용체계를 종합적으로 혁신시키고 다양한 아이디어나 문화 콘텐츠를 창의적으로 융합 발전시켜 국가 성장 및 사회변화의 엔진을 제공
	첨단 디지털 융합 인프라	차세대 네트워크 구축 및 지능형 융합서비스 기반을 조성하여 국민, 기업, 정부의 경쟁력 제고

출처: 국가정보화전략위원회(2008)

이명박 정부의 국가정보화전략은 다음과 같다(국가정보화전략위원회, 2008; 정충식, 2018: 133). 첫째, 정부 주도의 정보화에서 민관 협업의 거버넌스로의 전환이다. 이것은 민과 관의 협업을 통한 정보화정책의 개발·추진으로 참여와 공유의 새로운 인터넷 문화 환경에 대응하고, 정보화 성과를 제고하고자 하는 것이다.

둘째, '단절'과 '분산'의 정보화에서 '소통'과 '융합'의 정보화로의 전환이다. 지식과 서비스의 공유, 정보자원의 통합, 방송·통신의 융합 등 정보화 제 영역의 소통·융합으로 새로운 미래가치를 창출하고 ICT와 전통산업, 서비스, 문화, 예술의 결합을 통해 사회 전반의 부가가치를 제고하고자 하는 것이다.

셋째, 정보화 '순기능' 중심에서 정보화 '역기능' 고려로의 전환이다. 이것은 스팸메일, 해킹, 개인정보 유출 등 정보 보호에 대한 정책 강화로 지속 가능한 정보화 발전의 기반을 마련하고 사이버상의 질서·윤리를 확립하여 부정확한 정보의 확산에 따른 갈등 예방 등 신뢰할 수 있는 정보사회를 실현하고자 하는 것이다.

넷째, '촉진' 중심의 정책에서 '활용' 중심의 정책으로의 전환이다. 국가정보화 기본설계도에 기반한 체계적 정보화로 기존의 정보화 문제점을 극복하고 시스템 활용도를 극대화하며, 사회 전 분야에서 축적된 지식정보를 효율적으로 공유·활용할 수 있는 지식 기반 인프라를 구축하고자 하는 것이다.

3) 사업 내용

이명박 정부는 위와 같은 비전과 전략하에 20대 어젠다를 제시하였다. 3대 분야, 2대 엔진별 어젠다는 〈표 2.15〉와 같다. 이에 더해 이명박 정부는 2008년 8월 15일 경축사를 통해서 '저탄소 녹색성장'을 새로운 국가 비전으로 선포하면서, 국가 에너지 자주율은 2050년까지 50% 이상, 재생에너지 비율은 2030년까지 11%로 끌어올린다는 목표를 제시하였다. 그리고 후속 조치로 부처별로 관련 정책들을 적극 입안하여, 2009년 1월에 '녹색뉴딜정책'을 발표하였다. 녹색뉴딜정책은 '녹색green'과 '뉴딜new deal'을 함께 추진하여 잠재적 성장동력뿐만 아니라 일자리 창출 등 구체적 성과를 얻을 수 있는 정책이다. 이와 같은 녹색성장 정책기조 발표와 함께 전자정부와 '녹색뉴딜'을 결합한 '그린green IT' 정책을 표방하였다. 그린 IT는 전력 감소형 '모바일 네트워크와 기기', 저탄소 '영상회의와 재택근무' 등을 예로 들 수 있다.

〈표 2.15〉 이명박 정부의 국가정보화 5대 목표 분야 및 20개 주요 어젠다 내용

구분	주요 어젠다
창의적 소프트파워	• 지식의 창출 및 활용을 위한 개방, 공유, 협업 기반 마련 • 국가 총체적 지식의 극대화를 위한 보호와 활용의 선순환 구조 확립 • 국가 지식인프라 구축 • 창의적 두뇌 양성 • 소프트파워 친화적 생태계 조성
첨단 디지털 융합인프라	• 국가 네트워크 융합인프라 선진화 • 융합 촉진형 기술 개발 및 제도 개선 • 지식 기반 신SOC 조성
신뢰의 정보사회	• 건강한 사이버 세상 구현 • 장애인 등 취약계층 정보격차 해소 • 국민 생활의 안전 확보 • 선제적 재난 및 위기 대응체계 실현
일 잘하는 지식정부	• 성과를 창출하는 지능형 행정체계 구축 • 국민 기업에게 편리한 생활공감서비스 창출 • 국민과 소통하는 디지털 민주행정 실현 • 지속 가능한 정보화 발전 기반 강화
디지털로 잘사는 국민	• 그린 ICT 및 협업 상생의 지속 가능한 경제구조 • 첨단 u-ICT 기반 생활문화 복지서비스 제공 • 융합형·개방형 산업·기업 정보화 • 선진 지식정보화를 위한 ICT 산업 기반 강화

출처: 국가정보화전략위원회(2008)

6. 박근혜 정부의 「정부 3.0」

1) 추진 배경

박근혜 정부가 출범과 함께 당면한 과제는 다음과 같은 것이었다(관계부처합동, 2013). 첫째, 저성장 구조 속에서 경제부흥의 새로운 모멘텀이 필요했다. 고용률 정체, 양극화 심화 등 위기를 타개할 신성장동력 창출이 시급하다고 판단하였다. 둘째, 기존의 방식으로 풀기 어려운 복잡다기한 사회문제가 대두하였다. 기후·환경 변화, 에너지·식량 부족, 저출산·고령화 등 국가 간·부처 간 공동 대응이 필요한 과제가 급증하였다. 셋째, 지식정보사회로의 전환에 따른 정부－국민 간 관계가 변화하였다. 정부와 민간의 관계가 일방향적 관계에서 협력관계로 변화하고 모바일·소셜미디어 등의 확산에 따라 정책에 대한 참여, 투명성 요구가 증대되었다. 넷째, 지식과 기술의 융복합 혁명이 새로운 기회요인으로 등장하였다. 다양한 정책문제 해결 및 맞춤형 서비스 제

〈표 2.16〉「정부 3.0」과 정부 운영 패러다임의 변화 방향

구분	정부 1.0	정부 2.0	정부 3.0
운영 방향	정부 중심	국민 중심	국민 개개인 중심
핵심 가치	효율성	민주성	확장된 민주성
참여	관 주도·동원 방식	제한된 공개·참여	능동적 공개·참여 개방·공유·소통·협력
행정서비스	일방향 제공	양방향 제공	양방향·맞춤형 제공
수단(채널)	직접 방문	인터넷	무선 인터넷 모바일

출처: 『「정부 3.0」 추진 기본계획』. (2013. 6. 19.)

공 수단으로 정보통신기술을 활용하고자 하였다.

이와 같은 행정환경의 변화와 대내외적 도전에 대해 박근혜 정부는「정부 3.0」이라는 패러다임을 제시하였다(〈표 2.16〉 참조).「정부 3.0」은 "공공정보를 적극 개방·공유하고, 부처 간 칸막이를 없애고 소통·협력함으로써 국정과제에 대한 추진동력을 확보하고 국민 맞춤형 서비스를 제공함과 동시에 일자리 창출과 창조경제를 지원하는 새로운 정부운영 패러다임"(관계부처합동, 2013)으로 정의된다.「정부 3.0」의 추진방향은 다음과 같다.

① 공공정보의 개방과 공유, 정부 – 국민 간의 소통과 협력을 확대
② 국가보다 국민 개개인의 행복에 초점을 두어 맞춤형 서비스 제공
③ 민간의 창의와 활력이 증진되는 혁신 생태계 조성
④ 부처 간 칸막이를 뛰어넘는 통합형 정부운영 지향
⑤ 정부가 직접 개입하지 않고, 민간의 능동적 참여를 유도하는 플랫폼 정부

이 시기 디지털 정부혁신은「정부 3.0」 구현을 위한 국정과제를 통해 이루어졌다.「정부 3.0」 추진과제의 많은 부분이 ICT를 활용한 정부서비스의 제공과 관련되어 있었기 때문이었다.[9] 즉, ICT를 활용하여 부처 간 칸막이를 해소하고, 행정기관 등이

9 전자정부와「정부 3.0」의 관계에 대해 모호한 측면이 있다. 정부는「정부 3.0」을 전자정부와 다른 것으로 홍보하고 차별화에 주력하였다. 이에 따라 행정자치부 내에서도「정부 3.0」 추진조직과 전자정부 추진조직이 별도로 설치되고 운영되기도 하였다. 양자 간의 관계에 대한 논의는 별도의 논의가 필요한 부분이지만 이 책에서는「정부 3.0」을 ICT를 활용한 정부개혁 패러다임으로 이해하고 전자정부에 포함시켜 함께 다루었다.

보유하고 있는 행정정보를 민간에 공개·개방하는 등 정부가 하는 모든 일을 국민에게 알리는 투명한 정부, 지식 창조·축적·공유를 통해 미래를 선도하는 유능한 정부, ICT를 기반으로 하여 국민이 필요로 하는 행정서비스를 맞춤형으로 제공하고 국민에게 찾아가는 행정서비스를 제공하는 서비스 정부 구현이라는 「정부 3.0」 비전이 제시되었다.

2) 목표 및 전략, 사업 내용

박근혜 정부는 「정부 3.0」 구현을 위해 ① 투명한 정부, ② 유능한 정부, ③ 서비스 정부의 3개 분야에서 총 25개 과제의 전자정부 관련 사업을 추진하였다(〈표 2.17〉 참조). 각 분야별 목표와 사업은 다음과 같다(관계부처합동, 2013).

① 투명한 정부: 정부의 모든 일을 국민들에게 투명하게 공개함으로써 신뢰 구축과 국민 통합 토대 마련

- 공공정보를 체계적으로 수집하고 이를 전면적으로 국민에게 개방
- 개방된 공공정보와 민간부문과의 창의와 활력을 접목하여 새로운 창조 기반을 마련

② 유능한 정부: 지식의 창조 축적·공유로 새로운 미래를 선도하는 정부로 재탄생

- 정부는 보다 많은 지식을 창조하고, 축적하고, 공유함으로써 새로운 미래를 선도하는 정부로 거듭나야 한다는 것
- 이를 위해 '국가클라우드 컴퓨팅센터'의 방대한 지식정보를 체계적으로 분류하고, 빅데이터 등을 활용하여 과학적으로 분석하는 미래전략 시스템을 구축

③ 서비스 정부: 공급자인 정부 중심에서 수요자인 국민 중심으로 전환하여 국민 개개인의 필요와 요구에 맞춘 서비스 제공

- 모든 정책을 공급자인 정부 중심에서 수요자인 국민 맞춤형으로 바꿀 것을 약속
- 이를 위해 부처 간 칸막이를 허물고 정보를 통합하여 국민 누구나 자신에게 필요한 다양한 서비스를 한군데서 원스톱으로 제공받을 수 있는 환경을 구축

박근혜 정부 시기에는 특히 빅데이터와 클라우드 컴퓨팅, 사물인터넷, 모바일기술의 발전 등을 전자정부에 적용시키기 위한 노력들이 지속되었다. 빅데이터를 활용

〈표 2.17〉「정부 3.0」의 전자정부 관련 과제

분야	중점 추진 과제	세부 추진 과제
투명한 정부	공공정보 적극 공개로 국민의 알권리 충족	• 정보공개 대상 기관·범위 확대를 위한 정보공개법 개정 • 원문정보 공개시스템 구축
	공공데이터의 민간 활용 활성화	• 공공데이터 개방 로드맵 수립 • 공공데이터 거버넌스 마련
	거버넌스(민관 협치) 강화	• 온라인 민-관 협업공간 구축
유능한 정부	협업·소통 지원을 위한 시스템 구축	• 정보 공유 및 시스템 연계 통합 추진 •「정부3.0」구현을 위한 전자정부 관련 법·제도 개선 • 행정정보 공동 이용 확대 • 정부 통합 의사소통시스템 구축 • 범정부 지식경영시스템 구축 • 모바일 전자정부 구축 • 정부통합전산센터를 클라우드 컴퓨팅 센터로 전환 • 영상회의 기반 확충 및 이용 활성화 • 디지털 행정협업시스템을 통한 PC 영상회의 활성화 • 스마트 워크 센터 구축 및 이용 활성화
	빅데이터를 활용한 과학적 행정 구현	• 빅데이터 공통 기반을 활용한 범정부 시범 과제 추진
서비스 정부	수요자 맞춤형 서비스 통합 제공	• 생애주기별 맞춤형 서비스 제공 • 수혜자 맞춤형 서비스 제공 • 민원24 고도화를 통한 통합생활민원정보 제공
	창업 및 기업 활동 원스톱 지원 강화	• 기업활동지원점담반 운영 등 창업·기업 관련 제도 개선 • 민원24에 기업지원 관련 정보의 공유·연계 • 지자체에 허가전담창구
	정보 취약계층의 서비스 접근성 제고	• 우체국을 활용한 민원·복지서비스 제공 • 국내거주 외국인 등을 위한 민원서비스 강화
	새로운 정보기술을 활용한 맞춤형 서비스 창출	• 첨단 IT기술을 활용한 행정서비스 확대

출처: 『「정부 3.0」 추진 기본계획』. (2013. 6. 19.)을 토대로 저자가 정리

할 수 있는 공통기반시스템을 구축하고, 행정기관들이 정보를 공동으로 활용할 수 있는 데이터공동활용 기반시스템의 근거를 마련하며 전자적 대민서비스와 PMO제도 도입 등을 통한 감리시장제도의 활성화를 시도하였다. 공공데이터 개방 및 활용 활성화를 위한 정책을 본격적으로 추진하여, 2013년 공공데이터법을 통해 제도화하고, 범국가적인 데이터 생태계 조성을 위해 발족한 공공데이터전략위원회를 중심으로 전개하였다.

클라우드 시스템으로의 전환 역시 박근혜 정부에서 본격화되었다. 2015년 9월 세계 최초로 「클라우드 컴퓨팅 발전 및 이용자 보호에 관한 법률」(이하 '클라우드 컴퓨팅법')

이 시행되면서 본격적으로 시작되었고, 같은 해 11월에 5개 부처가 합동으로 제1차 클라우드 컴퓨팅 발전 기본계획을 수립하여 발표하였다. 1차 기본계획에서는 클라우드 선도국가 도약을 위한 3가지 추진전략인 ① 공공부문의 선제 클라우드 도입, ② 민간부문 클라우드 이용 확산, ③ 클라우드 산업 성장 생태계 구축과 함께 공공부문의 민간 클라우드 이용 활성화 등 9대 세부 추진과제가 마련되었다(한국정보화진흥원, 2019).

[그림 2.5] 「전자정부 2020 기본계획」의 비전과 전략

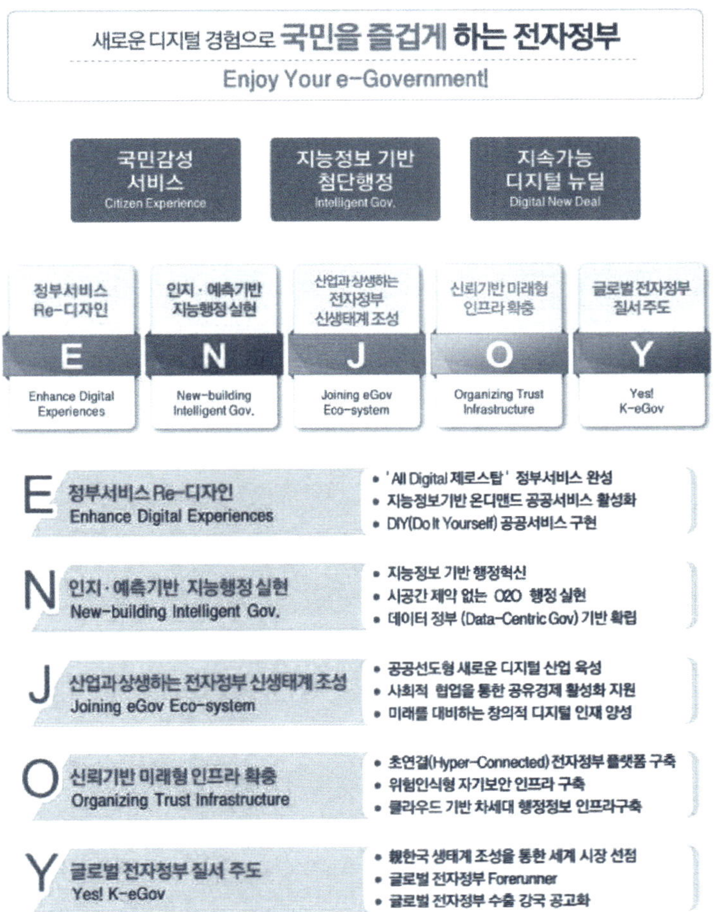

출처: 행정자치부(2016)

특히, 공공부문의 민간 클라우드 이용촉진을 지원하기 위하여 정부는 한국정보화진흥원에 '공공클라우드 지원센터'를 개소하고(2016년 4월) 국가정보화시행계획 작성지침(2017년 3월), ICT 연구개발관리규정(2017년 1월), ICT 기금관리규정(2017년 12월)에 클라우드 우선 도입 원칙을 반영하여 국가정보화사업 및 ICT R&D 등에 클라우드 우선 이용을 촉진하고자 하였다(한국정보화진흥원, 2019).

「정부 3.0」과는 별도로 전자정부 수출, 모바일 전자정부 구현, 빅데이터를 활용한 전자정부 구현을 추진해온 행정자치부는 2016년에 들어 행자부의 전자정부 관련 활동들이 좀 더 적극적인 행태로 나타나고 있다. 2016년 2월의 전자정부 30개 사업의 추진 발표, 4월의 「전자정부 2020 기본계획」의 발표, 5월의 「모바일 전자정부 3개년 발표 계획」 등은 전자정부 전담기관으로서 다음 세대의 전자정부 발전을 모색하려는 시도였다([그림 2.5] 참조). 2017년 3월에는 지능정보기술을 활용하여 정부·기업·시민단체·개인이 협업하는 새로운 전자정부를 위한 「지능형 정부 기본계획」이 발표되기도 하였다.

IV

한국의 디지털 정부혁신 추진체계 분석

이 절에서는 앞서 제시된 한국의 디지털 정부혁신의 내용을 바탕으로 각 정부별 디지털 정부혁신 추진체계를 분석하고자 한다. 즉, 전두환 정부부터 박근혜 정부까지 각 정부별 디지털 정부혁신 추진체계를 ① 전담기구, ② 정책수단, ③ 조정체계, ④ 지원기관으로 구분하여 분석하고자 한다. 다만, 김대중 정부까지는 전자정부 추진체계와 교육, 금융 등 국가와 사회 전반의 정보화 외에 정보통신산업 육성 등을 포괄하는 국가정보화 추진체계가 크게 차별화되지 않았다. 이 절에서는 좀 더 넓은 범위의 국가정보화 추진체계를 분석하되, 전자정부 추진체계가 차별화되는 부분에서는 전자정부 추진체계에 중점을 두어 분석하고자 한다.

1. 디지털 정부혁신 추진체계의 구성 요소

디지털 정부혁신 추진체계의 구성 요소를 다음과 같이 구분할 수 있다(엄석진, 2008). 첫째, 디지털 정부혁신 추진 전담기구이다. 디지털 정부혁신과 관련된 정책을 형성하고 집행하는 중앙행정기관과 그 기관이 담당하는 관련 기능의 집중도와 권한의 제도화 수준을 분석하고자 한다. 디지털 정부혁신 추진에 필요한 범정부 차원의 정책 결정 및 집행, 예산 및 전문인력 등 다양한 행정자원의 동원, 부작용 및 역기능 규제, 단말기, 서비스, 콘텐츠 등 정보통신기술 기반과 서비스 간의 융합과 연계 등을 고려할 때, 전담기구가 담당하는 행정기능의 응집성과 권한의 제도화 수준이 검토될 필요가 있다.

둘째, 디지털 정부혁신 추진을 위해 활용되는 조정·통제 수단이다. '전담기관이 디지털 정부혁신을 추진함에 있어 기관들을 조정·통제하는 데 활용하는 제도화된 정책

수단'을 의미한다. 이들 정책수단의 효과성 역시 전담기관의 정책역량에 영향을 미친다. 조정·통제 수단의 분류에 대해서는 다양한 논의가 제시되고 있으나, ① 권위에 기반한 조정·통제 수단, ② 예산에 기반한 조정·통제 수단, ③ 상호 협의에 기반한 조정·통제 수단으로 구분될 수 있다.

셋째, 디지털 정부혁신 조정체계이다. 디지털 정부혁신 추진 성과를 높이기 위해서는 시스템 및 기능 간 연계와 통합이 요구된다. 이는 필연적으로 관련 부처 간 사전 협의와 조정의 필요성을 높인다. 아울러, 미래지향적 이미지를 가지며 대규모 재원이 투입되는 디지털 정부혁신 사업의 특성상 부처 간 관할권 경쟁도 나타나게 된다. 또한 디지털 정부혁신 사업은 일종의 정보사회의 인프라적 성격을 갖기 때문에 범정부·다多부처적인 정책의 특성을 갖는다. 따라서, 정책의 효율성과 효과성은 정책조정체계에 따라 달라질 수 있다(홍성걸, 2009). 또 정보통신기술을 기반으로 추진되기 때문에 기술적 전문성이 필요하다는 점, 정보통신기술의 발전 속도가 매우 빨라서 새로운 응용서비스나 기기 등의 생애주기life-cycle가 짧다는 점, 국가사회 전 분야의 정보화가 균형적으로 이루어져야 한다는 점, 그리고 정보의 공동 활용 등 부처 간 협조가 필수적이라는 점에서 정책조정이나 효율적 분업이 필수적이다. 이와 같은 디지털 정부혁신의 특성은 효과적인 조정체계의 중요성을 더욱 강조하게 만든다.

넷째, 디지털 정부혁신 추진을 지원하고 정부와 ICT 기업 및 사회를 연계하는 공공기관들이다. 성공적인 디지털 정부혁신 추진에 있어서 정부–민간의 네트워크는 중요하다. 전자상거래, 생활정보화 등 민간영역의 정보화를 정책적으로 지원하는 경우는 물론이고 정부 자체의 정보화를 추진하는 전자정부의 경우에도 수요자로서의 국민, 기술공급자로서의 산업 등 민간부문과의 긴밀한 협력체제가 성공의 관건이라 할 수 있다. 한국의 경우, 이와 같은 기능을 정보통신분야의 공공기관들이 주로 담당해왔다. 따라서 디지털 정부혁신 추진체계를 고려할 때, 어떤 공공기관이 양자 간의 네트워크 구성과 활성화에 촉진 요인으로 작용했는지, 이들 공공기관들이 전담기구나 조정체계와 어떻게 연계되어 있는지 등을 분석할 필요가 있다.

2. 전두환 정부

1) 전담기구

이 시기 행정전산망 사업 추진 전담기구는 체신부였다. 1970년대에 각 부처별로 산발적으로 추진되어 오던 행정업무의 전산화는 1986년 전산망법 제정 및 1988년 12월 「국가기간전산망 기본계획」의 수립을 계기로 「국가기간전산망사업」으로 확대되었다. 「국가기간전산망사업」에 따라 다양한 행정기관이 전산망으로 연계되면서 전국의 금융, 교육, 국방 및 안보 기관도 포괄할 수 있게 되었다. 전산망법 제4조는 "체신부 장관은 전산망의 개발보급과 이용 등을 촉진하고 정보화 사회의 기반을 조성하기 위한 전산망의 개발보급과 이용 등에 관한 기본 계획을 수립하고 이를 공고하여야 한다."고 규정하고 있다. 이와 같은 법적 근거를 중심으로 체신부는 전담기구로서 정책주도권을 행사할 수 있었다. 체신부가 정책주도권을 행사할 수 있었던 배경에는 당시 전자정부 추진을 비롯한 국가정보화와 정보통신정책의 가장 시급한 현안 과제가 전화 등 기본 통신 수요를 우선 해소하여 최소한의 정보 인프라를 구축하는 것에 있었기 때문이다(황종성, 2003).

2) 정책수단

「국가기간전산망사업」의 조정 및 통제를 위한 제도적 절차와 기반은 1970년대의 「행정전산화사업」의 제도적 절차와 기반보다 다양화되면서 동시에 강화되었다. 첫째, 근거 법령을 먼저 체계화하여 사업 추진을 뒷받침할 수 있는 제도 기반을 처음 구축하였다. 즉, 1986년 전산망법을 제정하여 「국가기간전산망사업」의 법적 근거를 마련하였다. 전산망법 제정은 그동안 산발적으로 추진되었던 정보산업 육성 및 정보사회 기반조성체계를 정리할 수 있었을 뿐만 아니라, 정보통신분야가 하나의 주요한 산업 영역으로 인정받는 계기가 되었다고 평가된다(김동욱·이원희, 1998; 한세억, 2000). 아울러, 「국가기간전산망사업」에서는 전산망법을 기반으로 예산 편성이나 협의 수준에서 진행되었던 행정전산화단계와 달리 업무 선정 및 사업 추진 과정에서 부처의 활동을 세부적인 법률 규정을 통해 강제하였다(방민석, 2002). 이전까지 논의된 국가기간전산망 추진기관들의 역할이 구체적으로 법률에 명시되어 추진에 탄력을 얻게 된 계기가 되었다(행정안전부, 2017).

둘째, 「국가기간전산망사업」은 예산회계법상 전무후무한 '선先투자-후後정산'이라는 방법을 채택함으로써 안정적으로 사업 재원을 확보할 수 있었다. 즉 전담 사업자가 소요 자금을 선투자하고 사업 완료 후 정부가 정산해주는 일종의 파이낸싱financing 기법이다. 이와 같은 파이낸싱 기법을 활용할 수 있도록 체신부 내에 '한국통신진흥'이라는 기관이 설치되었으며, 대규모 사업 추진에 따른 위험 분산과 함께 예산상의 제약을 극복할 수 있는 계기를 마련하였다.

3) 조정체계

국가기간전산망사업의 추진동력은 조정체계인 국가기간전산망 조정위원회로부터 나왔다. 이 위원회의 주요 기능은 「국가기간전산망 기본계획」을 수립하고, 사업을 추진하고 「국가기간전산망사업」 계획단계에서 관련 부처 간 긴밀한 협조와 업무 조정을 유도하는 것이다. 구체적으로 이 위원회는 「국가기간전산망사업 기본계획」 심의·조정, 소요 자금 조달 및 상환 심의·조정, 이 사업과 관련된 기술 및 기기 도입 및 개발에 관한 심의·조정 등의 「국가기간전산망사업」과 관련된 기능을 수행했다(정보통신부·한국전산원, 2003).

위원 구성은 다음과 같다. 위원장은 대통령이 지명하는 자로 하고 사무국을 대통령 비서실에 두어 대통령 직속으로 운영되도록 하였다. 또한 위원회의 실무 행정업무를 지원하기 위하여 관계 부처로부터 파견된 공무원 및 관련 기관 직원으로 구성된 전산망조정위원회 사무국을 운영하였다(〈표 2.18〉 참조).

각 전산망별로는 이용 기관인 정부의 각 부처, 금융기관, 연구소, 대학교, 각 군 및 공안기관이 추진 주체가 되어 각 이용기관의 전산화를 기획, 조정하기 위한 행정망, 금융망, 교육·연구망, 국방망, 공안망 등 5개 추진위원회를 설치하였다. 또한, 각 이

〈표 2.18〉 전산망조정위원회의 구성

시기	위원장	사무국	위원	비고
1987 ~1989년	대통령 비서실장	대통령 비서실	행정개혁추진단 단장, 행정 지원 관계 부처 차관, 청와대 정무2·경제·교문 수석비서관과 기술진흥심의회 정보산업위원장	• 행정전산화기 • 1차 국가기간전산망사업 전반기
1989년 이후	체신부 장관	체신부 정보 통신국	상공부, 체신부, 과학기술처 등 정보산업 관련 부처 및 총무처, 한국은행, 교육부, 국방부, 안전기획부 등 분야별 전산망추진위원회 대표 그리고 경제기획원, 재무부, 내무부 등 관련 부처 차관급과 한국전산원장	• 1차 국가기간전산망사업 후반기 • 2차 국가기간전산망사업 추진기

출처: 정보통신부·한국전산원(2003)

[그림 2.6] 「국가기간전산망사업」 추진체계

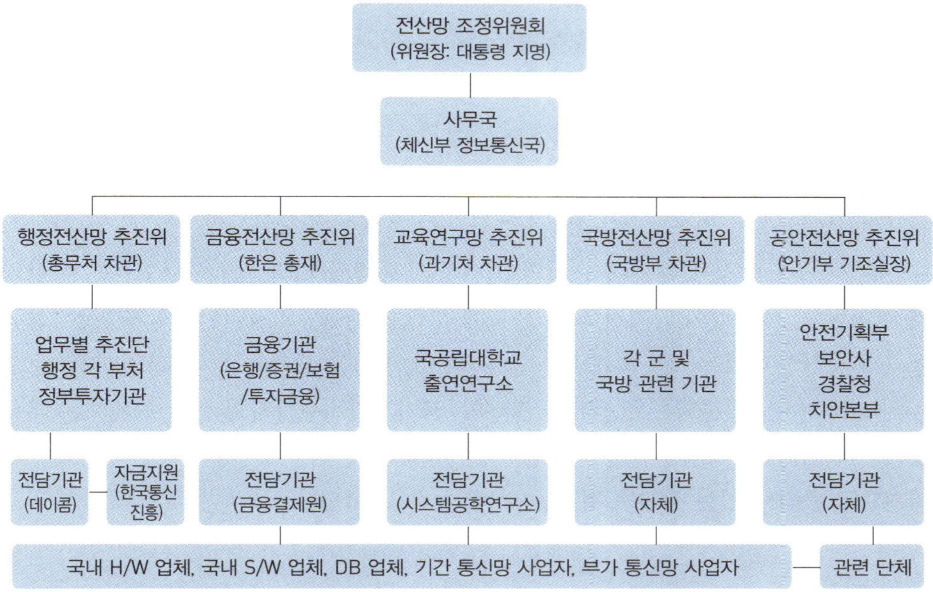

출처: 정보통신부·한국전산원(2003)

용기관은 민간 전담기관의 전문가와 민간업체의 기술자 등을 적극 참여시켰다([그림 2.6] 참조).

「국가기간전산망사업」은 대통령의 전폭적인 지지하에서 진행된, 일종의 '대통령 어젠다'로서의 성격이 강했다. 전두환 대통령은 오일쇼크 이후 정보통신산업의 육성을 통한 경제발전이라는 관점에서 「국가기간전산망사업」에 관심을 갖고 전폭적인 지원을 아끼지 않았다. 이와 같은 대통령의 관심과 의지는 대통령 비서실장을 「국가기간전산망사업」 추진체계의 핵심인 전산망조정위원회의 위원장으로 임명한 것에서도 알 수 있다. 이러한 예외적인 현상은 대통령 의제로서의 「국가기간전산망사업」의 성공적 추진이라는 이유로 합리화되었을 뿐만 아니라, 대통령이 「국가기간전산망사업」에 강한 의지를 가지고 있다는 신호로서 작용하였다.

나아가 대통령 비서실이 수동적으로 개입하는 정도가 아니라, 정보화사업에 대한 대통령의 관심을 불러일으키면서 사업을 사실상 주도하기도 하였다. 비서실은 「국가기간전산망계획」을 대통령에게 보고하였으며, 정보화를 추진한 주요 정책결정자들은 비서실을 통해 최고의사결정자에 조언과 영향력을 발휘하면서 정보화사업에 대한 적극적인 관심을 불러일으켰다.

이와 같은 추진체계의 성격은 '하향식 Top-Down' 사업 추진방식에서 나타난다. 즉 종래의 부처별 사업 추진방식이 업무별 종합 추진방식으로 전환되어 대상 기관과 업무가 조정위원회에서 지정 및 선정되는 방식으로 추진된 것이다. 이에 따라 주민, 부동산, 고용, 통관, 자동차, 경제통계 등 6대 우선추진업무가 선정되었다. 또한 「국가기간전산망사업」이 최초로 시도된 전국 규모의 초대형 정보화사업이었고, 막대한 소요 재원이 필요하였기 때문에 당시의 여건상 대통령의 리더십이 아니고서는 추진되기 어려웠다. 대통령의 강력한 의지와 그에 기반한 전산망조정위원회의 권위는 '선先투자-후後정산'이라는 예산회계법상 전무후무한 방법을 채택하는 원동력이 되었다(김동욱·이원희, 1998). 결론적으로 전두환 정부의 「국가기간전산망사업」의 추진체계는 대통령의 지원을 받는 총괄기관인 전산망조정위원회에 전산망 추진을 위한 각종 기능과 권위가 집중되어 있는 형태로 평가될 수 있다(김동욱·이원희, 1998).

4) 공공기관

「국가기간전산망사업」에서는 민간사업자의 참여를 제한했던 과거의 사업방식과는 달리, 민간기업체와의 하청계약을 통해 주요 개발사업을 진행하였다. 즉 「국가기간전산망사업」 추진에 있어서 민간기업체의 참여수준을 높이고자 노력한 것이다. 이와 함께, 사업 영역별로 다양한 공공기관을 설립하여 정책수요에 대응하고자 하였다. 대표적인 예로서 「행정전산망사업」의 전담사업자였던 한국데이타통신(데이콤)을 들 수 있다. 전담사업자는 '전산망의 구축 및 운용을 담당하는 자'를 의미하는데 「전산망법 시행령」 부칙 제3항에 의거, 데이콤이 그 역할을 담당하였다. 이에 따라 데이콤은 행정전산망 기본계획과 종합계획의 시안을 작성하였으며, 「행정전산망사업」에 관련된 전자계산조직, 단말기 및 주변 기기, 전기통신설비 등을 일괄하여 공급할 수 있는 독점적인 사업수행권을 행사하였다. 또한 협력업체의 선정도 전담사업자인 데이콤에게 부여되었다.

또한 정부는 전산망법에 따라 전산망 관련 감리·표준화 및 기술 지원을 전담으로 하는 전문기술 지원기관으로 한국전산원을 설립하였다. 설립 당시, 주관기관인 체신부는 한국전산원에 전산전문기관과 기술개발기관이라는 두 가지의 기능을 부여하였다. 「전산망사업」에서 한국전산원은 전산망사업에 대한 타당성 검토 및 감리, 전산망에 관한 기술의 표준화 등을 집행하였다.

이 외에도 전산망사업 추진 과정에서 각 지원영역별로 다음과 같은 기관들이 참여하였다. 자금지원운영 부분에서는 한국통신진흥(주), 연구개발 부분에서는 정보통신정책연구원KISDI 및 한국전자통신연구원ETRI, 홍보·교육 부분에서는 한국정보문화센터, 정보보호센터 등을 들 수 있다. 이들 출연연구소와 산하기관들은 한편으로는 이들 기관 간에 상호 연계를 통해 집행의 효율성을 제고했을 뿐만 아니라, 금성, 삼성, 대우, 현대전자 등과 같은 민간 사업자와의 협력체제 구축을 통해 전산망사업 과정에서 나타나는 문제점을 해결하고 사업의 목표를 달성하는 데 기여했다(한세억, 2000).

3. 김영삼 - 김대중 정부

1) 전담기구

1994년 12월 정부 조직개편에서 체신부를 정보통신부로 개칭하여 전통적인 통신 및 우정 서비스 전달을 주요 업무로 하던 부처에 정보통신산업정책 기능과 정보화 기획기능을 부여하였다. 김영삼 정부에서는 행정개혁에 정보통신기술의 확산과 보급이 핵심적인 수단으로 인식되면서 정보화에 대한 대통령의 관심이 높았다. 이러한 대통령의 관심은 초고속 정보통신 기반 구축사업을 비롯해 강력한 정보화 드라이브의 원동력이 되었다.

체신부의 정보통신부로의 개편은 단순한 명칭 변경을 넘어 통상자원부, 과학기술처 등으로 분산되어 있는 관련 업무를 통합하는 것이었다. 정보통신 관련 업무를 전담부처가 주도적으로 추진하여 전문성, 효율성, 일관성을 제고하는 계기가 된 것이다. 정보통신부는 이후 2000년대 초반까지 정보화정책의 핵심으로 작용하게 된다.

국가정보화 추진 전담기구로 확대 개편된 정보통신부의 주요 기능은 다음과 같다. 첫째, 정보통신부는 국가사회 정보화 정책과 시책의 수립과 실무를 총괄하는 기능을 담당하였다. 정보통신부(정보화기획실→미래전략본부)는 「정보화촉진기본계획」의 수립이나 매년 각 부처로부터 소관 업무와 관련된 각종 정보통신사업을 제안받아 이를 심의·조정하고 정보화추진위원회를 통해 확정시키는 기능을 수행하였다. 이러한 일련의 과정은 정보통신부가 다양한 정보화정책의 형성과 확정 단계에서 막강한 영향력을 행사할 수 있게 하였다. 특히, 정보화기획실(미래전략본부)이 정보화추진위원회의 사무국 기능을 수행하면서 정보통신부는 정보화추진위원회의 간사 역할을 수행하게 되었는데, 이것도 정보화의 총괄·기획·지원 기능과 더불어 정보통신부의 위상을 강화시키는 데 기여한 것으로 평가된다(홍성걸, 2003).

둘째, 정보통신산업 육성을 총괄하였다. 정부 조직개편 과정에서 정보통신부는 통상자원부, 과학기술처, 공보처 등에 분산되어 있던 정보통신 및 방송 관련 업무를 이관받았으며, 이를 통해 정보통신정책의 공급 측면인 정보통신산업정책을 추진하도록 설계되었다. 정보통신산업의 주요 산업분야별로 기술 개발, 인력 양성, 수출 진흥 등의 전통적인 산업정책 기능을 수행하였다. 여기에 기존의 전파, 우정, 통신 서비스 등에 대한 규제 및 사업 기능을 유지하였다.

이로써 정보통신부는 「정보화촉진기본계획」 수립을 중심으로 국가사회 정보화 확산, 정보화 관련 법·제도 정비와 정보기술의 조사 및 보급, 인터넷 기본 정책의 수립 및 기반 확충, 광대역 통합망 구축계획과 이용활성화 대책의 수립 및 추진, 정보 보호와 정보화 역기능에 관한 대책 수립 및 추진, 정보통신 기반의 보호, 정보 이용의 보호와 개인정보의 보호, 정보보호기술 개발 및 정보보호산업 육성 등 정보통신정책의 전 영역과 기능을 포괄하는 정보통신정책 전담기구로 변화하였다.

2) 정책수단

이와 같은 정보통신정책의 하위 기능의 집중과 함께, 정보통신부는 법과 예산에 기반한 정책수단을 보유하였다. 첫째, 정보통신부는 정보통신정책이 법적 지원을 받을 수 있도록 법제화를 강화하였다. 법제화를 통해 정보화정책의 목적과 비전을 공식화하고, 정책 추진에 필요한 권위와 자원의 동원을 위한 공식적 권한을 확보하고자 하였다(안문석, 1996). 1992년 이전 10여 개에 불과했던 관계 규정은 1995년에 들어와서 증가 추세로 바뀌게 된다. 이는 전자적 기반에서 이루어지는 행정행위에 대한 법적 기반을 확립하고 부처별 업무 조정을 법제화하려는 노력의 결과였다(방민석, 2002). 특히 정보통신부 출범 이후 부처 간 이해 대립으로 난항을 겪던 「정보화촉진기본법」이 제정되면서 정보화 추진 전담부처로서의 기능과 위상을 제고하게 되었다(행정안전부, 2017). 전자정부분야에서 종합적인 법제 정비가 본격적으로 이루어진 것은 김대중 정부 시기였다. 2001년 「전자정부구현을 위한 행정업무 등의 전자화 촉진에 관한 법률」이 제정되었다.

둘째, 정보통신부는 정보화촉진기금을 정책수단으로 활용하였다. 정보화촉진기금은 1995년 8월 「정보화촉진기본법」을 제정하면서 국가사회의 정보화와 정보통신산업의 육성, 초고속 정보통신 기반의 구축 등을 위해 설치된 기금이다. 이 기금은 1993년에 설치된 정보통신진흥기금을 확대·개편한 것이다. 기금의 재원은 정부의 출연금과 융자금, 기간통신사업자의 출연금과 기금 운용 수익금 및 기타 수익금으로 구성되며, 일반계정과 연구개발계정으로 나뉘어 정보화 촉진 및 정보화 관련 연구개발, 인력 양성, 표준화 등에 사용되었다. 특히 정보화촉진기금의 관할 부처가 체신부(정보화 및 정보통신 계정), 통상자원부(정보산업계정), 과학기술처(정보기술계정)로 나뉘어 있던 것이 정보통신부로 일원화되어 정보통신산업의 활성화에 기여할 수 있게 되었다(행정안전부, 2017).

기금의 규모는 1993년부터 2002년까지 총 9조 1,745억 원(일반계정 3조 4,194억 원, 연구개발계정 5조 7,551억 원)이 조성되어 총 6조 1,245억 원이 지출되었고, 2003년에는 2조 4,545억 원(순수 사업비 1조 4,890억 원)이 지출되는 대규모의 기금이었다(〈표 2.19〉 참조). 정보화촉진기금의 활용을 통해 각종 정보화사업에 투자되는 예산이 급격하게 증가되었다. 이를 전자정부 구현과 행정효율성 제고, 정보 인프라 확충 및 산업부문의 인프라 구축, 문화·토지·교통 등 사회부문의 정보화, 정보격차 해소 등 4개 부문으로 나누어 공공부문의 정보화 투자를 보면 전체적으로 공공부문 정보화 투자는 1998년부터 2002년까지 5년간 연평균 23% 증가했다. 이 중 전자정부 구현과 행정효율성 제고 부문에 가장 많은 투자가 이루어졌고, 정보 인프라 확충 및 산업부문의 정보화에는 약 1조 3,000억 원이 투입되어 전체 정보화 예산의 23%를 차지한 것으로 나타났다. 5년 동안 가장 높은 성장률을 보인 부문은 문화·토지·교통 등 사회 각 부문의 정보화 투자로 연평균 28.6%의 증가율을 보였다(한국전산원, 2002).

〈표 2.19〉 부문별 정보화 예산 추이(1998~2002년) (단위: 억 원, %)

구분	1998	1999	2000	2001	2002	합계	연평균 증가율
전자정부 구현과 행정효율성 제고	2,608	3,164	3,893	4,902	5,716	20,283	21.7
정보 인프라 확충 및 산업부문의 정보화	1,678	1,751	2,625	3,217	4,028	13,299	25.5
문화 토지 교통 등 사회 각 부문 정보화	2,037	2,450	4,382	4,633	5,112	18,578	28.8
정보격차 완화 및 정보화 역기능 방지	828	1,198	1,255	2,277	1,258	6,816	21.5
합계	7,151	8,563	12,155	15,029	16,114	59,012	23.1

출처: 한국전산원(2002)

정보화촉진기금의 운용을 통해 정보통신부는 각종 정보화사업의 우선순위를 조정하고 정책조정을 주도할 수 있었다. 정보화촉진기금의 배정에 있어 정보통신부의 영향력이 강했기 때문에 타 중앙부처나 지방자치단체들은 기금 지원을 받기 위해 정보통신부에 의존적 관계를 갖지 않을 수 없었다.

3) 조정체계

정부 및 사회 부문의 정보화 수준이 고도화되고 다양한 정보시스템이 구축됨에 따라 부처 간, 정보통신분야 간 연계와 통합에 대한 필요성이 함께 제기되었고, 부처 간 조정의 필요성 역시 높아졌다. 김영삼 정부에서는 이에 대응하기 위해 1995년 「정보화촉진기본법」 제정과 함께, 국가사회 정보화 촉진의 기본계획과 주요 사업을 총괄 조정하는 최상위 기구로서 정보화추진위원회를 발족시켰다. 정보화추진위원회는 국무총리를 위원장으로 하며, 각 부처 장관 등 25명으로 구성되었다. 정보화추진위원회의 효율적인 운영을 위하여 정보화추진실무위원회를 두며, 정보화를 효율적으로 추진하기 위하여 분야별로 정보화추진분과위원회를 설치 및 운영하였다([그림 2.7] 참조).

김영삼 정부 시기에 형성된 국무총리와 정보통신부가 결합한 조정체계는 정보화의 양적 성장이라는 성과에도 불구하고 다음과 같은 제도적 한계와 문제점을 드러냈다.

[그림 2.7] 「정보화촉진기본법」상의 정보화 추진체계

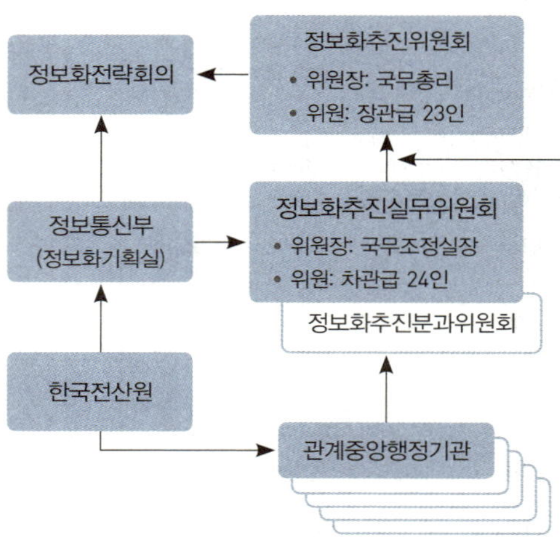

출처: 정보통신부(2003)

첫째, 국무총리 중심의 조정기제인 정보화추진위원회의 취약성이다. 국무총리(위원장)와 각 부처 장관(위원)이 참여하는 25인의 체계는 국무회의의 축소판으로 실질적인 정보화 조정기제로 작용하기 어려웠다(홍성걸, 2009). 즉 정보화추진위원회가 형식적으로는 조정권한을 가지고 있지만 부처 중심의 분과위원회체제에서는 부처별 사업을 종합하는 역할 이상을 해오지 못하였다(정충식, 2009; 황종성, 2003).

둘째, 정보화정책이 점차 확대됨에 따라 예산, 인사, 조정 등을 담당하는 중앙관리기관들이 기관 이익을 관철하고자 하였으며, 정보화추진위원회는 이와 같은 갈등을 해결할 권한과 자원을 보유하지 못하였다(송희준, 2008). 특히, 1998년 이후 국가정보화를 추진해온 정보통신부와 총무부처이면서 지방자치단체를 직접 관할하는 행정자치부가 갈등을 나타내기 시작하고, 그동안의 정보화의 성공적 추진에 따라 전문성을 확보한 각 부처의 독자적인 추진 경향이 증가함에 따라 정보화추진위원회의 총괄조정기능이 약화되었다(홍성걸, 2009).

이에 따라 김대중 정부는 다부처 연계cross-agency를 통한 정보통신정책의 효과성을 제고하고 부처 간 조정을 촉진하기 위해 대통령 직속 위원회를 설치하여 기존의 정보화추진위원회의 조정력을 보완하고자 하였다. 즉, 2001년 1월 정부혁신추진위원회 산하에 전자정부특별위원회(이하 '전자정부특위')를 설치하였다. 전자정부특위는 김대중 정부 말까지 전자정부 추진체계로서 전자정부 11대 과제의 수행을 책임졌다. 전자정부특위는「정부혁신추진위원회규정(대통령령 제16911호)」에 근거하여 설립되었다. 그리고 그 운영은「전자정부특별위원회운영세칙」에 의거하였다(전자정부특별위원회, 2003). 이러한 기조는 이후에도 이어져 노무현 정부는 대통령령인「정부혁신지방분권위원회규정」에 의거하여 2003년 4월 대통령자문 정부혁신지방분권위원회를 설치하였으며, 그 산하에 전자정부전문위원회를 설치하여 전자정부사업 추진을 위한 조정체계로서 기능하도록 하였다.

특히, 김대중 정부의 전자정부특위는 대통령의 전폭적인 지원을 배경으로 높은 수준의 조정력과 독립성과 자율성을 발휘했다(전자정부특별위원회, 2003). 이와 더불어 대통령의 전자정부에 대한 정책의지가 특위에 대한 권한 부여로 이어지기 위한 제도화된 장치가 작동되었다. 이와 같은 제도화된 장치들로는 대통령에 대한 정기적인 보고를 들 수 있다. 첫째, 대통령에 대한 특위의 직접적 보고 회의다. 둘째, 정책기획수석은 대통령에게 2주마다 전자정부 진행상황을 보고하도록 되어 있었다. 이러한 보고체계는 그 자체로 조정력을 발휘하고 전자정부사업의 진행을 추동하는 효과를 낳았다(전자정부특별위원회, 2003). 셋째, 정보화전략회의이다. 대통령이 주재하는 정보화전략회의는 대통령의 정보화에 대한 관심을 전 부처에 환기시키면서 부처의 협력을 촉진하도록 만드는 기제가 되었다.

아울러, 전자정부특위는 기획예산처, 행정자치부 및 정보통신부가 소관 법령과 기능에 따라 전자정부사업의 공동 지원단으로서 지원하였다(전자정부특별위원회, 2003). 전자정부특위라는 추진체계하에서는 이들 세 부처의 차관이 본위원회의 정부위원이 되고, 담당 국장은 실무위원으로서 전체 전자정부사업의 집행 과정을 통해 조정이 이루어졌다. 이들 세 부처가 전자정부특위라는 체제 속에서 추진 사항에 대해 합의를 형성하고 공동 지원함으로써 전자정부 추진을 위한 조직, 인사, 예산 등 각종 자원이 적시에 제공될 수 있는 조직적 배열이 이루어지게 되었다.

결론적으로 전자정부특위를 중심으로 한 김대중 정부의 전자정부추진 조정체계의 조직적 배열은 전자정부 추진을 위한 핵심적 자원을 보유한 기획예산처, 정보통신부, 행정자치부와 그 이외의 관련 부처들 간의 상호작용을 촉진하도록 구성되었다. 이에 더하여 부처 간 조정을 위해 전자정부특위로의 집권화가 이루어지도록 다양한 방식의 제도적 장치들이 구비되었다고 하겠다.

4) 공공기관

정보통신부는 국가정보화 수준의 향상에 따라서 새로운 정책수요가 발생할 때마다 출연연구소나 산하기관을 설립해 정책수요에 대응했다. 정부출연 연구기관과 산하기관들이 국가와 민간 간 연계와 완충 기능을 수행했을 뿐만 아니라, 그 영역이 더욱 점차 확대되었다. 예를 들면, 기술 감리 및 지원 기관으로 설립되었던 한국전산원은 정보화사업의 기획, 연구 및 관리와 평가 기능까지 담당하게 되었다. 선정된 과제에 대한 사업계획의 수립, 사업자 선정, 정보화촉진기금의 집행 및 관리, 사업 관리 및 전문기술 지원 기능 등 사업의 선정부터 시스템 구축에 이르기까지 제반 집행 및 행정업무들을 수행하였다.

또한, 한국전산원은 전자정부 및 정보통신 정책과 관련된 학계 및 산업계의 의견과 전문성을 정보통신부 및 각 부처로 전달하는 통로로서 기능하였다. 예를 들면, 민간부문의 전문가들이 한국전산원의 연구과제에 참여하여 정보화사업의 개념과 목표, 그리고 주요 기능, 구축 시의 문제점 등을 분석하였으며, 그 연구 결과가 정보통신정책에 반영되었다.

전두환 정부 시기 TDX 및 주전산기 개발을 성공적으로 이끌었던 출연연구소 중심 공동 기술개발체제 역시 효과적으로 작동하였다. 대표적인 사례가 PCS의 원천기술인 CDMA 기술개발 사례이다. CDMA를 표준으로 채택하려는 정부 방침에 대해 이동통신 사업자와 단말기 제조업체의 거센 반발이 있었지만, 1993년 CDMA가 한국의 이동통신 표준으로 공식화되자 이를 개발하기 위한 정부(정보통신부), 연구기관(한국전자통신연구원), 민간기업(삼성, LG 등) 간의 협력체제가 형성되었다(정보통신부, 2003). 이들은 명확한 역할 분담을 통해 협업의 효율성을 높일 수 있었다. 특히 제2 이동통신 사업자의 상용서비스 제공 시기에 맞추어 시스템과 단말기가 제공될 수 있도록 상용제품 출시 시기를 1996년에서 1995년으로 1년 앞당기고, 상용화에 소요되는 시간을 줄이기 위해 이동통신사업자가 사용자 요구 사항을 제시하면 이동통신기술개발사업관리단이 이를 시험하는 등 다수의 기관 간의 협력체제가 공고히 작동하였다(황종성, 2007).

전체적으로 정보통신부의 공공기관 전체의 규모는 중앙정부 타 부처와 비교해볼 때 비교적 컸다. 2001년 기준으로 정보통신부는 모두 29개, 1998년 기준으로 30개의 산하기관을 보유하고 있었으며 분석 대상인 21개 부처 중 7번째로 산하기관이 많은 부처였다. 산하기관의 총인원과 수입예산 측면에서도 2001년 기준으로 건설교통부, 산업자원부, 재정경제부 다음으로 그 규모가 큰 것으로 조사되었다(안병영 외, 2007).

위와 같은 산하단체 외에도 정보통신부는 재단법인, 사단법인 등과 같은 다양한 중간조직들을 산하에 두고 관련 기능들을 수행하였다. 예를 들면, 1994년 현재 14개의 법정법인과 12개의 재단법인, 그리고 47개의 사단법인 등 총 72개의 중간 조직을 산하에 두고 있었다. 우선 이들 법인들의 설립을 주도하고 이들 중간 조직들에게 정부업무를 보조하거나 정부를 대신하여 정책집행기능을 수행하여 왔다. 이러한 정부 업무의 지원과 집행을 위해 정보통신부는 중간조직들의 독점적 지위를 보장하고, 예산 지원이나 인사 및 운영 과정 등을 직·간접적으로 통제해왔다(하태수, 1997).

4. 노무현 정부

1) 전담기구

노무현 정부 시기의 국가정보화 전담기구는 정보통신부가 전자정부에 대한 기술지원기능을 중심으로 국가정보기술책임관의 역할을 하지만, 후반기로 갈수록 국가정보화책임관으로서 행정자치부의 역할과 기능이 점점 강화되는 모습으로 나타난다. 참여정부의 국가정보화 구현은 전반기와 후반기가 추진체계에 있어서 큰 변화가 있었다. 참여정부 초기에는 전자정부전문위원회가 발굴·수립한 전자정부 로드맵을 행정자치부, 정보통신부, 기획예산처가 행정지원 하는 역할을 하였다.

2003년 중반기부터 2004년 상반기에 걸쳐 정부혁신과 전자정부 행정지원의 기능이 행정자치부로 통합·조정되면서 전자정부와 관련된 전담기구의 역할을 수행하게 되었다. 나아가 2005년 하반기부터 전자정부 로드맵의 효율적 집행과 관리의 필요성이 강조되면서 2006년 상반기부터는 전자정부의 주무부처인 행정자치부를 중심으로 국가정보화사업을 강력하게 추진할 수 있는 권한과 책임을 부여하게 된다. 따라서 참여정부 후반기의 국가정보화정책은 전적으로 행정자치부를 중심으로 추진되었다고 할 수 있다. 2004년의 행정개혁본부하에 전자정부국의 설치, 2005년 4월 전자정부본부의 설치 등과 같이 전자정부업무 부서의 기능과 위상이 강화되어 왔다고 할 수 있다.

행정자치부가 전자정부업무에 좀 더 치중하였다면, 이 시기 정보통신부는 전자정부에 대한 기술지원기능을 중심으로 국가정보기술책임관의 역할을 수행하였다고 볼 수 있다. 이러한 관련 부처의 관계는 전자정부 로드맵의 4개 분야·10대 어젠다·31개 추진과제의 주관기관을 통해 좀 더 명확하게 파악할 수 있다. 앞서 제시한 〈표 2.4〉에서 행정자치부는 전자문서화, 지방재정정보화, 전자지방정부 구현과 같은 전자적 업무 처리, 행정정보 공동 이용, 서비스 중심의 업무 재설계와 같은 일하는 방식 혁신 과제를 주도하고 있다. 또한 행정정보 공개와 온라인 국민참여, 전자정부 법제 정비 등의 과제를 맡고 있다. 정보통신부는 범정부 통합전산환경 구축과 전자정부 통합전산망, 범정부 정보기술아키텍처의 적용과 같은 정보자원 통합·표준화 부문에 주력하고 있는 것을 볼 수 있다(홍성걸, 2009).

2) 정책수단

노무현 정부는 세부 법제 정비와 이를 뒷받침하는 예산운영체계의 정비를 통해 전자정부 추진을 가속화하고자 하였다. 먼저, 법제 차원에서 전자정부 관련 세부 분야에 대한 법제 정비가 체계적으로 이루어졌다. 노무현 정부 시기에는 법제 정비를 좀 더 체계적으로 실시하기 위하여 31대 과제 중 마지막 과제로서 전자정부 관련 법제 정비를 추진하였다. 이를 위하여 2003년 10월 「전자정부 관련 법제정비 방안」을 수립하고 전자적 업무 처리, 전자정보 로드맵 추진, 국민참여 확대, 전자정부 기반 고도화, 안전 및 신뢰성 제고의 5개 분야에 대한 법제 정비를 구체화하였다.[10] 이를 위해 5개 분야와 세부 대상 법령을 정하고 이에 대한 추진 일정과 행정자치부를 중심으로 법제처 등 협조기관과의 협력을 통해 전자정부분야의 세분적인 법제를 정비해나갔다. 이를 통해 2007년까지 정비된 법제의 추진 실적을 살펴보면 〈표 2.20〉과 같다. 이러한 법제 추진 과정을 통해 전자적 민원 처리 관련 법령 정비, 문서대장 전자화 촉진 관련 법령 정비, 문서 전자적 처리 관련 규정, 공공기관의 개인정보보호에 관한 법

〈표 2.20〉 노무현 정부 시기 전자정부 법제 정비 추진 실적

구 분	주요 내용
전자적 업무 처리 촉진	• 전자적 민원 처리 관련 법령 정비 - 법률 14개, 대통령령 325개, 시행규칙 등 263개 개정 • 문서대장 전자화 촉진을 위한 법제 정비 방안 마련 - 법령 개정안 232개 및 434개 정비 대상 도출 • 문서의 전자적 처리(작성·관리) 원칙 확립을 위한 법령 정비 - 사무관리규정 개정(2006, 2008) - 공공기록물 관리에 관한 법률 개정(2006, 2008)
안전 및 신뢰성 제고	• 공공기관의 개인정보보호에 관한 법률 개정(2008) • 정보통신망 이용 촉진 및 정보보호에 관한 법률 개정(4회) • 개인정보보호법(안) 마련 - 공공·민간부문 포함, 총리 소속 개인정보보호위원회 설치 등
전자적 국민참여 확대	• 전자적 정보공개의 근거 마련 - 공공기관의 정보공개에 관한 법률 개정(2004) - 공공기록물관리법령 개정 • 온라인 국민참여포털 통합 운영 기반 마련 - 국민고충처리위원회 설치 및 운영에 관한 법률 및 동 시행령 개정(2005) • 전자선거의 법적 근거 마련 - 공직선거법 개정(2005)
전자정부 기반 고도화	• 정보시스템의 효율적 도입 및 운영에 관한 법률 제정(2005) • 통합전산센터운영규정 제정 및 정보화 인력·조직 관련 법규 정비 • 전자조달시스템 도입 및 이용 근거 마련 - 조달사업에 관한 법률 개정(2005)
전자정부 로드맵 과제	• 전자지방정부 조례준칙(안) 마련 • 로드맵 개별 과제 관련 법규 정비(26개 과제 671개 법령 대상)

출처: 한국정보사회진흥원(2008)

10 노무현 정부에서 법제 정비를 중요한 과제로 인식하게 된 것은 이전 전자정부사업 추진 경험에서 얻은 교훈에서 비롯되었다. 전자주민카드, 교육행정정보시스템(NEIS)의 경우처럼 시스템 구축과 운영에 대한 사회적 합의와 법적 근거가 마련되지 않으면 정책 실현이 좌절될 수 있음을 경험했기 때문이다. 또한 정부회계제도 개편과 사회보험 연계 관련 법령 정비처럼 전자정부사업을 하면서 다수 부처 관련 사업의 조정에 있어서 제도의 한계를 체험했기 때문이다(한국정보사회진흥원, 2008).

률 개정, 정보시스템의 효율적 도입 및 운영에 관한 법률 제정, 전자지방정부 조례준칙(안) 등이 마련되었다.

한편, 노무현 정부 시기에 국가정보화 관련 예산의 특징은 그 이전의 정부들에서 기금 중심의 국가정보화 예산을 운영한 것과 달리 일반회계 항목으로 예산을 편성·집행하였다는 것이다. 이전 정부 시기의 국가정보화 예산의 편성·운영을 살펴보면 전두환 정부 시기에는 일반회계 형태로 이루어지긴 했지만 선先투자, 후後정산의 방식의 특이한 예산집행방식을 선택하였고, 김영삼-김대중 정부 시기에는 정보통신부 정보화촉진기금을 통해서 전자정부 관련 예산을 운영하였다.

이에 비해 노무현 정부 시기에는 전자정부 로드맵에서 기금 운용 방향을 전환하면서 일반계정을 폐지하고 연구개발계정만 남게 되어 전자정부사업은 일반회계예산을 사용하게 되었다. 이 시기 전자정부사업을 위한 '전자정부 예산'은 행정자치부의 일반회계로 편성되고 로드맵 과제별 각 부처의 예산을 통합 관리하게 되었다. 따라서 이 시기 행정자치부는 전자정부 관련 법령의 제정에 적극적으로 관여하는 동시에 전자정부 예산의 편성과 집행에 주도권을 행사함으로써 전자정부 주무부처의 역할을 수행하였다.[11]

3) 조정체계

노무현 정부 시기에 전자정부 관련 조정기제는 2003년 5월에 마련된 전자정부전문위원회와 2005년 6월 전자정부특별위원회가 있다(〈표 2.21〉 참조). 먼저, 전자정부전문위원회(2003년 5월~2005년 5월)는 제1기 정부혁신지방분권위원회의 5개 전문위원회 중의 하나로 설립되었다. 전자정부전문위원회는 전자정부 기획과 조정의 기능을 수행하였는데, 4대 분야, 10대 어젠다, 31대 과제로 구성된 전자정부 로드맵을 만들었다. 이 시기 전자정부 추진체계는 전자정부전문위원회가 기획과 조정의 역할을 담당하고, 부처들이 사업을 수행하는 행태로 그 역할을 분담하였다. 전자정부전문위원회는 실·국장급으로 구성되었으며 민간위원회 15인과 당연직 위원 5인으로 구성되었다.

둘째, 노무현 정부 후기에는 전자정부특별위원회(2005년 6월~2008년 2월)가 제2기 정부혁신지방분권위원회 산하의 특별위원회로서 활동하였다. 이 시기에는 대통령 비

11 행정자치부는 각 부처의 수요를 받아 조정 과정을 거쳐 예산을 편성하고 이를 전담기관에 출연해 전자정부지원사업협의회 및 행정자치부와 기획예산처, 전담기관으로 구성된 사업심의위원회의 심의를 거쳐 집행하였다(한국정보사회진흥원, 2008).

〈표 2.21〉 노무현 정부 시기의 국가정보화 조정기제의 변화

구분	전자정부전문위원회	전자정부특별위원회
소속	대통령 자문 정부혁신지방분권위원회의 5개 전문위원회의 하나로 병렬 존치	정부혁신지방분권위원회(2기)의 기획, 평가전문위원회와 다른 특별위원회
활동 기간	2003년 5월~2005년 5월	2005년 6월~2008년 2월
근거 법령	「정부혁신지방분권위원회규정(대통령령)」	「정부혁신지방분권위원회규정(대통령령)」
위상	실·국장급	차관급
위원 구성	민간위원(15인), 정부위원(행정자치부, 정보통신부, 기획예산처, 국회 실·국장, 정부혁신지방분권위원회 운영실장 등 당연직 5인) 등 20인	민간위원(13인), 정부위원(행정자치부, 정보통신부, 예산처, 국회 차관급, 혁신위 운영실장 등 당연직 5인) 등 18인
위원 임기	1년	2년
실무위원회	없음	없음
행정 지원	• 행정자치부의 독자 지원 • 한국전산원의 기술 지원	• 행정자치부의 독자 지원 • 한국전산원의 기술 지원

출처: 한국정보사회진흥원(2008)

서실에 정부혁신과 전자정부를 총괄하는 혁신관리수석실이 신설되어 전자정부를 활용한 정부혁신을 도모할 수 있는 행정자치부의 역할이 강조되었다. 특히, 2006년 전자정부 로드맵의 하반기에 성과를 도모하기 위해 전자정부사업에 대한 심의·조정 및 관리를 맡고, 전자정부특별위원회는 자문과 평가에 주력하도록 기능이 조정되었다.

노무현 정부 전반기에 전자정부 추진체계는 대통령 자문 정부혁신지방분권위원회 산하 전자정부전문위원회를 중심으로 전자정부 로드맵 과제를 발굴·추진하고, 행정자치부가 행정 지원을 하며, 한국정보사회진흥원이 사업 관리 및 기술을 지원하는 형태로 이루어졌다. 각 기관별 역할은 전자정부전문위원회가 기획planning과 조정steering을 수행하고, 부처들이 실천doing과 행동rowing을 수행하는 형태로 분담되었다. 전자정부전문위원회는 대통령 의제인 전자정부 로드맵을 개발하고, 그 집행 과정을 점검하고 평가하며, 필요한 경우 조정하는 기능을 수행하였다. 전자정부 11대 과제에서는 대통령비서실의 정책기획수석이 전담하였으나, 전자정부 로드맵에서는 대통령 정책실이 전자정부 로드맵의 쟁점과 진도를 관리하였다. 또한 주요 쟁점은 대통령이 참석하는 국정과제회의에서 직접 결정하였다(정충식, 2009: 50)([그림 2.8] 참조).

이어 2005년 4월 제2기 정부혁신지방분권위원회가 출범하면서 대통령비서실에 정부혁신과 전자정부를 총괄하는 혁신관리수석실을 신설하였다. 특히, 행정개혁의 실

[그림 2.8] 참여정부 국가정보화 조정체계(2003년 4월~2005년 5월)

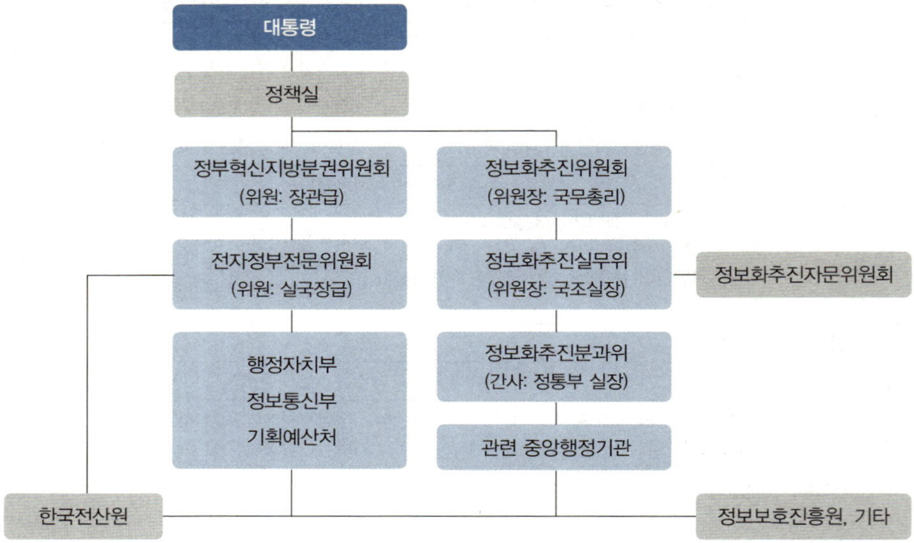

출처: 한국정보사회진흥원(2008)

질적 수단으로 전자정부를 활용하기 위하여 행정자치부에서 전자정부를 주도적으로 추진해야 한다고 강조하고, 2004년 3월「정부조직법」을 개정하여 전자정부 추진과 관련된 일부 기능을 행정자치부로 일원화하였다([그림 2.9] 참조).

2006월 1월 이후에는 이전의 조직적 구성은 유지하였으나, 행정자치부를 중심으로 전자정부사업 기능과 권한이 이양되는 양상이 나타났다([그림 2.10] 참조). 이는 전자정부 로드맵 과제가 본격 추진됨에 따라 복잡다기한 추진 체계 및 절차, 관련 기관 간 기능 중복 등으로 인하여 전자정부사업의 효율적 추진이 어려워지고, 전자정부 총괄 기능을 가진 행정자치부의 적극적인 역할 수행에 한계가 있다는 문제점이 제기됨에 따른 것이었다. 전자정부 로드맵 초기 단계에서는 과제를 발굴·기획하고 부처 간 이견 조정 및 역할 분담 등을 위하여 민간전문가 중심의 전자정부특별위원회의 기능과 역할이 유효하였으나, 과제의 집행 및 완료 단계에서는 각 부처 중심의 효율적인 정책 추진과 책임 있는 관리가 요구되었던 것이다(한국정보사회진흥원, 2008).

[그림 2.9] 참여정부 국가정보화 조정체계(2005년 5월~2006년 1월)

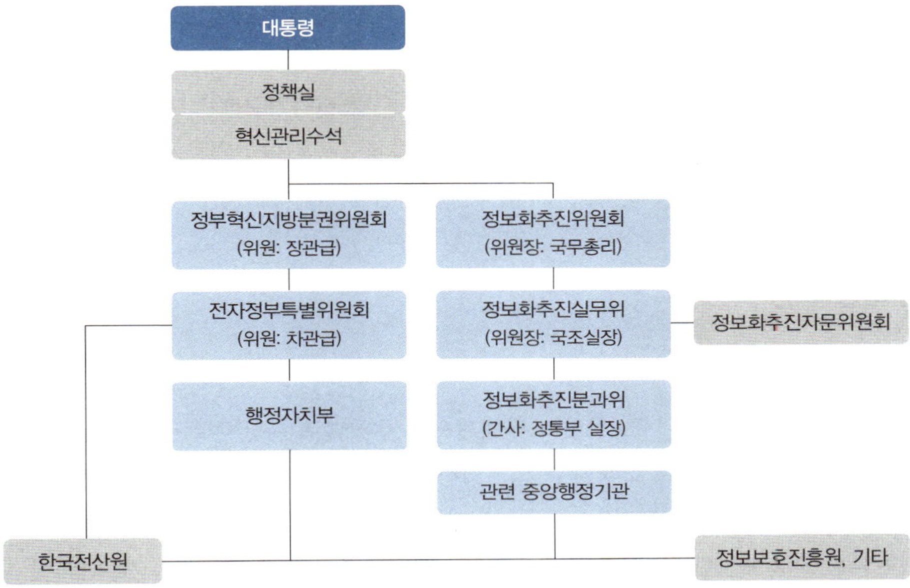

출처: 한국정보사회진흥원(2008)

[그림 2.10] 참여정부 국가정보화 조정체계(2006년 1월~2007년)

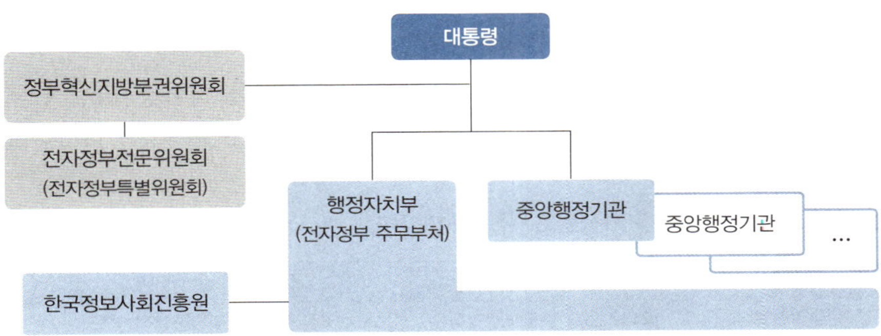

출처: 한국정보사회진흥원(2008)

4) 공공기관

이 시기 국가정보화사업을 관리하고 기술을 지원하는 역할은 한국정보사회진흥원(구 한국전산원)이 맡게 된다. 한국정보사회진흥원은 2004년 전자정부 지원사업 전담기관으로 지정되고 2005년에는 행정정보 DB 구축사업 전담기관으로 지정되었다. 2006년 한국정보사회진흥원으로 명칭을 개정한 이후에도 u-Korea 기본계획 수립을 지원하는 등 국가정보화 기술 및 사업 지원에 중심적인 역할을 하였다.

5. 이명박 정부

1) 전담기구

이명박 정부는 2008년 초 정부 조직개편으로 부처별로 분산된 유사 기능을 대부대국大部大局 으로 통합하고 조정기구를 정비하여 정책결정 과정을 간소화하고자 하였다. 이와 같은 원칙에 따라 18부 4처를 15부 2처로 통폐합하면서, 정보통신부와 방송위원회를 방송통신위원회로 통폐합하였다. 기존의 정보통신부의 통신 및 인터넷 사업자 규제기능과 방송위원회의 방송산업 진흥 및 방송사업자 규제기능은 방송통신위원회로 통합되었다. 이와 함께 기존의 정보통신부 기능 중 정보화 기획과 정보보호 기능은 행정안전부, 정보통신산업 육성·연구개발·정보통신진흥기금 운영 등의 기능은 지식경제부, 디지털콘텐츠산업 육성기능은 문화관광부로 이관되었다(〈표 2.22〉 참조). 결론적으로, 이명박 정부에서는 그동안 정보통신부에서 통합적으로 수행해온 정보통신의 연구개발과 기술혁신, 시장 진흥과 고도화, 부작용 및 역기능 규제 등 정보통신 생애주기별 세부 정책기능이 방송통신위원회를 비롯한 지식경제부, 행정안전부, 방송통신위원회 등으로 분산되면서 전담기구의 다기화diversification 가 나타났다.

〈표 2.22〉 이명박 정부의 국가정보화 기능 개편 현황

부처명	주요 기능
행정안전부	국가정보화 총괄+전자정부+정보보호+정보문화+정부통합전산센터
지식경제부	정보통신산업+연구개발+정보통신진흥기금
방송통신위원회	방송통신 융합+방송통신 인프라
문화체육관광부	디지털 콘텐츠

출처: 정충식(2009)

2) 정책수단

이와 같은 전담기구의 다기화는 정책수단의 분절화fragmentation로 이어졌다. 예로서, 정보통신진흥기금의 조성과 운영의 분절화를 들 수 있다. 정보통신정책과 관련된 정보통신진흥기금의 조성은 방송통신위원회가 담당하지만, 관리는 지식경제부가 하게 되었다. 또한 기간통신사업자의 출연과 주파수 할당 대가 수입은 지식경제부의 정보통신진흥기금(55%)과 방송통신위원회의 방송통신발전기금(45%)으로 분리되도록 제도가 설계되었다. 이로 인해 정보통신기금의 규모 축소와 운영상의 비효율성에 대한 우려가 제기되었다(이윤식, 2009).

정보통신부 폐지와 이에 따른 정보통신정책기능 분산은 지식정보화 흐름과 실물경제의 융합에 대응한 지식 기반형 경제, 기술 혁신형 경제로 전환을 유도하는 국가전략하에 이루어진 것이다(제17대 대통령직인수위원회, 2008). 특히, 정보통신산업을 일반 산업과 통합적으로 관장하고, 전기, 전자 등 ICT 관련 기술과 정보통신기술을 융합적으로 연구개발 하려는 의도가 반영된 것이다. ICT 기술과 각 분야의 산업과의 융·복합을 촉진하기 위해서는 전담부처를 두기보다는 관련 기능을 각각 지식경제부, 문화체육관광부, 행정안전부, 방송통신위원회 등으로 분산시키는 것이 바람직하다는 입장이었다(홍성걸, 2009: 42).

그러나 위와 같은 기대와는 달리, 전담기구의 다기화는 상호 연계와 융합을 저해하는 요인으로 작용했다는 지적이 강하다. 예를 들면, 정보보호분야의 경우, 산업 육성은 지식경제부, 보호 법제의 수립과 적용은 행정안전부, 방송통신 이용자와 네트워크 분야의 보호는 방송통신위원회가 담당하면서, 관련 기업이나 정책대상자들의 불편이 증가했다. 또한 각 부처에서 정보통신정책기능이 부처의 중심 기능에 비해 후순위로 밀리면서 정책의 추진력을 잃었다. 예를 들면, 지식경제부의 경우, 다양한 분야별 산업정책을 추진하기 때문에 정보통신부에 비해 정보통신산업에 대한 정책적 집중도가 떨어졌다(홍성걸, 2009).

그렇다고 이와 같은 전담기구의 다기화가 관련 부처 간 정책 경쟁과 갈등을 줄인 것도 아니었다. 예를 들면, 정보통신진흥기금을 둘러싸고 부처 간 갈등이 심화되었다. 정보통신부 소관이었던 이 기금의 조성은 방송통신위원회가 하지만 정보통신부가 폐지되어 지식경제부를 포함한 4개 부처가 공동으로 사용할 수밖에 없는 상황이 되면서 이를 둘러싼 부처 간 갈등이 심화되었다(홍성걸, 2009). 결론적으로 전담기구의 다기화를 통해 정보통신과 기존 비정보 산업 간의 융합을 통해 상호 상승효과를 거두고자 했던 이명박 정부의 제도적 개편은 큰 실효를 거두지 못한 것으로 평가되고 있다.

3) 조정체계

이명박 정부는 전담부처의 폐지와 정보통신 관련 기능의 분산에 따른 역기능을 방지하기 위해, 국가정보화전략위원회를 중심으로 한 국가정보화 조정체제를 구성하였다. 2009년 4월 30일, 「국가정보화기본법」(「정보화촉진기본법의 전부개정안」)이 국회를 통과하여 국가정보화전략위원회(위원장: 국무총리 및 민간위원 공동)와 실무위원회, 정보화책임관협의회 및 분야별 전문위원회 중심의 공식적 ICT정책 추진체계가 확립되었다([그림 2.11] 참조).

국가정보화전략위원회는 소속이 대통령실로 이관되어 위상이 제고되었으며, 국무총리와 민간위원이 공동으로 위원장직을 수행토록 하고, 민간위원을 포함하여 35명 이내의 위원으로 구성함으로써 제도 설계상으로는 오히려 조정체계가 강화된 것으로 평가된다. 실질적 업무 추진을 위해서 실무위원회를 구성하는데, 이 위원회는 행안부 2차관과 민간위원이 공동으로 위원장을 맡고, 각 부처 실·국장 및 민간위원 약 20명으로 구성한다. 실무위원회의 효율적 운영을 위해 분야별 전문위원회, 실무지원반 및 정보화담당관 협의회를 구성·운영하도록 하였다.

[그림 2.11] 이명박 정부의 국가정보화전략위원회 조직도

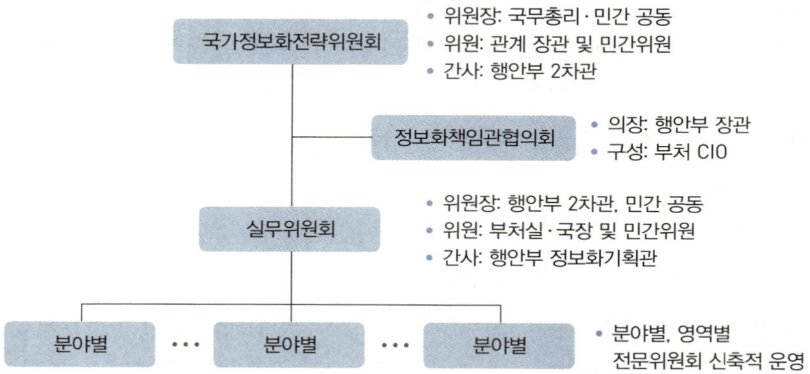

출처: 홍성걸(2009)

국가정보화전략위원회의 주요 기능은 국가정보화정책 총괄기능 강화, 국가정보화 유관영역 간 정책의 공조, 기본계획 및 시행계획에 따른 정보화사업 투자의 효율화, EA Enterprise Architecture 적용을 통한 각 부처 정보화사업의 체계화 및 국가정보화 관련 주요 시책의 관리 등이다(행정안전부, 2008). 그 밖에 국가기관과 지방자치단체는 정보화시책의 수립·시행과 조정을 위해 정보화책임관CIO을 두게 되어 있는데, 각 부처의 정보화책임관들로 협의회를 구성하고 행정안전부 장관이 그 의장을 맡도록 함으로써 부처 간 조정 능력을 강화시키고자 하였다. 아울러, 2009년 4월, ICT 업계와의 간담회 직후 대통령이 부처별로 나눠진 ICT 업무를 조정할 전담관을 청와대에 두도록 지시한 이후, 청와대는 ICT 컨트롤타워 역할을 맡게 될 ICT 전담관을 대통령 ICT특보로 결정하였다(홍성걸, 2009).

그러나 이와 같은 조정체계가 실제로는 작동하지 않았다. 우선 위원회의 제도화가 너무 늦었다. 국가정보화전략위원회는 2010년 12월에야 운영지원단을 설치함으로써 본격적인 활동에 들어갈 수 있는 지원체계를 완비했다. 정보통신정책기능의 분산과 2년도 채 남지 않은 이명박 정부의 잔여 임기를 고려할 때, 조정체계 구성의 지연은 정책의 효과성 제고에 장애 요인으로 작용하였다.

둘째, 정보화전략위원회의 활동 자체가 활발하지 않았다는 점이다. 아울러, 과제의 발굴과 추진 상황의 관리 측면에서도 체계적이지 못하다는 평가이다. 대통령 위원회로서 대통령 의제를 개발하여 관련 부처에게 관제별 임무를 부여하고 그 진도 계획과 진척 상황을 점검하며 산출과 성과를 평가하는 시스템이 체계적으로 구축되지 않은 채 추상적 담론의 교환에 머물렀다는 비판이다.

이와 같은 조정체계의 낮은 효과성은 정책수단의 문제로 이어졌다. 실제로 이명박 정부에서 정보화 예산은 대폭 삭감되었다. 2009년 3월 말 정부가 확정한 30조 원 규모의 대규모 추경에서 정보화 예산은 3,361억여 원이었다. 이와 같은 현상은 조정 능력 미비에서 기인된 바 크다. 즉, 각 부처에서 수립한 정보화 기획이 중복되면서 조율이 되지 않아 기획재정부로부터 예산이 전액 삭감되는 등의 허점이 드러났기 때문이다(정충식, 2009).

4) 공공기관

이명박 정부 시기에는 ICT 정책의 추진체계에 대한 대대적 개편이 있었으며, 정부 중앙행정기관의 기능과 조직의 재편은 공공부문의 후속적 개편으로 이어졌다 (〈표

〈표 2.23〉 ICT 관련 공공기관 개편

이명박 정부 산하기관 통합 이전	통합기관명	이전 후 소속기관
한국정보사회진흥원(NIA, 2006년 10월) 한국정보문화진흥원(KADO, 2003년 1월)	한국정보화진흥원 (NIA, 2009년 5월)	행정안전부
한국인터넷진흥원(2004년) 한국정보보호진흥원(2001년) 정보통신국제협력진흥원(2007년)	한국인터넷진흥원 (KISA, 2009년 7월)	방송통신위원회
한국전자거래진흥원(1999년) 한국소프트웨어진흥원(1998년) 정보통신연구진흥원(1999년)	정보통신산업진흥원 (NIPA, 2009년 8월)	지식경제부
한국전파진흥원(2006)	한국방송통신전파진흥원 (KCA, 2011년)	방송통신위원회

출처: 정충식·진영빈(2013)의 관련 내용을 재구성

2.23〉 참조). 따라서 이명박 정부 시기에 국가정보화사업을 집행하고 기술적으로 지원하는 역할은 2009년에 설립된 한국정보화진흥원이 그 역할을 담당하게 된다. 기존의 한국정보사회진흥원NIA과 한국정보문화진흥원KADO이 통합되어 새롭게 출범한 한국정보화진흥원은 국가정보화 총괄기구인 행정안전부의 정보화 관련 기능을 종합 지원하게 되면서 국가정보화 지원 공공기관이 일원화되었다.

6. 박근혜 정부

1) 전담기구

박근혜 정부의 출범과 함께 ICT 부문의 부처 간 기능 분담이 다시 재편되었다. 선거 공약으로서 ICT 전담조직을 설치하겠다는 대통령 공약은 과학기술과 ICT를 연계하는 미래창조과학부의 출범으로 이어진다. 이에 따라 ICT 부문의 대대적인 부처 간 기능 조정이 이루어지고 미래창조과학부가 ICT 부문의 컨트롤타워 역할을 담당하게 되었다. 이명박 정부에서 지식경제부가 SW산업 부문을, 방통위가 방송과 통신 정책을, 행정안전부가 전자정부와 국가정보화를, 문화체육관광부가 문화산업 및 방송통신 콘텐츠를 맡았던 분산적 구조는, 미래창조과학부가 SW산업과 통신정책, 방통 융합 진흥, 국가정보화 기능, 방송통신 디지털콘텐츠를 총괄적으로 관리하는 구조로 바뀌었다(〈표 2.24〉 참조). ICT 분야에 대한 대대적인 기능 재편이 이루어졌지만 전자정부의 영역에 한정한다면 여전히 행정안전부가 전자정부 전담부처로서 활동하였다.

〈표 2.24〉 박근혜 정부의 ICT 추진체계 개편

구분	지식경제부 (산업통상자원부)	방송통신위원회	행정안전부	문화체육관광부
존치	임베디드SW	방송통신(규제), 주파수(방송용), 편성평가정책, 방송광고정책·진흥기획, 방송정책기획·채널정책, 지상파방송정책, 개인정보윤리	전자정부, 정부통합전산센터, 국가데이터베이스, 개인정보보호	문화산업정책, 영상콘텐츠산업, 게임콘텐츠산업, CT R&D, 컴퓨터 그래픽, 인력양성
미래창조 과학부로 이관	SW산업 SW융합 SW진흥	방송통신(진흥), 주파수(통신용), 방송통신 진흥정책·녹색기술, 융합정책, 전파정책기획·방송관리, 디지털방송정책, 뉴미디어정책, 통신정책기획·경쟁정책·이용제도· 자원정책, 네트워크기획·정보보호, 인터넷정책, 지능통신망, 정보보호	국가정보화기획, 정보문화기능, 정보통신산업, 정보통신정책	디지털콘텐츠, 데이터베이스산업, 스마트콘텐츠, 방송통신콘텐츠

출처: 정충식(2013)

2) 정책수단

박근혜 정부 시기 국가정보화정책은 「정부 3.0」 과제와의 관계 모호성, 전자정부와 국가정보화의 역할 분리 등의 환경 변화 속에서 크게 주목받지는 못하였다. 하지만 이 시기에도 「전자정부법」의 개정(2014년 7월)을 통해 수요자 맞춤형 서비스 구현을 위한 공공서비스 등록시스템을 운영하고, 민원인은 한 번의 신청으로 공공서비스 정보를 통합적으로 제공받도록 하고, 부처 간 협업을 위해 기관 간 시스템을 상호 연계하고 통합하며 빅데이터 기반의 과학적 행정 구축의 근거를 마련하였다.

이 시기 다부처 전자정부사업을 위한 전자정부 지원예산은 행정자치부의 일반예산을 통해 지원되었다(〈표 2.25〉 참조). 전자정부 예산의 전반적인 규모가 지난 정부들에 비해 축소되는 경향을 보였다. 특히 2013년 전자정부지원사업 예산의 경우 502억 원이 감액된 22개 사업 584억 원 규모였다. 이후 전자정부 예산은 2014년에는 31개 사업 839억 원, 2015년에 1,215억 원, 2016년에는 1,237억 원으로 증가하였다. 하지만 참여정부 기간 연평균 1,757억, 이명박 정부의 연평균 1,347억 수준에 미치지 못하는 연평균 1,006억 원 수준이었다(정충식, 2016). 전자정부 예산의 추진은 출연금 예산으로 확보하여 전문기관에서 출연·집행하는 방식을 하고 있다. 따라서 주관기관(각 부처)의

〈표 2.25〉 정부별 전자정부 지원사업 주요 과제와 예산액

구분	국민의 정부	참여정부	MB 정부	박근혜 정부
시기	2001~2002년	2003~2007년	2008~2012년	2013~2016년
과제명	전자정부 11대 과제	전자정부 로드맵 31대 과제	MB 정부 전자정부 과제	박근혜 정부 전자정부 과제
주요 목표	정부업무와 대민 서비스의 전자적 처리	다수 부처 서비스 연계 전자적 국민참여 확대	일 잘하는 지식정부 행정서비스 연계·통합	정보개방·공유·협업 유능한 정부
예산액	2,219억 원 (연평균 1,110억 원)	8,786억 원 (연평균 1,757억 원)	6,736억 원 (연평균 1,347억 원)	4,026억 원 (연평균 1,006억 원)

출처: 행정안전부 홈페이지; 정충식(2016: 1000)에서 재인용

계획과 사업 요청을 총괄기관으로서 행자부가 일반예산으로 획득하며, 주관기관의 해당 사업은 전문기관(한국정보화진흥원)을 통해 행정적·기술적으로 지원되었다.

3) 조정체계

박근혜 정부에서 전자정부와 국가정보화의 기능이 분리되어 전자정부는 행정자치부에서, 국가정보화와 정보통신산업은 미래창조과학부에서 담당하게 되면서 범부처 수준의 정책을 기획하고 조정하는 조정기제들도 분리되었다. 이에 따라「국가정보화 기본법」상의 '국가정보화전략위원회'가 폐지되고 미래창조과학부 소관의「정보통신 진흥 및 융합 활성화 등에 관한 특별법」(2013년 8월 제정, 2014년 2월 공포)이 제정되었다. 이 법에 따라 정보통신을 진흥하고 정보통신 기반의 융합 활성화를 위해 정보통신전략위원회를 설치하게 되었다. 따라서 이 시기 정보통신전략위원회는 이전 정부의 국가정보화전략위원회와는 달리 국가정보화 부문의 조정기제라고 보기는 힘들다. 오히려 박근혜 정부의 국가정보화 조정기제는 정부3.0추진위원회의 역할이 컸다고 할 수 있다.

정부3.0추진위원회는 박근혜 정부의 핵심 국정과제인「정부 3.0」을 국민 관점에서 민관협업을 통해 행정서비스와 공무원의 일하는 방식을 재설계하기 위하여 2014년 7월 국무총리 소속으로 설치되었다.[12] 정부3.0추진위원회는 민간위원장 및 민간위원 7명, 차관급 정부위원 6명 등 총 14명으로 구성되었다. 정부3.0추진위원회는「정부

12「정부3.0 추진위원회의 설치 및 운영에 관한 규정」(대통령령) 제1조. "공공정보를 적극적으로 개방·공유하고, 행정기관 간 소통·협력을 통하여 국민 중심의 맞춤형 서비스를 제공함으로써 일자리 창출과 창조경제를 지원하는 새로운 정부운영 패러다임인 정부3.0의 효율적 추진을 위하여 국무총리 소속으로 정부3.0 추진위원회를 둔다."

[그림 2.12] 정부3.0 추진위원회 조직도

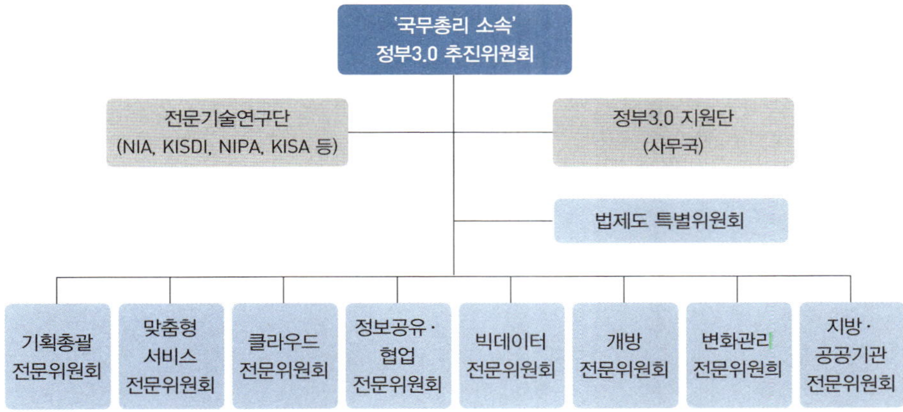

출처: 정부3.0추진위원회 홈페이지(http://www.gov30.go.kr/)

3.0」 추진을 위한 기본 방향 및 전략에 관한 사항, 「정부 3.0」 추진계획과 분야별 세부 계획의 수립 및 시행에 관한 사항부터 추진 실적의 평가·점검, 법·제도 개선 등과 같은 포괄적인 기능을 담당하였다(제2조). 위원장하에 기획·총괄, 변화 관리, 클라우드, 맞춤형 서비스, 정보공유·협업, 빅데이터, 개방의 6개 전문분야를 설치하여 운영하였으며 법제도특별위원회를 운영하였다. 각 부처에서 파견된 「정부 3.C」 지원단은 행정자치부 창조정부조직실장이 겸임하였다([그림 2.12] 참조).

이 밖에도 국가정보화와 밀접한 관계를 가지는 상위 조직으로 공공데이터전략위원회가 국민의 공공데이터에 대한 접근과 이용에 관한 컨트롤타워의 역할을 하였다. 공공데이터전략위원회는 국무총리 소속기관으로서 「공공데이터의 제공 및 이용 활성화에 관한 법률」 제5조에 의거하여 설립되었다.

4) 공공기관

박근혜 정부 시기에 ICT 부문의 부처별 기능과 조직이 재편됨에 따라 행정자치부는 국가정보화 부문의 상당 부분을 미래창조과학부로 이관하고 전자정부에 주력하게 되었다. 이에 따라 ICT 분야의 공공기관 재편도 함께 일어났으며 한국인터넷진흥원, 정보통신산업진흥원, 한국방송통신전파진흥원이 미래창조과학부 소속이 되었다. 한국정보화진흥원의 경우 미래창조과학부와 행정안전부 두 부처를 지원하는 역할을 하게 되었다. ICT 융합정책이나 디지털 문화 등의 국가정보화 부문은 미래창조과학부를 지원하며, 전자정부나 「정부 3.0」 지원의 행정자치부 업무를 동시에 지원하였다. 한국정보화진흥원은 전자정부 지원 대상사업을 발굴하고 사업의 공모·심사·선정을 지원하였다. 또한 전자정부사업의 수행 관리와 사업 감리 및 예산집행·회계처리를 지원하였다.

V

결론

1980년대부터 이어져 온 한국의 행정정보화와 전자정부 구현사업은 다음과 같은 성과를 이룬 것으로 평가된다.[13] 첫째, 정부 내부의 업무처리 절차의 전자화 완료 단계에 이르렀다. 인사(e-사람·인사랑), 재정(dBrain·e-호조) 등 중앙부처·지자체에서 수행하는 핵심 영역의 고유·공통업무에 대한 처리절차 전자화가 완료되었으며, 전자 결재·업무 관리(온-나라), 기록물 관리, 정부 디렉터리 시스템, 전자문서 유통시스템 등 행정 처리를 위한 주요 시스템 구축이 완료되었다.

둘째, 주요 공공데이터의 전자화·DB화로 행정 업무와 서비스의 온라인 처리 기반이 마련되었다. 주민, 부동산, 자동차 등 국가 운영에 기본이 되는 데이터베이스가 구축 완료되었고, 전자정부 운영과 관련한 정보자원의 관리·운영을 위한 '범정부 EA포털'을 구축, 공공기관의 정보자원 관리체계가 제도화되었다.

셋째, 지금까지의 기관별, 업무분야별 정보시스템 구축을 탈피하여 협업 및 지식 기반 행정 구현을 위한 정부 클라우드 기반 구축을 완료하고 단계적인 클라우드 전환을 추진 중이다. 범정부 차원의 '정부 클라우드 추진계획'이 수립·시행 중이며, 2013년부터 가상 서버를 제공하는 'G-클라우드' 인프라를 구축하였으며, 2025년까지 행정기관 및 공공기관의 클라우드 전환을 완료할 계획이다.[14]

그렇다면 주요 성공 요인은 무엇일까?[15] 첫째, 강력한 리더십과 국정과제 채택이

13 대한민국정부. (2016). 『2016 국가정보화에 대한 연차보고서』. 대한민국정부.

14 행정자치부. (2016). 『정부지식 공유활용기반 고도화(2차) 제안요구서』. 행정자치부; 기획재정부. (2020). 『한국판 뉴딜 종합계획』. 기획재정부.

15 전자정부 추진의 성공 요인에 대한 내용은 한국정보화진흥원(2019: 24-26)에 제시된 내용을 따르고 있다.

다. 전자정부와 같은 정보시스템은 시스템 구축 및 공공조직에의 도입과 제도화에 오랜 시간이 소요된다. 또 전자정부 추진의 성공을 위해서는 민간부문의 ICT 기업뿐만 아니라 공공부문 내 다양한 구성 요소들이 함께 개선되고 재구축되어야 한다. 이는 곧 전자정부를 지속해서 추진할 강력한 리더십과 추진체계를 갖추어야 한다는 것을 의미한다. 한국의 역대 대통령은 전자정부를 국정과제로 채택해서 지속적인 관심과 재정적·제도적 지원을 제공해왔다. 국가기간전산망사업 및 초고속국가망사업을 통한 정보통신망 구축과 전자정부 11대 과제, 전자정부 31대 로드맵 과제, 스마트 정부 등 범부처 차원의 전자정부 프로젝트를 주요 국정과제로 채택해서 추진했기에 현재의 세계 최고의 전자정부를 구축하는 것이 가능하였다.

둘째, 과감하고 지속적인 재정투자이다. 전자정부를 통한 정부혁신을 도모하기 위해서는 지속적인 재정투자가 필수적이다. 그러나 장기적이고 대규모 재정투자가 수반되는 전자정부사업은 정부의 일반예산으로 수행하기가 어렵다. 따라서 한국 정부는 전자정부 초기 단계에 필요한 재원을 안정적으로 확보하고자 정보화촉진기금을 조성하여 활용하였으며 이후 전자정부가 성숙 단계에 진입한 후에도 매년 국가 예산의 1% 이상을 전자정부 등 국가정보화를 위해 투자하였다.

셋째, 범정부적·상시적 추진체계 운영이다.[16] 전자정부의 성공적 추진을 위해서는 관련 기관 간 긴밀한 협력과 이해 충돌에 대한 조정이 매우 중요하다. 이를 위해 한국은 전자정부 초기부터 대통령 직속의 전자정부를 위한 특별위원회를 설치하고 위원회가 중요 전자정부 과제의 선정, 모니터링 및 평가를 담당하도록 하여 범부처적인 협력을 끌어냈고, 부처 간 이해관계가 첨예하게 부딪치면 대통령이 문제 해결에 나서는 등의 리더십을 발휘했다.

또한, 한국 정부는 정보통신 및 정보화를 총괄하는 전담부처로 정보통신부를 출범시켜 정책의 전문성과 정책의 연속성을 확보하였고, 행정자치부가 중앙부처 및 지방정부를 아우르는 국가 전체의 전자정부 구현이 가능하도록 하였다. 아울러 한국정보화진흥원NIA, 한국인터넷진흥원KISA, 정보통신정책연구원KISDI, 한국지역정보개발원KLID, 정보통신산업진흥원NIPA, 한국전자통신연구원ETRI 등의 전문기술 지원기관 등을 설립하여 전자정부 추진 과정에서의 기술적인 이슈에 적극적으로 대응하였다.

넷째, 법·제도 정비 및 전자정부법 제정이다. 전자정부 구현을 위한 본격적인 사업

16 전자정부 추진체계의 특성이 전자정부 사업에 미치는 영향에 대한 구체적인 사례분석은 제5장 참조.

이 추진되면서 기존 종이 문서 중심의 오프라인 행정환경에 적합하도록 설계된 법·제도가 ICT를 적용한 새로운 전자정부 서비스에 커다란 장애 요인으로 대두하였다. 구체적인 전자정부 정책과 사업, 그리고 운영을 위한 법·제도적인 근거가 필요하게 되었다. 따라서 한국 정부는 전자정부사업을 추진하면서 동시에 법·제도 정비를 추진하였다. 전자정부 추진 과정에서 기존 법체계의 정비가 필요한 요소들을 모두 조사·분석하여 187개의 법률을 개정 또는 제정하였다. 또한, 2001년 세계 최초로 전자정부법을 제정·시행함으로써 전자정부 추진에 걸림돌이 되는 제도적 장애 요인 개선을 위한 초석을 제공하였다.

그러나, 이와 같은 성과와 성공 요인에도 불구하고 지금까지의 전자정부는 혁신이되 '약한' 혁신에 머무르는 한계를 보이고 있다. 개별 사업 단위에서 일부 성과는 있었으나, 전반적으로 행정의 효율성을 대폭적으로 개선하지는 못하였다. 부처 간 협업을 촉진하고 부처의 경계를 넘어서는 공공서비스를 제공하기 위해 도입된 정보통신기술이 오히려 '굴뚝효과silo effect'[17]를 고착화시키는 역설이 나타나기도 하였다. 또한 축적된 행정정보의 활용 수준이 낮고, 정보자원의 유지·보수 비용이 급격히 증가하고 있다. 예를 들면, 각 부처별로 따로 보유·제공하고 있는 데이터 및 서비스의 통합을 통해 대국민 서비스의 질적 개선과 정보자원 관리의 효율성을 제고하고자 정부통합전산센터를 구축하였으나, 제한적 수준의 서비스와 효과에 머무르고 있는 것이 현실이다.

전자정부가 '약한' 혁신에 머물게 된 근본적인 이유는 정보통신기술의 도입과 함께, 제도, 조직 및 관리, 인적자원 등 행정의 구성 요소들이 총체적으로 함께 변화되지 못하고 정보통신기술 도입의 효과가 반감되었기 때문이다. 새롭게 발전하고 있는 다양한 정보통신기술의 활용과 더불어 행정의 구성 요소인 제도, 조직 및 관리, 인적자원이 함께 공진화하는 디지털 혁신 모델을 구상할 필요가 있다.

그렇다면, 어떤 요인들이 공공부문에서의 정보기술의 도입과 활용에 영향을 미치는가? 정보기술 도입과 활용의 성공과 실패 요인은 무엇인가? 제3장과 제4장에서는 정보기술 도입의 성공·실패의 개념과 그 영향 요인을 살펴보고 관련된 연구모형들을 살펴본다.

---

17 조직 부서들이 서로 다른 부서와 담을 쌓고 내부 이익만을 추구하는 현상을 일컫는 말. 곡식 및 사료를 저장해두는 굴뚝 모양의 창고인 '사일로(silo)'에 빗대어 조직 장벽과 부서 이기주의를 의미하는 학술 용어(『네이버 지식백과』, '사일로 효과'; 『한경 경제용어사전』, 'Organizational Silos Effect').

참고문헌

관계부처합동. (2013). 『정부3.0 추진 기본계획』. 서울: 대한민국정부.

국가정보화전략위원회. (2008). 『국가정보화 촉진계획』. 서울: 국가정보화전략위원회.

김동욱·이원희. (1998). 「정보화사업 추진체계의 유형화에 관한 연구」. 『한국행정학보』, 32(2), 19-37.

박정은. (2006). 『전자정부 추진조직과 정책 및 성과의 관계: 역사적 제도주의 관점의 국가간 비교』. 행정학 박사학위논문. 이화여자대학교.

방민석. (2002). 『전자정부 구축과정의 정책네트워크 분석: 정책패러다임의 변동을 중심으로』. 행정학 박사학위논문. 성균관대학교.

송희준. (2008). 「정보화정책의 역사적 성찰과 향후 과제」. 『한국지역정보화학회지』, 11(1), 13-22.

안문석. (1996). 「한국 정부의 정보화 현황과 과제: 문민정부의 정보화 정책과 이전정권의 정보화정책간의 차이」. 『한국행정연구』, 5(3), 5-25.

______. (1999). 『정보체계론』. 서울: 학현사.

안병영·정무권·한상일. (2007). 『한국의 공공부문: 이론, 규모와 성격, 개혁방향』. 춘천: 한림대학교출판부.

엄석진. (2008). 『전자정부 추진결과의 제도적 결정요인: 한국과 미국의 정부기능연계모델 사업을 중심으로』. 행정학 박사학위논문. 서울대학교.

이윤식. (2009). 「이명박 정부의 국가정보화 기본계획 및 실행계획에 관한 비판적 검토」. 『한국지역정보화학회지』, 12(4), 1-38.

임지봉. (2001). 『미국의 전자정부법제』. 서울: 한국법제연구원.

정보통신부. (1996). 『정보화 촉진 기본계획(1996~2000)』. 서울: 정보통신부.

__________. (2003). 『Broadband IT Korea Vision 2007』. 서울: 정보통신부.

정보통신부·한국전산원. (2003). 『한국의 정보화정책발전사』. 서울: 정보통신부.

____________________. (2005). 『참여정부의 전자정부』. 서울: 정부혁신지방분권위원회.

정진우. (2013). 「우리나라의 정보화성과 고도화전략에 관한 연구」. 『한국사회와 행정연구』, 23(4), 1-29.

정충식. (2009). 「국가정보화 추진체계에 대한 비판적 검토」. 『한국지역정보화학회지』, 12(4), 39-66.

______. (2013). 「박근혜정부의 ICT거버넌스 분석」. 『한국지역정보화학회지』, 19(3), 53-90.

______. (2016). 「전자정부: 잃어버린 10년의 교훈」. 『한국행정학회 하계학술대회 발표논문집』, 981-1032.

______. (2018). 『2018 전자정부론』. 서울: 서울경제경영.

정충식·진영빈. (2013). 「미래창조과학부 출범에 따르는 ICT관련 산하기관 기능 재배분」. 『한국거버넌스학회보』, 20(3), 1-25.

제17대 대통령직인수위원회. (2008). 『제17대 대통령직인수위원회 백서』. 서울: 제17대 대통령직인수위원회.

하태수. (1997).「정보통신행정분야의 중간조직에 관한 연구」. 행정학 석사학위논문. 서울대학교 행정대학원.

한국전산원. (2002).『정보화추진체계 개편논의와 개선방안』. 서울: 한국전산원.

한국전자정부포럼. (2006).『전자정부본부 정책기능 강화방안』. 행정안전부 연구용역보고서.

한국정보사회진흥원. (2008).『전자정부사업백서 2003-2007』. 서울: 한국정보사회진흥원.

한국정보화진흥원. (2011).「스마트 사회 실현을 위한 신국가정보화전략분석(4)-미국」.『IT & Society』, Vol. 6. 대구: 한국정보화진흥원.

______________. (2019).『All that Digital Gov. Korea』. 대구: 한국정보화진흥원.

한세억. (2000).「정보화의 전개과정과 변인(變因) 분석: 수정된 제도화모형의 관점에서」.『한국행정학보』, 34(3), 73-92.

행정안전부. (2008).『국가정보화 기본계획』. 서울: 행정안전부.

_________. (2017).『전자정부 50년』. 서울: 행정안전부.

행정자치부. (1999).『전자정부 종합실천계획』. 서울: 행정자치부.

_________. (2007).『2006 전자정부사업 연차보고서』. 서울: 행정자치부.

_________. (2016).『전자정부 2020 기본계획』. 서울: 행정자치부.

홍성걸. (2003).「발전국가의 부활? 산업화와 정보화의 비교: 완충국가론의 시론적 적용」.『한국행정학회 하계학술대회 발표논문집』, 351-366.

_____. (2009).「이명박 정부의 IT정책 추친체계: IT 컨트롤타워 설치 필요성과 효율적 운영을 위한 제언」.『정보화정책』, 16(4), 27-48.

황종성. (2003).「전자정부의 쟁점과 연구동향」.『정보화정책』, 10(3), 3-12.

_____. (2007).「한국식 정보화 모델의 탐색」.『정보화정책』, 14(4), 4-19.

Bruel, J. D. (2007). Three Bush Administration Management Reform Initiatives: The President's Management Agenda, Freedom to Management Legislative Proposals and the Program Assessment Rating Tools. *Public Administration Review*, 67(1).

Head, R. V. (1982). *Federal information systems management: issues and new directions*. Washington, D.C.: The Brookings Institution.

Garson, G. D. (2005). Public Information Technology and E-Government: A Historical Timeline. In *Handbook of Public Information Systems*, ed. G. D. Garson. Boca Raton: Talyor and Francis Group.

Margetts, H. (1996). Computerization in Central Government in Britain and America 1975-1995: Policy-Making, Regulation and Contracting in Information Technology. Ph.D Dissertation. London School of Economics and Political Science. London.

_________. (1999). *Information Technology in Government: Britain and America*. London: Routledge.

NPR(National Performance Review). (1993). *Creating a government that works better and costs less: report of the National Performance Review*. New York, N.Y.: Random House.

___. (1997). *Access America: report of the National Performance Review*. New York, N.Y.: Random House.

OMB(Office of Management and Budget). (2001). *The President's Management Agenda*. Washington, D.C.: OMB.

_____. (2002). *E-Government Strategy 2002*. Washington, D.C.: OMB.

_____. (2003). *E-Government Strategy 2003*. Washington, D.C.: OMB.

_____. (2006). *Expanding E-Government: Making a Difference for the American People Using Information Technology*. Washington, D.C.: OMB.

_____. (2007). *Fiscal Year 2008 Information Technology Budget*. Washington, D.C.: OMB.

Wolfe, L. (1999). Transforming Accountability for Government Information Technology Project: The Impact of New US Legislation. In *Reinventing Government in the Information Age*, ed. R. Heeks. London: Routledge.

제 3 장

정보시스템 성공의 정의와 영향 요인

I

서론

정보기술 혹은 정보시스템의 성공 및 성과를 측정하는 것은, 관련 분야의 연구자는 물론이고 현업 실무자들과 경영진, 의사결정자들에게도 매우 중요한 이슈이다. 특히, 전자정부 및 스마트 정부의 추진과 함께 공공부문에서 정보시스템의 활용도가 높아지고 정보화 투자가 가속화되면서, 정보시스템 구축의 성공과 실패, 구축 성과 및 비용 대비 효과에 대한 정의와 분석은 더욱 중요해졌다. 예를 들어, 개발도상국들에서 실행되고 있는 모든 전자정부 프로젝트들 중에서 적어도 60%는 실패하고, 50%는 납세자들의 세금을 낭비하는 프로젝트라는 주장(Stevenson, 2003)은 무엇이 성공이고 실패인지, 어떻게 성공과 실패를 측정해야 타당성 높은 결론에 이를 수 있는지 등에 대한 논의가 중요함을 보여준다. 결국, 이러한 주장은 정보시스템 성공의 정의와 측정 그리고 정보시스템 성공의 영향 요인에 대한 이론적·실무적 이해가 높아져야 함을 시사한다.

하지만, 정보시스템의 성공과 그 영향 요인에 대한 타당성 높은 이해와 분석의 중요성에도 불구하고, 그 정의와 측정은 결코 충분하지 않은 것으로 주장되어 왔다. Brynjolfsson(1993)은 정보시스템에 의한 조직의 성과가 명확하게 증명되지 못하고 있는 이러한 현상들을 '생산성 역설productivity paradox'이라는 용어로 함축적으로 설명하면서, 생산성 역설 현상의 가장 큰 요인은 정보기술 성과 측정의 일관성 결여이고 이의 주요 원인으로 투입물과 산출물의 측정오차, 학습과 조정으로 인한 투자성과의 지연 발생, 이익의 소실과 재분배, 정보기술 관리상의 문제 등을 지적한다. 또한, 정보기술 혹은 정보시스템 성과의 경우 여러 부분 간의 상호 결합을 통해 조직의 성과에 영향을 미치지만 실제 평가 작업은 이를 고려하지 않으며, 지금까지 활용된 성과 측정 변수들이 정보시스템 효과성에 대한 대리변수로는 타당성이 약하다는 점이 지적된다. 즉, 정보시스템의 성공 정의 및 성과 측정에 있어 평가항목 및 평가지표 선정, 분석 수준과 대상, 인과관계 위주의 통계기법, 평가자료, 평가척도 등에서 많은 문제점이 있음이 지적되고 있다(정해용·김상훈, 2003; Mahmood, Mann, & Mann, 2000; Myers, Kappelmann, & Pributok, 1997).

특히, 공공부문에서의 정보시스템의 성공을 이해함에 있어서 정보시스템 성공이라는 개념의 다차원성을 이해하는 것이 필수적이다. 정보기술의 맥락·목적·파급효과가 진화하고 정보시스템의 활용이 더욱 정교화·보편화·복잡화하면서, 정보시스템 성공을 정의하고 측정하는 방식은 시간의 흐름에 따라 변화하고 정보시스템이 구축된 공간과 맥락에 따라 유사하거나 상이한 방식으로 나타난다(Kroenke, 2007; O'Brien, 1999). 그러므로, 정보시스템 성공을 정의하고 측정하는 방식에 있어서 시간의 흐름에 따른 변화와 공간에 따른 유사성 혹은 차이성을 이해하는 것은 필수적이다.

이러한 문제의식 아래, 이 장은 정보시스템 성공의 정의와 그 영향 요인에 대한 기존 논의를 개관한다. 제2절은 정보시스템 성공의 개념과 그 측정지표를 기술한다. 구체적으로, 정보시스템 성공에 대한 시각에 따라 정보시스템의 구성 요소와 그 기능에 관심을 가지는 기능적 완성의 관점, 정보시스템의 구축과 활용의 진화적인 발전에 초점을 맞추는 성숙 수준의 관점, 공공부문이 정보시스템을 통해 추구하는 다양한 가치의 실현과 창출을 강조하는 가치 창출의 관점에 따라 정보시스템 성공의 정의와 측정지표들을 제시한다(Gil-Garcia, 2012; Petter, DeLone, & McLean, 2012). 제3절은 정보시스템 성공에 영향을 미치는 다양한 요인들을 제시한다. 구체적으로, 기존 연구 결과를 통해 정보시스템 성공에 영향을 미치는 것으로 분석된 다양한 차원의 요인들을 기술적, 환경적, 관리적, 제도적 요인 중심적 설명들로 구분하여 정리한다.

Ⅱ 정보시스템 성공의 정의와 측정

1. 성능의 우수성

기능적 완성의 관점은 정보시스템의 구성 요소와 그 기능에 관심을 가지면서 정보시스템 성능의 우수성을 정보시스템 성공으로 간주하는 시각이다. 이러한 시각은 정보시스템 구축의 목적과 성능의 우수성에 대한 평가 방식에 따라 시기적으로 서로 다른 차원의 정의와 평가지표를 제시해왔다. 1970년대 이래 대부분의 정보시스템 성공과 관련된 평가 연구들은 평가 영역과 범위를 정보시스템의 성능을 중심으로 하는 시스템 영역에 대한 평가, 사용자 만족도를 중심으로 하는 사용자 영역에 대한 평가, 재무적 측정지표를 중심으로 하는 조직성과 영역에 대한 평가로 확대해왔다(정해용·김상훈, 2003; Petter, DeLone, & McLean, 2012).

첫째, 시스템 영역에 대한 평가는 정보시스템 개발 프로젝트의 최종 결과물로 완성된 개별 정보시스템의 성과에 대한 측정이고 주로 시스템의 성능과 유용성에 초점을 맞춘다. 구체적으로, 시스템 영역의 평가 항목들은 ① 시스템의 질, ② 정보의 질, ③ 서비스의 질로 구성된다(Myers, Kappelman, & Prybutok, 1997; Pitt, Watson, & Kavan, 1995; Kettinger & Lee, 1994). 먼저, 시스템의 질은 데이터의 정확성과 최신성, 데이터베이스의 내용 및 사용의 용이성, 시스템의 응답 시간과 정보처리 속도와 같은 평가지표들을 포괄한다. 다음으로, 정보의 질은 정보의 정확성·적시성·신뢰성, 정보의 이해가능성·사용가능성·유용성, 정보의 간결성·편의성과 같은 평가지표들을 포함한다. 마지막으로, 서비스의 질은 서비스의 외양성·친절성·응답성, 서비스의 신뢰성·보안성·진실성, 서비스의 외양성·공감성·확인성과 같은 평가지표들을 아우른다. 시스템 영역에 대한 평가지표는 〈표 3.1〉에 제시되어 있다.

〈표 3.1〉 시스템 영역에 대한 평가지표

평가항목	연구	평가지표
시스템의 질	Swanson(1974)	신뢰성(reliability), 온라인 시스템의 응답 시간(response time), 터미널 사용의 용이성 등
	King & Schrens(1978)	처리율, 생산성, 응답 시간
	Hamilton & Chervany(1981)	데이터의 정확성과 최신성, 응답 시간, 반환 시간, 신뢰성, 완전성, 시스템 유연성, 사용의 용이성
	이진주·김상훈(1985)	(컴퓨터 성능 평가지표로서) 정보처리 속도, 기억 용량, CPU 대기 시간, 타 기종과의 호환성, I/O 채널 이용도, 표준율, CPU 잔여 용량, 각종 보조장치의 성능
	DeLone & McLean(1992)	데이터의 정확성(accuracy)과 최신성(currency), DB의 내용, 사용의 용이성, 학습의 용이성, 접근의 편리성, 사용자 요인(human factors), 사용자 요구 사항 반영도, 시스템 특징과 기능의 우용성, 시스템의 정확성(accuracy)과 유연성(flexibility), 시스템의 신뢰성과 정교성(sophistication), 시스템 통합(integration), 시스템 효율성, 자원 활용, 응답 시간, 회전 시간(turnaround time)
	Rainer & Watson(1995)	사용의 용이성, 시스템의 세부 기능의 구현 여부
	정문상(1996)	사용자 요구의 반영도, 시스템 정확성, 시스템 유연성, 시스템 신뢰도, 시스템의 정교화 정도, 시스템의 업무통합도, 응답 시간, 반환 시간, H/W 가동률, H/W 처리율
	Sedden(1997)	시스템의 버그(bugs) 유무로서 사용자 인터페이스의 일관성, 사용의 용이성, 보고서의 품질, 프로그램 코드의 유지 보수 가능성 등
정보의 질	Boland(1978)	정확성, 신뢰성, 적시성
	Larcker & Lessig(1980)	중요성, 유용성
	Olson & Lucas(1982)	정확성, 적시성, 신뢰성, 적절성, 상세성, 최신성, 간략성, 형식, 완결성
	DeLone & McLean(1992)	중요성, 관련성(relevance), 유용성, 정보제공성(informativeness), 사용가능성(usableness), 이해가능성, 가독성, 명확성, 형식, 외양, 내용, 정확성, 정밀성(precision), 간결성, 충분성, 완전성, 신뢰성, 최신성, 적시성, 유일성, 비교가능성, 정보의 양, 편의(bias)무결성
	Saaksjarvi & Talvinen(1993)	내용, 가용성(availability), 정확성(accuracy)
	Rainer & Watson(1995)	정확성, 적시성, 간결성(conciseness), 편의성, 적합성(relevance)
	정문상(1996)	정보의 정확성, 정보의 적시성, 정보의 완전성(충분성), 산출물의 이해가능성, 산출물 형식의 유용성, 산출물의 통합성(관련성)
서비스의 질	Parasuraman, Zeithaml, & Berry(1985)	신뢰성, 응답성, 개인적 능력, 접근성, 친절성, 의사소통, 보안성, 진실성, 확인성, 외양성 등 10개 요인
	Parasuraman, Zeithaml, & Berry(1988)	외양성(tangibles), 신뢰성, 응답성(responsiveness), 확인성(assurance), 공감성(empathy) 등 5개 요인
	Parasuraman, Berry, & Zeithaml(1991)	외양성이 H/W와 S/W로 분리되고 응답성과 확인성은 통합되어 H/W 측면의 외양성, S/W 측면의 외양성, 신뢰성, 응답성/확인성, 공감성 등 5개 요인
	Finn & Lamb(1991)	외양성, 신뢰성, 응답성, 확인성, 공감성 등 5개 요인

출처: 정해용·김상훈(2003)의 관련 내용을 재구성

둘째, 사용자 영역에 대한 평가는 정보시스템 개발방식(예: 자체적인 정보시스템 개발, 외주 용역에 의한 정보시스템 개발)에 관계없이 조직 내에 정보시스템이 도입되어 사용자들에 의해 성공적으로 활용되고 사용자의 만족을 통해 조직의 성과로 이어질 때 그 의미가

〈표 3.2〉 사용자 영역에 대한 평가지표

평가항목	연구	평가지표
인지된 유용성	Franz & Robey (1986)	기대 대비 시스템 활용도, 시스템 없이 업무를 수행할 수 있는 정도, 시스템이 업무 수행을 지원하는 정도, 시스템 시행 전의 업무 수행 정도, 시스템 출력물의 활용 정도, 시스템에서 제공되는 데이터의 정확도, 시스템에서 제공되는 자료의 활용도, 곧바로 사용할 수 있는 보고서의 제공 정도, 시스템을 이해하는 정도, 시스템 운용 시 문제 발생 정도, 시스템이 수정되기를 원하는 정도, 전체 대상 사용자 대비 실제 사용자
	Davis(1989)	시스템 사용이 업무를 신속히 처리해주는 정도, 시스템 사용이 업무 성과를 개선해주는 정도, 시스템 사용이 업무생산성을 증대시키는 정도, 시스템 사용이 업무효과성을 제고시키는 정도, 시스템 사용이 업무를 용이하게 해주는 정도, 시스템이 업무에 유용하다고 느끼는 정도
	Agarwal & Karahanna(2000)	시스템 사용이 업무를 개선해주는 정도, 시스템 사용이 업무생산성을 증대시키는 정도, 시스템 사용이 업무효과성을 제고시키는 정도, 시스템이 업무에 유용하다고 느끼는 정도
사용자 만족도	Bailey & Pearson (1983)	간접 사용자인 중간관리자 32명에 대한 면담을 통해 컴퓨터 사용의 전반적인 만족도를 측정하기 위한 다음의 39개 측정 항목을 개발: 유연성, 정확성, 적시성, 신뢰성, 완결성, 시스템의 신뢰성, 적실성, 정밀성, 전산요원들의 기술적 유능성, 통용성(currency), 우선순위 결정성, 오류 수정, 반응/처리 시간, 접근용이성, 전산요원의 태도, 신규 개발에 소요되는 시간, 인지된 유용성, 문서화, 참여 인식, 변경 요구에 대한 처리과정, 전산요원과의 의사소통, 시스템에 대한 이해도, 훈련 수준, 직무효과, 최고관리층의 개입, 통제 인식, 생산과 서비스 일정, 출력 형식, 접속 형태, 자료보안, 기대, 전산부서의 조직적 위상, 산출물의 양, 언어, 서비스 대가에 대한 지불취소방법, 전산실과의 조직적 경쟁, 시스템 판매회사로부터의 지원
	Ives, Olson, & Baroudi(1983); Baroudi & Orlikowski(1988)	Bailey & Pearson(1983)이 제시한 39개 측정 항목을 정보산출물(information products), 전산요원과 서비스(EDP staff and services), 사용자 지식과 참여(knowledge and involvement)의 3가지 요인, 13개 측정 항목으로 압축 - 전산요원과 서비스: 전산요원과의 관계, 변경 요구에 대한 처리, 전산요원의 태도, 전산요원과의 의사소통, 신규 개발에 소요되는 시간 - 정보산출물: 신뢰성, 적절성, 정확성, 정밀성, 완결성 - 사용자 지식과 참여: 변경 요구에 대한 처리, 훈련 수준, 시스템에 대한 이해도, 참여 인식
	Doll & Torkzadeh (1988)	사용자 만족도에 대한 40개 측정 항목에 대한 요인분석을 통해 사용자 만족도를 5개 요인(정보 내용, 정확성, 출력 형식, 사용의 용이성, 적시성)의 12개 측정 항목으로 압축 제시
	Doll, Raghunathan, Lim, & Gupta(1995)	Baroudi & Orlikowski(1988)의 연구에서 제시된 3가지 요인 중에서 IS 부서의 스태프와 서비스(EDP staff and services)가 EDP services로 분리되어 4개 요인, 13개 측정 항목으로 압축 제시
	DeLone & McLean (1992)	정보시스템 성공에 대한 선행연구 검토를 통해 사용자 만족도의 세부측정 항목을 정리: 세부 사항에 대한 만족도, 전반적 만족도, 단일 항목 측정지표, 다중 항목 측정지표, 필요한 정보와 취득한 정보의 차이, 즐거움(enjoyment), 소프트웨어 만족도, 의사결정 만족도

출처: 정해용·김상훈(2003)의 관련 내용을 재구성

있다는 점에서 주요한 정보시스템 성공 요인으로 간주된다. 사용자 영역의 평가 항목으로서 통계적으로 타당성이 검증된 주관적, 인지적 측정변수인 사용자 만족도가 주로 사용되어 왔고, 사용자 만족도 외에 인지된 유용성이 사용자 영역의 대표적인 평가 항목으로 제시되어 왔다(정해용·김상훈, 2003). 먼저, 인지된 유용성은 기대 대비 시스템 활용도, 시스템 활용이 업무를 신속하게 처리해주는 정도, 시스템 활용이 업무를 개선해주는 정도와 같은 평가지표들을 포괄한다. 다음으로, 사용자 만족도는 사용자들에게 제공되는 정보시스템 교육훈련 정도, 정보시스템에 대한 사용자의 이해 정도, 사용자의 참여에 대한 느낌 정도와 같은 평가지표들을 포함한다. 사용자 영역에 대한 평가지표는 〈표 3.2〉에 제시되어 있다.

2. 성숙 수준

정보시스템 성공을 성숙 수준maturity level의 관점에서 접근하는 정보시스템 성숙모형들은 정보기술을 통한 정보의 창출·설계·전달·사용의 상태가 가장 낮은(혹은 가장 기초적인) 단계에서 가장 높은(혹은 가장 통합적인) 단계를 향해 직선적이고 진화적으로 발전한다고 예측한다(Coursey & Norris, 2008; Andersen & Henriksen, 2006; Layne & Lee, 2001). 정보시스템 성숙모형들은 이러한 정보시스템 발전이 진보적이고 단계적으로 이루어진다는 점을 명시적으로 제시한다. 진보적인 특성은 각각의 정보시스템 발전의 연속적인 단계가 이전 단계보다 더 낫다는 것을 의미하고, 단계적인 특성은 각 조직이 각각의 정보시스템 발전의 단계를 통해 연속적으로 나아가야 한다는 것을 의미한다. 정보시스템 성공을 성숙 수준의 관점에서 접근하는 경우, 각 조직의 정보시스팀 성숙의 수준에 대한 진단(예: A조직의 정보시스템은 고도로 성숙한 단계에 있고, B조직의 정보시스팀은 여전히 미성숙한 단계에 있다)이 가능하다.

정보시스템의 성숙 수준을 측정하기 위한 연구는 공공부문과 민간부문에 걸쳐 주로 성숙모형을 구성하고 적용함으로써 실시되었다. 특히, 경영정보학 분야에서 단계모형을 처음으로 제시한 Nolan(1973)은 컴퓨터 예산이 팽창하면서 컴퓨터의 사용 및 관리 행태가 성숙해가는 과정을 성장단계growth stage모형을 통해 설명하였다. 이 연구에 따르면, 조직의 컴퓨터 사용 행태는 예산 증가에 따라 컴퓨터가 도입되기 시작하는 '착수initiation단계', 컴퓨터 사용이 조직 내에서 광범위하게 확산되는 '전파contagion단계', 컴퓨터 관리상의 비대화 및 비효율성으로 인해 컴퓨터 예산의 팽창 속도가 느려지는 '통제 control 단계', 그리고 컴퓨터 자원을 관리하는 업무가 전반적으로 성숙되는 '통합 integration 단계'로 구성되는 4개의 단계들로 구분될 수 있다.

Nolan의 성장단계모형이 제시된 이후, 정보시스템의 수준을 측정하고 평가하기 위한 연구는 경영정보학 분야에서도 e비즈니스 e-business를 대상으로 실시되었다(주재훈, 2006). 예를 들어, Venkatraman(1994)은 조직에서 정보통신기술을 활용함으로써 야기되는 비즈니스 변환 수준을 비즈니스 프로세스에 최소한의 변화를 가져오는 국부적 활용부터 새로운 비즈니스가 시작되는 사업 영역의 재정의에 이르는 5개의 단계들로 분류하였다. 또한 Deise 등(2000)은 e비즈니스를 성과 향상과 새로운 업무과정 창출을 위한 도구로 간주하고, 단순히 채널을 확대하는 단계에서 가치사슬을 통합하여 핵심역량을 중심으로 가치사슬을 해체하여 사업을 재구성하는 단계에 이르기까지 4개의 단계들로 구성된 발전모형을 제시하였다. 이러한 성숙모형은 정보화의 발전 양상을 명료하게 기술하고, 복잡다단한 정보시스템 발전 과정에 대한 개념적 논의를 뒷받침하며, 정보시스템을 도입한 조직의 정보기술 활용에 관한 현황 파악 및 향후 계획 설계에 기여한 것으로 평가된다.

이러한 성숙모형은 전자정부가 발전하는 초기에 활발하게 적용되었다. 2000년대 들어 전자정부의 발전 과정을 설명하기 위한 다양한 성숙모형들이 정보기술 혹은 정보시스템 분야에서 새롭게 떠오르는 현상에 대한 현황을 체계적으로 파악하기 위해 제시되었다. 이들 모형은 복잡다단한 정보기술 혹은 정보시스템 발전 과정에 대한 개념적 논의의 영역을 확장하고, 조직의 정보기술 활용이 정상적인 궤도에 있는지 여부에 대하여 진단하고, 정책집행을 위한 지침과 후속 연구에 기여하기 위한 목적으로 국제조직, 컨설팅 회사, 그리고 학자들에 의해 제안되었다(Lee, 2010)(〈표 3.3〉 참조).

전자정부 성숙모형에서 두드러지는 특징은 다음과 같다. 첫째, 정부와 시민 간의 상호작용 정도에 따라 대체적으로 일방향 서비스가 제공되는 단계, 쌍방향 서비스가 제공되는 단계, 그리고 전반적인 서비스 수준이 고도화되는 단계로 구분된다. UN과 ASPA(2002)의 모형에 따르면, 전자정부는 출현 emerging → 도약 enhance → 상호작용 interaction → 거래 transaction → 통합 seamless 이라는 단계별 발전경로를 밟는다. 이러한 구분에 따르면, '출현' 단계에서는 공식적인 정부 홈페이지가 인터넷상에서 구현된다. '도약' 단계에서는 정부 홈페이지의 수가 증가하고 역동적인 기능이 제공된다. '상호작용' 단계에서는 사용자들이 서식을 다운로드받을 수 있고, 인터넷을 통해 공무원들과 의사소통을 할 수 있다. '거래' 단계에서는 사용자들이 서비스에 대한 요금 지불

〈표 3.3〉 전자정부 성숙모형의 사례

선행연구	발전단계 및 성숙도
Nolan(1973)	① 착수 – ② 전파 – ③ 통제 – ④ 통합
Baum & Di Maio(2000)	① 웹 출현 – ② 상호작용 – ③ 거래 – ④ 변환
Deloitte(2001)	① 정보 제공 – ② 양방향 거래 – ③ 다목적 포털 – ④ 개인화된 포털 – ⑤ 공통서비스 통합 제공 – ⑥ 완전 통합 및 기업 간 거래
Layne & Lee(2001)	① 개시 – ② 거래 – ③ 수직적 통합 – ④ 수평적 통합
UN & ASPA(2002)	① 출현 – ② 도약 – ③ 상호작용 – ④ 거래 – ⑤ 통합
Siau & Long(2005)	① 웹 출현 – ② 상호작용 – ③ 거래 – ④ 변환 – ⑤ 전자민주주의
UN(2008)	① 착수 – ② 발전 – ③ 전자거래 – ④ 통합 연계
Gil-Garcia & Martinez-Moyano (2007)	① 최초 출현 – ② 확장된 출현 – ③ 상호적 출현 – ④ 거래적 출현 – ⑤ 수직적 통합 – ⑥ 수평적 통합 – ⑦ 종합적 통합

과 온라인 금전 거래가 가능해진다. 마지막 단계인 '통합' 단계에서는 범정부 차원의 전자적 기능과 서비스가 완전히 통합되어 제공된다. Schelin(2003)은 2000년대 초반에 제시된 전자정부 발전모형을 전자정부의 정향성 orientation, 서비스, 기술, 시민과의 관계의 차원에서 〈표 3.4〉와 같이 정리하였다.

Gil-Garcia와 Martinez-Moyano(2007)는 전자정부 발전단계를 더욱 세분화한 모형을 제시한다. 그들은 전자정부 발전단계를 일방향 서비스가 제공되는 '최초 출현 initial presence'과 '확장된 출현 extended presence', 쌍방향 서비스가 제공되는 '상호적 출현 inter-

〈표 3.4〉 전자정부의 발전단계와 특성

단계 (stage)	정향성 (orientation)	서비스 (service)	기술 (technology)	시민과의 관계 (citizens)
출현 (emerging)	행정 지향적	소수	web만 활용	해당 사이트만 이용 가능
도약 (enhance)	행정, 정보 지향적	소수의 서식 제공	web, e-mail	소수의 기관 홈페이지와 연결
상호작용 (interaction)	정보, 사용자, 행정 지향적	다수의 서식 제공 및 온라인 제출 기능	web, e-mail, portal	다수의 기관 홈페이지와 연결
거래 (transaction)	정보, 사용자 지향적	다수의 서식 제공과 거래 기능	web, e-mail, portal, 전자서명, PKI	다수의 기관 홈페이지와 연결
통합 (seamless)	사용자 지향적	개인별 맞춤 서비스 제공	web, e-mail, portal, 전자서명, PKI 및 기타 기술	모든 수준의 정부부처 및 민간조직의 홈페이지와 연결

출처: Schelin(2003)

active presence'과 '거래적 출현transactional presence', 그리고 전반적인 서비스 수준이 고도화되는 '수직적 통합vertical integration', '수평적 통합horizontal interaction', '종합적 통합total integration'으로 구분한다.

하지만, 이러한 단계별 발전을 가정하는 모형에 대한 비판이 제기되고 있다. 첫째, 이러한 발전단계모형이 과도하게 단순화되어 있을 뿐만 아니라, 전자정부의 발전단계는 앞서 제시된 각 단계를 순차적으로 혹은 선형적으로 따르지 않는다는 것이다. 최근 발전되고 있는 전자정부들은 초기 단계의 전자정부의 성공 요인들과 실패 요인들을 빠르게 학습함으로써 특정한 발전단계를 건너뛸 뿐만 아니라, 동시적으로 다양한 기술들을 채택함으로써 각 단계의 특성이 혼재된 전자정부를 구현한다는 주장이 제기된다(Deloitte Research, 2001). 예를 들면, King과 Kraemer(1984)는 Nolan의 성장단계모형이 진화적 관점에 따라 특정 정보시스템 현상의 발전경로를 제시한다는 점을 언급하면서, 이러한 발전경로는 Nolan이 근거한 자료는 물론이고 다른 연구를 통해 밝혀진 실증연구 결과를 통해서도 뒷받침되지 않는다고 비판한다.

Coursey와 Norris(2008)는 전자정부 발전단계모형의 타당성에 대하여 의문을 제기한다. 그들은 미국 지방정부의 전자정부 실태를 다룬 자료를 토대로, 전자정부 수준이 단순한 정보 제공 수준에서 발전하지 않거나 심지어 서비스 제공이 중지된 것처럼 보이는 경우도 있었다고 지적한다. 결론적으로, 그들은 전자정부 성숙모형이 적어도 미국 지방정부에 대해서는 전자정부의 발전 과정을 정확하게 기술하거나 예측하지 못한다고 비판한다. Andersen과 Henriksen(2006) 역시 모든 연구자들이 조직의 정보기술 활용 능력을 측정하는 수단으로서의 성숙모형의 진화적 관점이 적합한지에 대하여 동의하고 있지 않다는 점을 지적하면서, 각각의 단계는 동시에 일어나기도 하고 각기 다른 차원의 전자정부 요소이기도 하다고 주장한다.

둘째, 이러한 발전단계모형이 전자적 시민참여, 전자민주주의e-democracy, 그리고 개인정보의 유출이나 사생활 침해와 같은 정보화의 역기능과 같은 요소들을 포괄하지 못한다는 지적이 제기된다. 이러한 비판적 입장에서 West(2005: 22-43)는 전자정부 발전단계를 '게시판' 단계 → '부분적 서비스 제공' 단계 → '통합서비스 제공을 위한 포털 구축' 단계 → '상호작용적 민주주의' 단계로 구분한다. Siau와 Long(2005)은 기존의 전자정부 발전단계모형에 대한 메타분석을 통해 포괄적인 전자정부 성숙모형을 제시하는데, 이는 일방향 서비스가 제공되는 웹 출현web presence, 쌍방향 서비스가 제공되는 상호작용interaction과 거래transaction, 그리고 전반적인 수준이 고도화되는 변환transformation과 전자민주주의e-democracy로 구성된다. 김성태(2003: 18)는 ① 전자정부의 적용 범위, ② 전자정부의 주요 행정이념, ③ 전자정부 서비스 과정에서 사회구성원의 참여 정도, ④ 환경으로서 시민사회 성숙도와 사회적 다원성을 바탕으로 전자정부 발전단계를 관료모형 → 정보관리모형 → 시민참여모형 → 거버넌스모형으로 구분한다.

3. 가치 창출

정보시스템 성공은 가치 창출의 관점에서 이해될 수 있다. 구체적으로, 정보시스템 성공을 가치 창출로서 이해하는 관점은 정보시스템이 구축되어 ① 정치적 편익, ② 조직적 편익, 그리고 ③ 기술적 편익을 달성했는지 여부에 초점을 맞춘다(Gil-Garcia, 2012). 이러한 관점은 업무가 어떻게 완료되는지, 결정이 어떻게 내려지는지, 조직이 어떻게 구조화되는지, 그리고 사람들이 어떻게 상호작용을 하는지 측면에서 정보시스템의 성공 여부가 다루어져야 한다고 주장한다(〈표 3.5〉 참조).

첫째, 정치적 편익은 광범위한 공공가치들과 관련되어 있다(Bissessar, 2010; Ubaldi & Roy, 2010; Chircu, 2008). 정치적 편익의 사례들은 더욱 높은 공공책임성, 포괄적인 공공정보, 정부 전반의 정책목표에 대한 더욱 나은 이해, 그리고 통합적인 서비스 전달과 기획을 포함한다. 컴퓨터 기술의 발전은 책임성을 측정하고 이러한 정보를 대중에게 보여주는 데 중요한 영향을 미쳤다(Pardo *et al.*, 2008; Rocheleau, 2003). 특히, 정부책임성, 포괄적인 공공정보 제공을 통한 투명성 향상, 그리고 통합적인 서비스 전달과 관련된 정치적 편익은 정부의 정보시스템 성공의 핵심적인 척도로서 고려되어야 한다.

둘째, 조직적 편익은 조직 간 역량의 증대와 조직 전반의 문제에 대한 해결책을 일

〈표 3.5〉 정치적·조직적·기술적 편익으로서의 정보시스템 성공

유형	서비스	기타
정치적 편익	공공책임성, 포괄적인 공공정보, 범정부적 정책목표의 이해, 통합된 서비스 전달과 계획	–
조직적 편익	비용 절감, 의사결정 과정 개선, 협력, 고객 만족, 전문가집단 연결망 확대	내부 규정 개정, 의사소통 채널 및 수직적 구조의 변화 필요
기술적 편익	자료 관리와 관련된 유무형의 비용 감소, 중복적인 정보수집 방지, 자료 처리 시간 및 비용 감소	–

출처: Gil-Garcia(2012); Dawes(1996)의 관련 내용을 재구성

킨는다(Klievink & Janssen, 2009; Dawes & Pardo, 2002). 조직들은 정보기술 교육·훈련, 새로운 정보기술 인력, 그리고 기존 구성원들과 새로운 정보기술 인력들 간의 새로운 공식 의사소통 채널과 같은 정보시스템 사업을 통해 조직적 편익을 얻고자 한다. 잘 알려진 조직적 편익의 사례들은 의사결정 과정 개선, 더욱 나은 조정, 고객 만족, 그리고 확장되는 전문가집단 연결망을 포함한다. 비록 조직적 편익은 정치적·기술적 편익의 보완적인 편익으로서 간주되기도 하지만, 대부분의 조직들은 특정한 긍정적인 결과를 얻기 위하여 그들의 내부 규칙, 의사소통 채널, 계층제 구조, 그리고 업무 처리 과정의 대대적인 변화를 필요로 한다. 조직적 편익은 정부의 정보시스템 성공의 중요한 척도로서 포함되어야 한다.

조직적 편익의 또 다른 측면은 비용절감 및 경영성과이다. 이와 같은 측면은 재무적 측정지표로 평가하는 것이 가장 타당하다고 인정되어 왔으며, 정보시스템 평가에 관한 선행연구들에서도 이와 같은 시각에서 많은 연구들이 수행되어 왔다. DeLone과 McLean 모형(1992)에서도 정보시스템에 의한 조직적인 영향organizational impact에 대한 측정변수들은 매출액, 수익 및 비용 등을 포함하는 수익성부문, 시장부문, 생산성부문, 기타부문 등으로 분류된다. 수익성부문과 시장부문은 대부분 재무적 측정지표와 객관적 측정지표로 구성되는 반면, 생산성부문과 기타부문은 주관적 측정지표로 구성된다.

이와 같은 지표구성은 1980년대 대부분의 조직적인 영향 측면의 정보시스템 성과지표들은 재무 및 생산성 지표 위주의 평가에 치중되어 있음을 알 수 있다. 이러한 추세는 1990년대에 이어 최근까지도 지속되고 있고, 비교적 최근의 연구인 Sircar 등(2000)의 연구도 기업성과의 다차원 평가모형을 정보시스템 이익의 매출부문sales, 자산부문assets, 시장부문market으로 분류 및 제시하고 있다.

조직 및 경영 성과 영역의 평가지표들은 다음과 같이 구성된다. 먼저, 내부 업무 효율성은 종업원의 기술적 능력, 업무생산성 향상, 고객의 관점을 만족시키기 위한 업무 절차, 업무 분장의 합리적 조정, 의사소통의 원활성과 같은 평가지표들을 포괄한다. 다음으로, 고객만족도는 대민서비스의 개선도, 사용자의 만족도 및 활용도, 사용자의 편리성 향상, 서비스 시간과 공간의 확대, 서비스의 시의적절한 제공과 같은 평가지표들을 포함한다. 마지막으로, 조직혁신 및 정보화 역량 향상도는 직원의 역량, 업무혁신 및 구조개혁, 정보 및 지식 기반 구축 정도, 정보화인력 역량 강화, 조직문화와 같은 평가지표들을 아우른다. 조직 및 경영 성과 영역에 대한 평가지표는

〈표 3.6〉 조직 및 경영 성과 영역에 대한 평가지표

평가항목	연구	평가지표
내부 업무 효율성	Kaplan & Norton (1992; 1996)	회전 시간(cycle time), 품질(quality), 종업원의 기술적 능력(employee skills), 생산성(productivity), 비용(cost), 고객의 관점을 만족시키기 위한 업무 절차(시장 파악, 연구개발, 생산, 배달, 고객서비스)의 각 단계에서의 원가와 품질, 작업 처리량, 시간
	한국전산원 (1997a; 1999; 2001)	업무생산성 향상, 업무 수행 비용 절감, (내부) 직원의 만족도, 업무 분장의 합리적 조정, 제도 및 관련 법령의 정비, 의사소통의 원활성, 제품 및 서비스 개발 프로세스, 신규 시장 개발, 고객관리, 업무 및 작업 공정, 업무 환경
고객만족도	Kaplan & Norton (1992)	시간(time), 품질, 성능과 서비스(performance and service), 비용 측면의 고객만족도
	한국전산원 (1997a; 1999; 2001)	사용의 편리성, 대민서비스의 개선도, 사용자의 만족도 및 활용도, 서비스의 적시 제공, 서비스 시간의 확대, 서비스의 공간 확대, 요구 사항이 반영된 정도, 정보 제공의 충분성, 사용자의 비용 절감, 정보화를 통한 문제 해결에 대한 만족도, 서비스 비용 및 시간의 절감 정도, 정보화 교육에 대한 만족도, 충족된 서비스 수준 협약의 비율
조직혁신 및 정보화 역량 향상도	Kaplan & Norton (1996)	직원의 역량, 기술 하부 구조, 조직문화
	한국전산원 (1997a; 1999; 2001)	업무혁신 및 구조개혁(문서 양식의 수 감소, 문서 양식의 표준화), 조직문화의 변화 관리, 인적자원의 개발, 환경 변화에 대한 대응 노력, 사용자 역량 강화(정보시스템 활용 능력, 교육 이수자 비율, 인력당 교육일수 등), 정보화 인력 역량 강화, 신기술 활용

출처: 정해용·김상훈(2003)의 관련 내용을 재구성

〈표 3.6〉에 제시되어 있다.

셋째, 기술적 편익은 자료 처리 및 정보 관리와 연관되어 있다(Millerand & Baker, 2010; Dawes, 2008; Danziger & Andersen, 2002). 정보기술의 사용은 자료 혹은 정보의 처리 시간, 보관, 그리고 중첩되는 자료 수집을 감소시킬 수 있는 것으로 광범위하게 인식된다. 결과적으로, 정보기술은 모든 정책 프로그램에서 발견되는 많은 문서 작업과 자료 처리로부터 비롯되는 비용을 줄일 수 있다. 또한, 정보기술의 사용은 기술 표준을 개선할 수 있고 조직들로 하여금 기술적 자원을 공유하는 것을 도울 수 있다. 이러한 기술적 편익의 일부는 정보시스템 분야에서 시스템 접근성, 신뢰성, 그리고 유용성과 같은 정보시스템 관련 편익으로 확인된다. 비록 대부분의 경우 정보시스템 사용의 궁극적인 목표는 아니지만, 기술적 편익은 정보시스템 사용의 더욱 실질적인 결과들의 기초라는 점에서 정보시스템 성공 척도로서 고려되어야 한다.

행정의 민주성과 효율성, 정책의 효과성이라는 공공조직들이 추구해야 하는 가치

〈표 3.7〉 최종적인 결과로서의 정보시스템 성공

유형	서비스	개념적 측면	한계
적극적인 공공참여 투명성 향상	시민의 정치 참여, 정부책임성, 부패	전자민주주의 (e-democracy)	소수 참여, 의사 편중 등
효율성 향상 비용 절감	급여, 조달, 인적자원관리	전자관리 (e-management)	투입 효과의 측정을 위한 방법과 비교할 만한 자료의 부족 등
정책효과성 향상	보건, 교육, 치안 정책 효과성 증진	전자정책 (e-policy)	조직 간 정보공유에 따른 개인정보 침해 문제 등
서비스 품질 개선	온라인 포털, 고객 중심, 정적 정보 제공	전자서비스 (e-services)	정보격차 문제(노년층) 등

출처: Gil-Garcia(2012); Danziger & Andersen(2002)의 관련 내용을 재구성

와 정보시스템 성공 개념을 연결시킨 사례도 있다. 즉, 정보시스템의 최종적인 결과로서의 정보시스템 성공은 ① 적극적인 공공참여와 책임성·투명성 향상, ② 효율성 향상과 비용 절감, ③ 정책 효과성 향상, 그리고 ④ 서비스 품질 개선으로 구성된다(〈표 3.7〉 참조).

첫째, 전자정부 성공의 한 차원으로서 공공참여, 책임성, 그리고 투명성 향상을 들 수 있다(Reddick, 2010; Margetts, 2009). 정부와 시민 간의 관계는 수많은 중요한 사회적·정치적 요인들을 수반하지만, 정보통신기술은 많은 나라들에서 시민들을 정책과정에 관여시키고, 개방적이고 책임 있는 정부를 촉진시키고, 부패 방지를 돕는 것을 가능하게 만드는 수단enabler으로서 작동한다. 새로운 의사소통 채널을 구축하는 것은 참여의 핵심적인 요소이고, 새로운 정보시스템 서비스(예: 이메일, 온라인 모임·거래·투표)는 정부와 상호작용하는 새로운 방식을 제공함으로써 시민들을 위한 그리고 시민들에 의한 정보 접근과 교환을 촉진시킨다.

둘째, 전자정부 성공의 또 다른 차원으로서 효율성 향상, 비용 절감을 들 수 있다(Bandyopadhyay & Sattarzadeh, 2010; Baqir & Iyer, 2010). 정부에서의 정보시스템의 도입과 활용은 대부분 투입되는 자원(예: 인력, 예산)을 감소시켜야 하는 끊임없는 필요성으로 인해 실시된다. 정부에서의 정보시스템 사업의 동기는 대부분 전자관리 부문(예: 대금 지급 과정, 조달, 급여 지급, 인적자원관리)에서의 효율성 감소와 연관되어 있다. 나아가, 정부에서 정보시스템으로부터 더욱 높은 효율성을 달성하기 위해서는, 업무 처리 과정에서의 대대적인 변화가 발생해야 한다. 하지만, 효율성 향상 혹은 비용 절감을 정보

시스템 구축의 주요한 혹은 유일한 목표로 설정하는 것은 다양한 문제들(예: 특정 정보시스템 서비스 결과에 대한 자료 확보와 계량화의 어려움)을 발생시킬 수 있다. 그럼에도 불구하고, 효율성 향상과 비용 절감은 여전히 정보시스템 성공에 대한 핵심적인 척도로 고려된다.

셋째, 전자정부 성공의 또 다른 차원은 정책효과성의 향상이다(Luna-Reyes *et al*., 2010). 정보시스템은 주요 정책 영역(예: 보건, 교육, 방범)에서 정책 프로그램을 더욱 효과적으로 형성·결정·집행·평가·환류하는 데 기여함으로써 중요한 결과를 달성하는 데 도움을 줄 수 있다. 정보시스템 활용을 통해 정책효과성을 향상시키기 위하여, 공공관리자들은 여러 가지 도전들을 극복해야 한다. 예를 들어, 공공관리자들은 특히 교육, 복지와 같은 복잡한 정책 영역에서 정보시스템의 편익을 포착하는 데 어려움에 직면할 수 있고, 1개의 정책 영역에 관여되어 있는 상이한 기관들 간의 (시민들에 대한) 정보를 공유하는 것과 연관되어 있는 개인정보 침해 사안들에 직면할 수 있다. 이러한 도전들로부터 발생하는 어려움에도 불구하고, 정부의 정책 프로그램의 효과성을 향상시키는 것은 분명히 정보시스템 성공의 척도로서 고려된다.

넷째, 전자정부 성공의 또 다른 차원은 공공서비스 품질 개선이다(Rorissa, Demissie, & Pardo, 2010; Gil-Garcia, 2007). 정부에서 정보시스템을 통해 품질을 개선하려는 서비스는 특정한 주제 혹은 집단과 관련된 정보와 거래를 망라하는 온라인 포털, 개인 혹은 조직 특성에 따라 특정한 서비스를 맞춤화하는 능력과 같은 맞춤형 서비스, 특정한 주제에 관한 정보를 특정한 집단들 혹은 고객들에게 제공하는 이메일 목록 등을 포함한다. 기업들과 개인들을 위하여 정부 서비스의 품질을 개선하려는 노력은 고객 지향적 전략을 뒤따르는 것이다. 고객 지향적 전략은 정부가 정보시스템을 통해 더욱 나은 서비스를 제공할 수 있는 잠재력을 인식하지만, 이러한 잠재력은 서비스 접근에 대한 문제로 인해 약해질 수 있다. 예를 들어, 몇몇 나라들에서는 빈곤집단과 소수집단 같은 사회집단들이 정보시스템을 통한 정부서비스로부터 창출되는 의미 있는 편익을 향유하지 못하거나 가치를 얻지 못하는 것으로 발견되었다. 전반적으로, 정부서비스의 품질 개선은 정부에서의 정보시스템 성공의 중요한 척도가 되어야 하는 것이 명확하다.

Ⅲ

정보시스템 성공의 영향 요인

그동안 좁게는 개별 정보시스템, 넓게는 전자정부 전반의 결과 혹은 성과의 결정 요인이나 영향 요인에 대한 다수의 연구들이 발표되었다. 이들 연구들은 다양한 분석 수준에서 정보시스템과 전자정부의 성공에 영향을 미치는 요인들에 대한 이해를 높여 주었다. 이하에서는 선행연구들에서 제시된 성공 요인들을 ① 기술적 요인, ② 환경적 요인, ③ 행위자 요인, ④ 제도적 요인으로 구분하고 그 내용과 한계를 검토한다.

1. 기술적 요인

전자정부 추진에 있어서 기술적 요인을 강조하는 연구들이 제시되어 왔다. 기술적 요인을 강조하는 연구들은 초소형 전자기술microelectronics에 바탕을 둔 컴퓨터와 데이터 통신의 결합에 의한 디지털화와 네트워크화를 강조하고, 전자정부 구현을 정부혁신의 가장 중요한 원인변수 중 하나로 인식한다. 이러한 관점의 연구들은 다음과 같은 두 가지 유형으로 구분될 수 있다. 첫 번째 유형의 연구는 정보시스템과 전자정부 추진 결과의 영향 요인 중 하나로서 기술적 요인인 데이터나 정보기술을 강조하는 연구이다. 두 번째 유형의 연구는 기술결정론적 관점에서 전자정부가 초래할 효과에 주목하는 연구이다.

1) 데이터와 정보기술

전자정부는 정보라는 관점에서 볼 때 정보의 저장, 활용, 통합, 공유, 그리고 확산을 위한 정보통신기술기반ICT infrastructure으로 정의될 수 있다. 많은 연구자들은 전자정부 결과와 성과를 결정하는 요인 중 하나로서 데이터의 질적 수준과 정확성에 주목한다. 데이터의 질적 수준은 정확성accuracies, 일관성consistencies, 시의적절성timeliness, 완결성completeness에 의해 결정되고, 이러한 데이터의 질적 수준은 정브시스템의 전반적인 질적 수준을 결정한다(Redman, 1998). 예를 들어, 의사결정 지원시스템의 경우, 기존의 정보시스템에서는 제공되지 않는 '연성soft 혹은 판단judgement 데이터'가 의사결정 지원시스템의 성과와 활용도를 결정하는 중요한 변수이다(Tayi & Ballou, 1998).

아울러, 잘못 연결된mismatched 데이터 구조, 불완전한 데이터베이스 설계, 부적절한 데이터와 정보 배분 채널과 같은 문제들 역시 정보시스템의 결과와 활용도의 결정 요인으로 제시된다. 심지어 여러 조직에서 같은 종류의 데이터를 사용하는 경우에도 상반된 데이터의 정의와 서로 다른 용어의 사용이 데이터 활용과 정보 공유에 큰 영향을 미친다는 연구 결과가 발표되었다(Ambite *et al.*, 2002; Dawes, 1996). 정보 공유를 통한 조직 간 협력 제고가 전자정부의 주요한 목적 중 하나임을 고려할 때, 이와 같은 데이터 관련 이슈는 매우 중요한 함의를 가진다.

둘째, 정보기술적 요인은 공공부문이나 민간부문에 관계없이 정보시스템의 결과와 성과를 결정짓는 주요한 요인으로 제시되어 왔다. 예를 들어, 기술적 상호운용성이나 호환성은 정보기술 프로젝트의 성공을 결정하는 중요한 요인 중 하나로서 제시된다(정익재, 2002). 기술적 복잡성과 신기술의 출현도 정보시스템의 성과를 결정짓는 요인으로서 제시된다(Dawes & Nelson, 1995). 이와 함께, 기술을 운영 및 관리하는 요원staffs들의 기술적 숙련도 역시 중요한 요인으로 분석된다(Dawes & Pardo, 2002). 아울러, 새로운 정보시스템이 기존의 기반 시스템legacy system을 대체하거나 성능을 개선할 경우, 기반 시스템이 또 다른 제약 요인으로 작용한다는 사실이 보고된다. 예를 들어, 클라이언트-서버 시스템의 구현에 있어서 기존의 메인프레임 시스템의 전환은 중요한 문제 중 하나이다(Duchessi & Chengalur-Smith, 1998). 이처럼 기존의 기반 시스템이 기술적 호환성을 가질 수 없기 때문에, 이로 인해 발생하는 문제들이 정보시스템 도입과 성과에 주요한 제약 요인으로 작용한다.

2) 기술결정론적 연구

기술결정론은 기술이 개인과 사회, 그리고 제도에 대하여 자율적인 영향을 미친다는 견해이다(Fountain, 2001: 84). 즉, 기술변화의 경로가 필연적이고 특정한 사회변화를 요구한다는 것으로, 두 가지의 강한 결정론적인 주장이 내포되어 있다. 첫째, 기술의 성격과 변화의 방향은 '기술의 내적 논리'나 '경제적 합리성'에 따라 미리 결정되어 있다. 둘째, 기술은 인간의 노동과 경제생활 그리고 사회 전체에 필연적이고 결정적인 영향을 미친다. 따라서, 기술은 사회에 대해 외생적이고 자율적이며, 기술의 발전이 역사 발전의 주요 원동력이다.

기술결정론은 정보기술을 포함한 기술과 사회 간의 관계 혹은 기술의 영향력에 대한 관점 중 가장 대중적이고 강력한 관점 중 하나로 평가된다. 기술을 사회변화의 동인으로 간주하는 기술결정론적 인식은 산업혁명 이후 지속되어 온 현상으로 근대성의 한 특징으로 제시되어 왔다.[1] 기술결정론은 정보화와 전자정부가 등장하는 초기에 지배적인 시각으로 자리 잡았다(명승환, 2006; Jones & Orlikowski, 2007; Bekker & Homburg, 2005).[2] 정보기술의 도입이 전자정부 구현의 가장 중요한 요인일 뿐만 아니라, 정부의 효율성, 민주성, 공평성, 반응성 등과 같은 정부가 안고 있는 모든 문제들을 해결할 수 있는 핵심 요인이 된다는 견해이다. 여기에서 전자정부는 '정부의 미래상image'이자 현재 공공부문이 안고 있는 모든 문제들을 치유할 수 있는 '만병통치약'으로 자리매김한다.

기술결정론을 기반으로 한 연구들은 정보기술의 적용이 정부의 업무 처리 방식, 공공서비스 제공 방식, 시민들과의 민주적 상호작용을 모두 변화시킴으로써 효율적이고 민주적이며 공평한 정부를 구현할 수 있다고 전제한다(조주행, 2002: 349-359; 한국전산원, 1997b; Snellen, 2005). 즉, 정보기술이 행정체제를 구성하는 조직, 재정, 인력, 법·제도 등의 하위 시스템들과 밀접한 관계를 가지기 때문에 새로운 정보기술의 행정체제로의 도입은 관련된 업무를 자동화시키고, 행정체제와 사회의 다른 하위체제 간의 연결 관계의 변화를 유발한다. 또한, 새로운 정보기술은 그 정보기술을 효율적으로 활용할 수 있는 새로운 인력 및 역할을 요구하기 때문에 조직 전반에 걸친 변화가 나타

1 현대 생활에서 기술이 변화의 동인으로서 지니는 힘에 대한 인식은 대부분의 사람들에게 마치 상식처럼 널리 공유되어 있다. 현대 생활에 있어서 새로운 정보기술의 영향을 받지 않고 남아 있는 부분은 거의 없기 때문이다. 이러한 현상은 사실 산업혁명 이후 지속되어 온 현상이다. 따라서, 기술이 사회변화의 동인이라는 인식은 근대성(modernity)의 한 특징이라 할 수 있다. 즉, 18세기 계몽주의자들이 표현했던 기술의 해방적 힘에 대한 열정과 신념이 그것의 지적 기원이다. 계몽주의자들은 기술과 과학을 사회변화의 강력한 동인으로 간주했고 이를 그들의 진보 개념에 연결시켰다. 그리고 바로 이러한 진보 사상이 대중적으로 수용되면서, 기술을 역사의 독자적인 동인으로 보는 결정론적 사고가 뿌리내리게 되었다(김환석, 2006: 189-190).

2 Margetts(1999: 162-185)는 이러한 관점에서 전자정부에 대한 연구 경향을 '근대주의적(modernist) 관점', '초근대주의적(hyper-modernist) 관점', '탈근대주의적(post-modernist) 관점', '비판적 근대주의적(critical modernist) 관점'으로 구분한다.

난다. 아울러, 정부가 새로운 정보기술을 행정업무 처리에 적극적으로 도입 및 활용함에 따라 생산성의 증대가 가능할 뿐만 아니라, 정브기술을 통해 행정업무 및 부처 간의 연계가 이루어져 정보기술을 바탕으로 한 대국민 행정서비스 혁신을 가져올 수 있다. 아울러, 정보기술의 활용을 통해 정부와 시민 간의 상시적인(24×7) 상호작용이 가능할 뿐만 아니라, 정부가 보유한 공공정보를 시민들이 언제 어디서라도 접근할 수 있기 때문에 참여와 민주주의의 수준을 고양할 수 있다. 이러한 논의는 기술결정론을 넘어 기술 유토피아적인 주장으로까지 나아가기도 한다(이정복, 2005; Margetts, 1999: 165).

하지만, "인터넷은 모든 것을 바꾼다."는 식의 기술결정론은 현실적으로 그리고 학문적으로 강한 비판을 받는다. 무엇보다도, 현실적으로 전자정부의 기대효과가 현실에서는 발현되지 않고 있다.[3] 이러한 "수사rhetoric와 실제reality 간의 괴리"(Accenture, 2001)는 전자정부의 기대효과에 대한 문제를 제기하고, 전자정부가 기대했던 효과를 거두기 위해서는 무엇이 필요한가에 대한 문제를 제기한다(Bekkers & Homburg, 2005). 기술결정론은 학문적으로도 많은 비판을 받는다. 첫째, 기술의 개발 목적 혹은 창출 과정과 그 목적에 대하여 분석하지 않으면 기술의 사회적 영향 자체도 제대로 이해할 수 없다. 즉, 정보기술이 무조건적인 혜택을 주고 조직으로부터 인간을 해방시켜주는 것이 아니라, 구성원에 대한 정보를 쉽게 수집, 활용, 분석할 수 있게 됨으로써 그 목적에 따라 조직 구성원에 대한 통제가 더욱 손쉽게 강화될 수도 있다(Margetts, 1999; 255).

둘째, 주어진 기술의 사회적 결과에만 치중하는 관점은 기술이 만들어지고 사용되는 과정에서 인간 행위가 지니는 중요성을 무시하게 만든다(Snellen, 2005). 동일한 정보시스템이라 하더라도, 의사결정자의 권력적 지위 등과 같은 조직의 특성이나 개인에 따라 그 사용 방식이나 구성 방식, 나아가 정보시스템의 효과에 차이가 나타난다(Danziger & Andersen, 2002). 비록 기술요소들은 객관적으로 동일한 양태로 존재하겠지만, 제도적 맥락과 조직적 맥락에 따라 기술적 요인들이 서로 다르게 결합되거나 다른 방식으로 활용됨으로써 총체적으로는 서로 다른 효과를 발휘한다(Fountain, 2001: 11).

셋째, 기술결정론적 사고는 몰역사적이며, 단선적이고 기계적인 해석에 입각한다는 점이 지적된다. 즉, 정보화는 "단순 외삽적 과정을 통해 나타나는 것이 아니라, 특정 사회의 정치구조적 매개 과정을 통해 현실로 나타나는 것"(명승환, 2006)이고, 다양

3 이러한 현상은 비단 정부나 공공부문에 한정된 것만은 아니다. 민간기업에서의 ICT 투자가 기업과 경제 전반의 생산성을 향상시켰는가에 대한 '생산성 역설(productivity paradox)' 논쟁이 그 사례가 된다.

한 기술정치 과정 혹은 조직의 특성을 통해 나타나는 과정적인 측면이 강하다(송위진, 2007). 이와 같은 관점에서 볼 때, 비교적이고 역사적인 관점에서 전자정부 추진 과정과 그 결과가 재해석될 필요성이 크다고 할 수 있다.

2. 환경적 요인

환경적 요인 중심적 설명은 전자정부와 정보시스템이 구축된 조직을 둘러싸고 있는 정치, 경제, 사회, 문화, 교육 등 제반 환경적 요인이 전자정부 결과의 차이를 초래한다는 관점이다. 정보시스템에 대한 환경변수들의 효과를 다룬 문헌들에 따르면, 크게 정치적, 경제적, 사회문화적, 인구학적 변수와 같은 사회경제적 환경변수들이 정보시스템의 구현 결과와 그 효과성에 유의미한 영향을 미치는 것으로 분석된다. 극단적인 경우, 환경적 요인은 모든 것을 설명하고 조직·구조적 요인이나 관리적 요인의 영향력조차도 무력화시킨다는 환경결정론이 제시되기도 한다(Kraemer *et al.*, 1989: 9).

무엇보다도, 각 국가에 대한 여론조사 결과는 국가별 전자정부 서비스의 활용도에 차이가 있을 뿐만 아니라 연령, 문화, 성별과 같은 인구통계학적 변수들에 따라 집단별로 국가별 전자정부 서비스의 활용도에 차이가 있음을 보여준다. 세계적인 여론조사기관이자 컨설팅업체인 Taylor Nelson Sofres(2002; 2001)는 전 세계 국가들을 대상으로 전자정부 활용에 대한 설문조사를 실시하였다. 조사 결과에 따르면, 전체 인구 중에서 전자정부에 접속하여 서비스를 활용하는 인구의 비중이 국가마다 차이가 나타나고, 시계열적으로도 완만한 증가 추세를 보이는 것으로 나타난다. 또한, 교육수준, 연령, 성별과 같은 인구통계학적 변수들에 따라 전자정부 서비스 활용도와 인터넷 활용도에 차이가 나타난다.

이 외에도 각국의 전자정부 홈페이지에 대한 내용분석을 통해 환경적 변수와 전자정부 서비스 간의 상관관계를 주장하는 문헌들도 있다. West(2005: 141-146)는 다년간의 각국 전자정부 홈페이지에 대한 내용분석을 통해 종교나 사회, 역사, 경제적 배경이 전자정부 서비스의 구성에 영향을 미친다고 주장한다. 예를 들어, 이슬람 국가의 경우 전자정부 홈페이지에 종교에 대한 토론이 가능한 서비스를 제공한다. 또한, 과거 사회주의체제를 경험한 국가의 경우 해외 투자와 관련된 서비스를 제공하거나 카리브해 국가들의 대부분이 자국의 관광 정보와 관련된 서비스를 제공하는 것처럼, 국가의 경제적, 사회적, 문화적 배경이 전자정부 서비스 구성에 영향을 미친다.

분석적 관점에서 환경적 요인들 중 가장 주요한 요인은 국가의 경제적 수준과 과학기술 수준인 것으로 나타난다. 우선, 국가의 경제적 수준은 일반적인 정보화 수준에 긍정적인 영향을 미치는 것으로 분석된다. 즉, 국내총생산GDP: Gross Domestic Product 등의 지표로 측정된 국가의 경제적 수준이 인터넷 보급률과 같은 국가의 정보화 수준에 영향을 미친다(Kiiski & Pohjola, 2002; Norris, 2001: 68-94; Hargittai, 1999).[4] Norris(2001: 88)는 이에 더하여 국가의 연구개발비 지출 수준이 정보화 수준에 유의미한 영향을 미친다고 분석한다. La Porte 등(2005)은 국민소득과 전자정부 수준 간의 양의 상관관계가 있음을 밝힌다. 이에 더하여, 그들은 국가 간 자본의 흐름의 크기와 전자정부의 수준 간에 상관관계가 있음을 밝힌다. West(2005: 160-164) 역시 전자정부 서비스 수준의 차이를 가져오는 원인변수들을 회귀분석을 통해 분석하는데, 선행연구들과 마찬가지로 1인당 GDP가 전자정부 서비스 수와 양의 상관관계가 있는 것으로 분석된 반면, 전반적인 서비스 수준에는 과학자의 수로 측정된 과학기술 수준이 전자정부의 전반적인 수준에 영향을 미친다는 결과를 제시한다. 경제적으로 풍요롭거나 과학기술에 대한 투자가 많은 국가가 다른 조건이 동일한 경우 정보기술 발전과 국가 및 사회의 정보화에 더욱 많은 투자와 자원을 동원할 수 있음을 고려할 때, 양자 간의 인과관계의 타당성을 상정할 수 있다.

민주주의 등과 같은 정치적 변수나 교육 수준과 같은 변수들의 효과는 논쟁적이다. 일부 연구에서는 민주화 수준이나 교육 수준 등이 정보화나 전자정부 수준에 통계적으로 유의미한 영향을 미치지 않는 것으로 나타난다(West, 2005: 160-164; Norris, 2001: 88). 예를 들어, 싱가포르와 같은 권위주의 국가도 전자정부 서비스의 수준이 매우 높을 뿐만 아니라, 서비스 구성에 있어서도 사용자의 생활사life-events를 중심으로 하는 사용자 친화적user-friendly 구성을 한다. 이러한 연구 결과들은 각국의 민주화 수준이 전자정부 수준과 구성에 영향을 미칠 것이라는 초기의 연구 가설을 기각하는 사례로 제시된다(Danziger & Andersen, 2002).

이와 반대로, 정치적 변수들을 비롯한 문화적, 종교적 변수들이 전자정부 수준에 긍정적인 영향을 미친다는 연구 결과도 제시된다. Katchanovski와 La Porte(2005)는 OECD 국가들과 구 사회주의 국가들을 대상으로 전자정부의 개방성openness에 대한

4 다만, Hargittai(1999)는 경쟁적인 통신시장 구조가 유의미한 영향을 미친다고 분석한 반면, Kiiski와 Pohjola(2002)는 통신시장의 경쟁이 인터넷 보급률에 유의미한 영향을 미치지는 않는다는 상반된 결과를 제시한다.

민주화 수준, 경제발전 정도(1인당 GDP), 사회의 정보화 수준(인터넷 사용자 수), 종교(가톨릭 및 기독교 신자의 비율), 문화적 유산(서양 문화권)의 영향을 분석하였다. 분석 결과에 따르면, 민주화 수준, 경제발전 정도, 종교 변수가 전자정부 서비스의 개방 수준에 양의 유의미한 영향을 미치는 것으로 나타난 반면, 서양 문화권 여부로 측정된 문화적 유산 변수는 음의 유의미한 영향을 미치는 것으로 나타났다.

하지만, 이러한 연구들은 연구의 타당성 측면에서 많은 비판을 받는다. 무엇보다도, 이러한 연구들이 종속변수로 활용하는 전자정부의 수준에 대한 측정 방식이 그 기준 설정에 있어서 자의적이거나 측정 방식에 있어서 주관적이라는 측면에서 전자정부 수준 측정의 타당성과 신뢰성에 문제가 제기된다(Petricek *et al.*, 2006; Moon *et al.*, 2005). 이러한 문제로 인해 연구에 사용된 전자정부 수준 측정 방식에 따라 독립변수들의 통계적 유의성이 서로 달라진다. 또한, 단순 회귀분석 수준의 기초적 분석방법으로 인과관계를 도출하는 경우가 많고, 국가별 특성이나 시기별 특성과 같은 제3의 설명변수들이 통제되지 않는 문제 등 분석의 타당성을 저해하는 요소들이 개입되어 있는 경우가 많다는 점 또한 연구의 한계로 지적된다.

전자정부정책 결과에 대한 환경적 요인의 영향을 강조하는 또 다른 유형의 문헌들은 세계화로 인한 수렴화 가설과 관련된 문헌들이다. 이러한 문헌들은 세계화와 같은 전 지구적 압력이 각국의 행정체제나 행정행태를 동형화한다고 전제한다(Kettl, 1997; OECD, 1993). 무엇보다도, 세계화로 인해 국가 간의 공동적인 정책대응의 증가가 전자정부 추진 결과에 영향을 미친다. 예를 들어, 한국에서 마약사범 단속을 위한 형사사법 정보시스템을 구축함에 있어서 미국 연방수사국FBI: Federal Bureau of Investigation이나 국제기구인 인터폴Interpol이 구축한 관련 정보시스템과 연계가 고려되고, 자연스럽게 동질적인 정보시스템이 구축된다(법무부, 2001).

둘째, OECD, UN과 같은 국제기구들과 다국적 ICT 기업들이 전자정부 추진 결과에 영향을 미친다. 앞서 언급된 바와 같이, OECD, EU 등은 전자정부 전문 연구 조직을 구성하고 각국의 주요 사례들을 분석하여 회원국에게 배포해왔다. 또한, 이러한 국제기구들은 각국의 정책 데이터를 수집하고 산출함에 있어서 정보시스템을 활용하기 때문에, 각국은 국제기구의 표준에 부합하는 정보시스템과 이에 따른 행정 체제 및 절차를 구축할 수밖에 없다(Welch & Wong, 2001).

셋째, 국가별로 지사branches를 설립하고 지사들 간에 지식 네트워크로 연결된 다국적 ICT 기업들이나 컨설팅 기업들이 전자정부 추진 결과에 영향을 미친다. 그들은 각기 다른 국가에서 전자정부 구축에 대하여 자문하고 운영을 담당함에 있어서 본사의 지식관리시스템의 자료를 활용한다. 이러한 다국적 ICT 기업들의 지식 네트워크는 한 국가의 성공적인 정보시스템 구축 사례가 다른 국가로 전파되는 경로의 하나로 작용한다(Dunleavy *et al.*, 2006: 254).

하지만, 이러한 세계화에 따른 수렴화 가설, 더욱 구체적으로 세계화로 인한 전자정부 확산과 동형화 주장에 대하여, 국내적인 정치적, 사회적, 경제적 먹락에 의해 세계화의 압력이 여과되거나 굴절됨으로써 세계화 압력이 반드시 행정체제의 동형화를 초래하지는 않는다는 비판 또한 제기된다. 예를 들어, EU가 정보화와 정보통신정책에 대한 공동 지침을 제정하고 이를 회원국에 하달하더라도 각국에서는 자국의 맥락에 부합하도록 수정함으로써 회원국들 간의 완벽한 동형화는 이루어지지 않는다(Schmidt & Radaelli, 2004).

결론적으로, 세계화에 따른 수렴화 현상은 정책 영역별로 혹은 비교 수준별로 차별적으로 나타나고 있는 것이 적절하다(김선혁, 2008; Welch & Wong, 2001; Scharpf, 2000). 그 이유 중 하나로 정책의 맥락성이 제시될 수 있다. 각국의 정보화정책이나 전자정부 추진은 각국마다 고유하고 독특한 역사적, 경제적, 정치적, 행정적, 사회문화적 맥락 속에서 입안되고 시행된다. 그리고 이러한 정책의 맥락성은 정책이 본질적으로 경로 의존적일 수밖에 없기 때문에 세계화의 압력에도 불구하고 동형화가 전면적으로 나타나고 있지는 않다고 할 수 있다.

3. 행위자 요인

행위자 요인 중심적 설명은 행위자 혹은 집단의 속성이나 행태, 그리고 그들 간의 상호작용이 전자정부 추진 결과를 좌우한다는 설명이다. 예를 들어, 정보시스템의 도입과 활용 과정에서 나타나는 변화에 대한 행위자들의 순응과 저항, 적응과 충돌, 그리고 이해관계의 상충이나 태도의 변화와 같은 요인들이 전자정부 추진 결과에 영향을 미친다. 행위자 요인 중심적 설명은 심리학과 커뮤니케이션 연구에서 활발하게 진행되어 왔다. 초기에는 다음과 같은 두 가지 연구 경향을 나타냈다. 첫 번째 연구 경향은 정보시스템이 행위자의 행태나 심리에 미치는 영향에 대한 연구이다. 정보시스템의 도입이 피고용자의 직무 만족, 작업 성과, 재량에 미치는 영향에 대한 연구가 그 대표적인 사례이다. 두 번째 연구 경향은 개인의 특성 변수가 새로운 정보시스템의 도입과 구축에 미치는 영향에 대한 연구이다. 예를 들어, 어떤 직위, 직군의 행위자가 정보시스템 구축 과정에 어떻게 개입해야 정보시스템 구축이 성공적으로 이루어질 수 있는가에 대한 연구들이 그 대표적인 사례이다(Fountain, 2001: 86).

Klein과 Hirschheim(1983)은 서로 다른 행위자들과 이해관계자들은 조직 내에서의 자신의 지위와 이해관계에 따라 정보시스템의 도입과 활용에 대하여 서로 다른 입장과 견해를 가진다고 지적한다. 따라서, 그들은 성공적인 정보시스템의 구현과 활용에 필수적인 이해당사자 간 이해의 충돌을 극복하기 위해서는 이러한 상반된 입장과 견해에 대한 관리가 필수적이라고 지적한다.

일부 행위자 요인 중심적 설명은 관리자의 행위에 주목한다. '관리적 행위주의managerial actionalism'로 불리는 이러한 연구 관점은 환경의 중요성을 완전히 무시하지는 않지만, 관리자의 행위를 정보시스템의 변화와 성과에 가장 중요한 원인으로 제시한다(Kraemer *et al.*, 1989: 14). 물론, 관리자들이 조직 내 유일한 행위자가 아니고 계층과 직무별로 다양한 관리자들이 존재하지만, 일반적으로 조직의 관리자가 정보시스템의 활용과 이를 통한 성과 및 조직 변화에 가장 주요한 작용을 한다. 이러한 관점에서 Kraemer와 King(1981)은 정보시스템 활용의 성과와 조직 변화를 초래하는 원인으로서 정보시스템의 도입, 확산, 규제, 평가의 각 단계별로 조직 내부의 관리정책의 형태로 나타나는 관리적 행위에 주목하는 모형(Kraemer-King 모형)을 제시한다. 이 외에도 전자정부 추진과 그 성과에 있어서 관리자의 태도나 ICT 리더십과 같은 행태가 유의미한 원인들 중 하나임을 밝히는 연구들이 제시되고 있다(임준형, 2006; Heintze & Bretschneider, 2000).

동일한 맥락에서 정보시스템 구축 프로젝트의 관리도 중요한 요인으로 제시되어 왔다. 선행연구를 통해 전자정부 및 정보시스템 구현 결과와 성과에 영향을 미친 변수로는 프로젝트의 규모와 수행 기간, 전략적 목표의 이해도, 업무 절차의 변화 정도, 프로젝트 관리 기법, 정보시스템 구현을 위한 지침의 유무 등이 제시된다. 특히, 프로젝트의 크기와 사용자 및 조직의 다양성, 조직 목표와의 일관성 등은 정보시스템 구현 프로젝트의 중요한 변수로 제시된다(Dawes & Pardo, 2002; Brown & Brundney, 1998; Dawes & Nelson, 1995).

행위자 요인 중심적 설명의 연장으로 집단 중심적 설명도 있다. 이러한 집단 중심적 설명의 대표적인 연구들은 전자정부 추진 과정에 참여하는 다양한 집단들 사이의 상호작용에 주목한다. 첫째, 전자정부 추진 과정에 참여하는 다양한 참여자들에 주목하는 연구들이 있다. 분석 결과에 따르면, 정책과정의 참여자는 매우 다양하다. 행정가, 정치인, ICT 기업, 교수 및 학계 전문가, 비영리조직, 심지어 국제기구들까지 정책과정 전반에 걸쳐 중요한 역할을 수행하고, 그들 간의 상호작용으로 인해 전자정부 추진 과정의 다양한 특성들이 나타난다(Fountain, 2006; Yildiz, 2004). 특히, ICT 기업은 대중매체의 지원을 받을 뿐만 아니라, ICT 및 정보시스템 구축과 관련된 정보의 비대칭성이 ICT 기업과 정부 간에 존재하기 때문에 정부의 의사결정에 강한 영향력을 행사한다(Dunleavy *et al.*, 2006: 114-134; Margetts, 1999: 125-161). 둘째, 전자정부 혹은 정보화정책 과정에서 다양한 수준의 정책 네트워크와 그 변화에 주목하는 연구들(김지희, 2002; 방민석, 2002; 한세억, 2002)은 한국의 전자정부와 정보화정책 과정의 각 단계별로 참여 조직들을 식별하고 그들 간의 연결망network과 그 성격을 분석한다.

셋째, 조직 간 상호작용 중 하나인 조직 간 경쟁과 갈등에 주목하는 연구들이 다수 발표되어 왔다. Dawes와 Pardo(2002)는 공공부문에서의 조직 간 관계의 하나의 요소로서 조직목표의 다양성, 특히 조직목표 간 충돌에 주목한다. 그들은 전자정부 추진 과제의 수행에 있어서도 다양한 조직과 이해관계자의 참여가 주요한 이슈라고 설명한다. 한국의 전자정부 추진 과정이나 정보화정책 과정에서 나타난 부처 간 갈등과 관할권 경쟁의 원인을 분석하고 이에 대한 처방을 제시한 연구들도 활발히 진행되어 왔다. 「정보화촉진기본법」 등 제도 설계의 과정에 초점을 맞추어 부처 간 갈등을 다룬 연구들(김용훈, 2000; 모미순, 2000)이 발표되었다. 또한, 윤상오(2005)는 정보통신부, 산업자원부, 건설교통부 등 산업부처 간의 경쟁과 갈등을 다룬다. 유홍림·윤상오(2005)는 전자정부 구현 과정에 있어서 행정자치부와 정보통신부 간의 갈등의 원인, 양태, 결과 등을 제시하면서 추진체계의 조정, 역할 분담의 명확화, 조정권의 강화 등을 해법으로 제시한다.

이러한 행위자 중심적 논의는 정보시스템 구현과 전자정부 추진에 있어서 어떤 사람들이 어떤 동기로 어떠한 상호작용을 하였고 어떠한 정책결과를 산출하였는가를 이해하는 데 도움을 준다는 점에서 의의가 있다. 특히, 행위자의 행위나 행태에 초점을 맞춤으로써 기술결정론이 갖는 한계를 극복하고 행위자의 경제적 유인이나 심리적 태도, 행위자 간 상호작용이 전자정부정책과 정보시스템 구현에 영향을 미치고 있다는 것을 밝힌 점은 의미가 있다.

하지만, 이러한 행위자 중심적 논의 역시 많은 한계를 노정하는 것으로 평가된다. 첫째, 대체로 주요 변수들 간의 인과관계에 대한 연구 결과가 일치하지 않았다. 그 이유는 방법론적 문제와 함께 변화가 발생하는 과정에 대한 개념화가 미약했기 때문으로 평가된다. 무엇보다도, 정보기술이 자동적으로 변화를 가져온다는 가정이 문제의 근원으로서 평가된다(Fountain, 2001: 87). 둘째, 행위자들이 일정한 관계와 제약 속에서 관련된 행위를 하고 있다는 점이 간과된다. 즉, 행위자들의 유인에 따른 행동이나 행위자 간 상호작용은 제도적 제약 속에서 진행되고, 제도적 특성에 따라 상호작용이 구조화되어 정책결과에 영향을 미친다. 예를 들어, 기술을 행위자들의 의도적 선택과 상호작용에 의해 구성되는 것으로 간주함으로써 행위의 중요성을 극대화하고 있지만, 행위자들은 무엇인가를 마음대로 선택할 수 있는 존재들이 아니고, 특정한 행위자들은 다른 행위자들과 구조적인 관계를 형성하고 있기 때문에 그들의 선택의 폭은 이러한 관계에 의해 제한받는다. 따라서, 정보기술의 도입과 이에 따른 변화를 연구함에 있어서 행위자들을 제약하는 역사적으로 구조화된 사회적 관계나 제도적 맥락이 간과되지 않을 필요가 있다.

이러한 구조화된 사회적 관계나 제도적 맥락에 대한 고려는 조직 간 갈등과 경쟁에 대한 연구에도 중요한 함의를 줄 수 있을 것으로 판단된다. 즉, 어떤 조건 아래에서는 조직 간 경쟁과 갈등이 극대화되는 반면, 어떤 조건 아래에서는 이러한 경쟁과 갈등이 봉합되고 공동의 목표를 위하여 조직 간의 협력이 제고되는가? 이러한 질문에 대하여 대답할 수 있기 위해서는 전자정부 정책과정 속의 조직이나 행위자들을 제약하는 제도적 요인들에 대한 분석이 추가되어야 할 것으로 판단된다.

4. 제도적 요인

제도적 요인 중심적 설명은 법령이나 절차, 문화와 같은 공식적, 비공식적 제도적 요인들이 전자정부 추진 결과에 영향을 미친다는 설명이다. 제도적 요인을 강조하는 연구들은 크게 세 가지 유형으로 구분될 수 있다. 첫째, 개별적이고 구체적인 제도의 효과에 주목하는 연구들이 있다. 이러한 연구들은 미시적 관점에서 공식적 제도인 법이나 절차가 전자정부 추진 결과 및 과정에 미치는 영향에 주목한다. 둘째, 문화나 가치체계가 정보시스템 활용이나 전자정부 구현에 미치는 영향을 분석한 연구들이 있다. 셋째, 거시적 관점에서 국가의 제도적 구성이 전자정부 혹은 정보화에 미치는 영향을 분석한 연구들이 있다.

1) 공식적 제도와 절차

법·제도나 공식적 절차와 같은 제도적 요인들은 정책과정에서 행위자의 행위를 제약하거나 기회를 부여하고, 행위자들이 자신의 선호체계를 발견하는 기준을 설정함으로써 정보시스템의 도입, 구성, 구축, 그리고 활용의 결과를 설명하는 중요한 요인이 된다(Foutain, 2001: 88-98). 특히, 정부는 구체적인 공식적 절차와 법률에 의해 구성되고 운영된다. 정부조직에서의 정보기술의 도입과 관리 그리고 활용 과정에서도 수많은 법률과 규정화된 절차가 고려되고, 이러한 법률과 구정화된 절차들이 정보기술 활용의 결과 및 산출에 주요한 원인변수로서 작용한다.

첫째, 정보기술의 활용과 그 성과에 영향을 미치는 법률과 규정화된 절차로서 포착되는 대표적인 사례는 예산 절차이다. 대부분의 정부에서 운영하고 있는 단년도 예산제도는 전자정부 추진 과제의 운영과 관리, 그리고 그 구현 결과에 큰 영향을 미치는 것으로 보고된다(OECD, 2005; Fountain, 2001: 197). 아울러, 사생활 보호권이나 정보보안 관련 법령이나 규칙 등도 전자정부 구현에 영향을 미치는 제도의 대표적인 사례이다(Moon, 2002).

둘째, 전문적인 관료들이 프로그램이나 정책에 영향을 미칠 수 있는 역량을 의미하는 재량권이나 기관 자율성도 중요한 제도적 변수로 제시되어 왔다. 즉, 정부기관과 정책 프로그램의 독립적이고 자율적인 성격은 전자정부 추진 과정에서 다른 정부기관이나 프로그램의 특성 및 존재를 인정하지 않는 경향이 있고, 이러한 경향은 전자정부 추진에 있어서 기관 중심의 '난로 연통식 stove-piped' 정보화 추진으로 귀결된다. 즉, 기관 자율성이 다부처를 연계하고 정보를 공유하기 위한 전자정부 추진을 저해함으로써 정보시스템의 구축과 활용 그리고 관리를 제약한다(Dawes & Pardc, 2002; Fountain, 2001: 98-103).

셋째, 입법부, 사법부, 행정부 간 관계와 중앙정부-지방정부 간 관계를 비롯한 인력제도나 계약제도 등이 전자정부 추진에 영향을 미치는 주요한 제도적 요인들로 제시되어 왔다. 예를 들어, Margetts(2006)는 1995년부터 2005년까지 10년 동안 진행된 영국의 전자정부 추진정책을 전자정부의 수요와 공급이라는 분석틀로 평가하면서, 전자정부 공급 측면에 있어서 다시 ① 정치권 및 중앙정부 간 관계, ② 개별 행정기관의 정보화 인력 관련 제도, ③ 민간부문과의 계약제도 등을 주요한 변수로 채택하여 분석한다.

이와 관련하여, 전자정부 추진 과정에서의 제도적 배열이라 할 수 있는 전자정부 추진체계에 대한 연구가 진행되어 왔다. 즉, 업무의 배분과 책임 및 권한 관계를 결정함으로써 사업의 성격을 규정하고 기관 간 조정을 통해 성과에 영향을 미친다는 점에서 전자정부 추진체계에 대한 연구가 활발하게 진행되어 왔다. 우선, 전자정부 각 단계별 추진체계의 장점과 단점을 정리하고 효과적인 추진체계 구성을 위한 원칙과 대안을 제시한 문헌들(송희준, 2004; 김동욱, 2003; 이종수 외, 2000)과 전자정부 선진국의 추진체계에 대한 벤치마킹을 통해 정책적 시사점을 얻고자 하는 연구들(정익재·김상철, 2004; 한국전산원 2004; 2003)도 있다. 『OECD 전자정부 보고서OECD e-Government Studies』는 전자정부 추진에 참여하는 중앙정부 부처를 식별하고 각 부처의 기능 그리고 부처들의 권한과 기능을 조정하는 조정 기구를 중심으로 문제점을 분석하고 대안을 제시한다(OECD, 2005).

나아가, Margetts(1999: 31-51)와 Wolfe(1999)는 미국과 영국의 전자정부 추진에 있어서 책임성 제고를 위한 정책 및 감독 체계의 변화를 분석하고, 김동욱·이원희(1998)는 추진체계의 분석과 설계에 머무르지 않고 권한과 정보기술의 집중 및 분산이라는 측면에서 추진체계를 유형화하고 전자정부 추진 과정에서의 추진체계의 성격 변화를 정리한다. 소영진(2003)은 김대중 정부의 전자정부특별위원회의 성공 요인을 딜레마 이론의 관점에서 분석한다. 박정은(2006)은 한국을 비롯하여 미국, 영국, 싱가포르 등 8개국의 전자정부 추진체계를 유형화하고 그 변화를 포착한 후 추진체계별로 전자정부정책을 개관하면서, 전자정부 추진체계와 전자정부의 정책 및 성과 간의 관계를 분석한다. 분석 결과에 따르면, 전자정부 추진체계의 위상에 따라 전자정부정책의 정향성도 차별화되고, 거시적으로 국가의 역사적 맥락에 따라 전자정부 추진체계가 변화해왔다.

2) 문화 및 가치체계

조직 구성원들이 당연하게 여기는 가치체계나 조직문화 역시 정보시스템의 활용과 그 결과에 큰 영향을 미치는 구조적 요인으로 제시되어 왔다. 예를 들어, 미국 형사사법기관에서의 범죄 관련 정보시스템이나 사회복지 분야의 정보시스템 구축에 대한 분석을 통해, 정보시스템의 도입은 주로 환경적 요인에 의해 영향을 받지만 그 운영이나 관리는 조직의 가치나 문화 등과 같은 제도적 요인에 의해 주로 영향을 받는 것으로 분석되었다(Laudon, 1985). Orlikowski(2000)는 정보시스템 사용자들은 하드웨어나 소프트웨어와 같은 설비 시설, 컴퓨터 사용 에티켓과 같은 규범, 그리고 정보시스템에 대한 해석체계 등과 가치체계를 강조한다고 분석한다. Sarker(2000)는 문화나 하위문화의 형성에 영향을 미치는 구조적 요소로서 개인적 배경, 지위, 문화, 조직 내 역할 등을 제시하면서, 문화, 하위 문화, 프레임이라는 제도적 요인을 강조한다.

최근에는 전자정부 구현 과정과 그 결과를 문화라는 비공식적 제도의 관점에서 분석하는 연구들이 제시된다. Margetts와 Dunleavy(2002)는 영국에서의 사례를 중심으로 전자정부 추진의 장애 요인 중 하나로서 공공부문 특유의 문화적 측면을 제시하고 있다. 즉, 전자정부 추진에 영향을 미치는 다양한 요인들 중에서 공급 측면에서는 공공기관이 신봉하는 가치 value 나 무오류성 robustness , 수요 측면에서는 전자정부에 대한 과도한 기대나 정부 업무와 서비스에 대한 낮은 관심과 흥미 등과 같은 가치와 문화적 요인들이 전자정부 구현의 장애 요인으로 작용한다.

Perri(2004)는 정보시스템을 활용하여 정치적 결정을 내리는 데 있어서 조직문화에 따라 특정한 유형의 정보시스템을 선택하게 된다고 주장한다. 그는 격자－집단 grid-group 문화이론을 적용하여, 집단주의 문화나 조직의 통제 정도에 따라 집단에서 채택되는 정보시스템의 유형이 차별화된다고 분석한다. 이는 어느 문화 유형에 속하는가에 따라 행위자들이 가치를 부여하는 정보와 이를 위한 정보시스템의 기능에 차이가 나타나기 때문이라고 주장한다.

3) 국가의 거시적 제도 구성

국가의 거시적 제도 구성이나 정책영역의 제도적 특성이 전자정부 정책영역에 미치는 영향을 분석한 연구 결과들이 제시되어 왔다. 우선, 전자정부 정책결과에 미치는 거시적인 제도적 요인들로서 국가와 시장 간의 제도적 관계에 주목하는 연구도 제시되어 왔다. Dunleavy 등(2006)이나 Margetts(1999)는 국가들의 정부－기업 간 관계가 전자정부 성과를 결정하는 요인 중의 하나임을 밝힌다. 송희준(1998)은 한국, 미국, 일본의 초고속 정보통신망 구축사업을 비교하면서 각국의 정부－기업 관계의 차이에서 기인하는 정책적 특성의 차이를 분석한다.

나아가, 한 국가의 고유한 정책영역의 특성이나 총체적인 제도 구성이 전자정부에 영향을 미친다는 연구도 제시된다. 예를 들어, 복지국가의 특성에 따라 사회복지 관련 정보시스템의 구축 목표와 이에 따른 정보시스템의 결과에 차이가 나타난다. OECD 13개국에 대한 비교연구에서도 비록 정보시스템이 복지정책 집행에 있어서의 효율성과 성과를 제고하기 위하여 구축되기는 했지만, 각국의 복지체제가 부분적으로 영향을 미치면서 국가별로 서로 다른 형태의 복지정보시스템이 구축된 것으로 분석되었다(Adler & Henman, 2005; Henman & Adler, 2001).

한국의 정보화정책에 대한 일부 연구들은 정보화정책이 기반으로 하는 거시적 제도에 주목한다. 즉, 한국의 정보화정책은 산업화 과정과 유사하게 정보통신부라는 선도국가기구pilot agency의 형성, 기본 계획 수립 및 기금을 통한 기획 및 예산 기능 수행, 민간-정부 간 네트워크 등과 같은 제도적 기초 위에서 진행되어 왔다(홍성걸, 2003; 황종성, 2003). 이러한 국가 주도적 정보화 추진체계는 전자정부 추진 과정에서 국가, 시장, 시민사회를 연결하는 사회적 조정 메커니즘으로서의 거버넌스 구현에는 취약한 체제였다. 또한, 정부는 전자정부 추진 과정에서 시민사회의 필요를 파악하는 작업을 등한시해왔고 이로 인해 국가와 시민사회 간의 충돌이 잦아지고 있다고 분석된다(조화순, 2004).

Ⅳ 결론

이 장은 기존 연구 결과를 토대로 정보시스템 성공의 정의와 측정지표, 그리고 정보시스템 성공의 영향 요인을 정리하였다. 제2절은 정보시스템 성공을 기능적 완성, 성숙 수준, 공공부문의 가치 창출의 시각에서 정의하고 각각의 구성 요소 혹은 단계 등을 설명하였다. 기능적 완성의 시각에 따르면, 정보시스템 성공은 시스템 영역에서의 성능의 우수성(시스템의 질, 정보의 질, 서비스의 질), 사용자 영역에서의 성능의 우수성(인식된 유용성, 사용자 만족도), 조직 및 경영성과 영역에서의 성능의 우수성(내부 업무 효율성, 고객만족도, 조직혁신 및 정보화 역량 향상도)으로 이해된다. 성숙 수준의 시각에 따르면, 정보시스템 성공은 정보시스템이 가장 낮은(혹은 가장 기초적인) 단계에서 가장 높은(혹은 가장 통합적인) 단계를 향해 직선적이고 진화적으로 발전하는 과정으로 이해된다. 공공부문의 가치 창출의 시각에 따르면, 정보시스템 성공은 최종적인 결과(적극적인 공공참여와 책임성·투명성 향상, 효율성 향상과 비용 절감, 정책 효과성 향상, 서비스 품질 개선)와 다양한 종류의 편익(정치적 편익, 조직적 편익, 기술적 편익)으로 이해된다.

제3절은 다양한 이론적·실무적 논의에서 제시되는 정보시스템 성공의 영향 요인들을 제시하였다. 정보시스템 성공의 영향 요인에 대한 논의에 따르면, 기술적 요인 중심적 설명은 초소형 전자기술microelectronics에 바탕을 둔 컴퓨터와 데이터 통신의 결합에 의한 디지털화와 네트워크화가 정보시스템 성공에 영향을 미친다고 설명한다. 둘째, 환경적 요인 중심적 설명은 정보시스템이 구축된 조직을 둘러싸고 있는 정치, 경제, 사회, 문화, 교육 등 제반 환경적 요인이 정보시스템 성공을 좌우한다고 설명한다. 셋째, 행위자 요인 중심적 설명은 행위자 혹은 집단의 속성이나 행태, 그리고 그들 간의 상호작용이 정보시스템 성공을 좌우한다고 설명한다. 예를 들어, 정보시스템

의 도입과 활용 과정에서 나타나는 변화에 대한 행위자들의 순응과 저항, 적응과 충돌, 그리고 이해관계의 상충이나 태도의 변화와 같은 요인들이 정보시스템 성공에 영향을 미친다고 설명한다. 넷째, 제도적 요인 중심적 설명은 법령, 절차, 문화와 같은 공식적·비공식적 제도적 요인들이 정보시스템 성공에 영향을 미친다고 제시한다.

정보시스템 성공의 정의와 측정, 그리고 영향 요인에 대한 논의는 연구자들과 실무자들로 하여금 공공조직들과 민간조직들에서 정보기술을 통해 정보를 창출·설계·전달·활용하는 현상에 대하여 상당한 지식을 축적하게 만드는 계기가 되었다. 다른 한편으로, 정보시스템 성공의 정의와 측정에 대한 논의는 초기에 다양한 이해관계자들 간의 상이한 견해의 충돌(개발자: 기술 품질, 사용자: 사용의 용이성·유용성, 관리자: 업무가치 창출)이 있고, 정보시스템 성공의 복잡하고, 상호 의존적이고, 다면적인 속성을 인식하는 계기가 되었다. 향후에는 개발자, 사용자, 관리자뿐만 아니라 여타의 핵심 이해관계자들(예: 고객, 직원, 주주, 정부)을 모두 포괄하면서도 연구자와 실무자 모두에게 유용할 수 있도록 매우 간명한 정의와 지표 개발이 필요하다.

참고문헌

김동욱. (2003). 「노무현 정부의 전자정부정책의 향후 과제: 추진조직의 강화」. 한국정책학회 추계 학술대회 발표집.

김동욱·이원희. (1998). 「정보화사업 추진체계의 유형화에 관한 연구」. 『한국행정학보』, 32(2), 19-37.

김선혁. (2008). 「세계화와 행정: 이론적 성찰과 정책적 함의」. 『한국행정학보』, 42(1), 7-25.

김성태. (2003). 『전자정부론: 이론과 전략』. 법문사.

김용훈. (2000). 「정부 인증기반 구축을 둘러싼 부처 간 경쟁에 관한 연구」. 『한국행정학보』, 34(3), 93-109.

김지희. (2002). 「초고속정보통신망 구축 사업의 성공요인에 관한 연구」. 고려대학교 대학원 행정학과 박사학위논문.

김현수. (1999). 『정보시스템 진단과 감리』. 법영사.

김환석. (2006). 『과학사회학의 쟁점들』. 문학과지성사.

명승환. (2006). 「전자정부 연구에서 결정론적 사고의 한계와 극복방안: 행정의 투명성을 중심으로」. 『정보화정책』, 13(1), 110-115.

모미순. (2000). 「정보통신정책 형성 과정에 있어서 부처 간 정책갈등과 조정에 관한 연구: 「정보화촉진기본법」 제정 과정을 중심으로」. 서울대학교 대학원 행정학과 박사학위논문.

박정은. (2006). 「전자정부 추진조직과 정책 및 성과의 관계: 역사적 제도주의 관점의 국가 간 비교」. 이화여자대학교 대학원 행정학과 박사학위논문.

방민석. (2002). 「전자정부 구축 과정의 정책네트워크 분석」. 성균관대학교 대학원 행정학과 박사학위논문.

법무부. (2001). 『형사사법정보화시행계획』. 서울: 법무부.

소영진. (2003). 「전자정부 구축사업 추진체계의 딜레마와 극복방안: 전자정부특별위원회의 사례를 중심으로」. 『정보화정책』, 10(2), 30-49.

손명호·김재구·유태우·임호순·이희석. (2003). 「기업 전략에 따른 균형성과표 성과지표 비교분석」. 『경영정보학연구』, 13(1), 1-22.

송위진. (2007). 『기술정치와 기술혁신: CDMA 이동통신기술개발 사례분석』. 한국학술정보.

송희준. (1998). 「초고속정보통신정책의 결정요인과 추진전략: 한국, 미국, 일본의 비교분석」. 『한국정책학회보』, 7(1), 73-96.

______. (2004). 「전자정부 사업의 전자거버넌스 진화 단계 분석」. 『한국거버넌스학회보』, 11(2), 1-20.

유홍림·윤상오. (2005). 「전자정부 추진 과정에서의 부처 간 갈등: 행자부와 정통부의 갈등을 중심으로」. 『한국행정학회 학술발표논문집』, 1-18.

윤상오. (2005). 「정부부처 간 정책경쟁에 관한 연구: 산업정보화정책 분야를 중심으로」. 『한국사회와 행정연구』, 16(2), 163-189.

이정복. (1995). 「정보화」. 김세균·박찬욱·백창재. (공편). 『정치학의 대상과 방법』. 박영사.

이종수·유평준·최흥석. (1998).「우리나라 정보통신 관련 정부조직의 문제점과 개편방안」.『한국정책학회보』, 7(1), 367-391.

이진주·김상훈. (1985).「MIS 성과에 대한 평가모형」.『경영과학』, 2, 10-25.

임준형. (2006).「도시전자정부가 시민참여에 미치는 영향」.『한국행정학보』, 40(3), 53-76.

정문상. (1996).「MIS 평가의 계층적 접근방법」. 한국과학기술원 테크노경영대학원 박사학위논문.

정익재. (2002).「정보화정책 실패사례분석과 정책교훈: 반면교사의 여섯 가지 이야기」.『한국정책학회보』, 11(4), 273-304.

정익재·김상철. (2004).「정부개혁과 전자정부: 스칸디나비아 국가에 대한 비교분석」.『한국행정학회 학술발표논문집』, 534-549.

정해용·김상훈. (2003).「정보시스템 평가지표 개발에 관한 실증적 연구: 공공부문을 중심으로」.『한국경영과학회지』, 28(4), 155-189.

조주행. (2002).『행정이론: 21C 지식-정보화 사회의 정부경영학』. 인간사랑.

조화순. (2004).「거버넌스의 관점에서 본 NEIS 갈등 사례 연구」.『정보화정책』, 11(1), 36-50.

주재훈. (2006).「e-비즈니스 발전단계모형: e-통합과 e-협동을 중심으로」.『인터넷전자상거래연구』, 6(2), 159-189.

한국전산원. (1997a).『정보화사업평가편람』. 한국전산원.

__________. (1997b).「정보화 시대의 행정서비스와 행정체제 개선방안 연구」.『한국전산원 연구보고서』. 한국전산원.

__________. (1999).『정보화사업 평가방법론 연구』. 한국전산원.

__________. (2001).『공공부문 정보화사업 평가를 위한 BSC 모형』. 한국전산원.

__________. (2003).「미국 연방 전사적아키텍처 참조모델 및 시사점」.『정보화기술이슈』. 서울: 한국전산원.

__________. (2004).「주요국의 정보화 추진체계 개편내용과 시사점: 미국, 호주, 영국을 중심으로」.『정보화정책이슈』. 서울: 한국전산원.

한세억. (2002).「정보화정책의 변위(變位)와 특성: 행위자 수준을 중심으로」.『한국정책학회보』, 11(3), 21-46.

홍성걸. (2003).「발전국가의 부활? 산업화와 정보화의 비교: 완충국가론의 시론적 적용」.『한국행정학회 학술발표논문집』, 351-366.

황종성. (2003).「정보화정책의 진단과 발전방향: 한국의 정보화 정책구조와 발전방향」.『정보통신정책연구』, 10(2), 99-120.

Accenture. (2001). *E-government leadership: Rhetoric vs reality-Closing the gap*. Accenture.

Adams, D. A., Todd, P. A., & Nelson, R. R. (1993). A comparative evaluation of the impact of electronic and voice mail on organizational communication. *Information & Management*, 24(1), 9-21.

Adler, M., & Henman, P. (2005). Computerizing the welfare state: An International comparison of computerization in social security. *Information, Community & Society*, 8(3), 315-342.

Agarwal, R., & Karahanna, E. (2000). Time flies when you're having fun: Cognitive absorption and beliefs about information technology usage. *MIS Quarterly*, 24(4), 665-694.

Ambite, J. L., Arens, Y., Bourne, W., Feiner, S., Gravano, L., Hatzivassiloglou, V., ... & Ross, K. A. (2002). Data integration and access. In McIver Jr, W. J., & Elmagarmid, A. K. (Eds.). *Advances in digital government.* (pp. 85-106). Boston: Springer.

Andersen, K. V., & Henriksen, H. Z. (2006). E-government maturity models: Extension of the Layne and Lee model. *Government Information Quarterly,* 23(2), 236-248.

Bailey, J. E., & Pearson, S. W. (1983). Development of a tool for measuring and analyzing computer user satisfaction. *Management Science,* 29(5), 530-545.

Bandyopadhyay, A., & Sattarzadeh, S. D. (2010). A challenging e-journey along the silk road: Lessons learned from e-governments in China and India. In Reddick, C. G. (Ed.). *Comparative e-government.* (pp.115-138). New York: Springer.

Baqir, M. N., & Iyer, L. (2010). E-government maturity over 10 Years: A comparative analysis of e-government maturity in select countries around the world. In Reddick, C. G. (Ed.). *Comparative e-government* (pp.3-22). New York: Springer.

Baroudi, J. J., & Orlikowski, W. J. (1988). A short-form measure of user information satisfaction: A psychometric evaluation and notes on use. *Journal of Management Information Systems,* 4(4), 44-59.

Baum, C., & Di Maio, A. (2000). *Gartner's four phases of e-government model.* Gartner Group.

Bekkers, V. J., & Homburg, V. (Eds.). (2005). *The information ecology of e-government: E-government as institutional and technological innovation in public administration (Vol. 9).* IOS press.

Bissessar, A. M. (2010). The challenge of e-governance in a small, developing society: The case of Trinidad and Tobago. In Reddick, C. G. (ed.). *Comparative e-government.* (pp.313-329). New York: Springer.

Boland Jr, R. J. (1978). The process and product of system design. *Management Science,* 24(9), 887-898.

Brown, M. M., & Brudney, J. L. (1998). A "smarter, better, faster, and cheaper" government: Contracting and geographic information systems. *Public Administration Review,* 58(4), 335-345.

Brynjolfsson, E. (1993). The productivity paradox of information technology. *Communications of the ACM,* 36(12), 66-77.

Chircu, A. M. (2008). E-government evaluation: Towards a multidimensional framework. *Electronic Government, an International Journal,* 5(4), 345-363.

Coursey, D., & Norris, D. F. (2008). Models of e-government: Are they correct? An empirical assessment. *Public Administration Review,* 68(3), 523-536.

Cronin Jr, J. J., & Taylor, S. A. (1992). Measuring service quality: A reexamination and extension. *Journal of Marketing,* 56(3), 55-68.

Danziger, J. N., & Andersen, K. V. (2002). The impacts of information technology on public administration: An analysis of empirical research from the "golden age" of transformation. *International Journal of Public Administration,* 25(5), 591-627.

Davis, F. D. (1989). Perceived usefulness, perceived ease of use, and user acceptance of information technology. *MIS Quarterly,* 13(3), 319-340.

Dawes, S. S. (1996). Interagency information sharing: Expected benefits, manageable risks. *Journal of Policy Analysis and Management*, 15(3), 377-394.

__________. (2008). The evolution and continuing challenges of e-governance. *Public Administration Review*, 68(1), S86-S102.

Dawes, S. S., & Nelson, M. R. (1995). Pool the risks, share the benefits: Partnerships in IT innovation. In Keyes, J. (Ed.). *Technology trendlines*. (pp.125-135). Van Nostrand Reinhold Co.

Dawes, S. S., & Pardo, T. A. (2002). Building collaborative digital government systems. In McIver Jr, W. J., & Elmagarmid, A. K. (Eds.). *Advances in digital government*. (pp.259-273). Boston: Springer.

Deise, M. V., Wright, A., & Nowikow, C. (2000). *Executive's guide to e-business: From tactics to strategy*. John Wiley & Sons, Inc.

Deloitte Research. (2001). *E-Government's next generation: Transforming the government enterprise through customer service*. Deloitte Research.

Deloitte, T. (2001). The citizen as customer. *CMA Management*, 74(10), 58.

DeLone, W. H., & McLean, E. R. (1992). Information systems success: The quest for the dependent variable. *Information Systems Research*, 3(1), 60-95.

Doll, W. J., Raghunathan, T. S., Lim, J. S., & Gupta, Y. P. (1995). A confirmatory factor analysis of the user information satisfaction instrument. *Information Systems Research*, 6(2), 177-188.

Doll, W. J., & Torkzadeh, G. (1988). The measurement of end-user computing satisfaction. *MIS Quarterly*, 12(2), 259-274.

Duchessi, P., & Chengalur-Smith, I. (1998). Client/server benefits, problems, best practices. *Communications of the ACM*, 41(5), 87-94.

Dunleavy, P., & Margetts, H. (2002). *Cultural barriers to e-government*. London: National Audit Office.

Dunleavy, P., Margetts, H., Tinkler, J., & Bastow, S. (2006). *Digital era governance: IT corporations, the state, and e-government*. Oxford: Oxford University Press.

Finn, D. W., & Lamb, C. W. (1991). An evaluation of the SERVQUAL scales in a retailing setting. In Holman, R., & Solomon, M. R. (Eds.). *Advances in consumer Research*. (pp.483-490). Provo, UT: Association for Consumer Research.

Fountain, J. E. (2001). *Building the virtual state: Information technology and institutional change*. Brookings Institution Press.

Fountain, J. E. (2006). Central issues in the political development of the virtual state. In Castells, M., & Cardoso, G. (Eds.). *The network society from knowledge to policy*. Washington, D.C.: Johns Hopkins Center for Transatlantic Relations.

Franz, C. R., & Robey, D. (1986). Organizational context, user involvement, and the usefulness of information systems. *Decision Sciences*, 17(3), 329-356.

Gil-Garcia, J. R. (2007). Exploring e-government benefits and success factors. In Anttiroiko, A. V. (Ed.). *Encyclopedia of digital government*. (pp.803-811). IGI Global.

__________. (2012). *Enacting electronic government success: An integrative study of government-wide websites, organizational capabilities, and institutions (Vol. 31)*. Springer Science & Business Media.

Gil-Garcia, J. R., & Martinez-Moyano, I. J. (2007). Understanding the evolution of e-government: The influence of systems of rules on public sector dynamics. *Government Information Quarterly*, 24(2), 266-290.

Hamilton, S., & Chervany, N. L. (1981). Evaluating information system effectiveness-Part I: Comparing evaluation approaches. *MIS Quarterly*, 5(3), 55-69.

Hargittai, E. (1999). Weaving the western web: Explaining differences in Internet connectivity among OECD countries. *Telecommunications Policy*, 23(10-11), 701-718.

Heintze, T., & Bretschneider, S. (2000). Information technology and restructuring in public organizations: Does adoption of information technology affect organizational structures, communications, and decision making? *Journal of Public Administration Research and Theory*, 10(4), 801-830.

Henman, P., & Adler, M. (2001). Information technology and transformations in social security policy and administration: A review. *International Social Security Review*, 54(4), 23-47.

Ives, B., Olson M. H., & Baroudi, J. J. (1983). The measurement of user information satisfaction. *Communications of the ACM*, 26(10), 785-793.

Jiang, J. J., Klein, G., & Carr, C. L. (2002). Measuring information system service quality: SERVQUAL from the other side. *MIS Quarterly*, 26(2), 145-166.

Jones, M., & Orlikowski, W. J. (2007). Information technology and the dynamics of organizational change. In Mansell, R., Avgerou, C., Silverstone, R., & Quah, D. (Eds.). *The Oxford handbook of information and communication technologies*. Oxford: Oxford University Press.

Kaplan, R. S., & Norton, D. P. (1992). Balanced scorecard: Measures that drive performance. *Harvard Business Review*, 70(1), 71-79.

________________________. (1996). *Translating strategy into action: The balanced scorecard*. Boston: Harvard Business School Press.

Katchanovski, I., & La Porte, T. M. (2005). Cyberdemocracy or Potemkin e-villages? Electronic governments in OECD and post-communist countries. *International Journal of Public Administration*, 28(7-8), 665-681.

Keen, P. (1980). MIS research: Current status, trends and needs. In Buckingham, R., Hirschheim, R., Land, F., & Tully, C. (Eds.). *Information systems education: Recommendations and implementation*. (pp. 1-13). Cambridge: Cambridge University Press.

Kettinger, W. J., & Lee, C. C. (1997). Pragmatic perspectives on the measurement of information systems service quality. *MIS Quarterly*, 21(2), 223-240.

Kettl, D. F. (1997). The global revolution in public management: Driving themes, missing links. *Journal of Policy Analysis and Management*, 16(3), 446-462.

Kiiski, S., & Pohjola, M. (2002). Cross-country diffusion of the Internet. *Information Economics and Policy*, 14(2), 297-310.

King, J. L., & Kraemer, K. L. (1984). Evolution and organizational information systems: An assessment of Nolan's stage model. *Communications of the ACM*, 27(5), 466-475.

King, J. L., & Schrems, E. L. (1978). Cost-benefit analysis in information systems development and operation. *ACM Computing Surveys(CSUR)*, 10(1), 19-34.

Klein, H. K., & Hirschheim, R. (1983). Issues and approaches to appraising technological change in the office: A consequentialist perspective. *Office Technology and People*, 2(1), 15-42.

Klievink, B., & Janssen, M. (2009). Realizing joined-up government: Dynamic capabilities and stage models for transformation. *Government Information Quarterly*, 26(2), 275-284.

Kraemer, K. L., & King, J. L. (1981). Computing policies and problems: A stage theory approach. *Telecommunications Policy*, 5(3), 198-215.

Kraemer, K. L., Leslie, J., Dunkle, D. E., & Lane, J. P. (1989). *Managing information systems: Change and control in organizational computing*. San Francisco: Jossey-Bass Publishers.

Kroenke, D. M. (2007). *Using MIS. Upper Saddle River*. NJ: Pearson Prentice Hall.

La Porte, T. M., Demchak, C. C., & Weare, C. (2005). Governance in the era of the world wide web: An assessment of organizational openness and government effectiveness, 1997 to 2001. In Garson, G. D., & Raton, B. (Eds.). *Handbook of Public Information Systems*. (pp.175-192). Routledge.

Larcker, D. F., & Lessig, V. P. (1980). Perceived usefulness of information: A psychometric examination. *Decision Sciences*, 11(1), 121-134.

Laudon, K. C. (1985). Environmental and institutional models of system development: A national criminal history system. *Communications of the ACM*, 28(7), 728-740.

Layne, K., & Lee, J. (2001). Developing fully functional E-government: A four stage model. *Government Information Quarterly*, 18(2), 122-136.

Lee, J. (2010). 10 year retrospect on stage models of e-government: A qualitative meta-synthesis. *Government Information Quarterly*, 27(3), 220-230.

Luna-Reyes, L. F., Pardo, T. A., Gil-Garcia, J. R., Navarrete, C., Zhang, J., & Mellouli, S. (2010). Digital government in North America: A comparative analysis of policy and program priorities in Canada, Mexico, and the United States. In Reddick, C. G. (Ed.). *Comparative e-government*. (pp.139-160). New York: Springer.

Mahmood, M. A., Mann, G. J., & Zwass, V. (2000). Impacts of information technology investment on organizational performance. *Journal of Management Information Systems*, 16(4), 3-10.

Margetts, H. (1999). *Information technology in government: Britain and America*. London: Routledge.

____________. (2006). E-government in Britain: A decade on. *Parliamentary Affairs*, 59(2), 250-265.

____________. (2009). The Internet and public policy. *Policy & Internet*, 1(1), 1-21.

Millerand, F., & Baker, K. S. (2010). Who are the users? Who are the developers? Webs of users and developers in the development process of a technical standard. *Information Systems Journal*, 20(2), 137-161.

Moon, M. J. (2002). The evolution of e-government among municipalities: Rhetoric or reality? *Public Administration Review*, 62(4), 424-433.

Moon, M. J., Welch, E. W., & Wong, W. (2005). What drives global e-governance? An exploratory study at a macro level. In Proceedings of the 38th Annual Hawaii International Conference on System Sciences. (pp. 131-140). IEEE.

Myers, B. L., Kappelman, L. A., & Prybutok, V. R. (1997). A comprehensive model for assessing the quality and productivity of the information systems function: toward a theory for information systems assessment. *Information Resources Management Journal(IRMJ)*, 10(1), 6-26.

Nolan, R. L. (1973). Managing the computer resource: A stage hypothesis. *Communications of the ACM*, 16(7), 399-405.

Norris, P. (2001). *Digital divide: Civic engagement, information poverty, and the Internet worldwide*. Cambridge University Press.

O'Brien, J. A. (1999). *Management information systems: Managing information technology in the internetworked enterprise(4th ed.)*. Boston: Irwin McGraw Hill.

Olson, M. H., & Lucas Jr, H. C. (1982). The impact of office automation on the organization: Some implications for research and practice. *Communications of the ACM*, 25(11), 838-847.

Organization for Economic Cooperation and Development. (1993). *Public management: OECD country profiles*. Paris: Public Management Service, Organization for Economic Cooperation and Development.

________________________. (2005). *E-government for better government*. Paris: Public Management Service, Organization for Economic Cooperation and Development.

Orlikowski, W. J. (2000). Using technology and constituting structures: A practice lens for studying technology in organizations. *Organization Science*, 11(4), 404-428.

Parasuraman, A., Berry, L. L., & Zeithaml, V. A. (1991). Refinement and reassessment of the SERVQUAL scale. *Journal of Retailing*, 67(4), 420-449.

Parasuraman, A., Zeithaml, V. A., & Berry, L. L. (1985). A conceptual model of services quality and its implication for future research. *Journal of Marketing*, 49(4), 41-50.

________________________. (1988). Servqual: A multiple-item scale for measuring consumer perceptions of service quality. *Journal of Retailing*, 64(1), 12-40.

Pardo, T. A., Gil-Garcia, J. R., & Burke, G. B. (2008). Building response capacity through cross-boundary information sharing. Center for Technology in Government.

Perri, P. (2004). *E-governance: Styles of political judgment in the information age polity*. Springer.

Petricek, V., Escher, T., Cox, I. J., & Margetts, H. (2006). The web structure of e-government-developing a methodology for quantitative evaluation. In Proceedings of the 15th international conference on World Wide Web. (pp. 669-678). ACM.

Petter, S., DeLone, W., & McLean, E. R. (2012). The past, present, and future of "IS Success". *Journal of the Association for Information Systems*, 13(5), 341.

Pitt, L. F., Watson, R. T., & Kavan, C. B. (1997). Measuring information systems service quality: Concerns for a complete canvas. *MIS Quarterly*, 21(2), 209-221.

Rainer Jr, R. K., & Watson, H. J. (1995). The keys to executive information system success. *Journal of Management Information Systems*, 12(2), 83-98.

Raymond, L. (1987). The presence of end-user computing in small business: An exploratory investigation of its distinguishing organizational and information systems context. INFOR: *Information Systems and Operational Research*, 25(3), 198-213.

Reddick, C. G. (Ed.). (2010). *Comparative e-government(Vol. 25)*. Springer Science & Business Media.

Redman, T. C. (1998). The impact of poor data quality on the typical enterprise. *Communications of the ACM*, 41(2), 79-82.

Rocheleau, B. (2003). Politics, accountability, and governmental information systems. In Garson, G. D. (Ed.). *Public information technology: Policy and management issues*. (pp.20-52). IGI Global.

Rorissa, A., Demissie, D., & Pardo, T. (2011). Benchmarking e-government: A comparison of frameworks for computing e-government index and ranking. *Government Information Quarterly*, 28(3), 354-362.

Sääksjärvi, M. V., & Talvinen, J. M. (1993). Integration and effectiveness of marketing information systems. *European Journal of Marketing*, 27(1), 64-80.

Sarker, S. (2000). Toward a methodology for managing information systems implementation: A social constructivist perspective. *Informing Science*, 3(4), 195-206.

Scharpf, F. W. (2000). Institutions in comparative policy research. *Comparative Political Studies*, 33(6-7), 762-790.

Schelin, S. H. (2003). E-government: An overview. In Garson, G. D. (Ed.). *Public information technology: Policy and management issues*. (pp.120-137). Hershey, PA: Idea Group Publishing.

Schmidt, V. A., & Radaelli, C. M. (2004). Policy change and discourse in Europe: Conceptual and methodological issues. *West European Politics*, 27(2), 183-210.

Seddon, P. B. (1997). A respecification and extension of the DeLone and McLean model of IS success. *Information Systems Research*, 8(3), 240-253.

Siau, K., & Long, Y. (2005). Synthesizing e-government stage models: A meta-synthesis based on meta-ethnography approach. *Industrial Management & Data Systems*, 105(4), 443-458.

Sircar, S., Turnbow, J. L., & Bordoloi, B. (2000). A framework for assessing the relationship between information technology investments and firm performance. *Journal of Management Information Systems*, 16(4), 69-97.

Snellen, I. (2005). E-government: A challenge for public management. In Ferlie, E., Laurence, J., Lynn, E., & Pollitt, C. (Eds.). *The Oxford handbook of public management*. Oxford: Oxford University Press.

Stevenson, M. (2003). Internet democracy elusive report. Associated Press, New York November 5.

Swanson, E. B. (1974). Management information systems: Appreciation and involvement. *Management Science*, 21(2), 178-188.

Talyor Nelson Sofres. (2001). Government online, an international perspective, 2001 benchmarking research study. Talyor Nelson Sofres.

__________________. (2002). Government online, an international perspective, 2002 benchmarking research study. Talyor Nelson Sofres.

Tayi, G. K., & Ballou, D. P. (1998). Examining data quality. *Communications of the ACM*, 41(2), 54-57.

Thong, J. Y., Yap, C. S., & Raman, K. S. (1996). Top management support, external expertise and information systems implementation in small businesses. *Information Systems Research*, 7(2), 248-267.

Ubaldi, B. C., & Roy, J. (2010). E-government and federalism in Italy and Canada: A comparative assessment. In Reddick, C. G. (ed.). *Comparative e-government*. (pp.183-199). New York: Springer.

United Nations. (2008). *UN e-government survey 2008: From e-government to connected governance*. New York: United Nations.

United Nations & American Society of Public Administration. (2002). *Global e-government survey 2002*. New York: United Nations.

Van Dyke, T. P., Kappelman, L. A., & Prybutok, V. R. (1997). Measuring information systems service quality: Concerns on the use of the SERVQUAL questionnaire. *MIS Quarterly*, 21(2), 195-208.

Van Dyke, T., & Popelka, M. (1993). Development of a quality measure for an information systems provider. In *Proceedings of the Decision Sciences Institute*. (Vol. 3, pp.1910-1912).

Venkatraman, N. (1994). IT-enabled business transformation: From automation to business scope redefinition. *Sloan Management Review*, 35, 73-100.

Watson, R. T., Pitt, L. F., & Kavan, C. B. (1998). Measuring information systems service quality: Lessons from two longitudinal case studies. *MIS Quarterly*, 22(1), 61-79.

Welch, E. W., & Wong, W. (2001). Global information technology pressure and government accountability: The mediating effect of domestic context on website openness. *Journal of Public Administration Research and Theory*, 11(4), 509-538.

West, D. M. (2005). *Digital government: Technology and public sector performance*. Princeton University Press.

Wolfe, L. (1999). Transforming accountability for government information technology project: The impact of new US legislation. In Heeks, R. (Ed.). *Reinventing government in the information age*. London: Routledge.

Yildiz, M. (2004). Peeking into the black-box of e-government: Evidence from Turkey. Ph.D. Dissertation in Indiana University.

제 4 장

정보시스템 성공과 영향 요인에 대한 개념적 모형

I

서론

이 장은 그동안 연구들에서 제시되어 온 정보시스템 성공과 그 영향 요인에 대한 개념적 모형을 제시하고자 한다. 앞서 언급한 바와 같이, 정보기술을 통한 정보의 창출·설계·전달·사용에 영향을 미치는 다양한 요인들에 대한 연구가 제시되어 왔다 (Smith, 2010; Eynon & Margetts, 2007; Dawes & Pardo, 2002). 특히, 일부 연구자들과 실무자들은 정보시스템의 성공과 그 영향 요인 간의 관계를 제시한 개념적 모형을 구성하고 이를 바탕으로 실증분석을 수행해왔다. 이러한 개념적 모형은 정보시스템 성공과 그 영향 요인 간의 관계를 간명하게 제시하면서도 주요 요인들 간의 이론적, 실증적 관계에 대한 이해와 분석에 기여한다. 실무적으로는 정보시스템 프로젝트의 실패의 가능성을 감소시키고 성공의 가능성을 증가시키는 일종의 지침과 주요 착안점을 제시한다는 점에서 의의가 있다.

이 장은 다음과 같이 구성된다. 제2절과 제3절은 행위자 요인 중심적 모형으로서 기술수용모형TAM: Technology Acceptance Model과 정보시스템 성공모형information systems success model을 소개한다. 제4절과 제5절에서는 제도적 요인 중심적 모형으로서 기술구현 개념틀TEF: Technology Enactment Framework과 다층 통합 정보시스템 개념틀MIIS framework: Multi-level Integrated Information System framework을 설명한다. 제6절은 환경적 요인 중심적 모형으로서 컴퓨터활용 변화과정모형process model of computing change을 기술한다. 제7절은 통합적인 모형으로서 전자정부 성공구현모형EEGS model: Enacting Electronic Government Success model에 대해 기술한다.

Ⅱ

Fred Davis와 그의 동료들의 기술수용모형

1. 배경

정보시스템은 공공부문과 민간부문을 막론하고 끊임없이 변화하는 환경 속에서 조직의 경쟁력을 유지하고 조직의 성과를 개선하기 위한 핵심적인 도구로 인식된다(Bradley, 2012). 공공조직과 민간조직은 고객의 요구를 충족시키기 위하여 재화와 서비스의 생산 과정에서 시의적절하고 정확한 정보의 제공을 지원하는 고도화된 정보시스템을 도입, 운영하고 있다.

그러나, 정보시스템이 아무리 유용하고 필요하다 하더라도 사용되지 않으면 조직의 경쟁력을 유지하거나 조직의 성과를 개선할 수 없다. 사람들은 종종 변화를 쉽게 수용하지 않거나 때때로 변화에 저항하는데, 이는 새로운 정보시스템의 도입에도 해당한다. 설치된 정보시스템의 낮은 사용률은 '생산성 역설'(정보시스템에 대한 대규모 투자에도 불구하고 조직의 성과가 개선되지 않는 현상)을 초래하는 주요한 요인으로 분석되는데, 이는 정보시스템에 대한 사용자 수용user acceptance이 정보시스템 성공의 주요한 요인임을 보여준다(Sichel, 1997; Brynojlfsson, 1993). 특히, 업무처리 과정을 자동화하는 업무관리시스템과 같이 조직의 업무 처리 방식에 깊은 영향을 미치는 통합적인 정보시스템의 경우, 새로운 정보기술에 대한 사용자 수용을 이해하는 것은 정보시스템을 구축하는 개발자와 정보시스템을 도입하는 조직 구성원 모두에게 매우 중요하다.

기술수용모형은 개인들의 컴퓨터 수용의 결정 요인들에 대한 일반적이고 간명한 설명을 제공하기 위하여 기대가치이론expectancy-value theory과 합리적 행위이론TRA: Theory of Reasoned Action을 기반으로 고안된 모형이다(Bradley, 2012; Venkatesh & Davis, 2000; Davis, 1989; Davis *et al.*, 1989). 기대가치이론과 합리적 행위이론은 모두 행태적 의도behavioral intent가 특정한 실제 행위actual behavior 직전에 위치하는 변수라고 상정한다. 기술수용모형은 모형의 간명함과 후속 실증분석을 바탕으로 정보기술 연구에서 가장 많이 활용되는 사용자 수용이론인 합리적 행위이론으로부터 진화된 이론이다. 기술수용모형은 정보시스템 학계에서 피인용 수 측면에서 강력한 모형으로 인정받았고, 후속 연구를 통해 발견된 한계를 해결하기 위하여 변형된 모형들로 확장되었다.

2. 구성개념 및 구성개념 간의 관계

기술수용모형은 5개의 변수들로 구성된다([그림 4.1] 참조). 첫째, '인지된 유용성perceived usefulness'은 조직 맥락 안에서 특정한 정보시스템을 사용하는 것이 직무 성과를 향상시킬 것이라는 장래의 사용자의 주관적인 확률로 정의된다. 둘째, '인지된 사용의 용이성perceived ease of use'은 장래의 사용자가 (사용의 목표 혹은 대상으로 설정한) 정보시스템을 별도의 노력 없이 사용할 수 있을 것이라고 기대하는 정도를 일컫는다. 셋째, '시스템의 사용에 대한 태도attitude toward use of system'는 장래의 사용자가 (사용의 목표 혹은 대상으로 설정한) 정보시스템을 사용하는 것에 대한 긍정적인 혹은 부정적인 느낌으로 정의된다. 넷째, '사용에 대한 행태적 의도behavioral intention to use'는 장래의 사용자가 특정한 행위를 수행하려는 의도의 강도로 정의된다. 다섯째, '실제적인 시스템 사용actual system use'은 장래의 사용자가 (사용의 목표 혹은 대상으로 설정한) 정보시스템을 실제로 사용하는 것을 일컫는다.

기술수용모형에서 2개의 핵심적인 변수들은 인지된 유용성과 인지된 사용의 용이

[그림 4.1] 기술수용모형

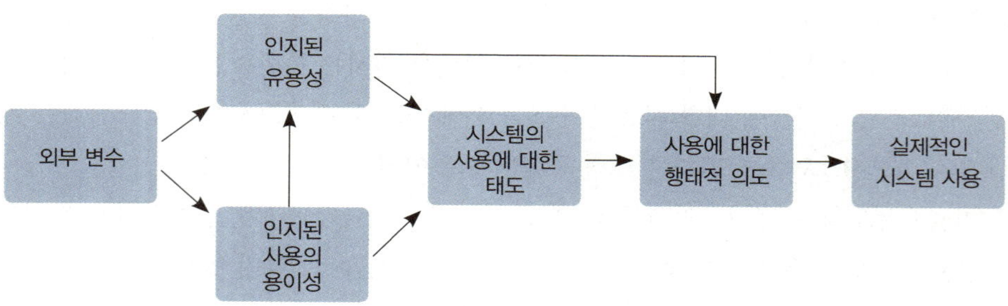

출처: Davis(1989); Davis *et al.*(1989)

성이다. 한편으로, 인지된 유용성은 '사람들은 정보시스템이 그들의 업무를 더욱 잘 수행할 수 있도록 도울 것이라고 믿는 범위에서 정보시스템을 사용하거나 사용하지 않는 경향이 있다'는 관찰을 기반으로 하는 변수이다. 인지된 유용성은 시스템의 사용에 대한 태도에 직접적으로 영향을 미치고, 시스템의 사용에 대한 태도를 매개로 하여 '사용에 대한 행태적 의도'에 간접적으로 영향을 미친다. 또한, 인지된 유용성은 사용에 대한 행태적 의도에 직접적으로 영향을 미치고, 사용에 대한 헝태적 의도를 매개로 하여 '실제적인 시스템 사용'에 간접적으로 영향을 미친다.

다른 한편으로, 인지된 사용의 용이성은 '비록 어떤 정보시스템이 우용하다고 인지되더라도, 이 정보시스템은 오직 사용하기 용이하다고 인지될 때만(즉, 사용에 따른 편익이 시스템을 사용하기 위한 노력보다 더 많을 때만) 사용될 것이다'라는 전제를 기반으로 하는 변수이다. 인지된 사용의 용이성은 '시스템의 사용에 대한 태도'에 직접적으로 영향을 미친다. 인지된 유용성과 인지된 사용의 용이성은 새로운 정보기술의 사용에 대한 태도에 직접적으로 영향을 미치고, 이는 결과적으로 사용자의 사용에 대한 행태적 의도로 이어진다. 인지된 사용의 용이성은 인지된 유용성에 직접적으로 영향을 미친다. 마지막으로, 사용자의 사용에 대한 행태적 의도는 '실제적인 시스템 사용'으로 이어진다.

인지된 유용성과 인지된 사용의 용이성은 정보기술의 내적인 특성과 외적인 특성 측면에서 설명될 수 있다(Gefen & Straub, 2000). 한편으로, 인지된 사용의 용이성은 정보기술의 내적인 특성(예: 사용의 용이성, 학습의 용이성, 정보기술 인터페이스의 유연성과 명확성)과 연관된다. 다른 한편으로, 인지된 유용성은 정보기술의 외적인 특성 혹은 업무 지향적인 결과, 즉 정보기술은 사용자들이 과업에 관한 목표를 달성하는 데 얼마만큼 도움을 주는가에 대한 사용자들의 평가(예: 과업 효율성, 효과성)로부터 비롯된다. 경영전문대학원 학생들을 대상으로 실시된 실증연구 결과에 따르면, 인지된 사용의 용이성은 내적인 과업(조사를 위한 웹사이트 사용)에 영향을 미치지만, 외적인 과업(구매를 위한 웹사이트 사용)에는 영향을 미치지 않는다.

인지된 유용성과 인지된 사용의 용이성은 자기효능감, 비용편익, 혁신의 도입에 관한 이론 혹은 모형에 의해 지지된다. 첫째, 자기효능감은 "개인이 장래의 상황에 대처하기 위하여 요구되는 일련의 행동을 얼마나 잘 실행할 수 있는가에 대한 판단"으로 정의된다(Bandura, 1982). 자기효능에 관한 믿음은 인지된 사용의 용이성과 유사한 변수로 간주되고 행동의 결정 요인으로 이론화된다. 둘째, 비용편익 패러다임은 전략을 사용하기 위하여 요구되는 노력과 그 결과로 초래된 결정의 질(정확성) 간의 인지적인 상충 관계 측면에서 의사결정 전략을 기술한다(Davis, 1989). 비용편익 패러다임은 인지된 유용성 및 인지된 사용의 용이성과 연관된다. 셋째, 혁신의 도입에 관한 문헌은 혁신의 복잡성을 "혁신이 상대적으로 이해하고 사용하기 어려운 것으로 인지되는 정도"로 정의하는데(Rogers & Shoemaker, 1971), 복잡성은 인지된 사용의 용이성과 유사하다.

기술수용모형의 확장 모형인 기술수용모형 2TAM2는 기술수용모형에 사회적 영향력 과정social influence processes과 인지 도구 과정cognitive instrumental processes에 포함되는 이론적 구성개념들을 반영하였다([그림 4.2] 참조). 사회적 영향력 과정에 포함되는 이론적 구성개념들은 다음과 같다. 첫째, '주관적 규범'은 기술을 수용하는 행위자가 느끼는 주변인들의 기대이다. 즉, 기술을 수용하는 행위자가 그 자신의 주변인들이 자신이 기술 수용 활동에 대해 어떻게 생각하는지에 대한 인식을 의미한다. 둘째, '자발성voluntariness'은 잠재적인 기술 채택자들이 기술의 채택 여부에 대한 결정이 의무가 아니라고 인식하는 정도를 의미한다. 셋째, '이미지image'는 혁신의 사용은 사회체제에서의 개인의 지위를 향상시킨다고 인식하는 정도를 일컫는다.

인지 도구 과정에 포함되는 이론적 구성개념들은 다음과 같다. 첫째, '직무 연관성

[그림 4.2] 기술수용모형 2

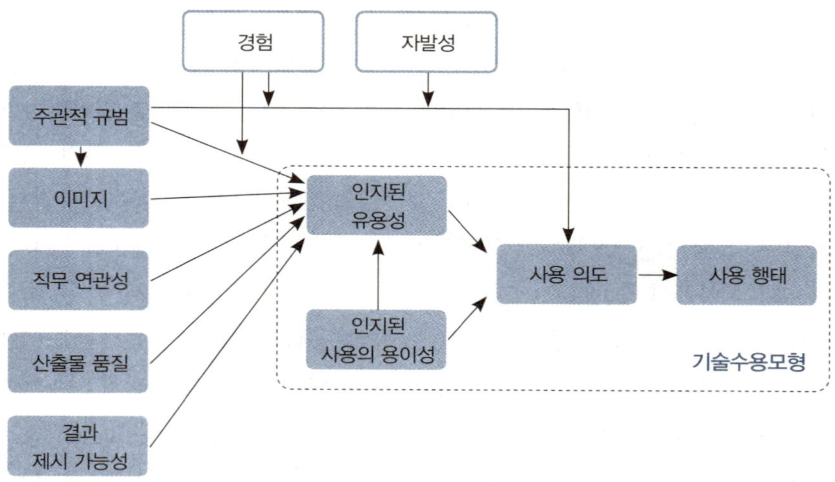

출처: Venkatesh & Davis(2000)

job relevance'은 개인이 대상target 시스템이 자신의 직두와 연관되거나 자신의 직무에 해당된다고 인식하는 정도로 정의된다. 둘째, 산출물 '품질output quality'은 시스템이 직업 목표와 연관된 과업들을 잘 수행하는 정도를 일컫는다. 셋째, '결과 제시 가능성result demonstrability'은 혁신을 사용하는 결과를 명백하게 인식할 수 있는 정도를 의미한다.

기술수용모형 2에 제시된 변수들 간의 관계는 다음과 같다. 첫째, 주관적 규범, 이미지, 직업 연관성, 산출물 품질, 그리고 결과 제시 가능성은 인지된 유용성에 직접적으로 영향을 미치고, 그럼으로써 '사용 의도intention to use'와 '사용 행태usage behavior'에 간접적으로 영향을 미친다. 둘째, 주관적 규범은 사용 의도에 직접적으로 영향을 미친다. 또한, 주관적 규범은 이미지에 영향을 미치고, 그럼으로써 인지된 유용성에 간접적으로 영향을 미친다. 셋째, 자발성은 주관적 규범과 사용 의도 간의 관계를 조절한다. 넷째, 경험은 주관적 규범과 사용 의도 간의 관계 및 주관적 규범과 인지된 유용성 간의 관계를 조절한다.

3. 논의 및 평가

기술수용모형에 대한 평가는 긍정적인 시각과 부정적인 시각으로 양분된다. 기술수용모형에 대한 긍정적인 평가는 다음과 같다. 첫째, 기술수용모형은 모형의 간명성, 견고성, 일반성을 바탕으로 정보시스템 학계에서 가장 널리 활용되고 강력한 영향력을 발휘하는 모형 중 하나이다. Davis(1989)의 논문과 Davis 등(1989)의 논문은 2010년 6월 기준으로 구글 스콜라Google Scholar에서 각각 7,714번과 4,592번 인용되었다(Bradley, 2012). 둘째, 기술수용모형은 연구와 실무 모두에서 타당성과 신뢰성 높은 모형으로 발전하기 위하여 지속적으로 진화해왔다. 기술수용모형은 설명력을 높이기 위하여 인지된 유용성과 사용 의도를 사회적 영향력과 인지 도구 과정의 측면에서 설명하는 변수들을 추가함으로써 기술수용모형 2로 확장되었고, 새로운 기술에 대한 사용자 수용을 고무시키기 위하여 조직이 실시할 수 있는 개입에 관한 지침을 제공하지 않는다는 비판에 대한 반응으로서 기술수용모형 3으로 확장되었다(Venkatesh & Bala, 2008; Venkatesh & Davis, 2000).[1]

1 기술수용모형의 확장 및 다른 변수들과의 결합, 맥락에 따른 변수들의 중요성의 차이 등은 Yousafzai, S. Y., Foxall, G. R., & Pallister, J. G. (2007). Technology acceptance: A meta-anal-

반면, 기술수용모형에 대한 부정적인 평가는 다음과 같다(Benbasat & Barki, 2007; Lucas *et al.*, 2007; Straub & Burton-Jones, 2007). 첫째, 기술수용모형은 사용자 수용에 대한 모든 요인들(예: 정보시스템 설계 및 실행과 같이 개인의 믿음에 관한 변수에 선행하는 변수, 시스템 사용에 대한 변수)을 포함하는 통합적인 모형을 제공하는 데 실패한다. 둘째, 기술수용모형에 대한 일부 설문조사는 응답자들에게 인지된 용이성, 인지된 사용의 용이성, 그리고 실제적인 시스템 사용을 스스로 평가하도록 하는데, 이는 동일방법편의common method bias를 초래한다. 셋째, 기술수용모형에 대한 일부 설문조사는 학생들을 표본으로 활용하는데, 이는 학생들의 실제 업무 환경에 대한 대표성에 대하여 의문을 불러일으킨다. 넷째, 기술수용모형은 개인 수준에서의 자발적인 정보시스템(예: 워드프로세서) 수용을 이해하기 위해 개발되었지만, 일부 연구들에서는 기술수용모형이 조직 수준에서의 비자발적인 정보시스템(예: 전사적 자원관리시스템) 수용을 이해하기 위하여 적용된다.

ysis of the TAM: Part 1. *Journal of Modelling in Management*, 2(3), 251-280. 및 Yousafzai, S. Y., Foxall, G. R., & Pallister, J. G. (2007). Technology acceptance: A meta-analysis of the TAM: Part 2. *Journal of Modelling in Management*, 2(3), 281-304. 참조.

Ⅲ

William DeLone과 Ephraim McLean의 정보시스템 성공모형

1. 배경

경영학·경영정보체계학 분야의 저명한 교수인 Peter Keen은 1980년 제1회 정보시스템 국제학술대회ICIS: International Conference on Information Systems에서 경영정보시스템 분야가 과학적인 토대 위에서 일관적이고 응집적인 연구 분야로 성장하기 위한 다섯 가지 과제 중 하나로서 정보시스템 연구에서의 종속변수에 대한 탐색을 지적하였다(Keen, 1980). 이후 정보시스템 연구에서의 종속변수에 대한 탐색의 중요성과 필요성은 연구와 실무 모두에서 아무리 강조해도 지나치지 않은 것으로 인식되었다(DeLone & McLean, 1992). 연구 측면에서, 명확하고 체계적으로 정의된 종속변수 혹은 산출·결과에 대한 변수가 없는 경우, 정보시스템의 독립변수 혹은 투입에 대한 변수(예: 사용자 참여의 범위, 정보시스템 투자의 수준)는 적절한 수준에서 효과적으로 측정될 수 없다. 실무 측면에서, 정보시스템 실무, 정책, 그리고 절차는 정보시스템 성공 차원(종속변수 혹은 산출·결과에 대한 변수)에 대한 개발과 검증을 필요로 한다.

DeLone과 McLean이 제시한 '정보시스템 성공모형information systems success model'은 Keen이 1980년에 정보시스템 연구에서의 종속변수에 대한 탐색의 중요성과 필요성을 지적한 이래, 관련 연구 중에서 가장 많이 인용된 연구이다(Urbach & Muller, 2012; DeLone & McLean, 2003; 1992). 1992년에 제시된 최초의 '정보시스템 성공모형'은 기존에 논의된 정보시스템 성공 요인 및 관련 개념들을 종합한 성격이 강했다. 반면, 2003년에 갱신된 '정보시스템 성공모형'은 최초의 '정보시스템 성공모형'에 제시된 명제들에 대한 실증분석 결과와 점차 성장하고 있었던 전자상거래e-commerce 관련 변수들에 대한 측정의 어려움을 반영하고 통합시킨 결과였다. 갱신된 정보시스템 성공모형은 정보시스템 학계에서 정보시스템 성공에 대한 개념들과 개념들 간의 관계를 식별하는 유용한 모형으로 인정되었고, 이 모형과 함께 제시된 명제들의 대부분은 많은 실증분석을 통해 지지되었다.

2. 구성개념 및 구성개념 간의 관계

갱신된 정보시스템 성공모형은 6개의 정보시스템 성공 차원들을 제시한다. 첫째, '시스템 품질system quality'은 정보시스템 그 자체의 바람직한 특성을 의미하고, 조사 혹은 평가 중에 있는 정보시스템의 유용성 측면 혹은 성과 특성에 초점을 맞춘다. 시스템 품질의 대표적인 척도는 (기술수용모형과 연관된 수많은 연구를 통해 도출된) 인지된 사용의 용이성이다. 인지된 사용의 용이성에 더하여, 신축성, 신뢰성, 학습의 용이성, 정보시스템 구성의 직관성, 응답 시간, 효과성, 사용자 친화성, 유지보수 가능성, 경제성과 같은 지표들을 포함한다.

둘째, '정보 품질information quality'은 정보시스템의 산출물(예: 관리보고서, 웹페이지)의 바람직한 특성을 의미한다. 정보 품질의 사례는 최신의 판매 통계에 관한 정보 혹은 재화와 서비스의 견적을 파악하기 위한 현재 가격에 관한 정보와 같이 직원이 조직의 정보시스템을 사용하여 만들어내는 정보의 품질이다. 즉, 정보 품질은 정보시스템이 생산하는 정보의 품질과 정보시스템이 생산하는 정보의 사용자 입장에서의 유용성에 초점을 맞추는 지표들을 포괄한다. 구체적으로, 정보 품질은 적실성, 이해가능성, 통용성, 적시성, 활용가능성과 같은 지표들을 포함한다.

셋째, '서비스 품질service quality'은 사용자들이 정보시스템 부서와 정보기술 지원 인력으로부터 받는 지원(예: 교육·훈련, 상담서비스, 업무지원센터)의 품질을 의미한다. 서비스 품질은 최초의 정보시스템 성공모형에 포함되어 있지 않았고 갱신된 정보시스템 성공모형에 추가되었다. 서비스 품질은 전자상거래 서비스와 대규모 정보시스템 구축으로 인한 정보시스템 관리부서의 기술적 지원의 중요성을 반영하기 위하여 추가되었다. 서비스 품질은 반응성, 정확성, 신뢰성, 기술적 역량, 서비스 인력의 공감성과 같은 지표들을 아우른다.

넷째, '사용 의도/사용intention to use/use'은 정보시스템의 기능 혹은 용량이 사용자들에 의해 활용되는 정도와 방식을 의미한다. 사용 의도/사용은 여러 가지 시각에 의해 고려될 수 있는 광범위한 개념이다. 자발적인 사용의 경우, 정보시스템에 대한 실제 사용이 사용 의도/사용의 적절한 척도일 수 있다. 사용이라는 정보시스템 성공의 차원에 대한 해석의 어려움으로 인해, DeLone과 McLean은 사례와 맥락에 따라 사용 의도를 사용의 대안으로 제안한다. 사용 의도/사용은 사용량, 사용 빈도, 사용의 적정성, 사용의 범위, 사용 목적과 같은 지표들을 포괄한다.

다섯째, '사용자 만족user satisfaction'은 사용자가 정보시스템을 활용할 때 인지하는 만족의 수준을 의미한다. 사용자 만족은 정보시스템 성공 차원들 중에서 가장 중요한 차원들 중 하나로 간주된다. 특히, 정보시스템이 의무적으로 활용되어야 하는 경우 혹은 사용량이 정보시스템 성공의 적절한 지표가 아닌 경우, 사용자 만족에 대한 측정은 사용자 관점에서의 정보시스템 성공 측정에 있어서 더욱 유용해진다. 사용자 만족은 정보에 대한 만족도, 필요한 서비스 및 정보와 제공되는 서비스 및 정보 간의 차이, 소프트웨어 만족도, 의사결정 만족도와 같은 지표들을 포함한다.

여섯째, '순편익net benefits'은 정보시스템이 상이한 이해관계자들(예: 개인, 집단, 조직, 산업, 국가)의 성공에 기여하는 범위를 의미한다. 순편익은 개인, 집단, 조직, 산업, 국가, 사회에 대한 영향과 연관된 정보시스템 성공 차원을 하나의 차원으로 통합시킨 결과이다. 어떠한 수준(예: 개인, 조직, 국가)에 대한 영향을 측정해야 하는가의 문제는 평가되는 정보시스템, 연구의 목적, 그리고 분석 수준에 달려 있다. 순편익은 의사결정의 개선, 생산성 개선, 매출 증가, 비용 감소, 이윤 창출, 시장효율성, 소비자 후생 증진, 고용 창출, 경제 성장과 같은 지표들을 아우른다. 〈표 4.1〉은 각 정보시스템 성공

〈표 4.1〉 D&M 모형에서의 정보시스템 성공의 각 차원과 지표

정보시스템 성공의 차원	지표
시스템 품질 (system quality)	사용의 용이성, 신축성, 신뢰성, 학습의 용이성, 정보시스템 구성의 직관성, 응답 시간, 효과성, 사용자 친화성, 유지보수 가능성, 경제성 등
정보 품질 (information quality)	적실성, 이해가능성, 통용성, 적시성, 활용가능성 등
서비스 품질 (service quality)	반응성, 정확성, 신뢰성, 기술적 역량, 서비스 인력의 공감성 등
사용 의도/사용 (intention to use/use)	사용량, 사용 빈도, 사용의 적정성, 사용의 범위, 사용 목적 등
사용자 만족 (user satisfaction)	정보에 대한 만족도, 필요한 서비스 및 정보와 제공되는 서비스 및 정보 간의 차이, 소프트웨어 만족도, 의사결정 만족도 등
순편익 (net benefits)	의사결정의 개선, 생산성 개선, 매출 증가, 비용 감소, 이윤 창출, 시장 효율성, 소비자 후생 증진, 고용 창출, 경제 성장 등

출처: DeLone & McLean(2003)

의 차원에 대응되는 지표들을 제시한다.

갱신된 정보시스템 성공모형에 제시된 6개의 정보시스템 성공 차원들 간의 상호연관성은 다음과 같다([그림 4.3] 참조). 첫째, 정보시스템 그 자체는 정보 품질, 시스템 품질, 그리고 서비스 품질의 측면에서 평가될 수 있다. 둘째, 이러한 3개의 특성들은 뒤이어 사용 혹은 사용 의도와 사용자 만족에 영향을 미친다. 셋째, 특정한 편익이 시스템을 사용함으로써 달성될 것이다. 넷째, 순편익은 정보시스템의 사용자 만족과 추가적인 사용에 긍정적으로 혹은 부정적으로 영향을 미칠 것이다.[2]

3. 논의 및 평가

DeLone과 McLean의 정보시스템 성공모형에 대한 긍정적인 평가는 다음과 같다. 첫째, 정보시스템 성공모형은 모형의 일반성과 간명성을 바탕으로 정보시스템 문헌

[그림 4.3] 갱신된 정보시스템 성공모형

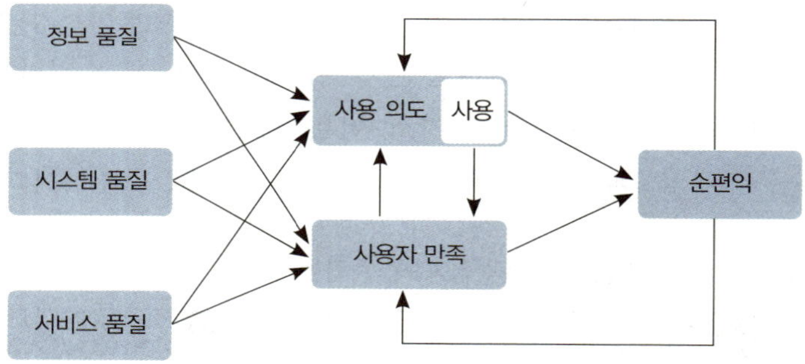

출처: DeLone & McLean(2003)

2 갱신된 정보시스템 성공모형과 최초의 정보시스템 성공모형 간의 차이는 다음과 같다(DeLone & McLean, 2003; 1992). 첫째, 갱신된 정보시스템 성공모형은 성공적인 전자상거래 시스템에서의 서비스와 지원의 중요성을 반영하기 위하여, (최초의 정보시스템 성공모형에 없었던) 서비스 품질 개념을 추가하였다. 둘째, 갱신된 정보시스템 성공모형은 사용자의 태도를 측정하기 위하여, 사용 개념의 대안으로서 사용 의도 개념을 추가하였다. 셋째, 갱신된 정보시스템 성공모형은 정보시스템에 의한 편익이 개인과 조직을 넘어서는 다양한 분석 수준(예: 국제·국내·산업부문, 이해관계자)에서 발생할 수 있음을 반영하기 위하여, (최초의 정보시스템 성공모형에 있었던) 개인에 대한 정보시스템의 파급효과(individual impact) 개념과 조직에 대한 정보시스템의 파급효과(organizational impact) 개념을 더욱 간명한 순편익 개념으로 축소시켰다.

에서 가장 많이 인용된 모형일 뿐만 아니라, 정보시스템 연구에서 광범위하게 활용되는 평가틀이다(Lowry *et al.*, 2007). 정보시스템 성공모형을 이론적 기초로 활용함으로써 특정한 정보시스템(예: 지식관리시스템, 전사시스템)의 성공을 실증적으로 분석하고 평가하는 다수의 논문들이 출판되었다. 둘째, 정보시스템 성공모형은 타당성과 신뢰성 높은 모형으로 발전하기 위하여 진화해왔다(Petter *et al.*, 2008).

반면, 정보시스템 성공모형에 대한 부정적인 평가는 다음과 같다. 첫째, 정보시스템 성공모형을 이론적 기초로 활용하는 연구들의 대부분은 정보시스템 성공모형을 단지 부분적으로 분석하고, 정보시스템 성공모형 전체를 활용함으로써 정보시스템 성공 측정에 대하여 전체론적 접근법을 보여주는 연구는 거의 없다(Urbach & Muller, 2012). 그러므로, 정보시스템 성공모형 전체를 활용하는 연구가 증가한다면, 정보시스템 성공모형의 전반적인 타당성에 대한 이해를 확장시키는 데 도움이 될 것이다. 둘째, 정보시스템 성공모형이 실무에서도 유용한 평가틀로서 활용되고 있는가에 대한 검증이 부족하다(Rosemann & Vessey, 2008). 그러므로, 정보시스템 성공모형에 제시된 명제들이 실무자들이 정보시스템을 더욱 잘 다루고 정보시스템 활용이 조직에 실질적으로 도움이 되는지를 밝히는 것도 추가적인 흥미로운 연구가 될 것이다.

Ⅳ

Jane Fountain의 기술 구현 개념틀

1. 배경

정보기술의 제도이론institutional theory of information technology은 조직에서의 정보기술의 도입과 활용의 과정과 결과를 이해하는 데 유용한 시각을 제공한다(Orlikowski & Barley, 2001). 정보기술의 제도이론에 따르면, 조직행위자들 혹은 조직들은 그들을 둘러싼 환경으로부터 정당성을 획득하고 장기적인 생존을 담보하기 위하여 제도 혹은 제도 배열(법률, 규제, 그리고 정부의 맥락에서 발견되는 인지적, 문화적, 혹은 사회-구조적 제약 등)을 의심할 나위 없이 따른다. 그러므로, 제도 혹은 제도 배열은 조직에서의 정보기술의 도입과 활용에 관한 행위자들 간의 상호작용과 결정에 지침으로 작용하기도 하고 제약으로 작용하기도 한다(Mignerat & Rivard, 2009). 이러한 맥락에서, 정보기술의 제도이론은 정보기술이 조직·제도 배열에 영향을 미치는 방식과 이러한 조직·제도 배열이 정보기술의 선택·설계·실행·사용에 영향을 미치는 방식을 설명하는 데 도움을 줄 수 있다.

이와 같은 제도주의 전통 아래, Jane Fountain이 제시한 '기술 구현 개념틀TEF: Technology Enactment Framework'은 정부기관에서 제도 배열과 조직 형태가 정보기술의 선택, 설계, 실행, 그리고 사용에 미치는 영향과 정보기술의 선택, 설계, 실행, 그리고 사용이 제도 배열과 조직 형태에 미치는 영향을 체계적으로 이해하는 데 도움을 준다(Gil-Garcia, 2012; Fountain, 2001). 기술 구현 개념틀은 정보기술을 조직과 제도 간의 관계(가 결과에 미치는 영향)에 있어서 외생적으로 주어진 조건으로 간주하지 않고, 정보기술, 조직, 그리고 제도 간의 관계를 상호 간에 직접적으로 혹은 간접적으로 영향을 주고받으면서 결과에 영향을 미치는 관계로 간주함으로써 정보기술을 내생적으로 처리한다.

2. 구성개념 및 구성개념 간의 관계

기술 구현 개념틀은 5개의 개념들로 구성된다([그림 4.4] 참조). 첫째, '객관적인 정보기술 objective information technologies'은 인터넷, 하드웨어, 소프트웨어, 그리고 여타의 디지털 통신기술 등 조직이나 개인이 도입 또는 구현, 활용과는 상관없이 존재하는 기술로 정의된다. '객관적 정보기술'은 조직과 개인이 선택하여 구현될 수도 있고, 어떤 이유로 선택되지 않아서 구현되거나 활용되지 않을 수 있다. 예를 들어, 인터넷은 놀라운 성과물이지만, 변화의 원인으로서의 인터넷의 원동력은 인터넷 그 자체라기보다는 인터넷이 소통비용과 조정비용을 거의 0으로 감소시키고 새로운 용도로 활용될 가능성을 막대하게 증가시킨다는 사실과 연관된다. 정보기술은 생산기술 혹은 제조기술에 비해 더욱 많이 분해될 수 있고, 유연하고, 수많은 설계 및 활용에 열려 있다. 정보기술은 생산기술 혹은 제조기술에 비해 응용, 활용, 영향, 그리고 효과 측면에서

[그림 4.4] 기술 구현 개념틀

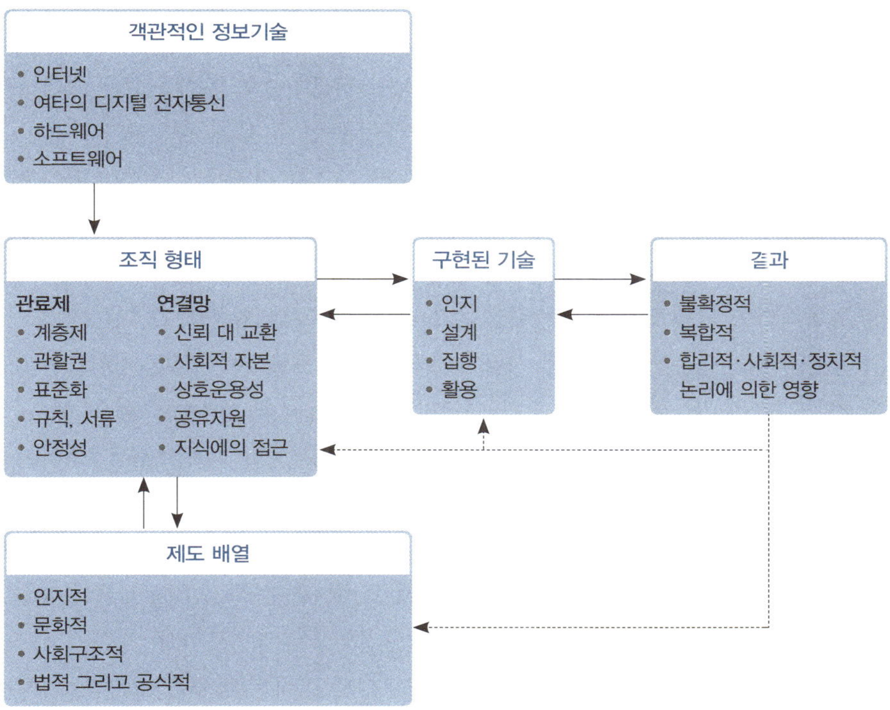

출처: Fountain(2001: 91)

훨씬 복잡하다.

둘째, '조직 형태 organizational forms'는 '객관적 정보기술'이 도입되는 조직의 관료제적 특성(계층제, 관할권, 표준화, 규칙과 문서, 안정성)과 연결망적 특성(신뢰와 교환, 사회자본, 상호운용성, 지식에의 접근)을 의미한다. 이와 같은 조직 형태에 따른 조직의 운영과 구조적 특성은 정보기술과 결합되면서 조직 전체 또는 조직구성원이 정보기술을 설계하고 활용하는 데 영향을 미친다.

셋째, '제도 배열 institutional arrangements'은 법률, 규제, 그리고 정부의 맥락에서 발견되는 여타의 인지적, 문화적, 혹은 사회구조적 제약들로 대표된다. 더욱 근본적으로, 제도는 행위자들과 조직들이 만약 그들에게 승인된 환경 속에서 자신들이 정당한 것으로 간주되거나 지지를 받고자 하는 경우 반드시 순응해야 하는 규칙과 필요조건을 양산한다. 제도적인 환경은 적절성과 정당성에 대한 규범적인 필요조건, 절차·표현·상징·수사에 대한 순응에 대하여 보상한다. 정부기관들은 경제적인 산출물과 연관되지 않는 다양한 필요조건에 대한 순응을 요구하는 입법, 감시, 그리고 정치 환경 속에서 작동하는 것이 기대된다. 제도 배열의 범위는 조직에서의 미시적인 구성 요소에서 국가와 사회에서의 거시적인 구조에 이르기까지 다양하다.

넷째, '구현된 기술 enacted technology'은 객관적인 정보기술의 인지, 설계, 그리고 사용으로 이해된다. 개인들은 정보기술을 주관적으로 인지·정의·활용한다. 대부분의 개인들과 조직들은 그들의 하드웨어, 소프트웨어, 그리고 전자통신 용량의 완전한 기능과 특징 중에서 오직 소수의 기능과 특징만을 활용한다. 예를 들어, 어떤 개인은 자신의 컴퓨터를 오직 영리한 타자기로만 활용하고, 어떤 조직은 종합적인 업무처리를 위한 정보시스템을 조직 이메일을 주고받기 위한 도구로만 활용한다. 이는 정보시스템의 용량과 잠재력은 정보시스템 사용자에 의해 구현됨을 시사한다. 개인들과 조직들은 정보기술을 그들이 속한 조직과 연결망에서의 (정보기술에 대한) 그들의 해석, 설계, 실행, 그리고 활용을 통해 구현한다. 정보기술의 유연성, 분해가능성, 그리고 기능성은 객관적인 정보시스템의 특성과 실제로 구현되는 정보시스템의 특성이 매우 상이함을 의미한다.

다섯째, '결과 outcomes'는 구현된 기술에 의해 초래되는 변화(예: 기술 그 자체의 변화, 조직 형태 혹은 제도 배열의 변화)를 일컫는다. 결과는 그것의 합리적, 사회적, 정치적 특징에 있어서 예측할 수 없고 가변적이다. 인터넷이 정부에 미치는 영향은 조직적, 정치적, 제도적 논리에 의해 영향을 받으면서 예상하지 못하는 방식으로 전개될 것이다. 한편으로, 인터넷은 많은 사례들에서 제도적인 변환으로 이어지기보다는 현재상태 유지의 강화로 구현된다. 정보시스템이 정보처리 속도를 증가시키고 직원들을 더욱 면밀하게 감시하는 데 활용된다면, 정보시스템의 활용(즉, 구현된 기술)은 구조적인 변화에 영향을 미치지 않는다. 다른 한편으로, 정보기술은 몇몇 사례들에서 명백하게 변화를 창출하는 데 활용된다. 결국, 정보기술은 채택되거나 실행된다기보다는 정책결정자에 의해 구현된다.

기술 구현 개념틀에 따르면, 객관적인 정보기술은 조직 요인(관료제 특성) 혹은 조직간 요인(연결망 특성)에 의해 어떠한 방식으로든 변경되고, 그 결과로서 구현된 기술이 된다. 구체적으로, 기술을 설계·실행·사용하는 조직 형태(관료제 특성 혹은 연결망 특성)는 객관적인 정보기술이 조직 내에서 실제로 설계, 활용되고 변형되는 데(구현된 기술)에 직접적인 영향을 미친다. 반면, 제도 배열은 조직 형태에 직접적으로 영향을 미치고, 그럼으로써 구현된 기술에 간접적인 영향을 미친다. 그러므로, 구현된 기술은 정부행위자들이 인지적, 문화적, 사회적, 그리고 제도적 구조에 배태되어 있는 방식이 객관적인 정보기술의 설계, 인지, 그리고 사용에 미치는 영향을 보여준다. 그러나, 구현된 기술은 조직에 특정한 결과를 낳고, 이 결과는 기술 그 자체의 변화를 초래하지만, 장기적으로 조직 형태의 변화와 심지어 제도 배열의 변화까지 초래할 수 있다. 결국, 기술 구현 개념틀은 정보기술과 (조직 특성, 제도 배열, 그리고 여타의 외부영향력을 포함하는) 사회구조 간의 복잡한 관계를 보여준다.

정보기술과 조직 형태·제도 배열은 상호 간에 연결되어 있다. 정보기술과 조직 형태·제도 배열은 기술 구현 개념틀에서 독립변수이자 종속변수로서 작동하면서 상호 간에 인과적인 영향을 미친다. 조직 형태와 제도 배열은 정보기술의 구현을 형성하고, 구현된 정보기술은 결과적으로 조직 형태와 제도 배열을 정보기술의 논리에 순응하는 방식으로 재형성시킨다. 새로운 정보기술은 기존 조직 형태와 제도 배열(의 내부적인 논리와 경향성)의 매개를 통해 구현된다(즉, 이해되고, 설계되고, 사용된다). 이러한 복합적인 논리는 조직에서 운영되고 있는 루틴, 성과 프로그램, 관료정치, 규범, 문화적인 믿음, 그리고 사회연결망에 배태되어 있다.

3. 논의 및 평가

기술 구현 개념틀에 대한 긍정적인 시각은 다음과 같다. 첫째, 기술 구현 개념틀은 (제도를 중요한 변수로 간주하지 않았던) 기존 연구와 달리 기술, 조직, 그리고 제도 간의 상호연관성을 설명하려고 시도했다는 점에서 중요한 장점과 가치를 지닌다(Bretschneider, 2003). 둘째, 기술 구현 개념틀은 사회행위자들에 의한 정보기술의 활용에 대한 규제자로서의 정부를 분석하기 위하여 제도이론을 적용하는 선행연구와 달리, 정부에서의 정보기술 활용을 설명하기 위하여 제도이론을 적용한다는 점에서 중요하다. 셋째, 기술 구현 개념틀을 통해 분석된 사례들은 인터넷과 같은 정보기술에 대한 대규모 투자가 이루어지는 상황에서 장기간에 걸친 실무적인 사례들이기 때문에 적실성이 높다(Dawes, 2002). 넷째, 기술 구현 개념틀은 공공관리자들에게 전자정부사업의 계획과 집행에 도움을 줄 수 있다는 점에서 실무적으로 유용할 수 있다(Danziger, 2004).

반면, 기술 구현 개념틀에 대한 부정적인 시각은 다음과 같다. 첫째, 기술 구현 개념틀은 가설 검증과 예측에 활용되기에는 너무 추상적이고 일반적이다(Danziger, 2004). 둘째, 기술 구현 개념틀에 제시되어 있는 일련의 주장들과 사례 간의 연결은 제한적인 사례(미국 연방정부에 대한 단일 사례)로부터 비롯되는 불충분한 증거로 인해 너무 애매모호한 방식으로 서술되어 있다. 기술 구현 개념틀에 제시되어 있는 사례는 지방정부와 같은 다른 수준의 정부를 고려하지 않기 때문에, 중요한 변수들이 누락되어 있을 수 있다(Bretschneider, 2003). 셋째, 기술 구현 개념틀은 정보기술과 제도 변화보다는 조직정치를 설명하는 데 더욱 유용하다. 넷째, 기술 구현 개념틀은 행위자들이 어떻게 제도적 장벽을 극복하는지를 설명하지 못한다(Yang, 2003). 다섯째, 기술 구현 개념틀은 정보기술과 정보기술을 둘러싼 사회적, 조직적 관계에 관하여 이미 제시된 사회기술적 접근과 같은 통합 이론들을 충분히 반영하고 있지 못한 측면이 있다(Schellong, 2007).

V

Jane Fountain의 다층 통합 정보시스템 개념틀

1. 배경

정부의 기술 도입과 활용에 대한 도전이 새로운 기술의 실행이 아니라 더욱 생산적인 정보 흐름을 촉진하기 위한 조직 변화라는 것은 이제 매우 명확해지고 있다(Mayer-Schönberger & Lazer, 2007). 하지만, 정보 흐름과 구조는 시간이 흐르면서 구축되는 복잡한 사회적·경제적·정치적 관계의 결과이기 때문에, 정보 흐름을 재구조화하고 통합시키려는 노력은 공공부문과 민간부문을 막론하고 여전히 실패할 가능성이 높은 것이 현실이다. 그리고, 실패 원인 중 상당 부분이 조직 간의 협력 역량의 부족과 통합적 정보흐름 창출을 위한 조직 변화가 미비하기 때문인 것으로 분석되고 있다(Fountain, 2007).

'다층 통합 정보시스템 개념틀MIIS framework: Multi-level Integrated Information System framework'은 정부 및 공공기관이 새로운 정보기술의 도입을 통해 기존의 정보흐름을 개선하여 서로 다른 기관을 연계하는 통합적 정보흐름을 창출하기 위해 고려해야 할 다양한 수준의 변수들과 그들 간의 관계를 제시하고 있는 개념틀이다(Fountain, 2007). 이 개념틀에서는 개별 기관의 경계를 넘어 여러 기관을 아우르는 통합적이고 연계된 정보흐름과 업무수행과 함께 이를 가능케 하는 다부처 연계적 정보시스템의 구축이 성공적으로 이루어지기 위한 다양한 수준의 개인과 집단, 개별 조직과 조직 간 관계, 그리고 이들을 아우르는 제도 수준의 변수들을 통합적으로 제시하고 있다.

2. 구성개념 및 구성개념 간의 관계

다층 통합 정보시스템 개념틀은 정부에서 정보(혹은 정보 흐름)가 어떻게 3개의 상호 연관되어 있는 수준들에서 구조화되는지를 기술한다([그림 4.5] 참조). 첫째, 미시 수준에서, '개인들individuals'과 '작은 집단들small groups'은 조직들 안에서 혹은 여러 조직들에 걸쳐 지속적인 사회적 관계들ongoing social relations을 통해 정보를 공유하고 이해한다. 협력적인 사회연결망social network을 형성하는 데 있어서 중요한 행위자들인 공공 관리자들은 통상적으로 결정적인 중개 및 연결 역할을 한다. 중개자들에게는 강력한 대인관계 기술이 요구되고, 초기의 행위자들 간의 상호작용과 연결망의 형성은 중개자들의 대인관계 기술에 의해 크게 좌우된다. 조직 안에서의 정보 흐름의 재구조화에 대한 도전은 지위 편향 혹은 부차적 목표 최적화(관리자들이 더욱 광범위한 조직목표보다는 그들의 지위와 직접적으로 관련된 목표에 주목하는 경향)이지만, 참여적 전략 기획 과정 혹은 공동

[그림 4.5] 다층 통합 정보시스템 개념틀

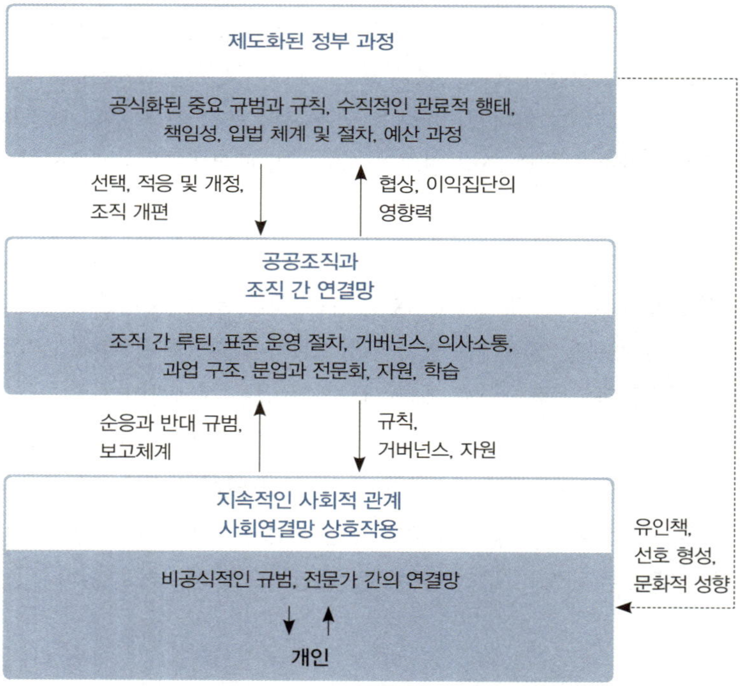

출처: Fountain(2007)

프로젝트는 지위 편향의 발생가능성과 강도를 줄이고 협력을 용이하게 만든다. 지속적인 사회적 관계들에서의 행위자들 간의 반복적인 상호작용은 신뢰를 낳고, 신뢰와 규범 그리고 연결망을 통해 형성되는 집단응집성group cohesion으로서의 사회적 자본은 집단행동 문제collective action problem에 대한 해결책을 제공한다. 하지만, 정부에서의 정보 흐름의 복잡성과 규모는 개인·집단 수준에서의 지속적인 사회적 관계들에 더하여, 조직과 제도에 배태되는 구조와 과정을 필요로 한다.

둘째, 조직과 조직 간 수준에서, '조직들organizations'과 '조직 간 배열들interorganizational arrangements' 혹은 '연결망들networks'은 반복되는 행위, 거래, 그리고 정보 처리 순서를 정례화하기routinize 위하여 정보를 성문화하고 구조화하기 위한 과정과 체계를 설계하고 활용한다. 조직을 이해하기 위한 핵심 수단은 조직 행위자들이 정보 수집·보관·사용·흐름의 규칙화를 위하여 발전시키는 구조와 채널을 밝히는 것이다. 특히, 개인들의 인지적 한계를 극복하기 위해 조직 내부에 다양한 절차와 장치가 발전한다. 즉 의사소통, 성과, 보고, 기획 등 기능 수행을 위한 루틴, 표준운영절차, 그리고 평가프로그램 등이 만들어지고 정례화된다. 이와 같은 절차와 장치들은 개인들의 인지적 한계를 극복하고 조직의 안정성을 향상시키는 데 기여한다.

이와 같은 시각에서 볼 때, 개별 조직을 넘어서 조직 간 연결망 속에서 개인들이 공유된 목표를 설정하고 통합적 정보시스템을 구축하여 조직 간 업무절차를 발전시키기 위해서는 새로운 정보의 흐름을 규칙화하고 성문화하는 작업이 필요하다. 하지만, 조직 간 연결망에서의 개인들이 직면하는 도전은 이러한 구조를 계층제에 존재하는 광범위하고 공식적인 권한 없이 구축하고 작동시켜야 한다는 것이고, 조직 간 구조와 과정의 공식화와 성문화는 사회적 관계들에 존재하지 않는 어느 정도의 안정성과 상대적인 영속성을 부여한다. 개인들과 작은 집단들은 이러한 조직 과정에 의해 제약을 받고, 정부에서의 혁신가들은 이러한 조직 과정을 재고하고 바꾸는 데 초점을 맞춘다.

셋째, 제도 수준에서, '제도들institutions'은 공식 규범과 규칙을 통해 정보 흐름을 고도로 성문화하고 구조화한다. 대부분 특정 기관 혹은 부처의 통제 범위 밖에 있는 제도적 기제들mechanism은 재산권, 법률, 규제, 계약, 그리고 책임성, 감독, 예산과 같은 핵심적인 정부 과정을 포함한다. "사회적 관계들을 통치하는govern 상호연관된 공식·비공식 규범들의 망"(Nee & Ingram, 1998)으로 정의되는 제도는 ① 맥락의 핵심적인 구성요소로서 행위자들의 선호의 형성에 직접적으로 영향을 미치고, ② 조직을 제약하고 그 결과로서 사회연결망에서의 개인·집단의 행위를 형성하는 방식으로, 지속적인 사회적 관계들에서의 행위에 영향을 미친다.

더욱 거시적인 수준에서, 제도는 국가적·국제적 유인 구조를 정의하고, 그럼으로써 교환의 과정에 영향을 미치는 문화·국가 수준의 신뢰와 규범에 영향을 미친다. 대부분의 산업화된 민주주의 나라들을 특징짓는 4개의 제도적 구조들은 관료제의 수직 구조와 관료제의 수직 구조로부터 발생하는 3개의 핵심적인 거버넌스 과정(책임성, 법률, 예산)을 포함한다. 특히, 명확한 관할권과 상명하복上命下服 관계를 통해 지시되는 권한 관계를 특징으로 하는 관료제의 수직 구조, 부서department 안에서의 수직적인 책임성, 부서 자율성을 강화하는 법률 과정, 그리고 부서 특정적인 프로그램을 위하여 개별 부서를 중심으로 작동하는 예산 과정은 기관 간 협력cross-agency collaboration과 정보 흐름의 변화에 관한 공공관리 혁신과 충돌한다.

앞서 제시된 3개의 수준들 간의 상호작용은 1개의 수준에서 정보 흐름이 변화할 때, 통상적으로 또 다른 2개의 수준들이 영향을 받음을 시사한다. 첫째, 미시 수준과 조직과 조직 간 수준에서, 개인들이 사회적 상호작용을 통해 발전시킨 비공식 규범은 공식화된 조직 루틴과 규칙에 대한 순응에 영향을 미친다. 비공식 규범과 새롭게 등장하는 혁신은 스스로 공식화될 수도 있고, 조직과 조직 간 수준에서 채택될 수도 있다. 반대로, 조직과 조직 간 규칙은 비공식 연결망에서의 행태를 제약한다. 둘째, 조직과 조직 간 수준과 제도 수준에서, 공공기관과 이익집단은 입법과정에 자신들의 이해관계나 전문성을 반영할 수 있다. 이와 같은 영향력의 정도는 국가마다, 정책 영역마다 다르지만, 일반적으로는 이익집단 간, 또는 정당 간, 의회와 행정부 간의 협상과 그들이 가지는 전문성에 기반한다. 다른 한편으로, 법률이나 규칙, 예산과정과 같은 제도들은 조직들과 조직 간 관계의 특정 형태를 채택하게 만들고 규정한다. 개별 조직의 활동과 조직 간 관계는 법률의 규정에 따라 정의되며, 예산과정의 특성에 따라 크게 좌우된다는 점에서 법률, 규칙, 그리고 예산과정과 같은 제도들은 정부 및 공공조직의 기능수행 및 활동의 특성을 결정하는 주요 요인 중 하나이다. 그러므로, 조직 변화의 사회적·운영적·구조적·정치적 요소들의 복잡성을 포괄하기 위하여, 3개의 수준들 모두에서의 연구가 필요하다.

3. 논의 및 평가

다층 통합 정보시스템 개념틀에 대한 긍정적인 시각은 다음과 같다(Fountain, 2007; Mayer-Schönberger & Lazer, 2007). 다층 통합 정보시스템 개념틀은 연결망 분석, 신제도주의, 그리고 공공관리에서의 최근 연구 결과를 종합적으로 반영하고 있다. 다층 통합 정보시스템 개념틀은 연구자들과 실무자들로 하여금 ① 개인들의 사회적 상호작용을 통해 발전하는 협력에 대한 비공식 규범, ② 협력에 필요한 조정을 도울 수 있는 조직 시스템, 그리고 ③ 협력이 발전하는 매우 중대한 맥락과 규칙을 제공하는 제도적 구조 간의 차이성과 유사성을 고려하게 만든다. 조직 변화 노력은 정부 환경 아래에서 3개의 수준들을 모두 관리하는 전략을 요구하지만, 조직 변화에 관여된 행위자들은 때때로 2개의 수준들에 초점을 맞추고 나머지 1개의 수준을 간과한다. 예를 들어, 몇몇 관리자들은 협력을 구축하기 위하여 오로지 대인관계 기술에만 의존하고, 정보 흐름의 규칙화에 필요한 의사소통과 조정에 대한 조직 간 구조의 발전을 등한시할 수 있다. 반대로, 여타의 관리자들은 조직 간 프로젝트 추진에 필요한 법률에 대한 변경의 필요성에 초점을 맞추고, 헌신과 신뢰를 지속시킬 새로운 사회적 관계를 도외시한다. 이는 정보 흐름의 변화를 어렵게 만들 뿐만 아니라, 정보 흐름의 변화를 위한 조직 변화의 효과와 경로에 대한 예측을 어렵게 만든다. 그러므로, 다층 통합 정보시스템 개념틀은 정부행위자들이 정보(혹은 정보 흐름)를 재고할 때 조직 변화에 수반되는 다양한 수준의 도전과 제약 요인들을 전체적으로 조망하는 시각을 제공한다.

반면, 다층 통합 정보시스템 개념틀에 대한 부정적인 평가는 다음과 같다(El-Haddadeh *et al.*, 2013; Jurisch *et al.*, 2013). 첫째, 다층 통합 정보시스템 개념틀이 제시하는 상호연관되어 있는 개인과 작은 집단들 수준, 조직과 조직 간 수준, 그리고 제도 수준에서의 정보 혹은 정보 흐름의 구조화 방식에 대한 실증적인 증거가 충분하지 않다. 불충분한 실증적인 증거로 인해 다층 통합 정보시스템 개념틀에 중요한 개념들이 포함되어 있지 않을 수 있다. 둘째, 다층 통합 정보시스템 개념틀은 실증연구를 통해 가설을 검증하고 예측하거나 사례에 적용하기에는 추상적인 개념들로 구성된다. 컴퓨터활용변화과정모형의 주요한 개념들인 지속적인 사회적 관계 및 사회연결망 상호작용(예: 비공식적인 규범), 공공조직과 조직 간 연결망(예: 조직 간 루틴), 그리고 제도화된 정부 과정(예: 수직적인 관료제 형태)은 실증연구를 통해 가설을 검증하고 예측하거나 사례를 적용하기에 어려운 개념들이다.

VI

Kenneth Kraemer와 그의 동료들의 컴퓨터활용 변화과정모형

1. 배경

사회기술체제론socio-technical systems theory은 정보기술과 사회의 구성 요소들(예: 행위자, 사회적 관계, 조직, 제도, 환경) 간의 관계의 복잡성과 쌍방향성을 인식한다(Dawson & Daniel, 2010; Maxwell & Dawes, 2009). 바꾸어 말하면, 사회기술체제론은 정보기술이 개인, 조직, 그리고 제도에 미치는 영향과 동시에, 개인, 조직, 그리고 제도가 정보기술(의 계획, 실행, 그리고 활용)에 미치는 영향도 고려한다. 사회기술체제론에 따르면, 정보기술은 단지 하드웨어, 소프트웨어, 그리고 인터넷과 같은 기술적 인공물technological artifact이라기보다는, 더욱 넓은 사회-기술체제의 일부분이다. 그러므로, 정보기술 활용의 잠재력의 구현 여부 혹은 정보시스템 성공 여부는 기술적 인공물로서의 정보기술 그 자체뿐만 아니라, 정보기술과 사회의 구성 요소들 간의 상호작용에 달려 있다.

사회기술체제론을 토대로 구성된 모형인 '컴퓨터활용 변화과정모형process model of computing change'은 사회의 구성 요소들이 조직에서의 컴퓨터 활용 변화에 미치는 영향과 조직에서의 컴퓨터 활용 변화가 사회의 구성 요소들에 미치는 영향을 보여준다. 사회기술체제론에 따르면, 환경결정론environmental determinism과 관리자율주의managerial voluntarism 모두 조직에서의 정보기술 활용에 대하여 부분적인 설명만을 제공한다. 특히, Kraemer 등(1989)은 실증분석 결과를 토대로 조직에서의 컴퓨터 활용 변화에 관리자의 역할이 예상보다 매우 낮고 관리정책을 제외한 다른 요인이 중요한 역할을 한다고 결론을 내리고, 관리자의 역할의 중요성에 더하여, 컴퓨터 활용과 그 변화를 더 심층적으로 이해하기 위해서는 컴퓨터 환경과 관련된 외부환경 변수와 내부환경 변수의 영향력을 고려해야 한다고 주장한다.

2. 구성개념 및 구성개념 간의 관계

컴퓨터활용 변화과정모형에서 중요한 개념은 '컴퓨터 활용 패키지computing package'이다([그림 4.6] 참조). 컴퓨터 활용 패키지는 '조직 안에서의 컴퓨터 활용과 연관되어 있는 사람들, 장비, 그리고 기법의 체계'를 일컫는다. 이 개념은 컴퓨터 활용과 관련된 기술적 인공물과 제반 구성 요소들을 포괄하는 사회기술적 연결망과 유사하다. 환경적인 변수들은 모두 컴퓨터 활용 패키지에 파급효과를 일으키고, 그럼으로써 '컴퓨터 활용 결과computing outcomes'에 영향을 미친다. 하지만, 환경적인 변수들, 컴퓨터 활용 패키지, 그리고 컴퓨터 활용 결과 간의 관계는 직접적인 관계라기보다는 '관리 행동management action'에 의해 매개되는 관계이다. 그러므로, 환경변수들은 '컴퓨터 활용 관리computing management'를 변화시키기도 하고 컴퓨터 활용 관리에 의해 변화되기도 한다.

환경적인 변수들은 '외부 환경external environment'과 '내부 환경internal environment'으로 구분된다. 첫째, 외부 환경은 기술적 이용가능성, 사업자의 마케팅 실무, 자금 조달 기회, 경제적 조건, 그리고 운영에 있어서의 권한을 포함한다. 둘째, 내부 환경은 정보시스템 관리의 경쟁력과 지속성, 정보시스템 직원의 구조, 정보시스템 조직의 구조, 정보시스템 하드웨어와 소프트웨어의 정교함, 컴퓨터 응용의 패턴, 조직구조, 그리고 관리적 속성을 포함한다. 외부 환경은 다시 '가외적인 지역사회 환경extra-community environment'과 '지역사회 환경community environment'으로 구분된다. 첫째, 가외적인

[그림 4.6] 컴퓨터활용 변화과정모형

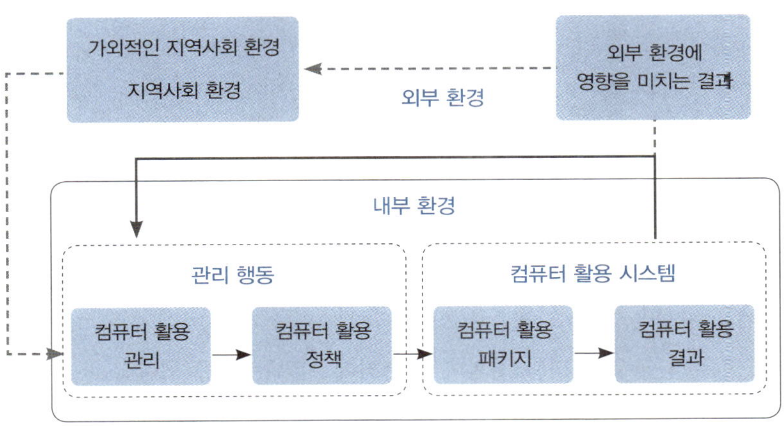

출처: Kraemer *et al.*(1989)

지역사회 환경은 지역정부의 관할권 밖에 있는 조직 및 기술 요인으로 구성된다. 둘째, 지역사회 환경은 정부가 서비스를 제공하는 지역사회에서 나타나는 요인들을 포함한다. 이러한 환경적인 변수들은 컴퓨터 활용 관리에 대한 기회와 제약을 창출함으로써 '컴퓨터 활용 시스템computing system'에 간접적인 영향을 미친다.

환경적인 변수들에 더하여, 관리의 목표와 관리를 둘러싼 이해관계도 정보기술과 사회의 구성 요소들 간의 복잡한 관계를 이해하는 데 있어서 중요하다. 이는 관리자들이 환경적인 조건들에 관계없이 개인적인 그리고 전문적인 동기에 의해 컴퓨터 활용에 관한 행동에 착수하는 상황에서 명백해진다. 컴퓨터 활용과 연관된 관리자들이 환경과 관련되어 있지 않은 근거로 행동에 착수할 때, 환경적인 조건들은 종종 오직 컴퓨터 활용을 합리화하고 정당화하기 위한 수단으로서 작동한다.

컴퓨터활용 변화과정모형에서 관리자의 역할은 환경적인 기회와 제약을 컴퓨터 '활용정책computing policies'으로 전환시키는 것이다. 컴퓨터 활용정책은 컴퓨터화에 관한 조직적인 맥락과 기술적인 기반 시설을 다룬다. 컴퓨터 활용정책은 컴퓨터화에 대한 공식적인 규칙과 비공식적인 규칙을 구성하고, 최고경영진, 정보시스템 부서, 그리고 조직 내 다른 행위자들에 의해 수립될 수 있는 정책을 일컫는다. 컴퓨터 활용정책의 집행은 조직 차원의 컴퓨터 활용 패키지를 구성한다.

앞서 제시된 바와 같이, 컴퓨터 활용 패키지는 컴퓨터 활용의 기술, 자원, 그리고 경험 측면으로 구성된다. 컴퓨터 활용 패키지의 두 가지 주요 구성 요소는 기술적인 정교함과 사회-기술적 인터페이스이다. 기술적 정교함과 사회-기술적 인터페이스 모두 컴퓨터 활용 결과와 양(+)의 방향으로 연관되어 있다. 컴퓨터 활용 결과는 컴퓨터 활용 시스템에 영향을 미치는 컴퓨터 활용 패키지의 작동의 결과이다.

컴퓨터 활용 결과는 객관적인 결과와 주관적으로 결과로 구분된다. 객관적인 결과는 컴퓨터 활용 패키지로부터 관찰되는 결과이고, 주관적인 결과는 객관적인 결과에 대한 조직 내 각기 다른 집단들에 의한 인지와 해석이다. 객관적인 결과와 주관적인 결과는 모두 더욱 광범위한 조직, 지역사회 환경, 그리고 가외적인 지역사회 환경에 영향을 미친다.

게다가, 컴퓨터 활용 결과와 컴퓨터 활용 관리는 상호 간에 연관되어 있다. 컴퓨터 활용 결과와 컴퓨터 활용 관리는 결과에서 관리에 이르는 환류 기제feedback mechanism일 뿐만 아니라, 결과가 긍정적으로 간주되어야 하는지 혹은 부정적으로 간주되어야 하는지 여부와 연관되어 있다. 긍정적인 결과는 현재 사용자와 조직 내 새로운 영역에서의 사용자 모두에게 더욱 많은 응용과 활용에 대한 소망으로 이어진다. 부정적인 결과는 컴퓨터 활용 패키지로부터 초래되는 문제점들을 바로잡기 위하여 변화를 요구한다.

3. 논의 및 평가

컴퓨터활용 변화과정모형에 대한 긍정적인 시각은 다음과 같다(Gil-Garcia, 2012; Kraemer *et al.*, 1989). 무엇보다도, 컴퓨터활용 변화과정모형은 사회의 구성 요소들과 정보기술 활용 간의 일련의 복잡하고 반복적인 관계를 보여준다. 한편으로, 환경은 기회와 제약을 제공하고, 이는 정책을 통해 컴퓨터 활용의 관리 행동에 의하여 여과되고, 이는 컴퓨터 활용 패키지와 관련된 활동에 영향을 미치고 결과를 초래한다. 다른 한편으로, 이러한 결과는 결국 컴퓨터 활용 패키지에 대한 필요와 개발을 지원하고 문제를 해결해달라는 사용자 요구의 형태로 컴퓨터 활용 관리로 되돌아간다. 결과적으로, 컴퓨터활용 변화과정모형은 정보기술 활용의 잠재력의 구현 여부는 기술적 인공물로서의 정보기술 그 자체뿐만 아니라, 정보기술과 사회의 구성 요소들 간의 상호작용에 달려 있다고 간주하는 통찰력 있는 시각을 보여준다.

반면, 컴퓨터활용 변화과정모형에 대한 부정적인 시각은 다음과 같다(Boynton *et al.*, 1994; Bretschneider, 1990). 무엇보다도, 컴퓨터활용 변화과정모형은 실증연구를 통해 사례에 적용되기에는 다소 추상적인 개념들로 구성된다. 특히, 컴퓨터활용 변화과정모형에서 중요한 개념들로 간주되는 외부 환경(가외적인 지역사회 환경과 지역사회 환경)과 내부 환경, 관리 행동(컴퓨터 활용 관리와 컴퓨터 활용정책), 그리고 컴퓨터 활용 시스템(컴퓨터 활용 패키지와 컴퓨터 활용 결과)은 실증연구를 통해 가설을 검증하고 예측하기 어려운 개념들이다. 또한, 컴퓨터활용 변화과정모형이 제시하는 사회의 구성 요소들과 정보기술 활용 간의 관계는 불충분한 증거로 인해 충분하게 검증되지 않는다. 사회의 구성 요소들과 정보기술 활용 간의 관계에 대한 불충분한 증거로 인해 컴퓨터활용 변화과정모형에 중요한 개념들이 포함되어 있지 않을 수 있다.

Ⅶ

전자정부 성공구현모형

1. 배경

신제도주의를 기반으로 하는 '전자정부 성공구현모형EEGS model: Enacting Electronic Government Success model'은 정보기술과 조직 간의 상호작용을 설명하는 다양한 시각들(예: 사회적 구성주의, 사회기술체제론, 조직심리학, 구조화 이론)에 대한 종합적·통합적 시각ensemble view을 제공함으로써, 정부기관에서의 정보기술 채택 과정에 영향을 미치는 요인들을 이해하고 분석하기 위하여 고안되었다(Criado, Rojas-Martin, & Gil-Garcia, 2017; Gil-Garcia, 2012; Gil-Garcia & Pardo, 2005).[3] 특히, 전자정부 성공구현모형은 기술 구현 개념틀로부터 영감을 얻어 개발되었고, 공공조직에서의 전자정부에 대한 더욱 광범위한 분석틀을 개발하기 위하여 기술 구현 개념틀을 이론적 기초로서 활용하였다. 전자정부 성공구현모형은 정보기술과 조직 간의 상호작용을 설명하는 다양한 이론적 시각들을 종합하고 통합하면서, 기술 구현 개념틀에 제시된 행정에서의 조직·제도 배열은 물론이고, 이러한 행정을 둘러싸는 맥락·환경 조건도 고려한다.

전자정부 성공구현모형이 기술 구현 개념틀을 이론적 기초로 활용한 이유는 다음과 같다(Gil-Garcia, 2012; Fountain, 2001). 첫째, 기술 구현 개념틀은 정보기술의 각기 다른 과정 혹은 단계(예: 정보기술의 선택, 설계, 실행, 활용)에 관한 연구를 실시하는 데 적합하다. 둘째, 기술 구현 개념틀은 제도이론을 기반으로 개인보다는 조직을 주요 분석 단위로

3 전자정부 성공구현모형은 정보시스템에 관한 하나의 새로운 개념적 모형이라기보다는, 그동안 실무적인 차원에서 개발되었던 정보시스템 구축 성공·실패에 대한 체크리스트를 종합적이고 통합적인 시각에서 망라하여 주요 정보시스템 성공 요인을 정리한 결과물이다. 다만, Criado, Rojas-Martin, 그리고 Gil-Garcia(2017)에 따라 전자정부 성공구현모형으로 명명한다.

간주하고, 이는 전자정부 성공구현모형이 지향하는 분석 단위와 일관된다. 셋째, 기술 구현 개념틀은 정부기관에 대한 실증 데이터를 활용하여 개발되었기 때문에 민간부문과 구별되는 공공부문의 특이성을 고려한다. 넷째, 기술 구현 개념틀은 실증주의 시각과 비실증주의 시각 모두에서 활용될 수 있을 정도로 충분히 유연하고, 유사한 맥락에서 양적 연구방법론과 질적 연구방법론을 모두 적용할 수 있다. 다섯째, 기술 구현 개념틀은 정부에서 발생하는 현상(정부에서의 정보기술의 도입 및 활용의 결과)을 이해하기 위하여 제도 혹은 제도 배열에 특별한 관심을 가진다.

2. 구성개념 및 구성개념 간의 관계

전자정부 성공구현모형은 공공부문에서의 정보시스템 프로젝트 추진 과정에서 발생할 수 있는 장애 요인과 이러한 장애 요인의 극복 전략을 제시하는데, 이는 ① 자료·정보 요인, ② 기술 요인, ③ 조직 요인, ④ 제도 요인, ⑤ 환경 요인으로 범주화된다(Gil-Garcia, 2012; Gil-Garcia & Pardo, 2005). 첫째, '자료·정보 요인'은 자료의 질data quality과 자료의 정확성data accuracy을 강조한다(Ballou & Tayi, 1999; Kaplan *et al.*, 1998). 즉, 자료에 정확성, 일관성, 적절성이 결여되어 있거나 자료의 구조 및 정의에 문제가 내재되어 있으면 정보통신기술 구축 사업은 성공으로 귀결되기 어렵다. 이러한 장애 요인을 극복하기 위해서는 기관 간의 협력과 정보 공유를 통해 자료에 대한 적절한 정의와 구조를 개발하는 것이 필요하다(UN & ASPA, 2002). 또한, 정보시스템 사용자들로부터 지속적으로 환류를 받는 것도 자료의 질과 정확성을 유지하는 데 있어서 중요한 전략이다(Deloitte Research, 2001).

둘째, '기술 요인'은 시스템 이용가능성system usability과 사용의 용이성ease of use을 고려한다(Caffrey, 1998; Davis, 1989). 이러한 요소들과 관련된 대표적인 장애 요인은 기술적 비호환성이다(Brown, 2001). 특히 품질이 매우 이질적이고 오래된 시스템은 정보통신기술 프로젝트의 복잡성을 높인다. 게다가, 프로젝트 참여자의 수가 부족하거나 기술적인 역량skill이 충분하지 않을 때 정보시스템 구축 사업은 도전에 직면한다(Dawes & Pardo, 2002). 도입되는 기술의 새로움과 복잡성 또한 성공적인 정보통신기술 사업을 방해하는 요인이다(Dawes & Nelson, 1995). 기술 요인과 관련하여 정보시스템의 도입을 성공으로 이끌기 위해서는 프로젝트의 지도자나 구성원들이 강력한 기술적 역량과 전문성을 확보하는 것이 중요하다(Barki *et al.*, 1993). 특히 프로젝트 관리자는 자격을 갖춘 인력이 부족한 상황에 대비되어 있어야 한다.

셋째, '조직 요인'은 정보통신기술 프로젝트에 있어서 사용자 혹은 조직의 다양성 및 동학과 관련된 요인들을 포괄한다(McFarlan, 1981). 조직 요인과 관련된 장애 요인은 조직의 목표와 정보통신기술 도입 간의 조정이 부재한 경우에 발생한다. 또한 정보시스템 구축에 대하여 조직 간의 목표가 복합적이고 상충될 때도 정보통신기술 프로젝트는 도전에 직면한다(Brown & Brundney, 1998; Dawes & Nelson, 1995). 게다가, 정보시스템 구축 과정에서 조직구성원의 개별적인 이해관계와 이러한 이해관계에 따른 행동이 표출되면, 이는 변화에 대한 저항, 내적 갈등, 그리고 영역 다툼 문제를 초래한다(Klein & Hirschheim, 1983). 조직 요인과 관련하여 정보통신기술 프로젝트의 성공을 위해서는 명확하고 현실적인 목표를 수립하는 것이 중요하다(Flowers, 1996). 또한 정보시스템 관리자가 기술적, 관리적, 정치적 측면에서 필요한 역량을 고르게 갖추는 것은 정보시스템 구축을 성공으로 이끄는 열쇠이다(Frissen & Emery, 1999).

넷째, '제도 요인'은 최근 정보통신기술이 공공조직에서 어떻게 설계되고 집행되는지를 이해하는 데 있어서 중요한 요소로 인식되고 있다(Eom, 2013; Fountain, 2007). 조금 더 구체적으로 살펴보면, 입법조사위원회나 이익집단과 같은 외부적인 영향력과 프라이버시 및 보안 관련 문제가 정보통신기술 도입 과정에서 분명하게 다루어져야 할 요인으로 언급된다. 또한 예산 과정과 같이 법 혹은 규제와 관련된 사안 또한 정보시스템 구축 사업의 성공 여부에 영향을 미치는 요인이다(Moon, 2002; Fountain, 2001). 마지막으로 기관 간의 관계를 드러내는 특성 또한 정보시스템 구축 사업을 제약할 수 있다. 예를 들어, 한 정부기관이 다른 정부기관을 고려하지 않고 독립된 개체처럼 행동한다면 정보 공유 및 통합 측면에서 어려움이 발생한다(Margetts, 2006; Dawes & Pardo, 2002). 이러한 장애 요인을 극복하기 위해서는 새로운 기술의 도입을 제한하는 법이나 규제를 완화하는 분위기를 조성하는 데 투자가 이루어져야 한다. 정부 전체에 적용되는 적절한 정보통신기술 정책 및 기준을 마련하는 것 또한 새로운 전자정부 사업을 성공적으로 시행하기 위한 초석이 된다(Milner, 2000; Andersen & Dawes, 1991).

다섯째, '환경 요인'은 기술적, 법적, 문화적, 정치적, 경제적, 인구통계학적, 생태적 요인을 포괄한다(Gil-Garcia, 2012). 예를 들어, 한 국가의 경제 상황의 변동 정도에 따라 정보통신기술 프로젝트의 규모와 시행 여부가 달라질 수 있다(Norris, 2001). 이에 더하여, 시민들의 교육 수준, 소득, 그리고 인터넷 접근성과 같은 인구통계학적 요인들 역시 정보통신기술 도입의 성공에 영향을 미친다. 또한 시민들의 투표 성향은 정보통

〈표 4.2〉 전자정부 성공구현모형의 예시

구분	세부 요인
자료·정보 요인	• 시민들의 앱 제작 요구 • 정보시스템이 제공할 정보서비스에 대한 전반적인 계획 • 콘텐츠 수요 조사 • 정보시스템이 제공하는 서비스 유형 및 특성에 대한 사전 고려 • 자료의 정확성 • 자료의 충분성 • 사용자 평점 및 리뷰를 반영한 정보 업데이트 • 정보의 주기적 업데이트
기술 요인	• 기술의 복잡성 • 기술의 호환가능성 • 레거시 시스템 사용 • 능력 있는 외주업체 선정 • 사용의 용이성에 대한 피드백 반영 • 기술적 문제에 대한 피드백 반영 • 기술의 유용성에 대한 피드백 반영 • 정보보안 문제에 대한 피드백 반영
조직 요인	• 유사한 정보시스템 구축 및 서비스 제공에 대한 경험 • 정보시스템 구축 프로젝트 목표의 명확성과 실현가능성 • 프로젝트 규모의 적절성 • 이해관계자의 참여 • 다양한 부서의 참여 • 충분한 예산의 확보 • 담당자의 열의와 전문적 능력 • 정보시스템 구축에 대한 교육 • 프로젝트 팀의 전문성과 능력 • 부서 간 관할권 경쟁 • 프로젝트 팀 내 원활한 소통 • 프로젝트 팀 외부관계자와의 원활한 소통 • 구축된 정보시스템에 대한 성과 측정
제도 요인	• 법 규제의 제약 • 정보시스템 구축 기관 특성에 대한 고려 • 정보서비스에 대한 거부감 • 행정부의 후원 및 관심 • 예산 배정 및 감사 등 입법부의 개입 • 기관의 자율성
환경 요인	• 경제 상황 • 교육 수준 • 소득 수준 • 인터넷 접근성 • 투표 성향

출처: Gil-Garcia(2012); Gil-Garcia & Pardo(2005)

신기술 도입 및 추진과 관련된 정치적 역량과 연관되어 있기 때문에 전자정부의 성공에 영향을 미치는 요인으로 간주된다(West, 2005). 〈표 4.2〉는 전자정부 성공구현모형의 일부를 예시적으로 제시한다.[4]

3. 논의 및 평가

전자정부 성공구현모형에 대한 평가는 긍정적인 시각과 부정적인 시각으로 양분된다(Criado, Rojas-Martin, & Gil-Garcia, 2017; Eom & Kim, 2014). 전자정부 성공구현모형에 대한 긍정적인 시각은 다음과 같다. 첫째, 전자정부 성공구현모형은 특정한 전자정부 사업 혹은 전자정부 서비스(예: 공공조직 간 정보공유 프로젝트, 정부 모바일 앱 서비스, 정부 소셜미디어 서비스) 성공의 결정 요인들을 분석하는 실증연구에 이론적 기초로서 전면적으로 혹은 부분적으로 사용된다. 둘째, 전자정부 성공구현모형은 공공관리자들로 하여금 전자정부 사업 혹은 전자정부 서비스를 실시하거나 도입하는 과정에서 발생할 수 있는 장애 요인을 사전에 파악하고 이러한 장애 요인에 대한 극복전략을 모색하기 위한 통합적이고 포괄적인 실무적 지침서로 사용된다.

반면, 전자정부 성공구현모형에 대한 부정적인 시각은 다음과 같다(Criado, Rojas-Martin, & Gil-Garcia, 2017; Gil-Garica & Sayogo, 2016). 첫째, 전자정부 성공구현모형에 적용된 실증연구들은 주로 미국 중앙정부와 지방정부의 웹사이트 혹은 공공부문 직원들을 대상으로 실시되기 때문에 외적타당성을 확보하는 데 충분하지 않다. 그러므로, 외적타당성을 확보하기 위하여 다른 나라와 맥락을 고려하는 연구의 필요성이 제기된다. 둘째, 전자정부 성공구현모형이 상정하는 독립변수(자료·정보·기술·조직·제도·환경 요인들)와 종속변수(전자정부 성공) 간의 관계는 직접적이고 단선적인 관계이다. 그러므로, 모형의 정확성과 타당성을 높이기 위하여 독립변수들 간의 상호연관성(혹은 상호의존성)을 분석하거나 변수들 간의 순환적·간접적 관계를 분석해야 할 필요성이 제기된다.

4 자세한 내용은 Gil-Garcia와 Pardo(2005) 참조.

Ⅷ 결론

제4장은 공공조직들과 민간조직들을 대상으로 제시된 정보시스템 성공과 그 영향 요인에 대한 다양한 모형들을 제시하였다. 정보시스템 성공과 그 영향 요인에 대한 다양한 모형으로 ① 행위자 요인 중심적 설명으로서 기술수용모형과 정보시스템 성공모형, ② 제도적 요인 중심적 설명으로서 기술 구현 개념틀과 다층 통합 정보시스템 개념틀, ③ 환경적 요인 중심적 설명으로서 컴퓨터활용 변화과정모형, 그리고 ④ 통합 모형으로서 전자정부 성공구현모형을 살펴보았다.

정보시스템 성공과 그 영향 요인에 대한 논의는 연구자들과 실무자들로 하여금 정보기술을 통한 정보의 창출·설계·전달·사용을 좌우하는 다차원적인 요인들에 대한 지식을 축적하게 만드는 계기가 되었다. 특히, 정보시스템과 전자정부 성공에 대한 모형들은 정보시스템 성공과 그 영향 요인 간의 관계를 단순하게 제시하면서도 주요 요인들 간의 이론적, 실증적 관계에 대한 이해와 분석에 기여하고, 실무적으로는 정보시스템 프로젝트의 실패의 가능성을 감소시키고 성공의 가능성을 증가시키는 데 기여하였다.

이와 같은 기여에도 불구하고, 정보시스템과 전자정부의 성공 및 그 영향 요인에 대한 연구와 제시된 모형들은 변수 간의 상관관계나 인과관계, 상호의존성 등에 대해서는 충분한 설명과 실증분석 결과를 제시하고 있지 못한 것으로 판단된다. 따라서 향후 연구에서는 다양한 분석방법을 적용하여 주요 변수들 간의 상호관계와 인과관계 등에 대해 심층적인 분석 결과를 바탕으로 모형의 정교화가 이루어질 필요가 있다.

참고문헌

Andersen, D. F., & Dawes, S. S. (1991). *Government information management*. A primer and casebook. Englewood Cliffs, NJ: Prentice Hall.

Ballou, D. P., & Tayi, G. K. (1999). Enhancing data quality in data warehouse environments. *Communications of the ACM*, 42(1), 73-78.

Bandura, A. (1982). Self-efficacy mechanism in human agency. *American Psychologist*, 37(2), 122-147.

Barki, H., Rivard, S., & Talbot, J. (1993). Toward an assessment of software development risk. *Journal of Management Information Systems*, 10(2), 203-223.

Benbasat, I., & Barki, H. (2007). Quo vadis TAM? *Journal of the Association for Information Systems*, 8(4), 211-218.

Boynton, A. C., Zmud, R. W., & Jacobs, G. C. (1994). The influence of IT management practice on IT use in large organizations. *MIS Quarterly*, 18(3), 299-318.

Bradley, J. (2012). If we build it they will come? The technology acceptance model. In Dwivedi, Y. K., Wade, M. R., & Schneberger, S. L. (Eds.). *Information systems theory: Explaining and predicting our digital society*. (Vol. 1, pp.19-36). New York: Springer.

Bretschneider, S. (1990). Management information systems in public and private organizations: An empirical test. *Public Administration Review*, 50(5), 536-545.

______________. (2003). Information technology, e-government, and institutional change. *Public Administration Review*, 63(6), 738-741.

Brown, M. M. (2001). The benefits and costs of information technology innovations: An empirical assessment of a local government agency. *Pubic Performance and Management Review*, 24(4), 351-366.

Brown, M. M., & Brudney, J. L. (1998). A "smarter, cheaper, and faster" government? Contracting for geographic information systems. *Public Administration Review*, 58(4), 335-345.

Brynjolfsson, E. (1993). The productivity paradox of information technology. *Communications of the ACM*, 36(12), 66-77.

Caffrey, L. (1998). *Information sharing between and within governments*. London: Commonwealth Secretariat.

Criado, J. I., Rojas-Martín, F., & Gil-Garcia, J. R. (2017). Enacting social media success in local public administrations: An empirical analysis of organizational, institutional, and contextual factors. *International Journal of Public Sector Management*, 30(1), 31-47.

Danziger, J. N. (2004). Innovation in innovation? The technology enactment framework. *Social Science Computer Review*, 22(1), 100-110.

Davis, F. D. (1989). Perceived usefulness, perceived ease of use, and user acceptance of information technology. *MIS Quarterly*, 13(3), 319-340.

Davis, F. D., Bagozzi, R. P., & Warshaw, P. R. (1989). User acceptance of computer technology: A comparison of two theoretical models. *Management Science*, 35(8), 982-1003.

Dawes, S. S. (2002). Government and technology: User, not regulator. *Journal of Public Administration Research and Theory*, 12(4), 627-631.

Dawes, S. S., & Nelson, M. R. (1995). Pool the risks, share the benefits: Partnerships in IT innovation. In Keyes, J. (Ed.). *Technology trendlines*. (pp.125-135). Van Nostrand Reinhold Co.

Dawes, S. S., & Pardo, T. A. (2002). Building collaborative digital government systems. In McIver Jr, W. J., & Elmagarmid, A. K. (Eds.). *Advances in digital government*. (pp.259-273). Boston: Springer.

Dawson, P., & Daniel, L. (2010). Understanding social innovation: A provisional framework. *International Journal of Technology Management*, 51(1), 9-21.

Deloitte Research. (2001). *E-Government's next generation: Transforming the government enterprise through customer service*. Deloitte Research.

DeLone, W. H., & McLean, E. R. (1992). Information systems success: The quest for the dependent variable. *Information Systems Research*, 3(1), 60-95.

______________________________. (2003). The DeLone and McLean model of information systems success: A ten-year update. *Journal of Management Information Systems*, 19(4), 9-30.

El-Haddadeh, R., Weerakkody, V., & Al-Shafi, S. (2013). The complexities of electronic services implementation and institutionalisation in the public sector. *Information & Management*, 50(4), 135-143.

Eom, S. J. (2013). Institutional dimensions of e-government development: Implementing the business reference model in the United States and Korea. *Administration & Society*, 45(7), 875-907.

Eom, S. J., & Kim, J. H. (2014). The adoption of public smartphone applications in Korea: Empirical analysis on maturity level and influential factors. *Government Information Quarterly*, 31(S1), S26-S36.

Eynon, R., & Margetts, H. (2007). Organisational solutions for overcoming barriers to eGovernment. *European Journal of ePractice*, 1, 1-13.

Flowers, S. (1996). *Software failure: Management failure: Amazing stories and cautionary tales*. New York: Wiley.

Fountain, J. E. (2001). *Building the virtual state: Information technology and institutional change*. Brookings Institution Press.

____________. (2007). Challenges to organizational change: Multi-level integrated information structures (MIIS). In Mayer-Schönberger, V., & Lazer, D. (Eds.). *Governance and information technology: From electronic government to information government*. MIT Press.

Frissen, P., & Emery, C. (1999). Politics, governance and technology a postmodern narrative on the virtual state. Available at https://philpapers.org/rec/FRIPGA-2.

Gefen, D., & Straub, D. W. (2000). The relative importance of perceived ease of use in IS adoption: A study of e-commerce adoption. *Journal of the Association for Information Systems*, 1(8), 1-28.

Gil-Garcia, J. R. (2012). *Enacting electronic government success: An integrative study of govern-*

ment-wide websites, organizational capabilities, and institutions (Vol. 31). Springer Science & Business Media.

Gil-Garcia, J. R., & Pardo, T. A. (2005). E-government success factors: Mapping practical tools to theoretical foundations. *Government Information Quarterly*, 22(2), 187-216.

Gil-Garcia, J. R., & Sayogo, D. S. (2016). Government inter-organizational information sharing initiatives: Understanding the main determinants of success. *Government Information Quarterly*, 33(3), 572-582.

Jurisch, M. C., Ikas, C., Wolf, P., & Krcmar, H. (2013). Key differences of private and public sector business process change. *E-Service Journal: A Journal of Electronic Services in the Public and Private Sectors*, 9(1), 3-27.

Kaplan, D., Krishnan, R., Padman, R., & Peters, J. (1998). Assessing data quality in accounting information systems. *Communications of the ACM*, 41(2), 72-78.

Keen, P. (1980). Reference disciplines and a cumulative tradition. Proceedings of the First International Conference on Information Systems, 9-18.

Klein, H. K., & Hirschheim, R. (1983). Issues and approaches to appraising technological change in the office: A consequentialist perspective. *Office Technology and People*, 2(1), 15-42.

Kraemer, K. L., Leslie, J., Dunkle, D. E., & Lane, J. P. (1989). *Managing information systems: Change and control in organizational computing*. San Francisco: Jossey-Bass Publishers.

Lowry, P. B., Karuga, G. G., & Richardson, V. J. (2007). Assessing leading institutions, faculty, and articles in premier information systems research journals. *Communications of the Association for Information Systems (CAIS)*, 20(16), 142-203.

Lucas Jr, H. C., Swanson, E. B., & Zmud, R. (2008). Implementation, innovation, and related themes over the years in information systems research. *Journal of the Association for Information Systems*, 8(4), 205-210.

Margetts, H. (2006). E-government in Britain: A decade on. *Parliamentary Affairs*, 59(2), 250-265.

Maxwell, T., & Dawes, S. S. (2009). Public governance as a socio-technical system: From concept to application. In Proceedings of the 10th Annual International Conference on Digital Government Research: Social Networks: Making Connections between Citizens, Data and Government (pp. 153-161). Digital Government Society of North America.

Mayer-Schönberger, V., & Lazer, D. (Eds.). (2007). *Governance and information technology: From electronic government to information government*. MIT Press.

McFarlan, F. W. (1981). Portfolio approach to information systems. *Harvard Business Review*, 59, 142-150.

Mignerat, M., & Rivard, S. (2009). Positioning the institutional perspective in information systems research. *Journal of Information Technology*, 24(4), 369-391.

Milner, E. M. (2000). *Managing information and knowledge in the public sector*. New York: Routledge.

Moon, M. J. (2002). The evolution of e-government among municipalities: rhetoric or reality? *Public Administration Review*, 62(4), 424-433.

Nee, V., & Ingram, P. (1998). Embeddedness and Beyond: Institutions, Exchange, and Social

Structure. In *The New Institutionalism in Sociology.* (ed.). M. C. Brinton & V. nee, 19-45. New York: Russel Sage Foundation.

Norris, P. (2001). *Digital divide: Civic engagement, information poverty, and the Internet world-wide.* Cambridge University Press.

Orlikowski, W. J., & Barley, S. R. (2001). Technology and institutions: What can research on information technology and research on organizations learn from each other? *MIS Quarterly*, 25(2), 145-165.

Petter, S., DeLone, W., & McLean, E. (2008). Measuring information systems success: Models, dimensions, measures, and interrelationships. *European Journal of Information Systems*, 17(3), 236-263.

Rosemann, M., & Vessey, I. (2008). Toward improving the relevance of information systems research to practice: The role of applicability checks. *MIS Quarterly*, 32(1), 1-22.

Schellong, A. (2007). *Extending the technology enactment framework.* John F. Kennedy School.

Sichel, D. E. (1997). *The computer revolution: An economic perspective.* Washington, D.C.: Brookings Institution Press.

Smith, M. L. (2010). Building institutional trust through e-government trustworthiness cues. *Information Technology & People*, 23(3), 222-246.

Straub, D., & Burton-Jones, A. (2007). Veni, vidi, vici: Breaking the TAM logjam. *Journal of the Association for Information Systems*, 8(4), 223-229.

United Nations & American Society of Public Administration. (2002). *Global e-government survey 2002.* New York: United Nations.

Urbach, N., & Müller, B. (2012). The updated DeLone and McLean model of information systems success. In Dwivedi, Y. K., Wade, M. R., & Schneberger, S. L. (Eds.). *Information systems theory: Explaining and predicting our digital society.* (Vol. 1, pp.1-18). New York: Springer.

Venkatesh, V., & Bala, H. (2008). Technology acceptance model 3 and a research agenda on interventions. *Decision Sciences*, 39(2), 273-315.

Venkatesh, V., & Davis, F. D. (2000). A theoretical extension of the technology acceptance model: Four longitudinal field studies. *Management Science*, 46(2), 186-204.

West, D. M. (2005). *Digital government: Technology and public sector performance.* Princeton University Press.

Yang, K. (2003). Neoinstitutionalism and e-government: Beyond Jane Fountain. *Social Science Computer Review*, 21(4), 432-442.

Yousafzai, S. Y., Foxall, G. R., & Pallister, J. G. (2007). Technology acceptance: A meta-analysis of the TAM: Part 1. *Journal of Modelling in Management*, 2(3), 251-280.

____. (2007). Technology acceptance: A meta-analysis of the TAM: Part 2. *Journal of Modelling in Management*, 2(3), 281-304.

제 5 장

전자정부 성공 요인에 대한 사례연구 1: 제도적 배열

I

서론

전자정부는 1990년대 초 미국의 클린턴 행정부가 정부혁신의 기본 전략으로 채택한 이래 전 세계 국가로 빠르게 확산되어 왔으며, 그 적용 범위 또한 지속적으로 확장되어 왔다. 전자정부에 대한 전 세계적인 관심에 부응하여, UN, 경제협력개발기구OECD: Organization for Economic Cooperation and Development, 유럽연합EU: European Union 등 다양한 국제기구와 연구기관, 컨설팅 업체들은 정책 자문이나 연구보고서 등을 통해 각국의 전자정부정책과 개별 추진 과제의 내용 그리고 그 성공·실패 요인 등을 전파해왔다. 이러한 정보공유와 상호 교류를 바탕으로 각국 정부는 다른 국가에서 성공한 전자정부 과제를 모방benchmark하거나, 관련된 정책 아이디어를 도입하여 유사 또는 동일한 전자정부 사업을 진행해 왔다.

그러나 이와 같은 국제적 정보공유와 제도적 모방institutional isomorphism에도 불구하고, 동일한 목적과 내용의 전자정부 사업이지만 서로 다른 국가에서 상반된 결과 및 성과를 산출하였으며, 그 제도화의 수준에 있어도 차이가 나타나고 있다. UN의 「전자정부 준비도 조사」 외에도 Economist Intelligence UnitEIU, International Data CorporationIDC 등 정보정책 및 정보기술 관련 국제기구들 및 시장조사기관들의 조사 결과나 각국의 전자정부 서비스 수준 등을 비교 분석한 학술 문헌들은 비슷한 경제적, 기술적 조건과 환경에 처한 국가들 간에도 전자정부 추진 결과에 있어 뚜렷한 격차가 나타나고 있음을 보고하고 있다.

한 국가에서 다른 국가로 확산된 동일한 전자정부 사업이 정반대의 결과를 산출하는 경우도 있다. 가장 좋은 예 중 하나는 미국 연방정부 아키텍처FEA: Federal Enterprise Architecture 프레임워크의 일부인 정부기능연계모델BRM: Business Reference Model 구축 사업이다. 미국과 한국 양국에 모두 시행되었으나, 결과적으로 두 나라가 서로 다른 시스템을 갖게 되었다. 미국 연방정부의 BRM은 정부기관의 정보시스템을 통합하고, 부처 간 업무프로세스를 단순화하고 통합하는 데 활용하기 위해 공공부문의 조직과는 독립적으로 기능 지향적 구조를 가지도록 구축되었다. 반면 한국 중앙정부의 BRM은 미국 연방정부의 BRM과 취지는 동일하게 출발했지만, 조직 중심의 구조를 갖고 있다.

왜 동일한 목적과 내용을 가진 전자정부 사업이 서로 다른 나라에서 다른 결과로 귀결되는가? 유사한 정책목표를 달성하기 위한 유사한 전자정부 이니셔티브가 다른 국가에서 다른 결과를 낳는 이유는 무엇인가? 이 장에서는 다양한 원인들 중 전자정부 추진의 제도적 기반이 되는 전자정부 추진체계에 주목하고자 한다. 전자정부 추진체계를 집권성, 조정도구, 관련 기관 간의 관계 등의 시각에서 분석하고 각각의 요소들이 어떻게 전자정부 추진 결과에 영향을 미치는지를 분석함으로써 전자정부 추진 과정에서 작용하는 '제도의 힘 power of institutions'을 살펴보고자 한다.

이 장의 구성은 다음과 같다. 제2절에서는 전자정부 추진체계의 개념과 분석틀을 살펴본다. 제3절에서는 한국의 국가정보화 추진체계를 역사적으로 분석한다. 제4절에서는 앞서 언급한 한국과 미국에서의 BRM 구축 결과의 차이와 전자정부 추진체계 간의 관계를 분석한다.

Ⅱ

전자정부 추진체계의 개념, 중요성, 유형

1. 전자정부 추진체계의 개념

전자정부 추진체계를 비롯한 특정 정책의 추진체계는 지금까지 일반적으로 조직이론적 관점에서 정의되어 온 것으로 보인다. 즉 '전자정부 정책을 기획, 집행, 평가하는 조직 또는 그러한 기능을 담당하는 다수의 조직들의 집합'으로 정의되어 왔다. 예를 들면, 한국전산원(2002)은 "정보화 추진체계란 정보화와 관련된 이견을 조정하고, 정보화 역량을 결집하기 위해 정보화와 관련된 정책을 기획·조정하는 정부조직체"로 정의하면서 조정기능에 초점을 두고 있다. 정진우(2007)는 "정보화와 관련된 의견을 취합하여, 전자정부정책을 기획·조정·집행·평가하는 정부조직체"로 정의하고 있다. 이와 같은 논의는 전자정부 정책 이외의 정책의 추진체계의 개념과 관련해서도 유사하게 나타나고 있는 것으로 보인다. 예를 들면, 임도빈(2000)은 행정개혁 추진체계를 "행정개혁을 담당하는 기구 혹은 조직"으로 정의하고 있다. 모두 조직론적 관점에서 특정 정책을 수행하는 조직들과 조직들이 수행하는 기능에 초점을 맞추고 있다.

이와 같은 정보화 추진체계에 대한 조직론적 정의는 '누가 무슨 일을 하는가'에 초점을 맞추기 때문에 정책과정에 참여하는 조직의 식별과 추진체계의 기능적 분담에 대한 분석이 가능한 이론적 장점이 있는 반면, 전자정부 사업 수행 과정 중에 '왜 조정과 통제의 수준에 차이가 나타나는지', '정책 추진을 위한 자원과 권위가 무엇에 근거하여 동원되는지' 그리고 '전자정부 추진을 위해 조직 간 관계가 어떻게 구조화되어 있는지' 등에 대한 분석은 그리 명확하지 않은 것으로 판단된다. 즉, 정책 추진과 관련된 조직(들)의 기능이나 공식적 관계만을 고려했을 뿐, 무엇이 정책과정의 참여자와 이해 당사자들 간의 관계를 구조화하고 어떤 조정·통제기제를 통해 각 조직들을 통제하여 정책목표 달성에 기여하는지, 그리고 그 역동적 변화의 근원은 무엇인지 등에 대한 분석은 미진한 측면이 있다고 판단된다.

이와 같은 관점에서 볼 때, 기존의 조직론적 관점의 전자정부 추진체계 정의에 더하여 '조정과 통제'가 가능하게 되는 제도적 측면이 더해져야 할 것으로 판단된다. 예를 들면, 추진체계의 권력적 성격에 주목하면서 권한과 기술의 집중/분산, 정보기술 도입에 대한 책임성과 통제 등에 주목하는 연구가 제시되어 왔다(Wolfe, 1999; Margetts, 1996). 이러한 연구들은 권한을 '계층 구조상 갖게 되는 위상과 의사결정권한, 예산권, 그리고 법적 권한을 내포'하는 개념으로 사용함으로써 조직이론적 관점에서 정의된 추진체계의 정의에 더하여 추진체계 내에서의 권한과 책임의 배분구조, 그리고 권한과 책임이 배분되는 법적·제도적 장치를 분석하고 있다는 의미에서 그 의의가 크다고 판단된다. 이 경우 전자정부 추진체계는 다음과 같이 재개념화할 수 있다. 즉 전자정부 추진체계를 '전자정부 추진과 관련된 기능을 담당하는 조직(들)과 제도화된 조정·통제 수단의 결합체'로 정의하고자 한다.

2. 전자정부 추진체계의 중요성

제도는 한편으로는 정책대안과 정책과정의 참여자를 정의하고, 참여자들 간의 상호작용과 정책의제를 제약하면서 정책결과에 영향을 미친다. 또 다른 한편으로는 정책역량의 기반으로서 정책결과에 영향을 미친다. 즉 국가가 정책을 결정하고 집행하는 데 필요한 역량을 형성하는 기반으로서 작동하게 된다(정용덕, 2001: 524-528; Skowronek, 1982: 19-35).

공공부문에서의 정보기술의 성공적 채택과 활용은 기술적 요인뿐만 아니라, 조직적, 정치적 요인 등 다양한 특성의 변수들이 작용하는 매우 복잡한 과제이다. 전자정부의 성공적 추진을 위한 공통의 비전, 관련 이해당사자들의 명확한 책임과 역할 정의, 견제와 균형에 기반한 역할 분담과 협력체계 구성, 관련 부처들 간의 정책적 이견 조정을 위한 조정체계 등이 체계적으로 구성되어야 한다. 그렇기 때문에 전자정부 추진이 성공적으로 이루어지기 위해서는 관련 조직과 제도적 기반이 충실하게 구축되어야 한다. 전자정부의 성공적 추진을 위한 조직적·제도적 배열은 결국 전자정부 추진체계로 요약될 수 있다(OECD, 2016).

신제도주의 이론의 시각에서 전자정부 추진체계가 전자정부 추진 결과에 영향을 미치는 메커니즘은 다음과 같다(엄석진, 2008). 첫째, 전자정부 추진체계상의 참여 조직들과 그들 간의 권한 및 책임 배분은 전자정부 추진 과정에서 어떤 조직들이 어떤 기능을 수행할 것인지, 의사결정의 책임과 권한은 누가 질 것인지, 추진체계를 구성하는 조직들 사이의 응집성 등에 대해 영향을 미친다. 이러한 요인들은 다시 전자정부 정책결과에 영향을 미치게 된다.

둘째, 전자정부 추진체계는 인적·물적 자원의 동원과 배분, 정책 조정 및 통제 등 전자정부정책 결정과 집행을 위한 제반 절차와 정책수단을 제공함으로써 전자정부 정책역량을 제고한다. 즉 앞서 논의한 바와 같이 다부처 연계 전자정부 추진을 위해서는 분화되어 있는 조직들의 이해관계를 조정하고, 추진체계의 정책정향에서 벗어나는 조직에 대해서는 적절한 제약과 불이익을 줄 수 있어야 한다. 이러한 조정과 통제를 위한 제도화된 절차와 수단으로서 조정·통제 수단이 구비될 때 조정·통제역량이 제고될 수 있다.

셋째, 전자정부 추진체계는 민간부문의 전문성과 정책대안의 도입을 원활하게 함으로써 전자정부 추진체계의 정책역량을 제고한다. 전자정부는 그 개념의 형성에서부터 민간부문의 전자상거래 개념의 차용이었을 만큼 민간부문이 정부부문을 압도하는 영역 중 하나로 평가되어 왔다. 이와 같은 상황에서 민간부문과의 연계점으로서의 전자정부 추진체계는 민간부문의 다양한 아이디어나 정책대안, 기술적 방안들을 흡수하는 통로가 되어 궁극적으로는 효과적인 정책결정과 원활한 정책집행에 기여한다.

결론적으로 전자정부 추진체계는 정책과정에 참여하는 행위자(조직)들 간의 관계를 구조화하고 정의하며, 이들에 대한 조정·통제력에 영향을 미칠 뿐만 아니라, 민간부문으로부터 전문성을 흡수하고 정책집행을 원활하게 함으로써, 전자정부 정책결과에 영향을 미치게 된다.

3. 전자정부 추진체계의 유형: OECD의 유형 분류

OECD(2016)는 정책조정체계를 중심으로 전자정부 추진체계를 다음과 같이 세 유형으로 구분하고 있다.

1) 디지털 전환 전담기구 접근법(Digital Transformation Office Approach)

이 접근법은 공공부문 내에서 정보기술 활용을 통한 행정기능의 효율화와 대국민,

대기업 서비스의 품질을 획기적으로 개선하기 위해 정보기술 채택 및 활용에 대한 모니터링과 조정 권한을 위임받은 새로운 조직이나 부서를 신설하는 접근법이다. 이 조직에는 민간부문에서 정보기술의 활용 및 적용과 관련된 전문성을 축적한 ICT 전문가가 배치되며 공공부문 내의 비효율적인 정보기술 활용을 개선, 보완하게 된다. 이와 같은 접근법은 안정적인 정치적 지지의 확보를 위해 정보기술 활용을 통한 행정서비스의 빠른 질적 향상을 목표로 한다. 그러나 급작스러운 변화나 과드한 권한 집중은 정부 전반의 장기적인 변화나 문화적 변화로 이어지지 못할 수도 있다.

2) 집권적 조정 접근법(Central Co-ordination Approach)

전자정부 관련 정책 및 표준 적용을 추진하고, 대규모 ICT 프로젝트의 승인을 통제하기 위해 범정부적인 리더십을 확보하는 접근법이다. 구체적으로는 전자정부 추진의 일관성, 대규모 전자정부 과제에 대한 승인과 관리, 그리고 정보기술 활용과 관련된 각종 표준의 제정 및 적용 등을 강화하려는 목적으로 갖는다. 이 접근법에서는 정보화담당관CIO: Chief Information Officer과 같은 명확한 권한을 위임받은 집권적 조정기구가 중심이 되며, 각 부처에 공통적인 표준을 부과하여 규모의 경제 효과를 추구한다. 이러한 접근법의 단점은 새로운 정보기술의 적용이나 범정부 차원의 조정이 늦어져 전자정부 추진 과정이 지연될 수 있다는 점이다.

3) 분권적 조정 접근법(Decentralized Co-ordination Approach)

이 접근법하에서는 개별 기관이 자신들의 전자정부 프로젝트를 수행하고 정보기술 활용과 관련된 다양한 시도를 할 수 있도록 상당한 수준의 유연성을 부여한다. 이러한 접근법을 채택하는 경우에도, 조정기능을 담당하는 조직이 정부 내에 존재하기는 하지만, 각 부처가 의무적으로 지켜야 하는 규정 준수의 의무나 전자정부 추진을 위한 포괄적인 권한을 부여받은 고위 관료의 개입 없이 덜 강압적인 방식으로 조정이 이루어지게 된다. 따라서, 전자정부 추진에 적극적으로 개입하고 새로운 정보기술 활용을 위한 실험적 시도가 활발히 이루어질 수 있는 반면, 전자정부 추진 성과가 부처 간에 고르지 못하고 전자정부 추진 과정에서의 교훈이 기관 간에 소통되지 못할 가능성이 높은 단점이 있다.

4) OECD 회원국의 전자정부 추진체계

위의 전자정부 추진체계 유형론을 바탕으로, OECD 회원국 32개국과 비회원국(콜롬비아)의 전자정부 추진체계 중 정책조정체계를 중심으로 개관한 결과는 〈표 5.1〉과 같다. 구체적으로는 전자정부 추진 과정에서 관련 기관들 간의 정책 및 사업조정기능을 담당하는 부서 또는 기관이 어떤 부처에 설치되었는가라는 질문에 대한 회원국들의 응답 내용을 정리한 것이다.

조사 결과를 정리하면 다음과 같다. 첫째, 모든 조사 대상 국가들이 중앙정부에 전자정부 조정체계를 설치하고 있는 것으로 분석되었다. 이들 기관들은 전자정부 추진 과정에서 부처 간 이견을 조정하고 공통 표준을 적용하는 기능을 담당하고 있으며, 이를 위한 다양한 정책수단을 확보하고 있는 것으로 분석되었다. 예를 들면, ① 전자정부 추진전략의 제시, ② 전자정부 추진전략 집행 모니터링, ③ 정부 ICT 프로젝트 검토, ④ ICT 프로젝트 우선순위 선정 등과 같은 '연성적soft' 정책도구와 함께, ① 정부 ICT 프로젝트에 대한 중지권, ② 외부 평가 결과의 활용 등과 같은 '강압적coercive' 정책도구도 활용하는 것으로 조사되었다(OECD, 2016).

둘째, 전자정부 추진체계의 형태와 특성은 국가의 제도적 특성과 정책환경에 따라 상이하지만, 대체로 행정부 내에 조정기능을 담당하는 부처들에 전자정부 조정체계가 위치하는 것으로 나타났다. 행정이나 내무 담당, 또는 예산을 담당하면서 행정부 내의 조정을 담당하는 부처가 전자정부 조정기능을 담당하는 경우는 약 68.75%로 다수를 이루고 있다. 좀 더 구체적으로는 행정public administration이나 내무internal affairs 담당 부처에 전자정부 조정체계가 위치하는 경우가 46.88%이며, 재무부Ministry of Finance와 같이 재정 담당 부처가 전자정부 조정기능을 수행하는 경우도 21.88%로 분석되었다. 행정이나 내무 담당 부처에 전자정부 조정기능이 위치한 국가로는 캐나다, 그리스, 아일랜드, 독일, 네덜란드, 한국, 룩셈부르크, 노르웨이 등이며, 재정 담당 부처에 위치한 경우는 호주, 덴마크, 핀란드, 스위스 등이다.

조사 대상 국가의 31.25%는 국가나 행정의 수뇌부에 조정기능이 위치하고 있는 것으로 조사되었다. 미국, 영국, 스페인, 포르투갈, 이탈리아, 일본 등이 그 예이다. 소수(11.11%)이기는 하지만, ICT나 경제 업무 담당 부처에 조정기능이 위치한 국가들도 있었다. ICT 담당 부처에 위치한 예로는 벨기에, 에스토니아, 콜롬비아 등이며 에스토니아의 경우 경제 담당 부처도 전자정부 조정 업무를 공동으로 수행하고 있는 것으로 조사되었다.

〈표 5.1〉 OECD 회원국의 전자정부 조정기구의 위치

국가명	정부 수뇌부 (예: 대통령실 또는 수상실)	정책조정 부처			계선 부처	
		공공행정 담당 부처 (예: 행정관리부)	내무 업무 담당 부처 (예: 내무부)	여산 담당 부처 (예: 재무부)	정보통신기술 담당 부처 (예: 정보통신부)	경제 담당 부처 (예: 경제산업부)
호주				○		
오스트리아	○					
벨기에					○	
캐나다		○				
칠레	○					
체코			○			
덴마크				○		
에스토니아					○	○
핀란드				○		
프랑스	○					
독일			○			
그리스		○				
헝가리			○			
아이슬란드				○		
아일랜드		○				
이스라엘				○		
이탈리아	○					
일본	○					
한국		○				
룩셈부르크		○				
멕시코	○	○				
네덜란드			○			
뉴질랜드			○			
노르웨이		○				
폴란드		○				
포르투갈	○					
슬로베니아		○				
스페인	○	○		○		
스웨덴						
스위스				○		
영국	○					
미국	○					
콜롬비아					○	
전체	10	10	5	7	3	1
비율	27.78%	27.78%	13.89%	19.44%	8.33%	2.78%
영역 비율	27.78%	61.11%			11.11%	

출처: OECD(2016; 2014)

이와 같은 전자정부 추진체계의 제도적 차이는 전자정부 구현의 목적과 추진력의 차이와 연결된다. 정부의 수뇌부가 전자정부 조정기능을 담당하는 경우, 정부 최고위층의 전자정부 어젠다에 대한 정치적 지지와 정치적 권위의 뒷받침을 받게 됨으로써 전자정부 추진력을 강화할 수 있다. 또한 좀 더 광범위한 행정개혁과 정부 현대화 사업에 전자정부 어젠다를 반영할 수 있는 장점도 있다. 그러나 이 경우, 전자정부 관련 사업이 정치적 고려를 과도하게 반영하게 되고 정치적 변화와 연결되면서 일관된 집행이 이루어지기 어려워 성과를 거두기 어려운 한계도 발견된다. 이러한 이유로 전자정부 추진체계의 기반이 되는 제도적 배열의 안정성 확보와 함께, 전자정부 추진에 대한 장기적인 지속가능성과 정치적 지지 간의 균형 유지가 중요하다.

또 다른 전자정부 추진체계 형태인 전자정부 조정기능이 일반적인 정책조정 부처에 위치하는 경우, 공공부문 전반에 정보기술의 채택과 활용 수준을 제고하는 데 크게 유리할 뿐만 아니라, 부처 간의 연계를 활성화할 수 있는 장점이 있다. 이 경우 행정개혁과 전자정부 추진 간의 연계를 활성화할 수 있는 반면, 전자정부 주무부처가 변화의 선도자로서 역할을 할 수 있는 정치적 역량을 확보할 수 있는가의 여부가 핵심적인 문제로 대두된다.

Ⅲ

분석: 한국과 미국의 정부기능연계모델(BRM) 구축

1. 한국과 미국에서의 BRM 구축 결과

정부기능연계모델은 미국 연방정부의 정보기술아키텍처의 한 구성 요소이다. 우선 정보기술아키텍처의 내용을 개관하고 미국과 한국에서의 정보기술아키텍처의 추진 경과를 살펴본 다음, BRM 구축 결과의 차이를 살펴본다.

1) 정보기술아키텍처 개관

가. 정보기술아키텍처의 정의

정보기술아키텍처에 대해서는 다양한 기관과 전문가들이 다양한 관점에서 정의를 내리고 있다. 미국 연방정부 정보화담당관 협의회(CIO Council, 1999)는 「정보기술관리혁신법ITMRA」의 정의를 바탕으로 연방정부와 전자정부라는 맥락을 고려한 정의를 내리고 있다. 즉, "정보기술아키텍처는 새로운 정보기술을 획득하고 기존의 정보기술을 유지, 진화시키기 위한 통합적인 프레임워크로서 정보 흐름과 작업 프로세스를 통합하여 조직의 전략과 목표를 달성하게 하는 수단이다. 아키텍처는 정보의 교환과 자원의 공유를 가능케 하는 표준을 구체화한 것이다."라고 정의하고 있다.

정보기술아키텍처를 정보기술계획IT planning이라는 관점에서 정의하는 경우도 있다. 미국 의회는 정보기술 계획 및 투자의 관점에서 정보기술아키텍처를 "조직의 정보기술 투자를 문서화한 일종의 지도map 또는 설계도"로 정의한다(Seifert, 2006). 이러한 정의들을 종합하여, 정보기술아키텍처를 "조직이 사업의 목표를 달성하는 데 필요한 현재와 미래의 바람직한 ICT 환경을 체계적이고 완전하게 정의한 청사진blueprint"으로 정의할 수 있다.

나. 정보기술아키텍처의 대두 배경

(1) 정보시스템 도입 및 운영의 문제

오늘날 정보기술은 기업과 정부의 입지를 강화하고 새로운 사업 기회를 제공하거나 생산성 제고를 통하여 경쟁력을 확보하기 위한 중요한 수단의 하나로 대두되었다. 이에 따라 공공부문과 민간부문 모두 정보기술에 대한 투자는 갈수록 대형화되어 왔으며, 정보자원에 대한 관리는 점점 더 복잡해지고 있다. 그러나 이와 같은 정보기술의 투자 증대에도 불구하고, 정보화를 통해 애당초 기대했던 효과를 얻지 못하는 경우가 많았다. 이는 시스템이 조직의 비전이나 목표와 일치하지 않거나, 사용자의 요구사항을 제대로 반영하지 못하는 일이 빈번히 발생하였기 때문이다. 또한 구축 후 계속 추가 비용이 발생하거나, 시스템들이 네트워크로 연결되어 있음에도 데이터 형식이 상이하여 정보 공유가 이루어지지 못하는 등 정보시스템 도입이나 운영의 문제가 상존하여 왔기 때문이다(장시영 외, 2002).

정보기술아키텍처ITA: Information Technology Architecture는 이러한 기술적인 문제들을 총체적으로 해결하기 위해 도입된 방법론이라고 할 수 있다. 즉 정보관리와 관련된 조직 전체 차원의 기준을 구성하고, 기업 전략과 ICT 전략을 연계하는 데 필요한 일종의 방법론이 요구되었으며, ITA가 그를 위한 유력한 방법론으로 대두된 것이다(Ross *et al.*, 2006: 1-24).

(2) 정보기술 환경의 변화에 따른 인식의 변화

이제까지 정보시스템이라고 하면 하드웨어, 소프트웨어, 기타 요소로 구성된 총체로 인식되어 왔다. 이러한 인식은 정보시스템의 기술적 측면을 강조하게 만들었다. 물론 아직도 정보시스템의 기술적 위험은 존재하지만, 오늘날에는 필요한 정보서비스를 외부로부터 쉽게 조달할 수 있게 되어 과거에 비해 기술적 위험은 상당 부분 감소한 것이 사실이다. 더욱이 관리자들은 정보기술이 더 이상 부차적인 기술적 요소가 아니라, 조직의 기본 목적을 달성하기 위해 적극적으로 도입, 활용하여야 할 전략적인 요소로 인식하고 있다.

이와 같이 정보기술 환경이 변화하면서 관리자들은 지금까지의 기술 중심적 관리체계가 적절하지 않음을 알게 되었다. 즉 정보자원을 과거와 같이 기술로 취급하는 것이 아니라, 조직에서 적극적으로 관리하여야 할 자원으로 인식하게 되었으며, 이에 체계적으로 관리할 필요성을 인식하게 된 것이다(장시영 외, 2002).

(3) 정보자원 관리 수단의 필요성

효과적인 정보기술 및 정보자원 관리를 위해 조직에서 효과적으로 정보기술을 관리할 수 있는 프레임워크가 필요하게 되었다. 기존에도 정보자원 관리를 위한 다양한 이론과 실무적 방법론들이 제시되었지만, 급격한 정보기술의 발전과 그에 따른 정보기술 투자의 증가라는 환경적 변화에 부합하기에는 적절하지 않았던 것으로 평가되고 있다(장시영 외, 2002). 이에 기술 중심에서 탈피하여 정보기술을 주요 관리 대상으로 인식하고 정보자원의 효율성을 확보하기 위한 관리체계로서 ITA가 대두되었다.

다. 정보기술아키텍처 구축의 효과

위와 같은 배경하에서 도입된 정보기술아키텍처의 구축 효과를 〈표 5.2〉에서 제시되고 있는 바와 같이 정리할 수 있다. 첫째, 재무적 관점에서는 정보기술아키텍처의 활용을 통해 중복된 프로젝트를 사전 식별하고 이를 시정함으로써 정보화 비용을 절감할 수 있다. 둘째, 프로세스 관점에서는 전략과 정보시스템 효과의 연결성을 강화할 수 있다. 셋째, 고객 관점에서는 고객에 대한 통일된 정보와 관점을 제시할 수 있다. 넷째, 학습과 혁신의 관점에서는 정보기술아키텍처의 활용을 통해 조직 변화를 효과적으로 이끌어낼 수 있다는 효과를 제시하고 있다.

실제로 위와 같은 정보기술아키텍처 구현의 기대효과가 발현되고 있는 것으로 보고되고 있다. 예를 들어, 미국에서 CIO들을 대상으로 수행된 조사 결과에 따르면 기업의 규모와 관계없이 아키텍처가 도입된 기업체가 그렇지 않은 업체보다 평균 30%의 정보화 비용 절감을 누리고 있다. 또한 ITA를 구축, 활용하고 있는 공공 및 민간

〈표 5.2〉 정보기술아키텍처 구축 효과

관점	구축 효과
재무적 관점	• 중복된 프로젝트를 제거 • 정보화 비용을 절감
프로세스 관점	• 조직의 변화 요구에 신속한 대응이 가능 • 아키텍처 노력이 변화를 저해하는 요인을 제거하는 데 기여 • 아키텍처는 전략과 정보시스템 효과 간의 교량 역할을 수행
고객 관점	• 고객에 대한 단일한 관점을 제공 • 고객에 대한 서비스와 기능 프로세스의 통합에 기여
학습과 혁신 관점	• 조직변화를 효과적으로 이끌어냄

출처: Buchanan *et al.*(2002)

〈표 5.3〉 실제 사례에서 나타나는 정보기술아키텍처 도입의 효과

관점	사례	효과
재무적 관점	미 교육성	• 문서관리시스템의 중복 투자 제거 • 교육성이 자체 추진하던 보조금(grant) 관련 시스템을 범정부 차원에서 구축하는 전자정부시스템(e-Grant)으로 대체
	미 금융서비스 기업	• 시스템 개발 및 유지 비용의 절감 효과
	오하이오 주	• 코드 재사용을 통한 유지 비용의 절감 효과
프로세스 관점	National 항공사	• 신속한 대응력 확보
고객 관점	Zuellig 제약유통사	• 고객에 대한 정보 요청 수요를 1/10로 절감 • 대고객 이미지 향상 • 부서 간 협력 기능 확대
학습과 혁신 관점	Allegheny Energy	• 외부 환경과의 유기적 접근이 가능
	Munich Re	• 경영전략 및 ICT 전략의 연계 강화
	KLM 항공사	• ICT 도입 관련 의사결정 학습 도구로 사용

출처: 김성근·박현주(2002)

부문 조직들의 사례와 그 효과를 분석한 결과, 〈표 5.3〉에서 제시되고 있는 바와 같이 재무적 관점, 프로세스 관점, 고객 관점, 학습과 혁신 관점에서 효과가 나타나고 있다.

2) 미국 연방정부의 업무참조모델[1]

가. 미국 연방정부의 정보기술아키텍처 추진의 역사

정보기술아키텍처의 개념은 1980년대 미국에서 개발되었다. IBM의 컨설턴트였던 John Zachman은 정보시스템의 통합적 형상을 체계적으로 표현하는 청사진으로서 정보시스템 구축과 운영을 위한 다양한 관점과 구성 요소를 포함하는 정보기술아키텍처의 개념을 제시하였다. 정보기술아키텍처는 1980년대 말부터 연방정부에 도입되었다. 1989년 국립표준기술원NIST: National Institute of Standards and Technology은 연방기관을 위한 'NIST 프레임워크'를 제시한 바 있다. GAO는 다양한 지침과 연구 결과를 통해 민간부문과 공공부문의 정보화 추진에 있어서 정보기술아키텍처가 연방정부 정보화

1 한국에서는 범정부 정보기술아키텍처(ITA) 사업과 정부기능연계모델 사업이 분리되면서, 미국 연방정부의 업무참조모델이 정부기능연계모델로 번역되어 활용되어 왔다. 이 연구에서도 미국의 경우를 '업무참조모델'로, 한국의 경우를 '정부기능연계모델'로 구분하기로 한다. 그리고 두 모델은 한국의 예를 따라 '정부기능연계모델'로 사용하기로 한다.

의 성과 향상에 핵심적인 요인임을 강조해왔다.

1990년대 들어 대규모 ICT 투자를 수행해온 기관들을 중심으로 ITA 프레임워크가 개발, 활용되어 왔다. 이러한 다양한 기관들의 정보기술아키텍처들은 상이한 용어와 구조를 가지고 있었지만, 정보기술 투자의 중복성 제거, 정보기술의 효율적 활용 평가라는 목표하에 구성되었다(GAO, 2002). 특히 미국 연방정부에서 정보기술아키텍처의 확산에 결정적인 계기가 된 것은 1996년 「정보기술관리혁신법 ITMRA: Information Technology Management Reform Act」 제정이었다. 이를 근거로 ITA의 구축 및 유지, 적용을 위한 제도적 장치들이 도입되었으며, 다양한 ITA 프레임워크의 개발 및 고도화가 이루어졌다.[2] 관리예산처는 「메모 97-16」이나 「회람 A-130」 등을 통해 연방기관들이 ITA를 구현함에 있어 준수해야 할 지침들을 제시하고 연방기관이 이를 준수토록 강제하였다. 또한 동법에 따라 연방기관의 정보화담당관이 기관의 ITA 구축, 유지, 활용에 대한 책임을 부여받았다. 이로 인해 연방정부의 정보화담당관협의회 CIO Council는 아래 〈표 5.4〉과 같이 정보기술아키텍처 구현을 위한 각종 계획 및 실무 지침을 제시하고 세부적인 실천 요강과 교육 등을 제공하였다.

〈표 5.4〉 미국 정보화담당관협의회의 ITA 개발 지원 활동

연도	활동 내용 및 계획
1998년 8월	연방정부 전사적 아키텍처 개념적 프레임워크 개발 완료
1998년 10월	CIO 위원회에서 연방정부 전사적 아키텍처 개념적 프레임워크 통과
1998년 12월	각 기관의 정보아키텍처 조직, 통합, 시행 상태를 조사, 보고
1999년 1월	연방 전사적 정보아키텍처 개념적 프레임워크(안) 완성
1999년 2월	기존 OMB 지침의 프레임워크와 통합하고, 다른 과도기적 프로세스들과의 융합에 대한 증명을 시작(중점 ICT 투자 계획)
1999년 4월	하나 또는 그 이상의 시범 아키텍처의 단위별 문서화를 진행
1999년 5월	아키텍처의 도구, 프로세스, 방법들에 대한 투자, 평가, 보고
1999년 9월	연방 전사적 정보아키텍처의 결합을 위한 공통 표준 로드맵(기술 프레임워크)의 개발

출처: 한국전산원(1999: 35)

2 에너지부의 IA(Information Architecture Ver 1.0; 1995년), 농무부의 ISTA(Information Systems Technical Architecture; 1997년), 국방부의 C4ISR(Command, Control, Communications, Computers, Intelligence, Surveillance and Reconnaissance) Architecture Framework Ver 1.0; 1996년), 정보화담당관협의회의 FEAF(Federal Enterprise Architecture Framework; 1999년), 재무부의 TEAF(Treasure Enterprise Architecture Framework; 2000년) 등이 이 시기 개발된 ITA의 예이다(한국전산원, 1999: 7-59).

2000년대에 들어서면서, 미국 연방정부 내에서 정보기술아키텍처에 대한 논의는 다음의 세 방향으로 진행되었다. 첫째, 연방기관이 구축한 정보기술아키텍처와 정보기술 투자를 어떻게 연계하고 평가할 것인지에 대해 논의가 이루어졌다. 둘째, 2001년 정보화담당관협의회에서 제시한 「FEA 실무지침Practical Guide to Federal Enterprise Architecture」처럼 실제 연방기관에서 정보기술아키텍처를 어떻게 구축하고, 활용할 것인지에 대한 실무적인 지침들이 제시되었다. 마지막으로 ITA 추진 성과에 대한 평가를 바탕으로 효과적인 ITA를 구축하기 위해 구현되어야 할 지원체계의 중요성이 제시되었다. 특히 GAO는 2002년 정보기술아키텍처의 성숙도를 평가하기 위한 평가체계를 개발하고 이를 바탕으로 연방기관의 정보기술아키텍처 성숙도를 평가하였다(GAO, 2002).

나. 부시 행정부의 FEA 사업 추진의 배경과 목표

전자정부가 본격적으로 추진되었던 1990년대 중반 이후부터 미국 의회를 중심으로 전자정부의 효과성과 효율성에 대한 문제가 제기되었다. 즉, 도입 당시의 기대와는 달리, 실제로 구현된 전자정부 서비스의 질적 수준이 낮을 뿐만 아니라, 높은 ICT 투자에 비해 그 효과는 미미하다는 것이었다. 아울러, 정부 내부적으로는 관련 기관 간 정보 공동 활용의 미비, 정보시스템 및 각종 ICT 자원에 대한 낮은 관리 역량 등으로 인한 정보기술 투자의 비효율성이 문제점으로 제기되었다(Wolfe, 1999). 이러한 문제에 대한 해결 방안의 하나로서 앞서 언급한 바와 같이, 미국 의회는 연방정부에 대해 정보기술아키텍처의 도입을 의무화하였다.

그러나 「정보기술관리혁신법ITMRA」에 근거한 ITA의 도입은 그다지 효과적이지 않은 것으로 평가되었다(OMB, 2002). 첫째, 당시 연방기관의 ITA 성숙도가 높지 않았던 것으로 평가되었다. 총 93개 연방기관에 대한 평가 결과, 대부분의 연방기관들이 정보기술아키텍처를 도입, 적용하고 있기는 했지만, 그 평균 성숙도에 있어서 5점 만점에 1.74점 정도의 성숙도를 보이고 있는 것으로 분석되었다. 2003년 재평가 결과 역시 평균 성숙도에 있어서 1.76점을 보이고 있어 큰 개선이 없었던 것으로 분석되었다. 이와 같은 성숙도 평가 결과에 따라 GAO는 정보기술아키텍처 도입과 활용에 대한 더 강력한 의회의 견제와 행정부 내 OMB의 활동 강화를 강조하였다(GAO, 2004; 2002).

둘째, 기존 도입된 정보기술아키텍처가 단일 조직 중심으로 구성되었기 때문에 연방정부 전체 차원에서는 기능의 생산성 및 서비스 품질에 한계가 나타났다. 이에 연방정부기관들 전체를 아우르는 공통적인 기반을 제공하는 정부 아키텍처의 부재와 다부처 프로젝트를 위한 아키텍처 개발의 필요성이 제기되었다. 이에 따라 2002년 「전자정부법」에서는 "개별 기관 내뿐만 아니라, 기관들을 연결하는 FEA EAs both within and across agencies"의 구성을 의무화하고 신설되는 전자정부국이 그 일을 감독하도록 규정하였다. 부시 행정부는 OMB 내에 FEAPMO Federal Enterprise Architecture Program Management Office를 구성하고 범정부에서 공통적으로 연계해야 하는 FEA 참조모델을 개발하였다. 그리고 「OMB 회람 A-11」의 개정(2005년 11월)을 통해, "연방기관들은 정보기술 투자에 대한 OMB의 승인을 얻기 위해 기관의 정보기술 투자가 FEA의 참조모델들과 지침들을 준수하여 진행되었는지를 증명해야 한다."고 의무화하였다.

OMB는 FEA의 목표를 ① 연방정부의 정보기술 투자의 중복성을 줄이고, ② 연방정부기관 간의 수평적 정보공유와 연방정부, 주정부, 지방정부 간의 수직적 정보공유를 원활하게 하며, ③ 시민 중심, 고객 지향적인 정부를 단들기 위해 정보기술과 연방기관의 임무, 성과 간의 연관성을 명확하게 하며, ④ 정보기술 투자의 효과와 성과 극대화로 설정하였다. 이와 같은 사업 목표를 달성하기 위해, OMB는 "연방정부를 포괄하는 기능 중심 comprehensive, business-driven, 그리고 연방정부의 기능에 대한 통합적 관점 integrated view of the Federal Government's business"에서 FEA를 구성하고자 하였다(OMB, 2002).

FEA의 근본이 되는 모델인 업무참조모델의 구축 목적은 첫째, 다양한 이해당사자들이 연방정부의 기능과 임무가 무엇이며, 어떤 방식으로 지원되고 달성되는가를 묘사하고 의사소통하도록 만드는 것, 둘째, 연방기관들 간의 정보기술 투자와 정보시스템 통합을 위한 기회를 식별하고 정보기술 투자의 중복성을 제거하는 것, 셋째, 기관간 cross-agency의 기능 분석과 성과 증진 및 업무 프로세스 개선 및 정보 공동 활용을 촉진하는 것이다(FEAPMO, 2003; 2002).

다. 업무참조모델 구축 결과

2007년 12월 현재, 업무참조모델(ver. 2.0)은 '대對국민 서비스', '서비스 제공방식', '서비스 제공지원', '정부자원관리'의 4개 영역으로 구성되어 있으며, 각 영역은 기능계열 line of business과 세부 기능 sub-function으로 구성되어 있다. 첫째, '대국민 서비스' 영역은 국민에게 제공되는 서비스 관점에서 행정부의 임무와 목적을 묘사하기 위한 것이다. 둘째, '서비스 제공방식' 영역은 행정부의 목적 달성과 대국민 서비스의 제공을 위해 활용하는 그 목적을 달성하기 위해 정부가 사용하는 수단 mechanism을 묘사한다. 셋째, '서비스 제공지원' 영역은 행정부의 기능 수행을 지원하기 위한 주요 정책, 방

[그림 5.1] 미국 연방정부의 업무참조모델

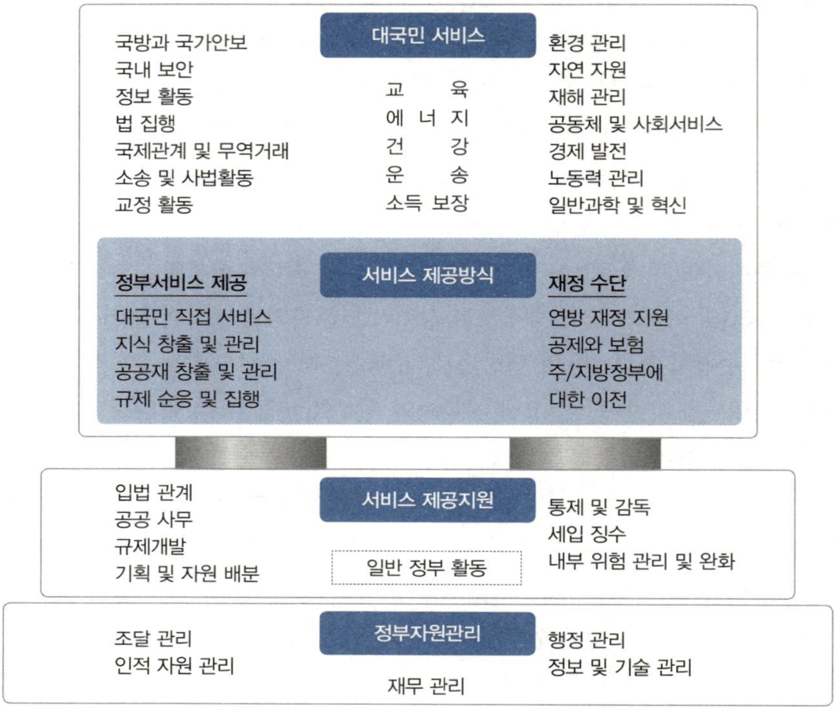

출처: FEAPMO(2003)

침, 관리 토대를 묘사한다. 넷째, '정부자원관리' 영역은 정부기능의 보다 효과적인 수행을 위해 행해지는 후선 기능 back-office 지원에 해당한다([그림 5.1] 참조).

이들 각각의 영역들은 〈표 5.5〉에서 보는 바와 같이 기능 계열과 세부 기능으로 구성된다. 예를 들면, '대국민 서비스' 영역은 미국 시민을 위해 제공되는 서비스에 대한 미국 정부의 임무와 목적을 설명한 것으로 일반 국민들의 이익과 신변 보호를 위해 연방정부가 제공하는 서비스 또는 책임 등을 포함한다. 대국민 서비스 영역은 국방 및 국가안보 등 19개의 기능 계열과 65개의 세부 기능이 포함되어 있다.

업무참조모델에 제시되어 있는 모든 기능 단위 또는 세부 기능이 특정 부처에 의해 수행됨을 의미하는 게 아니라, 특정 부처가 어떤 목적으로 어떤 내용의 일을 수행하든 그 기능은 여기에 정의된 기능 단위 또는 세부 기능 중의 하나로 묘사될 수 있다는

〈표 5.5〉 미국 FEA 업무참조모델의 구성

기능영역	기능 계열		세부 기능	정의
국민을 위한 서비스	외부 기능분야	19개	65개	국민에게 제공되는 서비스에 대한 미국 정부의 임무, 일반 국민들의 권익 보호를 위한 연방정부의 서비스 또는 책임
제공 방식 (내부)	내부 기능분야	7개	24개	정부의 목적 달성 혹은 국민을 위한 서비스를 위해 정부가 이용하는 메커니즘(mechanism)
서비스 제공 지원		8개	35개	연방정부의 운영 지원을 위한 주요 정책, 사업과 관리의 기초
정보자원관리		5개	28개	정부의 효율적인 운영을 가능하게 하는 후방(back office) 지원활동

출처: FEAPMO(2003)

뜻이다. 각 기관이 수행하는 기능 분석의 공통 기준이 되는 것이다. 이렇게 공통 기준을 제시함으로써 복수의 서로 다른 부처들이 비슷한 종류의 기능을 수행하고 있는지의 여부를 파악할 수 있게 되며, 이러한 기능을 지원하는 정보시스템을 개발할 경우 복수의 부처들이 공동으로 개발함으로써 모든 부처의 기능들을 통합적으로 지원하는 정보시스템을 구축할 수 있는 가능성을 발견할 수 있게 된다.

이와 같은 기능 간 연계를 효과적으로 수행하고 업무참조모델의 변화 관리의 효율성을 기하기 위해 각각의 기능영역과 기능계열, 그리고 세부 기능에 대해 설명과 목표를 제시하고 있으며, 각 기능영역별 상세 기능의 예를 제시하고 있다. 또한 각각의 기능들은 코드화되어 있다. 즉 기능영역(1자리) – 기능계열(2자리) – 세부 기능(3자리)으로 구성된 총 6자리로 코드화되어 활용되고 있다.

업무참조모델의 활용과 연계 측면에서는 주로 예산과정 및 FEA의 다른 참조모델들과 연결되어 있다. 첫째, 앞서 살펴본 바와 같이 FEA의 다른 참조모델과 각 기관의 업무참조모델의 기준이 된다. 둘째, 업무참조모델은 연방정부의 예산과정과 연결되어 있다. 연례적인 예산편성 과정이 시작되기 전 당해 연도의 업무참조모델이 발표되며, 연방기관은 예산을 편성하고 OMB에 제출할 때, 업무참조모델에 ICT 예산을 편성하고 분류해야 하며, 사업에 대한 사전평가결과를 작성, 제출할 때에도 업무참조모델에 기반해야 한다. OMB 역시 업무참조모델에 기반하여 각 연방기관의 ICT 사업을 평가하게 된다.

3) 한국 중앙정부의 정부기능연계모델

가. 한국에서의 정보기술아키텍처 추진의 역사

한국의 경우, 노무현 정부가 「범정부 ITA 구축사업」을 전자정부 로드맵 31대 과제의 하나로 추진하면서, 정보기술아키텍처가 본격적으로 정부에 도입되기 시작하였다. 물론 「범정부 ITA 구축사업」의 시작 이전에도 서울시와 일부 공기업에서 정보기술아키텍처를 구축하여 활용한 바 있으나, 그 수가 그리 많지 않으며 그 활용도 매우 낮은 수준으로 평가된다. 결론적으로 노무현 정부 출범 시점에서 한국은 미국에 비해 정보기술아키텍처의 도입과 추진의 역사가 짧고, 정보기술아키텍처에 관한 한 이제 시작 단계라 하겠다(강홍렬·최선희, 2005). 이하에서는 한국에서의 정보기술아키텍처의 도입의 목적과 관련이 있는 정보시스템 간 연계 및 통합과 정보자원관리에 대한 제도들을 살펴보고자 한다.

정보기술아키텍처 도입 이전에 한국에서의 정보시스템 연계 및 데이터 통합에 대한 논의는 크게 두 축으로 이루어져 왔다. 첫째, 정보공동활용 및 관련 표준화 추진을 중심으로 한 논의이다(한국전산원, 1999: 60-63). 정부는 1998년 「행정정보공동이용에관한 규정」(1998년 3월 대통령령 제15745호)을 제정하였다. 또한 정보화추진위원회를 통하여 「정보공동활용을 위한 표준화 강화방안」 등을 작성하였으며, 「공공정보 공동활용을 위한 표준화 추진계획 작성지침」을 각 부처에 시달하기도 하였다. 특히 정보통신부는 정보화 표준의 활성화를 위하여 「정보화 표준 활성화 방안」에서 표준분류체계를 제시하고 정보기술아키텍처와 표준프로파일을 기본으로 정보화사업의 표준화를 추진하였다. 이에 따라, 한국전산원은 전산망표준화(1993~1998년) 종료 후, 정보화 표준화 및 정보공동활용 표준화 활동을 진행한 바 있다. 또한 정보기술아키텍처의 도입과 관련하여 정보기술아키텍처 수립 지침과 표준프로파일 적용 지침을 작성하고 있다. 또한 정보기술아키텍처의 환경 조성 및 관련 기능으로서 정보공동활용, 정보자원관리, 정보화사업 평가, 정보화사업 감리 등의 기능들을 수행해왔다(한국정보사회진흥원, 2007: 297).

둘째, 정보자원관리를 중심으로 한 논의이다. 1996년 한국전산원에서 『정보자원관리 체계의 도입방안 연구』 보고서가 발간되는 등 1990년대 후반부터 정보자원관리에 대해 본격적으로 논의가 이루어져 온 것으로 평가된다. 이후 국책연구기관들을 중심으로 정부의 정보자원관리에 대한 연구가 진행되어 왔다(행정자치부·중앙대학교, 2004).

그러나 이와 같은 논의들은 전자정부 구현이라는 큰 정책목표 속에서 전자정부 추진의 효과성과 효율성 제고를 위해 목표 – 업무 – 정보자원이 통합적으로 연계되어 진행되어 왔다기보다는 각각의 주요 이슈들만이 분절적으로 고려되었다고 평가된다. 또한 정보자원관리의 수단으로서 정보기술아키텍처에 대한 고려가 부족하여 목표와 수단 간의 연계가 미흡하다는 문제점이 제기되었다(한국정보사회진흥원, 2007a: 3-5; 강홍렬·최선희, 2005). 따라서 전자정부의 효율적인 추진이라는 큰 정책목표하에서 정보자원관리체계와 정보기술아키텍처 등 제반 요인들이 통합된 분석틀이 요구되었으며, 이에 전자정부 로드맵 과제의 하나로 범정부적 ITA 구축사업이 포함되었다.

나. 노무현 정부의 정부기능연계모델사업 추진의 배경과 목표

노무현 정부의 출범과 함께 김대중 정부까지의 정보화 추진이 양적 성장에만 매몰되었으며, 전자정부가 정부기능의 혁신이나, 예산 절감과 같은 기대효과를 내지 못하고 있다는 평가가 제시되기 시작하였다(정보통신부, 2003). 특히 전자정부분야에 있어서는 정부기능 분류 및 기능 연관 관계가 정확히 파악되지 못함으로써 정보화 및 기능 추진 시 정보공동활용 및 부처 간 협업 기준이 미흡하여 정부조직 간 기능 흐름이 수평적, 수직적으로 원활하게 이루어지지 못하고 행정효율성 및 대민서비스 개선 효과가 부진하다는 지적이 제기되어 왔다.

예를 들면, 부처 간 협업체계의 미흡 및 서비스 중심의 분류체계 부재로 관련 및 유사 기능을 수행하는 부처 간 협업이 제대로 이루어지지 못하여 기관 간 기능 중복 현상과 그에 따른 책임 소재의 모호성이 발생하였다. 또한 정보 소재 파악의 어려움으로 기능 수행 시 관련 기능의 책임 소관, 법령, 규제, 예산 등의 정보를 종합적으로 제공받지 못해 의사결정에 필요한 상황 판단과 상시적 기능 개선에 필요한 정보 입수에 상당한 시간과 노력이 소모되었다. 또한 사업 조정 및 연계 미흡으로 사업 간 조정과 연계추진을 위한 상시 모니터링이 미흡하여 중복 투자 예방과 시스템 간 연계 및 호환, 정보공동활용 촉진 등이 제대로 이루어지지 않았다는 평가가 대두되었다(정부혁신지방분권위원회, 2005: 60-61).

이와 같은 전자정부 추진상의 한계를 고려할 때, 미국의 FEA와 업무참조모델은 노무현 정부에게 중요한 시사점을 제공하였다. 여러 기관들로 구성된 정부를 하나의 조직enterprise으로 보는 전체적인 관점holistic approach에서 정부 기능/하위 기능들을 재배열하고 이를 정보시스템과 연결하는 업무참조모델의 문제의식은 한국 노무현 정부가 당면한 전자정부 추진상의 문제점을 극복하는 첫 단계로 인식되었던 것이다. 이에 따라 노무현 정부는 정부 기능을 서비스 및 기능처리 절차에 따라 체계적으로 구조화한 정부기능연계모델을 개발하여 상시적 행정프로세스 혁신과 부처 간 협업체계 증진을 위한 기반으로 삼고자 하였다. 노무현 정부의 정부혁신을 추진해온 정부혁신지방분권위원회 주도하에 범정부적 차원에서 정부기능을 구조화하고 관련 기능들을 연계함으로써 정보화 투자의 중복 방지와 부처 간 협업을 촉진하고 정부 기능 및 조직 변화에 능동적으로 대처할 수 있는 기능연계모형을 개발하고자 하였다.

이러한 사업 목적에 따라, 노무현 정부는 정부기능연계모델을 "부처 및 기관이 수행하는 기능을 체계화하고 범정부적으로 기능 간 상호 연계하여 실시간 변화 관리를 할 수 있는 시스템"으로 정의하였다(한국전산원, 2003b: 5). 그리고 각 부처가 수행 중인 다양한 정부기능의 수행 목적, 타 기능과의 관계, 수혜자, 하위 기능 등을 분석하여 분류한 후, 주요 범주에 따라 정보화를 추진하고자 하였다. 또한 이 기능 중심 모델에 예산 정보, 인사 정보, 법령 정보, 규제 정보 등을 연계함으로써 정부의 기능 수행과 관련된 정보들을 '한눈에' 볼 수 있도록 하는 시스템 구축을 목표로 하였다. 이러한 시스템은 유관 기능에 따라 정부부처와 기관을 횡적으로 그리고 종적으로 연계함으로써 한편으로는 불필요한 기능의 제거, 복잡한 기능의 단순화, 중복 기능의 통합 등이 가능하며, 또 다른 한편으로는 정부부처 간에 기능적 측면에서 횡적 연계와 종적 통합이 가능하도록 함으로써 정책 결정과 집행의 성과를 제고하고 대국민 서비스의 질적 향상을 이룰 것으로 기대되었다(정부혁신지방분권위원회, 2005: 205).

다. 정부기능연계모델 구축 결과

2007년 12월 현재, 한국의 정부기능연계모델은 정부기능을 수준별로 1레벨(정책영역) – 2레벨(정책분야) – 3레벨(대기능)로 구분하고 있다. 각 레벨별로 1레벨 기능 15개, 2레벨 기능 67개, 3레벨 기능 491개로 정리하고 있다.[3] 그러나 〈표 5.6〉에서 보는 바와 같이, 기능 담당 기관이 1레벨 앞에 구성되어 조직별로 기능을 분류하고 있음을 알 수 있다. 또한 실제 기관의 기능이 구체화되고 기관 간에 기능 연계의 기준이 될 수 있는 3레벨의 기능들 중에는 부처 간에 공유되는 기능이 전혀 없다. 마지막으로는 각 부처의 행정지원 기능이 모두 3레벨 기능으로 정의되어 있다. 모든 부처의 참모기능 staff function으로서 부처 간에 유사한 '행정지원' 기능[4]이 정의되어 있다. 또한 기능의

3 한국의 전체 정부기능연계모델은 엄석진(2008) 〈부록 4〉 참조.

4 〈표 5.6〉상에는 '문화관광 행정지원', '농림 행정지원'으로 정의되어 있다.

〈표 5.6〉 한국의 정부기능연계모델(부분)

부처명	정책영역(1레벨)	정책분야(2레벨)	대기능(3레벨)
문화관광부	문화체육관광	문화예술	종교문화 지원
			문화정책
			문화중심도시 조성
			예술정책
			문화산업정책
			문화미디어정책
			예술원 운영
			예술종합학교 운영
			국립박물관 운영
			국립국어원 운영
			국립중앙도서관 운영
			국립중앙극장 운영
			국립현대미술관 운영
			국립국악원 운영
			국립민속박물관 운영
			국립국악중고 운영
		관 광	관광정책
			관광레저도시 육성
	문화체육관광	체 육	체육정책
		문화체육관광 일반	문화관광 행정지원
농림부	농림해양수산	농업·농촌	경영 안정·농업 금융
			농업경영체 육성
			지역농업 육성
			농지 관리
			쌀 생산 유통 및 소득 관리
			양곡 수급 관리
			친환경 농업·기술 개발
			농산물 유통
			농산물 가격 안정
			과수산업 육성
			축산업 진흥
			농업 생산 기반 조성 관리
			농촌 개발·복지 증진
			농업·농촌 정보화
			국제농업 통상 협력
			농산물 품질 관리
			농업 연수
			수의과학 검역
			식물 검역
			종자 관리
			농림 행정지원

출처: 행정자치부(2006a)

도출 기준도 1레벨(대기능)은 '각 부처의 실·국 수준', 2레벨(중기능)은 '각 부처의 팀·과 수준', 3레벨(소기능)은 '법률, 직제 등 법적인 근거 및 기록물 분류기준표를 통해서 정의된 기능'으로 정의하고 있다(「정부기능의 분류 및 관리에 관한 규정」 대통령훈령 제209호). 이를 통해 기능의 구성에 있어서도 부처 내부의 조직적 구성이 기본적인 고려 사항임을 알 수 있다. 결론적으로 한국의 정부기능연계모델은 수행 조직과 무관하게 기능 중심으로 분류된 미국의 업무참조모델과는 달리, 기관(조직) 중심의 구성이라 할 수 있다.

또한 정부기능연계모델이 제시하고 있는 기능들에 대한 상세한 설명이나 기능 수행의 목표, 사례 등은 제시되고 있지 못하다. 또한 기능들에 대한 코드화는 이루어져 있지 않으며, 다만 기능분류정보시스템상에서 검색어 등을 통해 유사 기능들을 식별할 수 있을 뿐이라고 한다.[5] 활용과 연계 측면에서는 행정부처의 업무 관련 정보 및 시스템과 연계되어 있다. 정부기능연계모델은 업무관리시스템인 온-나라 업무관리시스템과 연계되어 있다. 즉 각 부처의 업무관리시스템이 기능을 참조할 때 기준 정보와 관련된 속성 정보를 제공하도록 구성되어 있다. 둘째, 정부기능연계모델은 각 부처의 기능에 대한 속성 정보와 업무 편람과 연계되어 있다. 세분화된 기능과 과제별로 관련된 법령, 지침, 규제, 예산, 정보시스템에 대한 정보가 연계되어 있다. 다른 참조모델과의 관계 측면에서는 정부기능연계모델이 다른 참조모델의 기준 모델로서 작동하고 있지 않은 실정이다. 2007년 12월 현재, 범정부 ITA의 성과참조모델을 비롯한 여타 참조모델이 근거하고 있는 기능분류체계와 정부기능연계모델 간에 불일치를 보이고 있다.

4) 소결: 미국과 한국의 정부기능연계모델의 비교

그러나 모델의 세부적인 구성에 있어서는 차이가 나타나고 있는 것으로 분석된다. 즉 양국이 동일한 목표로 사업을 수행했지만, 그 구축 결과는 차이가 있는 것으로 나타나고 있다. 우선 미국 부시 행정부의 업무참조모델의 경우, 기능 중심으로 구성되어 있다. 이들 각 기능영역은 여러 개의 기능 단위로 구분되고, 각 기능 단위는 또한 세부 기능으로 구성된다. 단일 기관의 관점에서는 업무참조모델과 다른 참조모델들을 통해 기관이 달성해야 할 성과와 범정부 차원에서 협력해야 할 기관들을 식별할 수 있다. 또한 각 기능별로 상세한 설명과 기능 수행의 목표 및 예 등이 제시되어 있

5 행정안전부 정부기능연계모델 담당 사무관과의 전화 인터뷰 결과. 2008. 4. 29.

으며, 기능별로 코드가 부여되어 관리되고 있다. 특히 미국의 업무참조모델은 예산과정 내에 제도화되어 연방정부의 정보기술투자 편성에 활용되고 있다.

실제로 업무참조모델을 통해 중복적인 정보시스템 구축의 방지와 부처 간 정보공유가 촉진되는 사례가 나타나고 있다. 예를 들면, 미국 교육부는 독자적인 교육 보조금 관련 정보시스템을 구축하고자 하였다. 그러나 업무참조모델에 따라 새로 구축하고자 하는 정보시스템이 지원하는 기능이 연방정부의 범정부적 전자정부사업인 e-Grant 시스템이 지원하는 기능과 중복적임을 알게 되었다. 이후 교육부의 교육 보조금 관련 정보시스템 구축사업은 e-Grant 사업으로 흡수되었다고 한다(OMB, 2002). 또한 노동부, 주택도시개발부, 그리고 교육부가 업무참조모델에서 제시하고 있는 기능들과 자신들의 기능들을 연결해본 결과, 서로 유사한 직업훈련 프로그램을 실시하고 있음을 업무참조모델을 통해 파악하게 되었으며, 관련된 사업의 정보를 공유하고 있다고 한다(Rocheleau, 2006: 148-155).

이에 반해, 한국의 정부기능연계모델은 1레벨 기능(대기능)에 선행하여 부처가 위치지어짐으로써 조직(부처) 중심의 정부기능연계모델을 구성하고 있다. 즉 정부기능연계모델에서 제시되고 있는 기능들이 사실상 부처의 실·국 기능(1레벨), 부 및 과 기능(2·3레벨)으로 정의되었다. 또한 정부기능 간의 연계는 사실상 이루어지그 있지 않다. 또한 각각의 기능이 구체적으로 무엇을 의미하는지에 대한 설명이 부재할 뿐만 아니라, 기능에 코드가 부여되고 있지 않다.

결론적으로 〈표 5.7〉에서 보는 바와 같이, 미국 부시 행정부는 한국의 경우와 비교할 때, 오랜 정보기술아키텍처 운영의 역사와 높은 성숙도를 가진 상황 속에서, 정보기술의 중복성을 제거하고 정보시스템의 효과성을 제고하기 위해, 범정부 차원의 기능 중심의 업무참조모델이 구성되었다. 세부 구성 측면에서는 기능별 코드 부여와 기능에 대한 상세 설명을 제시하고 있으며, OMB의 예산편성 과정 속에 제도화되어 있다. 또한 FEA의 다른 참조모델의 기준 모델로서 활용되고 있다.

한국의 경우에는 정보기술아키텍처 도입의 초기 단계인 상황하에서 다부처 연계적인 전자정부 추진과 정보기술 투자의 효율성 제고를 위한 정보기술아키텍처 구현이라는 정책목표를 수립하였다. 그러나 기본 구성의 측면에서 조직 중심의 정부기능연계모델을 구성하여 활용하고 있다. 세부 구성 측면에서는 기능별 코드와 설명이 제시되고 있지 않다. 또한 그 활용에 있어서는 관련 법령, 지침, 규제, 예산, 정보시스템 등과 같은 업무 관련 속성 정보와 업무관리시스템과 연계되어 있다. 또한 다른 참조

〈표 5.7〉 미국 업무참조모델과 한국 정부기능연계모델 간의 비교

		미국 업무참조모델	한국 정부기능연계모델
정보기술아키텍처 도입 역사와 성숙도		• 1990년대부터 연방정부로 도입 • 성숙 단계	• 2000년대 초반에 도입 논의 시작 • 초기 단계
정보기술아키텍처 구현의 목표		• 범정부 차원의 기능 중심, 기관 간 기능 연계 • 정보시스템의 효과성 제고 • 정보기술 투자의 중복성 제거	• 범정부 차원의 기능 중심, 기관 간 기능 연계 • 정보시스템의 효과성 제고 • 정보기술 투자의 중복성 제거
기본 구성		기능 중심 구성	조직 중심 구성
세부 구성	기능별 코드	기능별 코드 부여	없음
	기능별 설명 및 목표	기능별 설명 및 목표 제시	없음
	연계 및 활용	예산과정 내에 제도화	부처별 세부 업무 과제 및 그와 관련된 속성정보와 연계
	참조모델과의 관계	FEA 참조모델들과 연결	범정부 ITA 참조모델들과 연결되어 있지 않음(이원화)

모델과의 관계 측면에서는 범정부 ITA의 성과참조모델을 비롯한 여타 참조모델이 근거하고 있는 기능분류체계와 정부기능연계모델 간에 불일치가 나타나고 있다.

2. 미국 부시 행정부와 한국 노무현 정부의 전자정부 추진체계

1) 전자정부 추진체계의 구성 요소와 분석을 위한 지표들

앞서 제시한 전자정부 추진체계의 정의에 입각할 때, 전자정부 추진체계의 정책 역량을 결정하는 요인들은 다음과 같다. 첫째, 추진체계의 조직적 배열, 둘째, 추진체계에 부여된 조정·통제 수단, 셋째, 민간부문과의 제도적 연계 장치들이다. 이 연구에서는 추진체계의 조직적 배열을 '추진체계에 참여하는 조직들과 그들 간의 구조적 관계'로 조작적으로 정의한다. 구체적인 지표로는 추진체계가 수행하는 ① 기능의 집중도와 ② 추진체계의 조직구조를 채택한다. 이와 같은 지표체계로 조직적 배열을 검토함으로써 추진체계 내부와 중앙정부 전체 차원에서 전자정부 추진체계로의 권위의 집권화 정도를 분석할 수 있다.

둘째, 추진체계에 부여된 다양한 조정·통제 수단은 '추진체계가 전자정부사업을 추진함에 있어 기관들을 조정·통제하는 데 활용하는 제도화된 정책수단'을 의미한다.

〈표 5.8〉 전자정부 추진체계 분석을 위한 세부 변수와 지표들

세부 변수	지표	분석의 초점
전자정부 추진체계의 조직적 배열	① 기능의 집중도	추진체계가 어떠한 기능을 담당하고 있으며, 그 집중도는 어느 정도인가?
	② 추진체계의 조직구조	추진체계 내의 조직 구조와 권위의 집권화 정도는 어떠한가?
조정·통제 수단	① 권위에 기반한 조정·통제 수단	계층제적 통제, 평가 또는 법적 통제
	② 예산에 기반한 조정·통제 수단	전자정부 추진 재원 및 예산과정과 통합
	③ 상호협의에 기반한 조정·통제 수단	전자정부 추진을 위한 수평적 회의체
민간부문과의 연계	① 전자정부 추진을 위해 공공부문과 민간부문을 연계하는 조직	전자정부 추진과정에서 민간부문과 공공부문을 연계하는 조직은 무엇이며 추진체계와의 관계는 어떠한가?

조정·통제 수단의 분류에 대해서는 다양한 논의가 제시되고 있으나[6], 본 연구에서는 ① 권위에 기반한 조정·통제 수단, ② 예산에 기반한 조정·통제 수단, ③ 상호 협의에 기반한 조정·통제 수단으로 구분하여 분석한다. 셋째, 추진체계와 민간부문 간의 제도적 연계장치들을 살펴본다. 이를 위해 "추진체계와 연계 관계를 맺으며 정부 밖에서의 활동을 통해 전자정부정책에 영향을 미치는 민간부문의 참여자나 조직들"을 식별하고 그 기능과 성격을 분석한다. 이와 같은 전자정부 추진체계의 구성 요소와 그 지표를 정리하면 〈표 5.8〉과 같다.

2) 미국 부시 행정부의 전자정부 추진체계

가. 추진체계의 조직적 배열

(1) 기능의 집중도

부시 행정부는 2002년 제정된 「전자정부법」에 따라 OMB 내에 전자정부 추진 전담기관으로 전자정부국Office of e-government and IT을 설치하였다. OMB 내 전자정부국의 설치를 통해 클린턴 행정부 당시 NPR, GITS, GSA, OMB 등 다양한 기관에 분산되어 있던 추진기능을 대통령 직속의 상시적 예산 및 관리기구인 OMB로 집중하여 OMB 중심체제로 재편하였다.

6 국정 전반의 맥락에서 조정·통제 수단에 대한 분류는 임도빈(2004)을 참조할 것. 정보화정책의 발전이라는 맥락에서 조정 수단을 검토하고 있는 문헌으로는 박정은(2007)을 참조할 것.

① 정책 기획 및 개발

「전자정부법」은 전자정부국이 "전자정부 구현의 실질적 전담기관"으로서 "전자정부 구현을 위한 전략 목표를 설정"하고, "전자정부사업안을 검토"하며, "전자정부 서비스 및 절차의 혁신방안을 강구"하고 "정보자원관리 정책과 지침을 제정"하고, "전자정부기금 지원사업을 선정"하도록 규정하고 있다.

이에 따라 전자정부국은 전자정부 추진전략의 수립과 추진 목표 및 추진 과제를 선정하였다(OMB, 2002).[7] 이 외에도 기존의 단일 기관 중심의 ITA가 ICT 투자의 효율성 측면에서 한계를 가진다는 판단하에, 전 연방기관을 아우르는 FEA 사업을 계획하고 전담부서를 설치하여 사업을 추진하고 있다(FEAPMO, 2003).

② 예산

클린턴 행정부와 비교할 때, 가장 큰 변화가 나타난 부분 중 하나가 전자정부 예산에 관한 부분이다. 「전자정부법」은 전자정부국장에게 "신설된 전자정부기금의 할당을 감독하고 이를 적절히 관리하고 조정할 권한"과 "정보기술에 대한 자본을 계획하고 투자를 관리"할 권한을 부여하고 있다. 이와 같은 규정에 따라 전자정부국은 크게 두 가지의 방식으로 전자정부 예산과 관련된 권한을 행사해왔다. 첫째, 「전자정부법」에 명시된 전자정부기금e-government fund의 활용을 통해 다부처 전자정부사업에 대한 재정적 지원이 가능하게 되었다(Fountain, 2006). 둘째, OMB 예산국의 예산 검토 과정에서 정보규제국OIRA: Office of Information and Regulatory Affairs과 협력하여 개별 사업에 대한 위험 평가를 수행하고, 전자정부사업 및 정보기술자산취득에 대한 기술적 지원을 수행한다. 또한 전자정부 예산편성 과정에 참여하여 OMB 예산실의 예산편성을 지원한다.

③ 평가

「전자정부법」은 전자정부국에 전자정부사업의 구현을 감독할 권한을 부여하였다. 즉 전자정부 구현을 위한 실질적 전담기관으로서 "범정부적 전자정부 현안을 파악"하고 "ITA 개발 등 전자정부 구현을 감독"하도록 규정하고 있다. 전자정부사업에 대한 평가 및 관리기능을 수행하기 위해 전자정부국은 다음과 같은 평가 프로그램을 시행하고 있다(OMB, 2006).

7 전자정부국의 전자정부 추진 목표와 과제 선정과 관련된 활동에 대한 자세한 내용은 이 장의 제2절을 참조할 것.

첫째, OMB가 관리하는 대통령 의제 전자정부사업에 대한 상시적인 성과 평가와 추진 현황 점검이다. 전자정부 추진 결과에 대한 의회의 통제가 강화되고, 전자정부 추진 성과에 대한 의회 보고가 연례화됨에 OMB 역시 자체적인 성과평가체계를 수립하고 전자정부 과제에 대한 성과 측정 및 진행 사항 검토를 상시적으로 진행하고 있다. 둘째, OMB는 대통령 관리 의제의 추진 및 관리 현황에 대해 표준평가표scorecard를 작성하여 분기별로 평가해왔다. 각 기관의 전자정부 추진 현황도 이와 같은 표준평가표에 의거하여 평가하여 왔다. 셋째, 전자정부국은 다부처 전자정부사업과는 무관하게 진행하는 각 부처의 정보화사업에 대해서도 평가하여 왔으며, 이 중 사업 실패의 위험이 큰 사업을 '집중관리 프로그램'으로 선정하여 매년 관리해오고 있다(OMB, 2007).

④ 정책조정

다부처 연계cross-agency 전자정부사업을 추진하는 전자정부국은 다양한 방식으로 사업 간, 부처 간 조정 권한을 활용하고 있다. 첫째, 전자정부국의 조직 구성을 통해 분야 간 사업 조정을 진행하고 있다. OMB는 24개 다부처 전자정부사업을 전자정부 서비스 대상에 따라 대시민 서비스Government for Citizens: G4C분야, 대기업 서비스Government to Business: G2B분야, 정부 간 서비스Government to Government: G2G분야, 내부 효율Internal Efficiency and Effectiveness: IEE분야로 구분하고, 각 영역별로 총괄관리관을 두어 과제 간, 그리고 각 사업의 부처 간 조정을 담당하고 있다(OMB, 2002). 둘째, 정보화담당관협의회를 통한 조정이다. 「전자정부법」은 전자정부국장이 "정보화담당관협의회를 주도"하도록 규정하고 있다. 이에 따라 전자정부국장이 선임 정보화담당관으로 임명됨으로써, 전자정부국의 전자정부정책이 각 부처로 공유될 수 있는 공식적인 네트워크를 가지게 되었다.

(2) 추진체계의 조직 구조

① 전자정부국 내부의 조직 구조

우선 전자정부국의 내부적 구성은 [그림 5.2]에서 보는 바와 같이 기본적으로는 과제의 영역에 따라 구분되어 구성되었다. 즉 전자정부국장 아래 사업관리국portfolio management office을 두었으며, 사업영역별로 과제관리관portfolio managers과 사업영역의 관련 기관들의 대표자들로 구성된 기획위원회steering committees를 구성하였다. 과제관

[그림 5.2] 부시 행정부의 전자정부국 조직도

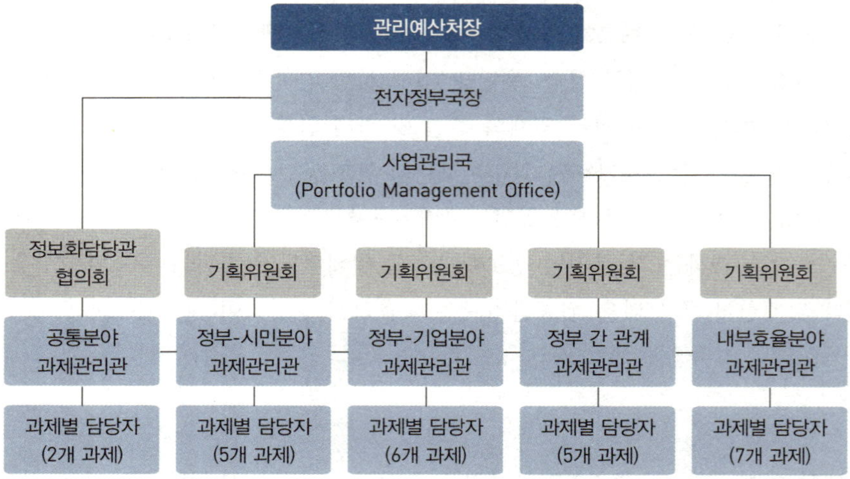

출처: OMB(2002)

리관은 각 영역의 전자정부 과제의 추진 상황 점검 등 전자정부 과제 추진의 1차적 책임을 진다. 각 영역별 기획위원회는 개별 과제들에 참여하고 있는 기관들의 대표자들로 구성되어 있다. 예를 들면, '정부 간 관계G2G 분야'의 기획위원회는 그 분야의 과제들에 참여하고 있는 기관들의 대표자와 주 및 지방 정부의 대표자들로 구성되어 있다. 이들 기획위원회는 OMB의 과제관리관을 비롯한 전자정부국 직원들이 과제별 기관들과의 원활한 의사소통을 지원하고 사업 추진에 있어서의 장애 요인을 제거하는 등 사업 관련 조정을 지원하는 기능을 수행한다(OMB, 2002).

② 전자정부국에 대한 상위 지원체계

이와 같은 기능의 집중도와 조직적 배열에 더하여 전자정부국은 전자정부 추진을 위한 권위를 대통령과 OMB의 정무직political appointees, 그리고 의회로부터 부여받았다. 첫째, 의회는 「전자정부법」 제정을 통해서, 그리고 각종 청문회 절차를 통해서 전자정부국의 권위를 인정하였다. 즉 「전자정부법」 제정을 통해 전자정부국을 실질적인 전자정부 전담기관으로 만들었을 뿐만 아니라, 전자정부 기금의 운용권까지 부여하였다. 이는 전자정부정책 추진에 관한 행정부 내 통제 권한authority과 독립적인 재정적 자원의 결합이라는 의미에서 추진체계의 정책 역량을 제고하는 제도적 기반으로 평가된다(Fountain, 2006).

그러나 의회는 전자정부정책 추진을 위한 권위를 OMB에 부여함과 그에 따른 의무와 책임을 부과함으로써 견제와 감시 또한 강화하였다. 첫째, 의회는 OMB로 하여금 전자정부 추진 결과에 대한 연례보고서를 의회에 제출하도록 의무화하였다. 둘째, GAO는 OMB의 전자정부 추진과정에 대해 지속적으로 점검하고 통제해 왔을 뿐만 아니라, 자체적인 평가체계를 구성하여 평가해 왔다. 셋째, 연방기관의 정보기술 관련 사업이나 운영에 대한 청문회에 전자정부국장을 출석시켜 증언하게 함으로써 전자정부국에 대해서도 통제와 책임을 지워왔다.

둘째, 대통령과 OMB 처장을 비롯한 정무직의 전자정부에 대한 이해도 OMB가 자원을 동원하고 권한을 행사하는 데 크게 기여하였다. 부시 대통령은 "효율적이고 효과적인 정부를 만드는 데, 그리고 전통적인 부처의 장벽을 허무는 데 전자정부가 활용되어야 함"을 강조하였다(OMB, 2001). 또한 OMB 처장을 비롯한 수뇌부들도 정부의 효율성 제고를 위해 전자정부가 적극적으로 확대되어야 한다는 점을 지속적으로 강조해 왔다.[8] 그 결과 대통령의 관리의제의 하나로서 "전자정부의 확대expanding e-government"가 포함되었다.

③ 다른 연방기관과의 협조체계

행정부 전반적으로는 전자정부국을 중심으로 상무부, GSA를 비롯한 인사관리처OPM: Office of Personnel Management, OIRA 등과 같은 대통령실 소속 기관들이 개별 기관의 설립 목적에 부합하는 기능을 수행하고 있으며, 그에 따른 책임과 권한이 부여되어 있다. 예를 들면, GSA는 전자정부기금을 관장하고, 정보화담당관협의회를 지원하며, 전자 서명의 상호운용성 확보를 위한 기본 틀을 제공하는 등의 기능을 수행하도록 「전자정부법」에 명시되어 있다. 「전자정부법」에 명시된 다른 연방기관이 수행하는 전자정부 관련 기능들은 〈표 5.9〉와 같다.

결론적으로 부시 행정부의 전자정부 추진체계는 OMB 전자정부국에 전자정부 추진과 관련된 기능이 집중되어 있을 뿐만 아니라, 법적·정치적 권한이 부여되어 전자정부 추진을 위한 구조적 집권성이 매우 높은 조직적 배열로 분석된다.

8 인터뷰 결과.

〈표 5.9〉 미국 「전자정부법」에 규정된 연방기관별 전자정부 추진기능

연방기관	기능
상무부(DoC)	• 정보기술표준의 공표
총무처 (GSA)	• 전자정부기금 관장 • 정보화담당관협의회 지원 • 전자서명의 상호운용성 확보를 위한 기본 틀 제공
인사국 (OPM)	• 정보자원 관리인력 수요 분석 • 정보자원 관리인력 개발 지원 • 정보기술 교육 성과 기준 개발 및 정보기술 인력 교환 프로그램 지원
연방획득정책국 (OFPP)	• 전자조달의 효과적 구현 • 전자정부 서비스 혁신방안 지원
정보규제국 (OIRA)	• 연방정부 정보 관련 정책 총괄 • 정보보안, 프라이버시, 엔터프라이즈 아키텍처 개발, 정보기술, 자본 계획·투자 통제 등과 관련하여 전자정부국과 상호 협력
다부처 기술지원팀	• 전자정부 서비스 및 절차 혁신방안에 관한 기술적 검토
각 연방기관	• 정보자원 관리정책, 지침 및 정보기술표준의 준수 및 지원 • 대민서비스, 업무효율성 등에 관한 전자정부 성과지표 개발 • 전자정부 통합 서비스의 유지, 관리 및 촉진 • 프라이버시 영향 평가 실시 및 웹 사이트 등에의 평가 결과 공개 • 정보기술 교육 프로그램의 개설 및 운영 • 각 기관의 정보기술 도입을 위한 이익공유 계약의 체결 • 인터넷 격차 해소 방안 모색 • 전자정부 연차보고서 제출 등

출처: 한국전산원(2005)

나. 조정·통제 수단

(1) 권위에 기반한 조정·통제 수단

① 표준평가표 시스템(scorecard system)

OMB는 대통령 관리 어젠다의 추진 상황에 대한 평가를 위해 표준평가표를 개발하였다. 표준평가표는 교통 신호등과 같이 '초록', '노랑', '빨강'으로 그 성과를 구별하도록 되어 있다. 즉 OMB의 성과지표를 기준으로, 각 기관의 성과가 성공이라 판단할 수 있는 기준에 부합할 경우 '초록', 중간 단계에 머물 경우 '노랑', 그리고 기준에 못 미칠 경우 '빨강'의 평가를 얻게 된다. 각 분야별로 서로 다른 성과지표들로 평가받게 되는데, 전자정부분야의 '성공' 영역의 경우 7개의 지표로 구성되어 있다. OMB는 영역별로 5개 관리 어젠다에 대한 각 연방기관의 성취도를 평가하고 그 결과를 분기에 1회씩 발표하고 있다.

모든 연방기관은 표준평가표에 따른 평가 결과에 주목하며 높은 평가를 얻기 위해 많은 노력을 투자한다(Bruel, 2007). 그 이유는 첫째, 표준평가표에 따른 평가 결과가 대통령과 각료 회의에 보고되기 때문이며, 대통령이 성과 평가 결과에 각별히 주목하기 때문이다.[9] OMB의 관련 국장과 실무자들은 이와 같은 성과 평가를 바탕으로 각 기관의 문제점에 대한 지적과 함께, 평가 결과를 높일 수 있는 방법을 제시한다고 한다. 예를 들면, 전자정부분야의 지표 중 낮은 평가를 받은 부분에 대해서는 기관의 담당자와 OMB의 실무자가 협의하고 그 개선점을 함께 도출한다는 것이다.[10]

둘째, 평가 결과는 예산과정과 연계되어 있다. 평가의 주체와 평가의 수요자가 OMB로 단일화되어 있어 평가 결과가 직접적으로 정보화사업 예산안 작성에 활용되고 있다(윤상오·이희선, 2005). 또한 평가 결과는 각 부처에서도 직접적으로 활용된다. 각 부처는 매년 전년도의 정보화성과평가 결과를 반영한 정보화계획서를 작성하여 OMB에 제출하고, 사업 집행 후에는 성과 결과를 보고하며, 성과 결과에 대한 OMB의 평가 결과에 따라서 다음 연도 예산을 배정받고 있다. 평가 결과는 예산과정의 투명성을 높이고 정부의 신뢰성을 증진시키기 위해 모든 국민들에게 완전하게 공개된다. 결론적으로 대통령의 권위를 배경으로 한 표준평가표는 전자정부 추진 성과에 대한 평가와 함께, OMB가 연방기관의 정보화 추진 방향을 자신의 정책 방향에 부합하도록 하는 장치로서 기능을 하고 있다고 하겠다.

② 과제 성과 및 집행 평가

OMB는 대통령 의제로 선정된 23개 전자정부 과제들에 대한 성과와 그 집행 과정에 대한 지표를 설정하고 이를 연도별로 평가해오고 있다. 이와 같이 개별 과제들에 대한 평가지표를 설정하여 평가하는 것은 전자정부 과제들의 진척 상황을 점검하고 전자정부 서비스의 성과를 파악하기 위한 것이다. 각 과제들의 평가지표들은 〈표 5.10〉에서 제시되고 있는 바와 같이 ① 채택과 참여adoption/participation, ② 활용도usage, ③ 고객 만족도customer satisfaction의 영역으로 구분된다. 세부 지표들은 과제의 성격과 특성에 따라 다양하다. 이와 같은 성과지표와 함께, 사업의 목적이나 특성으로 인해 사업의 성과가 위와 같은 지표로 충분히 측정되지 못할 경우에는 비용 또는 행정 업무의 절감, 시간이나 업무 프로세스 단축 등을 지표로 추가적인 성과를 측정

9 인터뷰 결과.

10 OMB Chief Architect Mr. Burk의 World Bank 강연 내용.

〈표 5.10〉 부시 행정부의 전자정부 과제에 대한 성과평가영역

영역	내용
채택과 참여	자료나 정보의 공유나 정보시스템 운영체계의 참여 등과 같은 전자정부 과제와 관련된 기관이나 조직들의 참여 정도
활용도	사업 추진 과정에서 목표로 한 최종 사용자들의 활용 수준
고객 만족도	정보시스템의 서비스나 산출물에 대한 최종 사용자들의 만족도

출처: 미 연방정부 전자정부 공식사이트(http://www.whitehouse.gov/omb/egov)

하고 있다.[11]

이러한 정보시스템을 통한 서비스 수준의 성과 관리와 함께, 각 과제의 집행 과정에 대한 평가도 함께 이루어지고 있다. 즉 각 과제별로 집행 상황과 각 단계에서 이루어져야 하는 중간 산출물 또는 중간 성과들을 이정표milestone로 하여 그 달성 여부를 지속적으로 모니터링하여 왔다. 이와 같은 성과지표나 집행 과정상의 목표 여부는 전자정부 연례보고서를 통해 의회에 보고되어 왔다(OMB, 2003; 2002).

(2) 예산에 기반한 조정·통제 수단

① 전자정부기금(e-Government fund)

전자정부국은 과거와는 달리 예산과 관련된 권한을 더 강력하게 활용하였다. 우선 첫째, 「전자정부법」에 따라 전자정부국은 2002 회계연도부터 2007 회계연도까지 3억 4,500만 달러 규모의 전자정부기금을 활용할 수 있게 되었다(Fountain, 2006; 2004).[12]

그러나 이와 같은 전자정부기금이 설치되었음에도 전자정부사업에 대한 요구액과 배정액에는 〈표 5.11〉에서 나타나고 있는 바와 같이 큰 차이가 나타나고 있다. 이와 같은 차이는 미 의회의 전자정부의 성과와 사업 관리에 대한 강한 의구심과 견제에서 비롯되었다(Fountain, 2004). 즉 "다부처 연계 전자정부 과제는 위원회 중심인 미국 의회의 구조상 예산 배정이 어려울 뿐만 아니라 의회의 관심과 호의적인 반응을 얻기 어

11 미 연방정부 전자정부 공식 사이트(http://www.whitehouse.gov/omb/egov). 2008. 3. 11. 접속

12 클린턴 행정부부터 다부처 연계 전자정부사업 추진에 있어 가장 큰 걸림돌로 작용해온 것이 다부처 사업에 적합한 예산편성 절차의 미비였다. 의회의 각 위원회 소관별로 예산을 심의, 결정하는 체제에서는 다부처가 연계된 전자정부사업에 대한 예산에 대해서는 의회의 예산 심의와 결정이 불가능하였기 때문에 다부처 전자정부사업에 대해 예산의 배정이 이루어지지 않았다. 미 의회는 이와 같은 예산상의 제약의 문제를 인정하고 다부처 사업에 활용할 수 있는 전자정부기금을 설치하였다.

〈표 5.11〉 부시 행정부의 전자정부기금 요구액과 배정액 (단위: 백만 달러)

회계연도	요구액(A)	배정액(B)	비율(B/A; %)
2002	20	5	25.00
2003	45	5	11.11
2004	45	3	6.67

출처: Fountain(2004)

려웠다."고 한다. 아울러 의회는 그와 같은 다부처 전자정부사업들이 또 다른 중복적인 전자정부사업이 아니라는 확신이 없었으며, 만약 전자정부 추진으로 인해 비용이 절감된다면, 그 절감된 비용으로 전자정부사업을 할 수 있기 때문에 예산을 배정하지 않는다는 입장을 가졌다는 것이다.[13]

② 예산조정권

전자정부국은 OMB 내의 예산실과의 협력을 한층 강화하였다. 전자정부국은 ICT 예산에 대해 예산실을 지원하도록 「전자정부법」에 의해 규정되어 있다. 이에 전자정부국과 예산실 간의 의사소통을 위한 정기적인 회의를 제도화했다고 한다.[14] 이와 같은 정례화된 협의는 전자정부사업에 대해 OMB가 가지고 있는 개별 기관의 예산사용 중지권한을 활용할 수 있는 배경이 되었다. 소위 '예산 권한budget power'을 십분 활용하고 있다는 것이다.[15] 전자정부 예산에 대한 OMB의 권한은 단순히 명문화된 조항에 그치지 않고 예산편성 절차와 각종 전자정부 과제를 연결하거나, OMB의 정책에 불응할 경우, 예산 관련 권한의 행사로 압박하는 등 통제 수단으로 활용되었다.[16]

13 인터뷰 결과.

14 전자정부국이 소속된 OMB 내 관리부문과 OMB의 예산부문의 국장들은 OMB 처장과 함께 주 1회 정기적인 회의를 가진다고 한다. 이러한 회의 과정에서 관리부문과 예산부문 간의 연계와 공동의 대응이 결정된다는 것이다. 다부처 전자정부사업은 이 회의의 주요 의제 중 하나이며, 이 과정에서 예산과 전자정부사업 간의 연계가 논의되었다고 한다. 전자정부국 컨설턴트 인터뷰 결과.

15 인터뷰 결과에 따르면 OMB 내에 전자정부국을 설치함으로써 OMB의 지침이나 사업 내용을 준수하지 않는다면 관련 예산 사용의 중지 및 다른 예산편성에도 큰 불이익을 받을 것이라는 분위기가 연방정부 내에 존재했다고 한다. 이로 인해 OMB의 전자정부사업에 대해 따라갈 수밖에 없다는 것이다. 인터뷰 결과.

16 전자정부국 선임 아키텍터의 World Bank 세미나 발표 내용 및 인터뷰 결과.

(3) 상호 협의에 기반한 조정·통제 수단

① 분야별 기획위원회

앞서 언급한 바와 같이 전자정부국은 사업영역별로 과제관리관과 기획위원회가 구성되어 있다. 이들 기획위원회는 OMB의 과제관리관을 비롯한 전자정부국 직원들이 과제별 기관들과의 원활한 의사소통을 지원하고 사업 추진에 있어서의 장애 요인을 제거하는 등 사업 관련 조정을 지원하는 기능을 수행한다(OMB, 2002).

② 각종 다부처 협의회

전자정부 과제의 추진 과정에서 필요한 원활한 조정을 이루기 위해 다양한 다부처 협의회가 참여하였다. 첫째, 대통령관리위원회PMC: President's Management Council이다. 각 부처의 고위공무원들로 구성된 대통령관리위원회는 부시 행정부의 '대통령 관리 의제'를 실행하기 위한 기관 간 협의회이다. 대통령관리위원회의 위원들이 전자정부 과제의 주요 책임자로서 전자정부국과 파트너십을 이루어 과제 수행에 참여하였다(OMB, 2002).

둘째, 정보화담당관협의회CIO Council를 통한 조정이다. 「전자정부법」의 제정으로 전자정부국장이 선임 정보화담당관으로 임명되어 정보화담당관협의회의 활동을 관장하게 되었다. 정보화담당관협의회는 한편으로는 전자정부국의 기획위원회에 참여하고(OMB, 2002), 또 다른 한편으로는 범정부 차원의 전자정부 관련 규정이나 지침 등을 제정하면서 부처 간 협력과 정보공유를 위한 회의를 개최하였다.[17]

그 이외에도 전자정부국은 전자정부 과제 수행 과정에서의 협상과 설득을 위한 다양한 협의체들을 활용하였다. '선임 아키텍트 포럼CAF: Chief Architect Forum', '재정담당관협의회CFO Council', '조달 및 인적자원관리 담당관협의회Procurement Executive and Human Resources Council' 등이 그것이다.

다. 민간부문과의 제도적 연계 장치

(1) 컨설팅지원팀(supporting contractors)

전자정부국 내에는 전자정부국 업무 전반을 지원하는 컨설팅지원팀이 활동하여 왔다. 이들은 경쟁 입찰을 통해 OMB와 서비스 제공 계약관계를 맺고 있으며, OMB 내

17 미 연방정부 정보화담당관협의회 공식 홈페이지(http://www.cio.gov). 2008. 3. 11. 접속.

정책결정자들의 정책결정을 지원하는 기능을 담당하고 있다. OMB 컨설팅지원팀은 전자정부 추진과 관련된 이해관계자 분석에서부터 전자정부정책 대안의 제시, 사업 추진 상황 및 성과의 분석 등 전자정부 추진에 따른 분석 업무를 담당하고 있다. 이들 컨설턴트들은 대부분 MBA 학위를 보유하고 있거나, 정보화분야의 오랜 경력을 가진 숙련된 전문가들이다. 이들은 전문분야별로 팀을 구성하여 정책결정자를 지원하고 있다. 또한 전자정부국의 정책 전반을 지원하는 팀과 세부 사업을 지원하는 팀 등 분야별로 전문화되어 있다.

부시 대통령 취임 이후, 전자정부 추진을 위한 컨설팅지원팀의 활동은 크게 두 시기로 구분할 수 있다. 첫 번째 시기는 전자정부 전략의 수립과 대통령 과제를 선정하기까지의 시기이다. 당시 OMB 전자정부정책을 추진했던 Mark Forman은 연방기관의 중견 간부들과 컨설팅지원팀으로 전자정부특별과제팀quicksilver task force을 구성하였다. 당시에 구성된 컨설팅지원팀[18]은 전자정부 전략 수립, 연방정부 기관들에 대한 정보시스템 구축사업 조사, 전자정부 후보 사업들에 대한 타당성 평가, 전자정부국의 조직 구성과 활동계획 수립 등 모든 세부과제와 활동을 지원하였다.[19]

두 번째 시기는 전자정부국이 설립된 직후부터 현재까지의 시기이다. 이 시기 동안 6명의 컨설턴트가 상시적으로 전자정부국 업무를 지원해왔다. 주요 업무는 전자정부 추진 현황의 점검과 분석, 사업 성과의 측정, 전자정부 과제의 성과와 예산과의 연계 등 전자정부사업 전반에 대한 점검과 문제점 포착 그리고 그 해결방안 제시라 할 수 있다. 이와 같은 분석을 통해 현재 진행되고 있는 전자정부사업의 문제점을 사전에 인지하고, 전문적인 해결 대안을 마련할 수 있었다.

그리고 이와 같은 상시적인 컨설팅지원팀 이외에도 사안별로, 프로젝트별로 다양한 규모의 컨설팅팀이 전자정부정책 대안을 제시하거나 특정한 프로젝트를 수행하기도 하였다. 이들 역시 OMB와 계약을 맺고 특정 정책 이슈를 분석하거나 대안을 제시하지만, 앞서의 컨설팅지원팀에 비해 단기적이고 이슈 중심적인 활동을 수행하고 있다.

이와 같은 컨설팅지원팀의 의사결정 지원 활동은 민간부분의 ICT 전문성이 도입되

18 전자정부특별과제팀을 지원했던 컨설팅지원팀은 미국의 컨설팅 기업인 Booz Allen Hamilton과 SRA International 출신 컨설턴트들로 구성되었다고 한다. Booz Allen Hamilton과 SRA International은 정부부문 컨설팅 시장에 대한 점유율이 높은 ICT 컨설팅 기업들이다. 인터뷰 결과.

19 인터뷰 결과.

는 하나의 제도화된 통로로서의 의의를 가진다고 하겠다. 예를 들면 기존에는 연방정부에서 활용하지 않았던 민간부문의 정보시스템 분석기법이나 정보시스템 도입 프로세스, 정보시스템 구현 전략 등이 연방정부에서 적용, 확산되었다는 것이다(Saint-Martin, 2005).[20]

(2) 산업자문단

전자정부국을 지원하는 또 다른 민간 ICT 전문가들은 산업자문단IAC: Industry Advisory Council이다. 산업자문단은 400여 미국 ICT 기업들의 연합체로서 비영리 조직non-profit organizations이다. "정부와 민간부문의 ICT 전문가들이 정보를 공유하고, 전문적인 경력 개발을 지원하며, 상호 의사소통을 원활히 하고, 파트너십과 신뢰를 증진"함을 그 목표로 한다.[21]

산업자문단은 부시 행정부 들어 전자정부국과 파트너십을 맺고 전자정부 추진 과정에서 나타나는 문제점이나 쟁점들에 대해 민간부문의 선진 사례를 조사, 분석하여 전자정부국에 제공하는 기능을 수행하여 왔다. 아울러 민간부문의 사례들을 정부에 적용함에 있어 어떠한 변용이 필요하며, 어떠한 방식으로 그러한 변화를 정부부문 내에 제도화하고 관리할 것인지에 대해 연구를 수행해왔다. 이를 위해 다양한 쟁점을 연구하는 소규모 연구회SIG: Shared Interest Group를 조직하고 관련된 민간부문 전문가들이 공동으로 연구했다. 그러한 연구 주제는 전자정부 추진체계, 정보기술아키텍처 등과 같은 주요 전자정부정책을 포괄하였다. 이러한 전자정부정책 현안에 대한 분석과 대안을 담은 연구보고서working paper들은 전자정부국의 담당자에게 전달된다. OMB 담당자는 연구보고서에서 제시된 아이디어와 정책적 조언을 바탕으로 정책을 추진한다.[22]

결론적으로 전자정부국은 상시적이고 전문적이며 제도화된 민간기업의 ICT 전문성 도입체계를 구축하고 있다. OMB 외부적으로는 민간 ICT 기업의 연합체인 사업자문단이 정책결정단계 초기부터 민간부문의 사례와 공공부문에의 적용 방안 등에 대한 현안의 분석과 정책대안을 제시하고 있다. OMB 내부적으로는 컨설팅 지원팀이

20 인터뷰 결과.

21 미국 연방정부 전자정부 공식 홈페이지(http://www.whICTehouse.gov/omb/egov). 2008. 3. 12. 접속.

22 산업자문단 회장 인터뷰 결과.

OMB 내에 상주하면서 전자정부 추진 과정에서의 정책결정을 위한 분석 및 평가를 수행하고 있다. 이러한 민간부문과의 제도화된 연계는 전자정부 정책과정으로 민간부문의 ICT 전문성을 도입하는 하나의 통로로 기능하게 된다.[23]

이와 같은 전자정부국과 민간부문과의 연계의 제도화에는 개인적인 연결망도 중요한 요인으로 작용했다. 즉 전자정부국 내 주요 정책결정자들이 ICT 기업의 컨설턴트 출신이며, 상호 간에 긴밀한 네트워크를 이루고 있다. 예를 들면, 초대 전자정부국장이었던 Mark Forman은 ICT 기업의 컨설턴트 출신이었으며, 산업자문단 등 ICT 기업의 임원들과 개인적인 친분과 상시적인 정책협의가 있었다. 또한 2007년 12월 현재 전자정부국 부국장을 맡고 있는 Tim Young 역시 ICT 컨설팅 기업의 컨설턴트 출신으로 전자정부국의 컨설팅지원팀으로 활동하다 영입된 경우이다.

3) 한국 노무현 정부의 전자정부 추진체계

가. 추진체계의 조직적 배열

노무현 정부의 전자정부 추진체계는 전자정부전문위원회(이하 전문위)와 행정자치부의 이원적 구조로 구성되었다. 노무현 정부는 대통령령인 「정부혁신지방분권위원회규정」에 의거하여 2003년 4월 대통령 자문 정부혁신지방분권위원회를 설치하였으며, 그 산하에 전문위를 설치하였다. 전문위는 행정개혁, 인사개혁, 지방분권, 재정세제 등 5개의 하나로 병렬 설치된 실·국장급 분과위원회로 2005년 5월까지 기능하였다. 2005년 4월, 제2기 위원회가 출범하면서, 전문위의 역할과 기능을 승계하기 위한 전자정부특별위원회(이하 특위)가 구성되어 활동하여 왔다(정부혁신지방분권위원회, 2005: 36-42).

또한 노무현 정부는 전자정부를 정부혁신의 측면에서 접근해야 한다는 관점에서 행정자치부를 전자정부 주관부처로 지정하였다. 2003년 중반부터 2004년 상반기에 걸친 정부부처 기능 조정과 그에 따른 「정부조직법」의 개정에 따라, 정부혁신과 전자정부 추진 기능이 행정자치부로 일원화되었다. 이로 인해 기존에 정보통신부가 수행하던 관련 기능과 예산이 행정자치부로 이관되었다.

23 OMB의 선임 아키텍트는 이와 같은 민간부문과의 연계를 "협력적인 공생 관계(symbiotic relationship)"로 표현했으며, 연방정부의 전자정부 사업에 참여한 경험이 있는 교수는 "가치 있는(valuable)" 관계라고 강조하였다.

(1) 기능의 집중도

대통령령인 「정부혁신지방분권위원회규정」 제2조는 정부혁신지방분권위원회가 "전자정부의 추진에 관한 사항을 심의"하도록 규정하고 있다. 전문위는 이 규정에 입각하여 설치되었다. "기획과 조정을 수행하고, 부처들이 실천과 행동을 하는 원칙"에 따라, 전문위는 "대통령 의제인 전자정부 로드맵 과제를 선정하고, 과제집행 과정에서 발생하는 쟁점들에 대하여 심의, 조정하는 기능을 수행"하였다. 행정자치부는 각 부처가 추진하는 전자정부사업을 총괄하고 전자정부사업의 집행을 주관하며 전문위에 대한 행정지원을 담당하였다(정부혁신지방분권위원회, 2005: 36-42).

> "이와 같은 이원적 구성은 정책 현장에서 지속적인 마찰을 불러일으켰다. 행정자치부가 전자정부를 총괄한다는 것과 위원회가 과제들을 심의하고 기획하며 조정한다는 것이 정책 현장에서는 두 기관 간의 마찰로 나타났다."[24]

이와 같은 위원회와 행정자치부의 마찰로 인해 2005년 6월부터 노무현 정부의 전자정부 추진체계로 운영되어 온 특위는 2006년 2월부터 순수 대통령자문위원회로 전환되었다.[25] 이에 따라 중장기 전자정부의 비전 제시, 정책 연구 및 대통령 정책 자문 등에 주력하는 것으로 그 위상이 재정립되었으며, 실질적인 조정과 집행 기능을 잃어버리게 된다. 이와 같은 결정에 따라 특위의 주요 사업과 예산 심의·조정, 부처 간 이견 조정 등의 기능은 주무부처인 행정자치부로 이관되었다(행정자치부, 2007: 53).

(2) 추진체계의 조직 구조

① 위원회 내부의 조직 구조

전문위(특위)를 중심으로 한 노무현 정부의 전자정부 추진체계의 조직적 배열은 김

24 인터뷰 결과.

25 특위의 성격이 2005년 6월부터 바로 대통령자문위원회로 변경된 것은 아니었다. 2005년 6월 제정된 「전자정부특별위원회 운영세칙」 제3조는 특위의 기능을 ① 전자정부 추진전략의 수립, ② 전자정부 추진 관련 부처 간·기관 간 이견 조정 및 정보공동활용체계 구축 유도, ③ 전자정부사업의 원활한 추진을 위한 점검 및 성과 관리, ④ 정보화를 통한 정부혁신 과제 발굴 및 개선 방안 도출, ⑤ 전자정부에 관한 국내외 홍보, ⑥ 기타 전자정부의 구현 및 운영을 위하여 필요한 사항 등으로 규정하고 있기 때문이다(정부혁신지방분권위원회, 2008: 412). 그 후 2006년 2월 순수 자문기관으로 그 위상이 변화되면서 기능 역시 변경되었다. 자세한 내용은 제2장 〈표2.21〉과 관련 설명을 참조할 것.

대중 정부의 전자정부특위와 유사하게 구성되어 있으나, 위원회 내부 구성과 행정 지원을 수행하는 관련 부처들과의 관계는 계속적으로 변화하여 왔다. 즉 초기의 전문위와 후기의 특위의 구성은 차이가 나타나고 있다. 노무현 정부 전반기의 전문위의 경우, 본위원회의 구성은 위원장을 비롯하여 민간위원 15명과 정부위원 5명으로 구성되어 있다. 정부위원은 행정자치부, 정보통신부, 기획예산처, 국회의 담당 실·국장, 혁신위 운영실장으로 구성되었다.

노무현 정부 후반기의 특위의 경우, 민간위원 13인과 행정자치부, 정보통신부, 기획예산처, 국회의 차관급 위원과 혁신위 운영실장 등 정부위원 5명의 총 18인으로 구성되었다. 둘째, 김대중 정부의 전자정부특위가 본위원회와 함께 실·국장급 실무위원회를 구성했던 것과는 달리, 노무현 정부에서는 이와 같은 실무위원회가 구성되지 않았다(정부혁신지방분권위원회, 2005: 40).

또한 노무현 정부의 전문위는 김대중 정부의 전자정부특위에 비해 그 위상이 낮아졌다. 김대중 정부의 경우, 차관급 위원회로서 2년의 임기를 가진 반면, 노무현 정부의 전문위의 경우, 실·국장급 위원회로서 1년의 임기를 가졌다. 물론 노무현 정부 후반기의 특위의 경우에는 차관급으로 격상되고 임기도 2년으로 늘어났으나, 순수 자문조직으로서 한계를 가지게 된다. 둘째, 김대중 정브의 전자정부특위에 비해 민간위원의 수가 상대적으로 증가하였다.[26] 그러나 과제 담당 부처의 위원회 참여는 오히려 제한되었다. 즉 김대중 정부의 전자정부특위의 경우, 과제 담당 부처가 본위원회와 실무지원단에도 참여한 반면, 노무현 정부의 위원회에는 위원회의 구성상 참여가 한정되었다. 이와 같은 위상의 약화와 과제 담당 부처의 참여 제한은 비상시적 임시조직인 전문위(특위)의 한계가 부각되도록 만들면서 조정력의 한계로 이어졌다(송희준, 2004).

② 위원회에 대한 상위 지원체계

김대중 정부와 비교할 때 노무현 정부의 전자정부 추진체계에서 나타나는 또 다른 변화는 권한 부여 기제의 미비이다. 첫째, 김대중 정부의 전자정부특위가 대통령에 대한 직접적 보고체계를 가진 반면, 노무현 정부의 경우, 전문위(특위)의 상위에 정부혁신지방분권위원회 본위원회, 대통령정책실, 혁신관리수석실이 상급 조정체계로 자

26 이와 같이 참여 위원의 수가 증가하고 위원들의 출신 배경이 다양하게 됨에 따라 다양한 관점에서 전자정부를 추진하고 쟁점을 다룰 수 있었던 점은 전자정부전문위의 장점이었다. 인터뷰 결과.

리 잡고 있었다. 이에 더하여 다양한 대통령 위원회들이 대통령 의제를 제안하고 있는 상황이었다.[27] 이와 같은 제도적 구조는 한편으로는 전자정부 추진의 '시스템화'가 이루어진 부분이 있는 반면, 또 다른 한편으로는 전자정부에 대한 대통령의 관심과 정책적 집중도를 저하시켜 대통령의 지원을 약화시키는 기제로 작용하기도 하였다.[28]

둘째, 대통령 비서실의 개입의 정도에서도 차이가 나타나고 있다. 김대중 정부의 경우, 대통령에 대한 주기적 보고회의와 함께 대통령비서실의 지속적인 점검이 제도화되었다. 대통령비서실을 통한 보고체계와 전자정부 추진 상황에 대한 보고체계는 대통령의 정책 의지를 각 부처에 전달하고 부처 간 정책 조정을 용이하게 만드는 요인이었다. "노무현 정부의 경우에도, 대통령이 전자정부 추진에 대하여 강한 의지를 보였으며, 국정과제회의를 통해 대통령이 직접 조정을 하기도 하였다. 그러나 정부부처 간 기능 조정에 의해 행정자치부가 전자정부 주관기관이 되면서, 대통령은 행정자치부 주도로 전자정부사업이 진행되기를 기대했으며, 이에 따라 대통령 비서실의 개입이 약화되는 경향이 있었다."[29]

셋째, 대통령비서실의 개입 방식도 김대중 정부 시기와는 달라졌다. 김대중 정부 시기에는 수석비서관 등이 전자정부특위의 회의 석상에서 특위 위원들의 의견을 지지하고 현장에서 직접 조정함으로써 위원회의 전문적 의견이 힘을 받을 수 있었다. 반면, 노무현 정부 시기에는 대통령비서관들이 위원회에 참여해도 의견을 청취하기만 할 뿐, 현장에서 조정하는 일은 매우 드물었다고 한다. 또한 대통령이 관심을 갖거나 현안이 된 사업들[30]의 경우에는 대통령비서실이 직접 주관하거나, 위원회를 우회하여 대통령비서실과 부처가 함께 처리하기도 함으로써 위원회를 유명무실하게 만들기도 했다고 한다.[31]

③ 특위에 대한 행정지원체계

김대중 정부의 전자정부특위는 기획예산처, 정보통신부, 행정자치부 3개 부처의

27 노무현 정부 시기의 대통령 위원회에 대한 분석은 정광호·최종원(2008) 참조.

28 인터뷰 결과. "대통령이나 핵심 실세들이 직접 관장하지 않으니까 부처 입장에서는 자신들의 입장만을 강조하고 조정이 이루어지지 않게 되면서 사업이 지연되게 되었다."

29 인터뷰 결과.

30 국민참여포털, 청와대 e-지원시스템, 국정관리시스템 등이 그러한 예이다.

31 인터뷰 결과.

공동 지원을 받음으로써 전자정부 추진에 필요한 기능을 집중화하고 자원 동원 능력을 제고할 수 있었다. 그러나 노무현 정부의 위원회는 행정자치부만이 독립적으로 위원회를 지원해왔다. 2003년 중반부터 2004년 상반기에 걸친 정부부처 기능 조정에 따라, 정부혁신과 전자정부 추진 기능이 행정자치부로 일원화되면서 위원회의 행정지원도 행정자치부의 독자 지원으로 변화되었다.

이와 같은 행정자치부의 독자적 지원으로 변경되면서, 기획예산처와 정보통신부는 제한적 범위 내에서만 소극적으로 참여하였다. "기획예산처는 전자정부 의제 수립과 사업 집행보다 사업예산 편성 과정에 집중하였다."고 한다(송희준, 2004). 물론 전문위(특위)의 당연직 위원으로서 기획예산처의 산업재정심의관이 위원회에 참석하기는 하였다. 그러나 그 출석률은 행정자치부, 정보통신부 등 타 부처 당연직 위원이나 민간위원들의 그것과 비교해볼 때 〈표 5.12〉에서 나타나고 있는 바와 같이 매우 저조하였다.

〈표 5.12〉 노무현 정부 전자정부전문위원회 위원 출석률

위원	기획예산처	정보통신부	행정자치부	국회	민간위원 평균
출석률(%)[32]	42.7	86.8	92.7	39.7	86.2

출처: 정부혁신지방분권위원회(2005: 509-536)의 내용을 바탕으로 산정

정보통신부는 국가정보화를 선도하는 기관에서 정보통신'산업'부로의 전환을 꾀하던 시기였다.

> "전자정부 추진기능이 행정자치부로 이관됨에 따라 정보통신부는 'IT 839 정책'을 중심으로 정보통신산업의 진흥과 연구개발에 집중적인 정책적 투자를 진행하였다. 이에 따라 정보통신부 전반적으로 정보산업 육성기능이 상대적으로 강화되는 쪽으로 변화되었다."[33]

여기에 「정부조직법」의 개정으로 전자정부 주관기관이 행정자치부로 변경되면서 기술 요소가 강한 일부 전자정부사업만 주도하였다(송희준, 2004).[34]

32 출석률 산출 방식은 총 68회 회의에 대해 위원들의 출석 횟수의 비율을 산정한 것이다.

33 인터뷰 결과.

34 2004년 11월 전자정부 로드맵 과제 중 정부통합전산센터를 정보통신부 산하로 배치하면서 전자

2003년 중반부터 2004년 상반기에 걸친 정부부처 기능 조정에 따라, 정부혁신과 전자정부 행정 지원 기능은 행정자치부로 통합 조정되면서, 정부혁신과 전자정부의 주관부처인 행정자치부의 위상은 지속적으로 강화되어 왔다. 즉 특위의 기능이 단순 자문 조직으로 변화되고 주요 기능들이 행정자치부로 이관되면서 행정자치부가 전자정부 추진을 전담하게 된 것이다. 이와 같은 위상의 변화는 행정자치부 내에서의 전자정부 추진 담당 조직의 확대로 이어졌다. 행정자치부는 전자정부 기능 일원화에 따른 개편(1차), 팀제 도입 및 본부 역량 강화를 위한 개편(2차), 전자정부 정책 및 기반 관련 업무강화를 위한 개편(3차)을 통해, 김대중 정부 시기의 행정정보계획관실에서 2004년 행정개혁본부 전자정부국으로, 그리고 2005년 4월 전자정부본부로 확대 발전되어 왔다.

그러나 이와 같은 잦은 조직의 변화는 행정자치부의 전자정부 추진 역량이 안정성을 잃어버리는 결과를 가져온 것으로 평가된다. 한편으로는 전자정부 주관기관이 행정자치부로 변경될 당시 행정자치부의 역량이 매우 미흡했을 뿐만 아니라,[35] 변경 이후에도 행정자치부의 잦은 조직 변화로 전자정부 추진 역량을 축적하지 못한 것으로 평가되고 있다. "잦은 조직 개편과 업무 조정을 하여 추진체계가 안정적이지 못한 측면이 있고, 중장기적인 관점에서 업무를 추진하지 못하고 즉흥적으로 대응하는 수준을 벗어나지 못하고 있으며, 실제 추진 과정에서의 역할이 기대에 미흡했다."는 평가이다(국회 예산정책처, 2005: 31).

> "정부혁신과 전자정부 기능의 연계를 통한 시너지 효과를 제고해야 한다는 당위성에 기초하여 전자정부 기능을 정보통신부에서 행정자치부로 이관하는 방향으로 정리되었지만, 당시 행정자치부는 준비가 부족한 상태에서 전자정부 관련 기능을 넘겨받았다고 본

정부 기술관리 업무가 정보통신부에 배정되었고, 행정자치부는 국가정보화담당관(CIO: Chief Information Officer)으로서 정보화전략기획(ISP)과 시스템 개발 지원 업무를, 정보통신부는 국가정보기술담당관(CTO: Chief Technology Officer)으로서 정보기술 지원 업무를 담당하게 되었다.

35 보도에 따르면, 전자정부전문위도 행정자치부의 전자정부 추진 역량이 축적되지 않았다는 점을 들어 행정자치부로의 전자정부 주관기관의 변경에 부정적이었다고 한다(『디지털타임즈』, 2003. 8. 11.). 행정자치부의 역량의 문제는 당시 행정자치부 직원들과 오영교 장관도 인식하고 있었던 것으로 보인다. 오영교 장관은 행정자치부의 전자정부 추진 역량이 부족한 점을 인정하면서, 조직개편을 통해 조직 역량이 축적되기를 희망하고 있었으며, 행정자치부 직원들도 대통령과의 면담에서 전자정부 주관기관이 되기 위해서는 역량의 축적을 위한 제도적 장치가 필요함을 건의했다고 한다(『디지털타임즈』, 2003. 8. 12.).

다. … 우선 행정자치부의 당시 인적 구성이 전자정부를 범정부적 차원에서 추진할 수 있는 역량이나 경험을 지닌 전문 인력들을 충분히 확보하지 못한 상태였다. … 행정자치부가 담당해왔던 행정정보화도 행정 내부적인 정보화에 국한되어서 전자정부라는 시각에서 민간을 아우르고 각 부처의 정보자원을 통합하는 측면에서 당시의 행정자치부의 정보화 추진 역량은 낮았다고 본다."[36]

이와 같은 조직의 변화는 전자정부 추진을 담당한 인적 구성의 잦은 변화와 그에 따른 정책 역량의 분산으로 연결되었다. 예를 들면, 정보기술아키텍처와 정보자원관리를 담당한 행정자치부 정보자원관리팀장의 경우, 2006년 한 해 동안 세 차례나 교체되기도 했다.[37]

이와 함께 행정자치부와 정보통신부 간의 전자정부 추진에 대한 관할권 경쟁도 전자정부 추진체계의 정책 역량을 약화시킨 주요 원인으로 분석되고 있다. 우선 정보통신부와 행정자치부는 노무현 정부의 출범에 따라 전자정부 추진체계의 개편을 예상하고 자체적인 추진체계 개편안을 마련해놓고 있었다(정보통신부 내부 자료, 2003a). 양 부처는 한편으로는 대통령비서실에 정보화 전담 수석비서관을 설치하여 대통령이 직접 전자정부를 주도해야 한다고 주장하면서도 정보화 담당 수석비서관을 지원하고 전자정부 추진의 실무를 담당하는 전담기관은 자신들이 되어야 한다는 식의 논리를 제시해왔다.

결국 이와 같은 양 부처 간의 전자정부 추진체계를 둘러싼 대립은 대통령의 직접 조정까지 유발하였다. 그러나 대통령이 직접 개입한 기능 분담 결정에도 불구하고, 양 부처 간의 갈등은 더욱 첨예화되었으며, 〈표 5.13〉에서 제시되고 있는 바와 같이 여러 분야에서 표출되었다(윤상오, 2007).

결론적으로 노무현 정부에서의 전자정부 추진을 위한 위원회 내부 구성의 변화와 기획예산처, 행정자치부, 정보통신부 간 관계의 변화는 전자정부전문위원회의 위상이 차관급에서 실·국장급으로 격하된 것과 함께, 위원회의 조정력을 약화시키는 주요한 요인으로 지적되고 있다(전자정부전문위원회, 2003). 비록 노무현 정부에서도 위원회의 정부위원으로서 정보통신부, 기획예산처 위원들이 참여하고는 있으나, 위원회의 행정지원을 행정자치부가 전담하게 됨으로써 정보통신부 및 기획예산처의 전자정부

36 인터뷰 결과.

37 노무현 정부에서 정보자원관리과장(팀장) 역임자와 보임 월은 다음과 같다. 손형길(2004년 4월), 최재용(2006년 3월), 정무설(2006년 11월), 신병대(2007년 12월). 『KINDS』 신문 검색 결과.

〈표 5.13〉 노무현 정부 기간 중 행정자치부와 정보통신부의 갈등

갈등영역	행정자치부 입장	정보통신부 입장
정부통합전산센터	정보통신부의 역할은 기술적인 측면에서 각 부처의 서버관리기능에 한정하고 기획기능은 행정자치부가 담당	정부통합전산센터의 기획기능을 포함한 모든 기능을 정보통신부가 담당
정보기술아키텍처(ITA)	전자정부 주관 부처인 행정자치부가 ITA를 담당	ITA는 기술적 성격이 강하고 전자정부 로드맵상에도 정보통신부 과제
정보화 평가(전자정부평가)	정부 CIO로서 전자정부 전담기관인 행정자치부가 담당	정추위 실무위원회 간사기관인 정보통신부가 기존의 정보화 평가를 담당해왔으며 향후에도 계속 담당
전자정부진흥원 설립	독자적인 전자정부 지원기관으로 설립	한국전산원이 있으므로 설립 불필요
행정정보자원관리	공공부문 행정정보자원관리는 행정자치부 기능. 행정자치부가 정부정보자원관리 프로세스(G-IRMPF) 제정	공공부문 정보자원 조사 및 관리는 정보통신부 역할. 정부정보자원관리 프로세스는 정부정보자원관리 주관기관인 정보통신부의 역할
행정전자서명	전체 공공기관에 행정전자서명(GPKI) 확대 적용. 국가정보 접근 시 GPKI 사용	행정기관에만 한정하여 적용하고, 공공기관은 공인인증 활용. 국가정보 접근 시 GPKI와 NPKI를 병행 사용
전자정부 국제협력	전자정부 주관기관인 행정자치부가 민간부문의 국제협력 지원	민간부문 국제협력은 정보통신업체 지원 성격이며, 로드맵상에도 정보통신부 과제
표준, 감리	전자정부에 관한 사항은 행정자치부가 관장	공통 기반에 관한 사항이므로 정보통신부가 주관하고 행정자치부가 사용
전자정부통신망	전자정부통신망은 행정자치부가 운영	기존 국가망을 전자정부통신망과 공공 통신망으로 이원화하여 정보통신부가 운영

출처: 윤상오(2007)

추진 관련 기능들을 위원회 내로 포괄하지 못하게 되었다는 것이다. 이에 따라 기획예산처, 정보통신부, 행정자치부가 공동 지원단으로 특위를 지원했던 김대중 정부 시기와 비교해볼 때, 노무현 정부의 추진체계는 예산, 기술, 행정이 분산적으로 지원됨으로써 전자정부전문위원회의 조정력과 자원 동원 능력이 크게 약화되었다. 이에 대해 김대중 정부와 노무현 정부 모두에서 전자정부특위 위원으로 활동했던 황성돈 교수는 다음과 같이 평가하고 있다.

> " … 일을 제대로 제때에 해내려면 일을 추진하는 주체와 그 주체의 일 추진에 필요한 지원체계가 제대로 갖춰져야 한다. 그런데 현재 우리나라 전자정부 추진체계는 손과 발, 머리와 재료가 각기 따로 놀게 되어 있다. 전자정부정책의 주무기관은 행정자치부이고, 전자정부 구축에 필요한 기술지원기능은 정보통신부에 가 있다. 전자정부 추진에 필요한 예산은 기획예산처가 관장하고 있다. 전자정부와 관련된 각종 전산시스템과 정책연구 지

원기능은 정보통신부 산하기관으로 되어 있는 정부통합전산센터와 한국정보사회진흥원에 각각 분산되어 있다. 한마디로 우리나라 전자정부 추진체계는 갈갈이 찢어져 있는 셈이다. 정책을 추진하는 기관에 초점을 맞춰 생각해 보면 손과 발을 꽁꽁 묶어놓고 내년말까지 콩 내라 팥 내라 하고 있는 상황이기도 하다. 상황이 이렇다 보니 일 진행에 불필요한 시간 낭비, 에너지 낭비가 도를 넘는다. 행정자치부와 정보통신부 간의 정책갈등은 일상이 된 지 이미 오래다. 이런 부처 간 갈등을 원활히 조정하라고 어느 부처에도 경도되지 않는 민간 전문가들로 구성하여 정부혁신지방분권위원회 산하에 전자정부전문위원회가 설치되었었지만 결국 손들고 문을 닫게 되었다. 그 후속으로 생겨났던 전자정부특별위원회도 제 기능을 다하지 못하긴 마찬가지였다. … "(『디지털타임즈』, 2006. 11. 16.)

나. 조정·통제 수단

(1) 권위에 기반한 조정·통제 수단

노무현 정부의 전자정부전문위(특위)의 경우, 체계적인 사업평가체계를 갖추지 못한 것으로 평가된다(윤상오, 2007). 그 이유는 첫째, 전자정부사업 추진의 지연으로 평가체계의 구축 역시 지연되었다. 전문위 출범 초기 1년은 로드맵 사업의 발굴에 주안점을 두면서 전자정부사업 계획의 수립에 전문위의 역량이 집중되던 시기였다. 로드맵 과제 선정 이후에는 전자정부 주관 기관의 변경 및 부처 간 조정의 미비로 인해 로드맵 과제의 추진 일정이 지연되었다. 이로 인해 신규 사업의 경우에는 시스템 구축에 따른 전자정부 추진의 성과를 평가하는 작업은 제한적일 수밖에 없었다. 결국 2003년에 계획이 수립된 사업에 대해서 2005년에 들어와서야 처음으로 행정자치부 및 전문위가 집행 점검 및 실적 평가를 시작하였고 그 평가 지표 및 평가 기준도 명확하게 정립되지 않았다(정부혁신지방분권위원회, 2005: 412).

둘째, 분권적인 전자정부 추진체계와 전자정부전문위의 제도적 변화는 전자정부 평가 및 성과 관리체계의 정립의 어려움을 가중시켰다. 즉 전문위와 행정자치부로 이원화되어 있는 추진체계에 더하여 기존의 정보화추진위원회까지 평가를 담당하게 됨으로써 전자정부 평가와 성과 관리의 주체가 분산되었다. 전자정부 평가 현황을 보면 2005년부터 전자정부 31대 과제 중 11개 과제는 정부혁신위원회가, 개별 부처 차원의 20개 과제는 행정자치부가 평가를 수행하였으며, 정보화추진위원회에서도 전자정부사업을 포함한 모든 정보화사업에 대한 평가를 실시하였다(윤상오, 2007).

셋째, 국정 전반의 평가제도의 개혁과 정부혁신지방분권위원회의 개편 등에 따라 기존의 전자정부사업 평가체계가 해체되었다. 2006년부터는 통합국정평가제도에 의해 전자정부 평가를 포함한 모든 평가가 국무총리가 위원장인 정부업무평가위원회로 통합되고, 로드맵 과제에 대한 평가를 위해 혁신분권평가전문위원회가 구성되면서, 전자정부 평가와 관련된 전문위의 권한이 감소되었다. 또한, 앞서 제시된 바와 같이 전자정부 기획·예산·평가 기능이 서로 분리됨으로써, 기획단계에서 사전 타당성 평가에 의한 예산 배분, 종료단계에서 성과 평가에 의한 차년도 계획 수립 및 예산 배분이라는 성과 관리의 기본 절차가 적용되지 못하였다.

특히 2005년 6월 이후에는 정부혁신지방분권위원회의 개편에 따라 구성된 혁신분권평가전문위원회가 로드맵 사업에 대한 평가를 담당하게 되었다. 2005년 5월 "정부혁신 문제, 지방분권 문제 등에서 당초 계획했던 것이 어느 정도 실효를 거두고 있는지에 대해서 점검하라."는 대통령의 지시에 따라, 민간 전문가들로 구성된 혁신분권평가위원회가 구성되었다. 평가위원회는 정부혁신분야별로 총 6개 팀으로 구성되었으며, 이 중 전자정부팀은 4명의 교수들로 구성되었다. 2005년 6월부터 2008년 2월까지 총 3년여에 걸쳐 상시적인 평가 활동이 이루어졌다. 평가위원회는 2005년과 2006년 두 차례에 걸쳐 연례 평가를 실시하였으며, 그 결과를 종합보고서로 작성하여 대통령에게 보고하였다.[38]

혁신분권평가위원회는 6개의 정부혁신 전 분야에 공통적으로 적용될 수 있는 평가지표를 개발하였으며, 이들 지표를 활용하여 각 분야를 평가하였다. 주로 정량적 평가 지표가 활용된 평가 지표는 첫째, 전자정부사업의 추진체계(구성/운영), 둘째, 추진내용(기획, 집행, 산출), 분야별 특성에 관한 지표 등 크게 세 분야의 지표들로 구성되었다. 또한 그 평정 기준을 우수/보통/미흡으로 나누어 평가가 이루어졌다(정부혁신지방분권위원회, 2008a: 110). 이들 지표들은 정부혁신 전 분야에 공통으로 적용되어야 하는 지표의 성격으로 인해 사업의 성과 평가보다는 전자정부사업 관리와 진행 사항에 대한 평가와 점검이라는 과정 평가적 성격이 강하였으며, 사업의 수에 비해 선임된 평가위원들의 수가 소수였고, 점검·평가를 계획하고 준비하는 기간이 짧았다는 한계를 노정하였다.[39]

38 2005년 평가 결과는 2006년 4월 국정과제회의에서, 2006년 평가 결과는 서면을 통해 대통령에게 보고되었다(정부혁신지방분권위원회, 2008a: 109).

39 인터뷰 결과.

(2) 예산에 기반한 조정·통제 수단

① 정보화촉진기금의 폐지

국민의 정부 11대 사업의 예산은 1995년에 설치된 정보화촉진기금 중 정보화 일반계정에서 배정하여 운영하였다. 그러나 노무현 정부에 들어와서 기금 운용 방향을 전환하면서 정보화촉진기금의 일반계정을 폐지하고 연구개발계정만 남게 되면서 전자정부사업은 일반예산의 배정을 받아 집행하게 되었다. 이 과정에서 정보통신부의 전자정부기금 배정이 기획예산처의 전자정부 예산편성으로 전환되었다(정부혁신지방분권위원회, 2005: 47). 이와 같은 전자정부사업에서 기금활용제도의 폐지와 일반예산으로의 편입으로 예산에 대한 책임성은 강화되지만, 장기편익 기대와 기술혁신 반영, 환경 변화 등 유연성과 대응성이 약화될 수도 있다. 추진체계의 입장에서 본다면, 예산을 매개로 부처 간 이견을 조정할 수 있는 재량권이 제한됨을 의미한다(송희준·조택, 2007).

② 예산편성 지원 미비

전문위와 특위는 "전자정부 예산의 전반적인 편성 및 집행 과정에서의 심의 및 조정 기능을 수행하지 않았다. 예산 확보 상황이나 집행 진도에 대한 개괄적 보고를 받거나, 신규 또는 추가 사업에 전자정부 예산을 사용하려 할 경우, 사업의 성격이나 내용이 전자정부 로드맵 과제에 포함될 수 있는지 여부를 심의한 적은 있으나, 세부적인 조정이나 편성 및 집행 과정에서 비공식적인 영향력은 수행하지 않았다(정부혁신지방분권위원회, 2005: 47)."

또한 기획예산처의 정부개혁실이 폐지되고 기획예산처 내 전자정부 추진기능의 비중이 축소됨에 따라 전자정부사업 예산을 배정하는 기획예산처와의 조율이 약화되었다. 또한 행정자치부가 '전자정부 예산'이라는 이름하에 각 부처의 전자정부 로드맵 과제별 예산을 통합 관리하기는 하였다. 그러나 전자정부 예산은 기존 정보화촉진기금에 비해 융통성이 적은 편이었다. 이미 로드맵에 의해 전자정부로 지원할 수 있는 사업이 확정되어 이에 대해 예산을 투입해야 하기 때문에 사업을 선정, 변경하는 데 한계가 있었고 따라서 부처 간 이견 조정의 수단으로 강력히 활용되기에도 제한적이었다.[40]

40 인터뷰 결과, '전자정부 예산'의 명목으로 행정자치부가 총액관리 하는 데는 예산제도의 변화도

(3) 상호 협의에 기반한 조정·통제 수단

김대중 정부의 전자정부특위는 국장급 위원으로 구성된 실무위원회를 구성하여 부처 간 조정을 위한 의사소통의 기회를 확장하고, 본위원회의 결정 사항을 신속하게 실무적으로 처리할 수 있는 제도적 장치를 구비하였다. 그러나 노무현 정부의 전자정부전문위원회는 실무자들 간의 의사소통과 사업 조정을 이루기 위한 실무위원회가 구성되지 않았다.

다만 전자정부전문위는 분과위원회를 두어 실무적인 협의와 조정을 진행하였다. 전자정부 총괄기관이 행정자치부로 변경됨에 따라, 2004년 4월부터 전문위원회를 4개의 소위원회[41]로 재편하고 소위원회를 매주 개최하였다. 소위원회는 "전자정부전문위원들이 전문분야에 따라 간사를 맡고 관련 부처의 국장급 실무자가 참여하는 형태로 진행되었으며, 비교적 활발한 활동이 이루어졌다. 이러한 소위원회가 김대중 정부의 전자정부특위 실무위원회와 유사한 기능을 수행한 것으로 볼 수 있다."[42]

다. 민간부문과의 제도적 연계

노무현 정부에서도 전자정부 추진 과정에서의 한국전산원의 기능은 외형적으로는 그대로 유지되었다. 즉 외형적 기능 측면에서는 김대중 정부 시절과 동일한 기능을 수행하고 있다. 한국전산원은 노무현 정부에서도 정부혁신지방분권위원회 기획운영실 전자정부팀에 지원 인력을 파견함으로써 전자정부 추진체계에 대해 행정적 지원을 수행하였고, 한국전산원 전자정부지원단은 전자정부사업을 관리하여 왔다.

그러나 노무현 정부의 전자정부정책의 주관기관이 정보통신부에서 행정자치부로 옮겨짐에 따라 정보통신부 산하기관인 한국전산원의 위상과 기능에도 잠재적인 변화가 나타났다. 즉 행정자치부와 정보통신부가 상호 갈등을 보이면서, 행정자치부와 정보통신부의 산하기관인 한국전산원과도 비우호적인 관계가 형성되었다. 행정자치부

고려되어야 한다. 즉 "과거 국가정보화사업에 대해 기금으로 통합 관리되던 제도적 전통을 과도기적으로 전승한 의미"와 함께, "예산제도가 '총액배분 자율편성(Top-Down approach)'로 개편됨에 따라 전자정부에 우선순위를 두지 않으려는 부처의 경우, 전자정부 로드맵과제에 예산이 배정되지 못할 수도 있다는 우려가 고려된 것"이라고 한다(정부혁신지방분권위원회, 2005: 84).

41 4개의 소위원회는 일하는 방식 혁신, 서비스 혁신, 정보자원관리 혁신, 법제 정비 소위원회이다. 매주 회의는 소위원회 중심으로 진행하며, 전체 전문위원회는 월 1회 개최하는 방식으로 변경되었다(정부혁신지방분권위원회, 2005: 84).

42 인터뷰 결과.

와 정보통신부는 각자의 산하기관을 활용하여 자신들이 전자정부를 담당해야 할 정당성을 개발하고 홍보해 왔다(유홍림·윤상오, 2004). 이러한 상황 속에서 행정자치부는 친정보통신부 인사나 조직을 가급적 배제한 채, 전자정부정책을 추진하고자 했다(유홍림·윤상오, 2004).[43]

행정자치부의 입장에서는 한국전산원이 정보통신부의 정보화 기획, IT 전략계획 수립 등은 중점 지원하면서 전자정부 업무 지원에는 상대적으로 소홀하다는 문제를 제기하였다. 특히 전자정부사업을 지원하는 한국전산원의 전자정부지원단이 주무부처인 행정자치부보다는 로드맵 사업을 실질적으로 주도하는 전자정부전문위에 대한 지원에 주력하였다는 것이다.[44] 이와 같은 양 기관 간의 보이지 않는 '균열'은 한국전산원의 축적된 노하우가 전자정부 추진 과정에 반영되고 활발하게 활동하도록 하는 데 일정 부분 한계로 작용한 것으로 평가된다(송희준·조택, 2007).

3. 정부기능연계모델사업 과정: 전자정부 추진체계의 활동을 중심으로

조직과 제도의 망으로서의 전자정부 추진체계는 전자정부 정책 역량을 구성하는 제도적 요인이다. 추진체계의 제도적 배열은 참여자들의 행위와 상호작용을 구조화하면서 전자정부사업 결과에 영향을 미치게 된다. 이 절에서는 정부기능연계모델사업 과정에서의 전자정부 추진체계의 활동을 분석함으로써 양 정부의 추진체계의 제도적 차이가 어떻게 사업 결과의 차이를 가져왔는지를 분석하고자 한다. 사례분석은 정부기능연계모델사업의 진행 과정을 계획단계 Plan – 구축 및 적용 단계 Do – 평가 및 환류 See 단계로 구분하여 분석한다.

1) 미국 연방정부의 업무참조모델 구축사업

가. 계획단계

부시 대통령이 2001년 대통령 관리의제 중 하나로 '전자정부의 확대'를 발표함에 따라 「전자정부법」 제정 이전인 2001년 8월부터 OMB 내에 특별과제팀 task force 이 구

43 행정자치부와 같이 일하는 한국전산원 전자정부지원단 전자정부사업팀장의 진술에 의하면, "행정자치부는 친정보통신부 인사와는 절대로 같이 일하지 않는 것이 불문율이다."(유홍림·윤상오(2004)에서 재인용)

44 인터뷰 결과.

성되었다. 특별과제팀은 전자정부 전략의 수립, 전자정부 과제의 선정과 추진계획의 수립을 담당하였다. 특별과제팀은 다부처 연계 정보시스템의 구축을 통해 공공서비스 전달체계를 단순화하고 정보시스템의 성과를 제고하고자 하였다(OMB, 2002).

이와 같은 전략 수립과 과제들을 선정하기 위해 특별과제팀은 [그림 5.3]과 같은 연방정부의 업무 아키텍처를 구성하였다. 업무 아키텍처를 통해 연방정부의 개별 기관들이 공통적으로 수행하고 있는 유사/연관 업무를 분석하고, 여러 부처를 연계할 수 있는 정보시스템들을 식별할 수 있기 때문이었다. 각 기관들이 수행하고 있는 기능들을 업무 아키텍처에 따라 재배열한 후 기관 간에 공통적으로 수행되고 있는 기능들과 그 공통 기능을 수행하고 있는 기관들을 식별하였다. 그리고 그 결과에 따라 다부처 연계 정보시스템 후보군을 도출하였다.[45]

이와 같은 연방정부의 기능 분석과 함께 특별과제팀은 각 연방기관들이 추진 예정이었던 정보화사업에 대한 조사, 연방정부 공무원들과의 인터뷰 및 아이디어를 취합하였다.[46] 이를 바탕으로 후보 과제들을 선정하고 각 과제들의 경제적 비용 및 기대 효과들을 분석하여 최종적으로 24개 과제를 선정하였다. 그리고 이들 과제 중 연방정부 전체를 통합·연계하는 사업으로서 연방정부 아키텍처FEA 사업이 선정되었다(OMB, 2002).

특별과제팀이 주축이 되어 수립한 OMB의 「2002년 전자정부 전략」은 정보자산관리의 효율성 제고를 위한 ITA 구축의 필요성을 강조하면서도 그동안 추진해온 연방정부의 아키텍처 도입의 한계를 지적하였다. 즉 단일 기관에 한정된 아키텍처로는 연방정부 전체 차원에서는 업무의 생산성 및 서비스 품질에 한계가 나타나게 된다는 것이다. 이를 개선하기 위해 OMB는 연방기관들을 하나로 묶으면서 모든 기관들에 대해 공통적으로 적용할 수 있는 FEA의 개발을 제시하고 이를 부시 행정부의 전자정부 과제로 선정하였다.

이후 의회도 「전자정부법」의 제정을 통해 "기관 내뿐만 아니라 기관을 아우르는 아키텍처의 개발"을 규정하고 신설되는 OMB 내 전자정부국장에게 연방기관들의 아키텍처 개발을 감독하는 책임을 부여하였다. 이에 따라 OMB는 산하에 FEAPMO를 설

45 특별과제팀이 구성한 업무 아키텍처는 이후 연방정부 업무참조모델 구성을 위한 기초적인 모델이 되었다고 한다(FEAPMO, 2002).

46 당시 추진팀은 150명 이상의 중견 공무원에 대해 71회의 인터뷰를 수행하였으며, 이메일을 통해 약 200여 개의 프로젝트에 대한 아이디어를 취합했다고 한다(OMB, 2002).

[그림 5.3] 통합된 범정부 업무 아키텍처(An integrated Government-wide Business Architecture)

접근 수단

웹 서비스	전화 - 음성 - 양방향	전자 시스템	민간/공공 파트너십	면대면 (face to face)	팩스	키오스크	메일

업무 구분

정책설계 (Policy Making)

- 재난 대비(Disaster Preparedness)
- 경제 발전(Economic Development)
- 국가 안보, 대외 관계 및 국방(National Security, Foreign Relations & Defense)
- 공공 안전(Public Safety)
- 규제 형성(Regulatory Creation)

집행 프로그램 (Program admin)

- 자산관리(asset mgmt)
- 국가안보작전(Defense&Nat'l Security Ops)
- 외교(Diplomacy)
- 재난대응관리(Disaster Response Management)
- 에너지 생산(Energy Production)
- 보조금/대출(Grants/Loans)
- 보험(Insurance)
- 허가/승인(Permit/Licensing)
- 사회서비스(Social Services): 금전혜택(Monetary), 현물지원(In-kind)(보건, 영양, 주거), 교육
- 재생 & 천연자원(Recreation & Natural Resources)
- 연구개발 & 과학(R&D & Science)

이행 (Compliance)

- 소비자 보호(Consumer Safety)
- 환경 관리(Environment mgmt)
- 노동(Labor)
- 법 집행(Law Enforcement)
- 기타 규제적 이행(예: 의사소통)(Other Regulatory Compliance: e.g. communications)
- 세금 징수(Tax Collection)
- 무역(수출/수입)(Trade : Import/Export)
- 교통(Transportation)

내부 운영 / 인프라(Internal Operations/Infrastructure)
인적자원(HR) – 재무(Finance) – 유통(Travel) – 공급망 관리(Supply Chain Mgmt) – 집행

기본 과정들(Underlying Processes)/가치사슬(Value Chain)

정보 가치사슬(Information Value Chain): 수집(Capture) → 저장(Store) → 조회(Query) → 배포/유통(Distribute) → 분석 → 실행 → 학습

공급망 관리: 주문 → 획득(capture) → 충족

명령과 통제(Command and Control): 진화 중(evolving)

출처: OMB(2002)

치하고 범정부 차원에서 공통적으로 참조해야 하는 FEA 참조모델을 본격적으로 개발하게 된다. 그 참조모델 중 하나가 업무참조모델BRM이다.

(1) 조직적 배열

연방정부 정부기능연계모델 수립에 대한 계획 수립 및 사업 선정은 OMB가 주도하였다. OMB는 특별과제팀장으로 ICT 기업인 IBM에서 공공기관 정보화 컨설팅을 담당한 경력이 있는 Mark Forman을 임명하였다. 그리고 그의 요구에 따라 46개 연방기관으로부터 81명의 연방공무원을 파견받아 특별과제팀을 구성하였다.[47] OMB는 전자정부 전략 수립의 특성을 고려하여 정보기술 전문가나 특정 정책의 전문가보다는 기관 전반의 업무와 기획 부서, 그리고 민원처리 담당 부서의 중견 공무원들의 파견을 요청했다(OMB 메모 M-01-28). 이와 같은 전자정부 추진팀의 구성에는 당시 OMB 처장을 비롯한 상위 의사결정자들의 지원이 큰 역할을 하였다.

"대통령이 관리의제로서 전자정부의 확대를 강조하기도 했고, OMB 처장 등 주요 의사결정자들이 전자정부에 추진에 대한 관심이 많았기 때문이다. 그리고 그들은 전자정부가 연방정부의 예산 절감과 관리의 효율성 제고에 도움이 될 것으로 생각했다."[48]

OMB 처장 등의 지원하에 연방정부의 업무참조모델 구축사업은 특별과제팀장이자 초대 전자정부국장인 Mark Forman이 주도하였다. 그는 연방정부의 전자정부 추진의 문제 중 하나로 ICT 투자의 비효율성과 비효과성을 지적하였다.

"연방정부는 올해(2002년)에도 약 500억 달러의 정보화 투자를 진행하고 있다. 그리고 (그 투자 규모도) 급격하게 증가해 과거 몇 년간 거의 두 배나 증가하였다. 그러나 생산성(productivity)의 개선은 이루어지지 않고 있다."[49]

이를 개선하기 위한 방법의 하나로서 다부처 연계 전자정부 구축을 통한 연방정부 업무 프로세스의 '통합과 단순화simplify and unify'를 추진하였다. 그리고 이와 같은 통합과 단순화를 위한 업무 프로세스나 기능을 식별하기 위해 연방정부의 업무 아키텍처를 우선 구축하고 이를 바탕으로 기관 간에 중복되는 기능과 프로세스를 도출하고,

47 특별과제팀의 구성원의 명단, 활동 내역 등은 OMB(2002) 참조.

48 OMB 컨설팅지원팀 인터뷰 결과.

49 Mark Forman, IBM The Center for Business of Government와의 대담(2002. 5. 30.) 중.

전자정부 과제의 선정에 활용하였다(OMB, 2002). 나아가 특별과제팀은 연방정부 전반을 아우르는 FEA 구축을 부시 행정부의 전자정부 과제로서 선정하였다.

(2) 조정·통제 수단

그러나 FEA 사업을 비롯한 다부처 연계 전자정부사업 추진에 대해 연방기관들의 저항이 있었다. 우선 각 기관들이 자체적으로 구축을 하였거나 구축 예정에 있는 정보시스템을 통합하거나 사업을 취소하고 연방정부 차원의 대규모 시스템을 구축한다는 점에서 반발이 있었다.[50] 자체 개발한 더 좋은 정보시스템이 있음에도 더 복잡하고 질적 수준이 낮은 정보시스템을 구축하려는 것이 잘못이라는 지적이었다. 특히 FEA 사업은 그 개념적 측면에서 생소하였고 그 "실현가능성에 대해 매우 냉소적이었다."[51] "도대체 '연방정부를 아우르는 아키텍처'라는 게 뭔지에 대한 개념이 명확하지 않다는 지적이 있었다."[52]

그러나 이와 같은 반발은 현저하게 드러나지 않았다. 그 이유는 첫째, 사업이 계획 수준이었고, 둘째, 규모가 작은 연방기관의 경우, "섣부르게 OMB에 반대했다가 예산을 깎일지도 모른다."[53]는 분위기가 있었다. 셋째, 무엇보다도 "법에 규정되어 있기 때문에 연방기관으로서는 할 수 밖에 없었다."[54]는 것이다.

이에 더하여 OMB는 다부처 연계 전자정부사업에 대한 조정과 기관에 대한 통제를 위해 다양한 회의체들을 활용하였다. 우선 24개 전자정부사업들을 선정하는 데 있어서 대통령관리위원회PMC: President Management Council가 최종적으로 승인하였다. 각 기관들의 주요한 고위 공무원들로 구성된 PMC의 결정은 기관들이 OMB의 결정을 받아들이고 진행하는 데 주요한 권위를 행사하였다.[55] 또한 정보화담당관협의회는 특별과제팀의 활동을 지원하고 회의를 통해 활동 결과를 공유하며, 일부 과제들에 대해서는 자체 연구를 진행하는 등 특별과제팀의 활동을 공유하는 장으로서 기능을 했다.[56] 이

50 부시 행정부의 전자정부사업 중 하나인 Grant.gov 사업에 참여하였던 교수와의 인터뷰 결과.

51 OMB 선임아키텍트와의 인터뷰 결과.

52 인터뷰 결과.

53 인터뷰 결과.

54 인터뷰 결과.

55 PMC의 산하에는 전자정부를 전담하는 전자정부팀이 설치되어 있었다(OMB, 2003).

56 보도에 따르면, Mark Forman은 PMC 및 정보화담당관협의회를 통한 설득 작업에 많은 노력을 기울였으며, 위원들과의 관계를 돈독히 하는 데 노력했다(*Washington Technology*, 2002. 1. 4.).

들 세 기관들은 정기적인 회의를 통해 전자정부 추진 상황과 주요 쟁점들을 공유하고 대안을 마련하는 작업을 수행했다(OMB, 2002).

(3) 민간부문과의 연계

계획단계에서의 민간부문과의 연계는 크게 OMB 내부와 외부로 구분하여 설명할 수 있다. 첫째, 내부적으로는 특별과제팀을 지원하는 컨설팅지원팀이 업무 아키텍처 구성에 있어 역할을 수행하였다. 컨설팅지원팀은 특별과제팀의 모든 활동을 지원하였다. 컨설팅지원팀은 공공부문 정보화 컨설팅을 전문으로 하는 컨설팅 기업의 10여 명의 컨설턴트들로 구성되었다.

계획단계에서 컨설팅지원팀의 역할은 다음과 같다. 첫째, 업무 아키텍처의 필요성을 제시하고 구성 방법을 지원하였다. 컨설팅지원팀의 컨설턴트들은 각 기관에서 파견된 공무원들과 공동 작업을 통해 어떤 기능이 어떤 기관에서 이루어지는지를 조사하고, 연방정부의 기능을 어떻게 배열하고 구조화할 것인지에 대해 구체적인 방법론을 제시하였다. 둘째, 전자정부사업의 기대효과에 대한 분석과 같은 세부적인 분석기법을 적용하였다. 민간부문의 정보화 프로젝트에서 활용된 '소규모 사업 분석 기법 mini-business case'이 전자정부사업에서도 활용되었다. 셋째, 각 부처와 공무원들에 대한 조사 등 프로젝트의 모든 세부 과제에서 실질적인 진행을 담당하였다[57]. 이와 같이 컨설팅 지원팀이 활용한 기법들은 모두 민간기업이나 전자상거래분야에서 실제로 활용되는 방법론을 그대로 활용한 것이었다. 전자정부국장인 Mark Forman은 다음과 같이 이야기하고 있다.

> "(특별과제팀이 가진) 개념은 연방정부 전체를 아우르는 모자(a government-wide hat)를 쓴다는 것과 같은 것이었고, 우리는 전자상거래분야에서 실제로 활용하는 정보화 전략 접근법을 활용하였다."[58]

둘째, 외부적으로는 민간 ICT 기업들의 연합체인 산업자문단과의 파트너십을 강화하였다. "OMB는 산업자문단에 전자정부 추진과 관련된 거버넌스 체계에 대한 연구와 함께, 공공부문에 적합한 정보기술아키텍처 구성에 대한 연구를 요청했다." OMB가 산업자문단에 대해 사전적인 연구를 요청한 이유는 미국의 대규모 ICT 기업들이

57 인터뷰 결과.

58 Mark Forman, IBM The Center for Business of Government와의 대담(2002. 5. 30.) 중.

Y2K 문제 등을 겪으면서 정보기술아키텍처의 수립과 그 변화에 대한 실제 경험을 많이 보유하고 있기 때문이었다.[59]

산업자문단은 이들 분야에 대하여 연구 그룹을 구성하여 연구를 진행하였다. 특히 정보기술아키텍처와 관련해서는 "연방정부 아키텍처 연구그룹EA SIG: Enterprise Architecture Shared Interest Group"이 구성되었다. EA SIG는 "FEA 참조모델의 활용 및 추진에 대한 실제적인 접근법과 민간부문의 선진사례를 제공하는 것을 그 구성의 목적으로 하였다. 그 구성에 있어서는 미국 내 100여 개 이상의 ICT 기업들이 컨소시엄을 구성하여 참여하였다.[60]

EA SIG의 연구 결과는 작업보고서working paper의 형태로 OMB에 전달되었으며, OMB는 이를 토대로 사업을 진행하고 내부 정책을 수립하였다. 그리고 산업자문단과 컨설팅지원팀은 서로 연계되어 있었다. 즉 특별과제팀을 구성하고 있는 개별 컨설팅 기업들은 모두 산업자문단의 회원사로 활동하고 있었을 뿐만 아니라, 아키텍처 연구소 그룹에도 참여하였다.[61]

나. 구축단계

「전자정부법」 제정에 따른 전자정부국의 신설, 그리고 전자정부 전략 및 과제 선정이 완료됨에 따라 본격적으로 업무참조모델 구축사업이 진행되었다. OMB는 정부업무참조모델 구축을 위해 다음과 같은 단계적인 작업을 수행하였다(FEAPMO, 2002). 첫째, 특별과제팀에서 활용된 업무 아키텍처를 기반으로 하여 연방정부의 기능에 대한 광범위한 조사가 이루어졌다. 기능 조사에서는 연방기관에서 이미 개발된 업무 아키텍처 관련 문서들, 업무 계획 및 성과 지표 관련 문서들이 활용되었다.

둘째, 이와 같은 조사 결과를 바탕으로 연방정부가 수행하는 기능과 하위 기능을 식별하고 기능들의 내용을 정의하였다. 식별된 기능과 하위 기능들이 연방정부가 수행하는 업무들을 모두 포괄하고 있는 것인지에 대해 반복적인 검토가 이루어졌다. 이와 같은 기능과 하위 기능들에 대한 정의를 통해 업무참조모델을 활용하는 관계자 간의 공통된 이해를 돕고자 하였다.

셋째, 이들 기능 및 하위 기능들과 연방기관 및 각 연방기관들이 운영하고 있는 정

59 산업자문단 의장 인터뷰 결과.

60 산업자문단 홈페이지(http://www.iaconline.org/portal) 접속일: 2008. 3. 15.

61 산업자문단 의장 인터뷰 결과.

보시스템과 연결하였다. 이와 같은 과정을 통해 업무참조모델 구축을 위해 정의된 기능과 기관들이 수행하고 있는 실제의 기능 및 개별 프로그램들과의 연계 관계를 확인할 수 있었다고 한다. 또한 최종적으로 확정된 내용들을 기관으로 송부하여 검토와 수정을 받았다.

이와 같은 작업 과정을 거쳐 구성된 업무참조모델은 연방기관들의 환류, 수정 요청 등을 바탕으로 한 차례 수정, 보완이 이루어졌다. 즉 2002년 7월, 제1판이 발표된 이후, 각 기관들로부터 수정, 보완 요청 및 자체적인 수정을 거쳐 2003년 6월, 기존의 내용을 보완한 제2판이 발표되었다.

(1) 조직적 배열

2002년 제정된 「전자정부법」은 전자정부국장에게 연방기관들의 아키텍처 개발을 감독하는 책임을 부여하였다. OMB는 전자정부국 내에 연방정부 선임 아키텍트Chief Architect 지위를 신설하고 선임 아키텍트가 책임지는 FEAPMO를 구성하였다. FEAPMO는 선임 아키텍트와 다른 기관에서 파견된 2~3명의 공무원으로 구성되었다.[62] 관리반장은 사업 추진에 필요한 지침을 작성, 기관에 배포하고 기관들의 준수 여부를 점검하고 검토하는 역할을 담당하였다. 또한 OMB의 선임기술관CTO: Chief Technology Officer은 사업을 총괄하는 역할을 담당하였다. 선임기술관은 사업의 과제 완료 여부를 점검하고, 관련 OMB 내외의 이해관계자들과의 조정을 담당하였다(OMB, 2002).

(2) 조정·통제 수단

업무참조모델의 구축과 함께 FEA의 적용 및 운영단계에서 필요한 조정·통제 수단들을 구축하는 작업이 함께 진행되었다. OMB는 업무참조모델의 활용도를 제고하기 위해 예산과 관련된 조정·통제 수단, 상호 협의와 관련된 조정·통제 수단을 구축하였다.

① 예산에 기반한 조정·통제 수단

OMB는 업무참조모델과 예산과정을 연계하는 작업을 진행하였다. 「OMB 회람 A-11」의 개정을 통해 연방기관들의 정보기술 투자와 업무참조모델을 제도적으로 연계하는 작업을 수행하였다. 이와 같은 작업은 한편으로는 업무참조모델을 통해 ICT

62 OMB 선임 아키텍트 인터뷰 결과

투자의 중복성을 제거하고자 하는 목적에서 수행되었으며, 또 다른 한편으로는 예산과 업무참조모델을 제도적으로 연계함으로써 정부기능연계모델의 활용도를 높이고자 하는 목적에서 수행된 것이었다(OMB, 2003; 2002).

「OMB 회람 A-11」의 개정을 통해 제도화된 예산과 업무참조모델의 구체적인 연계 방안은 다음과 같다. 첫째, [그림 5.4]에서 제시되고 있는 바와 같이, 각 기관들이 ICT 예산을 OMB에 제출할 때 정보기술 투자사업과 업무참조모델상의 기능 및 하위기능들의 일련 번호들을 연동하여 제출토록 하였다. 즉 하나의 정보기술 투자사업에 업무참조모델상의 관련 기능의 고유 번호를 연결한 것이다. 이를 통해 기관이 구축하고자 하는 정보시스템의 특성과 기능을 명확히 할 수 있을 뿐만 아니라, 같은 정부기능을 지원하는 서로 다른 정보시스템들을 사전적으로 식별할 수 있게 되어 ICT 투자의 중복성을 막을 수 있다(FEAPMO, 2003).

둘째, 연방기관들로 하여금 정보시스템 구축을 포함한 정보기술 투자사업이 업무참조모델상의 어떠한 기능/하위 기능과 관련되며 기능/하위 기능 수행 성과를 제고하는 데 어떠한 기여를 하는지에 대해 밝히도록 하였다. 셋째, OMB가 연방기관들의 예산을 검토함에 있어 업무참조모델을 기준으로 하여 평가하도록 하였다. 넷째, OMB의 예산편성 절차와 FEA 관련 산출물의 제출 시기를 유기적으로 결합하였다. 즉 OMB의 예산배정 절차와 FEA의 결과물 제출일이 유기적으로 결합되도록 함으로써 FEA의 준수를 강제하였다.

[그림 5.4] 기능 코드를 통한 업무참조모델과 예산절차와의 연계

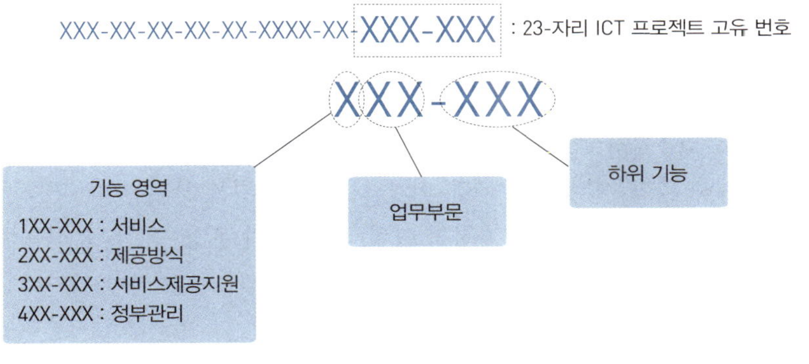

출처: FEAPMO(2003)

이를 통해 OMB는 연방기관들이 추진하고자 하는 특정 정책분야에 대한 정보화사업을 식별할 수 있으며, 업무참조모델상의 어떤 정책영역과 세부 정책분야에 대해 어떠한 기능을 가지는 정보시스템들이 계획되고 이를 위한 예산이 요구되었는지를 확인할 수 있게 되었다. 따라서 유사한 정보시스템의 중복적 구축을 방지하고 나아가 유사한 정보화사업들을 통합하여 새로운 과제로 재구성하도록 기관들에게 요구할 수 있게 된다. 결론적으로 위와 같은 OMB의 조치들은 업무참조모델을 예산과정 내로 '제도화institutionalization'하는 것이었다(FEAPMO, 2003). 즉 업무참조모델을 활용하지 않으면 예산배정을 요구할 수 없도록 만든 것이다.[63]

② 상호 협의에 기반한 조정·통제 수단

OMB는 각종 협의회를 통해 정보를 공유하고 기관 간 상호 조정을 촉진하고자 하였다. 첫째, 솔루션 아키텍처 작업반SAWG: Solution Architecture Working Group과 같이 기관들이 업무참조모델을 비롯한 FEA 사업을 추진하는 데 있어 나타나는 문제점을 공유하고 해결하기 위한 작업반을 설립하였다.

둘째, 연방기관들에서 FEA 사업을 담당하는 선임 아키텍트들로 구성된 '선임 아키텍트 포럼CAF: Chief Architects Forum'을 구성하여 각 기관의 아키텍처 구성과 관련된 정보를 공유하고 공통의 문제들에 대한 해결책을 제시하도록 하였다. CAF는 분기당 1회씩 정기적으로 열렸다(Seifert, 2006). 이와 더불어 정보화담당관협의회CIO Council 역시 FEA와 관련된 과제 수행과 함께 정보화담당관협의회 수준에서 필요한 정보를 공유하고 공통된 문제점들에 대한 해결책을 제시하였다.[64]

(3) 민간부문과의 연계

이와 같은 OMB의 업무참조모델 구축은 민간부분 조직들과의 연계 속에서 진행되었다. 첫째, OMB 내 컨설팅지원팀은 작게는 FEAPMO를, 크게는 전자정부국을 지원하였다. 예를 들면, 업무참조모델 구축에 참여한 컨설팅팀은 ① 5개 참조모델의 구조와 상호 관계에 대한 정의, ② 「OMB 회람 A-11」의 개정을 포함하여 연방기관들이 FEA를 준수하도록 하는 세부적인 지침의 마련, ③ FEA의 운영, 유지, 분석을 지원하기 위한 관리시스템FEAMS: FEA Management System 구축, ④ 컴포넌트 기반 아키텍처의 개

63 인터뷰 결과.

64 인터뷰 결과.

발, ⑤ 전자정부 과제의 설계를 지원하는 솔루션 아키텍처 작업반의 운영을 위한 주요 원칙 제정, ⑥ 기타 관련 이해당사자와의 연락 및 협의 등을 수행하였다.[65] FEA 사업을 총괄하는 OMB 선임 아키텍트는 컨설팅지원팀의 활동에 대해 다음과 같이 언급하였다.

> "FEAPMO는 FEA 사업 시작부터 3~4개의 컨설팅팀으로부터 동시에 지원을 받았다. 작업반은 나 자신과 2~3명, 많으면 4명으로 구성된 아주 작은 조직이다. 따라서 컨설팅지원팀의 지원이 없으면 이 방대한 사업을 수행할 수 없다. … 이들은 자신들이 맡은 과제들에 대해 현황을 분석하고, 추진 방향과 복수의 정책대안들, 그리고 각각의 장점과 단점을 제시한다. 이렇게 제시된 정책대안들을 바탕으로 나와 전자정부국장 등이 최종적인 결정을 하게 된다."[66][67]

둘째, OMB는 산업자문단에 대해 FEA 사업이 효과적으로 추진되기 위한 여러 방안에 대한 연구를 요청하였다.[68] 이에 따라 「OMB 회람 A-11」과 업무참조모델의 결합, ITA 성숙도 평가 지표 개발, 상호운용성의 개념 등에 대한 사전 연구 등이 산업자문단에 의해 수행되었다.

다. 적용 및 운영 단계

(1) 정보기술아키텍처의 적용과 기관들의 반발

부시 행정부는 업무참조모델이 개발 완료된 2003년 6월부터 FEA를 본격적으로 연방정부에 적용하기 시작하였다. 업무참조모델을 바탕으로 성과참조모델, 데이터 참조모델, 서비스 컴포넌트 참조모델, 기술참조모델 등 후속 참조모델들이 개발되어 연방기관들에 적용되기 시작하였다. 또한 앞서 언급한 대로 2004 회계연도부터 예산편성과정 내에 업무참조모델을 제도화하여 정보기술 투자와 업무참조모델을 연계하였다.

그런데 OMB가 주도하는 업무참조모델의 본격적인 적용은 연방기관의 반발을 불러 일으켰다(Fountain, 2004). 그 이유는 다음과 같다. 첫째, FEA가 연방기관에 과도한

65 Booz Allen Hamilton 홈페이지(www.bah.com)의 「추진사업 소개」 참조

66 OMB 선임 아키텍트와의 인터뷰 결과.

67 이와 같은 내용은 작업반의 예산 구조에서도 나타난다. 작업반의 예산은 OMB 소속 직원인 선임 아키텍트의 보수와 컨설팅팀에 대한 용역 계약 금액으로만 구성되어 있다. OMB 선임 아키텍트와의 이메일 인터뷰 결과.

68 인터뷰 결과.

문서 작업을 요구한다는 것이다. 업무참조모델과 그에 따른 개정된「OMB 회람 A-11」에 따르면, 연방기관들은 자신들의 ICT 투자예산을 정당화하기 위한 문서들을 제출해야 한다. 그러나 "업무참조모델과「OMB 회람 A-11」에 입각해 작성해야 할 문서량이 너무나 많고 시간 및 노동집약적 작업이라는 점이 지적되었다. 이에 더하여 다른 참조모델들에 입각하여 작성해야 할 문서량이 너무나 많아 검토할 수 시간과 인력이 부족하다는 문제점"이 표출되었다.[69]

둘째, 기존에 이미 구축된 정보시스템 또는 정보화사업을 거꾸로 업무참조모델에 끼워 맞추어야 하는 모순이 생긴다는 점이다. 새로 구축될 정보시스템의 경우에는 업무참조모델에 입각한 평가가 가능하지만, 이미 구축되었거나 구축 중인 정보시스템의 경우에는 거꾸로 업무참조모델에 맞추어야 했다. 이 과정에서 정보시스템 구축의 목적과 업무참조모델의 기능 분류상의 불일치가 나타나기도 했다.[70]

셋째, 기존의 프로그램 체계와 맞지 않는다는 점이다. 다른 정책프로그램은 기본적으로 부처별로 분류되고 진행되어 왔다. 또한 부시 행정부가 진행하여 온 표준평가표scorecard를 비롯한 연방정부의 각종 프로그램 평가도 부처별 분류체계를 따르고 있다. 이로 인해 연방기관 입장에서는 업무참조모델을 통해 부처 간의 정보시스템을 연계하거나 공동 프로젝트를 추진할 유인이 없게 된다.[71]

넷째, 업무참조모델과 FEA가 OMB의 시각에서만 구성되어 기관의 입장에서는 도움이 되지 않는다는 점이다. 기본적으로 업무참조모델을 포함한 FEA는 OMB가 연방정부의 ICT 예산을 검토하는 데 활용하기 위한 의도에서 추진된 것이다. 그렇기 때문에 OMB가 연방기관들의 ICT 투자사업을 효율적으로 파악하기에 용이하도록 구성되었다는 것이다. 각 기관들 입장에서는 앞서 언급한 바와 같이 문서 작업만이 증가하였을 뿐, 어떤 방식으로 업무참조모델을 활용할 것이며 기관의 정보화 수준 향상을 위해서는 어떻게 해야 하는가에 대한 답은 주고 있지 못하다는 것이다.[72]

---

69 인터뷰 결과.

70 실제로 FEAPMO가 발간한 교육 자료에 의하면, 정보시스템이 지원하는 기관의 기능과 업무참조모델상의 기능 분류가 일치하지 않을 경우에 대비한 일련 번호를 따로 제시하고 있다(FEAPMO, 2003).

71 OMB 선임 아키텍트의 World Bank 강연 내용.

72 OMB 선임 아키텍트와의 인터뷰 결과.

(2) 의회의 대응

이러한 FEA 추진에 대해 의회는 다각적인 견제와 통제를 진행해왔다. 첫째, 청문회를 통해 전자정부국장에게 책임을 물었다. 즉 FEA 문제를 다루기 위한 하원 청문회가 2004년 5월 19일 하원에서 열렸다.[73] 이 청문회에서 하원은 FEA의 적용과 그에 따른 연방기관에서 발생하는 문제들에 대한 OMB의 대책을 물었다. 의회는 청문회를 개최하여 전자정부국장을 상대로 FEA의 유효성 함께, 연방기관들의 정코기술아키텍처 성숙도가 낮은 이유에 대해 문제를 제기하였다(GPO, Serial No. 108-227).

둘째, 의회의 보좌기관들은 정보기술아키텍처 사업의 성과와 문제점을 감시해왔으며, 그 결과를 의회에 보고하고 OMB에 통보해왔다. GAO는 1990년대부터 정보기술아키텍처 도입의 필요성을 제기하여 왔으며, 「전자정부법」 제정 이후에는 자체 개발한 아키텍처 성숙도모형을 적용하여 연방기관들의 정보기술아키텍처 성숙도를 진단하여 왔다. 2003년 실시된 GAO의 연방정부기관 아키텍처 성숙도 조사 결과, 2001년에 비하여 성숙도에서 큰 진전이 없었다고 조사되었다(GAO, 2004). 이러한 분석 결과는 의회의 해당 위원회에 보고되고 청문회에서 제시되었다. CRS는 정보기술아키텍처의 기원과 정책 추진 현황 및 민간부문에서의 활용과 같은 필수적인 사항에 대해 조사, 보고하는 등 GAO와는 다른 차원에서 의회의 활동을 보좌하였다.

이와 함께, 의회는 각 소관 부처에 대한 청문회를 통해 연방기관의 정보기술아키텍처 성숙도와 전자정부 추진 현황에 대해 청문회를 개최하였다. 예를 들면, '보훈처 VA: Veterans' Agency'나 '국토안보부'에 대한 청문회를 개최하면서 해당 위원회가 기관의 업무나 성과에 대한 청문을 실시하면서 해당 기관의 ITA와 전자정부사업에 대한 검토와 질의가 이루어졌다. 그리고 이러한 청문회에 OMB 전자정부국장이 참석하여 의원들의 질문에 답하기도 하였다.

(3) OMB의 대응

이러한 연방기관의 반발과 저항, 그리고 FEA 사업 성과의 부진에 대한 OMB의 대

73 하원 정부개혁위원회 산하 '기술, 정보정책, 정부 간 관계, 센서스 소위원회' 주관으로 열린 청문회는 '연방정부 아키텍처: 개선된 정보기술 투자 관리와 다부처 연계 협력과 정보공유의 청사진(FEDERAL ENTERPRISE ARCHITECTURE: A BLUEPRINT FOR IMPROVED FEDERAL IT INVESTMENT MANAGEMENT AND CROSS-AGENCY COLLABORATION AND INFORMATION SHARING)'이라는 제목하에 진행되었다.

응은 "강력한 규제와 약한 유인big sticks and small carrots"으로 요약할 수 있다. 먼저 약한 유인의 측면을 살펴보면 다음과 같다. 첫째, 정보화담당관협의회와 각종 포럼 등을 통해 아키텍처에 대한 이해도 제고를 위해 노력하였다. 정보화담당관협의회와 선임 아키텍트 포럼은 정보기술아키텍처 운영에 필요한 주요 과제들을 진행하여 왔으며, 그 결과를 OMB와 연방기관 간에 공유하였다. 둘째, OMB는 FEA 활용과 결과물을 위한 가이드라인과 사례분석집을 작성하여 배포하였다. 매우 간편하게 만들어진 가이드라인과 사례분석집을 통해 기관 담당자의 이해를 돕고, 업무의 원만한 진행을 유도하였다.[74]

그러나 이러한 유인과 상호 협력보다는 권위와 예산을 기반으로 하는 규제가 더 많이 사용되었고, 그것이 더 효과적이었다고 한다.[75] 첫째, 아키텍처 사업 성과를 전자정부 표준평가표scorecard의 지표 중 하나로 편입시켜 분기별로 대통령과 각료 회의에 보고하였다(*World Technology News*, 2005. 5. 13.). FEA에 대한 개별 부처의 저항이 나타나자, FEA 규정 준수 여부를 균형성과지표에 포함하여 전체 전자정부 성과에 반영되도록 하였다. 즉 기관의 ITA 수준을 평가지표로 포함하여 이를 성과 평가와 연결함으로써, 점수를 차등화하여 평가하는 것으로 개별 연방정부 기관 및 연방정부 전체의 정보기술아키텍처 성숙도를 제고하고자 한 것이다.

둘째, OMB는 자신이 보유한 제도화된 예산 권한budget power을 활용하였다. 한편으로는 기능 중심 아키텍처에 반발하는 부처에 대해서는 예산상 불이익이 있을 수 있음을 강조하였다. 소위 '예산 협박budget threat'을 한 것이다. OMB의 요구 조건에 부합하지 않을 시, OMB가 보유하고 있는 예산사용중지명령을 발동할 수 있다고 하는 등의 예산 권한을 활용하였다.[76] 또 다른 한편으로는 정보기술아키텍처 사업에 대한 순응의 대가로 다른 사업의 예산을 추가로 배정하는 방법을 사용하기도 하였다. 이와 같은 예산권한은 전자정부국과 예산실의 관계가 중요한 배경이 되었다고 한다. 「전자정부법」은 전자정부국이 예산실의 정보기술 관련 예산편성에 대해 전문적인 지원을

74 이와 같은 관점에서 FEA를 전담하고 있는 OMB의 선임 아키텍트는 자신의 가장 중요한 역할로 '의사소통'을 제시하였다. 그는 자신의 역할 중 가장 중요한 것이 무엇이냐는 질문에 대한 답으로 기관의 담당자들, OMB 내 예산실, 컨설팅지원팀, 산업자문단과의 의사소통이 가장 중요한 임무라고 강조하였다.

75 인터뷰 결과.

76 OMB 선임 아키텍트 인터뷰 결과.

하도록 규정하고 있다. 이를 위해 예산분야 부처장과 관리분야 부처장, 그리고 예산실과 전자정부국이 정기적인 회의를 개최해왔다고 한다. 이러한 제도화된 정기적 회의는 예산과 사업을 연계하는 중요한 제도적 장치로서 작용하였다.

(4) 민간부문과의 연계

컨설팅지원팀은 FEA 및 업무참조모델의 활용도 제고를 위한 각종 설명 자료를 작성하고, 주요한 사례들을 분석하여 업무참조모델을 어떻게 활용할 수 있는지에 대한 자료를 작성하였다. 이와 같은 자료들은 각 기관이나 각종 포럼 등을 통해 기관에 배포되었다. 예를 들면, 업무참조모델 및 다른 아키텍처 연계모델을 활용하여 예산과정상 어떠한 작업을 수행하여야 하는지에 대한 간이 설명 자료quick guide나 FEA를 활용하여 목표 아키텍처로 이행할 수 있는지에 대한 활용 자료usage guide, 분기별 보고서 작성에 대한 활용 자료, 연방식품의약품안전국FDA 등 개별 기관이나 개별 업무 수행이라는 측면에서 연계 모델들을 활용하여 작업을 수행할 때의 장점들을 분석한 사례연구case study들을 발간하였다(FEAPMO, 2005; 2004). 또한 분기별로 FEA에 관한 소식지 *The Federal Architect*를 제작하여 배포하여 왔다. 또한 OMB가 각 기관의 아키텍처 성숙도를 측정할 수 있는 성숙도 측정모형을 개발하여 기관들이 자신들의 아키텍처 성숙도 수준을 평가하고 이를 ICT 투자와 사업 선정에 활용할 수 있도록 하였다.[77]

이와 함께 컨설팅지원팀과 산업자문단은 연방기관의 아키텍처 수준에 대한 상시적인 모니터링과 평가를 수행하고 이를 OMB 내 주요 의사결정자들에게 제시하였다. 컨설팅지원팀은 각 기관의 정보기술아키텍처 성숙도를 조사, 분석하여 왔다. 특히 FEAPMO를 지원해온 컨설팅팀은 대부분은 이러한 사업 추진 현황을 조사, 분석하고 정보기술아키텍처 성숙도 진단체계의 개발, 정보기술아키텍처 투자수익률ROI: Return of Investment을 산출하는 등의 업무를 담당하였다.[78]

77 FEA와 관련된 각종 문서 및 관련 자료는 미 연방정부 전자정부 공식 홈페이지(http://www.whitehouse.gov/omb/egov)를 참조할 것.

78 인터뷰 결과.

2) 한국 중앙정부의 정부기능연계모델 구축사업

가. 계획단계

김대중 정부의 전자정부 추진 결과는 한편으로는 11대 과제의 완료에 따른 양적 성장을 가져왔지만 또 다른 한편으로는 전자정부의 질적 제고의 필요성이라는 한계를 가지는 것이었다(정보통신부, 2003). 특히 노무현 정부의 전자정부정책 개발과 조정을 담당한 전자정부전문위원회는 김대중 정부까지의 전자정부 추진에 대해 다음과 같은 문제점을 지적하였다(서삼영, 2004). 첫째, 정부혁신과 지방분권에 대한 기여도 미흡, 둘째, 관계 부처 간 협조 미흡 및 집단 이기주의로 인한 정보공동활용과 정보화 효과의 미흡, 셋째, 각 부처의 정보자원관리체계의 부실을 지적하였다. 이와 같은 평가 결과에 따라 노무현 정부는 전자정부 추진과 행정개혁 간의 연계를 강조하였다.[79] 즉 행정개혁의 도구로서의 전자정부의 위상을 명확히 하면서, 전자정부 추진에 있어 새로운 접근 방법을 강구하고 있었다.[80]

이와 같은 필요성은 자연히 노무현 정부의 주요 정책 의사결정자들로 하여금 미국의 FEA, 특히 업무참조모델에 주목하게 만들었다. 미국의 FEA와 업무참조모델은 김대중 정부 시기의 전자정부 추진의 문제점을 극복하는 데 있어 중요한 시사점을 제공하였다. 즉 부시 행정부가 전자정부 전략에서 밝힌 바와 같이, 여러 개의 기관들로 구성된 정부를 '하나의 조직an enterprise'으로 보는 전체적인 관점holistic approach에서 정부기능-하위 기능들을 재배열하고 이를 정보시스템과 연결하는 업무참조모델의 문제의식은 노무현 정부가 당면한 전자정부 추진상의 문제점을 극복하는 첫 단계로 인식되었다. 이와 같은 관점에서 전자정부를 추진할 때만이 전자정부 추진의 효율성과 개별 정보시스템의 효과성을 제고할 수 있다는 것이다. 결론적으로 노무현 정부의 정책결정자들 사이에서 미국 연방정부의 업무참조모델은 노무현 정부의 "전자정부사업

79 노무현 대통령은 직접 "앞으로 공직 사회의 일하는 방식을 개선하고, 업무 프로세스를 혁신하여… 정부의 기능과 조직을 자연스럽게 변하도록 유도하는 것이 필요합니다. … 아울러 전자정부를 통하여 깨끗하고 투명한 행정이 이루어질 수 있도록 적극적인 노력을 기울여야 합니다."라고 언급하였다(제1차 국정과제회의, 2003. 4. 17.).

80 김대중 정부의 전자정부특위 위원으로 그리고 노무현 정부 초기 전자정부전문위원회 간사로 활동한 서삼영 한국전산원장은 이와 같은 문제의식을 한국전산원 직원 및 ICT 업체 임직원들과의 회의에서 자주 이야기하곤 했다. 전자정부 추진을 위한 투자에 비해 그 성과는 미미하다는 점을 빨리 극복해야 하며, 이와 같은 상황이 오래갈 경우, 전자정부 추진 동력을 잃을 수도 있다며 우려했다. 또한 당면한 문제점들을 극복하기 위해 새로운 접근법이 요구된다는 점을 강조했다.

추진의 근간이 되는 참조모델이 될 수 있을 것으로 기대를 모았다(정부혁신지방분권위원회, 2005: 205)."

이와 같은 배경하에 정부기능연계모델에 대한 선행 연구가 한국전산원 내부 연구 과제로서 2003년 7월부터 12월까지 수행되었다. 이 연구에서는 첫째, 정부기능 분류에 관한 기존 문헌 등을 활용하여 총 57개 중앙기관 및 16개 광역과 234개 기초자치단체의 기능을 조사·분석하였다. 분석 결과, 대기능 538개, 중기능 2,450개, 소기능 1만 7,446개가 도출되었다. 둘째, 조사된 기능의 수행에 관련된 담당 조직 및 인사, 법령, 규제, 예산, 정보시스템을 분석하여 시범적으로 연계하였다. 셋째, 정책 목적의 달성 및 대민 행정서비스의 질적 제고를 위해 상호 연관성을 가지고 수행되어야 하는 기능들을 범정부적으로 연계하였다. 구체적으로 정부기능 연계를 위해 사용된 기준은 ① 동일 수혜자, ② 동일 서비스 유형, ③ 공통 행정, ④ 동일 관리 정보 등이었다. 넷째, 연계된 기능들을 국민을 위한 서비스 유형(20개), 수혜자 그룹(8개), 서비스 제공 방식(5개), 공통 행정(8개)으로 분류 및 체계화하여 정부기능연계모델을 시도하였다. 다섯째, 정부기능과 관련 구성 요소들은 계속적으로 변화하고 진화하는 특성을 갖고 있기 때문에 이를 상시적이고 지속적으로 관리할 수 있는 변화관리시스템의 중요성 및 관리 방안도 모색하였다(한국전산원, 2003b).

이와 같은 기능 분류와 연계 그리고 다양한 속성 정보와의 연결을 통해 정부기능분류시스템은 다양한 관점에서 상호 연계된 기능이나 관련 정보들을 한눈에 보여줄 수 있도록 구성되었다. 예를 들어 이해관계자가 '장애인'이라는 검색항목으로 단위 과제를 조사하면 보건복지부에서 수행하는 '장애인' 관련 단위과제를 조회할 수 있고, 노동부에서 수행하는 '장애인' 관련 단위과제 등을 조회할 수 있다. 업무 수행과 관련된 정보도 타 정보시스템과의 연계를 통한 정보 제공으로 단절 없는 업무 수행의 연속성을 확보할 수 있다. 또한 단위과제를 수행하며 축적한 지식정보도 이제까지는 담당자가 자신의 컴퓨터에만 저장하고 사용하였지만, 기능분류시스템에 축적하여 공동으로 활용하도록 계획되었다.

이 선행 연구는 다음과 같은 특징을 지닌다. 첫째, 정부기능연계모델사업의 본격적인 추진에 앞서, 사업의 타당성을 검토하는 일종의 '사전 작업pilot work'으로서의 성격을 가졌다. 즉 기대하는 산출물이 작성될 수 있을 것인지, 본격적인 사업 수행 단계에서는 어떠한 작업들을 어느 정도의 범위로 수행해야 할 것인지, 사업 수행 과정에서 예상되는 문제점들은 무엇인지 등을 파악하는 것이 선행 연구의 하위 목적들 중 하나로 설정되었다.

둘째, 미국의 업무참조모델이 작업의 근간이 되었다. 당시 작업 과정에서 미국 업무참조모델에 대한 분석이 이루어졌으며, 특히 미국 FEA 사업보고서들이 완역되었다. 아울러 미국에서의 추진 과정과 성과를 분석하여 각종 학술대회에서 보고하는 등의 작업이 함께 이루어 졌다.

셋째, 당시 수행되었던 선행 연구의 성격상 정부기능연계모델이 강조되었다. 미국 부시 행정부의 FEA 사업의 경우, 업무참조모델이 전체 FEA의 근간을 이루고 있기는 하나 전반적으로는 하나의 구성 요소로서 위상을 가지는 반면, 한국의 정부기능연계모델은 한편으로는 범정부 ITA의 참조모델 중 하나로서 사용되기는 하지만, 또 다른 한편으로는 다른 용도로 확장되어 사용될 수 있도록 구성되었다는 점이다. 즉 정부기능연계모델이 정부 기능을 유형화하고 기능들 간에 다양한 기준으로 연계가 가능하도록 구성되어 있을 뿐만 아니라, 담당 조직 및 인사, 법령, 규제, 예산, 정보시스템 등과도 연계되도록 구성되었다. 이와 같이 구성된 이유는 앞서 언급한 바와 같이 정부기능연계모델을 정보기술아키텍처사업뿐만 아니라, 작게는 전자정부 전반, 크게는 정부혁신을 위한 보편적 모델로 활용하려 했기 때문이었다.[81]

(1) 조직적 배열

계획단계는 전자정부전문위원회(이하 전문위)가 주도하고 한국전산원이 기술적, 실무적 지원을 하는 형태로 진행되었다. 우선 당시 전자정부전문위의 주요 정책결정자들은 전자정부 추진과 그를 기반으로 한 정부혁신이 정부기능 중심으로 이루어져야 한다고 생각했다고 한다. 예를 들면, 디지털 예산회계시스템을 구현하기에 앞서 정부예산체계를 현재의 소관(조직) 중심에서 기능 중심으로 바꾸어야 한다는 의견이 강하게 제기되었고, 기록물 관리에 있어서도 기능 중심적인 기록분류체계가 우선 정립된 후 기록물 관리 정보시스템이 구축되어야 한다는 의견이 강하게 제기되었다.[82] 즉 전자정부, 예산회계제도, 그리고 기록물 관리를 비롯하여 전자정부를 기반으로 하는 정

81 이와 같은 의도는 서삼영 원장의 다음과 같은 언급에서 잘 나타나고 있다. "우리 정부기능연계모델은 미국 정부기능연계모델(Business Reference Model)과 달라. 우리는 Business Reform Model, 정부'혁신'모델이야!"(강조는 필자)

82 서삼영 원장은 기능 중심의 정부예산체계의 변화나 정부-지방 간 기능 배분에도 정부기능연계모델이 그대로 쓰일 수 있도록 해야 된다고 강조했으며, 당시 사업 구상단계에 있던 디지털예산회계작업단과도 이 부분을 지속적으로 논의하고 있다고 언급했다.

부혁신을 기존의 소관(부처) 중심의 체제에서 조직과 독립적인 기능 중심 체제로 변화시키고자 하였던 것이다.

이러한 전자정부, 디지털 예산회계시스템을 비롯한 모든 전자정부사업의 기반이 되는 기능 중심적 모델이 정부기능연계모델이었다. 정부기능연계모델은 “개별 부처 중심의 업무 운영과 부처 간에 상존하는 장벽을 제거하는 수단으로서의 정보화 관점에서 정부기능을 분석, 체계화한 모델”로 정의되었다. 따라서 노무현 정부 초기에는 모든 전자정부사업이 정부기능연계모델이 구축된 다음 추진되어야 한다는 원칙, 즉 “선 정부기능연계모델 구축 – 후 사업 전개”의 원칙이 제시되었다(정부혁신지방분권위원회, 2005: 205-208).

노무현 정부 초기 이처럼 부처와 무관한 기능 중심의 정부기능연계모델의 의미가 강하게 부각된 데에는 노무현 정부 전자정부 추진의 핵심 의사결정자들의 공감대와 이 과제에 대한 대통령의 관심이 많은 영향을 미쳤다.[83] 이에 따라 정부기능연계모델 사업은 전자정부 31대 과제 중 하나로 포함되었을 뿐만 아니라, “범부처 공통 과제로서 위원회가 핵심적으로 추진할 필요가 큰” 핵심 추진과제로 선정되었다(정부혁신지방분권위원회, 2003).

이와 같은 전자정부전문위원회가 주도하는 정부기능연계모델사업에 대해 정보통신부와 행정자치부는 사업에 대한 이해조차 어려운 상황이었다. 정보통신부는 산하기관인 한국전산원이 전자정부 추진을 위해 정부기능을 심도 있게 분석하는 데 대해 이해하지 못하는 분위기였다. 정보통신부는 기술 인프라 중심이나 데이터베이스 또는 시스템 연계 중심의 전자정부 전략을 수립하는 것이 바람직하다는 의견을 제시했다. 행정자치부는 이와 같은 작업이 당시 왜 필요한지에 대해 충분히 이해하지 못하는 분위기였다. 즉 행정자치부는 “조직 중심의 논리와 접근에 집착하였다.”[84] 특히 정보통신부의 산하기관인 한국전산원이 정부기능을 중심으로 전자정부 전략을 수립한다는 점에 대해 강한 거부감을 보이면서, 행정자치브의 산하기관이나 행정자치부의 정보화사업을 담당하고 있는 ICT 전문가들의 도움을 받아 미국의 정보기술아키텍처와 업무 참조모델에 대한 설명회를 내부적으로 개최하기도 하였다.

---

83 인터뷰 결과.

84 이와 같은 행정자치부 담당자들의 조직 중심적 논리와 접근법은 범정부적 차원에서의 정보시스템 연계성을 고려한 정부기능연계모델사업 추진에 한계로 작용했다고 평가된다. 인터뷰 결과.

(2) 민간부문과의 연계

작게는 정부기능연계모델, 크게는 정보기술아키텍처에 대해 연구가 진행되고 그것이 정책화되는 데에는 유관기관인 한국전산원의 역할이 절대적이었던 것으로 평가된다. 첫째, 한국전산원 내 ITA 팀이 구성되어 정보기술아키텍처사업과 관련된 집행을 담당하였다. 이와 관련된 주요 활동들을 살펴보면 다음과 같다. 첫째, 범정부 정보기술아키텍처ITA 적용 세부추진계획(안) 수립(2003년 10월)이나 범정부 정보기술아키텍처 적용 중장기계획 수립(2004년 6월) 등 정보기술아키텍처 적용을 위한 계획을 수립하였다. 둘째, 공공부문 EA 프레임워크 표준을 개발하거나(2003년 12월), 범정부 정보기술아키텍처 1차 시범사업 추진(2004년 11월), 정보기술아키텍처 포털사이트 구축 및 서비스(2004년 12월), 공무원 대상 ITA 전문교육 기본계획 수립 및 교육(2005년 3월), 주요 참조모델을 구축(2005년 11월)하는 등 ITA와 관련된 세부 정책을 집행하였다(한국정보사회진흥원, 2007: 330-346). 마지막으로는 「ITA법」에 근거하여 공공기관의 ITA 실태 및 성숙도 평가를 수행하고 있다(어호경, 2008).

둘째, 한국전산원은 미국을 비롯한 전자정부 선도국들의 전자정부 추진 동향을 지속적으로 파악해왔으며, 이 과정에서 정부기능연계모델사업의 진행 과정을 추적해왔다. 전자정부 선도국들의 전자정부 추진체계에 대한 분석이나 전자정부 관련 법체계에 대한 분석 등을 연구보고서나 이슈보고서 등의 형태로 발간하고 배포해왔다.[85] 특히 미국 연방정부 정부기능연계모델사업의 결과물들을 번역하고, 그동안의 추진과정과 성과를 분석하여 각종 학술대회에서 보고하는 등의 작업이 이루어졌다.[86]

셋째, 앞서 분석된 바와 같이 정부기능연계모델 선행 작업을 수행하였다. 한국전산원 연구원들이 주축이 된 작업팀은 정부기능연계모델에 대한 선행 작업을 통해 사업의 타당성을 타진하고 실제 과제 수행 중 예상되는 문제점이나 추진 방향, 기대효과 등을 사전에 검토하였다.

이와 같은 한국전산원의 활동은 민간부문의 ICT 기업 또는 전문가들과의 긴밀한 연계 속에서 진행되어 왔다. 한국전산원과 민간부문 전문가나 ICT 기업과의 연계는

---

85 이와 관련된 주요 연구 결과물들은 「미국 연방 전사적아키텍처 참조모델 분석 및 시사점」(2003); 『정보기술아키텍처 안내서』(2003); 「주요국의 전자정부 추진체계 개편내용과 시사점」(2004) 등을 들 수 있다.

86 한국전산원 ITA 팀 소속 연구원이 미국 FEA에 대한 연구 결과를 경영정보학회 학술대회 등에서 발표한 바 있다. 『한국경영정보학회 2003 춘계학술대회 발표논문집』 참조.

다양한 형태로 진행되었다. 첫째, 가장 강한 연계 형태로서 한국전산원 연구원들과 민간 ICT 전문가들이 공동으로 특별작업반을 구성하는 경우이다. 예를 들면, 정부기능연계모델 구성에 대한 선행 연구의 경우 한국전산원의 연구원들과 민간 ICT 기업의 직원들이 공동으로 특별작업반을 이루어 약 6개월여간 작업을 수행하였다. ICT 기업의 직원들은 실제 전자정부사업 수행을 통해 정부기능과 프로세스 개선 작업 경험이 있는 컨설턴트와 기술 전문가들로 구성되었다. 이들은 정부기능에 대한 자체적인 분석 결과와 함께 소속 ICT 기업이 보유하고 있는 전자정부 추진 관련 데이터들을 활용하였을 뿐만 아니라, 각 분야의 쟁점들에 대해 기업 내 전문가들을 연결하여 의견을 청취하는 등 공동 작업을 수행하였다.

둘째, 각종 포럼을 통한 의견 교환이다. 한국전산원은 2004년 11월부터 'ITA/EA 포럼'을 구성하여 정보기술아키텍처분야의 전문가들의 강연 및 정보교환을 위한 협의체를 구성하였으며, 'IT Standard and Vision'과 같은 강연회나 컨퍼런스 등을 개최하였다. 이러한 강연회나 컨퍼런스 등을 통해 관련 전문가들과의 정보공유를 강화하고, 필요한 경우 공동 연구로 이어지기도 한다는 것이다.[87]

셋째, 한국전산원이 발주자가 되어 특정한 ITA 산출물을 민간 ICT 기업에게 발주하는 것이다. 예를 들면, 정보기술아키텍처를 구성하는 참조모델 중 성과참조모델이나 데이터 참조모델, 서비스 컴포넌트 참조모델 등은 한국전산원이 직접 개발한 것이 아니라, 민간분야의 전문 ICT 기업들이 한국전산원으로부터 발주를 받아 생산한 것들이다.

나. 구축단계

정부기능연계모델사업은 구축단계에 접어들면서 계획 당시의 취지나 계획과는 달리 사업 추진에 많은 변화가 나타났다. 우선 '정부기능연계모델 개발'에 대한 사전 연구 결과를 보고하는 2004년 3월 국정과제회의에서 국정과제 실시간 관리를 위한 정부업무관리시스템[88] 사업과 통합하여 병행 추진하는 것으로 결정되었다. 이와 같은

87 한국전산원은 그동안의 정보화기능 수행 과정에서 형성된 방대한 전문가 인력풀을 관리하고 있다. 예를 들어, 한국전산원 정보화평가팀에는 국가정보화평가를 위한 평가위원 인력풀을 행정(전자정부), 경영(MIS), IT기술(전산, 컴퓨터, 공학 등) 각 분야별로 교수, 박사급 연구원 등 약 300여 명을 보유하고 있다(유홍림·윤상오, 2005).

88 정부업무관리시스템은 정부기능과 부처의 업무 활동을 연계하여 업무 및 실적을 체계적이고 상시적으로 관리하기 위한 사업이다. 자세한 내용은 정부혁신지방분권위원회(2005: 185-196) 참조.

결정에 따라 업무관리시스템 사업의 주관기관인 행정자치부는 2004년 8월부터 11월까지 「정부업무관리시스템 구축을 위한 BPR/ISP 사업」을 추진하게 되며, 이 사업의 일부로서 정부기능연계모델 구축이 다루어지게 되었다. 결국 정부기능연계모델은 정부업무관리시스템을 통해 중앙행정기관의 단위 과제별 기본 정보와 유관 정보를 조회할 수 있도록 연계해주는 기능연계체계로서 자리 잡게 된다.

「정부업무관리시스템 구축을 위한 BPR/ISP 사업」은 ① 중앙행정기관을 대상으로 정부기능연계모델의 구성, ② 표준업무관리카드의 설계, ③ 정부업무관리시스템 구축을 위한 계획의 수립과 설계의 실시, ④ 파일럿 시스템의 구축을 그 사업 목표로 하였다. 정부기능연계모델의 구성을 위해서는 기존 정부기능 분류체계의 검토, 전 부처 기능 조사, 전문가 자문 및 방문 조사, 실무자 검토 등이 수행되었다(행정자치부, 2004). 이와 같은 사업 수행 결과, 55개 중앙행정기관을 대상으로 총 1만 7,824개의 단위사

〈표 5.14〉 BPR/ISP 사업에서의 정부 기능 분류 결과

구분	정책분야	정책영역	대기능	중기능	소기능	단위사무
개수	20	78	188	1,606	3,275	17,824

출처: 행정자치부(2004)

[그림 5.5] BPR/ISP 사업에서의 정부기능연계모델 구성 결과

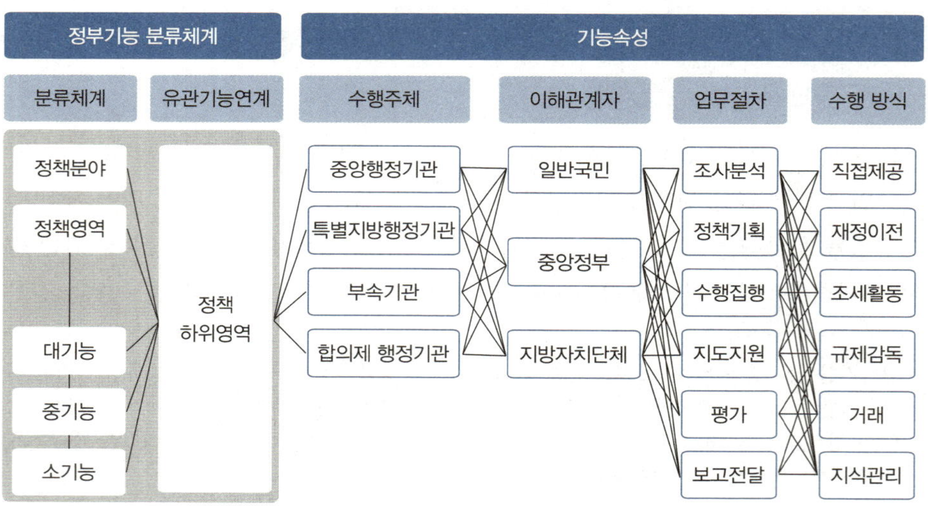

출처: 행정자치부(2004)

무가 도출되었으며, 이를 바탕으로 188개의 대기능, 1,606개의 중기능, 3,275개의 소기능으로 재분류되었다(〈표 5.14〉 참조).

또한 그 구성 측면에서는 [그림 5.5]와 같이, 이들 정책분야와 정책영역 그리고 대-중-소 기능들은 하위 정책 분야를 통해 연계되었다. 즉 78개의 정책영역과 188개의 대기능을 각각 구체적인 기능 수준과 대기능 간 정책적 유사성을 고려하여 140개의 정책 하위영역으로 정의하였다. 이러한 정책 하위영역은 정책 목적의 달성 및 대국민 서비스의 질적 제고를 위해 연계되어 수행되어야 하는 기능 단위이며, 업무 담당자 간의 협조가 이루어져야 할 중요한 기준 단위를 의미한다는 것이다. 정책 하위영역은 다시 수행주체, 이해관계자, 업무절차, 수행방식 등과 같은 기능 속성들과 연계되었다(행정자치부, 2004).

이와 같은 BPR/ISP 사업 결과를 바탕으로 2005년 5월부터 11월까지 「정부업무관리시스템 구축사업」이 진행되었다. 정부기능연계모델은 구축사업 과정에서 다시 변경된다. 즉 정부기능연계모델의 분류체계가 [그림 5.6]에서 제시되고 있는 바와 같이 기능별 분류체계와 목적별 분류체계로 이원적으로 구성된다. 즉 중앙행정기관의 정부기능연계모델이 기능별 분류체계(6단계: 정책분야-정책영역-대기능-중기능-소기능-단위과제), 목적별 분류체계(4단계: 비전-정책목표-이행과제-관리과제)로 변경되었다. 〈표 5.15〉와

[그림 5.6] 정부업무관리시스템 구축사업에서의 정부기능연계모델

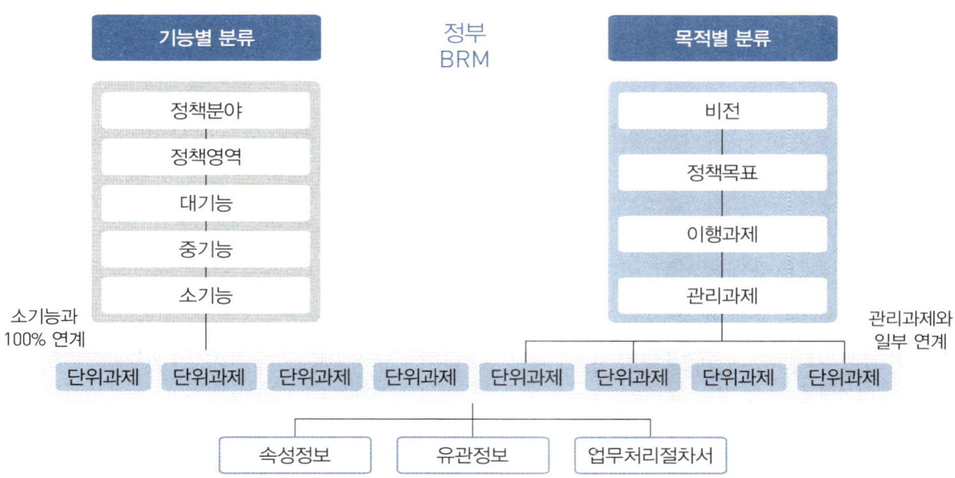

출처: 행정자치부(2006a)

〈표 5.15〉 정부업무관리시스템 구축사업에서의 정부기능 분류 결과

구분	정책분야	정책영역	대기능
개수	22	32	339

출처: 행정자치부(2006a)

같이 기능분류체계도 다시 변경되었다.

이와 같이 구축된 정부기능연계모델은 정부업무관리시스템과 연계되어 행정자치부에 시범 적용되었다. 시범 적용 결과를 바탕으로 성과 관리 및 고객 관리를 포함한 통합시스템(하모니)이 개통되었으며(2005년 9월 1일), 전자결재시스템과 연계를 고려한 정부업무관리시스템 표준모델 개발과 표준모델의 정통부 및 과기부 등 5개 부처에 시범적용사업(2005년 12월~2006년 4월)이 계속적으로 추진되었다(행정자치부, 2007a).

(1) 조직적 배열과 조정·통제 수단

앞서 살펴본 바와 같이 정부기능연계모델사업은 구축단계에서 상당 기간 추진상의 부진과 사업 범위의 축소, 그리고 사업 추진 방식의 변화를 겪게 되었다. 즉 추진 방식에 있어 "당초 범부처를 통괄하는 전면적 전개 방식에서 보다 현실적으로 타당한 단계적 방식으로 바뀌게 되었다. 결국 시스템 연계 및 통합에 초점을 둔 전자정부 추진과 이를 수단으로 정부혁신을 추구한다는 당초의 취지에 따라 구상되었던 '선 정부기능연계모델 구축 – 후 사업 전개'라는 추진기조는 '정부업무관리시스템 구축을 위한 정부기능연계모델'로 바뀌었으며 사업의 범주도 상당히 축소되었다(정부혁신지방분권위원회, 2005: 207)."

구체적으로는 국정과제 실시간 관리를 위한 정부업무관리시스템사업과 통합하여 병행 추진되었을 뿐만 아니라, BPR/ISP, 구축사업에서 기능의 분류 체계와 구조가 계속 바뀌었다. 이와 같은 추진 기조의 변화 및 사업 내용의 변화와 함께, 주관기관도 바뀌었다. 계획단계에서는 전자정부전문위가 주도한 반면, 구축단계에서는 행정자치부의 주도하에 사업이 추진되었다.

이러한 사업 추진의 지체와 범위 축소의 원인으로는 여러 가지가 있겠으나,[89] 사업

89 현실적인 제약 요인으로는 전자정부사업의 현실적인 추진 일정도 그 원인 중 하나로 평가된다(정부혁신지방분권위원회, 2005: 207). 즉 "정부기능연계모델사업은 범부처를 대상으로 한 사업의 범주가 워낙 방대하기 때문에 그 기본틀이 나오기까지는 상당한 준비 기간이 소요되므로

추진체계상의 문제도 주요한 원인 중 하나로 분석된다. 특히 본격적인 사업 시행을 위하여 행정자치부가 주관하게 됨에 따라 '조직의 논리'가 강조되었다.[90] 이에 따라 기능 분류가 조직 중심으로 이루어졌을 뿐만 아니라, 기능 간 연계에 대해서도 세부적인 검토가 이루어지지 않았다. 즉 BPR/ISP 사업 과정에서 각 부처의 실·국 기능을 그대로 대기능으로 하고, 과 기능을 중기능으로 정의한 다음, 대기능 간에 연계가 이루어지는 정책 상세영역과 대기능 간에 연계는 정의되지 않았다. 기능 간 연계가 정책 상세영역에서 이루어지도록 구성되어 있지만, 어떤 대기능이 어떤 정책 상세영역과 연결되는지에 대해서는 세부적인 검토가 이루어지지 않았다.[91]

위와 같은 사업 결과의 지속적인 변경 및 불완전한 연계 문제를 지적하고 기존의 사업 방향을 환기시키고 통제할 수 있는 기관이 부재하였다. 즉 초기부터 사업을 주관해왔던 전자정부전문위는 사업의 추진 과정과 결과만을 보고받았을 뿐, 사업 결과나 과정에 대한 개입 권한이나 조정·통제 수단이 없었다.

> "정부기능을 조사하고 그걸 연계한다는 것은 정말 방대한 작업이다. 그걸 하려면 자원도 있어야 되고 또 하나하나 꼼꼼히 챙겨야 하는데, 위원회는 아무래도 비상시 조직이니까 그런 걸 할 수가 없었다. … (위원회가) 사업 추진 결과에 대해서도 보고도 받고 문제점을 지적하기도 했지만, 위원회가 힘이 떨어지면서 아무래도 행정자치부가 그런 지적을 충분히 고려해서 사업 결과를 수정하지는 않았다."[92]

결국 정부기능연계모델사업의 성격상 범정부부처를 망라하기 때문에 각종 이견과 문제를 조정, 통합하면서 사업을 전담할 수 있는 강력한 추진 주체가 필요했으나, 이러한 기능을 수행할 수 있는 기관이 사실상 없었다는 것이다. "당초에는 정부혁신지방분권위원회가 한국전산원의 지원을 받아 추진하는 것으로 구상되었으나 자문기구로서 위원회의 특성상 실천력을 담보할 수 없었으며, 한국전산원의 독립적 기능수행이 현실적으로 어려웠기 때문이다(정부혁신지방분권위원회, 2005: 207)."

이와 같은 정부기능연계모델사업 내용의 변경과 함께, 범정부 ITA 구축과 정부정

다른 전자정부사업의 추진 일정과 맞물릴 수 없다는 현실적인 추진 일정상의 한계를 가지고 있었다."는 것이다.

90 인터뷰 결과.

91 실제로 BPR/ISP 자료 중 정부기능조사표를 확인한 결과, 정책 상세영역과 대기능 간에 연계가 이루어지지 않았다.

92 인터뷰 결과.

보자원관리체계 구축사업도 행정자치부와 정보통신부 간의 대립과 갈등으로 사업의 지연과 내용의 변경이 나타나고 있었다(정보통신부, 2005a). 첫째, 공공기관의 정보기술 아키텍처의 주관기관을 두고 행정자치부와 정보통신부 간의 갈등이 표출되었다. 행정자치부는 'ITA가 전자정부 기획기능과 관련이 있기 때문에 중앙행정기관과 지방자치단체는 전자정부 주무부처인 행정자치부가 담당하는 것이 타당하다'고 주장한 반면, 정보통신부는 'ITA는 범정부적인 차원에서 접근해야 하며 정보기술적 성격이 강하므로 정보통신부가 주관해야 한다'고 주장하였다.

둘째, 좀 더 큰 맥락에서 ITA를 둘러싼 갈등은 정부정보자원관리에 대한 갈등으로 이어졌다. 「정보화촉진기본법」(제4조)은 정보자원 현황 조사·관리를 정보통신부가 수행하도록 규정하고 있다. 그러나 행정자치부는 「전자정부법」 개정안(제2조 8호 및 제44조)에 행정정보자원관리 규정을 신설하고자 하였다. 특히 행정자치부가 정보자원의 개념과 관리 대상을 행정정보, 정보시스템, 정보기술, 정보화예산, 정보화인력 등 정보화활동 전반에 걸쳐 포괄적으로 규정함으로써 정보통신부와 갈등을 불러일으켰다.

즉 ITA와 정보자원관리와 관련된 양 부처의 대립은 입법화 경쟁의 형태로 나타났다. 즉 관련 법률의 제정·개정을 통해 자신들의 관할권을 제도적으로 공고화하고자 하였다. 이러한 예는 「전자정부법」 개정, 「국정평가기본법」 제정, 「ITA법」 제정 등에서 나타났다. 제도적 기반 조성과 관련하여 정보통신부와 행정자치부가 취하고 있는 전략은 유사하다. 주도권을 선점하려는 부처에서는 소관 법률의 개정안이나 제정안에 자기 부처에게 유리한 법 조항을 삽입하는 방식을 취하며, 이에 대하여 반대 입장에 선 부처는 법률안에 대한 부처 협의 과정에서 여러 가지 이유를 들어 합의를 거부·회피함으로써 법안이 국무회의에 올라가거나 국회에 상정되는 것을 막는 전략을 취하였다(유홍림·윤상오, 2005).

행정자치부의 경우, 자신들의 소관 법령인 「전자정부법」 개정을 통해 정보화평가, 정보기술아키텍처ITA, 행정전자서명, 정부통합전산센터, 전자정부 국제협력, 정보자원관리 등의 기능을 확보하고자 하였다. 또한 「전자정부법」 개정안(제2조 9호)을 마련하여 전자정부의 대상 범위를 행정기관뿐만 아니라 공공기관(정부투자기관, 지방공사 및 공단, 특수법인, 각급 학교, 대통령령으로 정하는 기관 및 단체)으로까지 확대하려 하였다. 이와 함께 「전자정부법」 개정안에 '프로세스혁신위원회(위원장: 행정자치부장관)'를 설치하여(제44조), 행정자치부장관은 프로세스혁신계획을 작성하여 각 행정기관의 장 등에게 통보하고(제41조), 각 행정기관의 장은 프로세스혁신 시행계획을 작성하여 시행하고(제42조), 행정자치부장관은 다시 각 기관의 시행계획 및 시행결과를 종합하여 국민에게 공개하도록 하고 있다(제43조). 또한 정보화담당관협의회(의장: 행정자치부장관)를 설치하여(개정안 제44조의 2), 전자정부 전반에 대한 주요 사항을 협의하고, 그 결과를 프로세스혁신위원회에서 심의할 수 있도록 규정하고 있다.[93] 또한 행정자치부장관은 「행정정보자원관리 기본계획」을 수립하여 각 행정기관의 장에게 통보하고, 각 행정기관의 장은 이에 따라 당해 기관의 시행계획을 수립하여 시행하고 계획 및 결과를 행정자치부장관에게 제출하도록 하고 있다(개정안 제44조의 3)(정보통신부 내부 자료, 2004).

정보통신부 역시 관할 법률인 「정보화촉진기본법」의 강화와 함께, 개별 법률들의 제정을 통해 자신들의 관할권을 지키고자 했다. 먼저 「정보화촉진기본법」의 개정을 통해 정보화추진위원회의 위상을 강화하고자 하였다. 특히 개별 법률에 의하여 운영되고 있는 정보격차해소위원회, 전자정부특별위원회, 정보기반보호위원회, 프로세스혁신위원회 등 각종 위원회를 통합하여 정보화추진위원회로 일원화시키려 하였다(정보통신부, 2005a). 또한 「정보시스템의 효율적 도입 및 운영 등에 관한 법률」(이하 「ITA법」) 등과 같은 개별 법률 등을 제정함으로써 자신들이 기존부터 유지해오던 기능들의 제도적 기반을 다지는 전략을 취하였다.

이와 같은 양 부처의 관할권 경쟁은 법 제정의 지연과 함께 ITA와 정보자원관리제도의 구성이 왜곡되는 원인으로 지적되고 있다(국회 과학기술정보통신위원회, 2005). 첫째, 법·제도 정비의 지연이다. 효율적인 전자정부 추진을 위해서는 관련 법·제도 정비가 필수적이다. 그러나 부처 간 갈등 과정에서 관련 법률의 제정·개정이 지연됨으로써 전자정부 추진에 심각한 장애를 초래하고 있다. 대표적인 예가 바로 「전자정부법」 개정안과 「ITA법」 제정안 그리고 「국정평가기본법」 제정안이다. 「전자정부법」 개정안은 2004년 초부터 만들어져 2004년 12월 입법 예고되었지만, 2005년 12월까지도 정보통신부와의 부처 협의가 마무리되지 않아 실현가능성이 불투명하였다. 「ITA법」의 경우에도 애초 2003년도에 정보통신부가 공공기관의 ITA 도입을 위해 법안을 발의했으나 2004년 전자정부 전담기관이 행정자치부로 이관됨에 따라 ITA 주도권을 누가 가질

93 정보화담당관협의회의 기능으로 ① 행정업무 프로세스 혁신에 관한 사항, ② 행정정보 공동이용에 관한 사항, ③ 문서업무 감축에 관한 사항, ④ 행정정보자원 관리에 관한 사항, ⑤ 다수 기관 관련 전자정부사업의 협의 및 조정, ⑥ 전자정부 지원사업 관리·운영 방안, ⑦ 각급 기관 공통의 성과 측정 기준 개발, ⑧ 기타 협의회의 의장이 필요하다고 인정하는 사항 등을 규정하고 있다(「전자정부법」 개정안 제44조의2 제4항).

것인가를 놓고 행정자치부와 2년여 동안 표류하다 2005년 4월에서야 국무회의를 통과하였다. 2005년 12월 국회에서 통과되었으며, 2006년 7월부터 시행되었다.

둘째, 부처 간 갈등은 부처 간에 부적절한 타협을 이끌어내고, 그로 인해 전자정부사업 추진을 왜곡시키기거나 혼란을 가져오기도 한다. 우선, 전자정부사업 추진의 왜곡이다. ITA는 범정부적인 차원에서 일관성 있게 통합 추진되어야만 그 효과를 담보할 수 있다. 그러나 부처 간 관할권 갈등 과정에서 사업 지연이 장기화되자 주관부처인 정보통신부의 양보로 중앙행정기관과 지방자치단체는 행정자치부가 추진하고 나머지 공공기관은 정보통신부가 추진하는 기형적인 모습으로 조정이 이루어졌다. 이로 인해서 중앙행정기관과 산하기관과의 ITA 추진 주체가 달라 통합과 연계를 통한 시너지 효과를 기대하기 어려워졌다(어호경, 2008). 공공기관의 정보자원조사의 경우에도 행정자치부와 정보통신부 간의 관할권 다툼 과정에서 부적절한 역할 분담이 이루어져 정보자원조사의 취지를 살리지 못하였다. 현재 정보자원조사에서 중앙행정기관과 지방자치단체는 행정자치부가, 기타 공공기관은 정보통신부가 별도로 수행하고 있으며, 양 조사가 하나로 통합되지 않고 있고, 공공부문 전체의 정보자원 현황이 파악되지 않고 있다.

셋째, 개념의 혼란을 가져오는 경우이다. 양 부처는 ITA 관련 법제의 제안 과정에서 서로 다른 용어를 사용하였다. 즉 행정자치부는 정부혁신과 프로세스 개혁과 연결한다는 의미에서 EA Enterprise Architecture 라는 용어를, 정보통신부는 정보기술을 강조하여 ITA Information Technology Architecture 라는 용어를 사용하였다. 같은 현상을 두고 서로 다른 기관들이 다른 용어를 활용하는 것은 정책 주도권 확보와 정당성 주장을 위한 것으로 판단된다. 법률에서 용어 하나하나가 갖는 의미의 중요성과 엄밀성을 고려할 때, 용어를 둘러싼 양 부처의 갈등은 정책 추진의 혼란을 가져올 수 있다는 점에서 심각성이 있었다(국회 과학기술정보통신위원회, 2005).

넷째, 이는 전자정부 추진체계의 정책 역량의 약화로 이어졌다. 양 부처 간의 갈등에 대해 전문위(특위)가 조정 역할을 하지 못하였을 뿐만 아니라, "전문위의 중립적 입장에 대해 양 부처가 의구심을 갖게 되었다."[94] 앞서 정부기능연계모델의 예에서 언급된 바와 같이 전문위가 양 부처의 기능을 조정할 수 있는 권한과 조정 수단을 확보하고 있지 못한 데다, 비상임 민간인 중심이라는 위원회의 특성상 현안 문제에 대해

94 인터뷰 결과.

신속하고 강력한 조정력을 발휘하기 어려웠고, 문제 발생 시 책임 소재가 불분명하였기 때문이었다.

양 부처 간의 대립은 전자정부 총괄기관인 행정자치부의 역량 약화로도 이어졌다. 즉 행정자치부가 각 부처의 전자정부사업을 이끌어 나가기 위해서는 전자정부의 정책·기획 등의 능력과 함께 ICT 능력이 필수적으로 겸비되었어야 했다. 그러나 ICT에 대한 전문성과 경험·능력이 부족한 행정자치부가 정보통신부와 갈등을 빚으면서 정보통신부로부터 적절한 지원을 받지 못함에 따라 정보화 리더십이 제대로 발휘되지 못하고 있다는 지적이다(유홍림·윤상오, 2005).

(2) 민간부문과의 연계

정보통신부의 산하단체인 한국전산원은 정부업무관리시스템을 위한 BPR/ISP 사업과 구축사업 모두의 사업 관리를 담당하였다. 즉 세부적인 사업계획의 작성, 제안 및 민간사업자와의 계약 등 사업 수행과 관련된 제반 실무 작업을 진행하였다. 사업의 시행은 민간부문의 사업자에게 전자정부 지원사업의 형태로 위탁되어 수행되었다.

다. 적용 및 운영 단계

정부업무관리시스템 구축과 시범사업 이후 정부기능연계모델은 다시 변화를 겪게 된다. 같은 시기에 진행 중이었던 디지털 예산회계시스템[95]의 예산회계 분류체계와의 일원화 작업 과정[96]에서 정부기능연계모델은 다시 변경된 것이다. 일원화 과정에서 나타난 변화는 크게 다음 두 가지로 요약된다. 첫째, 정책영역, 정척분야, 대기능의 수가 변경되었다. 〈표 5.16〉에서 보는 바와 같이 정책영역(1레벨)이 15개로, 정책분야(2레벨)가 67개로, 그리고 대기능(3레벨)이 491개로 변경되었다.

둘째, 이와 같은 일원화 과정에서 기존의 정부기능 분류체계가 한층 정교화되었다. 이 단계에서는 업무 및 기능, 인력 관리, 예산회계, 기록관리체계 전반을 만족시킬 수 있는 분류체계의 구성을 위해 정부기능 전반에 대한 반복적인 조사와 재분류,

95 디지털 예산회계시스템은 노무현 정부의 재정·세제개혁 과제 중 하나로 기존의 예산과목 구조의 개편(프로그램 예산체계)과 함께 분절적으로 운영되어 온 재정 관련 시스템을 통합한 통합 재정정보시스템이다. 디지털 예산회계시스템 구축을 위한 하나의 과제로서 기존의 장 – 관 – 항 – 세항의 예산체계를 프로그램 예산체계로 개편하는 과제가 포함되어 있으며, 이러한 프로그램 예산체계와 정부기능연계모델의 일원화가 추진되었다.

96 일원화 작업은 2005년 10월부터 2006년 2월까지 진행되었다.

〈표 5.16〉 디지털 예산회계 분류체계와의 일원화에 따른 기능 분류의 변화

분류체계	일원화 이전 분류체계	일원화 이후 분류체계
정책영역(1레벨)	22개	15개
정책분야(2레벨)	82개	67개
대기능(3레벨)	339개	491개

출처: 행정자치부(2006a)

그리고 기능 수준에 대한 검토가 이루어졌다.[97] 이에 따라 정부기능과 관련된 조직, 예산, 인사, 기록 관리 등 제반 요소들과 연계되어 적정 수준에서 기능을 정의하기 위한 제반 정보들이 고려되었다. 이러한 일련의 활동들을 통해 이전보다 정교해진 정부기능 분류체계가 구성될 수 있었다.

셋째, 기능별 분류에 있어서 각 부처별로 기능이 분류되고 있다는 점이다. 좀 더 구체적으로 말한다면, 〈표 5.16〉에서 나타나고 있는 바와 같이, 기능별 분류체계의 정책분야에 앞서 '부처'라는 분류체계가 추가로 존재하는 형태로 구성되었다. 이렇게 '부처'라는 분류체계가 새로 개입됨에 따라 '대기능(3레벨)' 수준에서는 공통된 기능이 존재하지 않게 구성되었다.

이와 같은 결과는 디지털 예산회계시스템의 예산회계 분류체계가 정부기능연계모델로 이식됨으로써 나타난 현상이다. 즉 디지털 예산회계시스템의 구축 과정에서 예산회계 분류체계가 기존의 장–관–항–세항–세세항의 구성 대신 소관(부처)–분야–부문–프로그램–단위사업의 체계로 변경되었는데(한훈, 2006), 이러한 분류체계가 그대로 정부기능연계모델에 반영된 것이다.

위와 같이 디지털 예산회계시스템의 프로그램 예산체계와 일원화된 정부기능분류모델은 대통령에게 보고(2006. 2. 27. 국정과제회의)된 이후, 다음과 같이 진행되었다. 첫째, 일원화된 정부기능연계모델이 정부업무관리시스템의 확산과 함께 전 중앙행정기관 및 지방자치단체로 확산되었다. 기존에 시범적으로 구축된 건설교통부, 행정자치부 등의 정부업무관리시스템에 적용된 정부기능연계모델이 수정되었다. 또한 신설된

97 정부기능연계모델과 온–나라 정부업무관리시스템이 구성되기 전까지는 조직과 인력, 예산, 기록 관리는 자체적인 기능분류체계하에서 업무 수행과 정보시스템 구축이 진행되어 왔다. 그러나 이들을 하나로 연계, 통합하기 위해서는 모두에 적용되는 공통적인 정부기능 표준분류체계가 요구되었다. 이에 후술하는 바와 같이 기능조정위원회가 구성되어 범정부 차원에서 공통적인 정부기능 분류체계를 구성하게 된 것이다.

방위사업청, 행정중심복합도시건설청, 국가인권위원회, 대검찰청 및 소속기관의 기능연계모델이 수립되었다. 이로써 2006년 7월부터 정부업무관리시스템의 확산과 함께, 정부업무관리시스템에 연계된 정부기능연계모델이 전 중앙행정기관으로 확산되었다. 마지막으로 지방자치단체 기능연계모델이 수립되었다.

이와 같은 정부업무관리시스템의 확산으로 인해 2007년 1월부터 전 중앙행정기관이 '온-나라 시스템'으로 명명된 정부업무관리시스템을 활용하기 시작하였다. 이후 온-나라 시스템의 이용 활성화를 위해 전자문서시스템과 온-나라 시스템을 통합하는 등 업무 수행 과정에서 활용되는 각종 정보시스템과의 연계사업과 시스템의 기능적 보완이 이루어졌다.

둘째, 2006년 7월부터 다음과 같은 정부기능연계모델의 고도화가 진행되었다. 일원화된 1-2-3레벨의 분류체계를 기반으로 4-5-6레벨의 분류체계가 조정·확정되었다. 각 중앙행정기관은 직제나 훈령, 위임전결규정과 같은 법적 기능 및 실제 사무 등을 바탕으로 중기능(4레벨)과 소기능(5레벨), 단위과제(6레벨)를 정의하고 이를 연계하였다. 이를 통해 각 부처별로 정책영역에서 단위과제까지의 일련의 기능체계가 구성되게 되었다.

셋째, 정부기능연계모델과 정부업무관리시스템의 운영을 위한 규정이 제·개정되었다. 우선 법제화 작업의 일환으로 「사무관리규정」이 개정되었다(2006년 3월). ITA를 위한 참조모형의 개발을 규정한 「ITA법」과 그 시행령이 2006년 7월부터 시행되었으며, 대통령 훈령인 「정부기능의 분류 및 관리에 관한 규정」이 2007년 5월부터 발효되었다. 또한 행정자치부는 2007년 5월 행정자치부 예규(제238호)로서 「정부기능분류시스템운영지침」을 제정하였다. 이는 중앙행정기관의 기능분류체계 운영 및 지속적인 변화 관리 절차에 관한 사항을 규정하고 업무와 정보관리를 위한 정부기능 분류체계의 표준을 제시하며, 정부기능 분류시스템의 기준 정보를 제공함으로써 상시적인 변화관리 기반을 구축하는 것을 그 목적으로 하고 있다. 이로써 정부기능 분류시스템이 중앙행정기관 등에 보급·운영됨에 따른 기능분류 실시의 근거 및 기능분류의 원칙, 정부기능 분류시스템의 관리·운영 등에 필요한 사항 등에 대한 법적 기반의 정비가 일단락되었다고 할 수 있다.

넷째, 위와 같은 규정과 지침을 기반으로 정부기능연계모델의 변화관리체제가 구축되었다. 전체 정부기능연계모델의 관리는 행정자치부(조직제도과)가 담당하게 되었으며, 각 부처 및 각 과별로 정부기능연계모델 관리자를 선임하고, 정부기능연계모델의 변화 관리 절차 및 방법이 규정되었다. 그리고 각 기관의 정부기능연계모델 관리자에 대한 교육이 진행되었다.

(1) 조직적 배열과 조정·통제 수단

정부기능연계모델, 디지털 예산회계시스템 및 기록물관리체계와의 기능 분류 일원화를 위해 기능조정위원회가 구성되었다. 기능조정위원회는 본위원회와 실무작업반으로 구성되었다. 본위원회는 교수 3인, 기획예산처 디지털예산회계기획단장, 행정자치부 전자정부본부장, 정보통신부 정보화기획실장, 국가기록원장, 대통령비서관, 전자정부특별위원회 전자정부팀장으로 구성되었다. 실무작업반은 디지털예산회계기획단 관계자, 행정자치부 정부기능연계모델 담당자, 혁신위 사무국 전자정부팀원으로 구성되었다. 위원회의 운영은 대체로 실무작업반이 만든 세부 안건에 대해 본위원회가 추인하는 형식으로 운영되었다. 그리고 위원회에서 의결된 사항은 전자정부특위에 보고되었다.[98]

실무 차원에서 세부 작업을 담당한 실무작업반은 정부의 기능을 범정부 차원에서 재구성하기보다는 한 부처 내에서 주요 기능들을 세부 조정하는 형태로 작업을 진행하였다. 당시 작업에 참여한 기획예산처 담당자는 당시의 사정을 다음과 같이 언급하고 있다.[99]

> "… 프로그램 예산체계를 도입하는 것과 부처 간의 기능을 재조정하는 것과 어떤 것이 더 쉽냐면 프로그램 예산제도를 도입하는 것이 더 쉬울 정도로 (부처 간의 기능을 조정하는 것은) 굉장히 어렵습니다. … 그래서 전체적으로 기능을 놓고 그러고 나서 거기에 맞춰 프로그램을 짜고 조직도 그렇게 가고 인력도 그렇게 가는 것이 사실 아이디얼한데, 현실적으로 시간적 여유도 없고 그래서 저희가 프로그램(예산체계)을 짤 때에는 그리고 행정자치부와 (정부기능연계모델과의 일원화를 위한) 협의를 할 때에도 기본적으로 한 부처 내에서 재구성하도록 하였습니다. (중략) 우리가 PPBS의 사례를 공부해 보니까 … 너무 교과서적으로 혁신적으로 하는 것이 부처의 불만을 불러와 오히려 사업이 실패하는 원인이 될 수도 있을 것 같더라구요. (중략) … 일단 가능한 범위 내에서 하고, 앞으로는 그런 식으로 가도록 하는 토대가 되지 않을까 … (후략)"

98 인터뷰 결과.

99 기획예산처 디지털예산기획단 기획총괄팀장의 발표 내용. 서울대학교 행정대학원 정책지식센터 제284회 정책지식포럼. 2006. 9. 11. 괄호 안의 내용은 본 연구자가 추가하였다.

실무작업반의 운영에 있어서도 기획예산처 직원들이 주도하여 의견을 관철시키는 경우가 대부분이었다. 그 이유로는 실무작업반에 투입된 기획예산처 직원들의 경우, 디지털예산회계기획단의 설립 초기부터 근무해 사업의 내용과 정부의 기능에 대해 잘 알고 있었던 반면 행정자치부 담당자들은 계속되는 조직개편으로 인해 업무에 대한 파악조차 안 된 채 투입된 경우가 대부분이었기 때문이다.[100]

기능 일원화 과정에서 나타난 개별 부처들의 입장은 크게 두 가지로 나타났다. 첫째, 각 부처들도 조직 중심의 기능분류체계를 선호하였다. 실무작업반이 전 부처를 상대로 조사한 결과, 디지털 예산회계시스템의 분류체계를 따라 부처 중심으로 구성되기를 '전 부처'가 희망했다. 한편으로는 예산권을 가진 기획예산처의 입장을 고려하지 않을 수 없었고, 또 다른 한편으로는 기능 연계나 통합이 그들에게도 부담이 되었기 때문이었다.[101]

둘째, 부처들은 또 다른 한편으로는 현재 수행하고 있는 자신들의 기능들이 되도록 상위의 기능으로 평가되어야 한다고 주장했다. 즉 현재 '과' 수준에서 진행되고 있는 업무를 '국'이나 '실' 수준의 기능으로 상향 조정하려고 하거나, 단순 '사업' 수준의 업무를 '과' 수준의 업무로 평가받고자 했다. 이와 같이 일단 기능의 상향 조정이 이루어지면 향후 조직의 확대나 예산의 확대가 이루어질 수 있다는 기대에서 이와 같은 기능의 상향 조정을 주장하였다.[102]

이와 같은 실무작업반 중심의 부처 중심적인 작업 방향에 대해 기능조정위원회나 자문기구인 전자정부특별위원회로부터 조정과 통제가 이루어지지 못하였다. 기능조정위원회의 경우, 위원의 구성상 인원이 많고 위원들 간의 합의가 쉽게 되지 않아 논의가 계속적으로 지연되었다. 결국 시스템 구축 일정에 쫓기면서 실무작업반이 마련한 대안을 추인하는 형식으로 의사결정이 이루어졌다. 전자정부특별위원회도 순수 대통령 자문 조직으로 변경되면서 사업조정권한을 상실하게 되었다. 즉 부처 중심적인 기능연계모델 구성에 개입할 수 있는 권한이나 수단이 없었으며, 이로 인해 당초

100 인터뷰 결과. 행정자치부의 정부기능연계모델 실무담당자들은 계속 바뀌어 총 4명에 이른다고 한다.

101 인터뷰 결과.

102 인터뷰 결과. 당시 기능조정위원회의 간사는 "부처들의 반발이 너무나 강했으며, 이해관계를 조정하는 것이 너무 힘들었다."고 토로하였다. 그리고 향후에도 정부기능연계모델이 기능 중심적으로 완벽하게 구현되기는 어려울 것 같다고 전망하였다. 부처의 반발과 이해관계의 조정은 상당한 권한 부여와 정치적, 행정적 지원이 없이는 불가능하기 때문이다.

목표로 했던 기능 중심의 정부기능연계모델 구현에 제도적인 한계가 있었다.

그러나 디지털 예산회계시스템의 프로그램 분류체계와의 일원화 이후 진행된 정부업무관리시스템의 구축과 확산은 이전과는 다른 조직적 배열 속에서 진행된다. 노무현 정부에서는 정부업무관리시스템의 구축과 확산을 위해 국정과제실시간관리추진단이 구성되었다. 국정과제실시간관리추진단은 국무총리 훈령인 「국정과제실시간관리추진단규정」에 근거하여, 행정자치부 제1차관을 단장으로 하고 업무관리시스템 및 유관 시스템 구축을 추진하고 있는 행정자치부, 해양경찰청, 국무조정실, 법제처, 중앙인사위원회, 한국전산원 등 총 19명으로 구성되었다. 국정과제실시간관리추진단이 추진하는 업무는 온-나라 업무관리시스템 표준모델을 마련하여 전 중앙행정기관에 설치하고 시스템의 안정적 정착을 위한 부처 변화 관리를 추진하며, 관련 법·제도 개선 사항을 도출하는 역할을 담당하였다(정책기획위원회, 2008).

국정과제실시간관리추진단의 활동은 대통령의 관심과 대통령비서실의 집중적인 점검과 검토하에 사업이 진행되었다. 정부 업무 관리를 표준화, 통합화, 시스템화하는 작업이 선행되어야 하며, 이를 위해 범정부적인 업무관리시스템을 개발해야 한다는 점을 집권 초부터 강조해온 노무현 대통령은 정부업무관리시스템 추진에 대한 관심과 의지를 국정과제회의를 비롯한 부처 업무 보고나 국무회의, 수석보좌관회의 등과 같은 제도화된 통로를 통해 지속적으로 표명하였다.[103] 이와 같은 대통령의 관심에 따라, 대통령비서실은 사업의 진전 상황 및 문제점을 지속적으로 점검하고 조정해 왔다. 이와 같은 대통령의 관심과 대통령비서실의 개입은 촉박한 시간적 제약 속에서도 전 중앙행정기관에 시스템이 확산되는 주요한 원인 중 하나가 되었다.[104]

(2) 민간부문과의 연계

한국전산원은 구축단계와 마찬가지로 정부업무관리시스템 구축과 확산 과정에서 사업 관리를 담당하였다. 사업의 시행 역시 민간부문의 사업자에게 용역 과제의 형태로 위탁되었다.

103 정부업무관리시스템 구축과 관련된 노무현 대통령의 언급에 대해서는 정책기획위원회(2008: 4)를 참조할 것. 노무현 대통령은 임기 말 TV 대담 프로그램과의 인터뷰에서 "다음 정부에 물려주고 싶은 것이 무엇이냐?"는 질문에 대해 "정부업무관리시스템을 물려주고 싶다."고 할 만큼 정부업무관리시스템 구축과 확산에 강한 의지를 보였다(국정과제실시간관리추진단의 홍원구 기획조정팀장, KTV. 2006. 12. 26.).

104 인터뷰 결과.

(3) 정부기능연계모델과 온-나라 정부업무관리시스템의 활용도 평가

이와 같이 전 부처로 확산된 온-나라 정부업무관리시스템은 활용도와 효과성 측면에서 크게 긍정적이지 않은 것으로 평가되고 있다. 2007년 9월, 온-나라 정부업무관리시스템을 시범 운영한 행정자치부, 기획예산처, 법제처, 관세청에 대한 설문조사 결과를 요약하면 다음과 같다(임준형, 2007). 첫째, 시스템 활용도 측면에서 볼 때, 조사 당시 시스템을 자주 혹은 항상 사용하는 적극적 사용자 그룹이 평균적으로 50%에 이르고 있었다. 이와 같은 활용도는 한편으로는 단기간에 비교적 많은 적극적 사용자를 확보한 것으로 볼 수 있는 반면, 행정자치부가 온-나라 시스템의 활용 실적 평가를 진행해온 점 등을 고려한다면 그다지 높은 것은 아니라고 지적되고 있다. 더 큰 문제는 이와 같은 실적 제고를 위한 평가가 온-나라 시스템의 형식주의적 사용을 부추기고 있으며 개별 부처의 업무 특성을 고려하지 않은 시스템 확산과 적용으로 인한 반감이 존재하는 것으로 분석되었다.

둘째, 시스템의 효과성 측면에서는 온-나라 시스템이 의사결정의 품질, 업무생산성, 지식 관리의 측면에서 의도한 목표를 달성하는 데 성공적이지 않은 것으로 분석되었다. 온-나라 시스템이 의사결정의 품질 향상에 미치는 영향에 대해서는 부정적 인식이 긍정적 인식보다 약간 큰 것으로 조사되었다. 업무효율성에 미치는 영향에 대해서는 온-나라 시스템의 도입에 따라 오히려 업무 처리량이 증가하고 업무 절차가 복잡해지며, 업무가 지연되었다는 인식이 크게 나타났다. 또한 온-나라 시스템이 업무 관련 지식 획득에 미치는 영향에 대해서도 전반적으로 부정적 인식이 긍정적 인식을 상회하는 것으로 분석되었다.

이와 같이 온-나라 시스템이 의도한 효과를 달성하지 못하는 다양한 원인 중 하나로 정부기능연계모델의 문제점이 제시되고 있다.[105] 즉 온-나라 시스템의 근간을 이루는 정부기능연계모델이 범정부 차원에서 기능 중심적으로 구성되기보다는 부처의 직제가 그대로 반영되는 등 조직 중심적으로 구성되었을 뿐만 아니라 주먹구구식으로 구성되어 적절한 사후 관리가 이루어지지 못함으로써 정부 전체의 업무 특성을 효과적으로 아우르는 데 한계가 있다는 것이다. 이러한 정부기능 분류체계의 한계는 온-

105 임준형(2007: 122-125)은 정부기능연계모델의 문제 외에도 다음과 같은 문제점을 지적하고 있다. 첫째, 위로부터의 획일적인 사업 기획과 시스템 확산, 둘째, 공공조직의 문화적, 관행적 특수성의 무시, 셋째, 각각의 조직들이 가지고 있는 정보기술 인프라나 조직 간 정보 격차에 대한 무시, 넷째, 온-나라 시스템이 가지고 있는 기능상의 결함 등이다.

나라 시스템의 활용도에도 그대로 반영되고 있다고 지적하고 있다(임준형, 2007: 123).

또한 조직 중심의 정부기능연계모델은 사용자의 활용과 시스템 구성에도 영향을 미쳤다. 첫째, 온-나라 시스템을 활용하는 대부분의 공무원들은 자신이 소속된 부서의 업무와 관련해서만 온-나라 시스템을 활용할 뿐이라고 한다. 즉 온-나라 시스템과 연계된 정부기능연계모델을 활용해 자신의 업무와 유사한 타 부처의 업무를 식별하고 관련 기능들 간의 정보를 공유하는 것 등과 같은 협력을 정부기능연계모델이 지원하고 있지 못하다는 것이다. 둘째, 조직 중심의 정부기능연계모델은 온-나라 시스템의 구성에도 영향을 미쳤다. 온-나라 시스템은 부분적으로는 폐쇄적인 부처 단위의 업무관리시스템이 중앙시스템에 연계된 형상으로 구성되었다. 즉 정보시스템 수준에서도 각 부처 단위의 업무관리정보시스템 간에 연계가 이루어지지 않고 있다. 결론적으로 범정부 차원의 온-나라 시스템을 구축하기는 하였지만 유사한 업무를 수행하는 서로 다른 기관의 담당자들이 다른 부처의 과제 진행 상황이나 자료에 접근할 수 없도록 구성되어 있다.[106]

"(온-나라 시스템이) 효과를 거두려면, 적어도 개별 부처 내의 유사하거나 서로 관련된 업무들이 연계되어서 서로 참고도 하고 가능하다면 조정도 이룰 수 있어야 하는데, 지금은 그렇지 못하다. 실제로 효과가 있으려면 3단계 수준에서 연계가 이루어져야 하는데 현재의 정부기능연계모델은 3단계 수준에서 연계될 수 있도록 구성되어 있지 않다. 더구나 4-5-6단계, 즉 같은 부처 내에서도 실·국 간, 과 간에 연계가 되지 않도록 설계되었다. 정부기능연계모델이 그렇게 구성되어 있기 때문이다. 그러니 과거의 서류나 문서를 모아두는 것 이외의 효과가 안 나는 것이다. 그러니까 공무원들 입장에서는 형식적으로 실적 올리기식의 사용을 할 수 밖에 없다."[107]

3) 소결: 미국과 한국의 정부기능연계모델 구축사업의 비교

미국의 부시 행정부와 한국의 노무현 정부는 유사한 정책목표하에 동일한 사업을 추진하였다. 즉 양국 모두 개별 기관들이 보유한 정보의 공동 활용을 촉진하며, 전자정부 정보시스템의 효과성과 효율성을 제고하기 위해 다부처 연계cross-agency 정보시스템을 구축하려는 정책목표하에서 정부기능연계모델 구축사업을 추진했다. 특히 한

106 인터뷰 결과.

107 인터뷰 결과.

국의 노무현 정부는 미국 부시 행정부가 진행해온 업무참조모델사업에 주목해왔으며, 이 모델을 모방benchmark하여 중앙정부에 적용하고자 하였다.

그러나 미국과 한국에서 구축된 정부기능연계모델의 최종적인 구축 결과에는 차이가 나타나고 있다. 첫째, 정부기능연계모델의 구성 측면에서 볼 때, 미국은 초기의 사업목표를 유지하여 기능 중심의 정부기능연계모델을 구축, 활용해 오고 있는 반면, 한국의 경우에는 사업이 기획될 당시의 목표와는 달리, 조직(부처) 중심적인 정부기능연계모델이 구축되었다. 둘째, 세부 구성의 측면에서 보면, 미국의 정부기능연계모델은 기능별 코드 부여와 상세한 설명을 함께 제시하고 있다. 그러나 한국의 경우 기능별 코드나 기능에 대한 상세한 설명은 제시하고 있지 않다. 셋째, 활용 측면에서는 미국의 OMB가 정부기능연계모델을 주로 활용하면서 예산의 편성 및 집행 과정과 정부기능연계모델을 결합하여 제도화하고 있다. 반면 한국의 정부기능연계모델은 예산과 정보다는 업무 수행과 관리를 위한 업무관리시스템의 기준 모델로서 활용되고 있으며, 이에 따라 관련된 인사, 재정, 조직 등의 기능별 속성 정보들과 연계되어 있다.

왜 양국에서 유사한 정책목표를 배경으로 동일한 사업이 추진되었음에도 차별화된 사업 결과가 나왔을까? 이 연구는 양국에서의 정부기능연계모델사업 과정의 분석을 통해 양국의 전자정부 추진체계의 제도적 배열의 차이가 그 제도적 결정 요인이라 결론 내리고 있다. 첫째, 미국 부시 행정부의 경우, 클린턴 행정부의 다원적이고 분권적인 추진체계와는 달리 OMB 단일 조직의 전자정부 추진체계를 형성하였다. 이와 같은 추진체계의 일원적 구조에 더하여, 「전자정부법」에 의거하여 전자정부 추진과 관련된 정책기획, 예산, 사업 조정 및 평가 등 전자정부 추진과 관련된 모든 권한이 전자정부국으로 집중되어 있다. 둘째, 전자정부국은 다양한 조정·통제 수단을 제도화해 왔다. 대통령과 의회의 권위에 근거한 주기적인 평가시스템을 구축하였으며, OMB 예산실과의 제도화된 협의 절차와 전자정부기금과 같은 재정적 자원을 확보하였다. 그리고 정보화담당관협의회를 비롯한 다차원적인 상호 협의체를 운영함으로써 사업 조정과 기관에 대한 통제 메커니즘을 활용하고 있다. 셋째, 컨설팅지원팀과 산업자문단 등 민간부문의 ICT 전문가들로부터 상시적인 전문적 지원과 민간부문의 정보화 추진 경험을 바탕으로 구성된 정책대안을 지원받고 있다.

그러나 한국 노무현 정부의 전자정부전문위(특위)를 중심으로 한 추진체계는 위와는 상반된 제도적 배열을 보유하고 있는 것으로 분석되었다. 첫째, 노무현 정부의 전자정부 추진체계는 외부 민간위원들로 구성된 전자정부전문위와 행정자치부로 구성되어 이원화된 특성을 보인다. 즉 정책의 개발과 조정은 전문위(특위)가 담당하고 전자정부 추진 총괄과 실행은 행정자치부가 담당하였다. 이에 더하여 전자정부 예산권을 가진 기획예산처와 정보통신기술을 보유한 정보통신부의 추진체계의 참여 정도가 김대중 정부 당시보다 저하된 것으로 분석되었다. 대통령비서실의 개입 정도도 김대중 정부 시기와는 달리, 대통령의 관심에 따라 전자정부사업 간에 차이가 나타났으며, 개입의 집중도도 떨어진 것으로 분석되었다. 이와 같은 조직적 배열은 전자정부 전문위의 위상 약화와 더불어, 전자정부 추진기능의 분권화와 전문위와 행정자치부, 행정자치부와 정보통신부 간의 대립과 관할권 경쟁을 불러일으키는 제도적 요인으로 작용하였다. 이와 같은 요인들은 다부처 연계 전자정부 추진에 필수적인 조정력과 추진력의 약화를 가져온 것으로 평가된다.

둘째, 김대중 정부의 전자정부특위가 보유했던 조정·통제 수단들이 모두 해체되었다. 전자정부 로드맵 사업의 일정 지연 등 사업 추진상의 문제로 인해 전자정부전문위의 평가 및 점검이 제한적으로 진행되었다. 또한 정부혁신지방분권위원회의 개편과 분권적인 추진체계의 구성으로 인해 전자정부사업의 기획과 평가가 연계되지 못하는 한계가 나타났다. 예산 측면에서는 정보화촉진기금의 개편으로 전자정부 추진을 위한 재정적 자원이 축소되거나 폐지되었으며, 전자정부 예산에 대한 재량권이 크게 축소되었다. 또한 전자정부 추진체계가 예산편성 절차에 개입할 수 있는 제도적 절차도 마련되지 못하였다.

셋째, 전자정부에 대해 기술적 지원과 사업 관리를 수행해온 민간조직인 한국전산원과 행정자치부 간의 관계에도 변화가 나타났다. 전자정부 추진을 둘러싸고 행정자치부와 정보통신부 간에 관할권 경쟁이 나타나면서 정보통신부의 산하 단체인 한국전산원과 행정자치부의 관계 역시 비우호적인 관계로 변질되었다.

이와 같은 제도적 배열의 차이는 정부기능연계모델 구축 결과의 차이에 영향을 미친 것으로 분석되었다. 양국에서의 정부기능연계모델 구축사업 과정을 살펴보면 기능 중심의 정부기능연계모델 구현과 그에 따른 제도 변화를 위해서는 전자정부 추진체계의 조정력과 관료제에 대한 통제력이 요구되었다. 미국의 경우, 다부처 연계적인 전자정부 추진과 이를 위한 정부기능연계모델의 구성에 대해 기관들의 반발과 저항이 있었다. 한국의 경우에는 ITA 사업의 주도권을 둘러싼 행정자치부와 정보통신부의 관할권 경쟁과 함께, 디지털 예산회계시스템 등 다른 전자정부사업과의 조정, 기능 중심적인 정부기능연계모델의 구성에 대한 기관들의 불만과 부처 이기주의적인 행태가 나타났다.

그러나 사업 목표를 달성하기 위한 추진체계의 조정·통제력에 있어서 양국 간에 차이가 있었다. 이와 같은 통제·조정력의 차이는 추진체계가 기반하고 있는 제도적 배열에서 기인하는 것으로 분석되었다. 미국의 경우, 전자정부국이 직접 업무참조모델을 기획하고 사업을 추진하였다. 특히 업무참조모델을 예산과정 내로 제도화하기 위한「OMB 회람 A-11」의 개정이 있었을 뿐만 아니라, OMB 예산실과의 상시적인 협의체제를 구성하고 FEA와 관련된 다양한 협의체를 구성, 활용하였다. 업무참조모델을 포함한 FEA 사업의 추진 현황을 전자정부 평가지표로 포함시켰을 뿐만 아니라, OMB의 정책방향에 반발하는 기관들에 대해서는 OMB가 가진 예산권한을 활용하여 조정·통제하였다. 결론적으로 이와 같은 제도적 조정·통제 수단은 기관의 반발을 제어하고 통제하는 데 활용되었다.

그러나 한국의 경우, 전문위(특위)가 산하단체인 한국전산원의 지원을 받아 사업 기획만 했을 뿐, 실제 집행은 행정자치부를 비롯한 개별 부처들이 담당하였다. 노무현 정부 전반기의 전자정부전문위와 후반기의 전자정부특위는 비상시 임시 조직이었기 때문에 사업을 전담해서 추진할 수 있는 자원과 권한이 없었다. 즉 사업의 추진 과정을 통제하고 조정해야 할 전자정부전문위(특위)는 정부기능연계모델 구축사업의 집행과정에 개입할 권한과 조정·통제 수단이 없었다. 이와 같은 상황 속에서 사업의 범위와 내용의 축소 및 변경을 거듭하게 되었으며, 결국에는 사업계획단계의 목표와는 달리 부처 중심적인 구성으로 변질되어 버렸다.

Ⅳ 결론

이 장에서는 전자정부 추진 결과에 영향을 미치는 다양한 원인들 중 전자정부 추진체계의 영향력 분석을 통해 제도적 요인의 영향력을 분석하였다. 특히, 미국과 한국에서의 동일한 목적하에 추진된 정부기능연계모델사업에 대한 비교 사례 분석을 통해 전자정부 추진체계를 집권성, 조정 도구, 관련 기관 간의 관계 등의 시각에서 분석하고 각각의 요소들이 어떻게 전자정부 추진 결과에 영향을 미치는지를 분석하였다.

전자정부의 성공적 추진을 위해서는 공통의 비전, 관련 이해당사자들의 명확한 책임과 역할 정의, 견제와 균형에 기반한 역할 분담과 협력체계 구성, 관련 부처들 간의 정책적 이견 조정을 위한 조정체계 등이 체계적으로 구성되어야 한다. 전자정부의 성공적 추진을 위한 조직적, 제도적 배열, 즉 전자정부 추진체계의 특성에 따라서 위의 성공 요인들을 성취할 수 있으며 이는 전자정부사업의 성공과 전체 추진 성과의 증가로 이어짐을 실증적으로 확인할 수 있었다.

이미 행정학을 비롯한 제반 사회과학분야에서는 제도주의적 분석을 통해 국가 간의 차별적 정책결과를 설명하는 연구들이 많이 제시되어 왔다. 그러나, 전자정부 연구분야의 경우, 여전히 기술 중심적 시각이 강했기 때문에 제도주의 이론의 적용을 통한 국가 간 전자정부 과제의 추진 결과의 차별화 또는 국가 간 전자정부 추진 성과의 차이를 설명하는 연구는 충분하지 않은 것으로 평가되어 왔다(Currie & Swanson, 2009; Lyytinen *et al.*, 2009; Weerakkody *et al.*, 2009; Snelen, 2005; Becker Homberg, 2005; Orlikowski & Barley, 2001; Fountain, 2001). 이 장에서의 내용이 정보기술이 구성되고 적용되는 과정에서 제도가 행위자에게 주는 기회와 제약, 그리고 제도와 정보기술의 구성에 미치는 영향력에 대한 이해를 높일 수 있기를 기대해본다.

참고문헌

강홍렬·최선희. (2005). 「공공정보화 개선을 위한 아키텍처 정책방향」. 『KISDI 이슈리포트』. 서울 : 정보통신정책연구원.

국회 과학기술정보통신위원회. (2005). 『정보시스템의 효율적 도입 및 운영 등에 관한 법률안 심사보고서』. 서울: 국회.

국회 예산정책처. (2005). 『전자정부사업 집행평가』. 서울: 국회 예산정책처.

김성근·박현주. (2002). 「Enterprise Architecture의 필요성 및 추진방안」. 『Information Systems Review』. 4(2).

서삼영. (2004). 「참여정부의 전자정부 추진현황과 전망」. 한국 IT 리더스 조찬 강연.

송희준. (2004). 「전자정부 조직과 거버넌스」. 『정보과학회지』. 22(11).

송희준·조택. (2007). 「한국의 전자정부: 성과와 과제」. 『정보화정책』. 14(4).

어호경. (2008). 「공공 ITA 이슈와 전망」. 투이컨설팅 Y 세미나 발표자료.

엄석진. (2008). 『전자정부 추진결과의 제도적 결정요인: 한국과 미국의 정부기능연계모델 사업을 중심으로』. 행정학 박사학위논문. 서울대학교.

유홍림·윤상오. (2005). 「전자정부추진과정에서의 부처간 갈등: 행정자치부와 정보통신부의 갈등을 중심으로」. 『한국행정학회 동계학술대회 발표논문집』.

윤상오. (2005). 「정부부처간 정책경쟁에 관한 연구: 산업정보화정책 분야를 중심으로」. 『한국사회와 행정연구』. 16(2).

_____. (2007). 「참여정부 전자정부 추진정책 평가」. 『한국행정학회 동계학술대회 발표논문집』.

윤상오·이희선. (2005). 「한국과 미국의 전자정부 평가체계 비교연구」. 『한국정책학회보』. 14(1).

임도빈. (2000). 「행정개혁 추진체계」. 『한국행정학회 추계학술대회 발표논문집』.

임준형. (2007). 「행정정보시스템이 공공조직효과성에 미치는 영향: 온-나라 BPS 시스템을 중심으로」. 『KIPA 연구보고서』. 서울: 한국행정연구원.

장시영·이정섭·최영진. (2002). 「IT 아키텍처, 과연 새로운 접근방법인가?: 미국과 국내 사례의 비교분석을 중심으로」. 『Information Systems Review』. 4(2).

전자정부전문위원회. (2003). 『전자정부추진체계 발전방향』. 서울: 전자정부전문위원회.

정광호·최종원. (2008). 「대통령위원회의 정비」. 최병선·최종원(공편). 『국가운영시스템: 과제와 전략』. 서울: 나남.

정보통신부. (2003). 『Broadband IT Korea Vision 2007』. 서울: 정보통신부.

_________. (2004). 「전자정부구현을위한행정업무등의전자화촉진에관한법률(안) 검토의견」. 정보통신부 내부자료.

_________. (2005). 『한국의 정보화정책 발전사』. 서울: 정보통신부.

_________. (2005a). 「정보통신부·행정자치부간 업무관련 쟁점 정리」. 정보통신부 내부자료.

정부혁신지방분권위원회. (2003). 『참여정부의 전자정부로드맵』. 서울: 정부혁신지방분권위원회.

___________________. (2004). 「범정부 통합전산센터 운영주체 관련 보고」. 정부혁신지방분권위원회 내부자료.

____________________. (2005).『참여정부의 전자정부』. 서울: 정부혁신지방분권위원회.

____________________. (2008).『참여정부의 전자정부』. 서울: 정부혁신지방분권위원회.

____________________. (2008a).『참여정부의 혁신과 분권』. 서울: 정부혁신지방분권위원회.

정용덕. (2011).『현대국가의 행정학』. 파주: 법문사.

정진우. (2007).「차기정부의 전자정부 추진체계 개편 방안」.『한국행정학회 동계학술대회 발표논문집』.

정책기획위원회. (2008).「전자정부 시스템의 구축: 효과적인 정부혁신과 국민만족도 향상의 길로」.『참여정부 정책보고서』, 3-06. 서울: 정책기획위원회.

한국전산원. (1999).「정보기술 아키텍처 수립 및 표준적용에 관한 연구」.『한국전산원 연구보고서』. 서울: 한국전산원

__________. (2002).「정보화추진체계 개편논의와 개선방안」.『한국전산원 연구보고서』. 서울: 한국전산원.

__________. (2003a).「미국 연방 전사적아키텍처 참조모델 및 시사점」.『정보화기술이슈』. 서울: 한국전산원.

__________. (2003b).「정부기능연계모델(BRM) 개발 및 활용에 관한 연구」.『한국전산원 연구보고서』. 서울: 한국전산원.

한국정보사회진흥원. (2007).『한국정보사회진흥원 20년사』. 서울: 한국정보사회진흥원.

__________________. (2007a).「정부정보자원관리 능력 수준진단체계 연구」.『한국정보사회진흥원 연구보고서』. 서울: 한국정보사회진흥원.

한 훈. (2006).「디지털예산회계시스템구축에 따른 정책적 효과」. 서울대학교 행정대학원 제84회『정책&지식』발표자료집.

행정자치부. (2004).『정부업무관리시스템 BRP/ISP 사업결과』. 서울: 행정자치부.

__________. (2006).『2005년 전자정부 연차보고서』. 서울: 행정자치부.

__________. (2006a).『2006년 전자정부지원사업 제안요청서: 정부기능연계시스템 고도화사업』. 서울: 행정자치부.

__________. (2007).『2006 전자정부사업 연차보고서』. 서울: 행정자치부.

__________. (2007a).『2007년 전자정부지원사업 제안요청서: 온-나라시스템 이용활성화를 위한 연계 상세설계 및 통합방안연구』. 서울: 행정자치부.

행정자치부·중앙대학교. (2004).『행정정보자원관리 혁신방안 수립에 관한 연구』. 서울: 행정자치부.

Bruel, J. D. (2007). Three Bush Administration Management Reform Initiatives: The President's Management Agenda, Freedom to Management Legislative Proposals and the Program Assessment Rating Tools. *Public Administration Review*, 67(1).

Buchanan, R., & Bureke, B. (2002). Creating and Adaptive Enterprise Architecture in Changing Times. Proceeding of Enterprise Architecture Conference Europe.

Currie, W. L., & Swanson, E. B. (2009). Editorial: Special Issue on Institutional Theory in Information Systems Research: Contextualizing the IT Artifact. *Journal of Information Technology*, 24, 283-285.

CIO Council. (1999). Federal Enterprise Architecture Framework Version 1.1.

EA SIG. (2003). Using BRM for Business Case and Business Process Improvements and Budgeting. Washington, D.C.

FEAPMO. (2002). The Business Reference Model Version 1.0. Washington, D.C.: FEAPMO.

________. (2003). The Business Reference Model Version 2.0. Washington, D.C.: FEAPMO.

________. (2004). FDA Uses EA to Standardize and Save with Consolidation Effort. Washington, D.C.: FEAPMO.

________. (2005). CBP Improves Efficiency and Effectiveness through EA. Washington, D.C.: FEAPMO.

Fountain, J. (2001). *Building the Virtual State: Information Technology and Institutional Change*. Washington, D.C.: Brookings Institution Press.

___________. (2004). Prospect for the Virtual State. A Presented article in the seminar at the University of Tokyo.

___________. (2006). Central issues in the political development of the virtual state. In Castells, M., & Cardoso, G. (Eds.). *The network society from knowledge to policy*. Washington, D.C.: Johns Hopkins Center for Transatlantic Relations.

GAO(U.S. Government Accountability Office). (2002). Enterprise Architecture Use across the Federal Government Can Be Improved. Washington, D.C.: GAO.

______________________________________. (2004). The Federal Enterprise Architecture and Agencies' Enterprise Architectures Are Still Maturing. Washington, D.C.: GAO.

Lyytinen, J. D. K. (2001). The role of intermediating institutions in the diffusion of electronic data interchange (EDI): How industry associations intervened in Denmark, Finland, and Hong Kong. *The Information Society*, 17(3), 195-210.

Margetts, H. (1996). Computerization in Central Government in Britain and America 1975-1995: Policy-Making, Regulation and Contracting in *Information Technology*, London School of Economics and Political Science. London.

OECD. (2014). OECD Survey on Digital Government Performance(dataset). OECD, Paris, http://qdd.oecd.org/subject.aspx?Subject=6C3F11AF-875E-4469-9C9E-AF93EE384796; desk research.

______. (2016). *Digital Government in Chile: Strengthening the Institutional and Governance Framework*. OECD Digital Government Studies. OECD Publishing, Paris.

OMB(Office of Management and Budget). (2001). *The President's Management Agenda*. Washington, D.C.: OMB.

__________________________________. (2002). *E-Government Strategy 2002*. Washington, D.C.: OMB.

__________________________________. (2003). *E-Government Strategy 2003*. Washington, D.C.: OMB.

__________________________________. (2006). *Expanding E-Government: Making a Difference for the American People Using Information Technology*. Washington, D.C.: OMB.

__________________________________. (2007). *Fiscal Year 2008 Information Technology Budget*. Washington, D.C.: OMB.

Orlikowski, W. J., & Barley, S. R. (2001). Technology and Institutions: What can research on information technology and research on organizations learn from each other? *MIS Quarterly*, 25(2), 145-165.

Rocheleau, B. (2006). *Public Management Information Systems.* Hershey, PA: Idea Group Publishing.

Ross, J. W., Weill, P., & Robertson, D. C. (2006). *Enterprise Architecture as Strategy: Creating a Foundation for Business Execution*. Boston: Harvard Business School Press.

Saint-Martin, D. (2004). *Building the New Managerialist State*. 2ed. Oxford: Oxford University Press.

____________. (2005). Management Consultancy. In *The Oxford Handbook of Public Management*. (ed.). Ferlie, E., Laurence, J., Lynn, E., & Pollitt, C. Oxford: Oxford University Press.

Seifert, J. W. (2006). Federal Enterprise Architecture and E-Government: Issues for Information Technology Management. In *CRS Report for Congress*. Washington, D.C.: The Library of Congress.

Skowronek, S. (1982). *Building A New American State: The Expansion of National Administrative Capacity 1877-1920*. Cambridge, UK: Cambridge Univ. Press.

Wolfe, L. (1999). Transforming Accountability for Government Information Technology Project: The Impact of New US Legislation. In *Reinventing Government in the Information Age*. (ed.). Heeks, R. London: Routledge.

제 6 장

전자정부 성공 요인에 대한 사례연구 2: 행위자

I

서론

지식과 정보의 생산과 활용, 그리고 확산이라는 관점에서 볼 때, 전자정부 추진과정은 행정 및 정보통신기술ICT과 관련된 다양한 지식과 정보가 정책과정의 참여자들을 통해 유입되고 확산되며, 활용되고 전환되는 과정으로 볼 수 있다. 정치인 및 공무원을 비롯하여 관련 분야의 대학교수, ICT 기업의 전문기술자, 컨설턴트, 언론인, 전문가단체의 회원, 그리고 일반 시민에 이르기까지 다양한 행위자들이 전자정부 추진과정에 개입할 뿐만 아니라, 각각의 단계에서 상호작용하면서 그들이 가지고 있는 관련 지식과 정보를 제공하고, 공유하며, 종합하여, 정책목표 달성을 위해 활용한다(Fountain, 2007; Dunleavy *et al.*, 2006; Yildiz, 2004).

한국의 전자정부 추진과정도 이와 같은 특성을 그대로 보여주고 있다. 전자정부 추진이 본격화된 김영삼 정부 이후의 전자정부 추진체계를 분석해보면, 전자정부 과제 선정 등 주요 정책 결정은 대학 교수, 민간기업의 ICT 전문가, 관계 부처의 국장들로 구성된 특별위원회가 담당하였다. 주요 정책과제에 대한 기술 지원, 정책 연구 및 사업 관리는 한국정보화진흥원(과거 한국전산원) 등 관련 공공기관의 전문연구·기술 인력이 담당하였다. 정보시스템의 구축과 운영은 ICT 기업들이 정부로부터 외주를 받아 담당하였다(정부혁신지방분권위원회, 2008; 전자정부특별위원회, 2003). 위의 각 행위자들은 자신에게 부여된 과업을 수행하는 과정에서 세부적이고 기술적인technical 지식과 정보에서부터 복합적이고 추상성 높은 지식과 정보를 서로 교환하고 이를 바탕으로 의사결정과 정보시스템 구축을 진행하였다.

이와 같은 전자정부 추진과정의 특성으로 인해, 전자정부 추진과정에 참여하는 행위자들의 구성 및 그들의 전문성 수준과 함께, 서로 다른 참여자들이 보유한 다양한 지식과 정보, 역할 간의 일관성과 응집성 역시 전자정부 및 정보화 사업의 주요 성공 요인으로 제시되어 왔다(Dawes & Pardo, 2002; Damsgaard & Lyytinen, 2001; Heintze & Bretschneider, 2000; Swan *et al.*, 2000; 1999; King *et al.*, 1994).[1]

이 장에서는 전자정부 추진과정에서의 모범 공무원의 역할 분석을 통해 전자정부 성공 요인 중 하나로서 행위자 요인을 분석하고자 한다. 전자정부 추진과정에서의 실무 공무원의 역할과 그의 역량 기반 및 다양한 활동을 분석함으로써 전자정부 성공에 영향을 미치는 행위자 요인을 분석하고자 하는 것이다.

이 장의 구성은 다음과 같다. 제2절에서는 전자정부 추진과정에서의 참여자의 중요성과 그에 대한 선행연구 결과를 검토한다. 제3절에서는 지식중개자의 개념과 역할을 이론적 자원으로 하여 전자정부 성공에 기여한 모범 공무원의 역할과 조건 등을 분석하고자 한다. 다양한 참여자들과 그들의 지식이 투입되는 전자정부 추진과정 속에서 실무 공무원이 수행하는 역할과 그 방식을 이해하고, 그와 같은 활동을 수행하는 데 필요한 역량 등에 대한 실제적 함의와 시사점을 얻는 데 기여할 수 있을 것으로 기대된다. 결론에서는 연구 결과의 요약과 함께 시사점을 제시한다.

1 예를 들면, '전자정부를 통한 대국민 민원서비스의 고도화'라는 정책목표를 달성하기 위해서는 전자정부 추진의 배경 및 정책적 정당성, 전자정부의 효과적 추진을 위한 제도 및 관리방안에서부터 민원서비스의 현황 및 발전 방향, 전자적 민원서비스를 지원할 수 있는 정보기술, 그리고 전자적 서비스를 지원하기 위한 법 제도 및 조직 구성방안 등 다양한 정보와 지식이 제공되어야 할 뿐만 아니라, 이들이 일관성을 가지고 상호 결합, 재구성될 때 정책목표와 기대효과가 달성될 수 있다는 것이다.

Ⅱ 전자정부 추진과정에서의 행위자

1. 지식정보사회에서의 공무원의 지적 역량

현대 정부에 있어서 공무원의 지적 역량intellectual capacity의 중요성은 아무리 강조해도 지나치지 않다. 정부는 제도와 절차의 배열일 뿐만 아니라, 지적 인재로 구성된 조직이다. 현대 정부의 일상적인 업무는 육체적 노동manual labor보다는 지적, 정신적 업무intellectual and mental work가 중심이며, 정부 내 주요 행위자들은 지식과 정보의 창출, 공유, 그리고 의사소통에 관여해왔다. 따라서 정부가 활용할 수 있는 지적 역량은 당면한 정책문제의 해결뿐만 아니라, 정부의 혁신, 그리고 국가의 유지와 발전에 결정적인 요인으로 작용한다(Fountain, 2007; Skowronek, 1982: 31).

특히, 1990년대 들어서 지식기반경제knowledge based economy에 대한 인식이 고조되면서 정부 및 기업의 경쟁력의 원천으로서의 지식의 중요성이 한층 강조되어 왔다(Gibney, 2011). 첫째, 지식기반경제란 '지식의 창출, 분배, 활용이 경제적인 부가가치 창출의 가장 중요한 원천이 되는 경제'를 의미한다. 이와 같은 지식기반경제하에서는 지식과 정보가 국가 운영의 핵심적인 자원이 된다(OECD, 1996). 지식기반경제에서는 지식의 활용도를 높여 보다 많은 부가가치를 창출하고 효율성을 제고하는 것을 특징으로 한다. 왜냐하면, 원자재나 자본에 투자하기보다 지식에 투자하는 것이 품질 향상과 고부가가치 창출 가능성이 더 높기 때문이다. 따라서 지식기반경제하에서 지식이야말로 민간기업에서뿐만 아니라 정부 및 공공부문에서 생산성 및 고부가가치 창출의 원동력이며, 지식의 상품화 및 지식서비스 전략을 어떻게 구축하고 활용하느냐에 따라 조직의 성패가 좌우된다(Drucker, 2011).

이와 같은 지식기반경제에서는 지식을 창출하고 운용하는 주체인 지식노동자

knowledge worker가 증가한다(Drucker, 2011; 1993). 지식집약적인 생산수단이 증가함에 따라 고학력·고숙련 노동자에 대한 수요가 증가하며 이들이 가지고 있는 지식을 어떻게 관리해나가고 조직생산성으로 연계시키는가에 초점이 모아진다. 결론적으로, 지식사회에서는 부가가치 높은 지식의 창출·공유·활용과정에서 발생하는 경쟁력이 중시된다. 이와 같은 관점에서 볼 때, 현대 정부의 공무원은 지식과 지식을 결합하여 새로운 지식을 만드는 지식근로자로 간주된다(박희서·김구, 2002; 한세억, 1999).

2. 전자정부 추진과정에서의 행위자에 대한 연구

그동안 전자정부 추진과정에 참여하는 행위자에 주목하는 다수의 연구들이 제시되어 왔다. 행위자 요인에 주목하는 연구들은 전자정부 추진과정에 참여하는 다양한 행위자들의 속성이나 행태에 주목하면서, 그들이 가지는 전문성이나 상호작용이 전자정부의 추진 결과를 좌우한다고 주장한다. 구체적으로 전자정부 추진과정에서의 행위자 요인에 주목하는 연구들은 다음과 같이 구분할 수 있다(엄석진, 2008: 25-28).

첫째, 전자정부 추진과정에 참여하는 다양한 참여자들의 역할과 영향력에 주목하는 연구들이다. 이들 연구 결과에 따르면, 전자정부 추진과정에 참여하는 행위자는 매우 다양하다. 직업공무원, 정치인, ICT 기업, 교수 및 학계 전문가, 비영리조직, 심지어는 국제기구들까지 정책과정 전반에 걸쳐 중요한 역할을 수행하며, 이들 간의 상호작용으로 인해 전자정부 추진과정의 다양한 특성들이 나타난다는 것이다(Yildiz, 2004; Fountain, 2001).

이들 연구들 중 특정 행위자의 영향력에 주목하는 연구들도 제시되고 있다. 예를 들면, ICT 기업은 대중매체의 지원을 업고 있을 뿐만 아니라, ICT 및 정보시스템 구축과 관련된 정보의 비대칭성이 ICT 기업과 정부 간에 존재하기 때문에 정부의 의사결정에 강한 영향력을 행사하게 된다(Dunleavy *et al.*, 2006: 114-134; Margetts, 1999: 125-161). 전문가 집단의 역할을 강조하는 연구들도 있다. 즉 산업별 협회 또는 전문가 단체가 성공 사례best practice를 전파하고 이를 다른 기관들이 모방하도록 촉진함으로써 정보시스템 확산에 기여한다는 것이다(Damsgaard & Lyytinen, 2001; Swan *et al.*, 2000; 1999). 김지희(2002)는 한국의 정보통신 정책과정에서의 정보통신부 장관이 가진 정책 아이디어 및 인과 지도가 정책 변화에 영향을 미친다고 주장하면서 장관의 영향력을 강조하고 있다.

둘째, 참여자의 상호작용과 그 영향에 대한 연구이다. Fountain(2007)은 미국 연방정부의 전자정부사업 중 하나인 Grant.gov 추진과정에 나타난 관리예산처OMB: Office of Management and Budget를 비롯한 연방정부기관의 담당자들과 정보화담당관들CIO: Chief Information Officers 간의 공식적·비공식적 상호작용과 그에 대한 제도적, 조직적 제약요인들을 분석하고 있다. 한국의 전자정부 추진과정 또는 정보화 정책과정에서 나타난 정책 네트워크와 그 변화에 주목하는 연구들도 다수 제시된 바 있다. 이 연구들은 한국의 전자정부와 정보화 정책과정의 각 단계별로 참여 조직들을 식별하고 그들 간의 연결망network과 그 성격을 분석하거나(방민석, 2002; 한세억, 2002), 부처 간 갈등과 관할권 경쟁의 원인을 분석하고 그에 대한 처방을 제시한 연구들(유홍림·윤상오, 2005; 모미순, 2000; 김용훈, 2000)도 다수 제시되어 왔다.

셋째, 행위자들의 전문성과 그 효과에 대한 연구이다. 예를 들면, '관리적 행위주의managerial actionalism'의 관점에서 수행된 연구들은 관리자의 행위를 정보시스템의 변화와 성과에 가장 중요한 원인으로 제시하고 있다(Kraemer *et al.*, 1989: 14). 일반적으로 조직의 관리자가 정보시스템의 활용과 그를 통한 성과 및 조직의 변화에 영향을 미친다는 연구(임준형, 2006; Heintze & Bretschneider, 2000; Kraemer & King, 1981)와 함께, 사용자 및 조직의 다양성, 참여자들의 전략적 목표의 이해도 등도 정보시스템 구현 프로젝트의 중요한 성공 요인으로 제시되고 있다(Dawes & Pardo, 2002; Brown & Brundney, 1998; Dawes & Nelson, 1995).

이와 같은 행위자 중심의 논의는 정보시스템 구현과 전자정부 추진에 있어 어떤 사람들이 어떤 동기로 어떠한 상호작용을 하였으며, 이것이 어떠한 정책결과를 산출하였는가를 이해하는 데 도움을 준다는 점에서 의의가 있다. 특히 행위자의 행위나 행태에 초점을 맞춤으로써 기술결정론이 갖는 한계를 극복하고 행위자의 전문성, 개인적 특성 및 태도, 행위자 간 상호작용이 전자정부정책과 정보시스템 구현 결과에 영향을 미치고 있다는 것을 밝힌 점에서 의미가 있다.

III

분석

1. 지식중개자(knowledge broker)

1) 배경

정부는 정책문제의 해결을 위해 민간부문에서 생산된 지식과 정보를 받아들이기도 하고, 반대로 정부가 생산한 지식과 정보를 민간부문으로 확산, 전달시키기도 한다. 역사적으로 볼 때, 정부가 점차 복잡한 행정환경 속에서 정책을 추진하게 되면서, 경제와 사회의 작동 방식에 대한 지식과 정책문제에 대한 신뢰할 만한 정보에 대한 요구가 높아져 왔다(Rueschemeyer & Skocpol, 1996).[2]

그러나, 다른 부문으로의 지식과 정보의 이전과 확산이 당연히 그리고 저절로 이루어지는 것은 아니다. 그 이유는 다음과 같다. 첫째, 지식과 정보의 생산과 활용의 맥락이 다르기 때문이다. 예를 들면, 민간부문에서 생산된 정보는 전문적이고 비정치적인 반면, 공공부문에서 의사결정에 요구되는 정보는 일반가generalists적인 의사결정을 지원해야 하며, 때로는 정치적 요인들이 고려되어야 하기 때문에 그대로 적용되기 힘들다(Rueschemeyer & Skocpol, 1996).

둘째, 조직 내부의 상하 계층 및 부서 간에 단절성 역시 지식과 정보의 유입과 확산에 장애 요인으로 작용한다(Meyer, 2010; Pawlowski & Robey, 2004). 예를 들면, 각 부서의 업무가 전문적이고 분절화되어 있어서 다른 부서에 대한 이해가 낮을 뿐만 아니라, 각 부서의 업무 수행에 필요한 정보와 지식이 상호 독립적이다(Hargadon, 2002). 조

2 이와 같은 수요는 정부 내에 사회조사기관과 연구기관을 설치하고 민간부문의 교육제도와 사회과학 연구를 촉진시키고 그 연구 성과를 정부정책과정에 드입하도록 만드는 원동력 중 하나가 되었다(Rueschemeyer & Skocpol, 1996).

직의 상-하위 관리자 간에도 업무 수행에 필요한 지식과 정보의 특성이 다르다. 즉 최고 관리층으로 갈수록 관리자들은 기획 및 정책결정에 필요한, 미래 지향적이며 비정형적인 행정정보를 요구하는 반면, 하위 관리층으로 갈수록 일상의 운영 관리와 정책집행을 위한 기술 중심적이고 현재 또는 과거 지향적인 지식과 정보를 다루고 요구하게 된다(Head, 1967; 방석현, 1989: 236에서 재인용). 이러한 부문 간, 조직 내 상-하위 계층 간, 부서 간 분절성으로 인해, 정책과 업무 수행에 필요한 지식이라 하더라도 쉽게 다른 부문이나 조직으로 유입되거나 확산되기 어렵다. 이와 같은 상황에서, 부문 간, 조직 내 상·하위 계층 및 부서 간 지식과 정보의 이동과 확산을 위해 서로 다른 조직이나 부문을 연결bridging하고 중개brokering하는 개인이나 조직, 즉 지식중개자가 요구된다.

최근 지식중개자의 역할과 그에 따른 효과 등에 대해 다양한 관점의 연구가 제시되고 있다. 거시적으로는 지식중개자가 탈근대postmodern 시대의 전문가의 역할 또는 하나의 특성으로 규정되기도 한다(Kakihara & Sorensen, 2002). 또한 ICT를 비롯한 기술 분야에서 나타나는 조직 학습organizational learning과 그에 따른 혁신innovation을 설명하는 중요한 요인으로 제시되고 있을 뿐만 아니라, 문화·예술 및 과학기술 분야의 새로운 변화와 지식 확산을 촉발하는 요인으로서도 제시되고 있다(Mayor, 2010; Hargadon, 2002). 분석 단위에 있어서도 개인뿐만 아니라, 한 기업 내의 ICT 직군과 같은 집단이나 조직을 지식 중개자로 간주하기도 하며(Pawlowski & Robey, 2004), 심지어는 자문회사consulting firm와 같은 기업을 지식중개자로 보기도 한다(Hargadon, 2002). 특히 공공부문에서의 지식중개자에 대한 연구는 지식기반경제 시대의 리더십이나 정책창도가entrepeneurs의 특성 중 하나로서 제시되기도 하고(Gibney, 2011; Shaingate, 2003), 거버넌스과정에서의 다양한 집단의 참여와 합의를 촉진시키는 공무원의 역할 중 하나로서 제시되기도 한다(Feldman & Khademian, 2007).

2) 개념과 역할

지식중개자knowledge broker는 다양한 지적, 실무적 집단들에 참여하면서, 한 집단의 지식이나 실무를 다른 집단에 전파하고, 조정, 연계하며 이를 통해 학습과 혁신을 위한 새로운 기회를 창출하는 개인이나 조직으로 정의된다(Wenger, 1998; Brown & Duguid, 1998).[3] 지식중개자는 서로 분리되어 존재하는 두 부문을 중개하면서, 하나의 맥락에

3 광의로는 지식의 창출, 공유, 사용을 촉진하는 개인이나 조직으로 정의되기도 한다(Sverrisson, 2001).

서 생산된 지식이나 정보, 또는 다른 유형의 자원을 학습하고 습득하여 그것이 알려지지 않은 다른 부문에 소개하는 역할을 수행한다(Mayor, 2010; Pawlowski & Robey, 2004). 어떠한 경우에는 과거에 생산된 경험과 지식, 또는 자원을 현재 당면한 문제 해결이나 미래를 위한 혁신에 연결하기도 한다(Hargadon, 2002).

세부적으로 지식중개자의 활동은 ① 지식 활동과 ② 관계 맺기 활동으로 구분될 수 있다(Mayor, 2010; Feldman & Khademian, 2007; Pawlowski & Robey, 2004). 첫째, 지식 활동은 정책문제를 인식하고 그 해결을 위한 지식 및 정보의 습득과 확산을 목적으로 하는 활동이다. 지식 활동은 그 특성에 따라 다시 다음과 같이 세분화된다. 첫째, 매개 활동 mediator이다. 지식중개자는 다양한 부문으로부터 창출되는 정책 관련 지식과 정보에 접근해서 이를 학습하고 다시 자신이 속한 조직이나 부문으로 이전, 확산시킨다. 둘째, 번역 활동 translator이다. 지식중개자는 다른 부문에서 창출된 지식을 자신의 조직 구성원들이 쉽게 이해할 수 있도록 해석·번역하여 제공한다. 반대로 자신이 속한 조직의 지식과 정보를 다른 부문의 구성원들이 쉽게 이해하고 받아들일 수 있도록 번역한다. 셋째, 통합 활동 synthesizer이다. 지식중개자는 자신과 자신의 조직이 보유하던 지식과 새롭게 획득한 지식을 통합하여 새로운 정보와 지식을 창출하고 이를 정책 대안에 반영한다.

둘째, 관계 맺기 활동은 함께 일할 필요가 있는 사람들을 이어주고 연결망을 유지하는 것을 목적으로 한다. 관계 맺기 활동은 다시 다음과 같이 세분화될 수 있다. 첫째, 가교 활동 linker이다. 서로 다른 정책 참여자들의 작업 집단에 직접 참여하여 집단 간의 의사소통을 촉진하고 각각의 의사결정을 연계하고 조정하는 활동이다. 둘째, 연결망 구성 활동 networker이다. 당장의 업무와는 관련이 없을지라도 향후에 업무 수행에 필요한 지식과 정보를 획득할 수 있는 행위자들과 연결망을 구축하고 유지한다. 잘 구성·유지된 연결망은 업무에 필요한 지식과 정보를 획득하는 데 드는 거래비용을 줄여줄 수 있다.

3) 조건과 수단

지식중개자의 활동은 아무런 제약 없이 이루어지지 않는다. 그들은 다음과 같은 제약 속에서 지식 중개 활동을 수행한다. 첫째, 인지적 제약이다. 정책과정에 참여하는 서로 다른 집단들은 정책문제를 바라보는 그들만의 관점과 정보처리 방식을 가지고 있다. 이와 같은 관점과 정보처리 방식은 오랜 시간을 두고 형성, 축적되어 온 것이며, 그들이 성장하는 과정에서 받은 교육과 관련되어 있기 때문에 쉽사리 극복되지 않는다. 이와 같은 인지적 제약을 극복하기 위해 지식중개자는 더 효과적인 연결망 상의 위치를 점하고자 하며[4] 더 좋은 평판reputation을 획득하고자 한다. 또한 적절한 수단들을 활용하여 새로운 지식이 좀 더 쉽게 받아들여지도록 만들고자 한다(Feldman & Khademian, 2007; Hargadon, 2002; Carpenter, 2001: 290-325).

둘째, 조직적, 제도적 제약이다. 지식 중개 활동은 규정이나 역할 지침 또는 리더십, 조직구조 등과 같은 조직적, 제도적 맥락 속에서 이루어진다. 이와 같은 제약 중 대표적인 것이 조직의 집·분권성이다. Pawlowski와 Robey(2004)는 조직구조와 문화가 분권적일 때 지식 중개 활동이 활발하게 이루어진다고 주장한다. 한편으로는 분권화로 부서 간 의사소통과 협력이 잘 이루어지지 않기 때문에 지식 중개 활동을 필요로 하게 된다. 또 다른 한편으로는 분권적인 조직에서는 지식중개자의 개입과 재량의 여지가 커지게 되어 지식 중개 활동이 활발하게 이루어진다.

지식중개자는 지식 중개 활동의 효과성과 효율성을 높이기 위해 다음과 같은 수단tools을 활용하기도 한다. 첫째, 매개 수단[5]이다. 매개 수단은 서로 다른 집단들의 지식과 활동을 이어주고 효과적인 의사소통을 촉진하는 서류나 언어, 그림이나 그래프 등 시각 자료 및 상징물, 또는 기타 객관적인 구성물을 의미한다(Pawlowski & Robey, 2004). 매개 수단은 시각화 또는 객관화를 통해 관련 집단이나 개인들이 논의 대상에 대한 공통적인 이해에 도달하고 지식중개자와의 의사소통 또는 서로 다른 집단 간의 의사소통을 촉진할 수 있다.

둘째, 공동 활동이다. 공동 활동은 서로 다른 집단의 구성원들이 공동으로 참여하거나 공유하는 활동을 의미한다. 이와 같은 공동 활동은 서로 다른 집단들 간의 접촉을 확대함으로써 의사소통을 촉진하고 상대방의 사고방식이나 지식을 이해하고 공유하도록 만드는 계기가 될 수 있다. 나아가 서로 다른 조직에 속한 구성원들이 자신이 속한 집단의 경계를 뛰어넘는 공동체 의식이나 소속감을 가지도록 하여, 새로운 지식을 좀 더 쉽게 받아들이도록 만든다(Feldman & Khademian, 2007).

4 Sheingate(2003)는 미국 정치체제에서 지식 중개 활동을 통해 제도적 혁신을 이끌어낼 수 있는 네트워크상의 위치와 제도적 위상을 갖춘 행위자로서 대통령과 의회 의원을 제시하고 있다.

5 선행연구에서는 '경계물(boundary objects)'로 개념화하면서 그 도구성을 강조하기도 한다(Feldman & Khademian, 2007; Pawlowski & Robey, 2004).

2. 분석틀

K 사무관의 전자정부 추진과정에서의 활동을 분석하기 위해, 앞서 제시한 지식중개자 이론을 바탕으로 아래 〈표 6.1〉과 같이 분석틀을 구성하였다. 즉, ① 지식중개 활동의 유형(지식 활동/관계 맺기 활동)과 ② 지식 중개 활동의 대상(정부 내부의 정책 결정조직 – 집행조직[6]/정부 내 – 외부 참여자)을 두 축으로 하여, ① 정부 내부의 정책 결정 – 집행 조직 간의 지식 업무, ② 정부 내부의 정책 결정 – 집행 조직 간의 관계 맺기 업무, ③ 정부 내 – 외부 참여자 간의 지식 업무, ④ 정부 내 – 외부 참여자 간의 관계 맺기 업무 등 네 가지 유형으로 구분하였다. 이와 같은 유형화를 통해 지식 중개 활동의 대상과 내용에 따라 차별화되는 지식 중개 활동의 특성을 분석하고, 각 유형에서 공통적으로 나타나는 지식 중개 활동의 도구와 제약 조건 등을 분석하고자 한다.

〈표 6.1〉 연구의 분석틀

구분		지식 중개 활동의 대상 (어떤 집단 또는 개인들 간을 중개하는가?)	
		정책 결정 – 집행 조직 간 중개	정부 내 – 외부 참여자 간 중개
지식 중개 활동의 유형 (지식 중개 활동의 내용은 무엇인가?)	지식 활동 (매개, 번역, 통합)	(1) 정책 결정 – 집행 조직 간 지식 업무	(3) 정부 내 – 외부 참여자 간 지식 업무
	관계 맺기 활동 (가교, 연결망 구성)	(2) 정책 결정 – 집행 조직 간 관계 맺기 업무	(4) 정부 내 – 외부 참여자 간 관계 맺기 업무

그러나 K 사무관의 지식 중개 활동을 분석함에 있어 위의 네 가지 유형이 상호 배타적이거나, 명확히 구분되는 것으로 보기보다는 상호 결합되고 병존적인 것으로 보아야 할 것이다. 즉 지식중개자의 지식 활동과 관계 맺기 활동은 서로 연계되어 이루어지며, 정부 내 – 외부 참여자 간 중개와 정부 내 정책 결정 및 집행 조직 간 중개도 때로는 동시에 일어날 수 있다. 이 연구에서는 분석력을 제고하기 위해 각 유형을 구분하지만, 실제로는 네 유형이 적절한 상황 속에서 우선순위를 가지면서 총체적인 중개 활동으로 나타나게 된다.

6 정책결정조직과 집행조직 간의 관계는 일반적으로 정부조직 내에서 상 – 하위 계층 간의 관계와 일치하나, ICT 기업에 의해 정보시스템 구축 및 운영 업무가 외주(outsourcing)되는 전자정부정책의 특성을 고려하여, 상 – 하위 계층으로 구분하기보다는 정책 결정 – 집행으로 구분하였다.

3. 연구 대상과 방법

이 연구의 분석 대상은 행정안전부 소속 K 사무관이다. 그는 1962년 강릉 출생으로 1989년 9급 전산직 특채로 강원도청으로 입직하였다. 그 후 1994년 주사보, 1998년 주사로 진급하였고, 2007년 3월 사무관으로 진급하였다. 그는 입직 후 1994년까지 강원도청에서 주민등록 전산화 업무를 담당하다가 1994년 당시 내무부 지도과로 전입하였다. 그 후 행정자치부 자치지원국(주민과), 행정정보화담당관실, 민원제도과 등에서 주민등록전산화사업, 전자주민카드사업, 민원서비스혁신사업(G4C 사업), 여권발급전산망사업, 정부부처 및 지방자치단체 홈페이지 평가사업, 민원서비스선진화사업 등을 담당해왔다. 2010년 11월에는 정보보호정책과로 전보되어, 전자정부 침해대응 업무를 총괄하고 있으며 2011년 6월에는 전자정부 시스템의 정보보호를 강화하기 위한「정보보호중기계획」을 작성하였다.

왜 K 사무관을 전자정부 추진과정에서의 모범 공무원으로 선정하였는가? 첫째, 그는 주요 전자정부사업에 참여하고 공헌한 '우수 공무원'이기 때문이다. 그는 전두환·노태우 정부 시기의「주민등록전산화사업」(1989~1995년), 김대중·노무현 정부 시기의「전자주민카드사업」(1996~1999년)과「민원서비스혁신사업」(2001~2002년), 이명박 정부의「민원서비스선진화사업」(2008~2010년) 등 전자정부 추진 초기부터 현재까지의 민원정보화 관련 주요 전자정부사업에 실무자로서 참여하였다.

그는 공식·비공식적으로 조직과 상관 및 주변 동료들로부터 업무 성과를 인정받았다. 실제로 행정정보화 및 전자정부 추진에 기여한 공로를 인정받아 여러 차례 포상을 받은 바 있다. 4대 지방선거 실시에 따른 선거인명부 프로그램 개선, 여권발급 민원전산망과 주민등록시스템 연계 등으로 대통령 표창(1995년 12월 30일)을 수상한 바 있으며, 전자정부 구현에 기여한 공로로 국무총리 표창(2003년 1월)을 수상한 바 있다. 그와 함께 일한 상관 및 동료들도 그의 업무 추진 능력과 일처리 방식에 대해 긍정적인 평가를 내리고 있다.[7]

둘째, K 사무관은 '지식정보화 시대에 걸맞은' 공무원이기 때문이다. 그는 '광화문 남자'라는 별명으로 2001년부터 다양한 온라인 활동을 해왔다(〈표 6.2〉 참조). 예를 들면, 삼성경제연구소(www.seri.org)가 사이버 공간에 운영하는 사이버 포럼 지식 커뮤니

7 그와 같이 일했던 그의 동료는 K를 "정보시스템 운영 및 관리 업무와 관련해서 일단 맡은 일은 확실하게 끝내는 추진력 있는 사람으로 평가된다."고 언급하였다(동료 A와의 인터뷰 결과).

〈표 6.2〉 K 사무관의 온라인 서비스 활용 현황(2011년 9월 16일 현재)

구분	운영 내용	거설 시기	운영 규모 등 특이사항
구글 플러스	(구글 플러스 소셜미디어) 전자정부 관련 정보 제공 등	2011. 7. 10.	• 팔로워 1,547명 • 팔로잉 4,903명 • 포스트 23
트위터	(개인 트위터) 전자정부 관련 정보 제공 등	2010. 2. 4.	• 팔로워 4,408명 • 1,278개 트윗 • 리스트 49
페이스북	(개인 프로필) 개인사항, 전자정부 관련 정보 제공 등	2010. 7. 11.	• 친구 수 3,614명
페이스북 페이지	(전자정부 국제교류 페이지) 전자정부 정보 국제교류	2010. 7. 16.	• 회원 수 39명
페이스북 페이지	(2002년 태풍 루사 이후 수해복구 등 수재민 돕기 자원봉사 모임 페이스북 페이지)	2011. 1. 15.	• 회원 수 36명
블로그 (네이버)	(광화문남자) 전자정부 관련 콘텐츠 및 생활 속의 십계명 7,000여 개 게재	2003. 12.12.	• 포스트 7,320개 • 덧글 수 2,034개 • 엮인 글 268개 • 구독자 1,333명
카페 (다음)	(2002년 태풍 루사 이후 수해복구 등 수재민 돕기 카페)	2002. 9. 3.	• 회원 수 3,189명 • 30여 호 수해복구 봉사
삼성경제연구소 사이버 Seri 포럼 (전자정부 이야기)	전자정부 토론 및 정보 공유	2001. 12. 24.	• 회원 수 3,753명 * 『디지털타임스』 소개 등
개인 홈페이지	(개인 홈페이지) 활동 내역 소개, 게시판	2003. 2. 9.	• 개인 활동 내역 소개

티에 '전자정부 이야기' 포럼을 개설하여 시삽을 맡기도 했다.[8] 2002년 강릉 및 강원도 일원이 태풍 피해를 입자 온라인 카페를 개설하고 자원봉사자를 모집하여 수행복구 봉사활동을 주도하기도 하였다.

아울러 개인 블로그를 개설하여 블로거로서 활동하고 있을 뿐만 아니라, 트위터 Twitter, 페이스북 Facebook, 링크나우 Linknow, 구글 플러스 Google+ 등 다양한 소셜미디어도 적극적으로 활용하여 '소셜미디어 활용 우수공무원 표창'(2011년 10월)을 수상하기

8 '전자정부 이야기' 포럼은 2001년 12월에 개설되었으며, 2011년 9월 24일 현재 3,754명의 회원이 가입되어 있다. 이 포럼은 삼성경제연구소의 ICT 부문 포럼 중 가장 인기 있는 포럼으로, 가장 활성화된 최상급 포럼에게 주어지는 '최상(supreme) 등급'으로 분류된다. 삼성경제연구소의 1,800여 포럼 중 40여 개만이 최상 등급으로 분류되고 있으며, 특히 ICT 주제로는 최상위 포럼에 해당한다.

도 하였다.[9] 결론적으로 전자정부 추진과정에서 축적된 그의 경험 및 전문성, 온라인 커뮤니티 및 소셜미디어 활용과 같은 그의 독특한 행동양식을 고려할 때, 그의 역할에 대한 분석은 전자정부 추진과정에서의 실무 공무원의 역할뿐만 아니라, 그들이 필요로 하는 역량을 파악하는 데에도 기여할 것으로 기대된다.

연구방법은 다음과 같다. 첫째, 인터뷰이다. K 사무관의 활동 등에 대해 총 3차례의 인터뷰가 진행되었다.[10] 이와 함께, 그와 함께 일한 경험이 있는 동료와 관련 기관의 연구원과도 인터뷰를 진행하였다. 이들과의 인터뷰를 통해 그들의 시각에서 본 K 사무관의 활동과 평가를 들을 수 있었다. 둘째, 문헌 자료 및 인터넷 자료 분석이다. 그간 K 사무관의 활동에 대한 신문 및 잡지 기사와 함께, 그의 블로그나 페이스북 페이지도 방문하여 내용 등을 분석하였다.

4. 분석 결과

1) 지식중개자로서의 역할

가. 정책 결정 – 집행 조직 간의 지식 업무

K 사무관은 전자정부 추진과정에서 정책결정과 정책집행 조직 간에 지식과 정보를 매개하는 역할을 수행하였다. 예를 들면, 정부와 전자정부시스템 구축사업을 담당한 ICT 기업 사이에서 전자정부사업 추진 방향 등 정부의 의사결정 내용을 ICT 기업들에게 설명하고 그 의사결정 내용이 정보시스템 구축사업에 반영되도록 하였다. 반대로, ICT 기업들이 진행하고 있는 프로젝트의 현황과 내용을 정부 내 의사결정자에게 전달하였다. 전자정부 추진의 총괄 책임을 맡고 있는 대통령위원회와 정부부처 간의 관계에서도 그는 매개 역할을 수행하였다. 예를 들면, 노무현 정부의 전자정부 31대 과제를 선정하는 과정에서 그는 각 부처가 희망하는 전자정부사업을 검토하는 행자부·정통부·한국전산원 합동으로 구성된 실무진으로 참여하였다. 다양한 토론과 검토를

9 민간부문에 비해 상대적으로 보수적인 조직문화를 가진 정부기관 공무원의 이와 같은 온라인 활동은 이례적인 것이다. 전자정부 선도국 중 하나로 평가받는 호주 정부도 2009년에 와서야 공무원의 온라인 활동을 권장하는 보고서(*Government 2.0 Taskforce Report*, 2009)를 내고 있음을 감안할 때, 그의 활동은 이례적인 것이다.

10 1차 인터뷰는 2011년 7월 19일, 2차는 7월 21일, 3차는 8월 4일에 이루어졌으며, 각각 3시간여에 걸쳐 진행되었다. 또한 K 사무관은 이 글의 초고에 대해 검토하였다.

거쳐 실무진 합동으로 추진과제의 초안을 작성하고 이를 전자정부전문위원회에서 확정할 수 있도록 지원하였고, 각 부처에서는 이를 전자정부 주요 정책으로 추진할 수 있었던 것이다.

이러한 매개과정에서 때로는 기술 관련 지식과 정보를 쉽게 번역해 국장과 과장에게 알려주어야 했다. 행정자치부 내의 주요 의사결정자들은 전자정부 추진과정에서의 전자정부 관련 제도와 "다른 제도들과의 충돌 문제, 예산 확보 문제', "타 부처와의 조정이나 NGO에 대한 대응, 그리고 일반 국민들에 대한 홍보 문제" 등을 주로 다루었다. 대부분의 주요한 의사결정은 행정직인 고위공무원에 의하여 이루어지는데 이들은 정보시스템의 구축과 관련된 기술적인 문제에 대해서는 구체적으로 모르는 경우가 많다. 그러나 때로는 정책결정자들이 기술적 지식을 구체적으로 알아야만 의사결정을 할 경우가 있는데, 이럴 때는 전문적인 기술적 내용을 알기 쉽게 재구성하여 알려줬다는 것이다.

예를 들면, "'인터넷 발급이 뭐야?'라고 물으면, 어려운 기술적 용어로 설명하지 않고 '등·초본 같은 걸 집에서 뽑는 것입니다.'라고 대답한다든지, 'EA Enterprise Architecture는 과자로 치면 종합 선물 세트 같은 것입니다. 여러 개 과자 중에 맛있는 과자를 뽑아서 넣어서 효율이 나오고 시스템이 이루어지는 것입니다.'라고 설명하여 의사결정자들이 쉽게 이해할 수 있도록" 도와줬다는 것이다.

전자정부 추진과정에서의 정책 관련 지식과 기술 관련 지식은 '기본계획'과 '실행계획'을 통해 종합된다. 즉, 관련 부처 및 위원회로부터의 결정사항과 행정자치부 내에서의 결정 등을 종합하여 '기본계획'과 '실행계획'이 작성되는데, 이 계획들은 한편으로는 전자정부 추진과 관련된 주요 정책적 판단을 반영하면서도, 구체적인 정보시스템들이 구축될 수 있도록 기술적 요인들을 고려하여 작성된다. ICT 기업들이 아무리 '화려한' 기술들을 제시해도 정책적 판단에 부합하지 않으면 시행계획에 반영될 수 없으며, 반영되지 않으면 정책으로 성립되지 못하고 사업화될 수 없다. 그런데 이 계획들을 작성하는 것이 K 사무관의 몫이었다. 결국 그에 의해 작성되는 기본계획과 시행계획을 통해 정책 관련 지식과 기술 관련 지식이 종합되는 것이다. 주요 정책결정에 관련된 지식과 정보, 그리고 ICT 기업으로부터 올라오는 기술정보와 지식은 그에 의해서 종합되어 문서화되지 않으면, 시행이 될 수 없는 것이다.

나. 정책 결정－집행 조직 간의 관계 맺기 업무

정부 업무는 회의의 연속이다. 전자정부 추진과 관련하여 정책결정에서 정책집행에 이르는 연쇄적인 회의를 통해 의사결정이 집행으로 연결되고 또 집행과 관련된 정보가 다시 의사결정으로 환류된다. K 사무관은 각급 회의를 통해 정책 결정과 집행을 이어주는 역할을 수행하였다. 예를 들면, 그는 전자정부 과제를 수주한 ICT 기업의 프로젝트 회의에 참석하여 의견을 개진하고 방향을 잡아주었다. 그는 이 과정을 통해 자신이 중요하다고 생각하는 요소들이 정보시스템 설계에 반영되도록 계속 강조했다. 그래서 그는 정보시스템 구축을 담당한 ICT 기업들과 토론도 하고, 대안을 같이 검토하기도 하지만, 결국에는 시스템 설계 및 최종 결정은 공무원이 한다고 강조하였다.

정부 내 상위 기관 및 타 부처와의 관계에서도 가교 활동을 수행하였다. 예를 들면, 그는 국가경쟁력강화위원회에 참석하여 민원서비스 선진화사업 기본계획에 대해 보고하고 추진과정상의 쟁점에 대해 협의하였다. 정부 내 다른 부처와도 가교 활동을 수행했다. 예를 들면, 전자정부 추진과 관련된 기본계획이 장관의 결재를 받으면 관련 기관에 배포되고, 업무 협조가 이루어진다. 예산이 필요하면 예산 당국과 업무 협조를 진행해야 하고 전자정부사업을 시행할 기관들에게는 기본계획상의 일정대로 추진하라고 통보하였다.

K 사무관은 이들 다른 부처와의 관계, 특히 다른 부처에 대한 설득 작업이 가장 어려웠다고 토로하였다. G4C 사업의 경우, 기본계획을 작성하거나 사업이 진행되는 단계에서 다른 기관들이 자신의 관할업무임을 들어 협조해주지 않을 때가 가장 힘들었다고 한다. 예를 들면, 등기 관련 정보화 서비스를 G4C 시스템과 연계를 통하여 대국민 서비스를 하게 되는 과정에서 그것을 자신들의 업무영역으로 생각하는 대법원의 협조를 구하는 데 많은 어려움을 겪었다.

그는 자신이 과거에 모신 상관이나 선배 공무원들과 연결망을 구성·유지하려고 노력한다. 이들과의 연결망을 유지하는 주요한 방법은 회식이다. 전자정부의 추진방향이나 업무상 자문이 필요한 문제가 생길 때 선배 공무원 및 과거의 상관들과 함께 식사를 하면서 자문을 구하거나 상의한다. 이와 함께, 그는 행정안전부 내 '온라인행정연구회' 모임을 통해 전자정부에 관심이 많은 공무원들과 정기적인 모임을 갖는다. 이 외에도 같은 전자정부사업을 하면서 알게 된 산하기관의 연구원, ICT 기업의 컨설턴트, 전문기술인력들과는 소셜미디어를 활용하여 연결망을 유지하려 노력하였다.

다. 정부 내－외부 참여자 간의 지식 업무

K 사무관은 정부 외부의 전자정부 관련 지식과 정보를 받아들이고 학습하여 업무에 활용하기도 하고, 반대로 정부 내부의 전자정부 관련 지식과 정보를 외부로 알리기도 하였다. 우선 그는 정부 외부의 전자정부 관련 지식과 정보를 받아들이려 노력했으며, 그 일환으로 '전자정부 이야기'라는 사이버 포럼을 운영하였다. 그리고 사이버 포럼을 운영하게 된 계기를 다음과 같이 밝혔다.

"G4C를 만들면서 과연 전자정부라는 것을 어떻게 가져가야 될 것인가라는 문제를 고민하게 됐어요. 쉽게 말해서 사이버 정부를 하나 만들 것인가, 아니면 기존의 정부가 사이버를 이용하도록 만들 것인가. 미국에서는 이미 전자정부라는 개념을 기존 정부가 전자적인 도움을 받는 정부라고 정의를 내리고 있었어요. 그걸 우리가 차용을 한 것이었어요. 우리 쪽에서는 그렇다면 한국적인 전자정부를 어떻게 가져갈 것인가라는 고민을 하게 되었어요."

그는 곧 '이것은 나 혼자 고민해서 될 것이 절대 아니다'라는 생각을 하고 '전자정부 이야기'라는 커뮤니티를 만들고 의견을 수렴하였다. 전자정부에 대한 국민의 생각을 알아보고 그것을 전자정부정책에 반영하는 것이 가장 중요한 목표였다. 실제로 그는 사이버 포럼을 통해 중요한 아이디어를 많이 얻었으며 이것이 전자정부 구현과정에 반영되었다고 자평하였다.

위와는 반대로, 정부의 전자정부 및 정보화 정책을 사이버 커뮤니티나 소셜미디어를 통해 전문가나 일반인들에게 제공하기도 하였다. 예를 들면 '전자정부 이야기' 포럼에 「행정안전부 정보보호정책방향」 발표 자료를 게시한다든지 '공공부문의 성공적인 소셜미디어 도입 및 활용 전략' 등과 같은 자료를 게시하였다. 페이스북을 통해서는 전자정부와 관련된 신문 기사[11]나 속보 등을 게시하였다.

그렇다고, 그가 소셜미디어의 긍정적 측면만을 강조하면서, 소셜미디어를 통해 정부 내부의 자료를 무분별하게 '퍼 나르는' 것은 아니다. 그는 정부의 소셜미디어 관련 지침이나 정책에 아직 보완해야 할 부분이 많다고 지적하면서, 특히 정부기관에서 국민에게 전달하는 메시지의 경우, 홍보라는 개념이 짙으면 더욱 꺼려하는 것이 현실이라고 지적하였다. 즉 국민은 정부가 일방적으로 전달하는 정책보다는 정책에 깔려 있

11 예를 들면, 2011년 9월 27일에는 「클라우드 육성, 정부가 나선다」라는 전자신문의 기사를 페이스북에 게시했다.(2011년 10월 4일 접근)

는 진정한 의도를 알고 싶어 하며 그 의도를 기관에서보다는 공무원이 전해주기를 기대하고 있다고 판단하였다. 따라서 정부에서는 정책 전달의 혼선을 방지하기 위하여 일관되고 국민이 쉽게 알 수 있도록 하는 정책정보에 대한 소프트 콘텐츠를 지속적으로 생산하여야 하고 이를 공무원들이 국민에게 솔직담백하게 전달할 수 있도록 하여야 한다고 제안하기도 하였다.

라. 정부 내 - 외부 참여자 간의 관계 맺기 업무

위와 같은 정부 내 - 외부를 연결하는 지식 활동이 단순히 온라인을 통해서만 이루어진 것은 아니다. 온라인 활동과 함께 일과 후에 실제로 토론 모임을 가지면서 전자정부 추진 방향과 정책 등에 대해 논의하기도 했다. 아울러, 전자정부 역기능 등과 같은 관련 주제에 관심이 있는 회원들을 모아 소모임을 구성하여 활동하기도 하였다. 이와 함께, 그는 외부 교육 또는 강연을 자주 한다. 이와 같은 외부 교육이나 강연이 전자정부 정책과정에 참여하는 다양한 참여자들과의 소통과 상호 이해에 도움이 된다고 믿기 때문이었다. 그러나 자신의 본연의 업무에 지장이 없도록, 업무 시간 외에 그리고 강의료를 받지 않는 조건하에 학교 또는 ICT 기업 등을 방문하여 정부의 전자정부정책과 관련된 주제로 강의를 하기도 하였다.

이와 함께, K 사무관은 업무 수행과정에서 알게 된 전문가 및 일반인들과 연결망을 유지해왔다. 예를 들면, 각종 온라인 포럼과 소셜미디어를 활용하여 전자정부 추진과정에서 알게 된 대학교수, ICT 기업의 컨설턴트, 기자, NGO 활동가 등과 연결망을 유지하고 있다. 지금 업무상 관계가 없어도, 이후에 업무 수행과정에서 그들에게 의견을 구할 필요가 있을 때 그들에게 문의할 수 있고, 또 실제로 그러한 경우가 많았기 때문이다. "소셜네트워크를 통해 인맥이 넓어지게 되면 내가 정보를 안 가지고 있더라도 어디에 무슨 정보가 있다는 채널들을 알 수 있게" 되는 장점이 있다는 것이다.

2) 자원과 수단, 그리고 제약

가. 자원

K 사무관이 지식중개자로서 위와 같은 활동을 할 수 있었던 데에는 그간의 교육훈련 및 실무 경험이 중요한 자원으로 작용하였다. 그는 강원도청에 근무하면서, 직접 전산망을 운영하고, 일부 응용프로그램을 직접 개발한 바 있다. 아울러, 주민등록전

산망시스템의 개발 및 유지·보수를 위해 당시 정보시스템을 개발한 한국데이콤주식회사에 상주하면서 약 7개월여에 걸쳐 교육 및 훈련을 받기도 했다. 이 외에도 미국에서 수입된 주민등록전산망 시스템의 운영지침서manual를 번역하기도 하고, 행정전산망 도입을 위해 구매한 소프트웨어의 소스 코드를 분석하면서 정보시스템 개발 및 운영을 위한 기본적 지식을 얻을 수 있었다.

그가 담당했던 업무도 연속성이 있었다. 그는 주민등록전산망부터 G4C 민원서비스 정보화사업, 그리고 현 정부의 민원서비스 선진화사업까지 담당하였다. 이와 같은 그의 경험은 민원정보화사업의 과거부터 현재까지를 아우르는 것이다. 이 과정에서 민원정보화사업의 역사와 현황 그리고 향후 발전 방향에 대한 정보와 지식을 체화했을 것으로 판단된다.

이와 같은 교육훈련 및 실무 경험은 그가 정보시스템 구축과 관련된 기술적 내용을 이해하는 데 크게 도움이 되었다. 특히 ICT 기업들이 전자정부시스템을 구축할 때 활용되는 정보기술 관련 지식에 대해 기본적인 이해를 갖게 되어 ICT 기업과 이야기가 통하는 공무원이 된 것이다. 아울러, 조직 내부에서는 그가 크게는 ICT, 작게는 민원정보화사업과 관련된 전문성을 가진 공무원으로 인식되도록 하는 데 크게 기여하였다.

나. 수단

K 사무관은 지식중개자의 역할을 하는 과정에서 다양한 수단을 활용하였다. 첫째, 그는 소셜미디어를 비롯한 각종 인터넷 매체를 지식 중개 활동의 수단으로 활용하였다. 그는 다음DAUM 카페, 홈페이지, 블로그에 이어 트위터, 페이스북 등 온라인 트렌드에 맞게 거의 모든 매체를 사용하며 소통하였다. 일반 네티즌과는 블로그, 인터넷 카페, 트위터 등을 통해 전자정부의 목적 및 운영방법, 주요 성과 등을 알기 쉽고 자연스럽게 소통하고,[12] 전문가를 대상으로는 포럼, 페이스북 페이지 등을 별도로 운영하여, 본인의 전문지식과 연계된 전문적인 정보를 제공하고자 노력하였다. 특히, 앞서 언급한 바와 같이 '전자정부 이야기' 등의 온라인 포럼은 한편으로는 전자정부 관련 지식을 획득하고 전달하는 주요한 수단이었을 뿐만 아니라, 오프라인off-line 모임

12 예를 들면, 그는 2010년 2월 4일에 트위터를 개설하였는데, 2011년 10월 현재, 팔로우한 사람(following)은 4,710명, 그를 팔로우한 사람(follower)은 4,502명에 이른다. 또한 자신의 트윗은 1,272개이며, 리스트는 49개이다.

도 병행하면서 그의 인맥을 넓히는 데 도움이 되었다.

둘째, 업무 수행 중 발주하는 연구용역도 지식 중개 활동을 위한 수단 중 하나이다. 그는 한국정보화진흥원이나 대학교수들이 수행하는 연구용역을 통해 전문지식을 획득하였다. 예를 들면, 민원서비스 선진화사업을 담당할 당시 행정학 교수들이 수행한 연구용역 결과를 바탕으로 민원서비스 선진화사업을 수행하였다.

셋째, 사무관 K는 명함을 연결망 구성과 유지를 위한 수단으로 활용한다. 우선 그 자신이 세 가지 종류의 명함을 가지고 있다고 밝혔다. 하나는 소속기관인 행정안전부 명함이며, 또 하나는 개인 명함, 그리고 마지막은 트위터 명함이다. 그는 만나는 사람이나 상황에 따라 서로 다른 명함을 사용하였다.[13] 그는 명함의 형식, 또는 명함을 주고받는 방식 등에 따라 상대방에 대한 기억 여부, 호감의 정도 등이 영향을 받는다고 생각하였다. 그렇기 때문에 명함과 명함을 주고받을 때의 에티켓이 매우 중요하다고 여러 차례 강조했다. 이와 함께 자신이 지속적으로 연결망을 유지하고 싶은 사람에 대해서는 직접 그 사람의 명함을 만들어 선물한다고 한다. 받는 사람 모두가 매우 흡족하며, 자신을 기억한다는 것이다.

다. 제약

그러나, 그의 지식중개자로서의 활동이 언제나 자유로운 것은 아니었다. 그의 지식 중개 활동은 조직적, 제도적 맥락 속에서 이루어지기 때문에 상관과의 신뢰 관계, 조직의 집·분권성 정도, 조직문화 등에 따라 달라졌다. 우선 그 스스로가 밝혔듯이, 그의 활동은 상관의 신뢰와 위임 속에서 가능했다.[14] 예를 들면, G4C 사업 당시 그의 상관은 G4C의 구축 방향과 사이트 설계 등의 문제에 대해 당시 주무관이었던 그에게 일임해주었다. 이로 인해 자신의 구상이 전적으로 반영될 수 있었다.

반대로 재량의 폭이 넓지 않거나 상관과 충돌이 있으면 그의 활동이나 주장이 받아들여지지 않았다. 예를 들면, G4C 시스템의 낮은 성과로 인해 비판이 제기되면서, 정부는 민원서류의 인터넷 발급 추진을 결정하게 되었다. 이때 K 사무관은 민원서류의

13 예를 들면, 그는 정부 업무 수행과정에서 만나는 사람에게는 행정안전부 명함을, 개인사로 만나는 사람에게는 개인 명함을, 트위터로 알게 된 사람에게는 트위터 명함을 사용한다.

14 K 사무관 스스로도 상관들로부터 신뢰를 얻기 위해 많은 노력을 기울였다. 예를 들면, "상관이 하나를 요구하면 그에 대해 즉답을 하기보다는 2개 내지 3개의 대안을 가지고 가는 식으로 일을 처리"한다는 것이다. 상관의 신뢰만 있으면 아무리 어려운 일도 해결해낼 수 있다고 그는 강조했다.

인터넷 발급을 서두르기보다는 온라인화를 가속화·고도화한 후에 인터넷 발급을 해야 질적으로 고도화된 전자정부를 구축할 수 있다고 주장했다. 결국 민원서류의 인터넷 발급을 밀어붙인 상관과의 마찰로 사무관 K는 담당 업무를 그만두고 다른 부서로 '귀양'을 가야만 했다.

그 외에도 자신이 업무와 온라인 활동을 할 때, 조직 분위기를 고려하지 않을 수 없다고 토로하였다. 예를 들면, 소셜미디어를 활용하고 공무원으로서 온라인 포럼 활동을 하는 것을 인정하는 상사나 동료도 있지만, 겉으로 말리지는 않다도 좋게는 보지 않는 상사와 조직 분위기가 있었다는 것이다. 이렇기 때문에 그 자신이 온라인 활동을 함에 있어 비밀 유지나 민감한 사안에 있어서는 스스로 조심한다고 하였다. 또한 전자정부 추진과 향후 발전 방향을 모색하기 위해서는 소셜미디어 등 온라인 서비스를 직접 경험하고 스스로 활용하면서 새로운 정책대안을 모색해야 한다는 논리로 동료들을 설득하기도 하였다.

IV

결론

이 장에서는 전자정부 추진 결과에 영향을 미치는 요소들 중 행위자들의 역할을 살펴보기 위해 전자정부 추진과정에서 지식중개자 역할을 수행한 K 사무관의 활동을 분석하였다. 요약하면 그는 전자정부 추진과정에 참여하는 다양한 정책참여자들이 그들의 과업 수행과정에서 산출하는 정보와 지식을 흡수, 번역하여 다른 집단들에게 전달하는 역할을 수행하였다. 그리고 서로 다른 참여자들의 회의에 참석하는 방식으로 각 집단의 의사결정을 이어주고 정부 내·외부의 전문가 및 일반인들과 연결망을 구성·유지해 왔다. 마지막으로는 다양한 집단들의 의사결정 내용과 지식을 종합하여 자신이 전자정부사업과 관련된 시행계획을 작성함으로써 최종적인 정책결정에 참여하였다.

종합해볼 때, K 사무관 개인에게 있어 지식 중개 활동은 그가 활용할 수 있는 재량과 권력의 원천이었던 것으로 평가된다. 전자정부 추진 초기에 정책의 논리와 기술의 논리 양자를 모두 이해할 수 있는 공무원이 그리 많지 않은 상황에서, 그의 정보기술에 대한 지식과 경험은 행정직 상관으로부터 재량권을 얻어내는 자원이자 원천이었다. 반대로 정보시스템을 직접 구축하는 ICT 기업의 입장에서는 그는 '갑'인 행정안전부의 의사결정자들의 의견을 알아내고 그들에게 다시 자신들의 의견을 전달할 수 있는 채널이었다. 정부 수준에서 보면, K 사무관을 통해 행정과 관련된 지식과 정보가 ICT 지식과 결합될 수 있었다. ICT를 잘 알고 이를 의사결정자가 이해하기 쉽도록 번역해주는 공무원이 있다는 것은 양자 간의 의사소통이 원활히 되고 더 좋은 품질의 정보시스템이 구현될 수 있는 조건이 된다.

이와 같은 분석은 한국 전자정부 추진과정에서의 실무 공무원의 역할과 다양한 참여자들과 그들의 지식이 어떻게 연계되는지를 실증적으로 분석함으로써 한국 전자정부 추진과정의 또 다른 측면을 이해하는 데 도움이 된다. 향후에는 한국 전자정부 추진과정에 참여한 주요 의사결정자들의 아이디어, 동기 및 행태, 또는 전자정부정책을 담당한 실무 공무원 및 ICT 기업들의 역할 및 행태상의 특성에 대한 분석이 이루어져야 할 것이다.

이 연구 결과는 다양한 사회 구성원의 참여와 지식과 정보의 힘이 강조되는 지식정보화 시대의 공무원의 역할과 역량에 대해 다음과 같은 시사점을 준다. 우선 공무원의 자기 분야에 대한 전문가적 역량이 강조되어야 할 것이다. 아울러, 다양한 전문지식을 매개하고 연결할 수 있는 역량 또한 필요하다. 자신의 정책 및 업므와 관련된 전문가들을 찾아내고 그들과 연결망을 구성, 유지할 수 있는 역량과 넓은 시야도 필요하다. 아울러, 다양한 지식과 정보를 서로 다른 집단에게 알기 쉬우면서도 왜곡 없이 번역해 제공하는 윤리의식도 요구되어야 할 것이다.

참고문헌

김용훈. (2000). 「정부 인증기반 구축을 둘러싼 부처간 경쟁에 관한 연구」. 『한국행정학보』, 34(3), 93-109.

김지희. (2002). 「초고속정보통신망 구축사업의 성공요인에 관한 연구」. 고려대학교 대학원 행정학과 박사학위논문.

모미순. (2000). 「정보통신정책형성과정에 있어서 부처간 정책갈등과 조정에 관한 연구: 「정보화촉진기본법」 제정과정을 중심으로」. 서울대학교 대학원 행정학과 박사학위논문.

박희서·김구. (2002). 「행정기관에 있어서 지식관리의 활용성 제고요인에 관한 탐색적 연구」. 『한국행정학보』, 36(2), 41-61.

방민석. (2002). 「전자정부 구축과정의 정책네트워크 분석」. 성균관대학교 대학원 행정학과 박사학위논문.

방석현. (1989). 『행정정보체계론』. 서울: 법문사.

엄석진. (2008). 「전자정부 추진결과의 제도적 결정요인: 한국과 미국의 '정부기능연계모델' 사업을 중심으로」. 서울대학교 대학원 행정학과 박사학위논문.

유홍림·윤상오. (2005). 「전자정부추진과정에서의 부처간 갈등: 행정자치부와 정보통신부의 갈등을 중심으로」. 『한국행정학회 동계학술대회 발표논문집』.

임준형. (2006). 「도시전자정부가 시민참여에 미치는 영향」. 『한국행정학보』, 40(3), 53-76.

전자정부특별위원회. (2003). 『전자정부백서』. 서울: 전자정부특별위원회.

정부혁신지방분권위원회. (2008). 『참여정부의 전자정부』. 서울: 정부혁신지방분권위원회.

한세억. (1999). 「지식행정에 대한 탐색적 연구」. 『한국행정학보』, 33(3), 1-19.

______. (2002). 「정보화정책의 변위와 특성: 행위자 수준을 중심으로」. 『한국정책학회보』, 11(3), 21-44.

Brown, M. M., & Brudney, J. L. (1998). A Smarter, Better, Faster, and Cheaper Government?: Contracting for Geographic Information Systems. *Public Administration Review*, 58(4), 335-345.

Brown, J. S., & Duguid, P. (1998). Organizing Knowledge. *California Management Review*, 40(3), 90-111.

Carpenter, D. P. (2001). *The Forging of Bureaucratic Autonomy*. Princeton: Princeton Univ. Press.

Damsgaard, J., & Lyytinen, K. (2001). The Role of Intermediating Institutions in the Diffusion of Electronic Data Interchange (EDI): How industry associations intervened in Denmark, Finland, and Hong Kong. *Information Society*, 17(3), 195-210.

Dawes, S. S., & Nelson, M. R. (1995). Pool the Risks, Share the Benefits: Partnership in IT Innovation. In Keyes, J. (Ed.). *Technology Trendlines: Technology Success Stories from Today's Visionaries*. New York: Van Nostrand Reinhold.

Dawes, S. S., & Pardo, T. A. (2002). Building Collaborative Digital Government Systems. Systematic Constraints & Effective Practices. In McIver, W. J., & Elmagarmid, A. K. (Eds.). *Advances in Digital Government. Technology, Human Factors, & Policy*. Norwell, MA: Kluwer Academic Publishers.

Drucker, P. (1993). *Post Capitalist Society*. Oxford: Butterworth and Heinemann.

________. (2011). 『피터 드러커 강의』. 이재규(역). 서울: 랜덤하우스코리아; *The Drucker Lectures*. The Drucker Institute, 2010.

Dunleavy, P., Margetts, H., Bastow, S., & Tinkler, J. (2006). *Digital Era Governance: IT Corporations, The State, and E-Government*. Oxford: Oxford University Press.

Feldman, M. S. & Khademian, A. M. (2007). The Role of the Public Manager in Inclusion: Creating Communities of Participation. *Governance: An International Journal of Policy, Administration, and Institutions*, 20(2), 305-324.

Fountain, J. (2001). *Building the Virtual State: Information Technology and Institutional Change*. Washington, D.C.: Brookings Institution.

________. (2007). Challenges to Organizational Change: Multi-Level Integrated Information Strucuture. In Lazer, D., & Mayer-Schoenberger, V. (ed.). *Information Government*. Cambridge, MA: MIT Press.

Gibney, J. (2011). Knowledge in a shared and interdependent world: implications for a progressive leadership of cities and regions. *European Planning Studies*, 19(4), 613-627.

Hargadon, A. B. (2002). Brokering Knowledge: Linking Learning and Innovation. *Research in Organizational Behavior*, 24, 41-85.

Head, R. V. (1967). Management Information System: A Critical Appraisal. *Datamation*, May 1967.

Heintze, T., & Bretschneider, S. (2000). Information technology and restructuring in public organizations: Does adoption of information technology affect organizational structures, communications, and decision making? *Journal of Public Administration Research and Theory*, 10(4), 801-830.

Kakihara, M., & Sorensen, C. (2002). "Post-modern" professionals' work and mobile technology. new ways of working in is. Paper presented at the 25th Information Systems Research Seminar in Scandinavia, Copenhagen Business School, Frederiksberg, Denmark.

King, J. L., Gurbaxani, V., Kraemer, K. K., Mcfarlan, W. F., Raman, K. S. & Yap, C. S. (1994). Institutional Factors in Information Technology Innovation. *Information Systems Research*, 5(2), 139-169.

Kraemer, K. L., King, J. L., Dunkle, D. E., & Lane, J. P. (1989). *Managing Information Systems: Change and Control in Organizational Computing*. San Francisco: Jossey-Bass Publishers.

Meyer, M. (2010). The Rise of the Knowledge Broker. *Science Communication*, 32(1), 118-127.

OECD. (1996). *The Knowledge-based Economy*. Paris: OECD.

Pawlowski, S. D., & Robey, D. (2004). Bridging User Organizations: Knowledge Brokering and the Work of Information Technology Professionals. *MIS Quarterly*, 28(4), 645-672.

Rueschemeyer, D., & Skocpol, T. (1996). Conclusion. In Rueschemeyer, D., & Skocpol, T. (ed.). *States, Social Knowledge, and the Origins of Modern Social Policies*. Princeton: Princeton University Press.

Sheingate, A. D. (2003). Political Entrepreneurship, Institutional Change, and American Political Development. *Studies in American Political Development*, 17(2), 185-203.

Skowronek, S. (1982). *Building A New American State: The Expansion of National Administrative Capacity 1877-1920.* Cambridge, UK: Cambridge Univ. Press.

Sverrisson, A. (2001). Translation networks, knowledge brokers and novelty construction: Pragmatic environmentalism in Sweden. *Acta Sociologica*, 44(4), 313-327.

Swan, J., Newell, S., & Robertson, M. (1999). Central Agencies in the Diffusion & Design of Technology: A comparison of the UK & Sweden. *Organization Studies*, 20(6), 905-931.

________________________. (2000). The Diffusion, Design & Social Shaping of Production Management Information Systems in Europe. *Information Technology & People,* 13(1), 27-46.

Wenger, E. (1998). *Communities of Practice: Learning, Meaning and Identity*. Cambridge: Cambridge University Press.

Yildiz, M. (2004). *Peeking into the Black-Box of e-Government: Evidence from Turkey*. Ph.D Dissertation in Indiana University.

제 7 장

소셜미디어 정부

I

서론

소셜미디어 정부란 소셜미디어라는 매체를 활용하여 집단지성을 활용하고 조직 외부적 커뮤니케이션방식과 내부적 관리방식을 변화시켜 공공서비스 제공·생산방식을 변화시키는 정부를 지칭한다(Meijer & Torenvlied, 2016; Feeney & Welch, 2016; Chun *et al.*, 2010). 소셜미디어 정부는 소셜미디어가 갖는 미디어적 특성에 기반하여 다양한 공공·민간 행위자들을 위한 플랫폼platform 역할을 하면서 행위자들 간의 지식과 정보의 교환을 증가시킨다. 이와 같은 지식과 정보의 교환은 한편으로는 정부의 역량을 제고하는 데 기여할 뿐만 아니라, 정부와 시민 간의 관계를 개선시키고 행정의 민주성과 반응성 제고에 기여할 것으로 기대된다.

이와 같은 긍정적인 기대에도 불구하고, 소셜미디어 활용의 기대효과가 실현되었는가에 대해서는 여전히 논쟁이 있으며, 심지어는 소셜미디어의 부작용을 강조하는 경우도 적지 않다. 공공부문에서의 소셜미디어 활용에 대해 부정적인 연구들은 소셜미디어 사용 때문에 시민들의 정치적 의견 공유가 증가했음을 입증하는 실제적인 증거가 아직 발견되지 않았을 뿐만 아니라, 있다 하더라도 일시적이라고 주장한다. 오히려 소셜미디어는 다양한 정보와 지식의 교류를 촉진하기보다는 특정 정보와 지식의 확산을 촉진해서 의견의 획일화와 근거 없는 지식과 정보의 무분별한 확산 통로가 되고 있다고 주장한다.

이와 같은 상반된 견해를 염두에 두면서, 이 장에서는 소셜미디어 정부의 특성을 개관하고 소셜미디어 활용에 따른 다양한 현상들을 실증적으로 분석하고자 한다. 제2절에서는 소셜미디어 정부의 특징을 개관하여, 소셜미디어의 미디어로서의 특성과 공공부문에 적용했을 때 기대되는 효과, 그리고 사회연결망이론의 시각에서 이러한 기대효과를 어떻게 이해할 수 있는지에 대해 다룬다. 제3절에서는 한국의 광역자치단체장의 트위터 활용 사례에 대해 분석한다. 제4절과 제5절에서는 각각 서울시와 성남시의 트위터 네트워크 분석 및 서울시장과 성남시장의 역할 분석을 통해 소셜미디어가 정부의 행정에서 어떻게 활용되고 있으며, 소셜미디어 도입의 기대효과를 실현하기 위한 조건은 무엇인지 검토해본다.

Ⅱ

소셜미디어 정부 개관

1. 소셜미디어의 정의

공공부문에서의 새로운 서비스 채널로서 소셜미디어의 가치를 이해하고 활성화시키기 위해서는 소셜미디어가 무엇인지에 대한 이해가 필요하다. 소셜미디어라는 용어가 이미 지식공동체와 현장에서 널리 활용되고 있음에도 불구하고 소셜미디어의 개념에 대해 보편적으로 통용되는 하나의 정의가 공유되고 있지는 않다(Criado *et al.*, 2013; Ellison & Hardey, 2014). 그러나 기존 연구에서의 소셜미디어에 대한 정의를 종합하면, 소셜미디어는 개인 또는 조직 단위의 사용자가 생산하는 콘텐츠의 제작 및 교환이 허용되는 인터넷 기반의 플랫폼이라고 정의할 수 있다(Margetts *et al.*, 2015; Criado *et al.*, 2013).

소셜미디어는 웹 2.0 기술들의 집합으로서[1] 콘텐츠의 제작 및 교환이 다수의 이용자들에 의하여 자유롭게 이루어질 수 있는 가능성을 내포하는 점에서 웹사이트와 같은 기존의 인터넷 기반의 플랫폼인 웹 1.0과 구분된다(Chun *et al.*, 2000; Criado *et al.*, 2013; Ellison & Hardey, 2014). 즉, 웹 1.0은 공급자와 사용자 간에 낮은 수준의 상호작용성이 존재하고, 그래서 적은 수의 정보 생산자를 중심으로 '1 대 다수one-to-many' 커뮤니케이션이 이루어지는 특징을 갖는다(Ellison & Hardey, 2014). 이와 달리 웹 2.0은 공급자와 이용자의 경계가 희미해지며, 다양한 행위자들이 서로 연결되고 상호작용을 하면서 콘

1 '웹 2.0'이라는 용어는 2000년대 중반에 닷컴(dot-com) 기반의 웹사이트의 큰 변화에 직면하면서 Tim O'Reilly에 의해 처음으로 제시되었다(O'Reilly, 2009). 웹 2.0 기술은 블로그, 위키(wikis), 소셜 네트워킹 허브(페이스북, 마이스페이스 등) 웹 기반 커뮤니케이션 기술(카카오톡 등), 사진 공유 기술(플리커 등), 비디오 방송 및 공유 기술(유튜브 등) 등을 포함한다(Chun *et al.*, 2010).

텐츠를 생산·공유하고 이를 다시 다른 콘텐츠와 결합시키면서 발전시킬 수 있다(Criado *et al.*, 2013). 이러한 측면에서 소셜미디어는 다양한 행위자들이 상호 연결되어 있는 소셜네트워크social network에서 행위자들 간의 협력과 참여, 공동 생산co-production, 집단지성의 활용을 통해 공공문제의 해결 가능성을 높일 수 있을 것으로 기대된다(Criado *et al.*, 2013; Linders, 2012). 따라서 소셜미디어는 공공부문에서 새로운 서비스 채널이자 의사소통의 통로로서 높은 잠재력을 가진 것으로 평가된다.

2. 소셜미디어의 특성

1) 일반적 특성

초기의 연구들은 소셜미디어의 매체적·기술적 특성을 강조하면서 소셜미디어 활용의 잠재력을 이해하고자 하였다. 이와 같은 연구들은 기술결정론적 시각에서 소셜미디어 활용에 대한 사용자들의 능동성이나 사용자들이 처한 맥락의 중요성을 간과할 우려가 있는 비판을 받아 왔다. 최근에는 소셜미디어의 기술적 특성이 사용자들이 처한 환경이나 행동 범위에 대한 인식에 영향을 미친다는 관점하에서 이루어진 연구들이 제시되고 있다(Chen *et al.*, 2016; Stamati *et al.*, 2015; Margetts *et al.*, 2015). 이러한 연구들은 심리학 이론인 행동유발성이론affordance theory에 근거하고 있으며, 기술결정론 시각을 피하면서도 소셜미디어의 매체적·기술적 특성이 사람들의 구분되는 독특한 행동을 유발할 수 있음을 제시하고 있다.

구체적으로 사람들의 독특한 행동을 유발하는 소셜미디어의 매체적·기술적 특성은 다음과 같이 정리할 수 있다. 첫째, 가시성visibility이다. 소셜미디어를 통해 자신이 하는 활동을 다른 사람이 관찰하게 할 수 있다(Chen *et al.*, 2016; Margetts *et al.*, 2015). 이때 가시성은 소셜미디어 사용자의 활동을 다른 사용자들이 관찰할 수 있음을 가리키는 것이다(Chen *et al.*, 2016; Margetts *et al.*, 2015). 예를 들어, 어떤 사용자가 트위터나 인스타그램에 올리는 글과 사진, 영상은 다른 사용자들에게 실시간으로 노출되고 쉽게 관찰된다. 그리고 이 사용자는 다른 사용자들에 의하여 관찰될 수 있다는 점을 고려하여 자신의 소셜미디어 활동을 수시로 점검 및 수정한다(Margetts *et al.*, 2015; 황한찬·엄석진, 2019).

둘째, '사회적 정보social information'이다. 사용자들은 소셜미디어에서 다른 사람들이 하는 활동을 관찰할 수 있다(Margetts *et al.*, 2015). 즉, 소셜미디어 사용자들은 소셜미디어를 통해 다른 사용자들이 어떤 콘텐츠를 만들고 공유하는지 그리고 다른 사람들이 어떤 행정적·정치적·사회적 목적을 가진 행동을 하는지에 대한 정보를 얻을 수 있다. 가시성은 '소셜미디어 사용자 자신의 행동'이 다른 사람들에게 노출되고 관찰되는 것과 관련되는 반면에, 사회적 정보는 '다른 소셜미디어 사용자들의 행동'을 관찰할 수 있다는 점에서 차이가 있다. 예를 들어, A라는 인스타그램 사용자는 자신의 글과 사진이 다른 사람들에게 어떻게 노출되는지에도 영향을 받지만(가시성), 다른 사람들이 어떤 방식으로 글과 사진을 작성하고 어떤 생각을 하는지에도 영향을 받는다(사회적 정보).

셋째, 지속성persistence이다. 소셜미디어에서 만들어지고 공유된 메시지는 시간에 구애받지 않고 다른 사용자들에 의해 활용될 수 있다. 따라서, 사용자들은 자신의 목적을 달성하기 위해 필요한 자료들을 계속해서 확보할 수 있고 활용할 수 있게 된다(Chen *et al.*, 2016; Malsbender *et al.*, 2014).

넷째, 편집 가능성editability이다. 소셜미디어에서 생산되는 메시지들은 다른 사용자들에 의해 자유롭게 편집될 수 있음을 가리킨다(Chen *et al.*, 2016; Malsbender *et al.*, 2014). 소셜미디어 사용자들은 다른 사용자들이 만든 메시지를 보고 이 메시지로부터 얻은 새로운 아이디어와 감정 등을 포함한 새로운 메시지를 재가공하여 다른 사용자에게 공유할 수 있다. 이러한 특성으로 인해 소셜미디어에서 만들어지는 콘텐츠들은 복제, 가공, 재가공 등을 통해 독창적인 새로운 창작물로 발전할 수 있는 가능성을 지니게 된다.

마지막으로, 상호작용성interactivity이다. 이것은 소셜미디어의 사용자들이 다른 사용자들과 자유롭게 상호작용할 수 있는 특성을 가리킨다(Chen *et al.*, 2016; Stamati *et al.*, 2015). 예를 들어, 정부는 소셜미디어 계정을 만들고 공공서비스에 대한 정보, 정책제안 등을 포함하는 콘텐츠를 만들어 시민들에게 공유함으로써, 시민들과 자유롭게 상호작용할 수 있다.

2) 소셜미디어의 종류에 따른 차별적 특성

소셜미디어는 다양한 형태와 기능을 지니는 미디어를 총칭하는 개념이기 때문에 소셜미디어의 종류에 따라 서로 다른 특성을 갖는다. 특히, 소셜미디어 설계social media design의 관점에서 다음과 같은 5가지의 기준에 따라 각각의 소셜미디어는 상호 차별적인 특성을 갖는다(Hansen *et al.*, 2010).

첫 번째 기준은 메시지별로 매칭되는 송신자와 수신자의 규모의 차이다. 앞서 소셜미디어는 '다수 대 다수' 커뮤니케이션이 가능하다고 하였으나, 이를 좀 더 자세하게 살펴보면, 소셜미디어의 종류에 따라 세부적인 양상은 다양하게 나타난다. 예를 들어, 페이스북Facebook의 경우 기본적으로 상호 동의를 통해 친구 관계를 맺은 사용자 간에 메시지 송신과 수신이 이루어지며, 친구 관계를 맺지 않은 사용자에게 메시지가 도달하지 않도록 할 수 있다. 이와 달리 유튜브YouTube의 경우에는 만들어지는 메시지와 영상이 유튜브 사용자 전체에게 기본적으로 도달할 수 있는 가능성이 전제되어 있다.

두 번째 기준은 상호작용의 속도pace of interaction의 차이다. 어떤 소셜미디어는 거의 동시적인 상호작용을 가능하게 하는 반면에, 다른 소셜미디어는 과거 이메일처럼 동시적이지 않고 순서가 정해져 있는 상호작용을 가능하게 한다. 예를 들어, 최근에 페이스북과 인스타그램의 생중계 기능은 대면 접촉이나 전화 통화와 유사한 동시적인 상호작용을 가능하게 한다. 반면에, 만일 스마트폰에 동기화하지 않았다면 페이스북 담벼락 기능, 그리고 전형적으로는 위키피디아는 동시적이지 않고 순서가 정해져 있는 상호작용을 유도한다.

세 번째 기준은 허용되는 메시지의 길이와 같은 기본 구성 요소의 차이다. 허용되는 메시지의 길이는 상호작용 패턴에 영향을 미칠 수 있다. 가령 트위터의 경우 메시지 길이가 140자로 제한되는 반면에, 페이스북의 경우 메시지 길이에 제한이 없다. 이러한 차이로 인해 트위터의 경우 효율적인 커뮤니케이션을 위해 사진과 동영상을 적극적으로 활용하고 사용자 간에 의사소통을 원활하게 하는 축약어의 활용 등이 촉진될 수 있다.

네 번째 기준은 상호작용을 위한 진입 장벽의 통제방식의 차이다. 예를 들어, 트위터의 경우 상대방의 동의 없이 팔로잉following을 신청하여 그 사용자가 송신하는 메시지를 수신할 수 있다. 반면에, 페이스북이나 인스타그램의 경우에는 상호 간에 동의를 얻은 이후에 메시지를 주고받을 수 있다.

다섯 번째 기준은 연결 유형types of connections의 차이다. 소셜미디어별로 사용자들을 연결하는 방식이 상이하다. 이와 관련하여, 명시적·암묵적 관계의 존재를 생각할 수 있다. 명시적 관계는 페이스북에서의 친구 관계처럼 사용자들이 의도적으로 형성한 관계를 말하는 반면에, 암묵적 관계는 트위터에서의 '관심 글favorites' 설정과 같이 사용자 간에 관계 맺기의 의도성이 명확하지 않은 경우를 가리킨다.

3. 공공부문에의 소셜미디어 도입과 기대효과

1) 소셜미디어의 작동 메커니즘: 사회연결망 이론의 시각

가. 정부 – 시민 간 관계 측면

사회연결망 이론의 시각에서 볼 때, 소셜미디어 네트워크는 정보 전달과 시민참여와 같은 시민 및 행정 간의 다양한 상호작용이 일어나는 플랫폼이자 커뮤니케이션 채널 중 하나인 소셜미디어를 통한 약한 연결weak ties[2]의 전형으로 이해할 수 있다. 소셜미디어 사용자들은 서로 밀접하게 알지 못하고 빈번하게 접촉하지 않지만, 분산된 방식으로 온라인에서 다른 행위자들에게 자신의 정보를 전파하고 다른 행위자로부터 새로운 정보를 받아들임으로써 서로 간의 정보를 공유하기 때문에 약한 연결의 특성을 갖는다. 이와 같은 시각에서는, 소셜미디어 정부는 다양한 공공·민간 행위자들이 참여할 수 있는 플랫폼platform으로 기능하면서 행위자들 간의 지식과 정보의 교환을 증가시키는 가능자enabler로 작동한다. 이에 따라 네트워크상의 참여자들은 과거에 가지지 못했던 정보 역량을 가지게 되기 때문에 정부의 문제 해결 능력을 제고시킬 수 있는 기반을 확보하게 되는 것이다. 이를 사회연결망 이론을 적용하여 좀 더 자세히 살펴보자.

대의 민주정치체제하에서 정부를 구성하는 집단은 정치인 집단, 직업공무원 집단, 그리고 시민 집단으로 구별할 수 있다. 이들 집단은 서로 주인 – 대리인 관계로 맺어진 복대리인 관계로서 각 집단 간에는 관계적 지위에서 기인하는 구조적인 정보 비대칭 문제가 있다. 정보 비대칭의 사전적 정의는 "경제적 거래에서 일부 참여자들이 다른 참여자들보다 더 많은, 또는 더 낫거나 더 적절한 정보에 접속할 수 있는 상황"으로 정의된다(Black *et al.*, 2012). 이러한 정보 비대칭 개념은 다양한 분야의 사회과학에 적용되어 왔다. 주인 – 대리인 관계의 맥락에서, 대리인이 더 많은 지식과 경험을 가지고 있으며, 이러한 상황이 대리인이 주인의 최적 이익을 추구하는 것을 선택할 것인지에 관하여 주인의 불확실성을 악화시킬 때 정보 비대칭은 발생한다. 이와 같은

2 Granovetter(1973: 1361)는 사람 간 연결의 강도(strength)를 기준으로 약한 연결과 강한 연결을 구분하였다. 이때 사람 간 연결의 강도는 시간의 양, 감정의 강도(emotional intensity), 친밀함, 상호적인 보답(reciprocal service) 등의 조합일 수 있다. 그는 이러한 강도에 대한 논의에 기초하여 정보가 많은 사람들에게 전파되고 확산되는 데 있어서 약한 연결(weak ties)이 강한 연결(strong ties)보다 중요함을 주장하였다. 이는 강하게 연결된 행위자들 간에는 더 많은 시간을 서로 같이 보내며 더 많은 유사성이 있기 때문이다.

정치인 – 공무원 – 시민 간의 복대리구조와 그에 따른 정보 비대칭은 대의 민주정치체제의 가장 기본적인 속성이자 행정의 민주성과 반응성 제고의 가장 큰 걸림돌로 제시되어 왔다. 각각의 집단 간 관계에서 발생하는 정보 비대칭 문제는 다음과 같다.

첫째, 정치인과 직업공무원 간의 정보 비대칭은 공무원들의 기술적 전문성technical expertise과 임기 보장 때문에 공무원이 정치인들의 요구에 덜 민감하게 만드는 원인 중 하나로 간주된다(Meier & O'Toole, 2006). 만일 정치인 집단이 행정의 반응성을 증가시키기 위한 의지를 가지고 있음에도 불구하고, 정치인들과 공무원들 간의 정보역량과 전문성 등의 차이에서 기인하는 정보 비대칭이 존재한다면, 정치인들은 자신들이 가진 가치에 따라 공무원들의 행태를 통제하는 데 어려움을 갖게 될 것이다.

둘째, 시민과 공무원 간의 정보 비대칭은 공무원들이 시민들의 요구에 덜 민감하도록 만들 수 있다. 비록 공무원들이 시민들의 충실한 공복으로서 시민들의 필요를 충족시키려 함에도 불구하고, 시민들이 무엇을 요구하는지, 또는 행정현장에서 어떤 문제점들이 나타나고 있는지 등에 대한 정보 비대칭이 존재한다면, 공무원들이 시민들을 위한 정책집행이나 행정서비스 제공이 어려워질 수 있다.

셋째, 시민과 정치인 간에 정보 비대칭이 있을 수 있다. 비록 정치인들이 시민들의 정치적 요청에 적극적으로 반응하려 함에도 불구하고, 정치인들은 행정현장에서 어떤 일이 벌어지는지 현장의 정보 습득이 어려울 뿐만 아니라, 시민들이 무엇을 원하는지에 대해 전달받기 어려울 수 있다.

위와 같은 논의를 [그림 7.1]을 통해 재해석하면 다음과 같다. 각각의 클러스터된

[그림 7.1] 소셜미디어 도입 이전의 정치인, 공무원, 시민 집단 간 관계

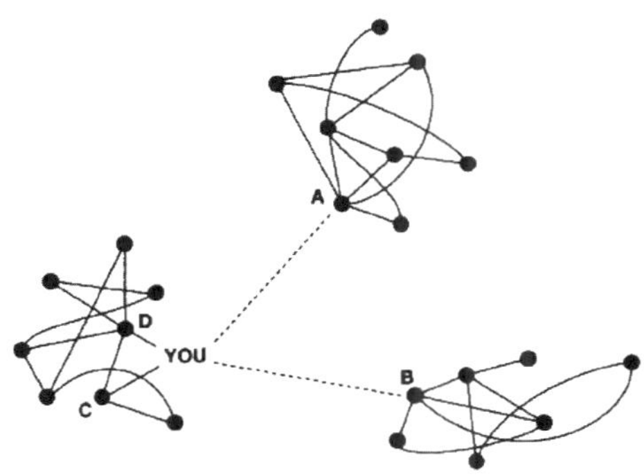

출처: Burt(2009: 27)

집단을 시민 집단(A가 소속된 집단), 공무원 집단(B가 소속된 집단), 그리고 정치인 집단(C, D 그리고 YOU가 소속된 집단)으로 구분되며, 정치인 YOU에 의해서 각 집단이 제한적으로 소통할 뿐 각각의 집단이 서로 분절되어 있는 상황으로 해석할 수 있다.[3]

이와 같은 상황에서 세 집단이 모두 활용할 수 있는 소셜미디어가 도입된다면 어떻게 될까? 개념적으로 [그림 7.2]와 같이 나타낼 수 있을 것이다. 각각 분절되어 있던 집단들이 누구나 활용할 수 있는 소셜미디어를 통해 연결되면서 각 집단 간의 연결이 좀 더 조밀해질 것이다. 또한, 정부는 소셜미디어를 통해 공공정보 및 행정서비스를 제공할 수 있다. 시민 집단은 정치인 집단과 공무원 집단에게 그들이 생활 현장에서 얻은 정보를 제공할 수 있을 뿐만 아니라, 참여의 통로로서 소셜미디어를 활용할 수 있을 것이다. 결론적으로 소셜미디어는 공공조직과 시민 간의 커뮤니케이션의 양상을 변화시키는 가능자로 작동하며, 소셜미디어를 통한 집단 간 연결성 증가는 집단 간의 분절을 해소하고 정보 비대칭을 감소시킬 수 있다.

[그림 7.2] 소셜미디어 활용 이후의 정치인, 공무원, 시민 집단 간 관계 변화

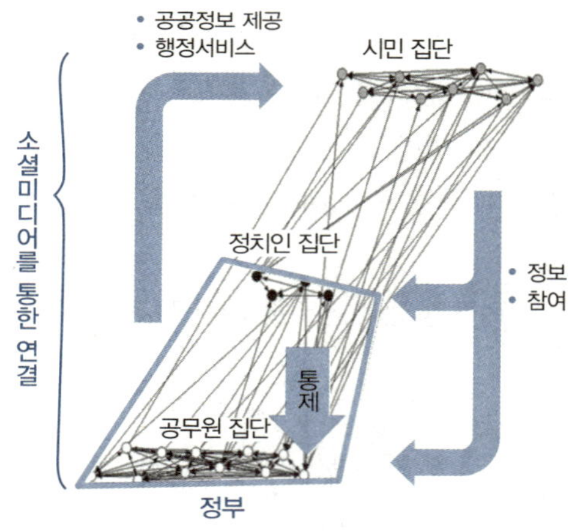

3 Burt(2009)는 이와 같은 상황을 구조적 공백(structural hole)과 약한 연결의 개념을 활용하여 설명한다.

나. 기관 내부 관리

같은 논리로 소셜미디어는 정부의 내부적 관리방식도 변화시킬 수 있다. 앞서 제시된 [그림 7.1]을 통해 재해석하면 다음과 같다. [그림 7.1]의 각각의 집단을 기관 내 부서들로 이해할 수 있다. 예를 들면, 어느 지방자치단체의 민원과(A가 소속된 집단), 건축과(B가 소속된 집단), 그리고 기획과(C, D 그리고 YOU가 소속된 집단)로 이해될 수 있으며, 이들 부서 간의 조정 및 소통은 각 과의 장인 A, B, YOU에 의해서 이루어지는 상황으로 해석될 수 있다.

이와 같은 상황에서 소셜미디어는 기관 내부의 업무과정에서의 협력 수준의 개선 및 업무 프로세스의 개선을 위해서 사용될 수 있다. 예를 들어, 공무원들은 인스턴트 메시지 프로그램인 GovLoop이나 Google Docs를 업무 조정과 과업의 완수를 위해 활용한다. 즉 소셜미디어 활용을 통해 시간과 공간에 관계없이 협력, 조정, 학습을 위한 부서 간, 개인 간 커뮤니케이션을 활성화시킬 수 있다(Feeney & Welch, 2016). 이를 통해 소셜미디어는 정부가 과거와 다른 문제 해결 능력을 갖추는 데 기술적 기반으로 활용될 수 있다.

소셜미디어를 통해 기관 내 협력, 조정, 학습이 촉진된 대표적인 예는 미국 항공우주국NASA: National Aeronautics and Space Administration 고더드 우주비행센터Goddard Space Flight Center의 소셜네트워킹 플랫폼인 「Spacebook」 활용 사례를 들 수 있다(Mergel, 2016). 항공우주국의 Spacebook은 다음과 같은 협력을 촉진하는 특징들을 갖춤으로써 직원들, 특히 항공우주국 소속의 과학자들이 효과적으로 내부적인 협력을 할 수 있도록 도왔다(Mergel, 2016: 19-20). 첫째, 항공우주국 구성원들이 유용한 정보로 채워진 사용자 프로필을 갖추고 관심을 가지는 사용자 상호 간에 프로필 업데이트 정보를 수신할 수 있도록 하였다. 이때 사용자 프로필에는 연락처, 관심사, 자격, 지위 등에 대한 정보뿐만 아니라 전문분야, 기술, 경력 등의 정보가 담겨 있도록 하였다. 둘째, 이 소셜미디어에서 제공하는 집단 업무 공간은 파일 공유, 토론을 활성화시켰다. 셋째, 이 소셜미디어는 자유로운 장비 교환 공간을 만들어서 다른 부서에 있는 장비를 이용하거나 자신의 부서에 있는 다른 장비와 교환할 수 있도록 하였다. 넷째, Spacebook은 항공우주국 특유의 전문지식을 잘 이용할 수 있는 태깅 시스템을 갖추었다.

이를 통해 항공우주국의 Spacebook은 항공우주국의 서로 다른 부서에 있는 과학자들이 자신들이 수행해야 하는 전문 과제별로 맞춤형 매칭을 촉진함으로써 항공우주국의 기관 내부 협력을 촉진하였다(Mergel, 2016: 20). 항공우주국의 과학자들은 과제별로 적절한 전문지식을 갖춘 협력 대상 과학자들을 상호 간에 용이하게 식별하고 서로 논의하고 공동 작업을 할 수 있는 새로운 기회를 얻었다. 이는 소셜미디어 활용이 정부기관 내 협력을 촉진할 수 있는 가능성을 보여준다.

2) 소셜미디어 도입의 기대효과

가. 행정의 투명성과 책임성 확보

소셜미디어는 정부 정보에 대한 시민의 접근을 개선하고 그래서 정부 공무원과 시민 간의 정보 비대칭을 감소시켜 행정의 투명성과 책임성 증대에 기여할 수 있다(Stamati *et al.*, 2015; Bonsón *et al.*, 2012; Bertot *et al.*, 2010; Jaeger & Bertot, 2010; Brito, 2008). 예를 들어, 입찰과 민간위탁과 같은 정책과정을 개방하고, 공무원 활동에 대한 시민 감시를 활성화하며, 시민에게 정보를 전파하기 위하여 공무원들이 블로그 및 소셜미디어 채널을 구축할 수 있다(Bertot *et al.*, 2012).

나. 행정의 반응성 제고

반응성은 정책결정자들이 여론의 변화에 따라서 행정과 정책 입장, 지출을 수정하는 정도(Baumgartner & Jones, 2010; Starling, 2010) 또는 시민들의 변화하는 수요, 소망, 요구를 고려하는 정책결정자의 실행을 가리킨다(Burstein, 2003; Aberbach & Rockman, 1994). 행정 이론과 실제 모두에서 정부의 시민에 대한 반응성은 정부가 따라야 할 중요한 가치 중 하나로 강조되고 있다(Sjoberg *et al.*, 2017; Bingham *et al.*, 2005; Dahl, 2000). 특히 시장 친화적인 행정개혁들의 옹호자들은 다양한 시민들의 수요에 반응하는 것과 고객으로서 시민에게 더 나은 서비스를 제공하는 것이 공공기관들의 최우선 순위가 되어야 한다고 주장한다(Osborne & Gaebler, 1992). 앞서 살펴본 바와 같이, 공공부문에서 시민, 정치인, 공무원들 간에 정보 비대칭은 반응성을 저해하는 주요한 원인 중의 하나이며, 소셜미디어를 통한 집단 간 연결성의 제고는 정부의 시민에 대한 반응성을 제고할 수 있는 기반이 될 수 있다(Dekker & Bekkers, 2015; Andersen *et al.*, 2011).

다. 정책과정에서 시민참여와 공론의 증대

소셜미디어는 공적으로 중요한 이슈에 대한 시민의 참여와 숙의에 대한 유·무형의 비용을 크게 낮출 수 있는 채널로 기능할 수 있다(Hansson *et al.*, 2015; Zavattaro *et al.*, 2015; Ellison & Hardey, 2014; Panagiotopoulos *et al.*, 2014; Vincente & Novo, 2014; Warren *et al.*, 2014; Shirky,

2011). '아랍의 봄Arab Spring'과 '월가를 점령하라Occupy Wall Street'와 같은 시민들의 광범위한 소셜미디어 상호작용에 의해 개시된 최근의 대규모 정치적 시위들은 소셜미디어를 활용하여 집단적 행동에 대한 시민들의 자발적인 참여를 조직화하는 것이 가능함을 보여준다(Margetts *et al.*, 2015). 또한 소셜미디어는 폭넓은 '다수 대 다수many-to-many' 상호작용성을 촉진할 수 있는 잠재력을 가지고 있기 때문에 '시민 공동생산citizen co-production'의 능력과 그 실현가능성을 증진시킬 것으로 기대된다. 이와 같은 소셜미디어 기반의 전자참여e-participation는 〈표 7.1〉과 같이 세 가지 모델로 정리될 수 있다(Reddick *et al.*, 2017).

이와 같은 기대효과를 고찰하면서 Bertot 등의 연구(2012)는 정부에서의 소셜미디어 활동이 매우 짧은 기간에 전자정부의 핵심적인 구성 요소가 되고 있음을 지적하고 있다. 소셜미디어의 이러한 효과는 특히 지방정부 수준에서 매우 유용할 수 있다. 지방정부는 시민과 가장 가까운 정부 단위이며, 시민의 공적 삶에 중요한 영향을 미치기

〈표 7.1〉 소셜미디어 활용을 통한 전자참여 수준의 세 가지 모델

	전자참여의 수준		
	관리적 →	설득적 →	참여적
정부 역할	• 시민에 대한 공공서비스 전달에서의 효율성	• 시민 투입과 함께 더 나은 정책결정	• 공공정책 발전에 결정적인 것으로서 시민 피드백과 상호작용
시민 역할	• 사실상 없음 • '고객'으로 간주됨	• 수동적인 역할	• 능동적인 역할
목표	• 서비스 전달 증진	• 정책 성공 개선	• 민주적 거버넌스 개선
정보의 흐름	• 정부로부터 시민으로 이동 • 일방향적임	• 정부에 의해 이동하지만 시민 투입에 의하여 형성됨 • 양방향적임	• 거버넌스와 정책을 형성하는 정부와 시민으로부터 모두의 흐름과 함께 복잡함 • 양방향의 다각적인 상호작용
사용되는 공통 기술들	• 콘텐츠를 제공하기 위해 사용되는 웹사이트, 페이스북, 트위터에서 온라인 세금 신고, 공공정보	• 코멘트를 위한 정보를 포스트하기 위하여 사용되는 소셜미디어 플랫폼	• 활발한 소셜미디어 사용, 전자투표, 여론조사, 전자 마을회의(electronic town hall meetings)
집행 이슈	• 비용 절감 부족	• 공중의 무관심	• 극단적인 변화의 신호 부재
소셜미디어 사용의 학습 유형	• 단일 고리 학습 - 소셜미디어 플랫폼은 시민에게 콘텐츠를 제공하기 위해 사용되고는 함	• 단일 고리 학습 - 소셜미디어 플랫폼은 시민을 위한 정보를 포스트하고 시민으로부터 코멘트를 받기 위해 사용되고는 함	• 이중 고리 학습 - 대화가 시민과 정부에 의해 시작되는 곳에서 활발한 소셜미디어 사용은 의미 있는 변화를 제공함

출처: Reddick *et al.*(2017)에 기반하여 재구성

때문이다(Ellison & Hardey, 2014; Sobaci & Karkin, 2013). 지방정부는 트위터를 통해 지방정부가 제공하는 서비스에 대한 시민들의 의견 수렴이나 공공서비스의 개선 아이디어를 얻는 데 있어 중앙정부보다 더 유리한 조건을 가진 것으로 볼 수 있다.

4. 소셜미디어의 효과에 대한 찬반 논쟁

앞서 소셜미디어 정부의 기대효과에 대해 제시한 내용은 소셜미디어 활용의 높은 잠재력과 장밋빛 전망을 제시하고 있다. 그러나 소셜미디어가 과연 투명하고, 책임지며, 반응적인 정부를 만들 수 있을 것인지에 대해 비판적인 관점을 견지하는 연구자들도 있다. 기존의 경험적 연구들의 결과는 그러한 공헌이 쉽게 나타나지는 않는다는 점을 보여준다. Sobaci와 Kalkin(2013)의 터키의 시장들에 대한 연구에 따르면, 대다수의 터키의 시장들은 더 나은 서비스를 제공하고 공공참여를 촉진하기 위해 소셜미디어를 사용하기보다는 뉴스를 공유하고 개인적인 메시지를 보내기 위해 소셜미디어를 사용하였다. 엄석진 등(2014)도 대부분의 한국 지방자치단체장들이 시민과 상호작용하거나 공공서비스의 질을 개선하기 위해 소셜미디어를 사용하기보다는 자신들의 활동을 홍보하고 뉴스를 전달하기 위해 소셜미디어를 사용한다는 점을 보여주었다. 더 넓은 의미에서 보면, 각 나라의 다채로운 사회 기술적 결정 요인 때문에 동일한 정보통신기술이 나라별·정부별로 다른 결과를 발생시키며, 공공부문의 소셜미디어 활용이 바로 이러한 경우에 해당한다(Bertot *et al.*, 2010; Gil-Garcia & Pardo, 2005).

공공부문에서의 소셜미디어 활용에 대해 부정적인 연구자들은 소셜미디어 사용 때문에 시민들의 정치적 의견 공유가 증가했음을 입증하는 실제적인 증거가 아직 발견되지 않았다고 주장한다(강원택, 2012; 이수범·김동우, 2012). 또한, 이들은 소셜미디어 사용의 정치적인 효과는 일시적이고 드물게 일어난다고 주장한다(Sobaci & Kalkin, 2013; 이소영, 2012). 조직 내부적으로는 소셜미디어의 활용으로 인해 오히려 공무원들이 업무에 집중하기 어렵게 되며 사생활을 위협하고, 관리의 복잡성을 키울 수도 있다고 주장되기도 한다(Feeney & Welch, 2016). 특히, 중국 정부의 소셜미디어 활용을 분석하는 연구자들은 소셜미디어 정부가 시민을 감시하고 통제할 수 있는 '빅브라더 Big brother'가 될 수 있다는 점을 지적한다(King *et al.*, 2018).

Margetts 등의 연구(2015)에 따르면 소셜미디어가 시민들의 정치적 활동의 범위를 확장시키고 사람들이 그들의 일상에서 정치적 명분 political cause에 대한 시간과 노력의 미세 기부micro-donations를 통해 참여의 비용을 낮추는 데 기여한다. 또한 소셜미디어를 통한 정치적 참여를 통해 다른 사람들이 무엇을 하고 있는지에 대한 지식(사회적 정보)과 그들이 무엇을 하고 있는지를 다른 사람들이 알 수 있기 때문에 그들 자신의 행동들은 많은 수의 다른 사람들과 상호 의존적이며, 대규모의 동원으로 확장될 수 있는 연쇄적인 반응을 이끌어낼 수도 있다. 그러나, 대부분의 경우에는 그렇게 되지 않는데, 어떤 이슈가 폭발적인 동의를 얻어 사회적으로 주요 의제로 등장할지 예측 불가능하고 이는 다시 기존 의회제도나 정치과정을 불안정하게 만든다고 주장하면서 이를 '난기류의 정치turbulent politics' 또는 '혼돈적인 다원주의chaotic pluralism'로 명명하였다.

결론적으로, 정부의 소셜미디어 활용의 효과는 전적으로 긍정적이거나 혹은 부정적이기만 한 것은 아니다. 그러한 이분법을 넘어서서 정부의 소셜미디어 활용의 효과의 긍정적인 측면을 촉진시키고 부정적인 측면을 억제하는 조건들을 찾고 개선하는 것이 당면 과제라 하겠다.

Ⅲ

분석 1: 한국 광역자치단체장의 트위터 활용 분석

한국의 공공부문에서는 소셜미디어를 어떻게 활용하고 있는가? 예를 들면, 트위터를 활용하여 어떤 종류의 메시지가 어떤 방식으로 전달되고 있는가? 트위터의 강점이라는 양방향적 커뮤니케이션이 행정에 실제로 활용되고 있는가? 이 절에서는 한국의 광역자치단체장의 트윗에 대한 내용분석을 통해 트위터 활용 현황 및 양태를 분석하고자 한다. 구체적으로 광역자치단체장의 트위터 활용방식을 트위터 계정 간의 상호작용과 기관 계정과의 연계성이라는 두 개의 측면에서 분석하여, 누가 어떠한 방식으로 트위터를 활용하는지, 트위터 활용에 있어서 어떤 특성을 보이는지 분석하였다.

1. 정부의 트위터 활용에 대한 연구 동향

공공부문에서의 트위터 활용과 관련하여 주로 정치인들의 트위터 활용에 대한 분석을 중심으로 연구가 진행되어 왔다. 즉, 대부분의 연구들이 선거의 당선 등과 같은 정치적 목적을 위해 정치인들이 트위터를 어떻게 사용하고 있으며, 팔로워/팔로잉 구조는 어떠한지 등에 초점이 맞추어져 있었다(Sobaci & Karkin, 2013). 예를 들면, Golbeck 등(2010)은 미국 의회의 의원들을 대상으로 한 연구에서 정치인들의 트위터 사용은 정보 제공과 공유가 중심을 이루고 있다고 밝히고 있다. 또한, 시민과 직접적으로 의사소통하는 트윗의 비율이 높지는 않지만, 논쟁이 이루어지는 등 중요한 시민과의 소통 채널로서의 가능성을 보인다고 지적하고 있다. 국내에서는 금혜성(2011)이 18대 국회의원을 대상으로 연구를 진행하였는데, 그 결과 역시 정보 제공이 가장 높은 비율로 이루어지고 있는 것으로 나타났으며, 2011년 4.27 재보궐 선거에 대한 홍주현·박미경(2011)의 연구도 같은 결과를 보여주고 있다.

직업공무원이나 지방자치단체장 등이 트위터를 어떻게 사용하는지에 대한 실증연구는 미진한 상태이다. 이러한 상황에서 Sobaci와 Karkin(2013)은 선출직 공무원elected officer으로서 터키의 시장들의 트위터 사용이 공공서비스 개선에 어떻게 활용되고 있는가에 관심을 두면서, 시장들의 트윗에 대해 내용분석contents analysis을 실시하였다. 연구 결과, 터키의 시장들은 공공서비스 개선이나 시민참여의 촉진, 공공문제에 대한 숙의deliberation를 위해 트위터를 활용하기보다는, 단순 정보 제공 및 정보의 공유를 위해 트위터를 주로 활용하고 있는 것으로 나타났다. 관련 연구들을 종합해볼 때, 정치인 및 행정가들의 트윗 내용들은 〈표 7.2〉와 같이 정리될 수 있다.

〈표 7.2〉 선행연구에서의 정치인과 행정가들의 트위터 메시지 내용

<table>
<tr><th colspan="2">유형</th><th>선행연구</th></tr>
<tr><td colspan="2">정보 공유</td><td>• 단순 홍보(홍주현·박미경, 2011)
• 정보 제공(금혜성, 2011; Golbeck *et al*., 2010)
• 정보 및 뉴스 공유(Sobaci & Karkin, 2013)
• 타인에 대한 정보 제공 및 공개, 홍보(Honeycutt & Herring, 2009)
• 정보 및 관련 홈페이지(URLs) 공유(Java *et al*., 2007)</td></tr>
<tr><td colspan="2">개인적 메시지</td><td>• 정책의견 제시(홍주현·박미경, 2011)
• 개인적 메시지 및 의견, 관점 제시(Sobaci & Karkin, 2013; Golbeck *et al*., 2010)
• 특정 사건에 대한 의견 제시 또는 자신에 대한 정보 제공(Honeycutt & Herring, 2009)
• 자신의 새로운 활동에 대한 정보 제공이나 일상적 잡담(daily chatter)(Java *et al*., 2007)</td></tr>
<tr><td colspan="2">위치·활동 공유</td><td>• 자신의 활동 및 활동이 이루어지는 위치정보 공유(Sobaci & Karkin, 2013)
• 활동 내용 공유(Golbeck *et al*., 2010)
• 자신의 경험 제시(Honeycutt & Herring, 2009)</td></tr>
<tr><td rowspan="2">의사소통</td><td>시민과의 직접적 의사소통</td><td>• 상호작용 관계(금혜성, 2011)
• 외부인과의 직접적인 의견교환 및 소통(Golbeck *et al*., 2010)
• 대화(Java *et al*., 2007)
• 수신인이 정해진 명확한 정보제공(Honeycutt & Herring, 2009)
• 시민과의 직접적인 의사소통(Sobaci & Karkin, 2013)</td></tr>
<tr><td>정치인·공무원 간의 의사소통</td><td>• 선출직 또는 임명직 공무원과의 의사소통(Sobaci & Karkin, 2013)
• 내부자와의 의사소통(Golbeck *et al*., 2010)</td></tr>
<tr><td colspan="2">공공서비스 개선</td><td>• 공공서비스 개선(Sobaci & Karkin, 2013)</td></tr>
<tr><td colspan="2">참여 촉구</td><td>• 동원·행동 촉구(금혜성, 2011)
• 정치참여 요구(홍주현·박미경, 2011)
• 특정 행동에 대한 촉구(Exhort)(Honeycutt & Herring, 2009)
• 행동 요구(Golbeck *et al*., 2010)
• 참여의 촉구(Sobaci & Karkin, 2013)</td></tr>
<tr><td colspan="2">행사로의 초대</td><td>• 행사 초대(Sobaci & Karkin, 2013)</td></tr>
</table>

위와 같은 개인 수준의 트윗 내용 분석을 중심으로 한 연구와 함께, 공공부문에서의 소셜미디어 도입과 그 효과를 분석한 연구들도 제시되어 왔다. 이전의 연구들이 대체로 기술적 요인들에 주목했던 반면, 최근에는 소셜미디어를 통한 정부서비스의 혁신, 정부와 시민과의 관계 변화, 소셜미디어 도입에 따른 정보관리정책의 중요성, 소셜미디어와 민주주의 간의 관계 등으로 그 연구 범위가 확장되고 있다(Criado *et al.*, 2013). 이러한 연구들의 특성을 정리하면 다음과 같다.

첫째, 정부가 도입하는 소셜미디어의 종류와 서비스 현황에 주목하는 연구들이다(송희준·조희정, 2013; Mergel, 2013; Snead, 2013; Sandoval-Almazan *et al.*, 2011 등). 이들 연구들은 트위터를 포함한 소셜미디어의 도입 현황을 조사하면서 정부가 어떤 종류의 소셜미디어를 도입하고 있으며 그 서비스의 특성은 무엇인지를 기술하는 특성을 가지고 있다. 둘째, 소셜미디어 도입의 목표에 초점을 맞춘 연구들이 있다(Criado & Rojas-Martín, 2013; Bertot *et al.*, 2012). 이들 연구들은 대체로 정부의 소셜미디어 도입이 시민참여 및 정부의 투명성 제고, 정부신뢰 및 민주주의의 제고를 가져온다고 결론짓는다(Panagiotopoulos *et al.*, 2014).

트위터의 도입과 그 효과를 다룬 국내 행정학 분야의 연구 역시 주로 기관 수준에서 연구가 이루어지고 있다. 국내 연구들은 공공부문에서 트위터를 비롯한 소셜미디어를 채택함으로써 정보 제공뿐만 아니라 시민과의 쌍방향적인 관계 형성에 공헌할 것으로 보고 있다. 예를 들면, 서진완 등(2012)의 연구는 지방자치단체의 소셜미디어 채널별 활용 현황과 운영 목적, 운영 및 관리주체, 운영 및 관리방식이라는 측면에서 접근하고 있고, 송희준·조희정(2013)은 정부 PR public relations 의 관점으로 한국의 중앙행정기관의 소셜미디어 활용 현황을 분석하고 있다. 위와 같은 연구들이 정부에서의 트위터 및 소셜미디어의 도입과 활용에 대한 우리들의 이해를 제고시켰음에도 불구하고 다음과 같은 한계를 노정하고 있는 것으로 판단된다.

첫째, 앞서 언급한 바와 같이, 행정가들의 트위터 활용 목적이나 행태를 분석한 연구는 극히 드문 실정이다. 정치인이나 주요 정책결정자, 지방자치단체장 및 공무원들의 트위터 활용 유형 및 트윗 내용에 대한 분석이 좀 더 활발히 진행될 필요가 있다.

둘째, 지방자치단체장의 트위터 활용 분석 또는 지방자치단체가 개설한 기관 계정을 따로 분리하여 분석하는 것만으로는 충분하지 않다. 기관의 트위터 계정 및 자치단체장 개인의 트위터 계정에 대한 분석과 함께, 양자가 어떤 연계성을 가지면서 전체로서 트위터가 행정과 정책과정에 영향을 미치는지를 통합적으로 분석해야만 한다. 예를 들어, 후술하는 바와 같이 서울시의 경우 박원순 서울시장 개인 트위터 계정과 서울특별시 기관 계정인 서울특별시 소셜미디어센터의 트위터 계정은 리트윗 등을 통해 밀접하게 연계되어 있다. 시민들은 박원순 시장 개인 트위터 계정을 통해 민원을 제기하지만, 이와 같은 민원은 리트윗을 통해 서울시 기관 계정으로 이어지고, 다시 서울특별시 공식 기관 계정으로 이어져 민원이나 정책제안에 대한 답변이 이루어지고 있다. 이와 같은 현상은 트위터 계정의 개인화와 계정 간 상호 연계가 이루어지기 때문에 가능한 것이다. 나아가, 앞서 언급한 바와 같이 트위터의 장점과 영향력은 트위터 계정 간의 관계 형성 및 유지와 밀접히 관련되어 있다.

이러한 이유로 시장 개인의 트위터 계정 또는 시의 기관 계정만을 분석할 경우, 서울시 전체의 트위터 활용을 종합적으로 이해하는 데 한계가 있을 수 있다. 따라서 정부의 트위터 활용을 좀 더 종합적으로 이해하기 위해서는 지자체장－시민 간의 트위터를 통한 관계 맺기와 함께 개인과 기관 간의 트위터를 통한 관계 맺기에 대한 이해가 필수적이다. 지자체장 개인 수준의 트위터 활용에서 접근하면서 지자체장 개인의 계정과 자치단체의 트위터 계정 간의 연계성을 종합적으로 고려하는 연구가 필요하다고 하겠다.

나아가, 광역자치단체장은 중앙 정치 무대를 지향하는 중견 정치인인 경우가 많다. 이들에게는 행정가로서의 성과와 그에 대한 정보 제공이 정치인으로서의 정치적 자산이 될 수 있다는 점에서 트위터가 좋은 수단이 될 수 있다. 그렇기 때문에 그 활용에 있어서도 일반 정치인이나 행정가와는 다른 양상으로 전개될 가능성이 크다고 판단되며, 개인의 트위터 활용을 기관의 트위터 활용 및 공공서비스 제공과 연계하고자 하는 유인이 클 것으로 예상된다. 이 연구가 광역자치단체장의 개인 계정을 연구대상으로 하면서 동시에 광역자치단체의 기관 계정과의 연계성을 함께 고려하는 것은 이러한 맥락에서 의미가 있다.

2. 분석틀

1) 광역자치단체장 트위터의 일반 현황 분석

먼저 광역자치단체장의 트위터 활용에 대한 일반 현황을 분석한다. 이를 위해 연구 대상 기간 동안에 재임한 16명의 광역자치단체장의 ① 전체 광역자치단체장의 트위터 활용 현황과 함께, ② 개인별 트위터 계정 보유 유무, ③ 트위터 가입 월, ④ 누적 트윗 수, ⑤ 팔로잉 수, ⑥ 팔로워 수, ⑦ 클라우트 지수[4], ⑧ 대상 기간(2013년 1~9월) 동안 광역자치단체장이 보낸 트윗 수 등을 조사한다. 이와 같은 일반 현황을 바탕으로 소속 정당, 연령, 정치적 경쟁 정도에 따른 트위터 활용 현황을 비교 분석한다.

2) 광역자치단체장 트윗 내용 분석

광역자치단체장이 보낸 트윗의 내용 분석을 실시한다. 광역자치단체장이 행정의 책임자이면서 동시에 정치인이라는 점을 고려하여 행정 관련 내용과 정치 관련 내용을 우선 가려내고, 트위터가 사적인 의사 전달의 매체로서 기능한다는 점에서 개인적인 내용, 그리고 어디에도 해당하지 않는 기타 내용 등 4가지로 분류한다. 〈표 7.3〉은

〈표 7.3〉 광역자치단체장의 트윗의 내용분류 기준

종류	분류 기준
행정 관련 내용	• 지방자치단체나 지방자치단체장의 일정 홍보, 업무 소개 • 지역 상품 홍보, 소개(관광지 소개도 포함) • 대민서비스 관련된 내용(예를 들어, 민원 상담 등) • 정책제안에 대한 접수 • 지방자치단체의 정책에 대한 토론 • 지방자치단체장 또는 소속 공무원의 업무 평가에 대한 답변 • 시민의 지방자치단체 업무 관련 참여에 대한 답변 • 지방자치단체의 비전이나 계획에 대한 내용
정치 관련 내용	• 정치적 이슈에 대한 견해 표명 • 선거 등 정치과정에 관련된 내용 • 보수/진보 언급 • 정치적 행동 촉구하는 내용 • 정치적 이슈에 대한 정보 제공 • 정치적 집회나 시민운동에 대한 내용 • 안보 문제에 대한 내용 • 정당의 정책, 강령, 일정 등에 대해 알리는 내용
개인적 내용	• 안부를 묻는 내용 • 개인적 취미 생활과 관련된 내용 • 업무 이외의 개인 일정에 대한 내용 • 개인적인 차원의 강연 일정(예를 들어, 청춘콘서트)
기타	• 위 세 가지 카테고리 중 어느 하나에 속하지 않는 경우

4 클라우트 지수는 소셜미디어 분석 기법을 제공하는 클라우트(www.klout.com)라는 회사에서 발표하는 영향력 지수이다. 트위터 사용자 네트워크에서의 영향력을 진정한 도달(true reach), 증폭(amplification), 네트워크 영향(network impact) 등에 대한 알고리즘 공식을 통해 지수가 산출된다(송희준·조희정, 2013).

내용 분석을 위한 분류 기준을 정리한 것이다.[5]

3) 광역자치단체장 트위터 활용방식의 유형화

이 연구에서는 광역자치단체장의 트윗 중 행정 관련 내용에 대해 상호작용성과 기관 계정과의 연계성을 구체적인 수치로 도출하고, 이에 기초하여 각 광역자치단체장의 트위터 활용유형이 어느 유형에 해당하는지 분석한다. 유형화는 개인 계정과 기관 계정의 상호작용과 연계성 검토라는 연구의 목적에 따라 앞의 내용 분석 결과로 나온 행정 관련 트윗만을 대상으로 진행하였다. 그리고 각 유형의 특징을 잘 보여주는 실제 트윗의 내용을 사례를 들어 제시하면서 트위터 활용유형별 구체적 특성을 제시하고자 한다.

가. 분류 기준

광역자치단체장의 트위터 활동방식의 유형화는 '상호작용성'과 '기관 계정과의 연계성'이라는 두 가지 분류 기준에 따른다. 먼저 '상호작용성'은 지방자치단체장이 트위터를 통해 시민 및 관련 기관들과 의견을 주고받으면서 이루어지는 상호작용의 정도로 정의하고자 한다. 소셜미디어의 핵심적인 특징은 행위자 간 상호작용의 증진인데, 개인의 트위터 활용방식이 실제 다른 행위자와 상호작용을 활발하게 하는 방향으로 이루어지는지는 구체적인 트위터 메시지의 분석을 통해 알 수 있다. 이것은 트위터에서 만일 A라는 사람의 트윗에 의견을 다는 경우 '@' 뒤에 원글을 작성한 A라는 사람의 ID와 텍스트가 함께 붙기 때문에 가능하다.

이미 트위터가 '@ID+텍스트' 방식으로 다른 사람과 상호작용을 함에 주목하여 행위자 간의 상호작용이 이루어지는 양상을 분석한 연구가 있다. Honeycutt과 Herring(2009)은 일반적인 트위터 사용자를 대상으로 한 연구에서 기호 '@'가 있는 경우와 없는 경우로 나누어서 트위터 메시지에 대한 내용 분석을 시도하였다. 연구 결과에 따르면 기호 '@'가 있는 경우에는 특정 수신인과 관련되는 상호작용이 활발하게 이루어진 반면에, 기호 '@'가 없는 경우에는 자기의 경험을 전달하는 방식으로 트위터 사용이 이루어지는 것으로 나타났다. 또한, 금혜성(2011)은 정치인의 트위터 메시지 분

5 내용 분석을 위해서는 코더 간의 신뢰도가 중요하나 여기에서는 연구자 중의 1인이 코더로서 연구를 진행하였다. 1인 코더로 인해 제기될 수 있는 연구의 신뢰도 문제는 사전에 분류 기준을 세부적으로 지정함으로써 해결하고자 하였다.

석에 대한 연구에서 @ID+텍스트의 방식으로 트위터 메시지가 작성되는 것을 상호관계형으로 분류하고 있으며, 홍주현·박미경(2011)은 직접 응답과 의견 확산으로 분류하고 있다. 이처럼 @ID를 텍스트에 활용하는 것을 상호작용의 정도로 보는 기존의 연구들과 같이 이 연구에서도 지방자치단체장의 트위터 메시지 안에 @ID가 존재하는 경우를 '상호작용성'이라고 개념화할 수 있으며, 이는 해당 지방자치단체장의 행정 관련 전체 트윗 수 대비 @ID+텍스트 트윗 수로 조작화할 수 있다(〈표 7.4〉 참조).

'기관 계정과의 연계성'은 지방자치단체장의 개인 계정이 지방자치단체의 기관 계정들과 연계되어 작동하는 정도로 정의하고자 한다. 기존에는 지방자치단체를 비롯한 공공기관이 소셜미디어 대표 계정을 갖지 않은 경우가 많았기 때문에 지방자치단체의 대표 계정을 개설하고 활용하는 문제가 중요했다. 또한, 이러한 상황에서 특정 소셜미디어에 대한 공공기관의 대표 계정을 다른 소셜미디어의 계정이나 공공기관의 웹사이트 등과 연계시키는 문제가 중요했다(Bertot *et al.*, 2012). 그러나 최근에는 공공기관이 대표 계정을 모두 갖고 있을 뿐만 아니라 부서 단위의 기관 계정이 확산되고 있다. 예를 들어 서울특별시의 트위터 기관 계정은 대표 기관 계정인 서울마니아(@seoulmania)를 위시한 총 41개의 기관 계정으로 구성되어 있다.

이러한 상황에서는 기관 계정들 간에 어떠한 연계가 이루어지고 있는지가 중요하고, 지방자치단체장이 트위터를 행정적 목적으로 사용하는 경우에는 지방자치단체장의 개인 계정과 기관 계정들이 어떻게 연계되어 작동하는지가 중요하게 된다. 왜냐하면, 지방자치단체장의 개인 계정만으로 정보 제공, 시민의 참여와 관여, 공공서비스 혁신 등의 업무를 담당하는 것은 비효율적이고 안정적이지 않기 때문이다. 반면에

〈표 7.4〉 유형화 기준의 정의와 조작화

분류 기준	정의	조작화
상호작용성	트위터를 통해 시민 및 관련 기관과 의견을 주고받는 정도	$\frac{\text{@}\textit{ID}\text{ 텍스트 트윗 수}}{\text{자치단체장의 전체 트윗 수}}$
기관 계정과의 연계성	자치단체장의 개인 계정이 기관 계정과 연계되는 정도	$\frac{\text{기관 계정 관련 트윗 수}}{\text{자치단체장의 전체 트윗 수}}$ [6]

6 기관 계정 관련 트윗 수=기관 계정의 답글 트윗 수+기관 계정 트윗에 대한 자치단체장의 답글 또는 리트윗 수

지방자치단체장의 개인 계정과 기관 계정들이 연계되어 작동하는 경우에는 기관 계정을 통해 기관의 공식적인 업무로 전환되어 효과적인 업무의 처리가 가능해질 수 있다. 이러한 맥락에서 '기관 계정의 연계성'은 해당 지방자치단체장의 전체 트윗 수 대비 기관 계정 관련 트윗 수로 조작화할 수 있다(〈표 7.4〉참조).

그런데 '기관 계정 관련 트윗 수'는 두 가지로 구성되어 있다. 첫째, 지방자치단체장의 트윗과 그에 대한 다른 계정 사용자의 답글에 대해 기관 계정이 다시 답글의 형태로 보내는 트윗이 있다. 이는 지방자치단체장의 트윗에 대해 기관 계정이 답글의 형태로 지방자치단체장과 직접 상호작용을 하는 경우와 지방자치단체장과 다른 계정 사용자의 상호작용에 기관 계정이 개입한 경우를 포함한 것이다.

〈표 7.5〉에 제시된 사례를 보면 박원순 서울시장이 @wweven2026의 민원 요청에

〈표 7.5〉 기관 계정 관련 트윗 사례

개인 계정	기관 계정
박원순 @wonsoonpark 3월 18일 도로관리과에서 시정해 주세요 "@wweven2026: @wonsoonpark 서초역 방향으로 강남역사거리부터 진흥아파트사거리까지 3차로인지 4차로인지 진흥아파트사거리까지 3차로인지 4차로인지 유발하게 하네요. 차선을 확실히 표기바랍니다"	
↳ **젊은이들의 세상 만들기 @kbk962002 ·3월 18일** @wonsoonpark @wweven2026 도로관리과 긴급복구 들어갔겠네요^^ ..근데 기반시설은 구청 몫 아닌가?ㅋ 아님 말구요^^ ..울 박시장님 최오..ㅋ	
↳ **Power of Love @saintcst · 3월 18일** @wonsoonpark @wweven2026 그 지역 좌회전 표시 교차로와 너무 근접한 곳에 표기되어 있어 위험합니다. 같이 개선해주시면 감사..	
	서울소셜미디어센터 @seoul_smc · 3월 22일 @saintcst 도시교통본부 교통운영과입니다. 좌회전 표시 개선이 요구되는 위치를 알려주시면 검토 후 조치토록 하겠습니다. 감사합니다.
Power of Love @saintcst · 3월 22일 @seoul_smc 강남대로 양방향..양재와 신사 사이입니다.	
	서울소셜미디어센터 @seoul_smc · 3월 25일 @saintcst 도시교통본부 교통운영과입니다. 강남대로(양재~신사역 사이) 좌회전 예고표시 관련 검토 후 조치토록 하겠습니다.

[그림 7.3] 허남식 부산시장의 트윗 사례

대해 답변한 것에 대해 @kbk962002와 @saintcst의 추가 민원이 이어지고, 이에 대해 서울소셜미디어센터(@seoul_smc)가 두 차례에 걸쳐 답변을 남긴 것이다. 이 경우 박원순 서울시장의 3월 18일 자 트윗 하나에 대해 기관 계정과 연동된 트윗은 2개가 되는 것이다.

둘째, 기관 계정 관련 트윗 수는 기관 계정의 트윗을 지방자치단체장 개인이 답글 또는 리트윗한 경우를 포함한다.[7] [그림 7.3]은 허남식 부산시장이 부산시의 기관 대표 계정인 톡톡부산(@BusanCityGovt)의 트윗에 대해 리트윗의 방식으로 트윗을 보낸 경우이다. 이 경우 허남식 부산시장의 5월 6일 자 트윗 하나에 대해 기관 계정과 연동된 트윗 수는 1이 된다.

나. 광역자치단체장의 트위터 활용방식 유형

위의 두 기준을 활용하여 지방자치단체장의 트위터 사용방식을 유형화하면 〈표 7.6〉과 같은 4가지 유형으로 구성할 수 있다. Ⅰ 유형은 상호작용성과 기관 계정과의 연계성이 모두 낮은 유형이다. 이 유형은 상호작용성이 낮으므로 시민과의 상호작용을 통한 의사소통을 하지 않으며, 자신의 개인 계정을 광역자치단체의 기관 계정과 무관하게 사용한다. 따라서 행정 관련 내용 트윗들은 광역자치단체장의 위치나 일정 공유, 광역자치단체의 일정이나 공공서비스에 대한 정보 공유 등의 내용을 담고 있을 것으로 예상된다.

Ⅱ 유형은 상호작용성은 낮으나 기관 계정과의 연계성은 높은 유형이다. 이 유형의 경우 시민과의 상호작용을 통한 의사소통을 하지 않으면서도 광역자치단체장의 개인 계정을 광역자치단체의 기관 계정과 밀접하게 연계시킨다. 따라서 광역자치단체장이

7 답글은 답글을 보내는 계정과 답글을 받는 계정 모두를 팔로우하는 사람의 타임라인에만 나타난다. 이에 반해 멘션은 답글을 보내는 계정만 팔로우해도 타임라인에 나타난다. 리트윗은 멘션의 형태에 '@+아이디'의 앞에 'RT'를 붙여넣는 방식으로 보내는 방법과 상대방의 트위터 멘션에 자신의 트위터 멘션 계정으로 코멘트를 붙여 전달하는 방법이 있다.

〈표 7.6〉 광역자치단체장의 트위터 사용방식의 유형화

		상호작용성	
		낮음	높음
기관 계정과의 연계성	낮음	Ⅰ 유형	Ⅱ 유형
	높음	Ⅱ 유형	Ⅴ 유형

기관 계정에서 제공하는 정보를 중계하거나 반대로 광역자치단체장의 정보 공유, 위치 공유에 대해 광역자치단체 기관 계정이 추가적인 정보를 제공할 것으로 예상된다.

Ⅲ 유형은 상호작용성은 높으나 기관 계정과의 연계성은 낮은 유형이다. 이 유형에 해당하는 광역자치단체장은 시민들과 상호작용을 통한 의사소통을 적극적으로 하나 자신의 개인 계정과 광역자치단체의 기관 계정을 연계시킬 필요성을 느끼지 않는 유형이다. 따라서 광역자치단체장이 개인적 리더십을 발휘하여 경우에 따라 민원 접수나 정책제안 수용 등을 하는 유형으로 예상된다.

Ⅳ 유형은 상호작용성과 기관 계정과의 연계성이 모두 높은 유형이다. 이 유형은 광역자치단체장이 시민들과 적극적으로 의사소통을 할 뿐만 아니라 자신의 개인 계정과 광역자치단체의 기관 계정을 밀접하게 연결시킨다. 따라서 소통형의 경우보다 제도화된 민원 접수나 정책제안 수용 등이 나타날 것으로 예상된다.

3. 분석 결과

1) 광역자치단체장의 트위터 활용에 대한 일반 현황

전체 광역자치단체장의 트위터 활용현황을 조사하여 정리한 것이 〈표 7.7〉이다. 총트윗 수, 대상 기간 트윗 수, 팔로잉 수, 팔로워 수 등의 표준편차가 매우 크며, 이를 통해 광역자치단체장에 따라 트위터 활용 수준의 차이가 매우 크다는 것을 알 수

〈표 7.7〉 전체 광역자치단체장의 트위터 활용 현황

	평균	표준편차
총트윗 수	3,602	60[illegible]1.9
대상 기간 트윗 수	594	1543.6
팔로잉 수	35,055	52469.6
팔로워 수	94,308	197965.7
클라우트 지수	54	9.2

있다. 평균 팔로잉 수가 3만 5,055인 데 반하여 평균 팔로워 수는 9만 4,308로서 평균 팔로잉 수에 비하여 평균 팔로워 수가 크다. 트위터 계정 개설자의 인지도가 높을수록 팔로잉 수에 비하여 팔로워의 수가 많아진다는 선행연구의 결과를 고려할 때, 광역자치단체장으로서 인지도에 의하여 그와 같은 결과가 나타난 것이라고 해석할 수 있다(금혜성, 2011). 한편, 클라우트 지수는 50 이상이면 높은 것으로 평가되는데(송희준·조희정, 2013), 전체 광역자치단체장의 평균 클라우트 지수는 54이어서 전체적으로 광역자치단체장의 트위터 활동지수는 높은 편이라 평가할 수 있다.

다음으로 〈표 7.8〉은 광역자치단체장별 트위터 활용 현황을 정리한 것이다. 16명의 광역자치단체장 중 박맹우 울산시장을 제외한 15명의 광역자치단체장이 트위터 계정을 보유하고 있어 광역자치단체장의 계정보유율은 93.75%에 달한다. 그리고 이시종 충청북도지사와 김완주 전라북도지사는 대상 기간 동안 트윗 수가 0인데, 이는 트위터 개인 계정을 보유하고 있으나 적어도 대상 기간 동안에는 트위터 활동을 하지 않은 것을 의미한다. 이에 반해 박원순 서울시장은 대상 기간 동안 6,120회의 트윗을

〈표 7.8〉 광역자치단체장별 트위터 활용 현황

지역	정당	이름	계정	가입 연월	총트윗 수 (개)	팔로잉 수 (명)	팔로워 수 (명)	클라우트 지수	대상 기간 트윗 수(개)
서울	민주	박원순	@wonsoonpark	2009. 9.	23,544	158,144	780,289	68	6,120
부산	새누리	허남식	@HurNamshik	2010. 4.	1,477	3,865	9,170	48	220
대구	새누리	김범일	@bum1kim	2010. 5.	397	61	759	-	29
인천	민주	송영길	@Bulloger	2009. 7.	2,162	14,546	123,779	61	168
광주	민주	강운태	@cleankwt	2010. 4.	1,221	25,234	23,620	50	109
대전	새누리	염홍철	@yumone2010	2010. 2.	5,077	11,296	10,689	49	656
울산	새누리	박맹우	없음	–	–	–	–	–	–
경기	새누리	김문수	@kimmoonsoo1	2010. 2.	8,151	67,611	103,250	61	499
강원	민주	최문순	@moonsoonc	2009. 6.	1,990	141,683	141,518	62	330
충북	민주	이시종	@oklsjcb21	2012. 4.	4	27	107	–	0
충남	민주	안희정	@Steelroot	2009. 6.	7,543	78,443	155,803	61	558
전북	민주	김완주	@mriljari	2010. 9.	14	317	747	–	0
전남	민주	박준영	@JYPARK615	2011. 7.	581	7,429	7,466	40	11
경북	새누리	김관용	@kimkwanyong1	2011 .9.	527	2,157	2,433	47	90
경남	새누리	홍준표	@JoonPyoHong	2009. 10.	634	6,032	45,725	61	63
제주	무소속	우근민	@withwoo	2010. 4.	707	8,987	9,261	42	63

[그림 7.4] 정당별 광역자치단체장의 트위터 활용 현황 비교

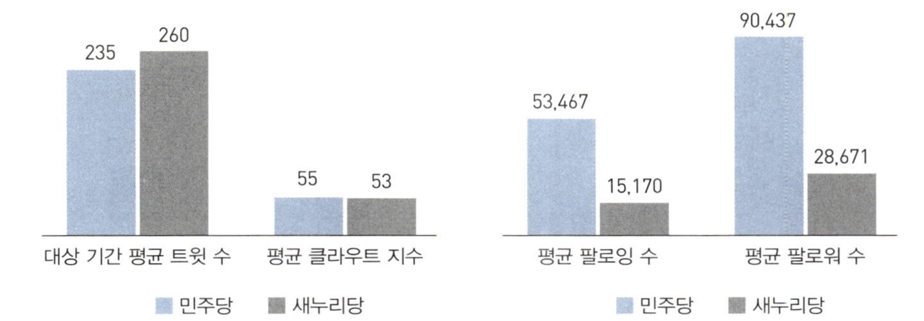

작성하여 다른 광역자치단체장보다 활발하게 트위터를 활용하였다. 팔로워 수 역시 이시종 지사는 107명인 데 반해 박원순 시장은 78만 289명에 달하여 편차가 크게 존재하며, 이는 팔로잉 수 역시 마찬가지이다. 결론적으로 광역자치단체장에 따라 트위터의 사용 빈도와 트위터 계정의 영향력은 크게 차이가 나타난다고 평가할 수 있다.

한편, 광역자치단체장의 트위터 활용이 소속 정당, 연령, 2위와의 지지율 차이에 따라 어떤 차이를 보이는지를 비교한 결과는 다음과 같다.[8] 국회의원의 트위터 활용에 대한 금혜성의 연구(2011)에서는 야당 의원들이 여당 의원들보다 트윗 수, 팔로잉 수 등의 측면에서 트위터 활동이 활발한 것으로 평가하고 있다. 그러나 광역자치단체장의 경우, 팔로잉 수나 팔로워 수에 있어서는 야당인 민주당 소속 단체장들이 새누리당 소속 단체장들보다 적극적이지만 트윗 수에서는 그렇지 않은 것으로 분석되었다([그림 7.4] 참조).

광역자치단체장의 연령에 따른 트위터 활용 현황의 차이는 [그림 7.5]에서 제시되고 있는 바와 같다. 광역자치단체장의 트위터에서는 대상 기간 트윗 수를 제외하고는 대체적으로 연령이 낮을수록 광역자치단체장의 트위터 활동이 적극적인 것으로 나타나고 있다. 이는 정치인의 경우와는 차이가 있는 것으로, 금혜성(2011)에 따르면, 정치인의 트위터 활동에 연령변수가 유의미한 영향을 미치지 않는다는 것으로 분석되었다.

8 광역자치단체장 간 활용 현황의 편차가 크기 때문에 활용도가 매우 높은 박원순 시장과 활용도가 매우 낮은 이시종, 김완주 지사를 제외하고 변인에 따른 광역자치단체장의 트위터 활용 현황을 비교하였다.

[그림 7.5] 연령별 광역자치단체장의 트위터 활용 현황 비교

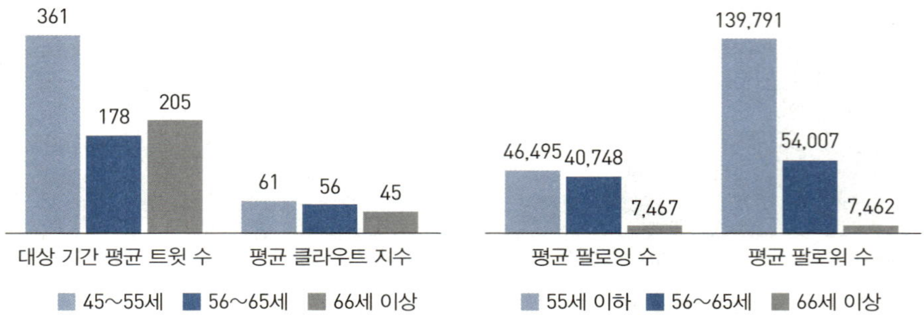

[그림 7.6] 2위와의 지지율 차이에 따른 광역자치단체장의 트위터 활용 현황 비교

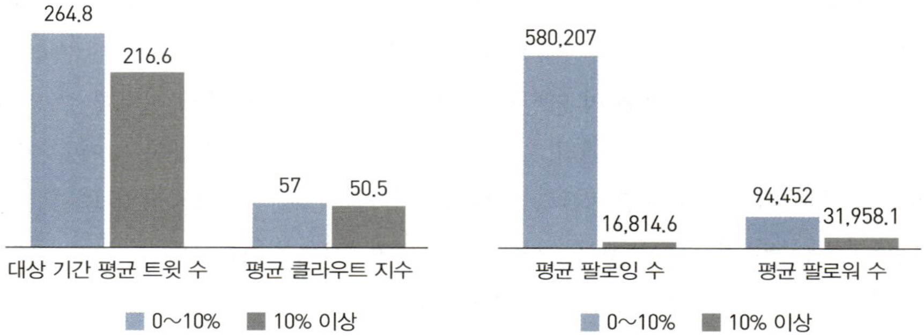

광역자치단체장의 당선 당시 2위와의 지지율 차이에 따른 광역자치단체장의 트위터 활용 현황은 [그림 7.6]과 같다. 2위와의 지지율 차이가 10% 이하인 경우가 그렇지 않은 경우보다 평균 팔로잉 수, 평균 팔로워 수, 대상 기간 평균 트윗 수, 평균 클라우트 지수 등 전반적인 트위터 활동이 높은 것으로 나타나고 있다. 이는 선거에서의 경쟁이 치열할수록 트위터를 적극적으로 활용하는 것을 의미한다.

2) 광역자치단체장의 트윗 내용 분석

전체 광역자치단체장의 트윗을 내용 분석한 결과 〈표 7.9〉와 〈표 7.10〉에서 제시되고 있는 바와 같이 개인적 내용(58.8%), 행정 관련 내용(38.3%), 정치 관련 내용(2.5%) 순으로 나타났다. 박원순 시장의 대상 기간 트윗 수가 매우 높음을 고려하여 박원순

〈표 7.9〉 전체 광역자치단체장의 트윗 내용 분석 결과

대상 기간 트윗 수 (%)	행정 관련 내용 (%)	정치 관련 내용 (%)	개인적 내용 (%)	기타 (%)
8,916 (100)	3,409 (38.3)	226 (2.5)	5,229 (58.8)	36 (0.4)

〈표 7.10〉 광역자치단체장별 트윗 내용 분석 결과

이름	대상 기간 트윗 수 (%)	행정 관련 내용 (%)	정치 관련 내용 (%)	개인적 내용 (%)	기타 (%)
박원순	6,120 (100)	2,004 (32.7)	31 (0.5)	4,080 (66.7)	5 (0.1)
허남식	220 (100)	175 (79.5)	5 (2.3)	40 (18.2)	0 (0)
김범일	29 (100)	25 (86.2)	0 (0)	4 (13.8)	0 (0)
송영길	167 (100)	114 (68.3)	4 (2.4)	46 (27.5)	3 (1.8)
강운태	109 (100)	83 (76.1)	6 (5.5)	20 (18.3)	0 (0)
염홍철	656 (100)	171 (26.2)	56 (8.6)	411 (63.2)	13 (2.0)
박맹우	–	–	–	–	–
김문수	499 (100)	309 (62.2)	33 (6.6)	154 (31.0)	1 (0.2)
최문순	330 (100)	200 (60.6)	5 (1.5)	124 (37.6)	1 (0.3)
이시종	0	0	0	0	0
안희정	558 (100)	173 (31.6)	44 (7.9)	320 (58.1)	13 (2.3)
김완주	0	0	0	0	0
박준영	11 (100)	9 (81.8)	0	2 (18.2)	0
김관용	90 (100)	78 (86.7)	0	12 (13.3)	0
홍준표	63 (100)	10 (15.9)	42 (66.7)	11 (17.5)	0
우근민	63 (100)	58 (92.1)	0	5 (7.9)	0

시장을 제외하면 행정 관련 내용(50.5%)의 비중이 높아짐에 유의해야 한다. 자치단체장별로 살펴보면, 개인적 내용의 트윗 비중이 큰 박원순 서울시장, 염홍철 대전시장, 안희정 충남지사를 제외하면, 대부분의 광역자치단체장들이 행정 관련 트윗의 비중이 가장 큰 것으로 나타났다. 정치 관련 트윗과 행정 관련 트윗의 비중만을 비교해보면 모두 행정 관련 트윗의 비중이 큰 것으로 분석되었다. 요약하면, 선출직 공무원으로서 광역자치단체장은 정치인과 행정가의 이중적 정체성을 가지고 있으나, 일반적인 의미에서의 정치 관련 내용의 트윗은 많이 하지 않으며, 행정 관련 내용의 트윗을 상대적으로 많이 작성한 것으로 평가될 수 있다.

위의 분석 결과를 바탕으로 소속 정당, 연령, 2위와의 지지율 격차에 따른 차이를 비교한 결과는 다음과 같다.[9] 우선 정당별 트위터 활용 현황을 검토해보면, [그림 7.7]에서 나타나고 있듯이 두 정당 사이에 행정 관련 내용, 정치 관련 내용, 개인적 내용의 비중이 거의 차이가 없음을 알 수 있다. 또한 〈표 7.11〉에서 제시되고 있는 바와 같이, 연령에 따라서는 광역자치단체장의 트윗 내용의 비중에 일관성 있는 차이는 발견되지 않았다. 구체적으로 연령에 상관없이 행정 관련 트윗의 비중이 가장 높았으나, 연령대와 행정 관련 트윗의 비중 간에 특정한 상관관계를 발견하기 어렵다. 셋째, 〈표 7.12〉에서 제시되고 있는 바와 같이, 2위와의 지지율 격차가 작을수록 행정 관련 트윗의 비중이 높은 것으로 분석되었다.

[그림 7.7] 정당별 광역자치단체장의 트윗 내용 비중의 차이

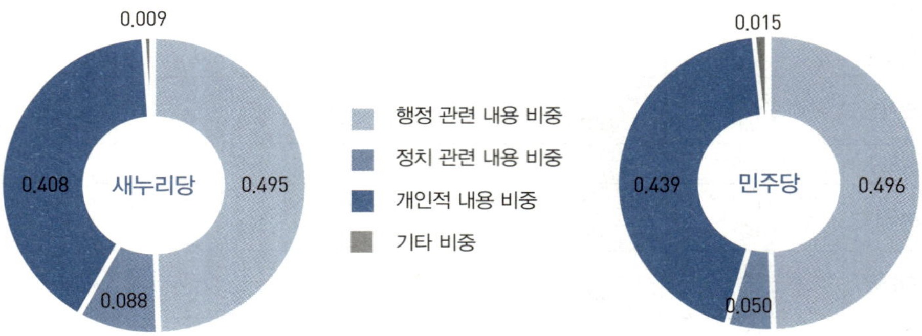

9 이 경우에도 앞서와 마찬가지로 극단치를 보이는 박원순 시장, 이시종 지사, 김완주 지사를 제외한 후에 변인별 차이를 비교하였다.

〈표 7.11〉 연령별 광역자치단체장의 트윗 내용 비중 (단위: %)

연령	행정 관련 내용	정치 관련 내용	개인적 내용	기타
46~55세	40.1	6.7	51.0	2.2
56~65세	64.3	7.3	28.3	0.2
66세 이상	45.1	8.0	45.1	1.9

〈표 7.12〉 2위와의 지지율 차이에 따른 광역자치단체장의 트윗 내용 비중 (단위: %)

2위와의 지지율 차이	행정 관련 내용	정치 관련 내용	개인적 내용	기타
0~10%	64.4	4.0	31.1	0.5
10% 이상	42.0	8.9	47.6	1.5

3) 광역자치단체장의 트위터 활용방식 유형화

가. 기준별 분석 결과

광역자치단체장의 행정 관련 내용 트윗을 분석하여 자치단체장별 상호작용성과 기관 계정과의 연계성의 값을 도출하여 제시한 것이 〈표 7.13〉이다. 상호작용성의 전체 평균은 0.390로 박원순(0.790), 송영길(0.737), 염홍철(0.585), 최문순(0.875), 안희정(0.846), 허남식(0.456)이 평균값보다 높은 값을 보이고 있다. 상호작용성이 높다는 것은 이들이 일방향으로 정보를 전달하는 트윗을 하기보다는 다른 계정들과 리트윗 또는 답글을 통해 의사소통을 하는 트윗을 많이 했다는 것을 의미한다. 즉, 이들은 트위터를 활용할 때 시민이나 공무원과 쌍방향적인 의사소통을 적극적으로 수행했다고 볼 수 있다. 이와 달리 김범일(0.16), 강운태(0.181), 김문수(0.049), 김관용(0.013), 우근민(0.034) 등은 상호작용성이 낮은 편(0.5 이하)에 속하는데, 이들은 다른 사람들과 의사소통을 하기 위해 트위터를 활용하기보다는 일방향으로 정보를 전달하는 데 집중하였다고 볼 수 있다. 광역자치단체의 공공서비스 제공에 대한 정보나 광역자치단체장의 업무나 일정 등을 단순히 전달하는 것이 이때의 일방향적인 전달에 해당한다.

기관 계정과의 연계성은 평균값이 0.14이다. 박원순(0.993), 송영길(0.386), 안희정(0.246)이 평균값 이상으로 상대적으로 높은 값을 보이고 있으며, 그 외의 광역자치단체장은 평균값 이하로 매우 낮게 나타났다. 이와 같은 결과는 대부분의 광역자치단체장들이 자신의 개인 계정과 광역자치단체의 기관 계정을 연계시키는 방식으로 트위

〈표 7.13〉 트위터 유형 분류 기준별 분석 결과

이름	상호작용성	기관 계정과의 연계성
박원순	0.790	0.993
허남식	0.456	0.128
김범일	0.160	0
송영길	0.737	0.386
강운태	0.181	0
염홍철	0.585	0.012
김문수	0.049	0.016
최문순	0.875	0.020
안희정	0.846	0.246
박준영	0	0
김관용	0.013	0
홍준표	0.300	0
우근민	0.034	0
평균	0.39	0.14

〈표 7.14〉 기관 계정의 연계성 측면에서의 세부 분석 결과

이름	기관장 답글 또는 리트윗	기관 계정 답글	합계
박원순	9	1,982	1,991
허남식	17	6	23
김범일	0	0	0
송영길	2	42	44
강운태	0	0	0
염홍철	2	0	2
김문수	5	0	5
최문순	3	1	4
안희정	41	2	43
박준영	0	0	0
김관용	0	0	0
홍준표	0	0	0
우근민	0	0	0

터를 활용하고 있지 않음을 보여주는 것이다.

박원순 서울시장의 경우에는 0.993으로 기관 계정의 연계성이 매우 높은 것으로 분석되었다. 이것은 박원순 시장이 100개의 트윗을 할 때 99개의 기관 계정 트윗이 박원순 시장의 트윗과 연계되고 있음을 의미한다. 특히 〈표 7.13〉에서 알 수 있듯이 박원순 시장의 트윗이 기관 계정의 연계성이 높은 이유는 박원순 시장이 서울시의 기관 계정의 트윗에 대해 답글을 하거나 리트윗을 해서가 아니다. 이보다는 기관 계정이 박원순 시장의 트윗 및 박원순 시장과 상호작용하는 트윗에 대해 답글을 다는 방식으로 개인 계정과 기관 계정이 연계되어 있기 때문이다. 이는 서울시의 경우 트위터 행정서비스를 운영함에 있어서 서울시의 기관 계정이 박원순 시장의 개인 계정의 운영을 면밀하게 관찰함으로써 필요한 상황에 맞추어 기관 계정이 개입하고 있음을 보여준다.

나. 유형화

각 광역자치단체장의 상호작용성의 값을 X축에 놓고 기관 계정과의 연계성의 값을 Y축에 놓아 산점도로 나타낸 것이 [그림 7.8]이다. 상호작용성과 기관계정과의 연계성 평균값을 기준으로 앞서 제시한 〈표 7.6〉에 따라 광역자치단체장의 트위터 활동 유형을 구분한 결과는 〈표 7.15〉와 같다.

[그림 7.8] 광역자치단체장별 분류기준값 산점도

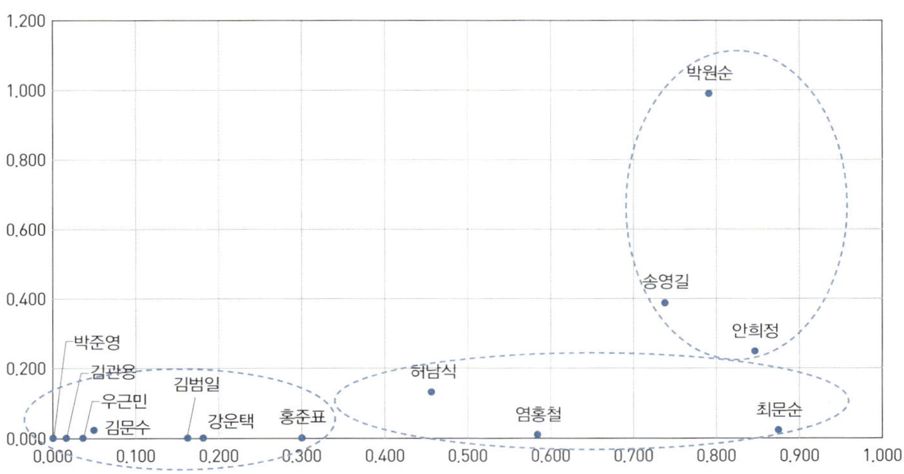

〈표 7.15〉 광역자치단체장별 트위터 활용방식 유형

		상호작용성	
		낮음(평균 이하)	높음(평균 이상)
기관 계정과의 연계성	낮음 (평균 이하)	**Ⅰ 유형** 김문수, 김범일, 강운태, 김관용, 우근민, 홍준표, 박준영	**Ⅲ 유형** 염홍철, 최문순, 허남식
	높음 (평균 이상)	**Ⅱ 유형**	**Ⅳ 유형** 박원순, 송영길, 안희정

4) 광역자치단체장의 트위터 활용방식의 유형별 특징

가. Ⅰ 유형 – 홍보형

Ⅰ 유형은 '상호작용성'과 '기관 계정과의 연계성' 모두 낮게 나타나는 유형이다. 여기에는 김문수, 김범일, 강운태, 김관용, 우근민, 홍준표, 박준영 등이 해당한다. 이 유형에 해당하는 광역자치단체장은 광역자치단체장의 개인 일정을 중심으로 위치와 활동을 공유하는 트위터 메시지를 많이 작성하는 것으로 나타났다. 따라서 이런 유형은 트위터를 자신의 활동을 '홍보'하는 데 주로 활용하는 것을 볼 수 있는데, [그림 7.9]와 같은 트위터 메시지가 대표적인 예이다.

위치와 활동을 공유하는 것은 트위터를 사용하는 일반적인 사용자에게서 공통적으로 나타나는 활동방식 중의 하나이다(Java *et al.*, 2007; Honeycutt & Herring, 2009). 광역자치단체장의 경우, 자신의 일정이나 일과를 시민들에게 알리는 것으로 나타난다. 특히 광역자치단체장이 관청에서 하는 업무 외에 국내외로 출장을 갔을 때 무슨 일을 하며 어떠한 성과를 보였는지를 알리는 트윗이 이 유형에 해당하는 광역자치단체장의 트윗에서 많이 나타난다.

[그림 7.9] 김문수 경기지사의 트윗 사례

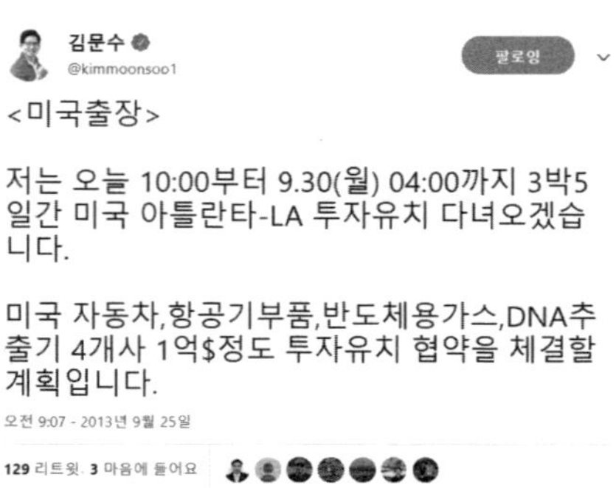

또한, 이 유형에 해당하는 광역자치단체장은 지방자치단체에서 새롭게 제

공하는 공공서비스를 트위터를 통해 홍보하는 경우가 많다. [그림 7.10]의 트윗이 이에 해당하는 대표적인 예이다.

그런데 이와 같은 방식으로 제공되는 공공서비스는 주로 신설된 경우에 한정하여 새롭게 제공되는 것임을 알리는 것에 치중한 경우가 많고, 해당 공공서비스의 신설 배경, 제공방식, 수혜 대상 등에 대한 구체적인 정보를 제시하는 경우는 거의 없는 것으로 나타난다. 따라서 정보를 제공하는 경우에도 정보제공의 수준이 높지는 않다. 결국, 이 유형에 해당하는 지방자치단체장의 트위터 계정은 광역자치단체가 보유하고 있는 정보를 시민들에게 적극적으로 제공하거나 공공서비스의 개선을 위한 방식으로 사용되고 있다고 보기 어렵고, 그보다는 광역자치단체장이 자신의 활동에 대해 홍보하는 데 집중하고 있다고 볼 수 있다.

[그림 7.10] 김문수 경기지사의 트윗 사례

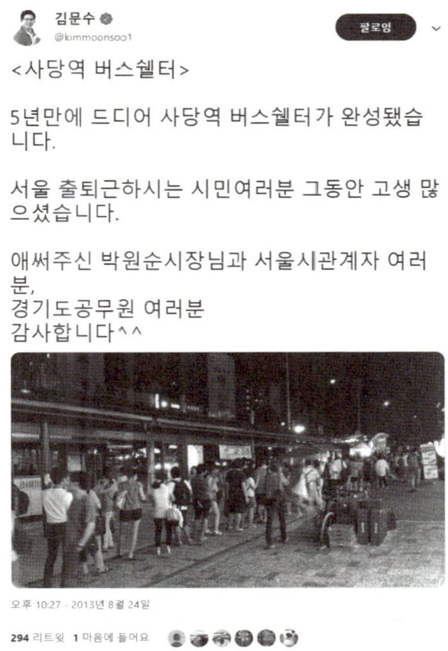

나. Ⅱ유형 – 중개자형

Ⅱ 유형은 '상호작용성'은 낮으나 '기관 계정과의 연계성'은 높은 유형이다. 이 유형은 광역자치단체장의 개인 계정과 광역자치단체의 기관 계정들이 긴밀하게 연계되면서 시민들에게 체계적으로 정보를 제공할 것으로 기대되는 유형이다. 광역자치단체장은 광역자치단체가 보유하고 있는 정보 모두에 대해 파악하고 있기는 어렵지만, 광역자치단체의 기관 계정은 광역자치단체의 업무담당자들에 의해 관리되고 있기 때문에 구체적인 정보를 제공하기에 용이하다. 따라서 광역자치단체가 보유하고 있는 정보들이 광역자치단체장을 매개로 하여 효과적으로 시민들에게 전달될 수 있기 때문에 이 유형은 '중개자형'이라고 이름 붙일 수 있다. 그러나 [그림 7.8]과 〈표 7.13〉에서 보듯이 이 유형에 해당하는 광역자치단체장은 없는 것으로 나타났는데, 다만 이 유형에 해당하는 광역자치단체장이라면 자주 사용할 것으로 예상되는 트윗이 다른

[그림 7.11] 김문수 경기지사의 트윗 사례

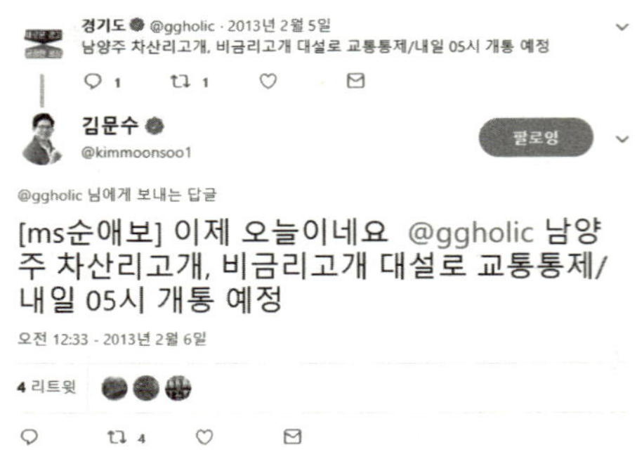

유형에 속하는 광역자치단체장의 트윗에서 일부 발견된다([그림 7.11] 참조).

[그림 7.11]은 경기도의 기관 대표 계정(@ggholic)에서 기상 정보에 대한 트윗을 작성한 것을 김문수 지사가 자신의 팔로워들에게 중계한 것이다. 이를 통해 경기도의 기관 대표 계정이 작성한 직접 메시지로는 약 4만여 명에게만 전달되었던 것이 김문수 지사의 개인 계정을 매개로 10만여 명에게 추가적으로 전달되었다.

다. Ⅲ유형 – 소통형

Ⅲ 유형은 '상호작용성'은 높으나 '기관 계정과의 연계성'은 낮은 유형이다. 이 유형은 광역자치단체장이 트위터를 통해 시민들이나 공무원들과 상호작용을 하는 데 많은 관심을 가지고 있고, 트위터 계정을 직접적인 의사소통의 채널로 활용하고 있다는 점에서 '소통형'으로 볼 수 있다. 그러나 광역자치단체장이 자신의 개인 계정을 광역자치단체의 기관 계정들과 연계시키는 데는 큰 관심이 없고 자신의 트위터 활용과 광역자치단체의 트위터 운영제도를 별개의 문제로 인식하는 특징을 갖는다. 즉, 트위터 개인 계정을 시민들이나 공무원들과 의사소통을 하는 채널로 활용하는 유형이라 하겠다. 이 유형에 해당하는 광역자치단체장은 트위터를 개인적인 의사소통 채널로 인식하지만, 경우에 따라서는 트위터를 통해 의견을 수용하기도 한다. [그림 7.12]는 염홍철 대전시장이 사회복지시설에 종사하는 공무원으로 추정되는 사람의 계정으로부터 온 사실 확인 문의에 대해 답한 것이다.

[그림 7.12] 염홍철 대전시장의 트윗 사례

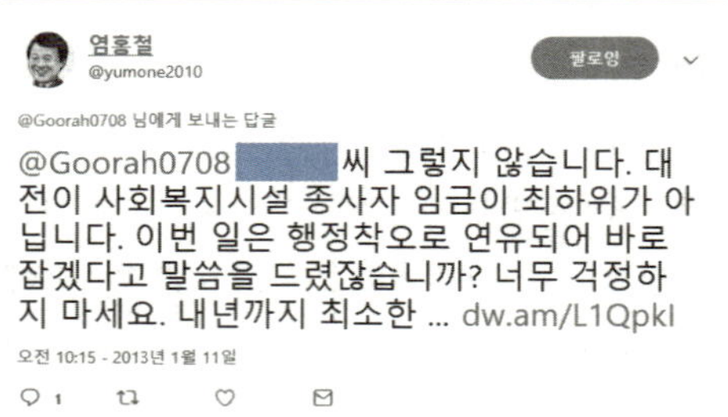

그러나 이러한 방식은 광역자치단체장의 개인적 리더십에 크게 좌우되기 때문에 공공서비스와 관련한 업무 처리방식으로서 체계화되어 있지는 않은 특징

을 나타나게 된다. 따라서 [그림 7.13]과 같이 시민과 염홍철 시장 간의 트윗 내용에서 알 수 있는 것처럼 공공서비스에 대한 시민의 민원이 체계적으로 처리되기는 어렵다는 한계가 있다.

[그림 7.13] 염홍철 대전시장의 트윗 사례

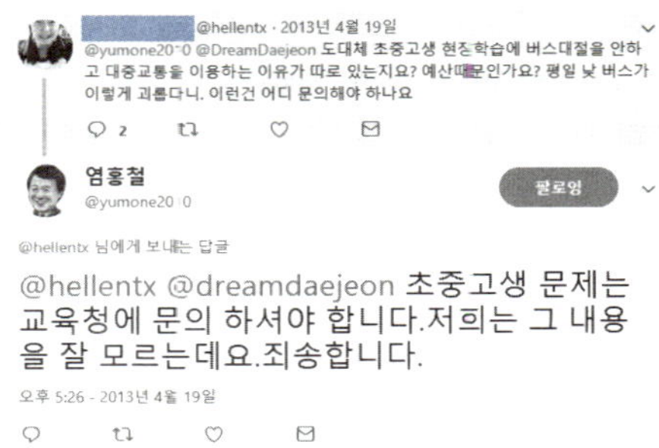

라. Ⅳ유형 – 네트워크 관리자형

마지막으로 Ⅳ 유형은 '상호작용성'과 '기관 계정과의 연계성'이 모두 높은 경우이며, 이 유형의 광역자치단체장은 개인으로서 시민과 소통할 뿐만 아니라 광역자치단체의 기관 계정을 활용하여 다양한 업무 처리를 가능케 한다. 즉, 이 경우에는 광역자치단체장의 개인 계정을 통해 공공부문과 민간부문의 트위터 계정들을 연결하는 허브 역할을 수행한다고 보아 '네트워크 관리자형'으로 이름 붙일 수 있으며, 박원순 서울시장, 송영길 전 인천시장, 안희정 전 충남지사 등이 이 유형에 해당한다. 이 유형의 광역자치단체장은 네트워크 관리자로서 공공서비스의 개선과 시민의 참여 등에 영향을 미치는 모습이 나타난다. 먼저 공공서비스 개선과 관련한 사례를 살펴보면 〈표 7.16〉과 같다.[10]

이 같은 트위터 메시지들은 인천시에서 발생한 어린이집 관련 민원이 송영길 시장의 개인 계정으로 제기되어 송영길 시장의 개인 계정과 인천광역시 기관 대표 계정이 맞물려서 민원을 접수하고 처리한 사례이다. 지방자치단체장의 개인 계정이 공공서비스와 관련하여 시민의 불만 사항이나 그들의 의견을 제기할 수 있는 창구가 되는 점은 소통형과 유사하다. 그러나 이 사례로부터 알 수 있는 것은 소통형과 달리 개인적 리더십에 좌우되는 것이 아니라 기관 계정과의 연계 속에서 공공서비스의 효과적인 개선이 가능해진다는 점이다. 즉, 광역자치단체장이 개별적으로 담당 공무원이나 기관에게 지시를 내려서 업무를 처리하는 방식과 달리 기관 계정이 광역자치단체장의 개인 계정으로 발송되는 트윗을 분석하고 기관 차원에서 문제를 해결하는 방식으로 나타난다. 이는 네트워크 관리자형으로 분류되는 광역자치단체장의 트위터 활용에서 공통적으로 나타나는 현상이다.

10 관련 트윗을 본 연구의 목적에 부합되도록 재구성하여 제시한 것이다.

〈표 7.16〉 송영길 인천시장의 트윗 사례

개인 계정	기관 계정
cwlim @minha_n_luah 1월 8일 @Bulloger 해동실 어린이집 원장과 전화 통화했지만 입학금 안 내면 자동으로 차순위로 넘어가고 이미 차순위와 연락하여 입학금 처리 완료되었다고 하네요. 제가 그전에 연락 한번 주시지 않았냐고 했더니 업무량 많아 일일이 연락드릴 수 없다네요.	
송영길 @Bulloger 1월 8일 @minha_n_luah 해당 과에서 답변드리도록 하겠습니다.	
	인천광역시청 @SmartIncheon 1월 9일 @minha_n_luah @bulloger 이런 일로 심려를 끼쳐드린 것을 죄송하게 생각합니다. 어린이집에서는 인터넷에 입학금 안내를 올리고 어머니, 아버지께 개별적으로 16일까지 입학금 납부에 관한 요청을 문자 메세지로 보내드렸으나, 입학금을 납부하지 않아
	인천광역시청 @SmartIncheon 1월 9일 @minha_n_luah @bulloger 입학의사가 없는 것으로 판단하여 대기자에게 연락을 하였습니다. 일의 진행과정에서 학부모님께 입학의사를 확인하지 않아 죄송합니다. 더욱 철저히 검토하여 이런 일이 발생하지 않도록 지시하였으니 양해하여 주시기 바랍니다.

출처: 실제 트윗 내용을 필자가 재구성

네트워크 관리자 유형의 자치단체장 트윗에서는 광역자치단체의 업무에 대한 시민의 참여나 정책제안이 활성화되는 모습도 나타난다. 다음의 사례에서는 박원순 시장의 개인 계정을 통해 이루어진 한 시민(@CIONPAPA)의 민원 제기가 촉발 요인으로 작용하여 해당 업무에 대해 다른 시민들의 개선 요구가 이어지고 있음을 볼 수 있다. 〈표 7.17〉의 사례는 박원순 시장의 개인 계정, 서울시의 여러 기관 및 부서들의 계정, 그리고 시민들의 계정이 서로 연계되면서 트위터를 통해 해당 행정문제에 대한 시민참여가 이루어지고 이를 통해 행정이 변화할 수 있음을 보여준다. 트위터가 시민참여가 이루어질 수 있는 통로가 되고 있음을 보여주는 것이다.

[그림 7.14]의 경우는 박원순 시장이 광장시장을 방문하면서 한복 시장의 발전을 위해 시민들의 자문을 구하고 직접적인 정책제안을 요구한 경우이다. 이에 시민의 답글이 89개가 달렸고 이에 대응하여 15개의 기관 계정의 답글이 달리면서 시민의 정책

〈표 7.17〉 박원순 서울시장의 트윗 사례

개인 계정	기관 계정
박원순 @wonsoonpark 바꿔야 하는데"@CIONPAPA: @wonsoonpark 방금 일본 출장에서 돌아와 김포공항에서 택시를 탔습니다. 아직도 호객 행위, 승차 거부 횡행합니다. 제 앞 일본 여성 두 분 무섭다면서 멀리 가시더군요. 근본 대책 없는지요? 서울의 얼굴이 이래도 되는지요?"	
호리리 @NaMksin1007 1월 27일 @wonsoonpark @CIONPAPA 이래서 택시는 대중교통이 아니라는 겁니다.	
@metanoiach 1월 27일 @wonsoonpark @CIONPAPA 공항버스만큼은 자격증 제도를 도입했으면 합니다. 충분한 교육을 하고 자격을 부여해서 공항에 진입할 수 있는 권한 주고 원활한 모니터링을 통해 바가지 요금 씌우면 자격을 상실하게 하는 시스템을 만들었으면 좋겠습니다.	
	서울소셜미디어센터 @seoul_smc @metanoiach 여객자동차운수사업법 개정으로 현재 운수종사자에 대한 자격시험제도가 운영되고 있음을 알려드립니다.
오늘도 달린다~!@632732 1월 27일 @wonsoonpark 택시 주 고객이 누군지 아시나요? 초등학생이 학교에 콜 불러서 타고 다닙니다! 이것이 고급 교통 수단인가요??	
	서울소셜미디어센터 @seoul_smc @632732 안녕하세요, 택시물류과입니다. 택시 대중교통법제화문제는 국회와 중앙정부 소관입니다. 이번에 잘 조정이 되리라 기대하고 있습니다.
@metanoiach 1월 28일 @metanoiach@wonsoonpark CIONPAPA 공항 택시이네요. 오타 수정	
	서울소셜미디어센터 @seoul_smc 1월 28일 @sddk122 님 서울시 교통지도과입니다. 지속적인 계도 및 단속을 실시하겠습니다. @seoulgyotong

출처: 실제 트윗 내용을 필자가 재구성

제안이 서울시에 반영되는 모습이 나타난다.[11] 시민들은 한복 패션쇼, 지역 축제 패키

11 [그림 7.14]에서는 전체 105개의 답변 중에서 예시로 시민의 답글과 기관 계정의 답글 각 1개씩만 나타내었다.

[그림 7.14] 박원순 서울시장의 트윗 사례

지 상품 개발 등 다양한 정책제안을 하고, 서울시 관광개발과는 실제 운영되는 정책인지 여부를 확인해주고 어떻게 반영할 것인지에 대한 구상에 대해 다시 알려주는 형식으로 업무를 처리하는 것이다. 따라서 공공서비스 개선이나 시민의 참여의 활성화가 이 유형에서 가능하다고 볼 수 있다.

4. 토론

새로운 소셜미디어인 트위터가 미치는 정치, 사회 전반 그리고 정부의 행정과 정책과정에 대한 영향력에 대해 그동안 많은 연구가 이루어져 왔음에도 불구하고, 매체로서 트위터가 가지는 핵심적 특징인 개인화된 계정과 계정 간 연계성에 주목한 연구들은 충분하지 않았던 것으로 보인다. 이 연구는 광역자치단체장의 트위터 활용방식을 트위터 계정 간의 상호작용과 기관 계정과의 연계성이라는 두 개의 측면에서 분석하여, 누가 어떠한 방식으로 트위터를 활용하는지, 트위터 활용에 있어서 어떤 특성을 보이는지 분석하였다.

분석 결과, 광역자치단체장에 따라 트위터 활용 수준의 차이가 매우 크다는 점을 발견할 수 있었다. 광역자치단체장의 트윗에 대한 내용 분석 결과, 행정 관련 트윗이 정치 관련 트윗보다 양적으로 많다는 공통점이 나타나기는 했지만, 총트윗 수, 대상기간 트윗 수, 팔로잉 수, 팔로워 수 등의 측면에서 자치단체장별로 큰 차이를 발견할 수 있었다.

광역자치단체장의 트위터 활용유형 측면에서도 광역자치단체장 간의 차이를 확인할 수 있었다. 행정 관련 트윗을 상호작용성과 기관 계정의 연계성이라는 두 개의 축으로 홍보형, 중개자형, 소통형, 네트워크 관리자형 등 4가지 유형을 분류한 결과, 다수의 광역자치단체장들이 홍보형으로 분류되었다. 이 유형은 자치단체장이 자신의 위치와 활동을 시민과 공유하고 그러한 활동을 통해 어떠한 성과를 이루었는지, 그리고 지방자치단체가 어떤 공공서비스를 새롭게 실시하게 되었음을 알리는 것에 중점을 둔다. 이 유형은 광역자치단체장이 트위터를 통해 공공서비스 개선이나 시민참여의 활성화를 이끌어내는 데에는 한계가 있지만, 트위터라는 매체를 통하 자신의 위치와 활동을 시민들에게 알림으로써 행정투명성과 정책정보의 확산을 제고하는 효과를 기대할 수 있다.

중개자형에 해당하는 지방자치단체장은 없는 것으로 나타났지만, 앞으로 정보 공유의 관점에서 지방자치단체장의 개인 계정과 지방자치단체의 기관 계정들이 맞물려 시민에게 공공정보의 개방 및 공유를 위한 중요한 채널이 될 수 있는 가능성은 있다고 하겠다. 다만, 이 유형이 상호작용성이 낮다는 점에서 시민이 원하는 정보를 제공, 공유할 가능성이 높은 것인지는 의문이 있을 수 있고, 홍보형과 마찬가지로 공공서비스 개선이나 시민의 참여 및 관여의 활성화를 이끌어내기는 어려울 것이라는 한계도 있다.

일부 자치단체장들이 소통형과 네트워크 관리자형으로 분류되었다. 이 유형들은 상호작용성이 높다는 점에서 유사하여 공공서비스 개선이나 시민의 참여 활성화 측면에서 긍정적인 가능성을 보이는 것으로 분석되었다. 특히 네트워크 관리자형은 앞에서 제시한 것처럼 지방자치단체장의 개인 계정을 허브로 하여 지방자치단체의 기관 계정들과 시민들의 개인 계정이 활발하게 상호작용하는 특징을 보여준다. 네트워크 관리자형에서 나타나는 행정현상들이 최근에 소위 '트위터 행정'으로 불리고 있는데, 트위터라는 매체를 통해 정부와 시민의 관계를 변화시킬 수 있는 가능성을 보여준다고 평가할 수 있다. 네트워크 관리자형에서 광역자치단체장은 개인 계정을 기관 계정과 연계시키면서 공공서비스 제공, 시민의 의견 수용, 시민의 참여 유도 등을 이끌어내고 있다.

이와 같은 분석 결과는 다음과 같은 이론적, 실제적 함의로 이어진다. 첫째, 이 연구는 정부에서의 트위터의 활용, 나아가 소셜미디어 활용에 대한 무조건적인 낙관론은 적실하지 않음을 실증적으로 뒷받침하고 있다. 그동안 트위터를 비롯한 소셜미디어의 도입이 행정의 투명성과 시민참여 수준을 제고하고 정부와 시민 간의 소통을 활성화하는 데 기여할 것이라는 전망이 지배적이었다. 그러나 이 연구를 통해 트위터 활용의 양적 측면에 있어서 광역자치단체장 간의 차이를 확인할 수 있었으며, 그 활용유형 등 질적 측면에서도 차이를 발견할 수 있었다. 이와 같은 활용 수준과 유형의

차이는 다시 트위터 활용 효과의 차이로 이어질 것으로 전망된다.[12]

둘째, 광역자치단체에서 트위터가 적극적으로 활용되는 경우에도 자치단체장의 개인적 선호와 경험, 그리고 개인 계정에 과도하게 의존하고 있는 것으로 보여 '트위터 행정'의 지속가능성에 대한 우려가 제기될 수 있다. 현재 트위터를 적극적으로 활용하고 있는 서울특별시나 인천광역시의 경우를 보면, 트위터 활용과 도입에 자치단체장의 리더십이 절대적인 영향력을 미치고 있는 것으로 알려지고 있다.[13] 또한 '트위터 행정'이 작동하는 과정에서 자치단체장 개인 계정에 과도하게 의존하고 있는 것도 트위터 행정의 지속가능성과 효과에 대해 의문을 제기하게 만든다.[14] 지방자치단체장은 4년을 주기로 선거에 의해 결정되는데, 누가 당선되는가에 따라 지방자치단체의 트위터 운영의 제도화 수준이 크게 영향을 받을 수 있다는 점에서 '트위터 행정'의 지속가능성에 대한 우려가 제기될 수 있다. 아울러, 트위터 행정이 결국 자치단체장의 정치적 지지자들에게는 행정에 접근할 수 있는 효과적인 채널이 될 수 있는 반면, 정치적 반대자들은 자치단체장의 트위터 활용에 상대적으로 무관심하기 때문에 그 효과가 크지 않을 수 있다. 즉, 자치단체장의 개인 계정에 과도하게 의존하는 트위터 행정의 경우, 자칫 정치적 지지 성향에 따른 차별적 효과를 가져올 수도 있다.

셋째, 트위터로 모든 민원 처리나 공공서비스가 이루어질 수 없으며, 가능한 경우에도 다양한 보완방안이 요구된다는 점이다. 앞에서 본 것처럼 기관 계정을 통해 담당자가 확인을 하는 것까지는 빠른 대응이 가능할 수 있지만, 집행과정에서는 기존의 집행조직들이 대응할 수밖에 없다. 문제는 트위터를 통해 자치단체장과 기관 계정이 함께 연동되어 민원이 매우 빠른 속도로 집행조직들에 전달되기 때문에 얼마나 신속하게 대응하는지가 중요해지며, 이를 위한 다양한 제도적, 인적, 정보시스템적 보완

12 이와 같은 차이가 나타나는 여러 가지 이유 중 후술하는 트위터 활용에 대한 자치단체장의 성향과 경험의 차이와 함께 지역적 특성도 제시될 수 있을 것이다. 애초에 트위터를 통한 행정은 서울 같은 대도시 지역에서 40대 이하의 젊은 층의 반응이 있어야만 가능하다. 특히 정치적으로 여야의 균형이 팽팽한 수도권에서 그 가능성이 높다. 이것은 정치적 선호가 비교적 분명한 영호남 지역의 자치단체장은 트위터를 거의 사용하지 않는 데서도 확인할 수 있다. 트위터 행정이 공간과 세대의 특성에 따라 좌우될 가능성이 크다.

13 서울시 SNS 소통팀 김지영 팀장 인터뷰, 출처: 『Bloter.net』. 「'소셜잇수다' 서울시의 소셜미디어 행정」. (http://www.bloter.net/archives/133994).

14 서울시의 예를 들자면, 박원순 서울시장의 팔로워 수는 78만여 명인 반면에 서울시 대표 기관 계정인 서울마니아의 팔로워 수는 5만여 명이어서 그 수의 차이가 매우 크다(2014년 2월 14일 기준).

이 필요하다.

그러나 위와 같은 우려와 의문에도 불구하고 이 연구는 트위터 행정의 가능성 역시 보여주고 있다. 광역자치단체장이 트위터를 행정에 적용하는 과정에서 개인 계정이 광역자치단체의 기관 계정과 맞물리면서 나타나는 새로운 행정현상은 정보통신기술 기반의 공공서비스 제공이 양적·질적 측면에서 크게 개선됨과 동시에 시민 지향의 행정으로 나아갈 가능성을 보여주고 있다고 하겠다. 나아가 시민들이 트위터를 통해 광역자치단체장들과 직접 연결되고 소통함으로써 궁극적으로는 직접민주주의의 확대와 정치적 책임성의 제고로 이어질 수 있는 가능성을 이 연구는 보여주고 있다.

따라서 광역자치행정의 발전을 위한 트위터 활용을 정착시키기 위해서는 트위터의 도입에 따른 장점을 극대화하고 단점을 최소화하기 위한 다양한 제도적 보완이 마련되어야 한다. 무엇보다도, 지방자치단체의 기관 계정이 더 활성화될 수 있는 방안이 모색되어야 한다. 지방자치단체장의 개인 계정을 게이트웨이gateway로 활용하면서 기관 계정의 전담 직원 확보 및 모니터링의 활성화 등이 이루어져야 할 것이다. 이러한 과정을 통해 트위터 행정의 주체가 기관이 되도록 조정하는 과정이 필요하며, 이에 대한 세밀한 연구가 이루어질 필요가 있다.[15] 나아가 트위터 등 소셜미디어가 개인 간의 관계 형성 유지 중심으로 작동되는 개인화된 매체로서의 성질을 갖기 때문에 이러한 매체의 성질이 기관과 개인 간의 관계에서는 어떻게 작동되는지에 대한 연구 역시 요구된다고 하겠다. 결론적으로 이 연구는 한편으로는 '트위터 행정'의 가능성과 기대효과, 또 다른 한편으로는 그 한계와 우려를 동시에 제시하고 있다.

15 서울시에서도 트위터 및 소셜미디어의 활용을 더욱 활성화하고 현재의 소통 수준을 유지하기 위해서는 '탈(脫) 박원순'이 필요하다고 판단하고 있다고 한다. 서울시 SNS 소통팀 김지영 팀장 인터뷰, 출처: 『Bloter.net』, 「'소셜잇수다' 서울시의 소셜미디어행정」, (http://www.bloter.net/archives/133994).

Ⅳ

분석 2: 서울시의 트위터 활용 및 트위터 네트워크 분석

소셜미디어는 공공조직의 내외부 커뮤니케이션방식을 변화시켜 행정의 반응성 등 민주적 가치를 구현하는 가능자enabler로 기능할 것으로 기대된다. 그러나, 이와 같은 효과는 각 나라의 서로 다른 사회기술적 결정 요인으로 인해 나라별·정부별·시기별로 다른 결과를 발생시킨다. 그렇다면, 소셜미디어 도입의 기대효과가 실현되기 위한 조건은 무엇일까? 소셜미디어의 활용을 통해 행정의 반응성을 증가시키기 위하여 소셜미디어에서 시장과 공무원은 어떤 역할을 해야 할까?

이 절에서는 사회연결망 분석에서의 중개자 개념을 이론적 자원으로 하여 서울시의 트위터 네트워크를 분석하고 그 네트워크에서 박원순 서울시장의 역할을 검토하고자 한다. 소셜미디어에서 중개자 역할을 하는 행위자들은, 중개자가 없었다면 연결되지 않았을 다른 행위자들을 연결하는 유리한 위치에 있으며, 그에 따라 더 폭넓고 새로운 정보를 빠르게 획득하고 전달한다. 예를 들어, 소위 '파워 트위터리안'과 '파워 블로거들'은 이들이 없었다면 불가능했을 정보의 흐름을 만들어낸다. 또한 개방적 네트워크에서 주변적인 위치에 있는 트위터리안 또는 블로거들과 의견을 공유하고 정보를 전달한다(Heo *et al.*, 2016; Choi *et al.*, 2014; Chung *et al.*, 2014). 이하의 분석에서는 서울시의 트위터 네트워크 분석과 함께 서울시장이 트위터 네트워크에서 중개자, 매개중심자로서 가장 중요한 역할을 했음을 보여주고자 한다.

1. 이론적 배경

1) 사회연결망에서의 중개자 역할: 개념과 중요성

사회연결망 이론의 관점으로부터, 행정의 반응성은 중개자 역할brokerage roles에 의하여 증진될 수 있으며, 이때 중개brokerage의 개념은 사회연결망 안에서 "매개하는 행위자들intermediary actors이 상호 간에 제한된 접근 기회를 가지는 다른 행위자들 간의 거래를 촉진하거나 서로 간에 신뢰하는 과정"으로 정의된다(Han, 2009; Marsden, 1982: 202). 그러한 연결망에서 중개자들brokers에 의하여 만들어지는 연결은 정보 흐름을 촉진하고 정치인들, 공무원들, 그리고 시민들 간의 정보 비대칭을 완화할 수 있다(Granovetter, 1973).

Granovetter가 주장한 "약한 연결" 이론의 첫 번째 핵심적인 통찰은 집단들 간 연결의 관점에서 강한 연결이 약하고 오히려 약한 연결이 강하다는 것이다(Han, 2009). 강한 연결은 유사하고 긴밀한 행위자들로 구성되었기 때문에, 강한 연결들이 외부의 집단들에게 중복적인 내부의 정보를 전파하지 않으며 외부 집단으로부터 중복적이지 않은 새로운 정보를 받아들이지도 않는 경향이 있다. 이러한 현상은 집단들 간의 분절화를 야기한다. 그러나 약한 연결은 외부의 집단들에게 정보를 전파하고 외부 집단으로부터 새로운 정보를 받아들이는 경향이 있으며, 이로써 분리된 집단들의 행위자들을 연결시킨다.

두 번째 핵심적인 통찰은 약한 연결들이 중복적이지 않은 집단들을 연결할 때만 강할 수 있다는 점이다(Burt, 2009). [그림 7.1]에서 강한 연결을 가진 행위자 C와 행위자 D 간의 관계는 왼쪽 하단에 위치한 집단에 있는 행위자들에게 제한된다. 그러나 이 네트워크에서 행위자 YOU는 행위자 A와의 관계를 통해서 우측 상단에 있는 집단과 연결되고 행위자 B와의 관계를 통해서 우측 하단에 있는 집단까지 확장된다. 다시 말해, 행위자 YOU는 중개자 역할을 수행하며, 그렇지 않으면 연결되지 않았을 다른 행위자들을 연결하고 정보의 질 차원에서 중복적이지 않은 정보의 흐름을 촉진시킨다(Burt, 2009; 송호근 외, 2004; 장덕진·황정미, 2003).

이와 같은 연결망 맥락에서 중개자는 다음과 같은 이점들을 가진다. 첫째, 중개자는 더욱 새로운 정보를 빠르게 획득하는 이점을 갖는다. 게다가, 중개자는 다양한 원천으로부터 정보를 획득하기 때문에 정보가 한쪽 측면으로 편향된 것이 아니라 균형 잡힌 것일 가능성이 높다(장덕진·황정미, 2003). Burt(2009)에 따르면, 중개자는 "네트워크

기업가network entrepreneurs"로서 다른 사람과의 연결을 통해 부가가치를 얻는다. 또한, Burt(2009)는 열린 네트워크에 있는 네트워크 기업가들이 한 조직에서 폐쇄적 네트워크에 있는 기업가들보다 훨씬 더 높은 성과를 기록한다는 점을 경험적으로 보여주었다.

둘째, 중개자는 정보를 통제하는 이점을 갖는다. 즉, 중개자는 다른 행위자들 사이에서 자신의 위치적 이점을 이용함으로써 정보의 흐름을 조정한다. 이는 중개자가 약한 연결을 이용할 때 더 많은 구조적 자율성structural autonomy을 향유할 수 있기 때문에 가능한 것이다(송호근 외, 2004). 이러한 이점은 협상 사례를 통하여 살펴볼 수 있다. 예를 들어, 행위자 A가 구체적인 이슈에 대해 행위자 B와 협상할 때, 행위자 A가 갖는 제약들은 행위자 A가 행위자 B와의 협상에서 도움을 요청할 수 있는 집단들의 수가 감소함에 따라 증가한다(Burt, 2009).

2) 소셜미디어 맥락에서 행정의 반응성 향상을 위한 중개자 역할

행정과 정책 과정에서 정치인들이 소셜미디어를 활용하여 네트워크상에서 중개자 역할을 수행한다면, 행정의 반응성을 증가시키는 데 기여할 것으로 예상된다(Kavanaugh *et al.*, 2012; Loader & Mercea, 2011; Margetts, 2009). 첫째, 공무원들이 소셜미디어를 활용하여 행정조치들의 진행과정이나 행정현장의 정보를 빠르고 빈번하게 보고를 하도록 함으로써 공무원들과의 정보 비대칭을 줄일 수 있다. 또한 소셜미디어를 통해 공무원들이 보고하도록 함으로써 그들의 업무 태도 및 직무 수행 과정을 모니터링할 수 있다. 둘째, 소셜미디어 활용을 통해 시민의 의견과 요구에 대한 탐색비용을 줄일 수 있다. 즉, 시민과의 정보 비대칭을 줄일 수 있는 도구이다. 동시에 소셜미디어는 시민들의 참여비용을 줄이고 특정 사안에 대한 시민들의 정보와 지식, 의견에 대한 수집비용을 줄일 수 있는 도구이다. 셋째, 소셜미디어는 공무원과 시민 간의 정보 비대칭을 줄일 수 있다. 시민들은 소셜미디어를 통해 공무원들에게 행정적 개입이 필요한 사안에 대한 정보 및 의견을 제시할 수 있으며, 행정 및 정책 과정에서 진행되고 있는 사항에 대해 문의할 수 있다.

요약하면, 정치인들의 활발한 소셜미디어 활용은 소셜미디어를 활용하지 않았다면 연결될 수 없었던 정치인들, 공무원들, 시민 사이에 새로운 정보의 흐름을 만들어내고 원활하게 정보가 흐를 수 있도록 만들 수 있다. 또한, 소셜미디어 활용을 통해 이 세 집단 간의 정보 비대칭을 줄임으로써 주인-대리인 관계에서 나타날 수 있는 문제점을 줄이고 행정의 반응성을 높일 수 있는 기반을 제공한다.

2. 연구 방법들

1) 소셜네트워크 분석: 트위터 네트워크의 기본 구성 요소와 유형

소셜네트워크 분석의 관점에서, 네트워크는 노드(nodes 또는 vertice), 링크(links 또는 edges), 하위 집단(subgroups 또는 clusters)과 같은 구성 요소를 가진다(Ulibarri & Scott, 2017; Hansen *et al.*, 2010). 먼저, 노드들은 네트워크 안에서 독립적으로 활동하는 행위자들을 가리킨다. 둘째, 링크는 노드 간의 연결을 가리킨다. 특히, 링크는 소셜미디어에서 팔로잉 followings, 팔로워 followers, 멘션 mentions, 답변 replies과 같은 다양한 유형의 관계들을 나타낸다. 셋째, 하위 집단들은 군집된 노드들과 거의 연결되지 않으면서 자신들끼리는 밀도 높게 연결된 노드들의 집합이다.

또한, 소셜네트워크 분석의 관점에서 네트워크를 분석하기 위한 측정 수단은 크게 노드 수준과 네트워크 수준으로 구분된다(Smith *et al.*, 2015; 이수상, 2012). 먼저, 노드 수준의 측정 수단은 네트워크에서 노드가 가지는 독특한 구조적 위치를 파악하기 위한 것이다. 각각의 독특한 위치에 있는 노드들을 식별하기 위해 사용되는 가장 공통적인 측정 수단 중의 하나가 중심성 centrality 지표이다. 중심성은 어떤 행위자가 네트워크에서 얼마나 두드러지게 연결되었는지를 나타낸다. 중심성은 개인 또는 조직이 자신의 환경에서 다른 사람들과 연결된 정도를 설명하도록 돕는다(Wasserman & Faust, 1994; Freeman *et al.*, 1979).

나아가, 여러 가지 중심성 지표들 중에서 매개중심성 betweeneness centrality과 연결중심성 degree centrality이 주로 활용된다. 매개중심성은 행위자가 네트워크에 있는 다른 쌍의 행위자들 간에 존재하는 최단 경로를 줄이는 정도를 가리킨다. 즉, 매개중심성이 높은 행위자는 다른 행위자들이 도달할 수 있는 최단 경로를 짧게 만들어준다. 반면에, 연결중심성은 노드의 다른 행위자와의 연결 정도를 가리킨다. 그런데 일부 네트워크에서 관계들은 방향이 있으며, 그래서 네트워크에 있는 관계가 방향성이 있는 경우에는 두 가지 유형의 연결중심성이 나타난다. 내향 연결중심성 in-degree centrality은 다른 행위자들이 한 행위자와 시작하는 관계에 기초한다(예: 그 사용자를 팔로우하는 사용자들의 수). 외향 연결중심성 out-degree centrality은 한 행위자가 다른 행위자들과 시작하는 관계들에 기초한다(예: 한 사용자가 팔로우하는 사용자들의 수).

내향 연결중심성과 외향 연결중심성이 높다는 것의 의미는 [그림 7.15]를 통해서 쉽게 이해할 수 있다. 점선 화살표는 관심의 흐름이며 소셜미디어에서 팔로잉을 통

[그림 7.15] 트위터 네트워크에서 노드들 간 관계의 의미

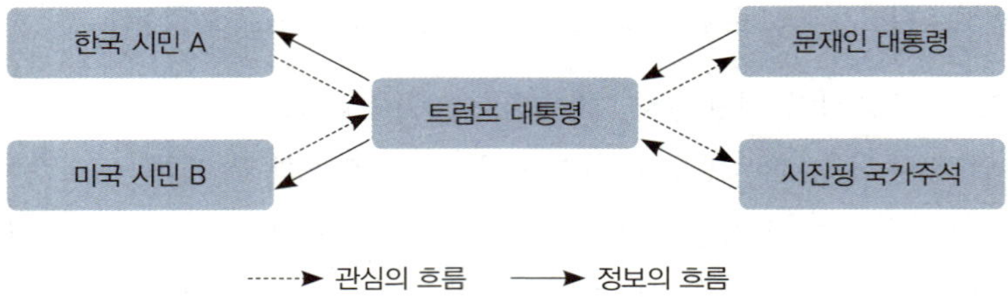

하여 발생한다. 실선 화살표는 정보의 흐름이며 소셜미디어에서 팔로잉을 받음으로써(즉, 팔로워) 발생한다. 그림에서 트럼프Donald Trump 대통령은 문재인 대통령과 시진핑 국가주석의 행보에 관심을 가지고 이들을 팔로잉하며, 이들이 공유하는 메시지들을 받을 수 있다. 반면에, 한국 시민 A와 미국 시민 B는 트럼프 대통령의 행보에 관심을 가지면서 팔로잉하며, 이를 통하여 트럼프 대통령의 메시지들을 시시각각으로 확인할 수 있다. 이러한 예시를 확장하면 다음과 같다. 만일, 어떤 행위자의 내향 연결중심성이 높다면, 그는 많은 다른 행위자들로부터 관심을 받는다는 것을 의미하고 많은 다른 행위자들은 그의 메시지를 통해 정보를 얻음을 의미한다. 만일, 어떤 행위자의 외향 연결중심성이 높다면, 그는 많은 다른 행위자들에게 관심을 가지고 팔로잉을 신청함으로써 다른 행위자들이 공유하는 다양한 정보를 얻음을 가리킨다.

다음으로, 소셜네트워크의 관점에서 네트워크 수준의 지표는 네트워크가 갖는 구조적인 속성들을 가리킨다. 이러한 구조적 속성들은 다양한 종류로 구성되어 있으나, 여기에서는 다음의 4가지를 소개하고자 한다. 첫째, 네트워크 밀도network density는 전체 네트워크 연결의 평균값을 나타낸다. 간단히 말해, 더욱 밀도가 높은 네트워크는 노드 간의 연결 수가 많음을 의미하며 연결의 평균값이 더 크다(Wasserman & Faust, 1994).

둘째, 집중도centralization는 네트워크 내 연결이 소수의 행위자에게 집중되는 정도를 가리키는 구조적 속성이다(Himelboim *et al.*, 2017; 이수상, 2012; Wasserman & Faust, 1994). 그래서 집중도가 높은 경우 소수의 중심성이 높은 행위자가 네트워크를 주도한다고 평가할 수 있다. 이와 같은 집중도는 네트워크에서 정보의 흐름이 수직적인지 아니면 평등한지에 영향을 미친다(Himelboim *et al.*, 2017). 예를 들어, '별 모양의 네트워크star-shaped network'는 카리스마 있고 많은 인기를 가진 행위자가 상호 간에 연결이 적은 다양한 많은 다른 사용자들과 연결되어 있는 하나의 구조를 가리킨다(Himelboim *et al.*, 2017).

셋째, 모듈성 modularity 은 하위 집단들이 서로 간에 얼마나 단절되어 있는지 또는 뚜렷하게 구분되는지를 측정하는 지표이다(Himelboim *et al.*, 2017). 하나의 하위 집단 안에 있는 개인들은 유사한 특징을 지니는 경향이 있다고 하는데(Granovetter, 1973), 모듈성이 높다면 특정 네트워크에서 유사성 homophily 에 근거하여 적절하게 하위 집단을 구분할 수 있다.

마지막으로, 고립노드(isolates 또는 isolated nodes)의 양태도 네트워크의 구조를 이해하는 데 도움을 줄 수 있다(Himelboim *et al.*, 2017). 고립노드들은 네트워크에서 다른 행위자와 관계를 맺지 않은 행위자를 가리킨다. 이러한 고립노드들은 비록 네트워크와 연결되어 있지 않을 수 있으나 이들은 네트워크에서 공유되지 않은 새로운 정보를 가지고 있을 수도 있는 점에서 이들을 네트워크에서 이탈하지 않도록 하는 것이 중요할 수 있다(Haythornthwaite, 1996).

한편, 소셜네트워크 분석을 적용함으로써, 소셜미디어 네트워크의 구조를 탐색할 수 있으며, 특히 네트워크의 구조적 속성을 활용하여 소셜미디어 네트의크를 유형화하는 것이 가능하다. 기존에는 소셜미디어 네트워크의 특성을 귀납적으로 살펴본 이후에, 그 특성을 분석하는 방식으로 네트워크 유형을 분류하였다(Smith *et al.*, 2015). 그

[그림 7.16] 소셜미디어 네트워크 유형화 과정(3단계)

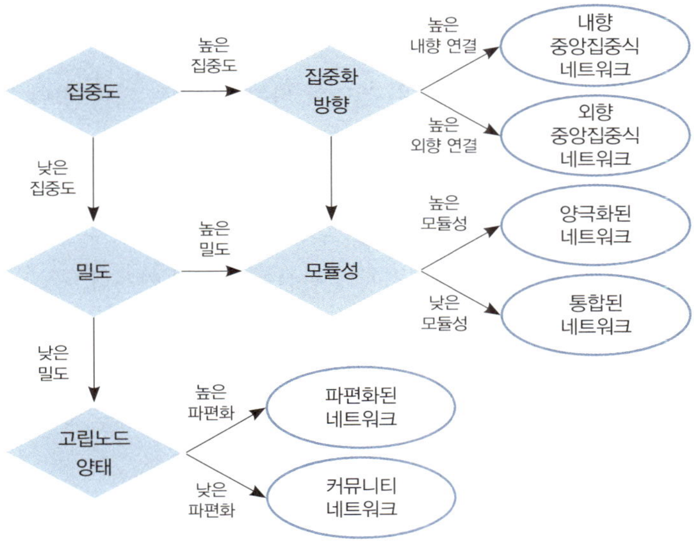

러나 최근에 Himelboim 등(2017)은 앞서 살펴본 네트워크의 구조적 속성인 집중도, 밀도, 고립노드의 양태를 활용하여 보다 개선된 소셜미디어 네트워크의 유형을 제시하였다. 이들은 집중도, 밀도, 고립노드의 양태 순으로 적용하는 3단계 접근을 활용하였다([그림 7.16] 참조).

이에 따라 [그림 7.17]과 같이 총 6개의 네트워크 유형이 도출될 수 있다(Himelboim *et al.*, 2017). 첫째, 내향 중앙집중식 네트워크inward hub-and-spoke network: broadcast는 높은 집중도와 높은 내향 연결중심성을 특징으로 한다. 이 경우에는 해당 이슈 네트워크에서 미디어 또는 유명인이 네트워크의 허브로 존재하면서 허브의 정보 전파에 다른 행위자들이 귀 기울인다. 따라서 이러한 허브에 해당하는 중심행위자의 네트워크 활동에 따라 정보 흐름이 크게 변동될 수 있다.

둘째, 외향 중앙집중식 네트워크outward hub-and-spoke network: support는 높은 집중도를 가지고 높은 외향 연결중심성을 갖는다. 예를 들어, 주요 서비스 산업의 소셜미디어 서비스 계정은 고객의 의견을 수집하기 위해 많은 고객 계정을 관찰하면서 그들의 의견에 대응할 수 있다.

셋째, 양극화된 네트워크divided network: polarized는 낮은 집중도, 높은 밀도, 높은 모듈성을 가지는 경우이다. 이 경우 소수의 하위 집단이 집단 내 높은 상호 연결을 하지만 하위 집단 간에는 교류가 적다. 이 경우 앞의 절에서 다룬 중개자broker에게 구조적 공백structural holes을 메울 수 있는 좋은 기회가 주어진다.

넷째, 통합된 네트워크unified network: in-group는 낮은 집중도, 높은 밀도, 낮은 모듈성을 특징으로 한다. 이 경우에는 하위 집단이 나누어지기는 하나 하위 집단들 간에도 상당한 수준의 상호 교류가 이루어진다.

다섯째, 파편화된 네트워크clustered network: brand clusters는 낮은 집중도, 낮은 밀도, 높은 분절성을 특징으로 한다. 이 경우 네트워크 내에 있는 행위자들은 상호 간에 잘 연결되어 있지 않으며 다른 사람의 메시지에 관심을 가지지 않는다.

마지막으로, 커뮤니티 네트워크fragmented network: community clusters는 낮은 집중도, 낮은 밀도, 낮은 분절성을 특징으로 한다. 상호 연결된 다수의 하위 집단들이 각각 자신의 의견을 활발하게 공유하는 구조이며 그로 인해서 고립노드는 적게 나타난다. 이 경우 다양한 의견과 관점들이 네트워크에 나타날 수 있다.

[그림 7.17] 소셜미디어 네트워크의 구조

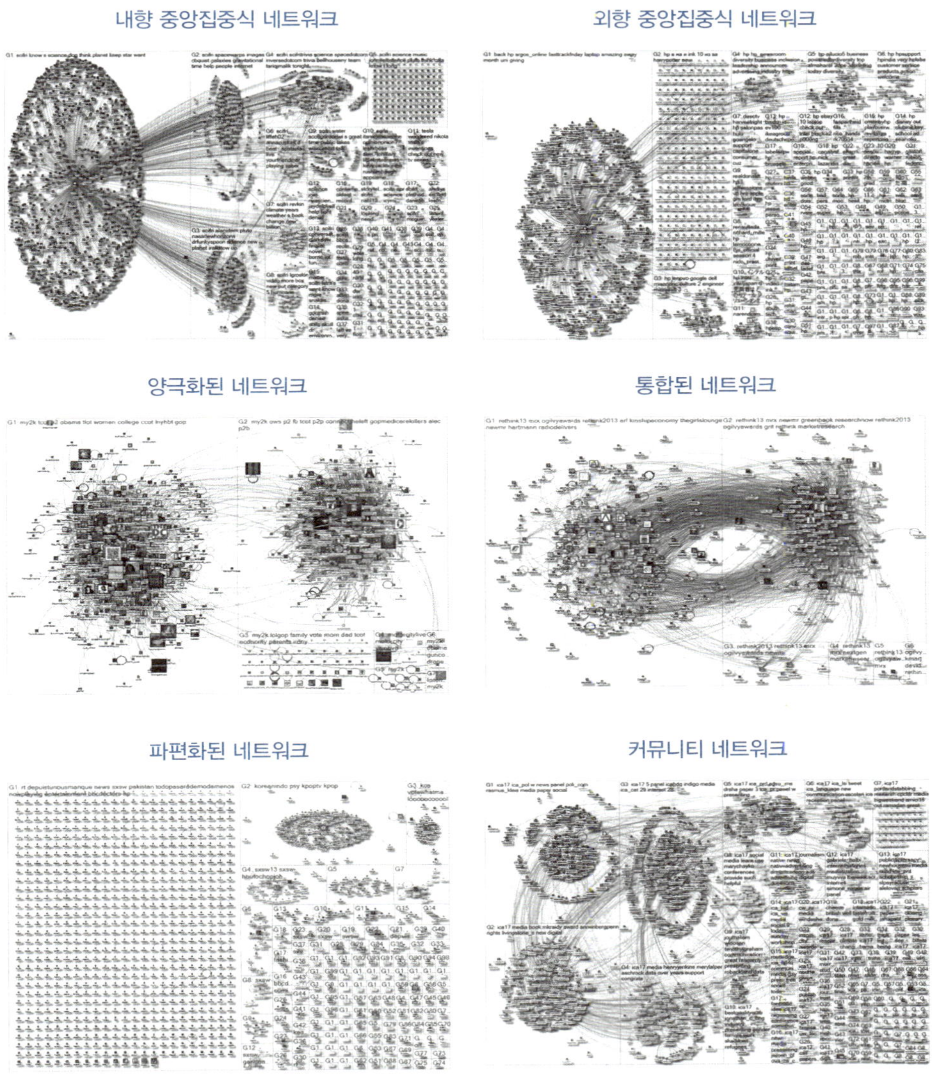

출처: Himelboim *et al.*(2017)

2) 매개중심자(bridging hubs)의 개념과 측정 방법

공공부문에서의 소셜미디어 활용이 반응성을 증가시키는 데 공헌할 수 있는 가능성을 분석하기 위하여, 이 연구는 트위터 네트워크에서 중개자 역할을 경험적으로 측정하기 위한 방법으로 Himelboim 등(2014)이 채택한 매개중심자bridging hub 개념을 채택하였다. 매개중심자는 브릿지bridge와 허브hub의 결합이며, 이 개념의 의미는 중개자 역할의 맥락에서 이해될 수 있다.

먼저, 브릿지는 네트워크에서 브릿지가 없다면 단절되거나 덜 연결될 수 있는 클러스터들 간의 연결을 가능하게 하는 중개자다(Himelboim *et al.*, 2014; Hansen *et al.*, 2010; Burt, 2009; Han, 2009; Kim, 2005; Granovetter, 1973). 브릿지는 분리된 집단들 안에 있는 다양한 행위자들이 서로서로 연결될 수 있는 채널들을 유지하는 구조적 위치에 있는 것을 통하여 배타적인 지위를 갖는다. 이와 같은 구조적 위치 때문에, 브릿지는 매력적인 파트너로 여겨진다. 예를 들어, 어떤 행위자는 브릿지와 관계를 형성함으로써 더 많은 정보와 더 많은 권력, 그리고 더 높은 지위 또는 특권을 얻을 수 있다.

어떻게 브릿지가 네트워크에서 효율적으로 중개자 역할을 수행하는지를 측정하기 위해 빈번하게 사용되는 지표는 '매개중심성betweenness centrality'이다. 간단히 말해, 매개중심성은 서로 간에 얼마나 떨어져 있는지를 보여주는 것이며, 다른 행위자의 네트워크가 특정 행위자를 제거한 결과로 얼마나 어지럽혀지는지의 정도에 의하여 측정된다.

다음으로 허브는 네트워크에 많은 다른 행위자들과 관계를 갖는 행위자를 가리킨다(Himelboim *et al.*, 2014). 허브는 다른 행위자들과의 관계들의 빈도에 의존하며, 따라서 브릿지와는 본질적으로 다른 개념이다. 즉, 중심적인 행위자들은 단지 다른 클러스터들을 중개하는 역할을 할 뿐만 아니라 때로는 많은 사람들과 관계를 맺고 다양한 방식으로 이들과 상호작용을 할 수 있다(Himelboim *et al.*, 2014). 그리고 브릿지는 단지 중개자 역할에 초점을 두기 때문에 방향성을 포함하지 않는 반면에, 허브는 트위터와 같이 방향이 있는 관계에서 방향성을 포함한다. 이에 따라 허브는 내향 연결중심성과 외향 연결중심성에 기초하여 구분될 수 있고, 이것들은 방향성을 반영한다.

3) 사례 선정

연구 목적을 달성하기 위하여, 서울시에서의 공공서비스에 대한 트위터 네트워크 사례가 선택되었다. 서울시를 이 연구의 사례로 선택한 이유는 박원순 시장이 한국의 다른 시장들과 도지사들에 비하여 매우 활발하게 트위터 네트워크에 참여하기 때문이다. 제3절에서 분석한 바와 같이, 박원순 시장은 트위터를 통해 시민과 높은 상호연결성을 가지고 공식적인 서울시 트위터 기관 계정과도 높은 상호연결성을 보이고 있다. 반면에, 다른 광역자치단체장들은 트위터를 통해 시민과 낮은 상호연결성을 가지고 공식적인 트위터 기관 계정과도 낮은 상호연결성을 보이고 있다(엄석진 등, 2014).

게다가 박원순 시장은 서울시의 공공서비스 전달체계를 개선하고 시민들의 적극적인 참여를 유도하며, 행정의 효율성 제고를 위해 트위터를 도시행정에 적극적으로 접목하고 이를 제도화하기 위한 노력을 경주해왔다. 서울시는 박원순 시장의 리더십하에 시민 친화적인 소셜미디어 네트워크를 구축하기 위하여 많은 재정적·조직적 자원을 투자했다. 박원순 시장은 취임 이후에 서울을 소셜미디어 활용 측면에서 가장 활성화된 도시로 만들겠다는 비전을 선포하였다. 구체적으로, 박원순 시장은 서울시 산하에 서울소셜미디어센터를 개설하였다. 서울소셜미디어센터는 박원순 시장과 서울시 공무원들이 39개의 서울 소셜네트워크 시스템 계정들을 통하여 들어오는 시민들의 요구를 처리하는 통합적인 플랫폼이며, 여기에는 박원순 시장에 의해 다루어지는 2개의 소셜미디어 계정(트위터, 페이스북)이 포함된다. 서울소셜미디어센터에 접수된 소셜미디어 메시지는 등록과 부서 분배를 거쳐 관련 공무원들의 검토를 거친 후, 소셜미디어를 통해 응답 메시지를 발신한다(서울시, 2013). 2012년 11월 1일에 처음 만들어진 이후에, 서울소셜미디어센터는 2013년 10월 31일까지 2만 742개의 시민들의 요구를 다루었다. 2014년 3월 5일 이후에 서울소셜미디어센터와 다른 유형의 온라인 시민청원 채널들은 '서울 응답소'[16]로 통합되었다.

4) 분석방법

개인, 정부기관, 미디어를 포함하는 트위터 사용자들 사이에서 상호작용의 패턴을 분석하기 위한 트위터 네트워크 도출을 목적으로 소셜네트워크 분석방법을 채택하였

16 '서울 응답소'의 트위터 계정 id는 @seoul_eds이다.

다. 트위터 사용자들 간의 상호작용은 이들이 다른 사용자를 팔로우하고, 다른 사용자에게 답변하고, 멘션할 때 형성된다. 여기에서는 '#서울시' 또는 '서울시'를 키워드로 하는 트위터 네트워크를 도출하고 트위터 네트워크상에서의 박원순 시장, 서울시 공무원, 시민들 간의 상호작용에 대해 세 개의 사례를 통해 분석하였다.

가. 데이터

이 연구에서는 2015년 11월 12일, 2016년 9월 25일에 서울시 시민 행정서비스의 트위터 네트워크로부터 모든 트윗을 수집하였다. 첫째, 소셜미디어 네트워크 분석 소프트웨어인 NodeXL을 활용하여 각 기간의 '#서울시'를 포함하는 모든 트윗을 조사하였다. 트위터에서 '#'은 태깅서비스tagging service를 가리킨다. 예를 들어, 만일 어떤 트윗이 '#서울시'를 포함한다면, 이것은 그 사용자가 서울시에 관하여 트윗을 하고 있음을 의미한다. 둘째, 2016년 8월 20일에 서울시 시민 행정서비스의 트위터 네트워크로부터 모든 데이터를 수집하였으며, 이때는 '서울시'라는 키워드를 포함한 모든 트윗 데이터를 수집하였다. 본 연구는 단지 수집된 트윗에 기초한 트윗의 발신자와 수신자에 의존함으로써 네트워크 구조와 행위자들 간의 '팔로잉' 구조를 구성했을 뿐만 아니라, 앞서 언급한 연구문제와 관련된 변수들을 측정하였다.

위와 같은 데이터 수집의 근거는 다음과 같다. 첫째, 두 가지 시점(2015년 1월 12일, 2016년 9월 25일)은 다른 기간과 다른 사회적 맥락하에서 구성된 트위터 네트워크의 특징과 네트워크 안에서 시장의 역할의 차이점과 유사점을 발견하기 위해 동일한 해시태그('#서울시')를 사용하였다. 둘째, 추가 시점(2016년 8월 20일)은 해시태그를 사용하지 않고 트위터 네트워크를 분석하였다. 트위터 사용자들이 해시태그를 사용하는 데 익숙하지 않을 수도 있다는 사실을 고려하여 해시태그를 제외한 키워드('서울시')를 활용하였다.

이와 같은 분석을 통해 서로 다른 시점과 정치적 맥락하에서, 그리고 서로 다른 데이터 수집방식을 통해 구성된 트위터 네트워크의 속성과 네트워크 내에서의 서로 다른 집단 간의 상호작용을 비교 가능하게 만듦으로써 연구의 타당성을 제고할 수 있을 것으로 기대된다. 구체적으로, 청년 실업자에 대한 지출을 포함하는 박원순 시장의 복지정책 지향에 대한 논쟁은 2016년 8월 20일 즈음에 소셜미디어에서 중요한 관심사였다. 이 시점과 다른 시점에서의 트위터 네트워크에서 네트워크 구조의 특징과 박원순 시장의 역할을 비교함으로써, 트위터 네트워크의 구조적 특성과 성격에 영향을 미치는 정치적 맥락변수의 영향력을 좀 더 정확히 포착해낼 수 있을 것으로 기대된다.

나. 측정

전반적인 네트워크 구조 분석 및 트위터 네트워크상의 클러스터들 식별을 위해 Clauset-Newman-Moore CNM 알고리즘을 사용하였다(Clauset *et al.*, 2004). 매개중심자를 식별하기 위하여, 매개중심성 지표 상위 1%와 내향 연결중심성 지표 상위 10%인 행위자로 측정하였다(Himelboim *et al.*, 2014).

이러한 조작화는 매개중심성에 더 우선순위를 둔 것이다. 매개중심성은 측정 대상 행위자가 네트워크에 있는 다른 쌍의 행위자들 간에 최단 경로에 얼마나 많이 위치하고 있는지를 측정한다. 더 많은 사람들이 다른 사람과 연결될 때 그 행위자에 의존한다면, 그 행위자의 매개중심성값은 더 높아지게 될 것이다. 그리고 중심성값은 그래프별로 비교하기 위하여 표준화하였다.

내향 연결중심성 측정은 관계의 방향이 고려되었다. 매개중심자는 높은 내향 연결중심성을 가져야 한다. 내향 연결중심성은 어떤 사용자가 구체적인 트위터 네트워크에서 가지는 팔로워들의 수로서 측정되며, 이 수치도 표준화되었다. 트위터 허브는 트위터 팔로워들의 분포가 심각하게 기울어져 있는 분포를 가지고 있음을 고려하기 때문에 트위터 네트워크를 통한 상당한 양의 정보 흐름을 설명한다(Raban & Rabin, 2007).

중개자 역할을 하는 행위자의 능력을 좀 더 정확히 확인하기 위하여, 2015년 11월 12일 네트워크에서 매개중심자가 제외되었을 때 서울 시민 행정서비스에서 일어나는 트위터 네트워크가 변화되는 정도를 추가적으로 측정하였다. 매개중심자를 제거함으로써 발생하는 변화는 평균 네트워크 거리, 네트워크 밀도에서의 비율 변화, 손실된 노드의 수로 측정된다.

3. 분석 결과

1) 서울시 트위터 네트워크: #서울시, 2015년 11월 12일

가. 전체 네트워크의 구조적 특성

[그림 7.18]에서 볼 수 있듯이, 2015년 11월 12일 서울시의 트위터 네트워크에는 '#서울시' 해시태그를 사용한 트윗을 한 828명의 트위터 사용자가 참여하였다. [그림 7.18]은 각각 트위터에서 '팔로우', '답변', '멘션' 관계에 대한 화살표를 보여준다. 자신의 노드에 대해 원 모양으로 순환하는 표시의 화살표는 특정 행위자에 대해 발신하는 답변이나 멘션이 아닌 트윗을 나타낸 것이다. 이 네트워크 그래프는 높은 수준의 내적인 연결을 보여주며, 이 네트워크에서 거의 모든 사람은 2개 이상의 연결을 가졌다.

[그림 7.18] 서울시 트위터 네트워크 시각화: #서울시, 2015년 11월 12일[17]

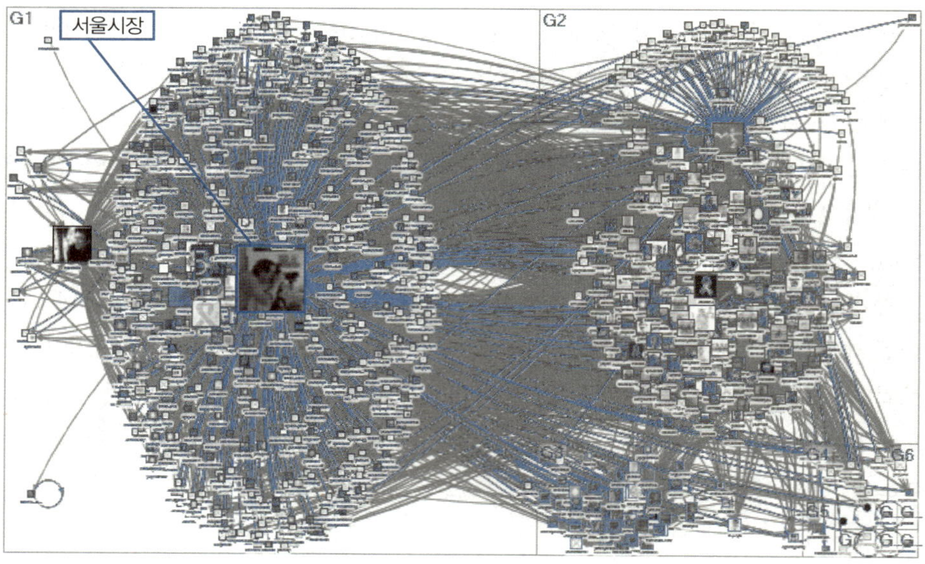

17 네트워크 시각화 그림에서 행위자들의 그림의 크기를 내향 연결중심성의 크기로 나타내었고, 각 행위자의 트위터 ID를 그림의 하단에 표시하였다. 파란색 선은 '트윗', '답변', '멘션' 등 메시지를 주고받는 연결을 의미하며, 회색 선은 '팔로우' 관계를 의미한다. 그리고 트위터 네트워크상에서의 집단은 그림에서 G1, G2, G3 등으로 표시되어 있다. 이와 같은 내용은 앞으로 나올 네트워크 시각화 그림에서도 동일하다.

[그림 7.19] 트위터 네트워크에서 집단 내, 집단 간 연결의 비중: #서울시, 2015년 11월 12일

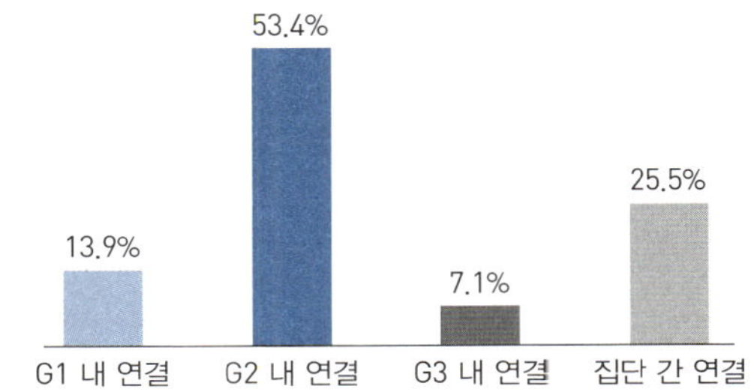

이 네트워크는 3개의 밀집된 집단으로 구성되었다. 트위터 사용자들이 서로 다른 커뮤니티의 하위 주제들에 초점을 맞춤에 따라 네트워크상의 집단들이 나타난 것이다. 허브들은 집단의 가운데에 전략적인 위치에 있는 핵심적인 행위자이다. 아울러, 이 네트워크는 극소수의 단절된 행위자 isolates 를 보유하고 있다. 네트워크 관점에서 단절된 행위자들은 '#서울시' 해시태그를 사용하거나 해당 주제를 언급한 사용자이지만, 이들은 그 주제에 관하여 대화를 나누는 다른 어떤 사람과도 관계를 맺은 것이 관찰되지 않은 행위자들이다.

트위터 사용자들이 만드는 연결들은 집단 안에서 이루어질 수 있고 또 다른 집단에 있는 사람과 연결하면서 경계를 가로지를 수 있다. 구체적으로, 연결들의 13.86%는 밀집된 집단(G1)에 있는 행위자들 사이에서 이루어진 것이고, 53.41%는 또 다른 밀집된 집단(G2)에 있는 행위자들 사이에서 이루어진 것이다. 25.47%는 다른 집단에 있는 행위자들 사이에서 이루어졌다([그림 7.19] 참조).

나. 매개중심자

[그림 7.18]에서 볼 수 있듯이, 박원순 시장은 G1의 중앙에 위치하고 있으며, 전체 네트워크에서 가장 높은 내향 연결중심성을 가진다. 서울시의 트위터 네트워크에서 매개중심자로서 박원순 시장의 구조적 위치는 명확하다. 〈표 7.18〉은 2015년 11월 12일에 조사한 네트워크에서 매개중심성 상위 1%, 내향 연결중심성 상위 10%에 해당하는 매개중심자를 보여준다. 매개중심자들 사이에서 박원순 시장의 중심성 지표들은 다른 매개중심자의 중심성 지표보다 훨씬 높은 것으로 나타나고 있다. 〈표 7.18〉에서 제시되고 있는 바와 같이, 박원순 시장은 행위자들 사이에서 상대적으로 매우 높은 내향 연결중심성을 보여주고 있다. 동시에 그는 왼쪽에 있는 클러스터를 오른쪽 하단에 있는 클러스터와 그와 연계된 오른쪽 상단에 있는 클러스터를 매개하는 중개자 역할을 수행함에 따라 매우 높은 매개중심성을 보여준다.

〈표 7.18〉 매개중심자들의 중심성 지표: #서울시, 2015년 11월 12일

행위자	매개중심성	내향 연결중심성	계정 소유자
wonsoonpark	0.6335	0.8880	박원순 시장
seoulmania	0.1273	0.1943	서울시 공식 기관 계정
pokkkoq	0.0293	0.2300	시민 계정
mentshin	0.0282	0.2872	서울시 국회의원 계정
artgoparis	0.0150	0.1836	시민 계정
madhyuk	0.0131	0.2480	시민 계정
kzaanfever	0.0115	0.2026	시민 계정
kkomsu10000	0.0163	0.2443	시민 계정
평균	0.0013	0.0203	-

다. 매개중심자가 제거될 때 네트워크에서의 변화

매개중심자로서 박원순 시장의 영향은 만일 매개중심자들이 제거된다면 서울시 트위터 네트워크에서 얼마나 큰 변화가 발생하는지를 살펴봄으로써 이해할 수 있다. 〈표 7.19〉가 보여주는 것처럼, 박원순 시장의 트위터 계정이 2015년 11월 12일에 조사한 트위터 네트워크에서 제거되었을 때, 네트워크에서 행위자들 간의 평균 경로 거리에서의 비율 변화는 다른 매개중심자들이 제거되었을 때와 비교하여 상대적으로 높은 것으로 분석되었다. 이것은 서울시 트위터 네트워크에서 행위자들 사이에서 정보교환은 만일 박원순 시장이 없어진다면 더욱 어렵게 될 수 있음을 반증하는 것이다.

그리고 〈표 7.19〉에서 나타나는 것처럼, 주요 매개중심자들이 제거되어도 네트워크 밀도의 비율 변화 측면에서는 상대적으로 큰 차이가 없는 것으로 분석되었지만, 박원순 시장이 네트워크에서 제거될 경우, 115개의 노드가 네트워크로부터 이탈하는 것으로 나타나 다른 매개중심자보다 상대적으로 높게 나타나고 있다. 이것은 박원순 시장이 높은 정도의 네트워크 중개자 역할을 수행함을 보여준다. 네트워크에 총 840명의 행위자가 있기 때문에, 115명의 행위자의 제외는 전체 행위자의 13.7%에 해당하기 때문에 상당히 큰 영향력을 가짐을 의미한다. 결국, 이것은 박원순 시장 없다면, 서로서로 연결할 수 없는 행위자들이 늘어난다는 것을 의미한다.

또한, 박원순 시장의 계정 없이는, 다른 매개중심자의 매개중심성이 매우 높아진다(〈표 7.20〉 참조). 그러나 이것은 다른 매개중심자들이 매개중심자로서 박원순 시장의 뛰어난 영향을 대신할 수 있음을 의미하지 않는다. 구체적으로, 박원순 시장의 트위

터 계정을 제거하는 것은 남은 행위자들이 단절에 취약하도록 만들 수 있고, 연결구조에서 그러한 변화는 다른 매개중심자들의 매개중심성을 전반적으로 증가시킬 것이다. 다음으로, 다른 매개중심자들이 보내는 구체적인 트위터 메시지들은 대부분의 매개중심자들이 박원순 시장의 트위터 메시지를 그들의 팔로워들에게 리트윗하는 것임을 보여준다.

〈표 7.19〉 매개중심자가 제거될 때 네트워크에서 발생하는 변화: #서울시, 2015년 11월 12일

제거된 행위자	평균 경로 거리에서 비율 변화	네트워크 밀도에서 비율 변화	손실된 노드 수
wonsoonpark	18.44	-1.60	115
seoulmania	0.85	-1.60	24
pokkkoq	0.19	-2.13	0
mentshin	0.14	-1.60	0
artgoparis	0	-2.13	0
madhyuk	0.09	-1.60	0
kzaanfever	0.09	-1.60	0
kkomsu10000	0.09	-1.81	1

〈표 7.20〉 박원순 시장 트위터 계정이 제거 시 다른 매개중심자의 매개중심성이 변화되는 정도: #서울시, 2015년 11월 12일

행위자	매개중심성(이전)	매개중심성(이후)	증가율(%)
seoulmania	0.1273	0.1859	46
pokkkoq	0.0293	0.0735	151
mentshin	0.0282	0.0677	140
artgoparis	0.0150	0.0282	88
madhyuk	0.0131	0.0359	174
kzaanfever	0.0115	0.0282	145
kkomsu10000	0.0163	0.0382	134

2) 서울시 트위터 네트워크: 서울시, 2016년 8월 20일

가. 전체 네트워크의 구조적 특성

[그림 7.20]에서 볼 수 있듯이, 2016년 8월 20일에 서울시 트위터 네트워크는 서울시 키워드를 포함하는 737명의 트위터 사용자들로 구성되어 있다. [그림 7.20]은 '팔로우', '답변', '멘션' 관계에 대한 각각의 화살표를 보여준다. 또한, 자신의 노드에 대해 원 모양으로 순환하는 표시의 화살표는 앞에서 이미 살펴본 것처럼 특정 행위자에 대해 발신하는 답변이나 멘션이 아닌 트윗을 나타낸 것이다. 위에서 다룬 '#서울시' 트위터 네트워크와 달리, 이 네트워크는 서로 간에는 상호연결이 드문 2개의 크고 밀집된 하위 집단(G1, G2)이 나타났다. 이러한 유형의 네트워크는 정치적으로 극단적 대립을 가져오는 이슈를 포함하고 있을 가능성이 높다.

실제로, 두 개의 크고 밀집된 트위터 사용자 집단들은 동일한 주제에 관하여 대화를 나누었지만, 서로 간에 연결되지 않거나 동일한 단어를 사용하지 않고 심지어 다른 해시태그를 사용하는 것으로 나타났다. 다만, 이들 두 집단을 연결하는 극소수의 사용자들이 있었다.

[그림 7.20] 서울시 트위터 네트워크 시각화: 서울시, 2016년 8월 20일

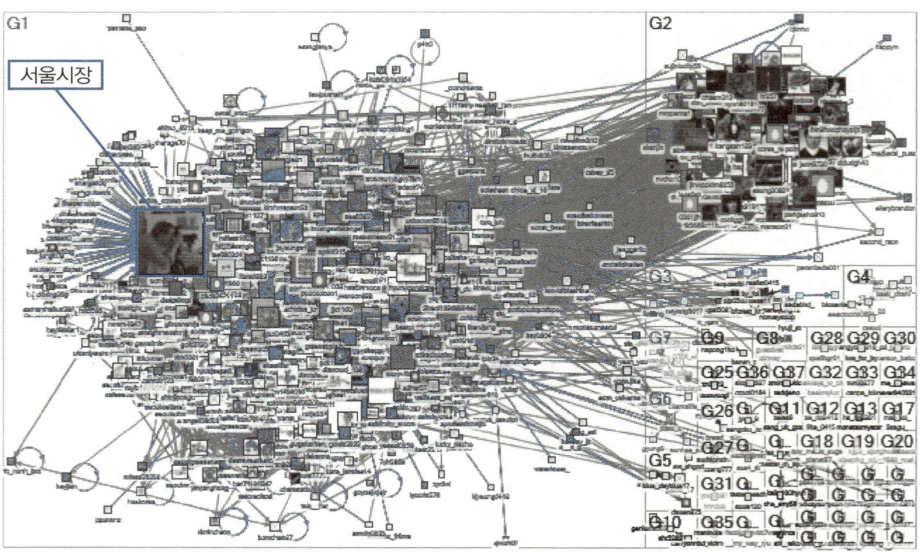

[그림 7.21]은 집단 내 연결과 집단들 간 연결의 비중을 보여준다. 앞서 네트워크 시각화 결과를 바탕으로 예측한 바와 같이, 연결들의 70.7%가 밀집된 집단(G1) 내에서의 연결들로 나타났고, 23.7%는 다른 밀집된 집단(G2)의 내에서의 연결들로 나타났다. 단지 4.7%만이 다른 집단에 있는 사용자들 간에 이루어지는 연결로 나타났다.

[그림 7.21] 트위터 네트워크에서 집단 내, 집단 간 연결의 비중: 서울시, 2016년 8월 20일

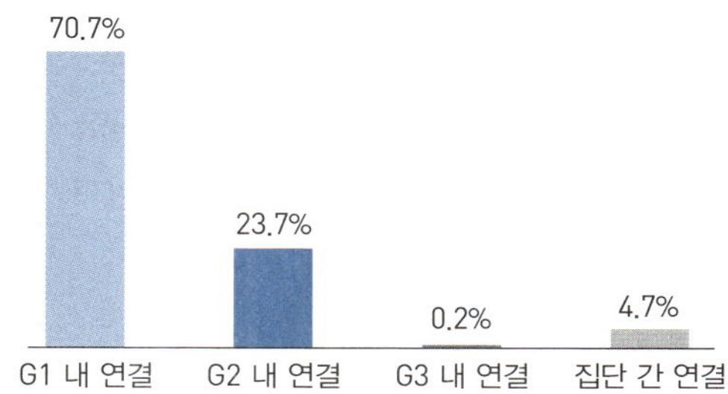

나. 매개중심자

[그림 7.20]에서 볼 수 있듯이, 박원순 시장은 G1의 중심에 위치하고 있고, 전체 네트워크에서 가장 높은 내향 연결중심성을 가졌다. 〈표 7.21〉은 2016년 8월 20일에 수집된 트위터 네트워크에서 매개중심성 상위 1%, 내향 연결중심성 상위 10%에 있는 행위자인 매개중심자를 보여준다. 〈표 7.21〉의 결과는 심지어 분할되어 있는 트위터 네트워크에서도 박원순 시장은 지배적인 매개중심자임을 보여주고 있다. 박원순 시장 계정의 중심성 지표들이 다른 매개중심자들의 그것과 비교하여 훨씬 높기 때문이다. 〈표 7.21〉에서 나타나듯이, 박원순 시장은 행위자들 사이에서 매우 높은 내향 연결중심성을 보여준다. 동시에 그는 왼쪽에 있는 하위 집단을 아래쪽 하단에 있는 하위 집단과 매개하는 중개자 역할을 수행함으로써 상당히 높은 매개중심성을 보여준다.

〈표 7.21〉 매개중심자들의 중심성 지표: 서울시, 2016년 8월 20일

행위자	매개중심성	내향 연결중심성	계정 소유자
wonsoonpark	0.1662	0.4388	박원순 시장
Issuetopic	0.0300	0.2135	시민 계정
actormoon	0.0209	0.3242	시민 계정
kyunghyang	0.0640	0.3242	신문사 공식 계정
hanitweet	0.0311	0.2682	신문사 공식 계정
yikim1952	0.0535	0.3333	시민 계정
patriamea	0.0331	0.3216	시민 계정
평균	0.0002	0.0143	시민 계정

3) 서울시 트위터 네트워크: #서울시, 2016년 9월 25일

가. 전체 네트워크의 구조적 특성

[그림 7.22]에서 볼 수 있듯이, 2016년 9월 25일의 서울시 트위터 네트워크는 '#서울시'를 포함한 트윗을 보낸 252명의 사용자들로 구성된다. 이 네트워크는 네 개의 밀접하게 상호 연결된 집단들로 구성되었다. 허브들은 집단의 중심에 전략적인 위치를 차지하는 핵심적인 행위자들이다.

[그림 7.22] 서울시 트위터 네트워크 시각화: #서울시, 2016년 9월 25일

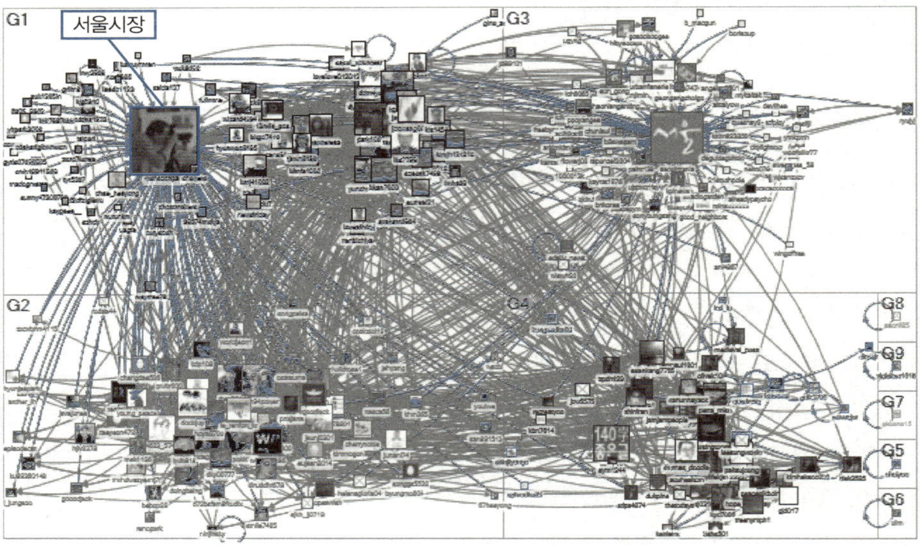

[그림 7.23] 트위터 네트워크에서 집단 내, 집단 간 연결의 비중: #서울시, 2016년 9월 25일

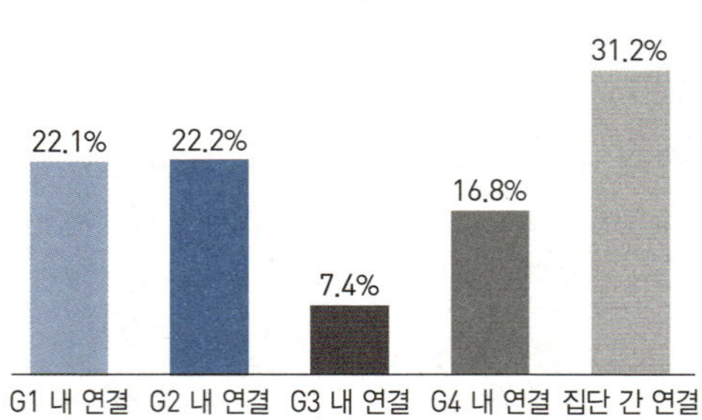

트위터 사용자들은 [그림 7.23]에서 보여주는 것처럼 집단 내에서 연결을 형성하거나 경계를 가로질러서 또 다른 집단에 있는 다른 사람과의 연결을 형성하기도 하였다. 이러한 트위터 네트워크에서의 내부 집단 연결에 대한 전반적인 결과는 '#서울시'를 키워드로 하는 2015년 11월 12일에 조사한 트위터

네트워크와 유사하였다. 이 네트워크 지도에서 모든 개인적 연결의 31.2%가 다른 집단에 있는 사용자들 사이에서의 연결로 나타났다.

나. 매개중심자

[그림 7.22]에서 볼 수 있듯이, 박원순 시장은 G1의 중심에 위치하며, 전체 네트워크에서 가장 높은 내향 연결중심성을 가진다. 〈표 7.22〉는 2016년 9월 25일에 조사한 트위터 네트워크에서 매개중심성 지표 상위 1%, 내향 연결중심성 상위 10%에 해당하는 행위자인 매개중심자를 보여준다. 이 네트워크에서 박원순 시장과 서울시 공식 기관 계정만이 매개중심자로 나타났다. 그러나, 박원순 시장의 중심성 지표들은 서울시 공식 기관 계정의 중심성 지표들보다 훨씬 높았다.

〈표 7.22〉 매개중심자들의 중심성 지표: #서울시, 2016년 9월 25일

행위자	매개중심성	내향 연결중심성	계정 소유자
wonsoonpark	0.3850	0.6215	박원순 시장
seoulmania	0.2160	0.3785	서울시 공식 기관 계정
평균	0.0051	0.0359	–

4) 소결

가. 전체 네트워크의 구조적 특성

네트워크구조와 관련하여 주요한 연구 결과들은 다음과 같이 요약할 수 있다. 〈표 7.23〉에서 볼 수 있듯이, 2015년 11월 12일과 2016년 9월 25일에 각각 수집한 '#서울

〈표 7.23〉 각 조사 시점별 트위터 네트워크의 핵심적인 특징

네트워크	네트워크의 주요 지표				행위자들 간 연결 패턴				
	노드 수	링크 수	하위 집단 수	네트워크 밀도	G1 내부 공유	G2 내부 공유	G3 내부 공유	G4 내부 공유	집단 간 공유
#서울시 (2015-11-12)	840	14,749	11	0.0197	13.9	53.4	7.1	0.5	25.5
서울시 (2016-08-20)	769	20,743	44	0.0575	70.7	23.7	0.2	0.1	4.7
#서울시 (2016-09-25)	252	2,557	9	0.0356	22.1	22.2	7.4	15.8	31.2

시'의 해시태그를 가진 트위터 네트워크는 집단 간 연결의 비중이 높으며, 소수의 단절된 노드가 나타나는 점에서 '통합된 네트워크'의 특성을 갖는 것으로 보인다. 반면에, 2016년 8월 20일에 '서울시'를 키워드로 하는 트위터 네트워크는 집단 간 연결의 비중이 낮고, 소수의 단절된 노드들이 있는 점에서 '양극화된 네트워크'의 특성을 갖는다.

그렇다면, 2016년 8월 20일에 조사한 트위터 네트워크는 무엇 때문에 '양극화된 네트워크'의 구조적 특성을 가지게 되었는가? 이 기간 동안 트위터 네트워크를 구성하는 하위 집단의 사용자들에 의해 생산된 트윗의 내용을 분석한 결과, 두 집단 간에 서울시의 복지정책과 복지 프로그램에 대한 박원순 시장의 정책적 지향에 대해 차이가 있었던 것으로 분석되었다. 구체적으로, [그림 7.20]의 G1에 속한 행위자들은 청년 실업자에 대한 지출과 빈곤층을 위한 주택 대여 프로그램을 포함한 서울시 복지 프로그램을 적극 추진하려는 박원순 시장의 정책 지향에 대해 긍정적인 내용의 토픽과 트윗에 의해 연결되었다. 반면 [그림 7.20]의 G2에 있는 행위자들은 서울시의 재정부채의 증가 등 '과도한' 복지 프로그램이 가져올 부정적인 결과를 언급하면서 박원순 시장의 복지정책에 대한 적대적인 트윗을 보내고 공유하였다. 여기에 더하여 G2에 있는 행위자들은 박원순 시장 아들의 군 복무 회피 문제를 제기하는 트윗을 공유하기도 하였다. 요약하면, 서울시 트위터 네트워크는 그 시점에서의 정치적 이슈에 민감하게 반응하는 것으로 판단된다.

나. 트위터 네트워크에서 매개중심자로서 시장의 역할

트위터 네트워크 안에서 박원순 시장의 역할과 관련한 주요 연구 결과들은 다음과 같이 요약될 수 있다. 박원순 시장이 중개자 역할과 관련하여 가장 중요한 행위자이며, 시민과 지방자치단체 간의 단절과 시장, 공무원, 시민 간의 정보 비대칭을 극복하는 것을 가능하게 함으로써 행정의 반응성을 제고하는 데 공헌할 수 있음을 보여준다.

다음의 실제 사례들은 앞서 제시한 기술적·구조적 분석과 함께 트위터 네트워크에서 매개중심자로서 박원순 시장의 역할을 더 잘 이해하는 데 도움이 된다. [그림 7.24]는 2013년 4월 25일부터 2013년 4월 26일까지 트위터를 통한 시민과 지방자치단체 공무원 간의 대화를 보여준다. 여기서, 박원순 시장의 소셜미디어 계정이 시장, 공무원, 시민 간의 중개자 역할을 하면서, 이전에 해결되지 않은 민원 사항을 해결하는 데 기여하고 있음을 확인할 수 있다.

구체적으로, 한 시민이 이른 아침에 반복하여 발생하는 건설 소음에 대한 불만을 트위터를 통하여 직접 박원순 시장에게 제기하였으며, 그에 따라 관련 공무원의 행정지도가 이루어짐으로써 적절하게 건설 소음 문제가 해결될 수 있었다. 이 과정에서 민원을 제기한 시민은 박원순 시장 및 담당 공무원과 트위터를 통해 지속적으로 상호작용할 수 있었다. 박원순 시장은 트위터 연결을 통해 트위터를 활용하지 않았다면 서로 연결되지 못했을 민원을 제기한 시민과 지방자치단체 공무원을 매개함으로써 행정의 반응성을 증가시켰다.

[그림 7.24] 서울시에서의 트위터를 통한 민원 처리 사례: 건축 민원 사례

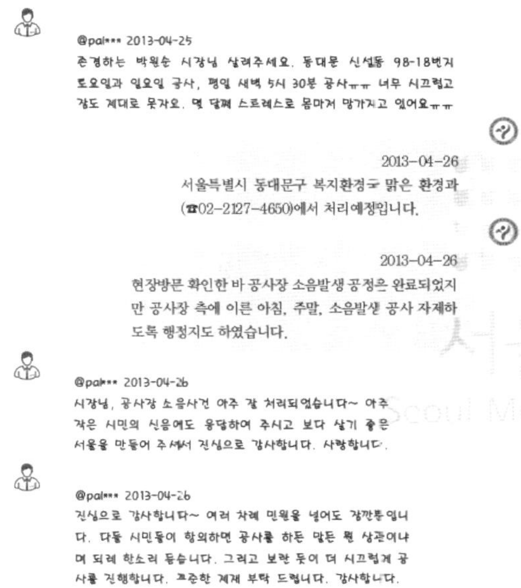

출처: 서울특별시(2013)

2016년 8월 16일에서 17일 사이에 서울시의 주차단속에 대한 어느 택시 운전기사의 민원 사례 역시 트위터 네트워크를 통한 행정의 반응성 개선 가능성과 그 과정에서의 박원순 시장의 매개자로서의 역할을 잘 보여주고 있다. [그림 7.25]에서 볼 수 있듯이, 어느 택시 운전기사(트위터 계정 이름: @isgjcg)는 점심시간의 주차단속의 문제점에 대해 트위터를 통해 박원순 시장에게 직접 트윗을 보냈다(8월 16일, [그림 7.25]의 a)). 이 운전기사는 다음 날 자신이 받은 과태료 고지서 사진을 첨부하면서 점심시간의 불법 주·정차 단속으로 인한 택시 운전기사들의 애로 사항을 다시 트위터를 통해 호소하였다(8월 17일, [그림 7.25]의 b)). 이와 같은 트위터를 통한 민원에 대해 박원순 시장의 트위터 계정과 연결된 '서울특별시 응답소'(트위터 계정 이름: @seoul_eds)는 트위터를 통해 택시 운전기사가 제기한 민원에 대해 응답하였다(8월 17일, [그림 7.25]의 c)). 서울시 응답소는 이 트윗을 통하여 행정 처리의 근거와 정당성, 그리고 불복 시의 절차 등을 구체적으로 제시하였다. 즉, 언제 이 택시 운전사의 불법 주·정차가 이루어졌는지, 어떻게 택시 운전사가 불법 주·정차 문제에 대한 이의를 제기하기 위하여 재심위원회에 의견 진술을 할 수 있는지, 그리고 왜 그

[그림 7.25] 서울시에서의 트위터를 통한 민원 처리 사례: 주차단속 사례

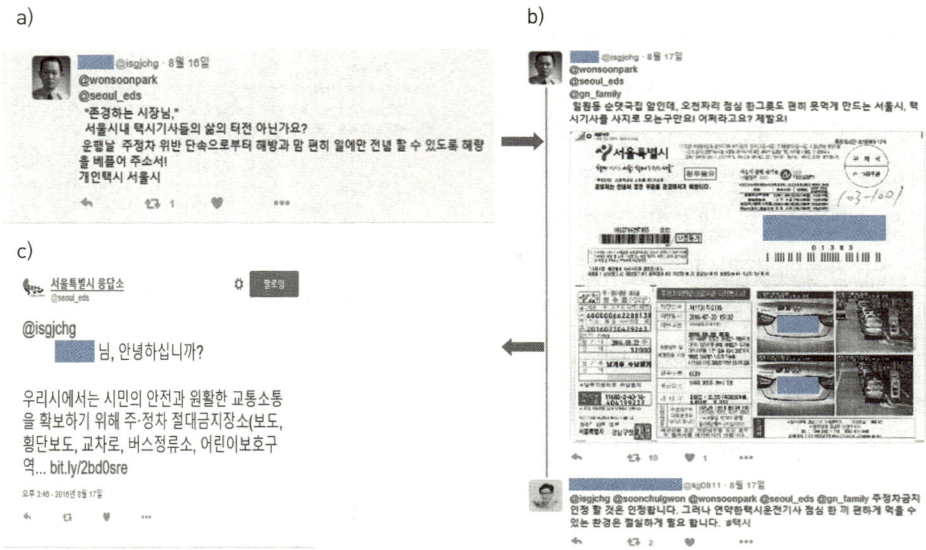

택시 운전사에게 벌금을 매길 수밖에 없었는지 등이 트윗에 포함되었다.

[그림 7.26]은 2016년 8월 20일 '서울시'를 키워드로 하는 트위터 네트워크에서 민원을 제기한 택시 운전기사의 트위터 계정(@isgjchg)의 하위 네트워크를 시각화한 것이다. 이 택시 운전기사는 박원순 시장에게 트윗을 보냈으며, 이를 통해 점심시간에 도로 측면에 주·정차한 택시 단속에 대한 민원을 제기하였다(1번 화살표). 그다음에, 박원순 시장과 연동되어 있는 서울시 응답소(@seoul_eds)는 이 택시 운전기사의 민원을 수신하고(2번 화살표), 이러한 민원에 대해 택시 운전기사에게 즉시 답변하였다(3번 화살표). 박원순 시장, 택시 운전기사, 서울시 응답소 담당 공무원 간의 트위터를 통한 상호작용이 이루어지는 동안에, 다른 택시 운전사들은 리트윗을 통하여 다른 트위터 이용자들에게 위의 상황에 대한 메시지를 전파하였다. 이와 같은 하위 네트워크 분석 subnetwork analysis은 좀 더 명확하게 서울시와 시민 간의 상호작용 메커니즘을 시각화할 뿐만 아니라, 박원순 시장이 어떻게 트위터 네트워크상의 민원 제기와 응답 과정에서 매개중심자로서 행정의 반응성 제고에 기여하는지를 보여준다.

[그림 7.26] 주차단속 민원 처리사례에 대한 하위 트위터 네트워크 분석

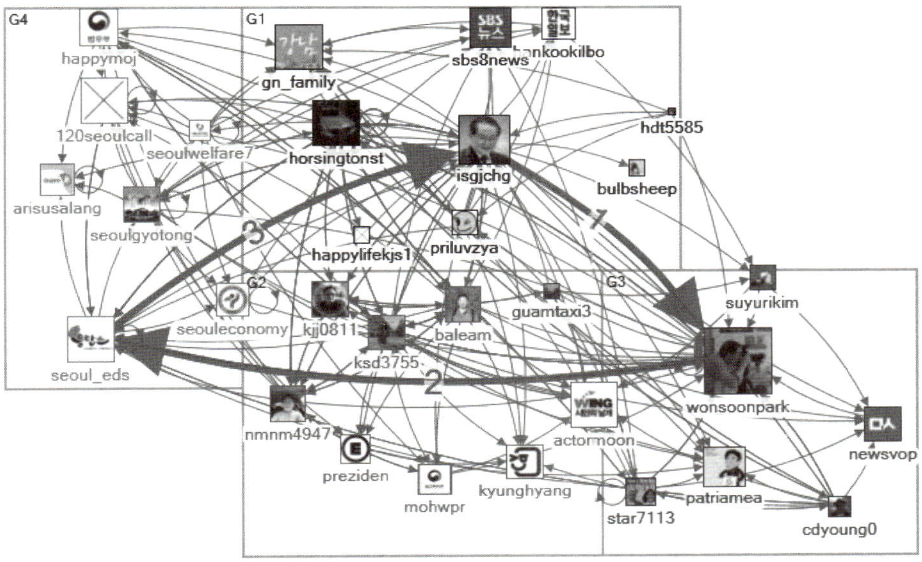

4. 토론

이 연구의 의의는 다음과 같다. 첫째, 지방행정의 맥락에서 소셜미디어의 활용이 어떻게 행정의 반응성 개선으로 이어질 수 있는지를 보여준다. 또한 소셜미디어 활용의 효과성 제고를 위해 정치인, 공무원, 시민들이 어떠한 방식으로 상호작용해야 할 것인가에 대한 이론적, 실무적 시사점을 제시한다. 둘째, 행정의 반응성은 행정의 핵심 가치임에도 불구하고 이론적으로나 경험적으로 충분히 다루어지지 않았다. 이러한 사실을 고려하면, 소셜미디어 시대에 행정의 반응성 개념과 그 실현에 대한 새로운 연구주제를 제시할 수 있을 것으로 기대된다. 셋째, 이 연구는 정치적 리더로서 지방자치단체장의 역할을 중개자의 관점에서 분석하고 있다. 트위터 네트워크에서의 매개중심자로서 정치적 리더의 역할과 의의, 그리고 소셜미디어 시대의 리더십의 의의와 작동 메커니즘을 새로운 관점에서 분석하고 있다.

이 연구의 한계는 다음과 같다. 정부의 소셜미디어 활용이 시민에게 유익한 효과를 줄 수 있는 가능성을 제시한다. 첫째, 다른 매개중심자들과 비교하여 매개중심자로서

박원순 시장의 역할이 압도적으로 높다. 이는 행정의 반응성을 증가시키기 위한 도구로서 소셜미디어의 활용이 정치적 리더의 개인 특성에 크게 의존함을 암시한다. 그래서 정치적 리더의 개인적인 트위터 계정과 지방자치단체의 트위터 계정 간의 균형된 관계와 정부에서 소셜미디어 사용의 제도화에 대한 논의들이 필요하다.

둘째, 박원순 시장 이외의 부차적인 중개자들의 역할과 그 의의에 대해서도 분석할 필요가 있다. 트위터 네트워크상에서의 중심 행위자로서의 지방자치단체장과 함께, 누가 중심 행위자로서 다양한 집단들 간의 트위터 네트워크에서 서로 의사소통을 촉진하고 정보를 공유할 수 있는지, 그와 같은 새로운 중심 행위자가 나타나게 되는 조건은 무엇인지 등에 대해 연구해볼 필요가 있다. 특히, 이 연구에서는 매개중심자로서 시민들의 역할을 탐색하지 않았다. 그럼에도 불구하고, 소셜디미어를 통한 시민참여와 행정의 반응성 증가 간의 관계를 탐색하는 것은 매우 중요하며, 이는 향후 중요한 연구주제가 될 것이다.

셋째, 이 연구는 소셜미디어가 부정적으로 활용될 수 있다는 가능성을 고려하지 않았다. 이미 한국에서 소셜미디어의 부정적 활용 사례가 다수 보고된 바 있다. 예를 들면, 심각한 지진이 곧 올 것이라는 지진 예측 그래프가 소셜미디어에서 확산되기도 하였다.[18] 비록 한국의 기상청과 이 분야의 과학자들이 공식적으로 그러한 지진은 과학적으로 예측될 수 없다고 발표했음에도 불구하고, 이 그래프는 이것의 진위 여부와 상관없이 소셜미디어에서 많은 사용자에 의해 공유되었다. 공공부문에서의 소셜미디어 활용에 대한 균형 잡힌 시각이 요청됨은 물론이다.

방법론 측면에서 향후 연구과제는 다음과 같다. 첫째, 연구의 시간적 범위가 확장될 필요가 있다. 확장된 기간 동안 이루어질 수 있는 다양한 종류의 행위자들 간의 상호작용을 분석해볼 필요가 있다. 이는 매개중심자의 구성에서 변화와 같은 더욱 역동적인 네트워크 현상으로 나타날 수 있다. 둘째, 소셜미디어 활용의 영향력 분석에 있어 좀 더 엄격한 인과관계 분석이 이루어져야 한다. 이 연구 결과의 타당성 확보를 위한 통계적 검증 또는 대규모 표본을 활용한 연구설계가 필요하다. 셋째, 정치인, 공무원, 시민이 트위터를 사용하는 방식에 대한 깊이 있는 사례연구가 필요하다. 이는 공공부문에서 소셜미디어 활용에 대한 연구의 경험적·이론적 기초를 강화할 수 있을 것으로 기대된다.

---

18 『연합뉴스』. (2016. 9. 23.). 「SNS 확산 '지진 괴담 그래프'는 허위」.

V

분석 3: 성남시의 트위터 활용 및 트위터 네트워크 분석

이 절에서는 성남시의 트위터 활용 및 트위터 네트워크 분석을 통해서 앞서 다룬 서울시 분석 사례가 갖는 이론적 함의를 발전시키고자 한다. 성남시 사리의 경우에도 지방자치단체장이 트위터를 활발하게 사용하는 특징을 가지는 점에서 서울시 사례와 유사하다. 그러나 서울시 사례에서는 공공서비스 제공이 '서울특별시 응답소'라는 기관 계정에 의하여 이루어진 반면에, 성남시 사례에서는 공공서비스 제공이 '성남시 행복소통'이라는 기관 계정 외에 '시민소통관'으로 임명된 공무원들의 트위터 계정을 통해 이루어진다는 점에서 차이가 있다. 따라서 성남시 사례에서는 공무원들이 네트워크에 등장하고 이들이 직접 시민들과 상호작용하고 관계를 맺는 모습이 나타난다. 전통적인 행정에서 직접적인 공공서비스 제공 및 전달은 일선에 있는 공무원들에 의하여 이루어진다는 점을 상기한다면, 소셜미디어의 활용이 전통적인 행정에서의 공공서비스 제공 및 전달과 어떤 관계 양상의 변화를 야기하는지 살펴보는 것의 의미가 커진다. 이 절에서는 지방자치단체장과 공무원, 시민 간의 관계 변화의 양상이 공공서비스 전달에 미치는 변화의 양상을 제시하고자 한다.

1. 이론적 배경

1) 지방행정의 반응성을 저해하는 정보 비대칭의 문제

지방행정의 맥락에서 반응성의 영향 요인에 대한 논의들은 어떻게 이해될 수 있고 반응성은 어떻게 개선될 수 있을까? 시민 – 일선 공무원 – 선출직 공무원 간에 일선 공무원이 갖는 관계적 지위에서 기인하는 구조적인 정보 비대칭 문제는 시민의 소망과 요구가 그에 대한 선출직 공무원의 판단과 충돌하게 만드는 주요 원인이 된다. 첫째, 일선 공무원은 시민 간의 관계에서 공공기관의 "대표representative"로서 역할을 한다(Lipsky, 2010). 시민은 일선 공무원을 통하여 공공서비스를 전달받기 때문에 일선 공무원은 시민의 입장에서 볼 때 공공기관을 대표하는 사람이며, 일선 공무원을 통해 공공기관에 대한 이미지를 형성한다. 그리고 시민은 공공서비스 전달에 있어서 선출직 공무원과 상호작용하지 않기 때문에 선거, 주민소환 등 제한적인 기회를 통하여 선출직 공무원과 접촉할 기회를 얻는다.

둘째, 일선 공무원은 선출직 공무원과의 관계에서 시민과 연결하는 "문지기gate-keeper" 역할을 한다. 선출직 공무원은 공공서비스 전달에 대한 기관 목표나 방침을 설정할 수 있으나 실제적인 공공서비스 전달은 일선 공무원을 통해서 할 수 있다. 이러한 특수한 지위로 인하여 일선 공무원은 공공서비스 전달의 실제적인 "정책결정자policy makers"라고 평가받기도 한다(Lipsky, 2010). 또한, 선출직 공무원은 시민과 직접적인 상호작용을 하지 않기 때문에 개별적인 시민의 특수한 상황에 대한 정보를 얻기 어렵다.

다음으로 일선 공무원은 이와 같은 관계적 지위에 의하여 선출직 공무원–일선 공무원–시민의 3자 관계에서 다른 행위자에 대하여 "상대적인 자율성relative autonomy"을 가지며(Lipsky, 2010: 13), 일선 공무원의 행동은 외부에 제한적으로만 노출된다. 먼저, 선출직 공무원은 일선 공무원의 대응 메커니즘에 대하여 제한적인 수준에서만 정보를 얻으며 일선 공무원의 대응 메커니즘에 대한 감독과 정밀 조사를 하기 어렵다. 다음으로, 시민은 일선 공무원의 대응 메커니즘에 대해 파악하기 어렵다. 이를 통해 전달받은 공공서비스가 일선 공무원의 인간적인 측면에서의 반응을 포함하고 있는지, 아니면 정부 관료제의 공식적인 규칙에 따라 일률적으로 제공된 것인지에 대해 파악하기 어렵다.

이러한 지방행정에서 주요 행위자들의 역할에 대한 논의는 네트워크 이론에서의 '중개자mediator or broker' 논의와 깊은 관련성을 갖는다. 가장 대표적인 논의 중의 하나는 Burt(2009)의 구조적 공백structural holes 논의이다. 구조적 공백은 네트워크 안에 있는 행위자들 사이에서 중복적이지 않은 접촉non-redundant contacts이 존재하는 경우에 나타난다. 따라서 구조적 공백의 결과로서 네트워크 내에서 이러한 중복적이지 않은 접촉은 정보 전달의 관점에서 추가적인 네트워크 편익을 가져다준다(Burt, 2009).

Burt의 구조적 공백 개념은 중개자 역할의 의미를 보다 명확하게 한 점에서 이론적 공헌이 있으나, 중개자의 역할을 주로 집단 간의 정보 교환이라는 측면에서만 논의하는 경향이 있다. 이러한 논의는 같은 집단의 구성원들은 대개 유사한 정보를 상호 간에 공유하고 있을 가능성이 높음을 전제로 한다(Granovetter, 1973). 이에 반해 Gould와 Fernandez(1989)는 중개자 역할을 보다 세분화하면서 집단 간의 정보 교환, 집단 내 정보 교환, 집단 내부 및 집단 간의 정보 교환 등 다양한 형태의 중개자 역할을 제시한다. 집단 내부에서의 오피니언 리더가 집단 외부와의 관계에서는 중요하지 않을 수도 있다. 반대로 집단 외부와의 관계에서 핵심적인 역할을 하는 행위자가 집단 내부에서는 단순한 집단 의견을 따르는 대리인일 수도 있다. 따라서 Gould와 Fernandez의 중개자 역할 유형은 네트워크에서 존재하는 다양한 중개자 역할을 식별하고 분석하는 것을 도와준다. Gould와 Fernandez의 중개자 역할은 아래의 [그림 7.27]과 같이 크게 5가지로 구분하여 정리할 수 있다.

첫째, 조정자coordinator 역할이다. 조정자는 자신과 같은 하위 집단에 속한 다른 행위자들을 조정한다. 이러한 역할은 동일한 하위 집단을 구성하는 행위자 간에 유사성이 높은 경향이 있으나(Burt, 2009; Granovetter, 1973), 유사성이 높다고 해서 조정이 불필요한 것은 아니라는 점에서 그 의미를 찾을 수 있다. [그림 7.27]의 a)에서 중개자 A는 동일한 하위 집단에 있는 B와 C를 중개하며 이 경우를 조정자로 부른다.

[그림 7.27] 5가지 유형의 중개자 역할

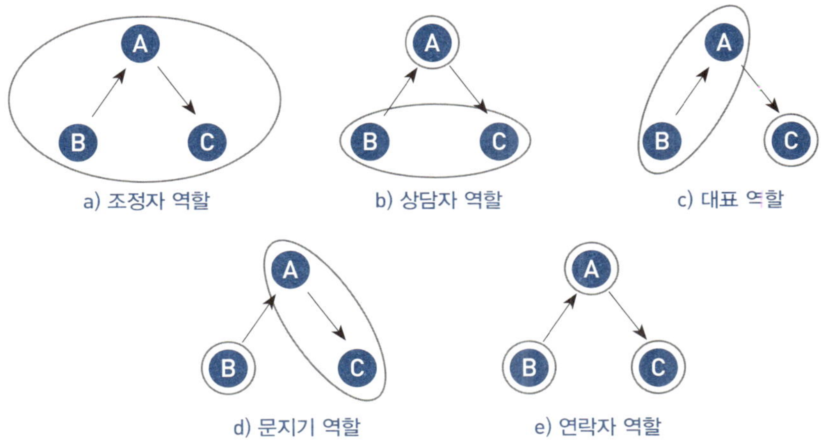

출처: Gould & Fernandez(1989)

둘째, 상담자consultant 역할이다. 앞서 조정자는 같은 하위 집단에 속한 행위자들을 조정하면서 본인도 같은 하위 집단에 속하고 있다. 이에 반해 상담자는 동일한 하위 집단에 속한 행위자들을 조정하는데 본인은 다른 하위 집단에 속하는 경우에 해당된다. 이는 위의 [그림 7.27]의 b)에서 볼 수 있듯이 다른 그룹에 있는 중개자 A가 동일한 하위 집단에 속하는 B와 C를 중개하는 경우이다.

셋째, 대표representative 역할이다. 이는 [그림 7.27]의 c)에서 볼 수 있듯이 중개자 역할을 하는 A가 자신과 같은 하위 집단에 속한 B와 다른 집단에 있는 C를 중개하는 경우에 나타나는 역할이다. 이 경우에 중개자 A는 한편으로는 하위 집단의 대표로서 다른 집단과 협상을 하는 지위를 갖게 된다.

넷째, 문지기gatekeeper 역할이다. 이는 [그림 7.27]의 d)에서 볼 수 있듯이 노드 A가 노드 C와 같은 집단에 속하면서 노드 C에게 들어가는 다른 집단의 정보의 문지기 역할을 하는 경우이다. 결국, 문지기 역할을 하는 행위자는 자신이 속한 하위 집단의 다른 행위자에게 들어가는 정보를 통제할 수 있다.

다섯째, 연락자liaison 역할이다. 이는 [그림 7.27]의 e)에서 볼 수 있듯이 중개자 역할을 하는 A와 중개 대상인 B, C 모두 서로 다른 하위 집단에 속하는 경우이다. 이 경우 A, B, C는 하위 집단이 갖는 동질성homogeneity의 원리를 고려할 때, 각각 서로 다른 정보를 가지고 있을 가능성이 크며, 연락자 A의 존재로 인해 네트워크에서 정보의 풍부함이 높아질 수 있다.

2) 공공부문에서의 소셜미디어 활용과 지방행정의 반응성 개선 가능성

공공부문에서의 소셜미디어 활용이 행정의 민주적 가치를 높일 가능성에 대해 다양한 논의들이 전개되어 왔다. 이러한 논의들은 소셜미디어가 시민의 참여와 숙의에 대한 장애물을 크게 낮춤으로써 공적 문제 해결 가능성을 높인다거나(Hansson *et al.*, 2015; Zavattaro *et al.*, 2015), 소셜미디어를 통해 공무원의 부패와 윤리적 일탈 행위를 통제할 가능성이 높아진다(Stamati *et al.*, 2015; Bonsón *et al.*, 2012)는 점에 주목한다. 전자는 소셜미디어를 통해 시민의 참여와 의견 개진 가능성이 높아질 가능성에 주목하는 것이고, 후자는 소셜미디어를 통해 공무원들의 행동을 관찰하기 쉬워질 가능성에 주목하는 것이다. 그러나 이러한 논의들은 어떻게 소셜미디어를 통해 행정의 민주적 가치가 높아질 수 있는지에 대한 구체적인 메커니즘을 설명하는 데 이르지 못하고 있다.

소셜미디어 활용이 반응성을 증가시킬 수 있다는 최근 연구(Eom *et al.*, 2018)는 주인 – 대리인 이론에 근거하여 선출직 공무원의 적극적인 소셜미디어 활용이 최종적인 주인인 시민의 의견에 정부가 반응할 가능성을 높인다는 점에 주목한다. 구체적으로 Eom 등(2018)은 서울시 트위터 네트워크에서 서울시장이 매개중심자 bridging hub 역할을 하면서 시민과 공무원을 연결하여 시민이 원하는 공공서비스가 제공·전달될 가능성을 높인다고 주장한다.

이 연구가 시사하는 것처럼 공공부문에서의 소셜미디어 활용이 이러한 시민 – 일선 공무원 – 선출직 공무원 간 3자 관계의 구조적 특징을 변화시킴으로써 이들 간에 존재하는 구조적인 정보 비대칭 문제를 해소할 수 있다. 특히 소셜미디어 시대에는 선출직 공무원이 행정가이자 정치인으로서 적극적으로 소셜미디어를 활용하면서 일선 공무원이 차지하는 특수한 관계적 지위를 변화시킬 수 있다.

그렇다면 구조적인 정보 비대칭과 의사소통 채널의 문제 해소가 어떻게 행정의 반응성을 개선시킬 수 있는가? 다음의 두 가지 주요 메커니즘이 있을 것으로 보인다. 첫째, 구조적인 정보 비대칭과 의사소통 채널 문제의 해소는 선출직 공무원과 시민 간에 공감대 형성의 가능성을 높인다. 선출직 공무원은 시민들의 의견에 대해 직접 실시간으로 접하면서 시민의 요구 사항의 내용과 이유에 대해 이해할 수 있고 경우에 따라서는 자신의 의견을 점진적으로 조정할 수 있다. 또한, 시민들의 경우에도 마찬가지로 선출직 공무원의 의견 표현을 접하면서 자신의 요구 사항이 무리한 것은 아닌지에 대해 검토하고 자신의 의견을 점진적으로 조정할 수 있다.

둘째, 관계적 지위의 변화로 인해 일선 공무원이 소셜미디어를 통해 자신의 대응 메커니즘을 자기 자신으로부터, 동료로부터, 시민으로부터, 선출직 관리자로부터 '평가'를 받는 상시적인 상황에 놓이게 된다는 점은 반응성 개선을 설명하는 데 있어서 중요하다. 이러한 대응 메커니즘의 내외부로의 노출을 통해 대응 메커니즘의 장단점에 대한 학습과 대응 메커니즘의 수정, 변형이 상시적으로 이루어진다. 이는 일선 공무원이 불확실성 업무 환경에서 과업을 수행하는 어려운 상황에 놓이는 점을 고려할 때(Lipsky, 2010), 일선 공무원의 대응 능력을 높일 수 있다. 이들은 때로는 업무 현장의 혁신을 위한 "창의적인 불복종" 또는 "긍정적인 일탈 positive deviance"을 할 것이 요구되기도 한다(Maroulis, 2017). 또한, 이들은 때로는 규칙에 따른 공평무사한 업무처리를 할 것을 요구받기도 한다. 이러한 두 가지 상반된 요구가 개별적인 일선 공무원의 결정과 책임의 상황으로 전가될 때 문제는 더욱 심화될 수 있다. 그런데 소셜미디어하에서 일선 공무원은 다양한 행위자로부터 관찰되고 평가될 수 있는 점에서 때로는 스스로 자신을 점검하고 때로는 다른 사람의 평가와 피드백에 귀기울임으로써 자신이 가진 대응 메커니즘을 계속해서 발전시켜 나갈 수 있다. 다만, 이러한 효과는 항상 나타나는 것은 아니고 일선 공무원의 성격과 같은 개인적 특성, 소속부서가 갖는 조직문화와 같은 조직적 특성 등에 의해 다르게 나타날 가능성이 크다.

구체적으로, 시민참여에 영향을 미치는 소셜미디어의 두 가지 매체적 특성(Margetts *et al.*, 2015)은 일선 공무원의 행동을 변화시킬 수 있는 잠재력을 갖는다. 첫째, 소셜미디어의 매체적 특성으로서 '가시성visibility'은 일선 공무원의 행동을 다른 사람에게 노출되도록 한다. 이때 가시성은 소셜미디어 사용자의 활동을 다른 사용자들이 관찰할 수 있음을 가리키는 것이다(Chen *et al.*, 2016; Margetts *et al.*, 2015). 일선 공무원들은 자신의 대응 메커니즘 발현방식이 시민, 동료, 선출직 공무원에 의해 관찰될 수 있기 때문에 자신의 대응 메커니즘에 대한 '자기 점검'을 하게 된다. 또한, 다른 행위자들을 통한 모니터링monitoring의 가능성은 도덕적 기준에 대한 개인들의 관심과 자각self-awareness을 독려한다(Belle & Cantarelli, 2017).

둘째, 소셜미디어의 매체적 특성으로서 다른 공무원의 대응 메커니즘에 대한 '사회적 정보social information'는 일선 공무원이 자기 점검 및 학습을 하도록 돕는다. 사회적 정보는 소셜미디어 사용자가 다른 사용자들이 하는 활동을 관찰할 수 있음을 가리키는 것이다(Margetts *et al.*, 2015). 즉, 사람들은 소셜미디어를 통해서 다른 사람들이 어떤 내용을 작성하고 공유하는지 그리고 다른 사람들이 어떤 행정적·정치적·사회적 목적을 가진 행동을 하는지에 대한 정보를 얻을 수 있다. 따라서 소셜미디어가 갖는 사회적 정보라는 특성은 일선 공무원들 간의 활동방식, 대응 메커니즘을 드러나게 하고 어떻게 행동하고 대응할 것인지에 대해 상호 간에 학습하게 만든다.

2. 연구 방법

1) 분석 대상 및 분석 방법

연구의 분석 대상은 성남시 트위터 네트워크이다. 성남시는 2012년 8월부터 'SNS 시민소통관' 제도를 활용하고 있으며, 이에 따라 145명의 시민소통관이 공식적으로 활동하고 있다. 이들은 페이스북, 트위터 등에서 활동하면서 시민과 의사소통을 하고 공공서비스를 시민에게 제공하는 역할을 하고 있다. 이러한 성남시의 시민소통관 제도는 민원처리시간 감소 등에 대한 공헌으로 2013년 행정제도 개선 우수사례 안전행정부장관상을 받았고, 2014년에는 전자정부대상 경진대회 안전행정부장관상과 우수 행정 및 정책사례 선발대회 우수상을 받았다. 이러한 성남시 트위터 활용 사례는 한국에서 성공적인 사례로서 그동안 인정받아 왔다. 또한, 2018년 5월까지 성남시장이었던 이재명 시장은 소셜미디어를 적극적으로 활용하는 대표적인 정치인 중의 한 명이다.[19] 그러한 점에서 성남시 사례는 성남시장, 성남시 기관 계정, 공무원 계정, 시민 계정을 함께 분석하기에 용이하다.

본 연구에서는 사회연결망 분석을 연구 방법으로 활용하였다. 사회연결망 분석은 행위자들 사이의 관찰된 관계observed relationship에 기초하여 사회적 구조를 경험적으로 도출하려고 시도한다(Haythornthwaite, 1996; Wasserman & Faust, 1994). 또한, 사회연결망 분석을 전통적인 사회과학 연구와 구분할 수 있는 특징은 행위자들이 갖는 내적 속성attributes of individuals이 아니라 행위자들의 관계적 특성attributes of pairs of individuals을 연구한다는 점이다(Borgatti & Everett, 1997; Wellman, 1997; Wasserman & Faust, 1994). 이러한 점을 고려하여 본 연구에서는 사회연결망 분석을 활용하여 성남시 트위터 네트워크에서 주요 행위자들의 관계적 특성, 보다 구체적으로는 역할구조에 대해서 탐색하고자 하였다.

구체적인 분석 방법은 다음과 같다. 먼저 2017년을 시간적 범위로 하는 성남시 트위터 네트워크를 도출할 것이다. 성남시 행복소통 홈페이지를 통하여 2017년에 성남시 공식 계정 또는 성남시장 계정으로 행정적 처리를 목적으로 트위터 메시지를 보낸 시민 계정의 정보를 수집하였으며 이에 대해 처리 결과를 답변한 기관 계정 또는 공무원 계정의 정보를 수집하여 이들로 구성된 행위자 리스트를 작성하였다. 그리고 사회연결망 분석 프로그램인 NodeXL을 활용하여 이러한 행위자 리스트를 입력함으로써 데이터를 수집하였다. 데이터 수집이 완료된 이후에는 행위자 리스트에 해당하지 않은 행위자들은 제외하여 1년 동안 성남시 공공서비스를 이용하거나 행정문제 해결을 검토한 행위자들로 구성된 네트워크를 도출하였다.

이때 2017년 성남시 트위터 네트워크를 도출하기 위해 66개의 확인이 어려운 트위터 메시지를 제외하고 행위자 리스트를 작성하였으며, 그 결과 총 404개의 계정을 대

19 이재명 시장이 직접 소셜미디어를 활용할 수도 있지만, 홍보팀이나 비서실에서 대신해서 운영하는 것일 수도 있다. 이와 관련해 2017년 1월 31일『여성동아』와 이재명 시장의 부인 김혜경 씨와의 인터뷰에 따르면, 이재명 시장이 소셜미디어를 직접 사용함을 알 수 있다. “저희는 침대에 누워서 SNS를 함께해요. 졸다가 휴대전화 떨어뜨려 얼굴에 맞고 그러죠. 남편은 글을 올리고 저는 주로 댓글을 살펴요. 중요한 사항이나 전할 만한 내용은 남편에게 우회적으로 알려줘요.”

상으로 진행하였다. 66개의 확인이 어려운 메시지는 해당 트위터 메시지 작성 이후에 트위터 메시지를 원작성자가 삭제하였거나 원작성자가 트위터를 탈퇴한 이유로 확인이 어려운 경우이다.

2) 측정 방법

본 연구에서는 2017년 성남시 트위터 네트워크의 구조를 분석하고 중요한 행위자를 도출하였다. 첫째, 네트워크구조의 분석을 위해서 Clauset-Newman-Moore 알고리즘을 사용하여 하위 집단을 도출하고 하위 집단별 특성과 행위자 구성을 비교하였다. 둘째, 중요한 행위자 분석은 중심성centrality의 두 가지 지표를 활용하였다. 하나는 내향 연결중심성in-degree centrality으로서 이것은 방향성이 있는 네트워크에서 행위자들이 정보를 얻기 위해 선택된 노드를 얼마나 많이 선택하는지에 대한 정보를 담고 있다. 다른 하나는 매개중심성betweenness centrality으로서 중개자 역할brokerage role을 측정하기 위한 개념이다(Burt, 2009). 매개중심성은 그 행위자가 제거되었을 때 다른 행위자들의 네트워크가 얼마나 혼란스럽게 변화하는지로 측정할 수 있다. 중요한 행위자는 기존의 연구(Eom *et al.*, 2018; Himelboim *et al.*, 2014)를 참조하여 내향 연결중심성 상위 10%이면서 매개중심성이 상위 1%인 행위자로 기준을 잡았다.

나아가 본 연구에서는 이상의 Gould와 Fernandez의 5가지 중개자 역할을 활용하여 성남시장, 성남시 공식계정, 공무원 계정의 역할을 식별한다. 이러한 중개자 역할 식별은 측정 및 계산을 통해 이루어진다. 즉, 각 중개자 역할별로 특정한 행위자가 중개자 역할을 1단위 수행할 때마다 1씩 높아지는 방식으로 계산된다(Gould & Fernandez, 1989).

3. 분석 결과

1) 기술통계

트위터 계정 유형별로 2018년 6월 2일을 기준으로 '팔로잉 수', '팔로워 수', '트윗 수' 등 각 계정의 기술통계자료를 〈표 7.24〉에 정리하였다. 성남시장의 경우 다른 행위자보다 팔로잉 수 등 주요 활성화 지표에서 높게 나타났으며, 기관 계정들도 평균적으로 팔로잉 수와 팔로워 수의 수치가 높은 것으로 나타났다.

또한, 공무원 계정은 총 103개가 나타났는데, 이들은 모두 성남시 시민소통관이며 직급을 중심으로 팀장 계정은 3개, 팀원 계정은 70개이고, 팀장과 팀원을 특정할 수

〈표 7.24〉 계정 보유자 유형별 기술통계자료

유형		계정 수	팔로잉 수(평균)	팔로워 수(평균)	트윗 수
성남시장		1	569,649	583,623	57,882
기관 계정	성남시	3	51,408	57,513	10,326
	기타 기관	1	4,564	4,833	4,055
공무원 계정	팀장	3	27,649	25,994	34,064
	팀원	70	3,566	3,603	2,036
	미분류	30	4,660	4,555	2,783
	합계	103	4,856	4,807	3,196
시민 계정		286	1,475	1,586	10,915
국회의원		1	6,982	7,768	1,239
전체		395[20]	4,203	4,356	9,030

없는 계정이 30개로 나타났다. 한편, 팀장과 팀원을 특정할 수 없는 경우에 해당하는 일부 시민소통관들은 '정수과 시민소통관'과 같이 공식적인 이름을 사용하거나 심지어 '판교 도서관'과 같이 부서 또는 기관의 공식적인 이름을 사용하였다. 반면에, 일부 시민소통관들은 시민소통관이라는 부가 설명 없이 본인의 이름을 사용하였다. 한편, 2017년 성남시 공무원의 수는 총 2,725명이며, 그중에서 시민소통관은 145명이다. 시민계정의 경우에는 팔로잉 수와 팔로워 수는 낮은 반면에 트윗 수는 팀원이나 기관 계정보다 평균적으로 많은 것으로 나타났다.[20]

2) 성남시 트위터 네트워크 분석

가. 전체적인 네트워크구조

[그림 7.28]에서 알 수 있듯이, 전체적인 네트워크는 2개의 큰 하위 집단과 3개의 작은 하위 집단으로 구성되어 있다. 2개의 큰 하위 집단에 전체 395개의 노드 중에 대부분인 380개가 소속되는 점에서 〈표 7.25〉와 〈표 7.26〉에서는 2개의 큰 하위 집단 G1과 G2를 중심으로 행위자 구성의 유형과 특성을 정리하였다. 2개의 큰 하위 집단 중에서 G1은 시민과 외부 커뮤니케이션이 이루어지는 하위 집단으로서 이러한 하위 집단에는 다수의 시민 계정과 함께 성남시장 계정과 성남시 공식 기관 계정, 성남시

20 404개 계정으로 구성된 리스트로 데이터 수집하였으나, 이 중 9개 계정은 비공개 설정, 계정 삭제, 또는 계정 중지 등의 사유로 데이터 수집에서 누락되었다.

[그림 7.28] 2017년 성남시 트위터 네트워크[21]

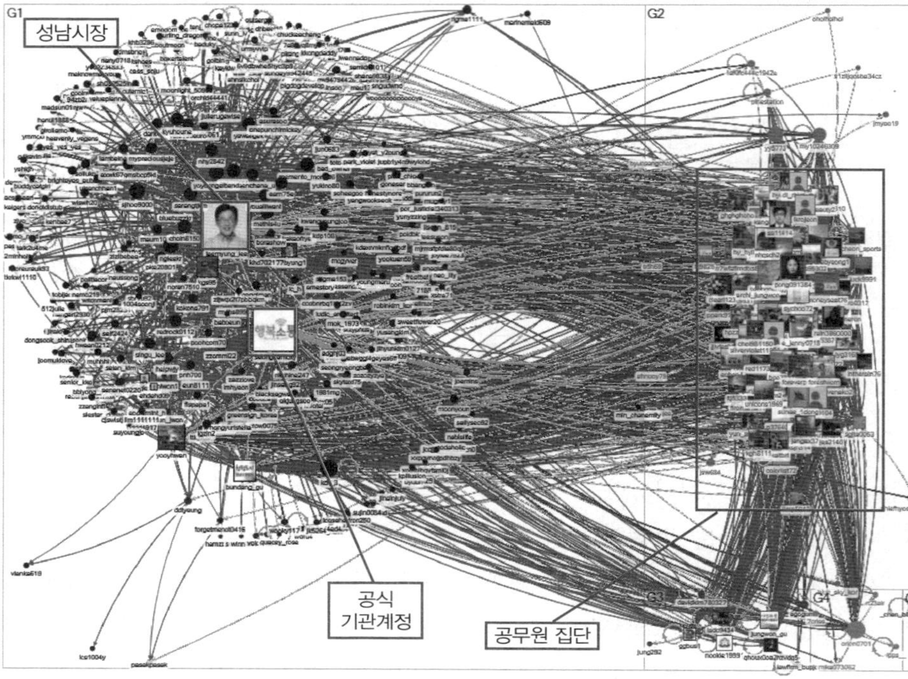

국회의원이 나타난 것이 특징적이다. G1의 하위 집단 구성원을 구체적으로 살펴보면, 〈표 7.25〉에서 확인할 수 있듯이 96.4%가 시민으로 구성되어 주로 시민으로 구성된 하위 집단임을 알 수 있다. 또한, 〈표 7.26〉에서 G1의 노드 수는 276개이어서 이 네트워크에서 가장 규모가 큰 하위 집단이다. 그리고 G1의 하위 집단 밀도는 0.018로서 하위 집단의 구성원들 간에 매우 느슨하게 연결되어 있다.

반면에, G2는 구성원의 86.5%가 공무원인 주로 공무원들로 구성된 집단이다. G2는 [그림 7.28]의 오른편에 위치하는데, 표시된 사각형 안에 공무원들이 밀집되어 위치하고 그 바깥쪽으로 시민들이 배열되어 있다. G2의 하위 집단 밀도는 0.414로서 G1과 비교할 때 상대적으로 훨씬 긴밀하게 연결된 특징을 보인다.

21 노드의 형태의 경우 성남시장, 성남시 기관 계정, 공무원 계정, 정치인 계정은 프로필 이미지로 나타냈고, 시민 계정은 이미지 없이 원형(circle)으로 나타냈다. 링크 색깔의 경우 트위터 메시지를 주고받는 관계는 파랑 선들로 나타내고 팔로우/팔로잉 관계는 검정 선들로 나타냈다.

〈표 7.25〉 하위 집단별 행위자 구성

구분		지자체장+기관	공무원	시민	정치인	합계
G1	행위자 수(명)	3	6	266	1	276
	비율(%)	(1.1)	(2.2)	(96.4)	(0.4)	(100)
G2	행위자 수(명)	0	90	14	0	104
	비율(%)	(0)	(86.5)	(13.5)	0	(100)

〈표 7.26〉 하위 집단별 특성

구분		G1	G2
특징		시민과 지자체장 및 기관 공식 계정	공무원 집단
노드 수		276	104
링크 수[22] (비중)	동일 집단으로 발신	8,805 (93.2)	8,959 (61.7)
	다른 집단으로 발신	644 (6.8)	5,571 (38.3)
	합계	9,449 (100)	14,530 (100)
하위 집단 밀도		0.018	0.414

나. 중심행위자 분석

2017년 성남시 트위터 네트워크에 있는 전체 행위자들을 대상으로 중심성을 분석한 결과를 정리한 것이 〈표 7.27〉이다. 내향 연결중심성 상위 10%이면서 매개중심성에서 1%에 들어가는 행위자들을 식별한 결과 성남시장(계정 이름: @Jaemyung_Lee), 성남시 공식 기관 계정(계정 이름: @seongnamcity), 하천관리과 시민소통관(계정 이름: @youhwan) 등 총 3개의 중심 행위자를 식별하였다. 행위자 유형별로 보면, 기관 계정은 평균적으로 중심성 지표가 높고, 시민 계정은 평균적으로 중심성 지표가 낮게 나타났다.

특히 이재명 시장의 내향 연결중심성과 매개중심성이 가장 높은 것으로 나타나 이재명 성남시장이 성남시 트위터 네트워크에서 가장 중요한 행위자로 나타났다. 기존의 연구(Eom *et al.*, 2018; Himelboim *et al.*, 2014)를 참조하면 성남시장은 두 가지 중심성 측면에서 가장 높은 '매개중심자'로서 역할을 하고 있다고 볼 수 있다. 그러나 그 구체적

22 링크 수에서 특정한 행위자가 다른 행위자와 연결되는 경우만 포함되어 있다. 즉, 어떤 행위자가 불특정 다수에게 트윗을 작성하는 경우에 발생하는 자기 연결(self-loop)은 링크 수에서 제외하였다.

〈표 7.27〉 주요 행위자 중심성 분석

계정 이름	내향 연결중심성	매개중심성	계정 특징
@Jaemyung_Lee	311	73,673	성남시장
@seongnamcity	268	45,453	성남시 공식 기관 계정
@youhwan	95	3,454	하천관리과 시민소통관
공무원 계정(평균)	53	299	–
기관 계정(평균)	70	4,347	–
시민 계정(평균)	5	42	–

인 역할에 대한 분석은 좀 더 구체적인 사례와 중개자 유형에 대한 논의와 함께 이루어질 필요가 있다.

다. 복합적 중개자로서 지자체장의 역할

〈표 7.28〉은 Gould와 Fernandez의 5가지 중개자 역할별로 상위 2명의 행위자를 식별한 결과이다. 분석 결과, 이재명 시장은 5가지 유형 중에서 4가지 중개자 유형에서 가장 높은 수치를 보여 성남시 트위터 네트워크에서 복합적 중개자인 것으로 나타났다. 이 중에서 이재명 시장이 가장 높게 나타나지 않은 연락자의 경우에는 여기에서 도출된 성남시 트위터 네트워크의 하위 집단구조를 고려하여 그 의미를 제한적으로 해석할 필요가 있다. 연락자가 분석상 의미를 갖기 위해서는 적어도 3개의 큰 하위 집단이 존재해야 한다. 그런데 이 네트워크에서는 큰 2개의 하위 집단을 제외하면 매우 작은 규모의 군소 하위 집단들로 구성되어서 군소 하위 집단에 속해 있는 행위자인 중원구 기관 계정(계정 이름: @jungwon_gu)이 큰 2개의 하위 집단의 구성원들과 상호작용을 하면서 연락자 역할을 한 것으로 나타났다. 그러나 이 경우에는 군소 하위 집단에 있는 행위자가 큰 2개의 하위 집단으로부터 상호작용할 수 있는 행위자의 범

〈표 7.28〉 중개자 유형별 상위 행위자 분석 결과

순위	조정자 (coordinator)		문지기 (gatekeeper)		대표 (representative)		상담자 (itinerant)		연락자 (liaison)	
1	Jaemyung_Lee (성남시장)	41,507	Jaemyung_Lee (성남시장)	16,993	Jaemyung_Lee (성남시장)	7,399	Jaemyung_Lee (성남시장)	1,459	jungwon_gu (기관)	951
2	seongnamcity (기관)	20,048	seongnamcity (기관)	11,716	seongnamcity (기관)	5,766	seongnamcity (기관)	1,403	seongnamcity (기관)	599

[그림 7.29] 복합적 중개자로서 성남시장의 역할 정리

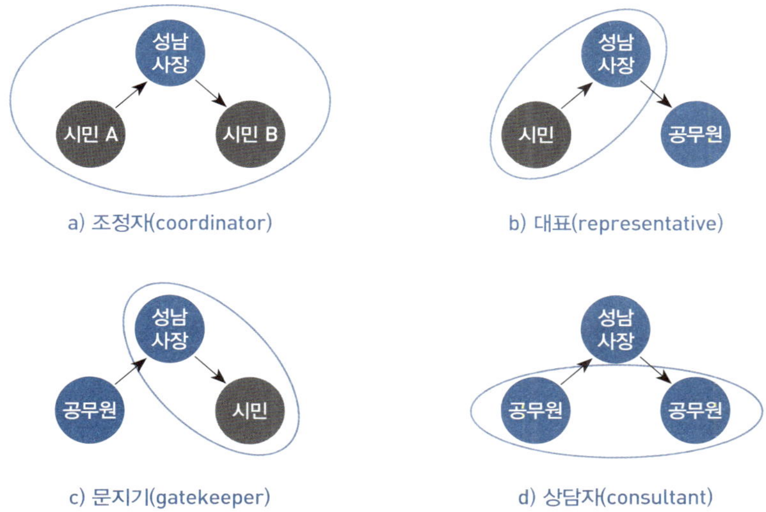

a) 조정자(coordinator) b) 대표(representative) c) 문지기(gatekeeper) d) 상담자(consultant)

위가 넓은 데서 기인한 것이다.

한편, 이재명 시장이 복합적 중개자인 것으로 나타났으나, 유형별로 역할을 한 정도는 다소 차이가 나타났다. 먼저, 조정자 수치는 41,507로 매우 높게 나타나 조정자로서의 역할을 매우 강도 높게 수행한 것으로 볼 수 있다. 다음으로, 문지기(16,993)와 대표(7,399) 역할은 조정자에 비해서 덜 강도 높게 수행되었으나 기타 다른 중개자 역할에 비해서는 최소한 5배 이상 높은 강도로 수행되었다. 마지막으로, 상담자(1,459) 역할은 다른 중개자 역할에 비해서 낮은 강도로 수행되었을 뿐만 아니라 성남시 기관 계정의 수치(1,403)와도 큰 차이가 나지 않는 것으로 나타났다. 그렇다면 선출직 공무원인 이재명 성남시장은 복합적 중개자로서 성남시 트위터 네트워크에서 구체적으로 어떤 역할을 하는지 살펴보자.

① 조정자

먼저 조정자 역할의 관점에서 성남시장은 같은 하위 집단에 속한 시민들 간의 의사소통을 매개하고 촉진하였으며, 그에 따라 '선출직 공무원과 시민 간에' 그리고 '시민들 간'의 의견 교환을 통해 선출직 공무원과 시민 간에 의견 불일치의 해소 가능성이 높아질 수 있다. 성남시장의 트위터 메시지는 시민들에게 전파되고 시민들은 성남시

장의 트위터 계정과 성남시장의 트위터 메시지를 일종의 플랫폼으로 하여 공공서비스의 개선에 관한 의사소통을 하였다. 다음의 내용에서는 그 예시로서 이재명 시장의 공공서비스 관련 트위터 메시지를 놓고 시민들 간에 의견 교환이 이루어지고 있다. 즉, 이재명 시장이 한 시민의 청계산 관리에 대한 비판을 보고 이에 대한 개선을 공무원에게 지시한 트위터 메시지가 그대로 시민들에게 노출되었는데, 이 트위터 메시지에 대한 70개의 답글을 통해 시민들이 의견 교환을 하였다.

[그림 7.30] 성남시장의 조정자 역할 예시

이재명 @Jaemyung_Lee 2017년 5월 22일
녹지과는 아래 청계산 노점이 성남시 관할인지, 현황 및 대책, 다른 등산로 영업상황도 함께 보고 바랍니다. 불곡산 등산로 노점은 광주시에 단속 요청 바랍니다.

조00 @boxertalent
강렬한 한낮의 청계산에 올랐다. 하지만 매봉 정상에 다다르자 웬 술판 포장마차? 가스 불에 술안주 만드느라 음식 냄새가 청계산에 진동, 음식물 쓰레기까지... 관할이 성남시장 이재명 씨인가? 실로 염려스럽다.

조00 @boxertalent 2017년 5월 22일
@Jaemyung_Lee 안녕하십니까? 조00입니다. 그것도 매봉 정상 가까운 곳에 포장마차까지 등장한 모습에 많은 산행인들이 어쩌다 산행문화가 이리 됐나 탄식하는 모습에 저 역시 너무 안타까워 글을 남겼는데 너무 염려를 드린 듯싶습니다. 하지만 깨끗한 산행문화가 정착됐으면 합니다.

더불어0000 @yawallgek 2017년 5월 22일
민원인으로 당연히 민원 제기할 수 있다고 생각합니다. 분명 산행 시 깨끗한 환경을 원하셨을 것이라고 생각해요. 아마 시장님이 교통정리 잘하실 것이라고 생각합니다.

미00 @zpO4v0QGV8gU3RB 2017년 5월 22일
@boxertalent @Jaemyung_Lee 당연한 글입니다. 등산을 좋아하는 입장에서 옳은 지적이고 고쳐야 할 일이죠. 혹 댓들 중에 실례되는 글이 있었더라도 넓은 마음으로 헤아려 주세요. 건강하시고 하시는 모든 일이 잘되시길 바랍니다.

검00 @kmj1645 2017년 5월 22일
@boxertalent @Jaemyung_Lee 이 양반아 근데 거기에 왜. 이 시장님을 물고 들어가나 물귀신도 아니고 잘못이 있음 시정 요구하면 될 일을 마치 이 시장이 행정 업무 등한시하는 것처럼 글 쓰는 이유가 뭐요 님 산행에 불편이 있었다면 그 관할청에 민원 넣으시면 뭔 이 시장 관할이니 어쩌니.

래비00 @HoneybeeLavy 2017년 5월 22일
불만이 많으신 연예인이신가 보죠. 자기 의견 생각들은 말할 수 있어야죠. 다만, 트윗에 글을 올린다는 건 많은 사람들이 봤으면 하고 올리는 것일 텐데 언어순화를 좀 바랄 뿐입니다.

간단하게 내용을 정리하면 다음과 같다. 먼저 문제 제기를 최초로 한 시민이 이재명 시장의 트위터 메시지에 답글 형식으로 문제 제기의 취지를 설명하였다. 이어서 일부 시민들은 성남시의 시정 발전을 위해 이러한 민원이 적절하다는 의견을 제시하는 한편, 일부 다른 시민은 트위터로 문제 제기하는 것이 적절한지에 대한 반대 의견을 제시하였다. 이에 대해 또 다른 시민은 의사소통에 있어서 타인에 더한 존중과 언어 순화가 전제되어야 한다는 의견을 제시하였다.

이처럼 선출직 공무원인 지자체장이 조정자 역할을 한다는 것의 실제적인 의미는 다음과 같이 두 가지로 정리할 수 있다. 첫째, 선출직 공무원이 시민들 간의 의사소통, 의견 교환을 실질적으로 매개하고 촉진하는 역할을 한다. 〈표 7.26〉에서 하위 집단 밀도가 0.018로 매우 낮으며 성남시 트위터 네트워크에서 시민들 간에는 느슨하게 연결되어 있음을 알 수 있다. 다시 말해, 시민들은 성남시장이 없었다면 약하게 연결되어 있거나 상호 간에 의사소통을 하기 어려운 상황에 놓여 있다. 이러한 상황에서 성남시장이 조정자 역할을 함으로써 다양한 시민들이 단절되지 않고 지자체의 공공서비스 개선을 위한 의사소통, 의견 교환이 가능하게 된 것이다.

둘째, 선출직 공무원과 시민 간에 의사소통, 의견 교환의 증가로 구체적인 상황에서 두 행위자 간에 의견 불일치의 가능성이 줄어들고 공감대를 형성할 가능성이 커진다. 선출직 공무원은 시민의 요구에 직접 노출되면서 자신의 의견을 표현하고, 그에 대해 시민들은 다시 의견을 표현하고 자신이 기존에 가졌던 의견을 조정한다. 위의 사례에서 성남시장은 청계산 불법 노점이 문제라는 시민의 비판을 수용하지만, 불곡산의 경우 담당 지자체가 광주시임을 언급하는 한편으로 광주시와 협조할 것임을 알린다. 시민들은 문제 상황에 대해 공유하였으며 일부 시민은 광주시 관할인 민원을 성남시에 제기하는 것은 적절치 않다는 의견을 제시하였다. 결국, 이러한 과정을 통해 구체적인 공공서비스의 전달 문제에 대한 시민과 선출직 공무원 간 의견 불일치가 완화될 수 있다.

② 대표와 문지기

다음으로 복합적 중개자로서 성남시장은 소셜미디어에서 시민과 일선 공무원 간의 관계를 매개하는 대표이자 문지기 역할을 하면서 일선 공무원이 시민과 선출직 공무원에 대해 가지던 상대적 자율성이 약화된다. 먼저 성남시장은 시민의 '대표'로서 공공서비스 개선에 대한 시민의 의견이 공무원에게 전달되도록 하였다. 다음의 사례에

[그림 7.31] 성남시장의 대표/문지기 역할 예시 1

JOO @joylee7923 2017년 6월 14일
@Jaemyung_Lee 저희 동네 밤길 어두운 거 개선해주세요. 운중고 버스 정류장에서 내려서 5단지랑 8단지 오는 길 너무 어둡습니다. 가로등 딸랑 2개. 그나마 안 켜짐. 전구 안 갈아주시나요. 저 같은 뚜벅이 아줌마들은 무섭네요. 어둠이. 빠른 해결 부탁드려요. 당장 이따 밤에 가 볼 거예요.

성남시(행복소통) @seongnamcity 2017년 6월 14일
안녕하세요. JOO님. 말씀하신 지역 가로등 전구 교체 해당부서에 신속히 조치하도록 요청하겠습니다. 트윗 확인이 늦어져 오늘은 어려울 듯하므로 양해 부탁드려요.

JOO @joylee7923 2017년 6월 14일
@seongnamcity @Jaemyung_Lee 가로등 4개 정도도 추가 설치 바랍니다. 너무 어두워요.

성남시(행복소통) @seongnamcity 2017년 6월 14일
@joylee7923 @Jaemyung_Lee 가로등 추가설치 요청도 검토하여 답변드리도록 해당부서에 전달하겠습니다.

분당구 녹지공원과 시민소통관 @pong091384 2017년 6월 15일
@joylee7923 @seongnamcity @Jaemyung_Lee 운중고등학교~육교방향 좌측에 나무색으로 된 가로등 12개입니다.

JOO @joylee7923 2017년 6월 14일
깜깜해서 안 보였던 거였네요. 지금 완전 환해요. 진작 해주시지.

분당구 녹지공원과 시민소통관 @pong091384 2017년 6월 15일
@joylee7923 @seongnamcity 분당구 녹지공원과에서 답변드립니다. 운중고버스정류장~운중고등학교 끝부분까지 10m 간격으로 12등, 산운 5단지와 6단지 사잇길에 8등, 총 보행자도로 211m 거리에 합계 20등이 있어 추가설치가 불필요함을 알려드립니다. 추가로 궁금하신 점이 있으시면 031)729-8092로 전화주시면 친절히 답변해드리겠습니다. 감사합니다.

서 보면, 성남시민이 생활 주변에서 겪는 문제 요소들을 성남시장에게 알리고 있으며, 이 내용은 성남시장의 트위터 계정을 매개로 하여 성남시 공무원들에게 전달된다. 다음으로 성남시 공무원들은 공공서비스 개선을 '문지기'인 성남시장을 통해 시민에게 전달한다.

위 사례를 구체적으로 살펴보면, 한 성남시민이 자신의 거주 지역 인근에 가로등이 계속 꺼져 있어 치안에 있어 취약 요소가 있음을 성남시장에게 알린다. 이는 성남시장 계정을 매개로 하여 성남시 공식 계정과 성남시 녹지공원과 공무원에게 전달되었다. 그 결과 성남시 녹지공원과 공무원은 가로등 문제를 해결하고 이에 대해 알렸다.

이처럼 지자체장은 시민들로 주로 구성된 하위 집단에서 이러한 하위 집단의 대표이자 문지기로서 시민과 공무원의 의사소통이 원활하게 되도록 연결해주는 역할을 하였다. 이를 통해 시민이 생활 영역에서 겪는 구체적인 문제 및 위험 요소들이 담당 일선 공무원들에게 전달되고, 담당 공무원들은 그에 대한 처리 결과 또는 처리 계획을 시민에게 전달한다. 이러한 모든 과정은 트위터 네트워크에 있는 다른 행위자들에게 가시적으로 드러난다.

그렇다면 일선 공무원이 갖는 상대적 자율성의 약화가 지방행정 반응성과 관련하여 갖는 의미는 무엇인가? 첫째, 소셜미디어를 통해 시민들은 언제, 어디에서든지 공공서비스의 제공·전달 과정에서의 문제점들에 대한 개선 요청을 정부에게 할 수 있다. 즉, 소셜미디어 시대 이전에 시민은 '정해진 장소'(예를 들어, 동사무소나 구청 민원 창구)에서 '정해진 시간'(예를 들어, 공무원 정규 일과 시간)에 '정해진 공식적인 담당자'(예를 들어, 민원 창구 담당 공무원)를 통해서 공공서비스의 문제점에 대해 개선 요청을 하였다. 따라서 시민은 일선 공무원을 만나서 공공서비스에 대해 요구할 수 있었지만 이와 같이 공식적으로 정해진 제한 상황에 놓여 있었다. 반면에, 소셜미디어의 존재로 인해서 시민들은 누구나 간편하게 공공서비스의 문제점에 대해 선출직 공무원이나 지방정부의 공식 계정에 얘기할 수 있게 되었다. 특히, 시민의 입장에서 정치적 대표인 선출직 공무원이나 지방정부의 공식 계정은 손쉽게 소셜미디어를 통해 찾을 수 있다는 점에서 담당 일선 공무원이 누구인지 찾으려고 애쓰지 않아도 되고 시공간의 제약도 받지 않는다. 나아가 선출직 공무원과의 직접적인 관계 형성은 시민에게 정치적 효능감efficacy을 줄 수 있는 장점이 있다.

둘째, 일선 공무원의 시민에 대한 대응 메커니즘이 가시적으로 드러나며 선출직 공무원과 시민으로부터 감시와 평가를 받게 된다. 일선 공무원은 정치인들이 만드는 공식적인 규칙을 따르고 준수할 책임을 가지는 한편으로, 시민들의 개별적인 상황을 이해하고 공감할 것이 요구된다. 이러한 상반된 요구 속에서 일선 공무원은 대응 메커니즘을 만들어서 때로는 규칙을 엄격하게 적용하고 때로는 시민의 개별적인 상황에 맞추어서 규칙을 변용한다. 그러한 대응 메커니즘이 적절한 것인지에 대해 시민과 선출직 공무원에게 질문받을 수 있는 상황에 계속 노출되며 일선 공무원은 자신의 대응 메커니즘을 구체적으로 설명하고 설득하려고 노력한다. 위의 사례에서 일선 공무원은 가로등 문제를 해결하는 한편으로 시민의 가로등 설치 요구를 '그대로' 수용하지 않고 그러한 요구가 해당 사례에서 적절하지 않다는 점을 구체적으로 설명하였다. 즉, 해당 지역 가로등 설치에 대해 담당 일선 공무원에 따르면, 10m당 가로등이 설치되어 있어 211m 구간에 총 20등이 설치되어 있기 때문에 추가적인 설치가 필요 없다는 것이다.[23] 문제를 제기한 시민은 이미 해당 일선 공무원이 기존에 설치되어 있던 가로등의 오작동 문제를 해결하였다는 점을 확인하였기 때문에 해당 일선 공무원의 설명에 수긍하였다. 이 시민은 가로등 설치 대수를 잘못 인지하고 있었음을 밝히면서 그러한 일선 공무원의 설명에 따라 자신의 의견을 조정하였다.

다른 한편으로 해당 일선 공무원은 시민의 개별적인 상황을 고려하여 일부 규칙을 변용하여 문제 해결을 도우려고 노력하였다. 가로등 설치에 대해서 「성남시 도로조명시설 설치 및 관리에 관한 조례」에서는 조례에 별표로 수록된 신청서 양식에 근거하여 시장 또는 구청장에게 정식 신청할 것을 명시하고 있다. 이 사례에서 담당 일선 공무원은 해당 시민이 그러한 신청 절차를 따르지 않았음에도 불구하고 적극적으로 가로등 오작동을 해소하여 문제를 해결한 점에서 시민의 개별적인 상황을 고려하여 규칙 변용을 하였다.

이어지는 다음의 [그림 7.32]와 같은 사례는 어느 시민이 자신의 세금 미납에 따른 가산금 부과에 저항하는 것에 대해 일선 공무원이 소셜미디어에서 어떻게 대응하는지를 보여준다. 세금 부과와 같이 공정한 규칙 적용이 요구되는 영역에서는 시민의 요구와 관계없이 사실관계를 정확히 확인한 후에 규칙을 엄격하게 적용하는 모습이 나타나고 있다.

결국, 선출직 공무원인 성남시장은 소셜미디어를 통해 시민과 일선 공무원 간의 상호작용을 매개함으로써 전통적인 관계구조를 깨뜨릴 뿐만 아니라 일선 공무원의 대응 메커니즘이 성남시장 자신과 다른 시민들의 눈에 보이도록 만든다. 이것은 단순히 일선 공무원이 시민들의 의견을 그대로 반영하도록 하거나 시민들의 의견에 온전하게 구속되도록 하는 것이 아니다. 일선 공무원의 시민에 대한 반응은 단순히 요구

23 성남시 조례에서는 가로등 설치 기준을 미터 단위로 명시하고 있지는 않지만, 다른 지방자치단체(경기도 광주시)의 조례의 가로등 설치 기준을 고려하면 도로 또는 골목길의 여건에 따라 100미터 단위 이내의 간격으로 한다는 점을 참고할 수 있다. 이런 기준에서 보면 해당 사례에서 가로등이 매우 촘촘하게 설치되어 있음을 알 수 있다.

[그림 7.32] 성남시장의 대표/문지기 역할 예시 2

물00 @agoguma 2017년 5월 31일

@Jaemyung_Lee 2012년 주정차 과태료 고지서가 나왔군요. 중간 가산금 시작 때는 가만히 놔두다가 5년이 지나니 보냅니다. 확인할 방법도 없네요. 적어도 가산금 시작 전에나 1년 정도 될 때 한 번은 보내야 하는 것 아닌가요?

성남시(행복소통) @seongnamcity 2017년 5월 31일

@agoguma @Jaemyung_Lee 2012년 과태료 고지서 보낸 곳이 어느 구인지 알아야만 해당 구 경제교통과에 알아볼 수 있습니다.

성남시(행복소통) @seongnamcity 2017년 5월 31일

@agoguma @Jaemyung_Lee 안녕하세요. 3개 구(수정, 중원, 분당) 중 어느 구 경제교통과에서 보낸 건가요? 해당 구 경제교통과에서 알아볼게요

물00 @agoguma 2017년 5월 31일

분당구입니다. 경기 00나 0000 오늘 자동차세 2015년 하반기도 나왔는데 제가 냈는지 안 냈는지도 모르겠어요.

성남시(행복소통) @seongnamcity 2017년 6월 1일

@agoguma @Jaemyung_Lee 안녕하세요. 주정차 과태료는 분당구 경제교통과, 자동차세는 분당구 세무2과에서 확인 후 다시 답변을 드리도록 할게요.

➡ 이00 @ALYS6005 2017년 6월 1일

@agoguma @Jaemyung_Lee 성남시청 징수과입니다. 확인한 결과 2012년 부과부서(분당구)에서 사전통지와 부과(등기우편) 및 독촉고지를 여러 차례에 걸쳐 보내드린 것으로 확인되고 있음을 알려드리며, 자세한 사정은 담당자: 729-2817로 문의주시면 친절하게 답변드리겠습니다.

서00(분당구 세무2과) @scentia_s 2017년 6월 1일

@agoguma @seongnamcity 분당구 세무2과에서 답변드립니다. 안녕하세요. 시장님 트위터로 문의하신 내용에 답변드리겠습니다. 경기 00나 0000 차량에 대한 2015년도 2기분(하반기) 자동차세는 2015.12.31.에 납부되었습니다. 이외에 궁금하신 점 있으시면 세무2과 시세팀(☎031-729-7155, 서인화)으로 연락 주시면 자세히 안내해 드리겠습니다.

를 들어주는 것이 아니라 자신의 대응 메커니즘을 드러내고 시민에게 설명하고 설득하는 형태로 이루어진다. 이는 때로는 개별적인 시민의 상황을 고려한 적극적인 규칙 변용으로 이어지기도 하지만 때로는 규칙에 따라서 엄격하게 대응하는 모습으로 나타나기도 한다. 이와 같은 일선 공무원의 대응 메커니즘의 노출과 일선 공무원들의 설명과 설득은 시민과 선출직 공무원이 구체적인 공공서비스 전달 상황에서 자신들의 요구 사항을 점진적으로 조정하도록 만든다.

③ 상담자

마지막으로 성남시장은 상담자로서 일선 공무원들 간의 의사소통을 원활하게 하도

록 도와주는 역할을 하면서 일선 공무원들 간에 동료학습이 이루어지는 것을 가능하게 만든다. 다만, 이 경우 [그림 7.33]에서 확인할 수 있듯이 성남시장의 상담자 지표(1,459)가 성남시 공식 계정의 상담자 지표(1,403)보다 약간 높게 나타나서 이들 두 행

[그림 7.33] 성남시장의 상담자 역할 예시

이재명 @Jaemyung_Lee 2017년 8월 11일
상대원 1동인데 환경정비가 왜 이럴까요?

➡

김00(상대원3동 시민소통관) @jindo19810 2017년 8월 11일
@Jaemyung_Lee 안녕하세요. 시장님. 상대원 3동 시민소통관입니다. 말씀해주신 해당구간 환경정비를 진행하였습니다. 앞으로도 취약구간 환경정비에 관심을 기울이고 깨끗한 마을 만들기에 힘쓰겠습니다.

➥ 히000 @soheegood 2017년 8월 11일
@Jaemyung_Lee 시장님 상대원3동에 위치한 상대원 시장에 아스팔트 작업이 새로 되었던데 빗물 빠지는 하수구를 막았네요. 작업 마무리를 깔끔히 하는 곳에 공사를 맡겨주세요.

➡

한00(전통시장현대과 시민소통관) @sj6387 2017년 8월 11일
@soheegood @Jaemyung_Lee 상대원시장 포장 관련 공사는 진행 중이며 앞으로 도막 공사 예정으로 빗물받이 막힌 사항은 조치 중에 있으며, 조속한 시일 내 완료하도록 하겠습니다. 감사합니다.

➡

김00(성남시 재난안전관실) @ki_dug 2017년 8월 12일
@soheegood @Jaemyung_Lee 상대원시장 일부 빗물받이 내 막혀있던 아스팔트를 8.12.오전에 제거하였으며 공사 예정인 도막공사를 시장 영업에 방해가 없도록 최대한 노력하겠습니다.

위자가 상담자의 관점에서 유사한 역할을 함을 알 수 있다. 따라서 비록 조정자와 대표/문지기 등 다른 중개자 유형에 비해서는 제한된 역할을 하지만, 성남시장은 일선 공무원들 상호 간에 대응 메커니즘을 관찰하고 학습하도록 돕는다.

위의 사례에서는 이재명 시장의 환경정비 요청에 대한 트위터 메시지를 통해 다양한 행위자들, 특히 일선 공무원들 간에 의사소통과 상호 관찰이 이루어진다. 이재명 시장의 환경정비 요청에 대해 상대원3동 시민소통관(계정 이름: @jindo19810)이 조치완료 사진과 함께 처리 결과를 전달하였다. 이어서 일부 시민은 이재명 시장의 트위터 메시지에 답글 형식으로 상대원 시장에서 아스팔트 작업 과정에서 빗물받이에 문제가 생겼음을 알린다. 이에 대해서 전통시장 관리 책임을 갖는 전통시장현대과 시민소통관(계정 이름: @sj6387)과 재난 및 안전에 대한 책임을 갖는 성남시 재난안전관실 시민소통관(계정 이름: @ki_dug)이 조치 내용을 이재명 시장과 민원 제기한 시민에게 응답함으로써 상호작용이 이루어졌다. 이때 전통시장현대과 시민소통관과 재난안전관실 시민소통관은 서로 다른 부서에 속해 있지만, 서로 유사한 용어(도막공사)를 사용하면서 시민의 요구에 대해 대응하고 있다. 이 과정에서 전통시장현대과 시민소통관은 처리 진행 상황을 먼저 밝히고, 재난안전관실 시민소통관은 조치 완료 사진과 함께 문제를 해결했음을 알렸다.

결국, 지방정부 차원의 반응성 측면에서 선출직 공무원으로서 성남시장이 상담자 역할을 하는 것의 실질적인 함의는 일선 공무원들의 대응 메커니즘들이 동료 일선 공무원들에게 쉽게 관찰되면서 동료학습이 일어날 가능성에 있다. 이 사례에서 이재명 시장의 계정과 트위터 메시지를 통해 문제 상황과 연관된 복수의 일선 공무원들이 문제에 접근하고 다른 공무원의 대응 내용을 직접 확인하고 필요한 경우 추가적인 대응을 한다. 결국, 소셜미디어에서 이루어지는 일선 공무원의 대응은 가시적으로 드러나며 어떻게 대응해야 하는지에 대해 상호 간에 관찰된다.

4. 토론

분석 결과를 정리하면, 공공부문에서 소셜미디어 활용은 지방행정 맥락에서 존재하는 구조적인 정보 비대칭에 의한 정보 및 의견 교환의 어려움을 개선할 수 있는 잠재력을 가진다. 구체적으로 소셜미디어 활용을 통한 지방행정의 반응성 개선은 다음과 같은 두 가지 효과로 정리할 수 있다.

첫째, 시민과 선출직 공무원 간의 공감대 형성 가능성의 증가이다. 시민과 선출직 공무원 간에 의견 불일치와 갈등은 때로는 정보 교환과 의사소통 채널의 단절과 왜곡에 의한 것일 수 있기 때문이다. 시민과 선출직 공무원 간에 직접적인 의사소통과 정보 교환을 통하여 상호 간에 잘못 알고 있는 정보와 지식을 교정하면서 의견을 점진적으로 조정해나갈 수 있다. 본 연구에서 살펴본 성남시 사례에서는 특히 선출직 공무원이 시민들과 같은 하위 집단을 구성하면서 조정자 역할을 하여 구체적인 상황에 대한 의견 교환과 점진적인 의견 조정이 이루어질 수 있는 것으로 나타났다.

둘째, 일선 공무원의 대응 메커니즘이 다른 행위자들에 의해서 관찰될 수 있게 되면서 발생하는 자기 교정과 학습, 상시적인 비판과 감시의 직면을 통해 일선 공무원은 자신의 대응 메커니즘을 계속해서 발전시켜 나갈 수 있다. 선출직 공무원이 대표/문지기 역할을 하면서 일선 공무원들의 대응 메커니즘은 시민의 관찰과 감시하에 놓이게 된다. 다른 한편으로, 선출직 공무원이 상담자 역할을 하면서 일선 공무원들의 대응 메커니즘은 다른 일선 공무원들에 의하여 관찰될 수 있게 된다. 이에 따라 일선 공무원은 선출직 공무원과 시민의 요구를 무조건적으로 수용하는 것이 아니라 그러한 요구로부터 자신의 대응 메커니즘의 적절성을 지속적으로 고민하는 상황에 놓이게 된다. 또한, 일선 공무원은 선출직 공무원이 만들어낸 다양한 행위자들로부터의 관찰, 감시하에서 자신이 하는 대응의 적절성에 대해 지속적으로 설명하고 다른 행위자들에게 그러한 적절성을 보여주고 설명하고 설득해야 하는 상황에 놓이게 된다. 그리고 일선 공무원은 반복적인 학습과 시행착오를 통해 더 나은 대응 메커니즘을 계속해서 발전시킴으로써 선출직 공무원과 시민으로부터 오는 서로 다른 요구에 대해 유연하게 반응할 수 있게 된다.

그렇다면 이러한 두 가지 효과가 발현되기 위해서는 어떤 조건들이 필요한 것일까? 성남시 사례를 통해 우리는 다음과 같은 조건들을 식별하였다(〈표 7.29〉 참조). 먼저, 지방정부 내부적 조건부터 살펴보면 다음과 같다. 첫째, 선출직 공무원의 복합적

〈표 7.29〉 소셜미디어를 통한 지방행정의 반응성 증가를 위한 내·외부적 조건

	내부적 조건	외부적 조건
행위자 측면	• 선출직 공무원의 복합적 중개자 역할 • 일선 공무원의 소셜미디어 활용	• 시민의 보편적인 소셜미디어 활용 ('적절한 포함'의 문제)
관리적/ 기술적 측면	• 다루어지는 공공서비스의 범위 • 선출직 공무원의 소셜미디어 계정의 기관/공무원 계정과의 체계적인 연동	• 소셜미디어의 특성 (가시성, 사회적 정보)

중개자 역할이 요구된다. 성남시 사례에 대한 분석 결과, 지방행정에서 구조적 정보 비대칭을 해소하는 네트워크는 선출직 공무원의 복합적 중개자 역할 속에서 형성되었음을 확인할 수 있었다. 따라서 다양한 행위자들을 네트워크에 끌어들이고 이들 간의 상호작용을 활성화시키는 선출직 공무원의 복합적 중개자 역할은 중요하다.

둘째, 일선 공무원의 적극적인 소셜미디어 활용이 요구된다. 일선 공무원의 적극적인 소셜미디어 활용이 이루어질 때 일선 공무원의 대응 메커니즘이 가시적으로 드러나는 효과가 발현된다.

셋째, 관리적 측면에서 소셜미디어를 통해 다루어지는 공공서비스 범위가 포괄적인지가 중요할 수 있다. 공공서비스 범위가 충분히 포괄적이지 않고 심지어 그러한 범위 설정이 지방정부에 의해 자의적으로 이루어질 수도 있을 것이다. 예를 들어, 규칙을 변용하여 시민에게 혜택을 줄 수 있는 공공서비스만 소셜미디어에서 다루어지고, 규칙을 엄격하게 적용하여 시민을 설득해야 하는 공공서비스는 소셜미디어에서 다루어지지 않을 수 있다. 이 경우 특정한 공공서비스 요구만 체계적으로 반영되고 다른 것은 체계적으로 배제되는 점에서 문제가 있다.

넷째, 선출직 공무원의 소셜미디어 계정의 기관/공무원 계정과의 체계적인 연동은 중요하다. 복합적 중개자인 선출직 공무원을 통해서 상호작용과 의견 교환이 이루어지기 때문에 이러한 선출직 공무원 계정으로 들어오고 나가는 메시지의 흐름을 체계적으로 기관 계정에서 연계하고 이것이 다시 공무원 계정으로 연계되도록 제도화되는 것이 중요하다(Eom *et al.*, 2018; 엄석진 외, 2014).

다음으로 지방정부의 외부적 조건을 살펴보면 다음과 같다. 첫째, 행위자 측면에서 시민의 보편적인 소셜미디어 활용은 중요한 조건이 된다. 행정의 반응성과 관련하여 '적절한 포함'이 가능하도록 반응의 대상과 범위를 설정하는 것은 매우 중요한 문제다(Saltzstein, 1985; Dahl & Lindbloom, 1953). 그렇다면 소셜미디어에 등장하는 시민이 과연 전체 시민의 범위를 포괄할 수 있을 것인가? 만일 그렇지 않다면, 정부관료제가 소셜미디어를 활용하는 시민의 소망과 요구에 반응하는 것이 전체적인 시민의 소망과 요구에 반하는 것일 수 있다. 또한, 이들이 만일 정부에서 활용하지 않는 소셜미디어를 활용한다면 정부가 이들을 정부에서 활용하는 소셜미디어로 끌어들이거나('당기기(pull)' 전략) 아니면 이들이 있는 곳으로 정부가 가야 한다('밀기(push)' 전략)(Mergel, 2013).

둘째, 기술적 측면에서 지방행정에서 활용되는 소셜미디어의 특성도 중요하다. 성남시 사례에서 트위터는 소셜미디어 사용자의 메시지가 다른 사람들에게 가시적으로 드러나고 또한 그 사용자는 다른 사람들의 메시지를 쉽게 관찰할 수 있는 매체적 특성을 갖는다. 반면에, 카카오톡이나 밴드와 같이 메시지의 외부적인 노출이 제한되는 소셜미디어는 지방행정의 반응성 개선의 효과를 제약할 수 있다.

그러나 소셜미디어를 통한 지방행정에서의 정보 비대칭 개선이 지방행정의 반응성을 곧바로 증가시키는 것은 아니다. 소셜미디어를 통한 지방행정에서의 정보 비대칭 개선의 효과는 소셜미디어와 이를 활용한 공공서비스 전달에 대해 공무원과 시민이 가지는 인식에 영향을 받을 것이다. 먼저, 소셜미디어를 통한 지방행정에서의 정보 비대칭 개선은 일선에 있는 공무원들의 업무량의 증가로 이어지면서 트위터 활용에 대한 공무원들의 시각, 인식, 태도가 반응성 개선 수준에 미치는 효과가 차별화될 것으로 보인다.[24] 최근에 부각되는 일과 삶의 균형에 대한 인식 수준(이재완·강혜진, 2018)은 근무시간 외 소셜미디어 활용에 대한 공무원의 태도에 영향을 미칠 것이다. 이러한 인식들은 앞서 논의한 개인 수준의 역량과 함께 공무원의 대응 메커니즘에 영향 미칠 것이다.

또한, 소셜미디어를 통한 지방행정에서의 정보 비대칭 개선은 시민참여를 조건으로 하는 점에서 시민이 갖는 시각, 인식, 태도에 따라 반응성에 미치는 효과가 달라질 것이다. Margetts 등(2015)의 실증분석 결과에 따르면, 시민의 소셜미디어에 대한 인식과 소셜미디어를 통한 참여의 비용, 시민의 성격personality에 따라 소셜미디어 활용 양태가 달라지는 것으로 나타났다. 아울러, 시민참여의 효능감이 참여의 지속성에 영향을 미치기 때문에, 소셜미디어의 활용에 대한 시민들의 인식이 소셜미디어의 활용을 통한 시민참여와 행정의 반응성 간 선순환 창출에 영향을 미치게 된다(Sjoberg *et al.*, 2017).

---

24 실제로 지방행정에서 트위터 활용으로 인해 일선 공무원들의 업무 부담이 커지고 있는 것으로 보인다. 행정에 트위터를 적극 활용하는 박원순 서울시장은 자신의 트위터에서 "트위터에서 나오는 민원까지도 공무원들에게 시정하라고 하셔서 공무원들은 매우 힘들다네요...."라는 어느 시민(ID: @hoi79)의 트윗에 대해 "서울시 공무원들 많이 힘듭니다. 실시간대 트위터 민원 처리해야죠, 꼼꼼한 시장 지시 사항 무더기로 내려오죠..."라며 격려와 응원을 요청하기도 하였다(2012. 12. 23.). 이와 같은 내용들은 트위터 활용이 일선 공무원들에게는 업무 부담 증가로 이어지게 되면서 트위터 활용에 대한 공무원들의 시각과 인식이 반응성 개선 효과에 영향을 미치게 될 것임을 시사한다.

Ⅵ

결론

이 장에서는 소셜미디어 정부의 특성을 개관하고 소셜미디어 활용과 관련된 다양한 현상들을 실증적으로 분석하였다. 소셜미디어의 정의 및 미디어로서의 특성에 대한 개관에 이어 소셜미디어가 공공부문에 도입됨에 따른 기대효과와 그 발현 메커니즘에 대해 사회연결망이론의 시각에서 분석하였다. 아울러, 소셜미디어의 공공부문 도입에 대한 찬반양론을 살펴보고 소셜미디어 도입의 기대효과가 발현될 수 있는 조건과 사회기술적 시각의 중요성에 대해서도 논의하였다. 제3절과 제4절에서는 한국의 광역자치단체장의 트위터 활용 사례에 대한 분석과 서울시의 트위터 네트워크 분석 및 서울시장의 역할 분석을 통해 소셜미디어가 행정에서 어떻게 활용되고 있으며, 소셜미디어 도입의 기대효과를 실현하기 위한 조건은 무엇인지 검토하였다. 그리고 제5절에서는 이러한 논의를 성남시 사례에 확대 적용하면서 소셜미디어의 효과에 대한 함의를 구체적으로 이끌어내고자 하였다.

이와 같은 분석 결과, 소셜미디어 정부는 외부적 커뮤니케이션방식의 변화와 함께 행정의 반응성을 비롯한 공공가치를 개선할 잠재력과 가능성을 보여주고 있는 것으로 평가된다. 전통적인 외부적 커뮤니케이션방식과 달리 다양한 공공부문의 행위자가 시민과의 의사소통에 참여할 수 있게 되었을 뿐만 아니라 그러한 행동들은 다른 행위자들에게 관찰된다. 나아가 선출직 공무원의 적극적인 소셜미디어 활용은 다양한 행위자들 간의 관계를 매개하면서 외부적 커뮤니케이션 양상을 극적으로 변화시키고 이를 통해 행위자들 간의 관계에 내재되어 있던 비대칭 정보의 문제를 해결하는 기술적 기반으로 작용한다.

이러한 변화는 서울시 사례에서 볼 수 있듯이, 기관 차원에서 변화의 양상을 시민의 수요에 맞게 공공서비스를 개선할 수 있도록 제도화할 때 더욱 극적으로 나타난다. 그러한 점에서 이러한 변화는 시민의 의견에 단순히 '반응'할 뿐만 아니라 이를 통해 '효율적인' 서비스 제공의 가능성도 발생시킨다. 이는 커뮤니케이션과 정보 교환 방식의 변화가 사회연결망에서 어떤 극적인 효과를 낳을 수 있는지에 대한 좋은 시사점을 제공한다. 특히 이와 같은 과정에서 지방자치단체장 또는 기관장이 중개자 또는 네트워크 매개자로서 활동하게 되면 트위터 활용의 효과가 더욱 고양될 것으로 기대된다.

그럼에도 불구하고, 이와 같은 사례가 소셜미디어 정부의 위험성이나 한계를 간과하게 해서는 안 될 것이다. 광역자치단체에서 트위터가 적극적으로 활용되는 경우에도 지방자치단체장의 개인적 선호와 경험, 그리고 개인 계정에 과도하게 의존하고 있는 것으로 보여 '트위터 행정'의 지속가능성에 대한 우려가 제기될 수 있다. 아울러, 트위터 활용을 정착시키기 위해서는 트위터의 도입에 따른 장점을 극대화하고 단점을 최소화하기 위한 다양한 제도적 보완이 마련되어야 한다. 무엇보다도, 기관 계정이 더 활성화될 수 있는 방안이 모색되어야 하며, 소셜미디어를 이용하여 여론을 왜곡하기 위한 '가짜 뉴스fake news'에 대응하기 위한 정책적 대응과 트위터 사용자들의 행태적 변화 역시 고려될 필요가 있다.

결론적으로, 정부의 소셜미디어 활용의 효과는 전적으로 긍정적이거나 혹은 부정적이기만 한 것은 아니다. 그러한 이분법을 넘어서서 정부의 소셜미디어 활용 효과의 긍정적인 측면을 촉진시키고 부정적인 측면을 억제하는 조건들을 찾고 개선하는 것이 중요하다. 소셜미디어를 통해 관리적 혁신과 민주적 가치의 실현을 위한 활용 메커니즘에 대한 탐색과 연구가 지속적으로 이루어져야 하는 이유이다.

참고문헌

강원택. (2012).『4·11 총선과 SNS 선거캠페인』. 제38회 한국언론학회 심포지움 및 세미나, 209-212.

금혜성. (2011).「정치인의 SNS 활용: 정치적 소통 도구로서의 트위터」.『한국정당학회보』, 10(2), 189-220.

서울특별시. (2013).『시민과 서울시, SNS로 통(通)하다』. 서울: 청송문화인쇄사.

서진완·남기범·김계원. (2012).「지방자치단체의 소셜미디어 활용현황 분석과 의미」.『한국행정학보』, 46(1), 131-156.

송호근·김우식·이재열. (2004).『한국사회의 연결망 연구』. 서울: 서울대학교 출판부.

송희준·조희정. (2013).『소셜미디어와 정부PR』. 서울: 대영문화사.

엄석진·황한찬·윤영근. (2014).「광역자치단체장의 트위터 활용: 누가 어떻게 트위터를 행정에 활용하는가」.『한국행정학보』, 48(3), 381-412.

이소영. (2012).『4·11 총선과 SNS 선거캠페인』. 제38회 한국언론학회 심포지움 및 세미나, 97-122.

이수범·김동우. (2012).「소셜미디어의 정치적 이용이 유권자들의 정치 참여 의도에 미치는 영향 연구」.『홍보학연구』, 16(1), 78-111.

이수상. (2012).『네트워크 분석 방법론』. 서울: 논형.

장덕진·황정미. (2003).「여성의 사회적 자본: 기업조직 내 연결망 분석 사례를 중심으로」.『경제와 사회』, 59, 130-160.

홍주현·박미경. (2011).「트위터 이용이 사회 정치 참여에 미치는 영향: 전통미디어 이용, 정치 관심, 트위터 이용 패턴의 효과를 중심으로」.『한국언론학보』, 55(6), 56-81.

황한찬·엄석진. (2019).「소셜미디어 활용을 통한 지방행정의 반응성 개선: 성남시의 트위터 활용 사례를 중심으로」.『한국행정학보』, 53(4), 243-273.

Aberbach, J. D., & Rockman, B. A. (1994). Civil servants and policymakers: Neutral or responsive competence? *Governance*, 7(4), 461-469.

Andersen, K. N., Medaglia, R., Vatrapu, R., Henriksen, H. Z., & Gauld, R. (2011). The forgotten promise of e-government maturity: Assessing responsiveness in the digital public sector. *Government Information Quarterly*, 28(4), 439-445.

Baumgartner, F. R., & Jones, B. D. (2010). *Agendas and instability in American politics*. University of Chicago Press.

Belle, N., & Cantarelli, P. (2017). What Causes Unethical Behavior? A Meta-Analysis to Set an Agenda for Public Administration Research. *Public Administration Review*, 77(3), 327-339.

Bertot, J. C., Jaeger, P. T., & Grimes, J. M. (2010). Using ICTs to create a culture of transparency: E-government and social media as openness and anti-corruption tools for societies. *Government Information Quarterly*, 27(3), 264-271.

Bertot, J. C., Jaeger, P. T., & Grimes, J. M. (2012). Promoting transparency and accountability through ICTs, social media, and collaborative e-government. *Transforming Government: People, Process and Policy*, 6(1), 78-91.

Bingham, L. B., Nabatchi, T., & O'Leary, R. (2005). The new governance: Practices and processes for stakeholder and citizen participation in the work of government. *Public Administration Review*, 65(5), 547-558.

Black, J., Hashimzade, N., & Myles, G. (2012). *A dictionary of economics*. Oxford University Press.

Bonsón, E., Torres, L., Royo, S., & Flores, F. (2012). Local e-government 2.0: Social media and corporate transparency in municipalities. *Government Information Quarterly*, 29(2), 123-132.

Brito, J. (2008). Hack, mash, & peer: Crowdsourcing government transparency. *The Columbia Science and Technology Law Review*, 9, 119-157.

Burham, W. D., & Weinberg, M. W. (1978). *American politics and public policy*. Cambridge: The MIT Press.

Burstein, P. (2003). The impact of public opinion on public policy: A review and an agenda. *Political Research Quarterly*, 56(1), 29-40.

Burt, R. (2009). *Structural holes: The social structure of competition*. Cambridge, MA: Harvard University Press.

Choi, S. C., Meza, X. V., & Park, H. W. (2014). South Korean culture goes Latin America: Social network analysis of kpop tweets in Mexico. *International Journal of Contents*, 10(1), 36-42.

Chen, Q., Xu, X., Cao, B., & Zhang, W. (2016). Social media policies as responses for social media affordances: The case of China. *Government information quarterly*, 33(2), 313-324.

Chun, S., Shulman, S., Sandoval, R., & Hovy, E. (2010). Government 2.0: Making connections between citizens, data and government. *Information Polity*, 15(1, 2), 1-9.

Chung, C. J., Cho, S. E., & Park, H. W. (2014). SNS use by the Korean government: A case of Me2Day. *Asian Journal of Communication*, 24(1), 25-41.

Clauset, A., Newman, M. E., & Moore, C. (2004). Finding community structure in very large networks. *PhysicalReview E*, 70(6), 66-111.

Criado, J. I., Sandoval-Almazan, R., & Gil-Garcia, J. R. (2013). Government innovation through social media. *Government Information Quarterly*, 30(4), 319-326.

Criado, J. I., & Rojas-Martín, F. (2013). Social media and public administration in Spain: A comparative analysis of the regional level of government. In *E-government success around the world: Cases, empirical studies, and practical recommendations*. (pp. 276-298). IGI Global.

Dahl, R. (2000). *On democracy*. New Haven: Yale University Press.

Dahl, R., & Lindblom, C. (1953). *Politics, economics, and welfare*. NY: Harper and Row.

de Graaf, G., & Meijer, A. (2019). Social Media and Value Conflicts: An Explorative Study of the Dutch Police. *Public Administration Review*, 79(1), 82-92

Dekker, R., & Bekkers, V. (2015). The contingency of governments' responsiveness to the virtual public sphere: A systematic literature review and meta-synthesis. *Government Information Quarterly*, 32(4), 496-505.

Downs, G. W., & Rocke, D. M. (1994). Conflict, agency, and gambling for resurrection: The principal-agent problem goes to war. *American Journal of Political Science*, 38(2), 362-380.

Ellison, N., & Hardey, M. (2014). Social media and local government: Citizenship, consumption and democracy. *Local Government Studies*, 40(1), 21-40.

Eom, S. J., Hwang, H., & Kim, J. H. (2018). Can social media increase government responsiveness? A case study of Seoul, Korea. *Government information quarterly*, 35(1), 109-122.

Feeney, M. K., & Welch, E. W. (2016). Technology-task coupling: Exploring social media use and managerial perceptions of e-government. *The American Review of Public Administration*, 46(2), 162-179.

Freeman, L. C., Roeder, D., & Mulholland, R. R. (1979). Centrality in social networks: II. Experimental results. *Social networks*, 2(2), 119-141.

Gil-Garcia, J. R., & Pardo, T. A. (2005). E-government success factors: Mapping practical tools to theoretical foundations. *Government Information Quarterly*, 22(2), 187-216.

Golbeck, J., Grimes, J. M., & Rogers, A. (2010). Twitter use by the U.S. Congress. *Journal of the American Society for Informational Science and Technology*, 61(8), 1612-1621.

Granovetter, M. (1973). The strength of weak ties. *American Journal of Sociology*, 78(6), 1360-1380.

Hansen, D., Shneiderman, B., & Smith, M. (2010). *Analyzing social media networks with NodeXL: Insights from a connected world*. Burlington, MA: Elsevier Inc.

Haythornthwaite, C. (1996). Social network analysis: An approach and technique for the study of information exchange. *Library & information science research*, 18(4), 323-342.

Hansson, K., Belkacem, K., & Ekenberg, L. (2015). Open government and democracy: A research review. *Social Science Computer Review*, 33(5), 540-555.

Heo, Y. C., Park, J. Y., Kim, J. Y., & Park, H. W. (2016). The emerging viewertariat in South Korea: The Seoul mayoral TV debate on Twitter, Facebook, and blogs. *Telematics and Informatics*, 33(2), 570-583.

Himelboim, I., Golan, G. J., Moon, B. B., & Suto, R. J. (2014). A social network's approach to public relations on Twitter: Social mediators and mediated public relations. *Journal of Public Relations Research*, 26(4), 359-379.

Himelboim, I., Smith, M. A., Rainie, L., Shneiderman, B., & Espina, C. (2017). Classifying twitter topic-networks using social network analysis. *Social Media+ Society*, 3(1), 1-13.

Honeycutt, C., & Herring, S. C. (2009). Beyond microblogging: Conversation and collaboration via Twitter. *Proceeding Science and Technology*, 61(8), 1612-1621.

Jaeger, P. T., & Bertot, J. C. (2010). Transparency and technological change: Ensuring equal and sustained public access to government information. *Government Information Quarterly*, 27(4), 371-376.

Java, A., Song, X., Finin, T., & Tseng, B. (2007). Why we Twitter: Understanding microblogging usage and communities. Proceeding of the 9th WebKDD and 1st SNA-KDD 2007 workshop on web mining and social network analysis(WebKDD/SNA-KDD '07) (PP. 56-65). New York, USA: ACM

Kavanaugh, A. L., Fox, E. A., Sheetz, S. D., Yang, S., Li, L. T., Shoemaker, D. J., Natsev, A., & Xie, L. (2012). Social media use by government: From the routine to the critical. *Government Information Quarterly*, 29(4), 480-491.

King, G., Pan, J., & Roberts, M. E. (2017). How the Chinese government fabricates social media posts for strategic distraction, not engaged argument. *American Political Science Review*, 111(3), 484-501.

Linders, D. (2012). From e-government to we-government: Defining a typology for citizen coproduction in the age of social media. *Government Information Quarterly*, 29(4), 446-454.

Lipsky, M. (2010). *Street-level bureaucracy: Dilemmas of the individual in public service*. NY: Russell Sage Foundation.

Loader, B. D., & Mercea, D. (2011). Networking democracy? Social media innovations and participatory politics. *Information, Communication & Society*, 14(6), 757-769.

Lowi, T. (1964). American business, public policy, case-studies and political theory. *World Politics*, 16(4), 677-715.

Malsbender, A., Hoffmann, S., & Becker, J. (2014). Aligning capabilities and social media affordances for open innovation in governments. *Australasian Journal of Information Systems*, 18(3), 317-330.

Margetts, H. Z. (2009). The Internet and public policy. *Policy & Internet*, 1(1), 1-21.

Margetts, H., John, P., Hale, S., & Yasseri, T. (2015). *Political turbulence: How social media shape collective action*. Princeton University Press.

Maroulis, S. (2017). The role of social network structure in street-level innovation. *The American Review of Public Administration*, 47(4), 419-430.

Marsden, P. V. (1982). Brokerage behavior in restricted exchange networks. *Social structure and networkanalysis*, 7(4), 341-410.

Meier, K., & O'Toole, L. (2006). *Bureaucracy in a democratic state: A governance perspective*. Baltimore, MD: Johns Hopkins University Press.

Meijer, A. J., & Torenvlied, R. (2016). Social media and the new organization of government communications: An empirical analysis of Twitter usage by the Dutch police. *The American Review of Public Administration*, 46(2), 143-161.

Mergel, I. (2013). Social media adoption and resulting tactics in the US federal government. *Government Information Quarterly*, 30(2), 123-130.

________. (2016). *The Social Intranet: Insights on Managing and Sharing Knowledge Internally*. IBM Center for the Business of Government.

O'Reilly, T. (2009). *What is web 2.0*. O'Reilly Media, Inc..

Osborne, D., & Gaebler, T. (1992). *Reinventing government: How the entrepreneurial spirit is transforming government*. Addison-Wesley Public Co.

Panagiotopoulos, P., Bigdeli, A. Z., & Sams, S. (2014). Citizen-government collaboration on social media: The case of Twitter in the 2011 riots in England. *Government Information Quarterly*, 31(3), 349-357.

Raban, D. R., & Rabin, E. (2007). The power of assuming normality. Proceedings of European and Mediterranean Conference on Information Systems 2007(EMCIS2007), June 24-26, 2007, Polytechnic University of Valencia, Spain.

Reddick, C. G., Chatfield, A. T., & Ojo, A. (2017). A social media text analytics framework for double-loop learning for citizen-centric public services: A case study of a local government Facebook use. *Government Information Quarterly*, 34(1), 110-125.

Saltzstein, G. H. (1985). Conceptualizing bureaucratic responsiveness. *Administration & Society*, 17(3), 283-306.

Shirky, C. (2011). The political power of social media: Technology, the public sphere, and political change. *Foreign Affairs*, 90(1), 28-41.

Sjoberg, F. M., Mellon, J., & Peixoto, T. (2017). The effect of bureaucratic responsiveness on citizen participation. *Public Administration Review*, 77(3), 340-351.

Smith, M. A., Himelboim, I., Rainie, L., & Shneiderman, B. (2015). The structures of Twitter crowds and conversations. In Matei, S. A., Russell, M. G., & Bertino, E. (eds.). *Transparency in social media: Tools, methods and algorithms for mediating online interactions*. (pp. 67-108). Switzerland: Springer.

Snead, J. T. (2013). Social media use in the U.S. Executive branch. *Government Information Quarterly*, 30(1), 56-63

Sobaci, M. Z., & Karkin, N. (2013). The use of twitter by mayors in Turkey: Tweets for better public services? *Government Information Quarterly*, 30(4), 417-425.

Stamati, T., Papadopoulos, T., & Anagnostopoulos, D. (2015). Social media for openness and accountability in the public sector: Cases in the Greek context. *Government Information Quarterly*, 32(1), 12-29.

Starling, G. (2010). *Managing the public sector*. Boston: Cengage Learning.

Ulibarri, N., & Scott, T. A. (2017). Linking network structure to collaborative governance. *Journal of Public Administration Research and Theory*, 27(1), 163-181.

Warren, A. M., Sulaiman, A., & Jaafar, N. I. (2014). Social media effects on fostering online civic engagement and building citizen trust and trust in institutions. *Government Information Quarterly*, 31(2), 291-301.

Wasserman, S., & Faust, K. (1994). *Social network analysis*. New York: Cambridge University Press.

Zavattaro, S. M., French, P. E., & Mohanty, S. D. (2015). A sentiment analysis of US local government tweets: The connection between tone and citizen involvement. *Government Information Quarterly*, 32(3), 333-334.

제 8 장

모바일 전자정부 :
공공 모바일 앱

I

서론

인터넷이 보편화되기 이전에는 시민들은 정해진 시간과 장소에서 원하는 공공서비스를 제공받는 것이 일반적인 형태였다. 유선 인터넷 기반의 전자정부 시대에는 컴퓨터가 있고 인터넷이 연결된 상황에서 공공서비스를 제공받게 되었다. 모바일 전자정부의 등장 이후에는 시간에 구애받지 않고, 유선으로 인터넷이 연결되지 않는 장소에서도 공공서비스를 무선으로wireless 제공받을 수 있게 되었다. 특히, 2008년 애플Apple 사의 아이폰iPhone 출시 이후 스마트폰 이용이 활발해지고 보편화됨에 따라, 정부의 공공서비스도 스마트 기기를 통해 이전보다 더 편리하고 신속할 뿐만 아니라, 더 다양한 콘텐츠를 제공할 수 있게 되면서 이전과는 다른 공공서비스 제공 양상이 나타나고 있다.

모바일 전자정부는 다양한 모바일 기술을 통해 국민들과의 쌍방향 소통을 고도화시키고 정부 중심의 정보 제공이 아닌 국민 중심의 정보 제공이 이루어지는, 소통, 공유, 협력을 통한 공동 작업이 가능해진 전자정부로의 진화로 이해할 수 있다. 이와 같은 혁신성으로 인해 모바일 전자정부는 중앙정부를 비롯하여 지방정부와 공공기관 등 공공서비스를 제공하는 대부분의 기관에서 활발하게 채택되어 왔다.

이 장에서는 모바일 전자정부의 특징을 개관하고 정부 및 공공기관이 제공하는 공공 모바일 앱에 대한 분석을 통해 한국의 중앙행정기관 및 지방자치단체의 모바일 전자정부 현황 및 수준, 그리고 그 결정 요인을 살펴보고자 한다. 제2절에서는 모바일 전자정부의 정의와 특성, 모바일 기기의 기술적 특성과 공공 모바일 앱의 등장부터 보편화까지 변화의 흐름을 살펴보고 공공부문에서의 모바일 기기 도입과정과 이용 현황에 대해 살펴본다. 제3절에서는 2012년, 2015년, 2017년 공공 모바일 앱에 대한 전수조사 결과를 바탕으로 한국의 중앙행정기관과 지방자치단체의 공공 모바일 앱 활용 현황 및 성숙 수준 측정 결과를 제시하였다. 제4절에서는 공공 모바일 앱에 대한 선행연구 결과를 바탕으로 중앙행정기관과 지방자치단체의 공공 스마트폰 앱 발전 수준에 대한 영향 요인을 양적·질적 분석방법을 적용하여 분석하였다. 이와 같은 분석 결과를 바탕으로 향후 모바일 전자정부의 발전에 대한 정책저언 및 시사점을 제시하였다.

Ⅱ 모바일 전자정부의 개요

1. 모바일 전자정부의 정의와 특성

모바일 전자정부는 시민, 기업, 그리고 정부 등 전자정부와 관련되어 있는 주체들의 유·무형의 이익을 향상시키기 위해 모든 종류의 무선 및 모바일 기술, 서비스, 애플리케이션, 그리고 기기를 활용하는 전략과 그 실행으로 정의될 수 있다(Kushchu, 2007). 모바일 전자정부와 관련된 초기의 연구와 정책은 모바일 전자정부를 유선 인터넷 기반 전자정부의 보조적인 현상으로 간주하거나 일종의 미래상未來像으로 간주하는 경향이 있었다(Kumar & Sinha, 2007; Kushchu & Kuscue, 2003). 그러나 최근에는 기존의 유선 인터넷 기반의 전자정부와는 차별화된 모바일 전자정부의 특성이 강조되고 있다. 모바일 전자정부를 기존의 유선 인터넷 기반의 전자정부의 연장선으로 이해하기보다는, 스마트폰 등 스마트 모바일 기기의 발전과 확산에 발맞추어 처음부터 모바일 기기 활용의 장점과 편익을 극대화하고 모바일 전자정부를 우선시하는 '모바일 우선mobile-first 전략'을 채택하면서 모바일 전자정부가 더욱 가속적으로 추진되었다(Ganapati, 2015; Lee *et al.*, 2015; 경태원, 2012).

구체적인 모바일 전자정부의 특성은 다음과 같다(Hung *et al.*, 2013; World Economic Forum, 2011; OECD, 2011). 첫째, 모바일 기기의 특성 가운데 언제 어디에나 존재한다는 의미인 편재성遍在性, ubiquity과 즉시성, 이동성이 가져오는 효과이다. 유선 인터넷 기반의 전자정부 서비스가 '컴퓨터가 존재하고 인터넷 연결이 가능한' 여건 속에서 이루어졌다면, 모바일 전자정부의 서비스는 그야말로 '사용자가 존재하는 곳과 원하는 시간 언제든지' 이루어지게 된 것이다.

둘째, 모바일 서비스의 즉시성, 이동성, 편재성으로 인해 기존 행정시스템을 통해 구현할 수 없었던 서비스를 제공할 수 있다. 예를 들어, 장애인, 노인, 시골 거주민 등 환경 및 거리상의 제약으로 인해 행정서비스를 누리기 어려웠던 시민들의 접근성과 편리성을 높일 수 있고, 공무원 또한 시민들에게 모바일 기기를 통해 공공서비스를 좀 더 간편하게 전달할 수 있다.

셋째, 모바일 기기를 통한 즉각적인 최신 정보 제공, 기관 간 정보교류 활성화, 업무 프로세스 간소화, 비용 절감, 시민참여의 확대 등을 달성할 수 있다. 아울러, 위치기반서비스 LBS: Location-Based Service나 QR Quick Response 코드와 같은 모바일 기반의 요소 기술들을 활용하여 사용자가 처한 상황과 위치에 따라 좀 더 적합한 서비스를 더 빠르게 제공할 수 있게 된다(Lorenzi *et al.*, 2014). 아울러, 모바일 기반의 소셜미디어를 활용하여 정부와 시민들 사이의 소통을 확대할 수 있을 뿐만 아니라, 모바일 기기를 통한 시민참여와 행정정보 공개의 확대가 가능하기 때문에 투명성 및 책임성 제고에 기여할 수 있다(Bratton, 2013; Campbell & Kwak, 2011).

반면, 모바일 전자정부의 취약점 역시 인식되어야 한다(Kotz *et al.*, 2015; Mergel *et al.*, 2016; Ganapati, 2015). 가장 중요한 문제는 개인 프라이버시 문제이다. 모바일 기기에서의 지도 및 내비게이션 앱은 지속적인 방향 안내를 제공하기 위하여 사용자의 위치정보를 수집한다.[1] 소비자들은 위치기반서비스로부터 이득을 얻는 반면, 정보공유는 또한 그들의 개인 프라이버시를 위태롭게 할 수 있다. 소비자 추적, 신원 도용, 개인 안전에 대한 위협, 그리고 감시가 잠재적인 문제들이다. 프라이버시를 보호하기 위하여 적절한 보호 조치 safeguard가 필요하다.

정보보안 information security 역시 중요한 문제이다. 무선 인터넷 연결은 유선 인터넷 연결만큼 정보보안상 안전하지 않은 것으로 알려져 있다. 특히, 공공 모바일 앱은 여타의 온라인 연결의 보안 문제들과 동일한 일련의 보안 문제들을 갖고 있다. 공공 모바일 앱의 취약한 코딩, 안전하지 않은 무선 연결을 통한 민감한 데이터에 대한 접근, 그리고 분실된 모바일 기기들은 내부 업무 보안을 위태롭게 할 수 있다. 공공 모바일 앱은 점검될 필요가 있고 모바일 기기는 내부 업무 보안 조치의 대상이 될 필요가 있다.

1 예를 들면, 자동차 회사들은 지속적인 방향 안내를 제공하기 위하여 데이터를 수집하고, 이는 또한 교통 정보 제공자들과 공유될 수 있다.

2. 모바일 앱의 정의와 기술적 특성

모바일 앱은 모바일 전자정부의 핵심 요소 중 하나이다. 모바일 앱은 정보시스템이 사회적으로 인식할 수 있는 무선기술 기반의 소프트웨어로 구현된 기술적 인공물이다(Ganapati, 2015; Orlikowski, 2008; Leonardi & Barley, 2008). 모바일 앱은 모바일 기기 사용자들에 의해 설치되고 삭제될 수 있는 소프트웨어의 일종으로 이해할 수 있다. 더욱 구체적으로, 모바일 앱은 통신과 컴퓨터 활용 능력을 결합하는 모바일 기기를 위하여 특별하게 고안된 프로그램이다(Ganapati, 2015).

모바일 앱은 크게 세 가지의 유형으로 구분될 수 있다(경태원, 2012; Ganapati, 2015; Crowe *et al.*, 2013; Heitkotter *et al.*, 2013). 첫째, 네이티브 앱은 모바일 기기에 직접 다운로드하여 사용하는 앱으로서, 기기의 하드웨어 특징에 따라 앱이 실행되는 기기 특정적(예: 안드로이드 OS, iOS)인 성격을 가진다. 네이티브 앱들은 다운로드를 위한 앱 게이트웨이 중에서 하나를 통해 모바일 기기에 장착된다. 네이티브 앱은 기술적으로 복잡한데, 그 이유는 이 앱들은 각기 다른 모바일 운영체제에 맞춤형으로 생산되어야 하기 때문이다.

둘째, 웹 앱은 PC나 모바일 기종에 관계없이 모든 단말기에서 동일한 콘텐츠를 실행할 수 있도록 하는 특징을 지닌다. 이는 앱 실행이 단말기(PC, 모바일 기기, PDA 등)에서 최적화되어 나타날 수 있도록 반응적인 웹 디자인(예: HTML5)을 사용하는 웹사이트이다. 웹 앱은 네이티브 앱과 달리 맞춤화customization를 요구하지 않는데, 그 이유는 그것들은 운영체제에 특정적이지 않기 때문이다. 그 결과로, 웹 앱의 개발은 네이티브 앱에 비해 비용이 덜 소요된다(경태원, 2012; Ganapati, 2015). 웹 게이트웨이를 거쳐야 할 요구 조건도 없는데, 그 이유는 웹 앱은 기기상에 다운로드되고 설치되지 않기 때문이다. 그러나, 웹 앱은 반드시 인터넷을 통해 접근되어야 하지만, 모바일 기기의 모든 기능들을 이용하지 않을 수도 있다.

셋째, 하이브리드 앱은 네이티브 앱과 웹 앱의 특징들을 결합한 공공 모바일 앱이다(경태원, 2012; Barney, 2009). 네이티브 앱과 마찬가지로, 하이브리드 앱은 웹 게이트웨이를 통해 접근되고 기기상에 설치된다. 하지만, 이러한 앱들은 각기 다른 플랫폼에서 작동할 수 있도록 여러 모바일 기기들의 특징들을 넘나들면서 개발된다. 기기를 넘나드는 호환성은 HTML5의 웹 앱 특징들에 의해 가능해진다. 하이브리드 앱은 종종 네이티브 앱과 합쳐지는데, 그 이유는 그것들은 앱 게이트웨이를 통해서도 사용

가능하도록 만들어지기 때문이다.

모바일 앱은 다양한 모바일 기기들의 특성에 맞도록 생산되어야 한다. 모바일 기기의 운영체제는 다양하기 때문에, 같은 모바일 앱이라 하더라도 다른 운영체제에서는 작동하지 않는다. 즉 스마트 기기의 운영체제 및 하드웨어적 특성과 모바일 앱 간의 상호운용성 interoperability 은 매우 중요한 요소이다. 모바일 앱은 모바일 기기의 이동성과 인터넷 연결성을 구현하기 위해 카메라와 위성위치 확인시스템 GPS: Global Positioning System 등과 같은 모바일 기기의 하드웨어 또는 소프트웨어들과 연동된다. 당연히 서로 다른 모바일 기기를 위한 앱의 맞춤형 생산은 개발 비용을 증가시킨다.

또한, 모바일 기기마다 앱에 대한 사용자 경험 UX: User Experience 도 다른 양상으로 나타난다. 이는 동일한 콘텐츠가 각기 다른 모바일 기기들의 화면 display 및 이용 패턴에 따라 다르게 나타나는 것을 의미한다. 이러한 문제는 웹 디자인 설계를 통해 완화될 수 있다.

3. 모바일 앱의 등장과 보편화

모바일 앱은 2007년 애플사의 아이폰과 함께 처음 등장하였다(Ganapati, 2015). 모바일 앱 시장은 2008년 애플의 앱 스토어 App Store 로 급성장하였다. 그때 이후로, 모바일 앱은 스마트폰, 태블릿, 하이브리드 기기(예: 패블릿(phablet)), 그리고 애플 워치와 같은 장착용 기기 wearable device 를 위하여 사용되었다. 모바일 앱은 앱 게이트웨이 스토어 gateway store 에서 다운로드하여 사용할 수 있다. 주요 앱 게이트웨이들은 구글 플레이 Google Play, 애플의 앱 스토어, 마이크로소프트 윈도우 스토어 Microsoft Windows Store, 그리고 아마존 Amazon 을 포함한다.

스마트폰 사용자에게 모바일 앱은 필수적인 수단이다. 스마트폰 사용자는 보유 기기에 평균적으로 36개에서 42개의 앱을 가지고 있고, 매달 약 26.7개의 앱에 접속한다. 미국 시장조사업체 comScore가 2015년에 발표한 결과에 따르면, 모바일과 데스크톱 활용을 모두 포함하는 디지털 매체 시간의 절반 이상이 앱에서 소요되고, 모바일 사용자의 약 90%는 앱에서 시간을 활용하는 것으로 확인된다. 모바일 앱 활용에 할애하는 시간 측면에서 볼 때, 통신 앱(예: 이메일, 인스턴트 메신저)과 위치기반 앱(예: 구글 맵)이 가장 큰 비중을 차지하지만, 사회연결망(예: 페이스북, 인스타그램), 게임, 그리고 유튜브 YouTube 나 판도라 Pandora 와 같은 취미 생활을 위한 모바일 앱들도 많이 사용된다

(Ganapati, 2015 에서 재인용).

한국의 경우를 살펴보면 스마트폰과 모바일 앱의 보급과 활용 측면에서 다른 국가들에 비해 매우 앞서 있음을 알 수 있다. 구글코리아Google Korea가 한국을 포함한 아시아·태평양 지역 10개 국가들의 스마트폰 사용자 1만 명을 대상으로 실시한 설문조사의 결과를 포함하는『2016년 아·태 지역 모바일 앱 보고서』에 따르면, 한국 소비자들 10명 중에서 9명이 스마트폰을 사용하고, 스마트폰을 사용하는 한국 소비자들은 평균 53개의 모바일 앱을 자신들의 스마트폰에 설치한다. 특히, 한국 소비자들이 자신들의 스마트폰에 설치하는 모바일 앱의 수(평균 53개)는 아시아·태평양 지역 10개 국가들 중에서 1위에 해당하는 수치이다. 반면, 싱가포르의 소비자들과 필리핀의 소비자들이 자신들의 스마트폰에 설치한 모바일 앱의 수는 각각 평균 45개(2위)와 평균 35개(3위)이다.[2] 미국 조사회사 앱 애니App Annie가 2018년에 발표한 시장 예측 보고서(2017~2022년)에 따르면, 2018년 전 세계 모바일 앱 다운로드 건수는 1,940억 건으로 확인되었고, 앱 소비에 지출하는 비용은 1,010억 달러, 하루 평균 모바일 사용 시간은 3시간인 것으로 확인되었다. 또한 2022년도에 연간 모바일 앱 다운로드 건수가 2,580억 건, 앱 스토어 소비자 지출 비용은 1,570억 달러로 증가할 것으로 예측하고 있다(App Annie, 2018).

4. 공공부문에서의 모바일 앱의 도입과 활용

모바일 기기와 모바일 앱의 성장과 발전은 공공부문에도 크게 영향을 미쳤다. 정부 및 공공기관이 제공하는 모바일 앱은 사용 목적에 따라 내부 업무 처리용 앱enterprise-focused app과 시민 지향적 앱citizen-oriented app으로 구분된다. 첫째, 내부 업무 처리 중점적 앱은 주로 정부 및 공공기관의 내부 업무 처리를 위한 앱이다(Ganapati, 2015; Lee *et al.*, 2015; 경태원, 2012). 그것들은 공공조직의 직원들에게만 접근 가능하고 그 조직에 의해 설치된 안전한 방화벽 안에서 작동하며 보안 표준들을 충족시켜야만 한다. 내부 업무 처리용 앱은 직원들이 소유한 기기에서 작동할 수도 있지만, 이와 같은 앱이 설치된 모바일 기기가 직원에게 제공될 수 있다.

내부 업무 처리용 앱은 기존의 실제 업무를 간소화시킬 수 있고, 내부 행정절차를 혁신적으로 변화시킬 수 있는 잠재력을 가지고 있다. 내부 업무 처리용 앱들은 조직

2 YTN. (2017. 1. 4.).「한국인, 모바일 앱 평균 53개 설치...아·태 지역 최다」.

의 데이터베이스 시스템과 직접적으로 상호작용하면서 조직의 현장 업무를 간소화하는 데 기여할 수 있다. 예를 들면, 내부 업무 처리용 앱을 통해 긴급구조원 및 소방관, 가정위탁 사회복지사들, 법집행관들, 현장검사관과 같은 현장의 일선 근무자들이 본부로부터 직접 실시간으로 정보를 얻고 보고할 수 있다.

둘째, 시민 지향적 앱은 앱에 대한 기술적 전문성이 없는 시민들도 편리하게 사용할 수 있도록 구성된 앱이다(Ganapati, 2015; Lee *et al.*, 2015; 경태원, 2012). 즉, 모바일 기기를 통해 공공서비스를 이용하려는 모든 사람들이 접근 가능하다. 그러므로, 이 앱은 시민들이 흔히 사용하는 각기 다른 기기들과 호환되어야 한다. 많은 정부조직들은 혁신적인 서비스 및 의사결정 과정을 위한 실시간 시민참여를 발전시키기 위하여 시민 지향적 앱들을 사용한다. 일반적으로 시민 지향적 앱들은 교통 일정에 대한 정보를 제공하는 교통 정보 앱과 같이 시민들이 어떤 위치에서 즉각적인 과업을 수행하는 데 유용한 실시간 정보를 제공한다. 이 앱들은 통상적으로 공공기관의 데이터 소스를 통해 사용 가능하도록 만들어진 정보에 의거한다. 그러므로 정부 데이터는 공공서비스의 질을 개선하는 데 유용한 자원이 된다. 당연히 시민 지향적 앱은 시민들의 수요와 요구사항을 반영해야 하기 때문에 시민집단들 및 시민단체들과 협력하여 공동 생산된다.

III

한국의 모바일 전자정부 활용 현황 및 성숙 수준

한국에서 스마트폰 가입자의 수와 시민들의 모바일 서비스 이용률이 증가하면서, 공공부문에서도 모바일 앱을 이용한 모바일 서비스가 시민들의 의사소통을 향상시키고 업무효율성을 증대시키기 위한 핵심적인 도구로 인식되었으며, 2011년경부터 모바일 앱의 양적 증가와 함께 모바일 전자정부의 확대와 이를 위한 관리제도의 도입이 추진되기 시작하였다.[3] 예를 들면, 2011년 9월 22일 행정안전부는 세계 최초로 마련된 「모바일 앱 접근성 지침」과 「모바일 전자정부 서비스 관리 지침」을 발표하였다. 특히, 「모바일 앱 접근성 지침」에서는 정보소외계층을 비롯한 시민들이 모바일 기반의 정보환경에서 정보격차를 경험하지 않도록 정부 및 공공기관이 모바일 앱을 개발할 때 준수해야 할 사항을 제시하고 있다.

2013년에 출범한 박근혜 정부는 공공정보 개방과 맞춤형 행정서비스를 핵심으로 하는 '정부3.0'을 구현하기 위한 핵심적인 수단으로서 모바일 기반의 전자정부를 구축하는 데 역점을 두었다.[4] 행정안전부는 2013년에 실시된 공공 모바일 서비스 이용현황 조사를 토대로 2014년에 '공공 모바일 앱 TOP10'을 선정하고, 이를 토대로 "국민 생활 밀착형 모바일 서비스"를 제공함으로써 정부3.0을 실현하는 데 기여하겠다고 발표하였다.

2017년에 출범한 문재인 정부는 4차 산업혁명 시대 모바일 전자정부 추진 방향을 모색하고, 모바일을 이용하는 사용자 경험UX: User Experience 전략 구축과 모바일 서비스 업무 담당자의 전문성 제고 등 다양한 측면에서 모바일 전자정부의 서비스 품질 제고를 위한 조치를 추진하였다. 이러한 조치의 일환으로 2017년 8월 8일 행정안전부

3 행정안전부. (2014. 4. 17.). 「누려~ 생활 속 유용한 공공 모바일 서비스」.

4 『뉴스1』. (2013. 5. 31.). 「맞춤형 행정서비스 '정부 3.0' 모바일로 구현」.

예규 제5호인 「모바일 전자정부 서비스 관리 지침」을 개정하였다. 예규의 제4장 모바일 전자정부 서비스의 성과관리 항목에서 정량지표를 통해 공공 모바일 앱을 평가하고 일정 점수 미만의 성과를 보이는 서비스는 폐기 또는 활성화 방안 등 보완 대책을 마련하도록 개정하였다. 이러한 지침에 따라 행정안전부는 「공공 앱 운영현황 및 정비결과」 발표를 통해 한 해의 공공 모바일 앱 현황과 유지·개선·폐기 결과를 발표하고 있다. 또한, 정량지표 부분에서 만점을 받은 공공 모바일 앱을 소개함으로써 앱 제작 기관과 기능을 홍보하고 있다.

이 절에서는 한국의 중앙행정기관과 지방자치단체의 모바일 전자정부 수준과 특성 그리고 그 변화 양상을 분석해보고자 한다. 좀 더 구체적으로, 2012년, 2015년, 2017년 공공 모바일 앱 전수조사 결과를 바탕으로 중앙행정기관과 지방자치단체에서 제공하는 공공 모바일 앱에 대한 현황 분석을 통해 모바일 전자정부의 활용 현황 및 성숙 수준을 분석하고자 한다.

1. 모바일 전자정부 활용 현황

1) 중앙행정기관

가. 제공기관 유형별 현황

중앙행정기관의 공공 모바일 앱에 대한 2012년, 2015년, 2017년 전수조사 결과, 공공 모바일 앱이 양적으로 다소 증가한 것으로 분석되었다. [그림 8.1]에서 제시되고

[그림 8.1] 중앙행정기관 유형별 공공 모바일 앱 증가 추이(2012~2017년) (단위: 개)

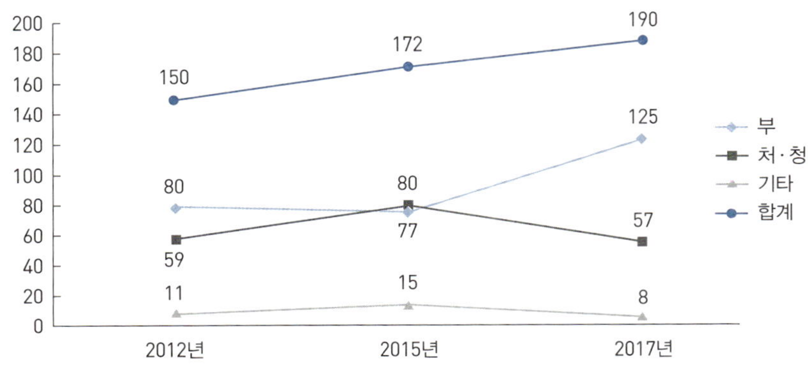

있는 바와 같이, 2012년(150개)과 2015년(172개), 2017년(190개)에 걸쳐 지속적으로 공공 모바일 앱 개수가 증가하였다. 부·처·청 기관 유형에 따른 공공 모바일 앱 제공 현황에서는 부급 기관이 제공한 공공 모바일 앱의 수가 80개(2012년), 77개(2015년), 125개(2017년)로 2017년에 급증하였고, 처·청급 기관들이 제공하는 공공 모바일 앱이 59개(2012년), 80개(2015년), 57개(2017년)로 증가 후 감소 추세를 보였다(〈표 8.1〉 참조).

〈표 8.1〉 기관 유형별 공공 모바일 앱 현황: 중앙행정기관

기관 유형	2012년						
	전체 기관	공공 모바일 앱 제공 기관	공공 모바일 앱	평균	표준 편차	최댓값	최솟값
부	15	15	80	5.33	6.84	29 (행정안전부)	1 (기재부 외 2개)
처·청	20	18	59	3.28	2.35	8 (문화재청 외 1개)	1 (병무청 외 7개)
기타	12	5	11	2.20	1.30	4 (방송통신위원회)	1 (대통령실 외 5개)
합계	47	38	150	3.95	4.67	29	1
기관 유형	2015년						
	전체 기관	공공 모바일 앱 제공 기관	공공 모바일 앱	평균	표준 편차	최댓값	최솟값
부	17	15	77	5.13	4.55	16 (행정자치부)	1 (국방부 외 1개)
처·청	21	16	80	5.00	3.97	14 (경찰청)	1 (병무청 외 1개)
기타	13	6	15	2.50	1.97	6 (국민권익위원회)	1 (국정원 외 2개)
합계	51	37	172	4.65	4.01	16	1
기관 유형	2017년						
	전체 기관	공공 모바일 앱 제공 기관	공공 모바일 앱	평균	표준 편차	최댓값	최솟값
부	17	15	125	8.33	8.05	32 (교육부)	1 (기획재정부 외 1개)
처·청	21	15	57	3.80	2.54	8 (경찰청 외 1개)	1 (병무청 외 2개)
기타	13	4	8	2.00	1.41	4 (국민권익위원회)	1 (국무조정실 외 1개)
합계	51	34	190	5.59	6.07	32	1

조사 대상 기간 동안 공공 모바일 앱이 크게 증가한 기관으로 경찰청과 농촌진흥청을 들 수 있다. 경찰청은 2012년에 6개의 공공 모바일 앱을 제공하였지만, 2015년에는 14개의 공공 모바일 앱을 제공하였다. 농촌진흥청은 2012년에는 5개의 공공 모바일 앱을 제공하였는데, 2015년에는 13개의 공공 모바일 앱을 제공하는 것으로 확인되었다. 반면, 2012년과 2015년 사이에 공공 모바일 앱 수가 감소한 기관들도 발견되었다. 행정자치부는 2012년(29개)과 2015년(16개) 모두 가장 많은 공공 모바일 앱을 제공하는 기관이었지만, 2012년과 2015년 사이에 제공하는 앱의 개수가 현저하게 감소하였다. 국민안전처 및 인사혁신처의 분리와 함께, 2012년에 지역별로 제공되었던 공공 모바일 앱 「생활공감지도」의 통합 때문인 것으로 파악된다. 이 외에도 문화체육관광부, 방송통신위원회도 2012년에 비해 2015년에 제공하는 공공 모바일 앱 수가 감소하였다. 대통령실은 2012년에 공공 모바일 앱 「청와대」를 운영하였으나, 2015년 들어 더 이상 운영하지 않는 것으로 파악되었다.

나. 제공 정보 유형별 현황

구글 플레이 웹사이트의 모바일 앱 서비스 유형 분류 기준을 적용하여 정보 유형에 따른 중앙행정기관의 공공 모바일 앱 일반 현황을 파악한 결과는 다음과 같다(〈표 8.2〉 참조). 첫째, '라이프 스타일'과 '교육' 유형의 공공 모바일 앱이 2012년(라이프 스타일, 23.3%)과 2015년(라이프 스타일, 24.4%), 2017년(교육, 21.6%) 가장 많이 제공된 것으로 분석되었다. 시민들의 일상생활에 필요한 행정정보인 법률 정보, 세금 정보, 위치 정보 등이 '라이프 스타일' 유형으로 분류되기 때문이다. '라이프 스타일' 외에도 '여행 및 지역 정보', '비즈니스', '교육' 유형의 앱이 상대적으로 높은 비중을 차지하고 있는 것으로 분석되었다.

둘째, 2015년의 경우, '건강 및 피트니스', '교육', '생산성', '소셜' 등 건강, 보건, 여가, 오락에 관련된 정보를 제공하는 공공 모바일 앱이 증가하였다. 이와 같은 정보유형별 공공 모바일 앱 일반 현황은 중앙행정기관이 공공 모바일 앱을 통하 행정정보만을 제공하는 것을 넘어서, 시민들의 여가 생활 및 건강 등 더욱 다양한 정보를 제공하기 위한 시도를 하고 있는 것으로 해석될 수 있을 것이다. 특히, '건강 및 피트니스', '소셜' 유형으로 분류되는 공공 모바일 앱은 위치정보서비스나 푸시알림서비스, 소셜미디어와의 연동을 통해 다양한 서비스를 제공하는 것으로 조사되었다.

〈표 8.2〉 제공 정보 유형별 공공 모바일 앱 현황: 중앙행정기관

정보 유형	2012년		2015년		2017년	
	개수	비중(%)	개수	비중(%)	개수	비중(%)
건강 및 피트니스	10	6.7	17	9.9	14	7.4
교육	11	7.3	19	11.0	41	21.6
교통	5	3.3	3	1.7	0	0.0
금융	4	2.8	8	4.7	7	3.7
날씨	1	0.7	7	4.1	5	2.6
뉴스 및 잡지	6	4.0	5	2.9	5	2.6
도구	5	3.3	9	5.2	6	3.2
도서 및 참고 자료	9	6.0	7	4.1	4	2.1
도서관 및 데모	1	0.7	0	0.0	4	2.1
라이프 스타일	35	23.3	42	24.4	35	18.4
만화	2	1.3	1	0.6	1	0.5
미디어 및 동영상	2	1.3	2	1.2	3	1.6
비즈니스	23	15.3	21	12.2	17	8.9
사진 및 영상	1	0.7	0	0.0	0	0.0
생산성	0	0.0	4	2.3	11	5.8
소셜	2	1.3	5	2.9	4	2.1
쇼핑	0	0.0	0	0.0	1	0.5
엔터테인먼트	3	2.0	0	0.0	0	0.0
여행 및 지역 정보	27	18.0	17	9.9	20	10.5
의료	0	0.0	0	0.0	0	0.0
지도 및 내비게이션	0	0.0	0	0.0	2	1.1
커뮤니케이션	3	2.0	5	2.9	10	5.3
합계	150	100.0	172	100.0	190	100.0

다. 이용 빈도별 현황

이용 빈도, 즉 다운로드 건수별로 조사한 결과는 [그림 8.2]와 같다. 2017년을 기준으로 연도별 변화폭을 전체에서 차지하는 비중 측면에서 살펴보면, 1만 회 미만의 다운로드 건수 비중은 2012년과 2015년에 비해 감소하였다(61.4% → 50.7% → 36.9%). 반면, 1만 회 이상의 다운로드 건수 비중은 증가한 것으로 나타났다(38.6% → 49.3% → 60.5%).

[그림 8.2] 중앙행정기관 모바일 공공 앱 이용 빈도 추이(2012~2017년) (단위: 개)

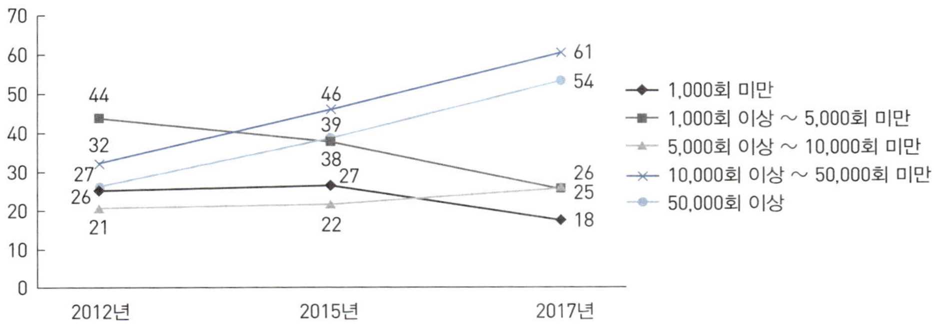

2015년의 경우, 이용 빈도가 높은 대표적인 공공 모바일 앱은 기상청의 「기상청 날씨」, 국민안전처의 「안전디딤돌」, 국세청의 「국세청 모바일 통합」, 경찰청의 「통합 교통정보」로 확인되었다. 2017년에는 소방청의 「119다매체신고시스템_모바일앱서비스」, 행정안전부의 「안전신문고」, 국세청의 「국세청 홈택스」 앱 등의 이용 빈도가 높은 것으로 확인되었다. 이 공공 모바일 앱들은 시민들의 행정업무의 편의를 증진시키는 서비스를 제공하거나 일상생활에 실질적인 도움이 되는 행정정보를 제공하는 앱이라는 공통점을 지니고 있다.

〈표 8.3〉 이용 빈도별 공공 모바일 앱 제공 현황: 중앙행정기관

이용 빈도 (다운로드 건수)	2012년		2015년		2017년	
	개수	비중(%)	개수	비중(%)	개수	비중(%)
1,000회 미만	27	18.0	27	15.8	18	9.5
1,000회 이상~5,000회 미만	44	29.4	38	22.1	26	13.7
5,000회 이상~1만 회 미만	21	14.0	22	12.8	26	13.7
1만 회 이상~5만 회 미만	32	21.3	46	26.7	61	32.1
5만 회 이상	26	17.3	39	22.6	54	28.4
결측치	–	–	–	–	5	2.6
합계	150	100.0	172	100.0	190	100.0

라. 등록 연도별 현황

각 공공 모바일 앱을 구글 플레이 웹사이트에 등록된 연도에 따라 조사한 결과는 〈표 8.4〉에 나타나 있는데, 주목할 만한 발견점은 다음과 같다. 첫째, 각 연도별로 새롭게 등록된 공공 모바일 앱의 수가 2011년을 정점으로 줄어들고 있는 것으로 조사되었다. 즉, 2011년에 73개의 앱이 새롭게 등록된 후, 그 수가 56개(2012년) → 50개(2013년) → 42개(2014년)로 줄어들고 있다.

둘째, 초기에 제공된 공공 모바일 앱이 상당수 폐지된 것으로 보인다. 구체적으로 2012년 전수조사에서 2011년에 등록된 공공 모바일 앱은 73개로 확인되었지만, 2015년 전수조사에서 2011년에 등록된 공공 모바일 앱은 30개로 크게 감소한 것으로 확인되었다. 마찬가지로, 2012년 전수조사에서 2012년에 등록된 공공 모바일 앱은 56개로 확인되었지만, 2015년 전수조사에서 2012년에 등록된 공공 모바일 앱은 31개로 감소한 것으로 나타났다.

그런데, 2010년에 등록된 공공 모바일 앱 중 2017년까지 제공되고 있는 앱들은 꾸준히 업데이트가 이루어지고 있는 것으로 분석되었다. 행정자치부의 「민원24」, 보건복지부의 「응급의료제공」, 법제처의 「국가법령정보」, 고용노동부의 「워크넷」 등은 꾸

〈표 8.4〉 등록 연도별 공공 모바일 앱 제공 현황: 중앙행정기관

등록 연도	2012년		2015년		2017년	
	개수	비중(%)	개수	비중(%)	개수	비중(%)
2010년	21	14.0	14	8.1	6	3.2
2011년	73	48.7	30	17.4	21	11.1
2012년	56	37.3	31	18.0	42	22.1
2013년	–	–	50	29.1	25	13.2
2014년	–	–	42	24.4	46	24.2
2015년	–	–	5	2.9	21	11.1
2016년	–	–	–	–	28	14.7
2017년	–	–	–	–	0	0.0
결측치	–	–	–	–	1	0.5
합계	150	100.0	172	100.0	190	100.0

준히 업데이트가 이루어지는 것으로 확인되었다.[5]

2) 지방자치단체

가. 제공기관 유형별 현황

[그림 8.3]과 〈표 8.5〉는 지방자치단체 기관수준별 공공 모바일 앱 제공 현황을 보여주고 있다. 첫째, 2012년, 2015년, 2017년 시점을 기준으로 자치단체가 제공하는 공공 모바일 앱이 광역 및 기초자치단체 모두에서 양적으로 크게 증가하다 감소하는 추세를 보였다. 1개 자치단체가 제공하는 공공 모바일 앱 평균 개수는 광역자치단체의 경우 6.88개에서 9.53개로, 기초자치단체의 경우 1.61개에서 2.50개로 증가하였다. 이후 2017년에는 광역자치단체와 기초자치단체의 공공 모바일 앱 전체 개수가 534개(2015년)에서 322개(2017년)로 약 39.7% 감소하였다. 광역자치단체의 경우 162개

[그림 8.3] 지방자치단체 유형별 공공 모바일 앱 제공 현황(2012~2017년) (단위: 개)

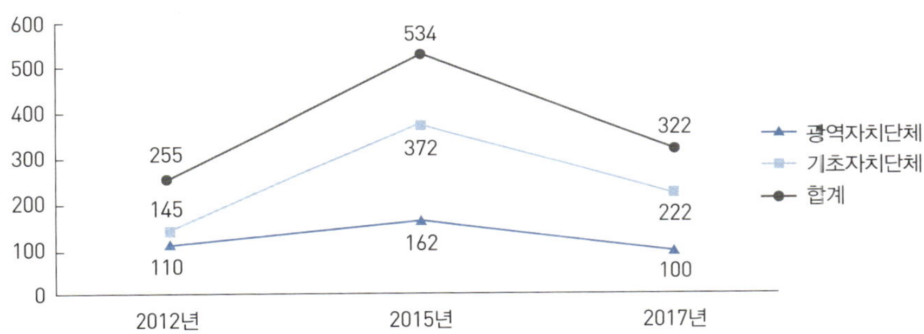

5 2019년 8월 22일 기준으로 2010년 등록 공공 모바일 앱과 그 최신 업데이트 일자는 다음과 같다.

순서	명칭	제공 기관	업데이트 날짜
1	국가법령정보	법제처	2019년 8월 21일
2	정부24(구 민원24)	행정안전부	2019년 8월 15일
3	GOTP 정부OTP인증센터	행정안전부	2018년 12월 3일
4	산림청(자연휴양림/수목원 앱 통합)	산림청	2018년 11월 20일
5	응급의료 정보제공	보건복지부	2019년 6월 12일
6	식품안전나라(구 고열량저영양 알림-e)	식품의약품안전청	2019년 5월 13일
7	관세청 YES-FTA	관세청	2019년 7월 23일
8	중소기업청 입찰정보	중소기업청	2017년 11월 3일
9	워크넷	고용노동부	2019년 8월 16일

〈표 8.5〉 기관 유형별 공공 모바일 앱 현황: 지방자치단체

자치단체 수준	2012년도						
	전체 자치단체	공공 모바일 앱 제공 자치단체	공공 모바일 앱	자치단체 평균	표준 편차	최댓값	최솟값
광역 자치단체	17	16	110	6.88	6.20	25 (서울시)	0 (세종시)
기초 자치단체	224	90	145	1.61	0.97	6 (여수시)	0 (서울시 강북구 외 133개)
합 계	241	106	255	2.41	3.14	25	0
자치단체 수준	2015년도						
	전체 자치단체	공공 모바일 앱 제공 자치단체	공공 모바일 앱	자치단체 평균	표준 편차	최댓값	최솟값
광역 자치단체	17	16	162	9.53	7.60	27 (서울시)	0 (전라남도)
기초 자치단체	228	149	372	2.50	2.24	12 (부천시)	0 (서울시 동대문구 외 78개)
합 계	245	165	534	3.21	3.83	27	0
자치단체 수준	2017년도						
	전체 자치단체	공공 모바일 앱 제공 자치단체	공공 모바일 앱	자치단체 평균	표준 편차	최댓값	최솟값
광역 자치단체	17	16	100	6.25	5.98	26 (서울시)	0 (대전시)
기초 자치단체	228	109	222	2.04	1.59	10 (경주시)	0 (서울시 강동구 외 118개)
합 계	245	125	322	2.58	2.92	26	0

(2015년)에서 100개(2017년)로 약 38.3%가 감소하였고, 기초자치단체의 경우 372개(2015년)에서 222개(2017년)으로 약 40.3%가 감소하였다.

나. 제공 정보 유형별 현황

구글 앱 마켓플레이스의 모바일 앱 유형 분류 기준을 통해, 공공 모바일 앱이 제공하는 지방자치단체의 정보서비스 유형을 분석한 결과는 〈표 8.6〉과 같다. 첫째, 2012년, 2015년, 2017년에 광역과 기초자치단체가 가장 많이 제공한 정보서비스 유형은 '여행 및 지역 정보', '라이프 스타일', '커뮤니케이션', '뉴스 및 잡지' 유형의 앱인 것

〈표 8.6〉 제공 정보 유형별 공공 모바일 앱 현황: 지방자치단체

정보서비스 유형	2012년				2015년				2017년			
	광역자치단체		기초자치단체		광역자치단체		기초자치단체		광역자치단체		기초자치단체	
	개수	비중 (%)	개수	비중 (%)	개수	비중 (%)	개수	비중 (%)	개수	비중 (%)	개수	비중 (%)
개인화	0	0.0	0	0.0	0	0.0	1	0.3	0	0.0	0	0.0
건강 및 운동	2	1.8	0	0.0	5	3.1	5	1.3	0	0.0	8	3.6
교육	3	2.7	3	2.1	5	3.1	8	2.2	6	6.0	7	3.2
교통	7	6.4	7	4.8	20	12.3	13	3.5	0	0.0	0	0.0
금융	1	0.9	0	0.0	0	0.0	0	0.0	0	0.0	1	0.5
날씨	2	1.8	0	0.0	2	1.2	1	0.3	5	5.0	1	0.5
뉴스 및 잡지	5	4.5	16	11.0	7	4.3	21	5.6	7	7.0	25	11.3
데코레이션	0	0.0	1	0.7	0	0.0	0	0.0	0	0.0	0	0.0
도구	1	0.9	2	1.4	1	0.6	2	0.5	1	1.0	2	0.9
도서 및 참고 자료	1	0.9	5	3.4	0	0.0	1	0.3	0	0.0	2	0.9
라이브러리 및 데모	1	0.9	0	0.0	0	0.0	1	0.3	0	0.0	0	0.0
라이프 스타일	30	27.4	13	9.0	44	27.3	189	50.7	21	21.0	31	14.0
미디어 및 동영상	1	0.9	1	0.7	2	1.2	0	0.0	1	1.0	3	1.4
비즈니스	2	1.8	6	4.1	5	3.1	10	2.7	2	2.0	6	2.7
사진	0	0.0	0	0.0	1	0.6	0	0.0	1	1.0	0	0.0
생산성	0	0.0	3	2.1	1	0.6	2	0.5	2	2.0	0	0.0
소셜	2	1.8	2	1.4	2	1.2	4	1.1	2	2.0	3	1.4
쇼핑	0	0.0	0	0.0	1	0.6	0	0.0	0	0.0	1	0.5
스포츠	0	0.0	1	0.7	2	1.2	0	0.0	0	0.0	0	0.0
아케이드	0	0.0	0	0.0	0	0.0	1	0.3	0	0.0	1	0.5
엔터테인먼트	1	0.9	0	0.0	0	0.0	1	0.3	1	1.0	4	1.8
여행 및 지역 정보	43	39.1	71	48.9	52	32.2	89	23.9	23	23.0	69	31.1
의료	0	0.0	0	0.0	0	0.0	0	0.0	0	0.0	10	4.5
지도 및 내비게이션	0	0.0	0	0.0	0	0.0	0	0.0	15	15.0	25	11.3
자동차	0	0.0	0	0.0	0	0.0	0	0.0	1	1.0	0	0.0
출산 및 육아	0	0.0	0	0.0	0	0.0	0	0.0	0	0.0	1	0.5
커뮤니케이션	8	7.3	14	9.7	11	6.8	22	5.9	12	12.0	21	9.5
퍼즐	0	0.0	0	0.0	1	0.6	1	0.3	0	0.0	1	0.5
합계	110	100.0	145	100.0	162	100.0	372	100.0	100	100.0	222	100.0

으로 분석되었다. 기초자치단체의 경우에는 2012년에 '여행 및 지역 정보' 유형의 서비스를 제공하는 앱이 전체의 절반에 가까운 비중(48.9%)을 차지했던 반면, 2015년에는 민원서비스의 처리 및 행정정보의 제공이 주된 서비스가 되는 '라이프 스타일' 유형의 앱이 50.7%를 차지하였다. 이후 2017년에는 '여행 및 지역 정보' 유형의 서비스 앱이 다시 가장 큰 비중(31.1%)을 차지하였다. 광역자치단체의 경우는 '교통' 유형 앱의 비중이 6.4%(2012년)에서 12.3%(2015년)으로 증가하다가 2017년엔 0%로 조사되었다. 이는 2017년에 새로운 정보 유형으로 '지도 및 내비게이션'이 추가됨에 따라 기존의 '교통' 유형의 앱이 이동한 것으로 이해할 수 있다. 또한, 공공 모바일 앱 제공의 목적이 초기에는 관광 및 지역 소개 중심이었으나, 시간이 흐르면서 시민들의 활용도가 높은 행정서비스나 교통 관련 정보의 제공으로 옮겨지고 있음을 시사한다.

둘째, 매년 조사에서 관찰되지 않았던 유형의 공공 모바일 앱 유형이 새롭게 발견되고 있다. 2015년에 새롭게 발견된 것은 시민들의 여가 및 개개인의 취향에 초점을 맞춘 '사진', '쇼핑', '아케이드', '퍼즐' 등과 같은 서비스 유형의 앱들이 그것이다. 2017년에 새롭게 발견된 앱의 정보 유형은 '의료', '지도 및 내비게이션', '출산 및 육아'로서 시민들의 실생활에 꼭 필요한 서비스의 앱들이다. 이와 같은 현상은 지방자치단체가 공공 모바일 앱을 활용하여 실용적이고 취향을 반영한 새로운 유형의 모바일 서비스를 제공하려 하고 있음을 보여준다.

다. 이용 빈도별 현황

지방자치단체의 공공 모바일 앱 이용 빈도를 앱 다운로드 건수로 조사한 결과는 [그림 8.4]와 같다. 2012년, 2015년, 2017년 공히 낮은 범주인 '1,000회 미만' 및 '1,000회 이상 5,000회 미만'의 다운로드 건수를 기록한 앱의 비중이 약 70.0% 이상인 것으로 분석되었다. 이와 같은 낮은 이용 빈도는 여러 측면의 원인을 생각해볼 수 있다. 공공 모바일 앱에 대한 홍보 부족, 지역 및 인구 측면에서 제한적인 앱 수요 등이 그 원인일 수 있다. 더불어, 모바일 공공서비스에 대한 주민들의 수요 등을 충분히 반영하지 못한 채 공급자 중심의 공공 모바일 앱 제작 관행에 따른 수요와 공급의 불일치도 원인일 가능성이 크다.[6] 향후 낮은 이용 빈도에 대한 원인이 좀 더 심층적으로 분석되어야 하겠지만, 시민들의 관심을 유발하기 위한 홍보 강화나 활용도 제고를 위

6 매일경제. 「혈세 낭비하는 공공기관 앱 사라질까?」. 『매일경제 Luxmen』, Vol. 57(2015. 6.). 참조.

[그림 8.4] 지방자치단체 이용 빈도별 공공 모바일 앱 제공 현황(2012~2017년) (단위: 개)

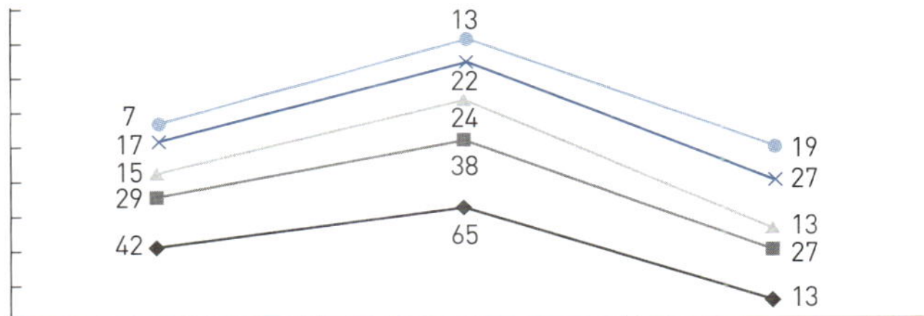

	2012년	2015년	2017년
50,000회 이상	7	13	19
10,000회 이상 ~ 50,000회 미만	17	22	27
5,000회 이상 ~ 10,000회 미만	15	24	13
1,000회 이상~ 5,000회 미만	29	38	27
1,000회 미만	42	65	13

광역자치단체

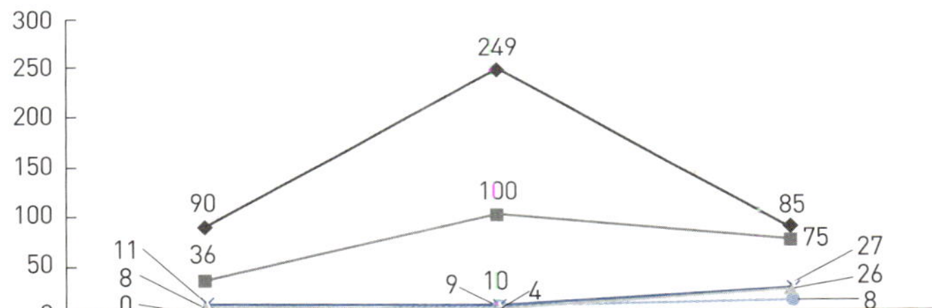

	2012년	2015년	2017년
1,000회 미만	90	249	85
1,000회 이상~ 5,000회 미만	36	100	75
5,000회 이상 ~ 10,000회 미만	8	9	26
10,000회 이상 ~ 50,000회 미만	11	10	27
50,000회 이상	0	4	8

기초자치단체

한 수요 조사 또는 만족도 조사 등이 필요한 것으로 보인다(정수희 외, 2013).[7]

7 구글 마켓플레이스는 개별 앱에 대한 사용자의 만족도 수준 조사 결과도 제시하고 있다. 지방자치단체가 제공하는 공공 모바일 앱에 대한 사용자 만족도 결과는 다음과 같다. 전체 평균은 2.84점(표준편차 1.99)으로 보통 수준으로 나타났다. 다만 사용자 만족도 조사 결과는 앱 평점이 등록되어 있지 않은 경우가 많고, 등록된 경우에도 등록한 사용자 수가 제각각이라 데이터의 타당도와 신뢰도에 의문이 있어 본문에는 포함시키지 않았음을 밝힌다.

〈표 8.7〉 이용 빈도별 공공 모바일 앱 제공 현황: 지방자치단체

	2012년				2015년				2017년			
	광역자치단체		기초자치단체		광역자치단체		기초자치단체		광역자치단체		기초자치단체	
	개수	비중 (%)	개수	비중 (%)	개수	비중 (%)	개수	비중 (%)	개수	비중 (%)	개수	비중 (%)
1,000회 미만	42	38.2	90	62.1	65	40.1	249	66.9	13	13.0	85	38.3
1,000회 이상 5,000회 미만	29	26.3	36	24.8	38	23.5	100	26.9	27	27.0	75	33.8
5,000회 이상 10,000회 미만	15	13.6	8	5.5	24	14.8	9	2.4	13	13.0	26	11.7
10,000회 이상 50,000회 미만	17	15.5	11	7.6	22	13.6	10	2.7	27	27.0	27	12.2
50,000회 이상	7	6.4	0	0.0	13	8.0	4	1.1	19	19.0	8	3.6
결측치	–	–	–	–	–	–	–	–	1	1.0	1	0.5
합계	110	100.0	145	100.0	162	100.0	372	100.0	100	100.0	222	100.0

2. 모바일 전자정부 활용 성숙 수준

1) 공공 모바일 앱 성숙모형

전자정부 성숙모형의 개념과 논리를[8] 기반으로 개발된 공공 모바일 앱 성숙모형을 구성하는 중요한 두 가지 기준은 시민중심성과 기술적 복잡성이다. 첫째, 공공 모바일 앱을 통해 제공되는 서비스 내용 및 기능이 시민들과의 상호작용 및 시민들의 참여 수준을 향상시킬수록, 공공 모바일 앱이 속하는 단계는 높아진다. Jaeger(2003)는 선도적인 전자정부를 구축하기 위해서 더욱 개인화되고 반응적인 서비스를 제공할 수 있는 전자정부기술이 점점 더 중요해지고 있다고 말한다. 조금 더 넓은 맥락에서 살펴보면, 민간부문에서 광범위하게 논의되고 있는 web 2.0 개념 또한 시민중심성과 부합한다. Web 2.0은 참여, 공유, 그리고 개방 정신으로 대표되는 사용자 중심의 인터넷 사용 환경을 의미한다(O'Reilly, 2009). 그러므로 web 2.0은 인터넷 콘텐츠 공급자의 효용보다는 인터넷 사용자의 효용을 강조하는데, 이는 시민의 선호와 참여를 중시하는 시민중심성과 일관된다.

둘째, 공공 모바일 앱 구축에 활용되는 모바일 기술이 복잡할수록, 공공 모바일 앱

8 전자정부 성숙모형에 대해서는 제3장 제2절 참조

이 속하는 단계는 높아진다. Siau와 Long(2005)에 따르면, 전자정부 시스템의 복잡성은 전자정부의 단계가 높아질수록 증가하는데, 이는 공공 모바일 앱 기능 구현을 위한 기술적 진보 역시 더 높은 수준의 모바일 정부 서비스 제공에 필수적인 조건임을 시사한다. 이러한 두 가지 기준에 더하여, 공공 모바일 앱 성숙모형에 있어서 중요한 점은 기술적 복잡성보다 시민중심성에 주로 초점을 맞춘다는 것이다. 이는 전자정부 성숙모형을 다룬 연구들 또한 공공부문과 시민 간의 상호작용을 용이하게 만드는 기능에 초점을 맞추는 것이 중요하다는 점을 시사하고 있기 때문이다. 그러므로 높은 수준의 시민 중심적인 서비스와 높은 수준의 모바일 기술이 결합된 공공 모바일 앱은 낮은 수준의 시민 중심적인 서비스와 동일한 수준의 모바일 기술이 결합된 공공 모바일 앱보다 높은 단계에 속하게 된다. 이러한 기준을 토대로, 여섯 단계로 구성되어 있는 공공 모바일 앱 성숙모형을 구성하였다(〈표 8.8〉 참조).

첫째, 단순 제시단계에서는 이전까지 유선 인터넷 기반의 인터넷을 통해 제공되던 공공 정보 및 서비스가 공공 모바일 앱을 통해 제공되기 시작한다. 이 단계에 속하는 공공 모바일 앱이 제공되는 시기는 공공 모바일 앱 제작 및 배포에 있어서 초기단계이기 때문에, 서비스 제공기관은 주로 글, 그림, 그리고 동영상과 같은 단순한 정보 및 서비스를 전달하는 데 초점을 맞춘다. 시민의 편의를 증진시키기 위한 기능은 이 단계에 속하는 공공 모바일 앱을 통해 제공되지 않는다. 예를 들어, 농촌진흥청에 의해 제공되는 공공 모바일 앱 「돼지가족계획」은 단순 제시단계의 특징을 대표하는 기능을 가지고 있다. 「돼지가족계획」은 농민들에게 돼지의 수정을 위해 거쳐야 할 절차 및 준비사항에 관한 정보를 다양한 표와 사진을 통해 제공하고 있지만, 공공 모바일 앱 사용자의 사용을 용이하게 만드는 기능은 갖추지 않고 있다. 시민들은 자신들이 원하는 정보를 검색기능을 통해 쉽게 찾을 수 없고, 모바일 기술과 결합된 기능 또한 발견할 수 없다.

둘째, 복합 제시단계에서는 QR 코드, 위치기반정보서비스LBS 등과 같은 모바일 기술을 활용하여 시민의 편의를 향상시키는 기능이 제공된다. 시민들은 증강현실이나 구글맵과 같은 위치기반서비스를 통해 자신이 위치한 장소로부터 가장 가까이 있는 건물이나 지역을 검색할 수 있다. 시민들은 또한 자신들이 찾고자 하는 정보를 검색기능을 통해 쉽게 얻을 수 있다. 반면, 정부기관들은 이러한 서비스를 시민들의 아이디어나 의견을 수렴하는 기능 혹은 그들의 참여를 유도하는 기능 없이 제공한다. 복합 제시단계의 특징을 보여주는 대표적인 공공 모바일 앱은 행정안전부에 의해 제공

〈표 8.8〉 공공 모바일 앱 성숙모형

단계	정의	측정 지표
1단계 (단순 제시)	모바일 앱을 통해 공공서비스를 제공하는 것 자체에 의의를 두는 단계	텍스트, 그림, 동영상 등 단순 정보 제공
2단계 (복합 제시)	단순 정보 제시 차원을 넘어 다양한 모바일 기술을 장착한 모바일 앱을 통해 정보 제공에 있어 기술적 편리성을 추구하는 단계	정보 및 서비스의 분류 및 검색
		개인 맞춤형 서비스 (예: 입력된 개인정보에 기반한 서비스 제공)
		LBS, QR 코드, 로고 인식 등 모바일 기술을 활용한 서비스 제공
		E-book, 웹 페이지, 다른 앱 등으로 연동되어 서비스 제공
3단계 (단순 상호작용)	모바일 앱을 통해 정부와 사용자 간의 단순한 형태의 소통이 가능한 단계	사용자 의견과 반응을 제시할 수 있는 기능 제공 (예: 별점 주기 등)
		묻고 답하기, 상담 등 정부의 업무 담당자와 상호 소통이 가능한 기능 및 서비스 제공
		신고, 건의사항 등 공급자와 업무상 소통이 가능한 기능 제공
4단계 (복합 상호작용)	다양한 모바일 기술을 장착한 모바일 앱을 통해 정부와 사용자 간의 상호 소통이 고도화되는 단계	푸시 알림 등이 가능한 모바일 기술을 적용하여 개인화되고, 주도적인 의사소통기능 제공
		소셜미디어와의 연동을 통해 공급자가 먼저 소통을 시도하거나 공급자로부터 더 많은 정보를 지속적으로 받을 수 있도록 하는 기능 제공
5단계 (업무 처리)	모바일 앱을 활용하여 금전적 거래 및 업무처리 프로세스 및 정보의 가공이 가능해지는 단계	상품 구매 대금, 세금 등을 신용카드 등의 결제 수단을 통해 지불하는 거래(transaction)기능 제공
		택배, 입찰, 민원서류 발급, 예약 등 단순 상호 소통을 넘은 공공업무 처리기능 제공
6단계 (통합)	스마트폰의 기능이 다양한 정보시스템과 포괄적으로 연동되면서 원스톱 서비스가 구현되는 단계	서로 다른 기관의 업무를 일괄적으로 처리할 수 있는 기능 제공
		소셜미디어 등을 통해 정부를 포함한 이해당사자 및 사용자 간의 정보 공유 및 소통, 커뮤니티 형성이 가능한 기능 제공

출처: Eom & Kim(2014)

되는 「대한민국 전자관보」와 「주소찾아」이다. 「대한민국 전자관보」는 검색기능을 통해 시민들이 찾고자 하는 대통령령, 국무총리령, 그리고 부령 등과 같은 관보를 쉽게 찾을 수 있도록 하는 기능을 제공하고, 「주소찾아」는 시민들에게 그들이 검색하고자 하는 건물 혹은 도로가 표기된 지도를 위치기반정보서비스를 통해 제공한다. 하지만 묻고 답하기 게시판 등을 통해 시민들의 의견을 수렴하거나 참여를 유도하는 기능은 제공되지 않는다.

셋째, 정부기관들은 단순 상호작용단계에 속하는 공공 모바일 앱을 통해 시민들과 상호작용을 하는 기능을 제공한다. 이 단계에 속하는 공공 모바일 업은 시민들에게 공공사무에 대하여 질문을 하거나 의견을 표출할 수 있도록 질문과 답변, 상담, 그리고 채팅과 같은 기능을 제공한다. 또한 시민들은 그들의 민원을 사진 혹은 짧은 설명을 통해 공공 모바일 앱에 등록하거나 위급 상황을 공공 모바일 앱을 통해 즉석에서 신고할 수 있다. 예를 들어, 공무원들은 국민권익위원회가 제공하는 공공 모바일 앱 「정부 민원안내 콜센터」에서 민원, 정부정책, 그리고 일반 생활에 대한 국민들의 질문을 채팅 상담, 화상 상담, 그리고 수화 상담을 통해 답변한다. 이 외에도, 시민들은 국토해양부에 의해 제공되는 공공 모바일 앱 「스마트 국토정보」를 통해 부동산에 관한 질문이나 공공 모바일 앱 서비스에 대한 불만사항을 짧은 설명을 통해 등록할 수 있다.

넷째, 복합 상호작용단계에서는 정부와 시민 간의 상호작용 수준을 향상시키는 기능이 제공된다. 즉 정부기관과 시민 간의 상호작용은 단순 상호작용단계 수준을 넘어 시민뿐만 아니라 정부기관 또한 시민 중심적인 서비스를 주도적으로 제공하는 수준에 이른다. 조금 더 구체적으로 살펴보면, 정부는 꼭 시민의 질문이나 불만사항이 제기되지 않더라도 소셜미디어를 통해 정부정책, 행사, 그리고 일반 사무에 관한 소식을 주도적으로 공지한다. 예를 들어, 법무부에 의해 제공되는 공공 모바일 앱 「로 앤 톡」은 시민들을 법무부 페이스북 홈페이지로 연결시키는 기능을 가지고 있다. 법무부는 페이스북 홈페이지 방문자들에게 업무 보고 내용과 법무부 행사에 관한 소식을 제공하고, 방문자들은 각각의 소식에 대하여 댓글을 달거나 법무부와 관련된 공공사무에 대하여 의견을 표출할 수 있다.

다섯째, 업무 처리단계에 속하는 공공 모바일 앱은 정부와 시민 사이에 기술적인 보안과 신뢰가 확보되었을 때만 일어날 수 있는 쌍방향 소통기능을 제공한다. 시민들은 업무 처리단계에 속하는 공공 모바일 앱을 통해 세금, 벌금, 그리고 상품 구매 대금을 결제할 수 있을 뿐만 아니라, 물품이나 서류에 대한 배달 또한 신청할 수 있다. 예를 들어, 지식경제부에 의해 제공되는 공공 모바일 앱 「우체국 우편」은 시민들에게 각자의 선호에 따른 전자그림 카드, 경조사 카드, 혹은 우편을 고를 수 있는 기능을 제공하고, 시민들은 자신들이 선택한 물품에 대하여 결제까지 할 수 있다. 또한 시민들은 물품을 구입할 때 배송지 정보를 스스로 입력하기 때문에 신청한 물품을 자신이 직접 받거나 선물하고자 하는 대상에게 보낼 수도 있다. 업무 처리단계에서는 공공 모바일 앱을 통한 정부와 시민 간의 상호작용이 실생활에서의 거래로 확장되기 때문에, 이 단계에 속하는 공공 모바일 앱의 기능은 단순 상호작용과 복합 상호작용을 뛰어넘는 상호작용으로 간주된다.

여섯째, 시민들은 통합단계에 속하는 공공 모바일 앱을 통해 원스톱 서비스를 제공받는다. 각각의 공공 모바일 앱은 서비스 전달 측면에서 상호 간에 연결되어 있기 때문에, 시민들이 다른 공공 모바일 앱에 접속한다 하더라도 본래 의도했던 정보 혹은 서비스를 제공받을 수 있다. 그러므로 모든 공공정보 및 서비스를 찾는 통로인 공공 모바일 앱은 원스톱 서비스를 제공하는 관문으로서의 역할을 수행한다. 통합단계는 향후 개발될 가능성이 있는 공공 모바일 앱 기능을 상정하고 있기 때문에, 현재 통합단계에 속하는 공공 모바일 앱은 존재하지 않는다.

2) 중앙행정기관의 공공 모바일 앱 성숙 수준

공공 모바일 앱의 성숙 수준 측정 결과는 [그림 8.5]에 제시되고 있다. 구체적으로, 2012년에 제공된 공공 모바일 앱 150개 중에서 일방향 서비스를 특징으로 하는 1단계와 2단계에 속하는 공공 모바일 앱이 전체 공공 모바일 앱의 66.0%를 차지하고 있는 것으로 나타난 반면, 정부와 시민 간의 상호작용을 구현하는 기능을 제공하는 수준에 부합하는 3단계와 4단계에 해당되는 공공 모바일 앱은 각각 16.0%(24개)와 15.3%(23개)로 분석되었다. 공공 모바일 앱을 활용하여 금전적 거래 및 업무처리 프로세스 및 정보의 가공이 가능한 5단계 앱이나 스마트폰의 기능이 다양한 정보시스템과 포괄적으로 연동되면서 원스톱 서비스가 구현되는 6단계 앱은 그 비중이 매우 작은 수준(2.7%)이었다.

2015년 공공 모바일 앱 성숙 수준 측정 결과는 상당한 변화를 보여주고 있다. 1단계와 2단계의 공공 모바일 앱의 비중이 25.6%로 감소하였고, 3단계의 공공 모바일 앱의 비중 역시 감소하였다(16.0% → 9.3%). 반면, 2012년에 전체 공공 모바일 앱의 15.3%를 차지하였던 4단계의 공공 모바일 앱이 31.4%로 크게 증가하였으며, 5단계의 공공 모바일 앱의 비중 역시 26.2%로 증가하였다. 부처 간 업무 통합을 통해 서비스를 제공하는 6단계에 속하는 공공 모바일 앱도 7.6%(13개)의 비중을 차지하는 것으로 분석되었다.

2017년 1단계와 2단계 앱의 비중이 66%(2012년) → 25.6%(2015년) → 59.5%(2017년)

[그림 8.5] 중앙행정기관의 모바일 앱 성숙 수준 추이(2012~2017년) (단위: 개)

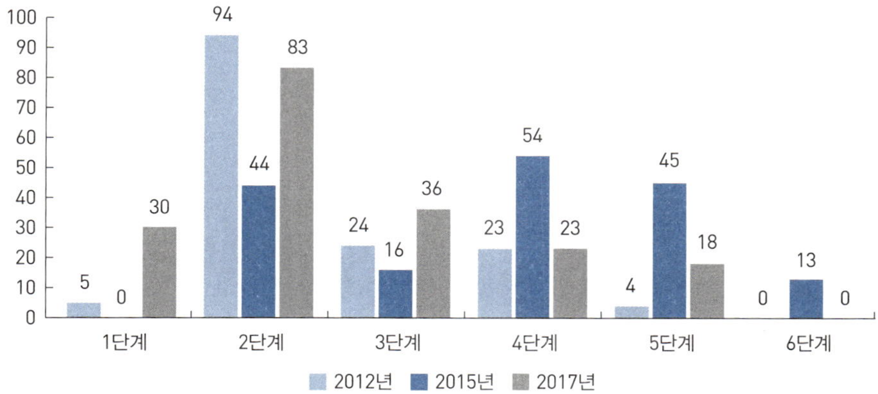

중앙행정기관 / 발전단계	2012년		2015년		2017년	
	개수	비중(%)	개수	비중(%)	개수	비중(%)
1단계	5	3.3	0	0.0	30	15.8
2단계	94	62.7	44	25.6	83	43.7
3단계	24	16.0	16	9.3	36	18.9
4단계	23	15.3	54	31.4	23	12.1
5단계	4	2.7	45	26.2	18	9.5
6단계	0	0.0	13	7.6	0	0.0
합계	150	100.0	172	100.0	190	100.0

로 다시 증가하였고, 3단계의 비중은 16.0%(2012년) → 9.3%(2015년) → 18.9%(2017년)로 감소하다 다시 증가하는 추세를 보였다. 4~6단계의 공공 모바일 앱은 2012년에서 2015년엔 크게 증가하는 추세를 보였으나, 2017년에 다시 감소하였다. 구체적으로, 4단계의 스마트 폰 앱은 15.3%(2012년) → 31.4%(2015년) → 12.1%(2017년)의 변동을 보였고, 5단계 앱은 2.7%(2012년) → 26.2%(2015년) → 9.5%(2017년), 6단계 앱은 0%(2012년) → 7.6%(2015년) → 0%(2017년)으로 모두 2015년에 증가하고 2017년에 감소하였다.

요약하면, 2012년과 2015년 사이에 단순 정보 제공 및 일방향 서비스를 특징으로 하는 1단계와 2단계에 속하는 공공 모바일 앱이 큰 폭으로 감소하고, 정부기관과 스마트폰 사용자 간의 고도화된 상호작용 및 소통기능을 제공하는 4단계 공공 모바일 앱, 금전적 거래 및 업무 처리 프로세스 및 정보의 가공이 가능한 5단계 앱, 그리고 스마트폰의 기능이 다양한 정보시스템과 포괄적으로 연동되면서 원스톱 서비스가 구현되는 6단계 앱의 비중이 큰 폭으로 증가하였다. 그러나 2017년도에 1단계와 2단계에 속하는 공공 모바일 앱이 다시 증가하고, 고도화된 단계인 4단계, 5단계, 6단계 앱의 비중은 다시 감소하였다.

3) 지방자치단체의 공공 모바일 앱 성숙 수준

광역과 기초자치단체가 제공하는 공공 모바일 앱의 성숙 수준에 대한 측정 결과는 [그림 8.6]과 〈표 8.9〉와 같다. 먼저, 2012년과 2015년 사이에 단순 정보제공 및 단

[그림 8.6] 광역자치단체와 기초자치단체의 공공 모바일 앱 성숙 수준 추이(2012~2017년) (단위: 개)

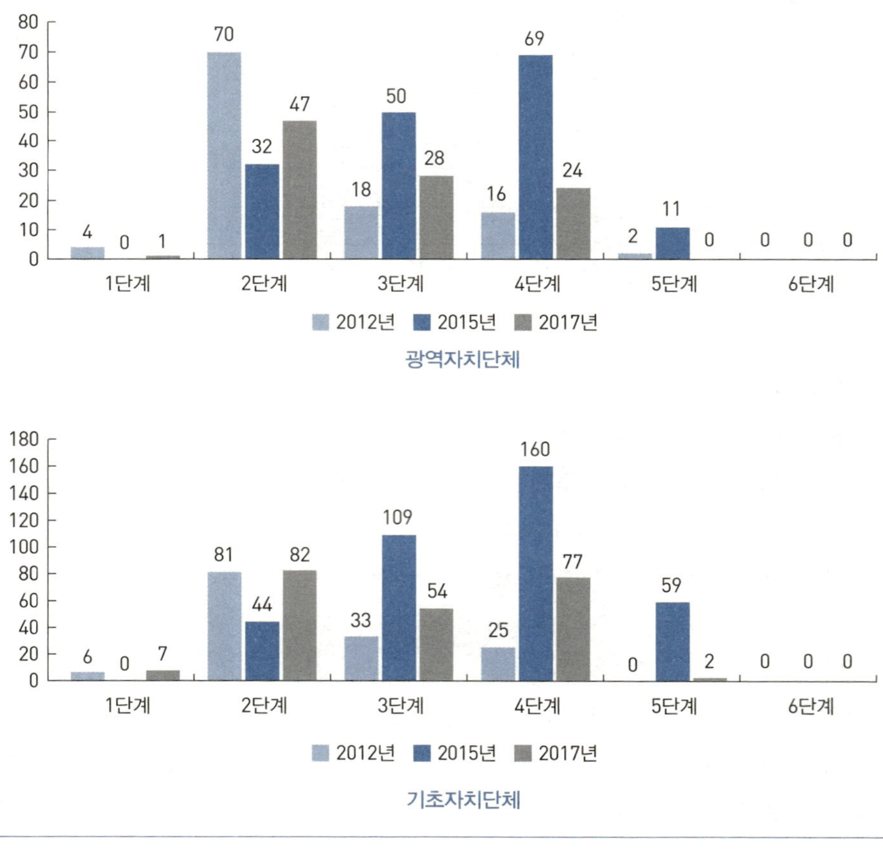

〈표 8.9〉 공공 모바일 앱 성숙 수준: 지방자치단체

2012년

발전단계	광역자치단체		기초자치단체		합계	
	개수	비중(%)	개수	비중(%)	개수	비중(%)
1단계	4	3.6	6	4.1	10	3.9
2단계	70	63.6	81	55.9	151	59.2
3단계	18	16.4	33	22.8	51	20.0
4단계	16	14.6	25	17.2	41	16.1
5단계	2	1.8	0	0.0	2	0.8
6단계	0	0.0	0	0.0	0	0.0
합계	110	100.0	145	100.0	255	100.0

2015년

발전단계	광역자치단체		기초자치단체		합계	
	개수	비중(%)	개수	비중(%)	개수	비중(%)
1단계	0	0.0	0	0.0	0	0.0
2단계	32	19.8	44	11.8	76	14.2
3단계	50	30.9	109	29.3	159	29.8
4단계	69	42.6	160	43.0	229	42.9
5단계	11	6.8	59	15.9	70	13.1
6단계	0	0.0	0	0.0	0	0.0
합계	162	100.0	372	100.0	534	100.0

2017년

발전단계	광역자치단체		기초자치단체		합계	
	개수	비중(%)	개수	비중(%)	개수	비중(%)
1단계	1	1.0	7	3.2	8	2.5
2단계	47	47.0	82	36.9	129	40.1
3단계	28	28.0	54	24.3	82	25.5
4단계	24	24.0	77	34.7	101	31.4
5단계	0	0.0	2	0.9	2	0.6
6단계	0	0.0	0	0.0	0	0.0
합계	100	100.0	222	100.0	322	100.0

일방향 서비스를 특징으로 하는 1·2단계에 속하는 공공 모바일 앱이 큰 폭으로 감소한 반면, 상위단계에 속하는 4단계 이상의 앱이 큰 폭으로 증가하였다. 구체적으로, 광역자치단체의 경우 4단계 이상의 단계에 속하는 앱이 2012년 16.4%에서 2015년 49.4%로 크게 증가하였다. 기초자치단체 역시 4단계 이상의 앱이 2012년 17.2%에서 2015년 58.9%로 크게 증가하였다. 아울러 2012년 조사에서는 발견되지 않았던 5단계 앱도 2015년 조사에서는 15.9%를 차지하는 것으로 조사되었다.

이후 2017년에는 중앙행정기관의 공공 모바일 앱 수준 추이와 비슷한 특징을 보였다. 먼저, 1·2단계에 속하는 공공 모바일 앱은 2015년 14.2%에서 2017년 42.6%로 다시 증가하였다. 3·4단계에 속하는 앱의 비율은 소폭 감소하였다. 하지만, 2015년에 처음 발견되었던 5단계 앱은 2017년에 큰 폭으로 감소하였다(2015년, 13.1%→2017년, 0.6%). 다만, 2015년과 2017년 조사에서도 광역과 기초자치단체 모두에서 소셜미디어 등을 통해 정부를 포함한 사용자 그룹들을 연계하거나 서로 다른 기관의 업무를 일괄적으로 처리할 수 있는 기능을 제공하는 6단계 공공 모바일 앱은 발견되지 않았다.

지금까지의 분석 결과를 종합하면, 2012년, 2015년, 2017년 사이에 지방자치단체 공공 모바일 앱이 양적으로 크게 증가했을 뿐만 아니라, 질적 측면에서도 현저한 발전이 있었음을 확인할 수 있다. 이러한 발전은 지방자치단체 수준의 스마트폰 기반 전자정부가 일방향적 단순 정보제공을 넘어 쌍방향 의사소통이나 개인화personalization 또는 전자결재 및 민원 처리 등과 같은 고차원적이고 다양한 유형의 행정서비스를 제공하는 채널로서 발전해왔음을 의미한다. 특히, 민원 처리, 예약 및 결제 등과 같은 거래 및 업무 처리가 가능한 5단계 공공 모바일 앱이 크게 증가했다는 점에서, 스마트폰 기반의 모바일 전자정부가 공공정보의 공유 및 시민-정부 간 소통의 채널 확대를 넘어서, 사용자 지향적인 공공서비스 제공을 구현하는 데 활용되고 있음을 보여주고 있다.

Ⅳ

분석

지금까지 한국의 중앙행정기관과 지방자치단체의 공공 모바일 앱 성숙 수준을 분석하였다. 그렇다면, 이와 같은 공공 모바일 앱 성숙 수준에 대한 영향 요인은 무엇인가? 이 절에서는 공공 모바일 앱 성숙 수준에 대한 영향 요인 분석을 통해 모바일 전자정부의 발전 요인을 살펴보고자 한다. 첫째, 중앙행정기관과 지방자치단체의 공공 모바일 앱 성숙수준에 대한 영향 요인에 대해 양적분석을 실시하였다. 둘째, 중앙행정기관에서 제공하는 공공 모바일 앱에 대한 비교사례연구 결과를 제시하였다. 성숙수준이 높은 앱과 낮은 앱을 비교하여 어떤 요인들이 공공 모바일 앱 수준에 영향을 미치는지 질적 분석을 하였다.

1. 선행연구 검토

스마트폰의 등장과 확산 이전에도 모바일 기기에 기반을 둔 모바일 전자정부에 대한 논의가 이루어졌다. 예를 들면, 모바일 전자정부의 목적과 개념(Georgiadis & Stiakakis, 2010; El-Kiki *et al.*, 2005), 추진 전략(오관석, 2010; Ntaliani *et al.*, 2008; Borucki *et al.*, 2005), 구축 사례 분석을 통한 모바일 전자정부의 효과성 분석(World Economic Forum, 2011; Amailef & Lu, 2011; Ishmatova & Obi, 2009; Cilingir & Kushcu, 2004), 모바일 전자정부의 기술적 기반(임수정 외, 2010; 김지숙·임종인, 2010; Chatzinotas *et al.*, 2005) 등이 주요 논제로 다루어졌다.

아울러, 공공부문에서의 공공 모바일 앱 활용과 관련된 사례분석이나 쟁점을 다룬 연구들도 있다. 첫째, 공공 모바일 앱을 활용한 공공서비스 제공 사례분석을 통한 스마트폰 기반의 모바일 전자정부의 장점 및 추진 전략에 대한 연구이다. 예를 들면, Lorenzi 등 (2014)은 미국에서 QR 코드를 통해 국립공원을 관리하고 사용자의 편의를 도모하는 사례를 분석하였다. 스마트폰의 특성인 위치 정보 활용과 즉시성을 이용하여 사용자에게 공공서비스 전달을 보다 효율적으로 제공할 수 있을 뿐만 아니라, 예산절감 효과가 크다는 점을 제시하였다.

둘째, 유선 인터넷 웹을 통해 이루어지던 서비스가 모바일로 전환되면서 나타나는 호환성과 접근성, 개인정보보호 등과 같은 법적 및 제도적 쟁점들을 다룬 연구도 있다(정대성, 2013; 배재권, 2010; 임수정 외, 2010). 예를 들면, 정상훈(2010), 방지호 외(2012) 등의 연구는 공공 모바일 앱 구축과정에서 발생할 수 있는 저작권 문제와 개인정보 보호, 보안성과 관련된 쟁점을 다루고 있다.

셋째, 공공 모바일 앱 사용자의 수용 의도를 다룬 연구이다. 한기훈·김진수(2013)는 DeLone과 McLean의 정보시스템 성공모형을 활용하여 공공 모바일 앱 사용자의 사용 의도에 대한 영향 요인을 분석하였다. 그 결과, 이용 용이성과 개인화가 사용자의 만족도를 높이고 재사용 의도로 이어진다는 점을 밝히고 있다. 이 외에도 서비스 품질과 사용자의 인지된 유용성도 중요한 요인인 것으로 분석되었다.

마지막으로 스마트폰 기반 모바일 전자정부와 시민참여와의 관계를 다룬 연구들이다. 여러 연구들이 스마트폰이 시민들의 행동을 조직화하고 시민참여를 활성화하는 효과를 가져온다는 점을 주장하고 있다(Bratton, 2013; Campbell & Kwak, 2011; Lee-Gosselin & Mir&a-Moreno, 2009; Shah *et al.*, 2005; Rice & Katz, 2003). 반면, Ingrams(2015)는 스마트폰의 활용이 기존의 연구 결과와는 달리 시민참여에 긍정적인 영향을 미치지 못한다는 실증 연구 결과를 제시하고 있다.

위와 같은 사례와 쟁점 중심의 연구들에 더하여, 공공 모바일 앱의 구축 현황이나 구축과정에 대한 기술적descriptive 분석을 바탕으로 공공부문에서의 공공 모바일 앱 활용상의 문제점과 발전 방향을 제시한 연구들도 발표된 바 있다. 국회입법조사처(2011), 조희정(2011)은 공공기관들이 제공하는 공공 모바일 앱의 제작기관 및 운영체제, 서비스 내용 등에 대한 조사 결과를 바탕으로 제한적인 콘텐츠, 불편한 사용자 환경User Interface: UI, 지역 편중 등의 문제점을 지적하고 이를 극복할 수 있는 방안을 제시하고 있다. 정수희 등(2013)의 연구는 부산광역시의 공공 모바일 앱 서비스와 관련된 제공자, 개발자, 사용자 그룹에 대한 심층 인터뷰를 통해 지방자치단체에서의 공공 모바일 앱 구축과정상의 문제점과 향후 발전방안을 제시하고 있다.

Eom과 Kim의 연구(2014)는 공공부문에서의 공공 모바일 앱 구축 현황과 성숙 수준 측정 및 영향 요인 분석을 좀 더 체계적으로 수행하고 있다. 이 연구에서는 체계적인 전수조사를 통해 한국의 중앙정부가 제공하고 있는 150개의 공공 모바일 앱의 특성을 기술하였다. 그리고 기존의 전자정부 발전모형에 대한 논의를 바탕으로 6단계의 '공공 모바일 앱 발전모형'을 구성한 후, 이를 적용하여 중앙정부가 제공하는 공공 모바일 앱의 성숙 수준을 측정하였다. 이에 더해, 정보·기술 요인, 조직 요인, 제도 요인, 환경 요인들을 중심으로 공공 모바일 앱의 발전 수준에 대한 영향 요인을 분석하고 있다.

분석 결과에 따르면, 중앙정부의 공공 모바일 앱에 대한 조사가 이루어진 2012년 현재, 전체의 65%에 이르는 공공 모바일 앱이 2단계 이하의 성숙 수준을 보이고 있다. 또한 공공 모바일 앱 성숙 수준에 대한 영향 요인 분석에 있어서도 ① 경제 여건(GDP)이 좋은 해에 제공된 앱, ② '교육' 분야 앱, ③ '산업 및 경제 부처'가 제공한 앱일 경우, 높은 성숙 수준을 보일 확률이 높은 것으로 분석되었다. 반면, ① 공공 모바일 앱 프로그램의 크기가 클수록, ② 제공기관이 '청' 단위의 기관일 경우, ③ 정보화 예산 규모가 클수록, ④ 기관이 제공하는 행정서비스에 대한 시민 만족도가 높은 부처가 제공하는 앱일수록 낮은 성숙 수준을 보일 가능성이 높은 것으로 분석되었다.

이와 같은 연구들이 스마트폰 기반 모바일 전자정부로의 이행과 공공 모바일 앱의 활용을 분석하고 있음에도 불구하고, 전반적인 연구 수준은 아직 초기단계인 것으로 평가된다(정수희 외, 2013; Eom & Kim, 2014). 첫째, 양적 측면에서 공공 모바일 앱 구축 현황에 대한 좀 더 종합적이고 체계적인 자료의 수집이 요구된다. 조사 대상 기관의 폭scope뿐만 아니라, 이용 빈도, 서비스분야, 업데이트 횟수 등과 같은 공공 모바일 앱의 속성 정보에 대한 체계적이고 종합적인 수집과 분석이 요구된다. 둘째, 질적 측면에서 공공 모바일 앱 발전모형에 따른 앱 발전 수준 측정과 그에 대한 영향 요인 분석을 통해 연구의 타당성을 제고해야 한다. 셋째, 공공 모바일 앱에 기반한 모바일 전자정부의 시기적temporal 변화에 대한 분석이 요구된다. 시간의 흐름 및 기술의 변화에 따라 나타나는 양적 성장과 질적 성숙을 관찰할 필요가 있다. 나아가, 스마트폰 기반의 모바일 전자정부와 유선 전자정부 간의 관계에 대한 연구도 필요하다. 예를 들면, 유선 전자정부의 발전이 모바일 전자정부의 발전으로 이어지는지, 유선 전자정부 발전에 영향을 미친 요인들이 모바일 시대에서도 그대로 영향력을 유지하는지 등에 대한 연구가 필요하다.

2. 중앙행정기관의 공공 모바일 앱 성숙 수준의 결정 요인 분석

1) 연구가설

가. 자료·정보 요인

정보통신기술 및 정보시스템을 도입하는 목적은 정보의 공유 및 배포를 촉진시키는 데 있다. 공공 모바일 앱을 제작 및 배포하는 주요한 목적 또한 공공정보 및 서비스를 시민들에게 효과적으로 배포하고 공유하도록 유도하는 데 있다는 점에서, 공공 모바일 앱에 담겨 있는 정보의 특성을 이해하고 정보의 질을 향상시키는 것은 수준 높은 공공 모바일 앱 서비스를 제공하는 데 있어서 중요하다. 하지만 무선 인터넷 기반의 공공 모바일 앱은 유선 인터넷 기반의 정보시스템과 달리 이미 정의 및 구조화된 정보를 기반으로 구축된다는 점 때문에, 정보의 질보다는 정보의 용량(앱 크기)이 시민 중심적인 서비스를 제공하는 데 영향을 미칠 수 있다. 또한 공공 모바일 앱은 유선 인터넷 기반의 전자정부에 비해 매우 다양한 유형의 서비스와 이동성을 제공하고 있기 때문에, 내용 및 기능 측면에서 특정한 유형(앱 유형)에 속하는 공공 모바일 앱이 다른 유형에 속하는 공공 모바일 앱에 비해 시민 중심적인 서비스를 더욱 활발하게 제공하는 경향이 있을 것이라고 예상할 수 있다.

가설 1: 정보 용량이 클수록, 공공 모바일 앱 성숙 수준은 높을 것이다.

가설 2: 공공 모바일 앱의 유형에 따라, 공공 모바일 앱 수준에 차이가 있을 것이다.

나. 조직 요인

조직 내부의 관리 역량은 정보통신기술의 성공적인 도입 혹은 활용에 영향을 미친다. 즉 조직은 정보통신기술을 효과적으로 구축하기 위해서 직원들에게 적절한 훈련 프로그램을 제공하고 정보시스템 구축에 대한 체계적인 계획을 수립함으로써 정보화 역량을 향상시켜야 한다. 이에 더하여, 조직의 정보통신기술 활용 양태에 대한 시민의 평가와 이러한 평가에 대한 조직의 반응 또한 조직이 수준 높은 서비스를 제공하는 계기가 된다. 공공 모바일 앱을 제작 및 배포하는 조직 또한 인적 자원, 기반 시설 등의 측면에서 모바일 기술의 도입 및 발전을 이끌 수 있는 정보화 역량(정보화 수준)을 갖추고 시민의 필요와 요구에 대한 반응성(민원만족도)이 높아야만 시민 중심적인 관점에서 수준 높은 서비스를 제공할 수 있을 것이다(가설 3, 4).

가설 3: 공공 모바일 앱을 제공하는 기관의 정보화 역량이 높을수록, 공공 모바일 앱 수준은 높을 것이다.

가설 4: 공공 모바일 앱을 제공하는 기관의 시민에 대한 반응성이 높을수록, 공공 모바일 앱 수준은 높을 것이다.

다. 제도 요인

기관의 지위, 역할, 그리고 기능을 포괄하는 제도적 요인 또한 정보통신기술을 성공적으로 도입 및 활용하는 데 영향을 미친다. 특히 재정적 자원(세출예산)이나 인적 자원이 풍부한 기관들은 공공 모바일 앱 제작 및 배포에 필요한 자원을 충분히 투입할 수 있기 때문에 시민에 대한 반응을 높일 수 있는 서비스를 제공할 가능성이 높다. 또한 법령에 명시된 기관의 지위(기관 유형 1) 혹은 각각의 기관이 담당하는 역할 및 기능(기관 유형 2)에 따라 특정 기관이 시민들과 소통하는 빈도 혹은 기회가 다를 수 있다. 이는 기관의 역할 및 기능에 따라 시민 중심적인 공공 모바일 앱을 제공할 가능성이 달라질 수 있다는 점을 시사한다.

가설 5: 공공 모바일 앱을 제공하는 기관의 위계에 따라, 공공 모바일 앱 수준에 차이가 있을 것이다.

가설 6: 공공 모바일 앱을 제공하는 기관의 기능에 따라, 공공 모바일 앱 수준에 차이가 있을 것이다.

가설 7: 공공 모바일 앱을 제공하는 기관의 규모가 클수록, 공공 모바일 앱 수준은 높을 것이다.

라. 환경 요인

정보통신기술이 공공부문에 성공적으로 도입되기 위해서는 자료·정보 요인, 조직 요인, 그리고 제도 요인과 더불어, 이러한 요인들을 둘러싼 환경적인 맥락 또한 중요하다. West(2005)와 Gil-Garcia(2012)에 따르면, 미국 각 주州의 총생산, 총부채, 1인당 소득 등을 통해 측정된 경제 상황이 전자정부의 성과에 유의미한 영향을 미쳤다. 공공 모바일 앱의 제작 및 배포에 있어서도 이러한 환경적인 변화가 공공 모바일 앱에 대한 시민들의 요구나 정부기관의 역량에 영향을 미칠 수 있다. 그러므로 공공 모바일 앱이 제작 및 배포된 당시의 경제상황(국내총생산)이 공공 모바일 앱 수준에 영향을 미쳤다고 예상할 수 있다.

가설 8: 경제적 여건이 좋을수록, 공공 모바일 앱 수준은 높을 것이다.

정보시스템 및 전자정부 성숙 수준에 대한 영향 요인은 사회기술적 시각을 바탕으로 다양한 차원에서 논의되고 있다. 정보시스템의 기술적 측면뿐만 아니라, 정보시스템을 도입하는 조직의 관리 요인도 정보시스템의 성공적 구축과 활용을 위한 주요 요소로 강조되고 있다. 이에 더하여 정보시스템 도입 및 활용과 관련된 법과 제도, 그리고 정치적 압력, 경제발전 수준 등 맥락 변수들도 전자정부 성숙 수준에 대한 주요 요인으로 제시되어 왔다. 이 연구도 이러한 시각에 따라 공공 모바일 앱 성숙 수준의 영향 요인을 분석하는 데 있어서 정보·기술 요인, 조직 요인, 제도 요인 등 정보시스템에 대한 다양한 차원의 논의에 기반하여 가설을 설정하고자 한다.

2) 변수의 정의와 측정

중앙행정기관의 공공 모바일 앱 성숙 수준 결정 요인 분석을 위해 선정된 변수들은 다음과 같이 측정된다. 공공 모바일 앱 수준은 공공 모바일 앱 성숙모형의 적용에 따라 각각의 앱이 도달하는 단계로 측정된다. 정보의 용량은 구글 플레이에서 제공하는 앱 크기를 통해 측정된다. 정보의 유형은 구글 플레이에서 제공하는 앱 카테고리를 통해 측정된다. 정보화 역량은 앱을 제공하는 기관의 2005년 정보화 수준 평가의 종합 점수를 통해 측정된다. 민원만족도는 앱을 제공하는 기관의 2012년 민원만족도 조사 결과를 통해 측정된다. 기관 유형은 위계에 따른 분류(부 단위 기관에 의해 제공되는 앱, 처·청 단위 기관에 의해 제공되는 앱, 기타 단위 기관에 의해 제공되는 앱)와 기능에 따른 분류(국가·사회 영역 기관에 의해 제공되는 앱, 경제·산업 영역 기관에 의해 제공되는 앱, 사회·복지 영역 기관에 의해 제공되는 앱)를 통해 측정된다. 기관 규모는 앱을 제공하는 기관의 세출예산을 통해 측정된다. 경제 상황은 앱 제작 시기의 국내총생산을 통해 측정된다. 〈표 8.10〉은 이 연구에서 선정된 변수들의 측정과 출처를 제시한다.

〈표 8.10〉 변수의 측정과 출처

<table>
<tr><th colspan="3">변수</th><th>개념적 정의</th><th>조작적 정의 및 측정</th><th>출처</th></tr>
<tr><td colspan="2">종속 변수</td><td>공공 앱 수준</td><td>공공 앱 발전단계모형의 적용에 따라 각각의 앱이 도달하는 단계</td><td>1단계에 해당하는 앱=1,
2단계에 해당하는 앱=2,
3단계에 해당하는 앱=3,
4단계에 해당하는 앱=4,
5단계에 해당하는 앱=5,
6단계에 해당하는 앱=6</td><td>Eom & Kim
(2014)</td></tr>
<tr><td rowspan="7">독립 변수</td><td rowspan="2">자료·정보 요인</td><td>정보의 용량</td><td>앱에 포함된 자료 및 정보의 크기</td><td>앱 크기
(단위: MB)</td><td>구글 플레이 웹사이트</td></tr>
<tr><td>정보의 유형</td><td>구글 안드로이드 마켓이 제공하는 각 공공 모바일 앱의 유형</td><td>라이프 스타일=1
여행 및 지역정보=2
비즈니스=3
교육=4
건강 및 운동=5
기타=6</td><td>구글 플레이 웹사이트</td></tr>
<tr><td rowspan="2">조직 요인</td><td>정보화 역량</td><td>정보화정책 추진에 있어서의 기관 역량</td><td>등급 A=1
등급 B=2
등급 C=3</td><td>정보화평가위원회
(2005)</td></tr>
<tr><td>민원 만족도</td><td>고객의 요구에 대한 기관의 반응 정도</td><td>우수=1
보통=2
미흡=3</td><td>국무총리실
정책분석평가실
(2012)</td></tr>
<tr><td rowspan="3">제도 요인</td><td rowspan="2">기관 유형</td><td>위계에 따른 기관 분류</td><td>부 단위 기관 앱=1,
처·청 단위 기관 앱=2,
기타 단위 기관 앱=3</td><td>행정자치부 2003년
조직기능분류</td></tr>
<tr><td>기능에 따른 기관 분류</td><td>국가·사회 영역 기관 앱=1,
경제·산업 영역 기관 앱=2,
사회·복지 영역 기관 앱=3</td><td>Hooc & Schuppert
(1990)</td></tr>
<tr><td>기관 규모</td><td>각각의 중앙행정기관의 세출예산</td><td>앱 제공 중앙행정기관의
2010년 세출예산 총규모
(단위: 백만 원)</td><td>디지털예산
회계시스템</td></tr>
<tr><td>통제 변수</td><td>환경 요인</td><td>경제 상황</td><td>앱 제작 시기의 경제적 여건</td><td>앱 제작 시기의 GDP
(단위: 10억 달러)</td><td>국제통화기금
(IMF)
웹사이트</td></tr>
</table>

3) 분석 대상 및 방법

이 연구는 중앙행정기관이 제공하는 공공 모바일 앱 150개를 대상으로 순서 로지스틱 회귀모형ordinal logistic regression model을 적용하여 공공 모바일 앱 성숙 수준의 결정 요인을 분석한다. 순서 로지스틱 회귀모형이 본 연구의 분석방법으로 채택된 이유는 다음과 같다. 첫째, 본 연구의 종속변수인 공공 모바일 앱 발전단계는 1단계부터 6단계로 구성되어 있는 범주형 범수이다. 그러므로 종속변수를 연속형 변수로 가정하고 있는 선형회귀모형은 이 연구에 적합하지 않다. 둘째, 각각의 발전단계는 공공 모바일 앱 수준의 차이를 의미하기 때문에 각 범주들 간에 순서가 존재한다. 셋째, 본 연구에 선정된 독립변수는 범주형 변수와 연속형 변수로 구성되어 있는데, 이러한 특성 또한 독립변수를 요인factor과 공변량covariate으로 구분하여 분석할 수 있는 순서 로지스틱 회귀모형에 적합하다.

4) 분석 결과

모형의 적합도는 대체적으로 양호한 것으로 나타났다. 피어슨 카이제곱값을 통해 살펴본 유의수준은 1.00이었고, 결정계수를 의미하는 Pseudo R^2는 0.273으로 나타났다. 순서 로지스틱 회귀분석 결과는 〈표 8.11〉과 같다.

Wald값과 유의확률을 통해 살펴보면, 공공 모바일 앱 성숙 수준에 유의미한 영향을 미치는 변수는 앱 크기, 세출예산, 국내총생산, 교육 유형, 우수 등급의 민원만족도, 처·청 단위 기관, 그리고 경제·자원기능을 담당하는 기관으로 나타나고 있다. 반면, 교육 유형을 제외한 앱 유형, 우수 등급을 제외한 민원만족도, 처·청 단위 기관을 제외한 기관 유형, 경제·자원기능을 제외한 기관 유형은 유의미하지 않은 것으로 나타났다. 정보화 수준 또한 유의미하지 않은 변수로 확인되었다.

중앙행정기관에 의해 제공되는 공공 모바일 앱에 대한 순서 로지스틱 회귀모형의 최종 결과는 다음과 같이 분석된다. 자료·정보 요인 측면에서 살펴보면, 앱 크기가 증가할수록 공공 모바일 앱은 성숙모형의 낮은 단계 중 하나에 속할 확률이 높아졌고, 교육 유형에 속하는 공공 모바일 앱은 높은 단계 중 하나에 속할 가능성이 높았다. 조직 요인 측면에서 살펴보면, 민원만족도 조사에서 우수 등급 평가를 받은 기관에 의해 제공되는 공공 모바일 앱은 낮은 단계 중 하나에 속할 확률이 높았다. 제도 요인 측면에서 살펴보면, 공공 모바일 앱을 제공하는 기관의 세출예산이 증가할수록 공공 모바일 앱은 낮은 단계 중 하나에 속할 확률이 높았다. 또한 처·청 단위 기관에서 제공되는 공공 모바일 앱은 낮은 단계 중 하나에 속할 확률이 높은 반면, 경제·자원기능을 담당하는 기관에서 제공되는 공공 모바일 앱은 높은 단계 중 하나에 속할 가능성이 높았다. 마지막으로 환경 요인 측면에서 살펴보면, 공공 모바일 앱이 제작 및 배포된 시기의 국내총생산이 증가할수록 공공 모바일 앱은 높은 단계에 속할 확률이 높아졌다.

위와 같은 분석 결과를 토대로, 공공 모바일 앱의 제공 및 운영 측면에서 다음과 같은 정책적 시사점이 제시될 수 있다. 첫째, 공공 모바일 앱은 자료 및 정보 용량이 클수록 낮은 수준에 속할 확률이 증가하는 것으로 확인되었다. 이러한 결과의 타당성은 방대한 자료를 내재한 공공 모바일 앱과 일방향 서비스와의 연관성을 살펴볼 때 확인

〈표 8.11〉 중앙행정기관 공공 모바일 앱 성숙 수준의 영향 요인

측정변수			B 추정값	표준오차	Wald	유의확률
한계치	1단계=1		1.503	2.598	0.335	0.563
	2단계=2		5.280	2.601	4.120	0.042
	3단계=3		5.895	2.609	5.105	0.024
	4단계=4		6.937	2.630	6.956	0.008
위치	앱 크기		-0.048	0.016	8.555	0.003
	세출예산		-2.591E-008	1.292E-008	4.025	0.045
	국내총생산		0.006	0.002	6.522	0.011
	앱 유형	라이프 스타일=1	0.300	0.280	1.145	0.285
		여행 및 지역 정보=2	-0.148	0.343	0.187	0.665
		비즈니스=3	0.193	0.309	0.393	0.531
		교육=4	0.849	0.429	3.914	0.048
		건강 및 운동=5	-0.585	0.541	1.171	0.279
		기타=6	0	.	.	.
	정보화 수준	등급 A=1	-0.329	0.449	0.538	0.463
		등급 B=2	-0.530	0.421	1.584	0.208
		등급 C=3	0	.	.	.
	민원 만족도	우수=1	-0.892	0.397	5.055	0.025
		보통=2	-0.250	0.318	0.617	0.432
		미흡=3	0	.	.	.
	기관 유형1	부=1	-0.470	0.463	1.032	0.310
		처·청=2	-1.066	0.433	6.061	0.014
		기타=3	0	.	.	.
	기관 유형2	국가·관리기능=1	0.313	0.291	1.163	0.281
		경제·자원기능=2	0.758	0.300	6.393	0.011
		사회·복지기능=3	0	.	.	.

된다. 예를 들면, 용어사전이나 법령정보와 같은 방대한 자료를 내재한 공공 모바일 앱은 대체적으로 검색기능만을 제공할 뿐, 쌍방향 서비스를 제공하는 경우는 드물다. 또한 표와 그림을 통해 자세한 설명을 제공하는 공공 모바일 앱은 검색기능마저 제공하지 않고 단순히 정보를 나열하는 데 그치는 경우가 많다. 이러한 결과는 그동안 정부기관이 많은 양의 정보를 제공할 필요가 있는 공공 모바일 앱을 제작 및 배포할 때 시민 중심적인 서비스에 대한 고려가 부족했다는 점을 의미한다. 또한 정부기관이 앞

으로는 정보를 쉽게 찾을 수 있는 기능뿐만 아니라 시민의 참여를 유도하고 질문이나 의견을 수렴할 수 있는 기능에 대해서도 모색할 필요가 있다는 점을 시사한다.

둘째, 예산 측면에서 공공 모바일 앱을 제공하는 기관의 규모가 클수록, 이러한 기관에 의해 제공되는 공공 모바일 앱은 낮은 단계에 속할 확률이 높았다. 이는 기술통계분석 결과와 더불어 공공 모바일 앱 제공에 있어서 큰 시사점을 남긴다. 즉 기술통계분석 결과에 따르면, 중앙행정기관 중에서 규모가 큰 기관은 대체로 부 단위 기관으로, 부 단위 기관들은 적은 기관 수에도 불구하고 처·청 및 기타 단위 기관들보다 훨씬 많은 공공 모바일 앱을 제공하고 있었다. 하지만 순서 로지스틱 회귀분석 결과는 많은 양의 공공 모바일 앱을 제공하는 기관이 시민중심성 측면에서 질 좋은 공공 모바일 앱을 제공하는 것은 아니라는 점을 시사한다. 그러므로 앞으로 공공조직의 공공 모바일 앱 제공 성과를 측정할 때, 공공 모바일 앱의 개수와 같은 양적 측면에 대한 고려뿐만 아니라, 제공되는 공공 모바일 앱이 쌍방향 서비스의 관점에서 시민의 편의를 증진시키는 기능을 가지고 있는지 여부를 검토하는 절차가 수반되어야 할 것으로 판단된다.

셋째, 처·청 단위 기관에 의해 제공되는 공공 모바일 앱도 높은 단계에 속할 가능성이 낮았다. 처·청 단위 기관은 정책을 집행해야 하는 임무를 안고 있기 때문에 시민의 필요와 요구를 바탕으로 한 공공정보 및 서비스를 제공할 것으로 기대된다. 그럼에도 불구하고 이들 기관에 의해 제공되는 공공 모바일 앱은 높은 수준에 속할 확률이 높지 않은 것으로 분석되었다. 이는 앞으로 처·청 단위 기관이 본연의 임무에 충실하여 시민의 참여를 증진시키고 의견을 수렴하는 기능이 포함된 공공 모바일 앱을 제공하기 위해 노력해야 한다는 점을 시사한다.

넷째, 시민에 대한 반응성이 높은 기관에 의해 제공되는 공공 모바일 앱은 낮은 단계에 속할 가능성이 높은 것으로 드러났다. 이는 시민의 필요 및 요구에 민감하게 반응하는 기관이 제공하는 공공 모바일 앱은 높은 단계에 속할 것이라는 본 연구의 가설과 배치된다. 이러한 분석 결과와 관련하여, 민원만족도 조사가 창구에서 민원을 제기한 시민과 유선 인터넷에서 민원을 제기한 시민을 대상으로 실시되었다는 사실은, 기존의 전자정부 아래에서 기관이 시민들의 요구에 반응하는 방식과 모바일 전자정부 아래에서 기관이 시민들의 요구에 반응하는 방식이 다를 수도 있다는 점을 시사한다. 즉 사무실과 유선 인터넷을 통해 시민들에게 적극적으로 반응한 기관이 공공 모바일 앱 서비스 제공에 있어서 시민 중심적인 서비스를 제공한다는 보장은 없다고 해석될 수 있는 것이다. 이는 정보통신기술의 발달에 따라 시민에 대한 기관 반응성에도 다양한 차원이 있을 수 있다는 점을 시사하기 때문에, 앞으로도 폭넓은 논의가 필요할 것으로 판단된다.

3. 지방자치단체의 공공 모바일 앱 성숙 수준의 결정 요인 분석

1) 독립변수

가. 정보·기술 요인

정보시스템 구축 목적 중의 하나가 정보의 공유와 배포라는 점을 고려할 때, 정보시스템이 제공하는 정보의 질적 수준 및 정확도는 정보시스템의 성공을 판가름하는 주요한 요인으로 간주된다(한기훈·김진수, 2013; Gil-Garcia, 2012; Redman, 1998; Tayi & Ballou, 1998; Dawes, 1996). 이 외에도 정보시스템의 성공적인 구축에 영향을 미치는 기술 요인으로 프로그램 용량, 시스템 복잡성, 상호운용성 등이 지적되어 왔다(Gil-Garcia, 2012; Gil-Garcia & Pardo, 2005). 특히, 기존 시스템이 새로 도입된 정보시스템의 기반 시스템legacy system으로서 새로 도입된 정보시스템의 운영 성과에 영향을 미치는 것으로 밝혀졌다(Duchessi & Chengalur-Smith, 1998; Dawes & Nelson, 1995).

정보시스템 성숙 수준에 영향을 미치는 정보·기술 요인들에 대한 선행연구 결과를 바탕으로 다음과 같이 연구가설을 수립할 수 있다. 첫째, 공공 모바일 앱이 제공하는 정보의 유형에 따라 공공 모바일 앱의 성숙 수준이 차별화될 가능성이 크다. 왜냐하면, 특정 유형의 서비스는 더 높은 기술적 복잡성이나 상호작용성을 갖춘 공공 모바일 앱을 통해 그 수준이 향상될 수 있기 때문이다. 예를 들면, '교육'이나 '복지' 분야와 같이 정책 대상 집단이 비교적 명확하게 정의될 수 있고 공공서비스 제공에 있어 상호작용이 강조되는 정책영역은 공공 모바일 앱을 구현함에 있어서도 사용자와의 상호작용을 강조한 기능을 장착할 가능성이 클 것으로 예상된다.[9] 아울러, '여행 및 지역 정보' 분야의 앱의 경우, QR 코드나 LBS 등의 기술을 탑재함으로써 개인화된personalized 서비스와 현재의 위치에 기반한 정보 및 공공서비스를 제공할 수 있어 상

9 중앙행정기관이 제공하는 공공 모바일 앱을 예로 들면, '교육' 유형에 속하는 앱의 경우, 약 50%가 3단계 이상으로 나타났다. 대표적으로 「아이사랑 보육포털」 앱의 경우, '어린이집 찾기', '육아정보'와 같은 단순 정보 제공 외에도 '부모상담실'과 같은 쌍방향 서비스, '보육료 결제'와 같은 거래기능도 함께 제공하고 있다.

대적으로 높은 발전 수준의 공공 모바일 앱이 구축될 것으로 기대된다.

가설 1: 공공 모바일 앱의 정보서비스 유형에 따라, 공공 모바일 앱 성숙 수준이 차별화될 것이다.

둘째, 기존 유선 인터넷 기반 전자정부 시스템이 공공 모바일 앱의 기반 시스템이 되기 때문에, 기존의 유선 인터넷 기반 전자정부 구축 성과가 공공 모바일 앱 성숙 수준에 영향을 미칠 가능성이 크다.[10] 한편으로는 유선 전자정부의 성과가 클 경우, 이를 바탕으로 더 수준 높은 공공 모바일 앱을 구축, 제공할 가능성이 크다. 그러나, 지방자치단체가 공공 모바일 앱을 기획할 때, 시민들의 요구사항에 대한 정의가 미흡하고 기존 공공 모바일 앱 기능에 대한 전략적 고려 없이 기존에 유선 인터넷 전자정부를 통해 제공되던 정보를 그대로 모바일용으로 옮기는 수준이라는 정수희 등(2013)의 연구 결과나 광역자치단체 중 유선 전자정부 성과가 가장 높은 서울시도 "단순 정보 제공성 앱을 만들어 방치하는 경우가 많다."는 언론보도 내용[11]을 고려할 때 양자 간의 관계가 항상 긍정적일 것으로 예상하기 어려울 수도 있다. 우선 연구가설은 긍정적인 관계를 가정하여 다음과 같이 제시한다.

가설 2: 지방자치단체의 유선 전자정부 성과가 높을수록, 해당 지방자치단체가 제공하는 공공 모바일 앱의 성숙 수준은 높을 것이다.

나. 조직 요인

성공적인 전자정부의 구현을 위해서는 조직의 정보화 역량을 충분히 갖추는 것이

10 아래 실무자와의 인터뷰를 통해서도 기존 유선 인터넷 기반의 전자정부가 새로 도입되는 공공 모바일 앱의 기반 시스템으로 작동하고 있음을 알 수 있었다. 유선 인터넷 기반의 웹사이트에서 정보가 제공될 경우, 관련 서비스를 공공 모바일 앱을 통해 제공하는 데 특별한 제약 요인이 없지만, 공공 모바일 앱 서비스를 위해 새로운 자료 및 정보를 생성해야 할 경우, 상당한 비용이 소요되기 때문에 제작 및 배포에 어려움이 발생한다고 한다.
"먼저 PC용 서비스가 있어야 해요. 없는 걸 만들기는 정말 힘들죠. 서비스가 없는 것을 만들려면 돈이 많이 들어가요. 현재 서비스가 있으면 그 데이터가 있잖아요. 서버도 있고. 그걸 가져다가 모바일에 뿌려주면 되지만, 없다, 그러면 이건 서버도 다 만들어야 해요. 그러면 그 원천, 데이터도 다 만들어야 하는거죠. 콘텐츠라고 하죠? 처음부터 아예 없는 걸 만들려면 콘텐츠도 만들어야 해요. 그럼 비용이 어마어마하게 들어가죠."

11 『아시아경제』, 「서울시 공공앱 20% 내려받기 年 1000건… '이용저조'」.

필수적이다(Gil-Garcia, 2012; 전영평·이곤수, 2000). 구체적으로, ① 구성원들로 하여금 정보시스템의 속성을 정확하게 이해하도록 유도하고 도입과정에서 나타날 수 있는 문제점에 대처할 수 있도록 적절한 사업경험과 전문성을 갖춘 조직(Garson, 2003; Barret & Green, 2001), ② 정보시스템과 관련된 정책에 소요되는 인원과 예산을 확보하고 체계적이고 전략적인 계획을 수립 및 시행하는 조직(Holden *et al.*, 2003; L&sberg & Wolken, 2001), ③ 정보시스템 도입 및 활용에 대한 평가 결과에 민감하게 반응하고 미비점을 개선하는 조직(한인섭, 2009)이 정보시스템을 성공적으로 구축할 가능성이 높다.

한국의 지역정보화에 대한 선행연구를 바탕으로 다음과 같은 연구가설을 설정할 수 있다. 첫째, 지방자치단체장의 정보화 리더십이 강한 자치단체가 제공하는 공공 모바일 앱이 더 높은 성숙 수준을 보일 가능성이 크다. 지방행정체제에서 자치단체장이 갖는 위상과 자원을 고려할 때, 자치단체장의 정보화 리더십이 정보시스템 구축에 필요한 자원의 동원과 조직 간 협력을 촉진하고 공공 모바일 앱 구축에 대한 정치적 지지를 강화하는 기제로 작용할 가능성이 크기 때문이다(양순애·유광민, 2009; 허훈, 2008; 이영균, 2001).

가설 3: 지방자치단체장의 정보화 리더십이 강할수록, 지방자치단체가 제공하는 공공 모바일 앱의 성숙 수준이 높을 것이다.

둘째, 정보화 역량이 강한 지방자치단체일수록 더 높은 수준의 공공 모바일 앱을 제공할 가능성이 크다. 왜냐하면, 자치단체의 축적된 정보화 역량이 더 높은 수준의 공공 모바일 앱을 기획하고 구축하는 데 기여할 수 있기 때문이다. 구체적으로 정보시스템의 도입 및 활용에 관한 사업 경험, 정보화 추진을 위한 인적 역량을 갖춘 자치단체일수록 더 높은 수준의 공공 모바일 앱을 구축할 가능성이 크다. 또한 지방자치단체의 정보화 예산이 클수록 그 지방자치단체에서 제공하는 공공 모바일 앱의 성숙 수준이 높을 가능성이 크다. 더 많은 예산을 투입할수록 기술적으로 더 높은 수준의 공공 모바일 앱을 구축할 수 있기 때문이다(조희정, 2011; 양순애·유광민, 2009).

가설 4: 지방자치단체의 정보화 역량이 클수록, 지방자치단체가 제공하는 공공 모바일 앱의 성숙 수준이 높을 것이다.

다. 제도 요인

정보·기술 요인 및 조직 요인과 더불어, 공식적·비공식적 제도 또한 성공적인 정보시스템 구축에 영향을 미친다. 구체적으로, 기관의 정보시스템 도입 및 운영과 관련된 거버넌스 체계, 정보화담당관Chief Information Officer: CIO의 제도적 위상과 권한 등이 정보시스템 도입 및 활용과 연관된 성과에 영향을 미친다(남형우, 2012; 이명진, 2009; Eom, 2013; Gil-Garcia, 2012). 또한 정보시스템의 도입 및 활용 관련 법률 및 규정, 사생활 보호 및 정보보안 관련 지침, 정보시스템 구축 및 운영과 관련된 외주outsourcing 등과 관련된 제도적 요인들이 정보시스템의 성공적 구축을 결정하는 요인으로 작용한다(Gil-Garcia & Pardo, 2005).

위와 같은 이론적 논의를 바탕으로 다음과 같은 가설을 설정할 수 있다. 첫째, 정보시스템 도입 및 구축과 관련된 제도화 수준이 높은 지방자치단체가 좀 더 높은 수준의 공공 모바일 앱을 제공할 가능성이 높다. 왜냐하면, 정보화와 관련된 조례나 규칙의 제정과 적용을 통해 정보화 관련 제도화 수준이 향상되면 관련 부서 간의 책임 소재의 명확화 및 협력의 촉진, 정보보안 등 정보시스템 구축과정에서 발생할 수 있는 각종 쟁점에 대한 사전적 고려, 사용자의 수요조사 등 정보시스템 구축과정에서의 주요 활동에 대한 명확한 정의가 이루어질 수 있기 때문이다. 이는 다시 공공 모바일 앱 구축의 질적 수준 향상으로 이어질 것이다(정수희 외, 2013; 한세억, 2008).

가설 5: 지방자치단체의 정보화 관련 제도화 수준이 높을수록, 지방자치단체가 제공하는 공공 모바일 앱의 성숙 수준이 높을 것이다.

둘째, 지방자치단체에서 정보시스템 관련 업무를 총괄하는 정보화담당관의 제도적 위상이 높을수록 해당 지방자치단체가 제공하는 공공 모바일 앱의 성숙 수준이 높을 가능성이 크다. 정보화담당관의 제도적 위상이 높을 경우, 공공 모바일 앱 구축과 관련된 정보 자원의 관리, 정보시스템 개발 및 운영에 대한 감독과 평가 등이 원활히 이루어질 것이기 때문이다. 또한 정보화담당관의 제도적 위상이 높다면, 공공 모바일 앱 구축을 위해 현업 부서에서 이루어지는 정보서비스의 통합이 촉진될 뿐만 아니라, 이 과정에서 필수적으로 요구되는 부서 간 협력과 조정, 자원의 효율적 배분이 좀 더 효과적으로 진행될 수 있을 것이기 때문이다(양순애·유광민, 2009; 정진우 외, 2004).

가설 6: 지방자치단체의 정보화담당관의 제도적 위상이 높을수록, 지방자치단체가 제공하는 공공 모바일 앱의 성숙 수준이 높을 것이다.

2) 변수의 측정과 출처

지방자치단체의 공공 모바일 앱 성숙 수준 결정 요인을 분석하기 위해, 2015년 광역자치단체 공공 모바일 앱 성숙 수준을 종속변수로 채택하였다. 독립변수로는 ① 공공 모바일 앱의 정보서비스 유형, ② 유선 전자정부 성과, ③ 자치단체장의 정보화 리더십, ④자치단체의 정보화 역량, ⑤ 정보화 관련 제도화 수준, ⑥ 자치단체 정보화담당관의 제도적 위상을 선정하였다.

변수의 측정과 자료의 수집은 다음과 같이 이루어졌다. 종속변수인 공공 모바일 앱 성숙 수준은 2015년 광역자치단체 공공 모바일 앱 성숙 수준 측정 결과를 활용하였다. 유선 전자정부 성과에 대한 측정은 2007년에 이루어진 지방자치단체 정보화 수준 평가 결과 중 홈페이지 평가 점수를 활용하였다.[12] 정보서비스 유형에 대한 측정은 구글 안드로이드 마켓을 통해 제공되는 모바일 앱 유형 분류 정보를 활용하였다. 자치단체장의 정보화 리더십은 각 자치단체장의 트위터 계정상의 트윗 수로 측정하였다. 자치단체의 정보화 역량은 인적 역량, 재정 역량, 사업 역량으로 구분하여 각각을 정보화 관련 인력 비율, 정보화 예산 비율, 지역정보화사업 건수로 측정하였다. 정보화담당관의 제도적 위상은 지방자치단체의 정보화담당관의 직급으로 측정하여 고위공무원, 2급, 3급, 4급으로 구분하였다. 정보화 관련 제도화 수준은 정보화 관련 규정의 총수로 측정하였다.

통제변수는 다음과 같다. 그동안 정보시스템의 성공적인 구축에 영향을 미치는 다양한 환경 요인들이 제시되어 왔다. 첫째, 국가 혹은 지역의 경제 상황은 정보시스템의 구축 결과에 영향을 미친다(Holden *et al.*, 2003; Brown & Brudney, 1998). 예를 들어, 미국 각 주州의 1인당 소득이 전자정부의 성공을 위한 다수의 지표에 유의미한 영향을 미쳤다는 점이 분석되었다(West, 2005). 둘째, 인구통계학적 특성 역시 정보시스템 구축 성과에 영향을 미치는 요인으로 제시되고 있다. 예를 들면, Gil-Garcia(2012)는 미국 주정부의 전자정부 성공 요인을 분석하기 위한 연구에서 컴퓨터 소유 여부와 인터넷 접근 가능 여부 등으로 구성된 인구통계학적 요인이 전자정부의 성공을 측정하기 위한 지표인 주정부 웹사이트의 기능에 영향을 미친다는 점을 밝혔다. 이와 같은 연구 결과를 바탕으로 ① 지방자치단체의 인구밀도, ② 지방자치단체의 평균연령, ③ 지방

12 지방자치단체의 정보화 수준에 대한 진단과 평가는 2007년에 마지막으로 시행된 후 현재까지 이루어지지 않고 있어, 2007년 평가 결과를 활용할 수밖에 없었다.

〈표 8.12〉 변수의 측정과 자료의 출처

구분	변수			개념적 정의	측정지표	자료 출처
종속 변수	지방자치단체가 제공하는 공공 모바일 앱 성숙 수준			공공 모바일 앱 성숙 수준 모형에 따라 각각의 공공 모바일 앱이 해당하는 발전단계	1단계에 해당하는 앱=1, 2단계에 해당하는 앱=2, 3단계에 해당하는 앱=3, 4단계에 해당하는 앱=4, 5단계에 해당하는 앱=5, 6단계에 해당하는 앱=6	2015년 지방자치단체 공공 모바일 앱 성숙 수준 측정 결과
독립 변수	정보·기술 요인	유선 전자정부 성과		기존의 유선 인터넷 기반 전자정부의 성과	지방자치단체 정보화 수준 평가상의 홈페이지 평가결과 (0~100점)	2007년 지방자치단체 정보화 수준 평가
		정보서비스 유형		공공 모바일 앱이 제공하는 정보서비스의 유형 및 범주	여행 및 지역정보=1 라이프 스타일=2 교통=3 뉴스 및 잡지=4 기타=5	구글 안드로이드 마켓
	조직 요인	자치단체장의 정보화 리더십		모바일 전자정부에 대한 자치단체장의 관심도 및 활용도	자치단체장의 트윗 수	자치단체장 트위터 계정
		지방자치단체 정보화 역량	인적 역량	지방자치단체의 정보화 담당 공무원의 역량	2014년 기준 자치단체의 전체 공무원 정원 대비 정보화 담당 공무원의 비율	정보공개청구, 자치단체 홈페이지
			재정 역량	지방자치단체의 지역정보화 추진을 위한 재정적 자원	2014년 기준 자치단체의 전체 예산액 대비 지역정보화사업 예산액의 비율	한국지역정보개발원 보고서
			사업 역량	지방자치단체의 지역정보화사업 추진 경험	2014년 기준 자치단체에서 추진 중인 지역정보화 사업 건수	정보공개청구
	제도 요인	지방자치단체의 정보화담당관의 제도적 위상		지방자치단체 정보화담당관의 권한과 능력	지방자치단체의 정보화담당관의 직급: 고위공무원=1, 2급=2, 3급=3, 4급=4	정보공개청구
		지방자치단체 정보화 관련 제도화 수준		정보화 추진 관련 조례·규칙·규정의 적용 수준	정보화 관련 조례, 규칙, 규정의 총수	자치단체 웹페이지, 정보공개청구
통제 변수	인구통계학적 특성			지방자치단체의 인구밀도	2014년 기준 자치단체의 인구밀도	통계청 e-나라지표
				지방자치단체의 평균연령	2014년 기준 자치단체의 평균연령	통계청 e-나라지표
	경제적 상황			지방자치단체의 경제상황	2013년 기준 지역총생산(GRDP)	행정자치부, 통계청 e-지방지표
	앱 소프트웨어 용량			공공 모바일 앱의 정보 및 프로그램 용량	앱 소프트웨어 크기 (단위: MB)	구글 안드로이드 마켓

자치단체의 경제 상황을 통제변수로 선정하였다.

아울러, 정보시스템의 성공적인 구축에 영향을 미치는 기술 요인으로 프로그램 용량, 시스템 복잡성 등이 지적되어 왔다(Gil-Garcia, 2012; Gil-Garcia & Pardo, 2005). 공공 모바일 앱의 기능적 우수성을 확보하기 위해서는 QR 코드나 LBS, 전자결재 및 보안 관련 기술 등이 장착되어야 한다. 따라서 앱 소프트웨어의 용량이 공공 모바일 앱 성숙 수준에 영향을 미칠 가능성이 크다. 이러한 이유로 앱 소프트웨어 용량을 통제변수로 모형에 포함시켰다. 각 변수별 측정 지표와 자료의 출처는 〈표 8.12〉와 같다.

3) 분석 범위와 방법

분석 범위는 2015년 현재 17개 광역자치단체가 제공하는 공공 모바일 앱을 분석 대상으로 하였다. 분석방법은 다음과 같다. 첫째, 순서 로지스틱 회귀분석을 활용하였다. 종속변수인 공공 모바일 앱 성숙 수준은 1단계부터 6단계까지로 구성되어 있는 순서형 변수이고, 독립변수를 요인factor과 공변량covariate으로 구분하여 분석할 수 있기 때문이다. 둘째, 자치단체의 공공 모바일 앱 담당 공무원 인터뷰를 통한 질적 분석 방법이다. 양적 분석을 통해 파악된 결정 요인들이 실제로 어떤 동학을 통해 공공 모바일 앱 성숙 수준에 영향을 미치고 있는지 파악하여 양적 분석 결과에 대한 해석과 토론을 진행하기 위함이다.[13]

4) 분석 결과

2015년 광역자치단체 스마트폰 성숙 수준 영향 요인 분석을 위한 순서 로지스틱 회귀분석 결과는 〈표 8.13〉과 같다.[14] 그리고 구체적으로 독립변수의 영향력에 대한

13 인터뷰 대상은 서울특별시청의 공공 모바일 앱 총괄 담당자, 서울특별시 금천구청의 공공 모바일 앱「금천구청」담당자, 서울특별시 금천구청의 공공 모바일 앱「금천구 소식지」담당자 등 총 3인이며 2015년 5월 18일부터 22일까지 인터뷰를 진행하였다. 선정 이유는 다음과 같다. 첫째, 서울특별시청 담당자의 경우 2단계부터 5단계에 걸친 다양한 성숙 수준의 앱을 관리하고 있기 때문에, 공공 모바일 앱 전반에 대한 주요 변수 및 구축과정에 대한 실무상의 논의를 파악하는 데 적절하다고 판단되었다. 둘째, 금천구청 담당자의 경우, 앱 기획, 제작, 평가에 이르는 모든 과정을 관리하기 때문에, 공공 모바일 앱 구축과정 전반에 대한 실제적 논의를 파악하는 데 적절하다고 판단되었다.

14 모형의 적합도와 설명력은 비교적 양호한 편이라는 점이 확인되었다. 구체적으로, 피어슨값의 유의수준은 0.370으로 적합성 판단의 기준인 유의수준 0.05를 크게 상회하였고, 피어슨 카이제

〈표 8.13〉 지방자치단체 공공 모바일 앱 성숙 수준의 영향 요인

측정 변수			B 추정값	표준오차	Wald
정보·기술 요인	정보서비스 유형	여행 및 지역 정보	.886**	.262	11.431
		라이프 스타일	.391	.254	2.364
		교통	.399	.323	1.532
		뉴스 및 잡지	-.367	.483	.578
		기타	0	.	.
	유선 전자정부 성과		-.346**	.124	7.793
조직 요인	자치단체장의 정보화 리더십		.067**	.020	10.705
	지방자치단체 정보화 역량	인적 역량	-1.085**	.404	7.205
		재정 역량	-11.436**	4.333	6.965
		사업 역량	-.009**	.003	8.951
제도 요인	지방자치단체 정보화담당관의 제도적 위상	고위공무원	-9.635**	3.066	9.876
		2급	-1.892**	.693	7.458
		3급	5.400*	2.279	5.615
		4급	0	.	.
	지방자치단체 정보화 관련 제도화 수준		1.506**	.471	10.213
통제 변수	인구통계학적 특성	지방자치단체의 인구밀도	-.001*	.000	6.148
		지방자치단체의 평균연령	.053	.166	.103
	지방자치단체의 경제 상황		2.240E-008**	7.689E-009	8.485
	앱 소프트웨어 용량		-.022*	.011	4.014

주: * 유의수준 0.05, ** 유의수준 0.01

분석 결과는 다음과 같다.

첫째, 정보·기술 요인 측면에서 살펴보면, '여행 및 지역 정보' 유형에 속하는 공공 모바일 앱이 높은 발전단계에 속할 가능성이 높으며, 기존의 유선 전자정부 역량이 높은 자치단체가 만든 공공 모바일 앱이 낮은 단계에 속할 가능성이 낮은 것으로 분석되었다.

둘째, 조직 요인의 경우, 지방자치단체장의 정보화 리더십이 강할수록 그 자치단

곱값은 405.753으로 라인 평행성(parallel lines) 검증을 통한 평행선 가정의 모형 타당성이 확인되었다. 또한, 결정계수를 의미하는 Pseudo R2 중에서 Cox & Snell값은 0.213, Nagelkerke값은 0.233, 그리고 McFadden값은 0.098로 확인되었는데, 이는 모형의 설명력이 양호한 편이라는 점을 보여준다.

체가 제공하는 앱은 높은 단계에 속할 가능성이 높았다. 반면, 공공 모바일 앱을 제공하는 자치단체의 정보화 역량과 앱의 성숙 수준 간에 부(-)의 관계가 발견되었다. 즉 자치단체의 정보화 인적 역량이 높을수록, 자치단체의 정보화사업 역량이 높을수록, 그리고 정보화 재정 역량이 높을수록 그 자치단체가 제공하는 공공 모바일 앱의 성숙 수준은 낮은 단계에 속할 확률이 높은 것으로 분석되었다.

셋째, 제도 요인의 경우, 정보화담당관의 직급이 1급 혹은 2급인 자치단체가 제공하는 앱은 낮은 단계에 속할 확률이 높았던 반면, 3급인 자치단체가 제공하는 앱은 높은 단계에 속할 가능성이 높았다. 또한, 자치단체의 정보화 관련 제도화 수준이 높을수록 그 자치단체의 공공 모바일 앱은 높은 수준의 발전단계를 보일 확률이 높았다.

통제변수들과 관련된 분석 결과는 다음과 같다. 첫째, 환경 요인 측면에서 살펴보면, 지역의 인구밀도가 높을수록 그 자치단체가 제공하는 공공 모바일 앱은 낮은 단계에 속할 확률이 높은 것으로 분석된 반면, 지역의 경제적 환경이 우호적일수록 그 지역의 자치단체가 제공하는 공공 모바일 앱은 높은 단계에 속할 가능성이 높은 것으로 나타났다. 마지막으로 공공 모바일 앱의 정보 용량이 클수록 낮은 발전단계에 속할 확률이 높은 것으로 분석되었다.

담당 공무원과의 인터뷰 결과를 중심으로 위의 분석 결과를 해석하면 다음과 같다. 첫째, 정보서비스 유형은 '여행 및 지역 정보' 유형에 해당하는 앱이 높은 단계에 속할 가능성이 높은 것으로 나타나 정보서비스 유형별로 성숙 수준이 차별화될 것이라는 〈가설 1〉은 채택되었다. 실제로 광역자치단체들이 제공하는 '여행 및 지역 정보'에 속하는 52개의 공공 모바일 앱 중에서 35개(67%)가 4단계와 5단계에 속하는 것으로 분석되었다. 이들 '여행 및 지역 정보' 분야의 공공 모바일 앱은 모바일에 특화된 기능인 위치기반서비스를 활용하여 보다 편리하고 사용자 지향적인 정보서비스를 전달할 수 있다. 더불어 지역 관광 정보와 관련된 '묻고 답하기'나 '민원 및 건의사항' 기능을 제공하면서, 소셜미디어를 통한 소통 채널을 구축함으로써 사용자들 간의 정보 공유 및 소통을 활성화할 수 있도록 구축되었다. 나아가 일부 앱은 관련 시설에 대한 예약 및 결제까지 한꺼번에 진행할 수 있도록 설계되어 더 높은 성숙 수준을 보여주고 있다.

둘째, 〈가설 3〉에서 예상한 대로 지방자치단체장의 정보화 리더십이 강한 자치단체가 제공하는 앱이 높은 단계에 속할 확률이 높은 것으로 분석되었다. 지방행정에서 전자정부를 포함한 행정혁신을 추동하는 가장 중요한 동인 중 하나로 자치단체장의 리더십이 강조되어 왔는데(양순애·유광민, 2009; 허훈, 2008; 이승종 외, 2008: 132; 이영균, 2001), 이러한 결과가 모바일 전자정부 추진에서도 나타나고 있는 것으로 보인다. 인터뷰 결과에 따르면, 공공 모바일 앱 구축에 있어서도 정보화 리더십이 강한 자치단체장은 직접 앱 구축과 관련된 아이디어를 제공하거나, 소셜미디어를 활용한 서비스 제공방안을 제안하기도 한다.

> "(시장님의 영향이) 매우 크게 작동합니다. 저희 기관 같은 경우 시장님이 구청 및 시청 홍보에 대단한 관심을 갖고 계신 분이고... 가끔 직접 내려오셔서 스마트폰을 통한 서비스에 대한 말씀을 하시기도 합니다. 그러다 보니 앱은 시장님이 특별하게 관심을 보인 분야이기도 합니다. 홍보팀에 자주 지시를 하시기도 합니다."

셋째, 광역자치단체의 정보화 관련 제도화 수준이 높은 자치단체가 만든 앱일수록 높은 발전단계에 속할 확률이 높은 것으로 나타나 〈가설 5〉는 채택되었다. 정수희 등(2013)의 연구 결과에 따르면, "공공 모바일 앱 개발에 있어서 디바이스, 개발언어 등에 대한 표준화가 명확히 이루어지지 못한 채 설계 및 제작이 진행되어" 앱 개발 시 어려움이 가중되고 추가기능 구현이 어려워지는 등의 문제가 발생하고 있다고 한다. 이러한 상황에서 정보화 추진과 관련된 제도화 수준이 높은 자치단체의 경우, 정보화 관련 조례·규칙·규정 등이 명시하고 있는 서비스 범위나 기술적 요건, 구축과정상의 요구 사항 등을 준수하게 되고, 이는 공공 모바일 앱 서비스의 고도화로 이어지는 것으로 이해될 수 있을 것이다. 담당자와의 인터뷰에서도 제도적 요인들이 공공 모바일 앱 구축과정에서 강한 영향력을 미치고 있음을 확인할 수 있었다.

> "관련 법령을 보면 반드시 지켜야 할 보안 관련한 지침들이 명시되어 있습니다. 아무래도 이러한 점들이 앱을 만들 때 보다 신경을 쓰게 되는 부분입니다. 또한 행정자치부에서 종종 공공 모바일 앱에 관한 지침들을 공문으로 내려보내는데, 그런 점들을 다 지키다 보니 공공 모바일 앱 구축 시 제도적 측면들을 무시할 수 없죠."

가설과는 상반된 결과가 도출되어 기각된 가설도 있다. 먼저, 〈가설 2〉의 내용과는 달리, 유선 인터넷 기반 전자정부 성과가 높았던 자치단체가 제공한 앱이 낮은 단계의 공공 모바일 앱 성숙 수준을 보일 확률이 높은 것으로 분석되었다. 조직 요인에서도 유선 인터넷 전자정부 추진과정에서 축적된 정보화 역량이 높은 자치단체가 제공한 공공 모바일 앱이 낮은 수준을 보일 확률이 높은 것으로 분석되어 〈가설 4〉는 기각되었다. 특히, 자치단체의 인적 역량, 재정 역량, 그리고 사업 역량 모두에서 같은 결과가 나타나고 있다.[15] 제도 요인에서는 정보화담당관의 제도적 위상이 상대적으로 높은 자치단체가 제공한 앱이 낮은 성숙 수준을 보일 확률이 높게 나타나 〈가설 6〉은 기각되었다. 즉 정보화담당관의 직급이 고위공무원이거나 2급인 자치단체가 제공한 앱이 낮은 단계의 성숙 수준을 보일 확률이 높게 나타난 반면, 3급인 자치단체가 제공한 앱이 높은 성숙 수준을 보일 확률이 높은 것으로 분석되었다.

주목해야 할 점은 위의 조건들이 유선 인터넷 전자정부의 성공 요인으로 제시되어 오던 것들이라는 점이다(양순애·유광민, 2009; 정진우 외, 2004). 즉 유선 전자정부 시기에서의 정보화 추진 성공 요인이 모바일 환경하에서는 오히려 정반대의 결과를 보이고 있는 것이다. 이러한 결과에 대해서는 좀 더 심층적이고 추가적인 분석이 필요할 것으로 보인다. 다만, 인터뷰와 선행연구 결과, 언론보도를 바탕으로 잠정적인 해석을 해본다면, 공공 모바일 앱의 활용에 대한 종합적인 고려가 부족한 상태에서, 기존에 유선 인터넷 전자정부를 통해 제공되던 정보를 그대로 모바일용으로 옮기기 때문에 나타나는 결과로 해석된다. 특히, 유선 전자정부의 성과가 높고 정보화 추진과 관련된 제반 역량이 크며 정보화담당관의 제도적 위상이 높은 자치단체일수록 이미 충분한 정보자원과 역량을 보유하고 있기 때문에 낮은 성숙 수준의 단순 정보제공성 앱을 다수 제공하게 될 유인이 클 것으로 판단된다(정수희 외, 2013; Eom & Kim, 2014).

4. 중앙행정기관의 공공 모바일 앱 성숙 수준 영향 요인에 관한 질적 분석

1) 분석틀

공공 모바일 앱 성숙 수준에 대한 영향 요인 분석을 위해 Gil-Garcia와 Pardo(2005)가 제시하고 있는 전자정부 성공구현모형을 적용하여 [그림 8.7]과 같이 분석틀을 구성하였다.[16] 구체적으로, 공공 모바일 앱 구축과정을 ① 기획(Plan)단계, ② 실행(Do)

15 이러한 결과는 중앙정부의 공공 모바일 앱을 대상으로 한 Eom과 Kim(2014)에서도 나타나고 있다. 아울러, 연구자들이 추가로 수행한 기초자치단체 공공 모바일 앱 분석에서도 유사하게 나타나고 있다. 즉, 정보화 담당 인력의 비율이 높을수록 자치단체가 제공한 앱의 성숙 수준이 낮을 가능성이 높은 것으로 분석되었다. 또한 0.1의 유의수준에서 정보화 예산 비율이 높을수록, 자치단체가 제공한 앱은 낮은 성숙 수준을 보일 확률이 높은 것으로 나타났다. 그리고 정보화사업 건수가 스마트폰 성숙 수준에 미치는 영향은 통계적으로는 유의하지 않았으나, 그 방향은 광역자치단체의 분석 결과와 동일했다.

16 전자정부 성공구현모형은 제4장 제7절 참조.

[그림 8.7] 연구 분석틀

범주	구축단계별 영향 요인			구축 결과
	기획단계 (Plan)	실행단계 (Do)	평가단계 (See)	
정보 및 자료	• 시민들의 앱 제작 요구 • 정보와 서비스에 대한 전반적 계획 • 콘텐츠 수요조사 • 서비스 유형 및 특성 고려	• 자료의 정확성 • 자료의 충분성	• 사용자 평점과 리뷰를 반영한 정보 업데이트 • 정보의 주기적 업데이트	공공 모바일 앱 발전단계
정보기술	• 기술의 복잡성에 대한 고려 • 기술의 호환가능성에 대한 고려	• 기존 정보시스템(레거시 시스템) 사용 • 앱 구축에 대한 전문성 있는 외주 업체 선정	• 사용의 용이성에 대한 피드백 반영 • 기술적 문제에 대한 피드백 반영 • 공공 모바일 앱의 유용성에 대한 피드백 반영 • 보안에 대한 피드백 반영	
조직 및 관리	• 앱 구축 또는 유사 서비스 제공 경험 • 프로젝트 목표의 명확성과 실현가능성 • 프로젝트 규모의 적절성 • 이해관계자 참여 • 다양한 부서 참여 • 담당자의 열의와 전문적 능력	• 공공 모바일 앱 구축에 관한 교육 • 프로젝트 팀의 전문성과 능력 • 앱 구축과정에서의 부서 간 관할권 경쟁 • 프로젝트 팀 내 원활한 소통 • 외부 관계자와 원활한 소통과 참여 • 충분한 예산 확보	• 앱 구축단계별 목표 달성 및 성과의 측정 및 평가	
제도 및 환경	• 구축기관의 특성 반영 • 모바일 서비스에 대한 거부감 • 행정부의 후원 및 관심	• 기관의 자율성 • 앱 구축과정에서의 규정상의 제약 • 예산 배정 및 감사 등 입법부의 개입		

단계, ③ 평가(See)단계로 구분하고 ① 정보 및 자료 요인, ② 정보기술 요인, ③ 조직 및 관리 요인, ④ 제도 및 환경 요인으로 범주화된 정보시스템 구축 성공 요인들을 각 단계별로 나누어 배정하였다.

2) 비교 사례의 선정

비교 대상으로 선정된 공공 모바일 앱은 다음과 같다. 2015년에 조사된 중앙행정기관 공공 모바일 앱 중에서, 공공 모바일 앱 성숙 수준과 이용 빈도를 기준으로 6단계 공공 모바일 앱 2개(「안전디딤돌」, 「나만의 문화유산해설사」)와 2단계 공공 모바일 앱 2개(「알기 쉬운 수산용어」, 「매일매일 건강게임」)를 선정하였다(〈표 8.14〉 참조).[17]

〈표 8.14〉 비교 대상 공공 모바일 앱 개요

명칭	안전디딤돌	나만의 문화유산 해설사	알기 쉬운 수산용어	매일매일 건강게임
앱 발전단계	6단계		2단계	
제공 기관	국민안전처	문화재청	해양수산부	농촌진흥청
서비스 유형	라이프 스타일	교육	교육	건강 및 피트니스
등록 연도	2014년 4월 18일	2014년 12월 7일	2014년 8월 11일	2014년 3월 3일
앱 크기	1.3MB	2.9MB	11.8MB	44.3MB
다운로드 건수 (회, 측정일 기준)	1,000,000 ~5,000,000	10,000~50,000	100~500	100~500
특이사항	기관별로 운영되었던 재난 안전 관련 공공 모바일 앱을 통합	다국어 음성 해설, LBS, 국민신문고를 통해 문화재 훼손 신고 가능	-	-

17 각 공공 모바일 앱은 다음과 같은 기준을 통해 연구의 대상으로 선정되었다. 첫째, 중앙행정기관 공공 모바일 앱 전체 성숙 수준의 평균(3.8단계)을 기준으로 평균 이상의 공공 모바일 앱과 평균 이하의 공공 모바일 앱이 분류되었다. 둘째, 평균보다 높은 6단계 공공 모바일 앱 중에서 상대적으로 높은 이용 빈도를 기록한 공공 모바일 앱은 상위 수준 공공 모바일 앱으로 분류되었고, 평균보다 낮은 2단계 공공 모바일 앱 중에서 상대적으로 낮은 이용 빈도를 기록한 공공 모바일 앱은 하위 수준 공공 모바일 앱으로 분류되었다. 셋째, 앞서 제시된 절차를 통해 분류된 공공 모바일 앱 중에서, 「안전디딤돌」과 「나만의 문화유산 해설사」는 상위 수준 공공 모바일 앱으로 선정되었고, 「알기 쉬운 수산용어」와 「매일매일 건강게임」은 하위 수준 공공 모바일 앱으로 선정되었다.

가. 「안전디딤돌」

이 앱은 중앙행정기관들이 제공했던 재난안전 관련 모바일 서비스를 통합·연계하고 고도화한 것이다. 주요 서비스는 재난문자, 재난뉴스, 국민행동요령, 재난신고 등이다. 재난문자는 재난발생정보, 기상특보 등을 사용자에게 푸시 알림을 통해 제공하는데, 재난정보와 더불어 상황에 적합한 국민행동요령이 안내되고 사용자의 현재 위치에서 근접한 대피소, 병원 정보도 검색 가능하다. 재난신고는 전화신고와 문자신고로 구분된다. 사용자는 전화신고를 통해 소방서, 경찰서, 해양경찰청, 산림청에 신고할 수도 있고, 문자신고를 통해 유해화학물질 등에 대하여 신고할 수도 있다. 이에 더하여, 지리정보를 기반으로 시설물 정보조회가 가능하고, 지방자치단체 재난관리용 CCTV 조회 등도 가능하다.

나. 「나만의 문화유산 해설사」

이 앱의 기능은 크게 문화유산 탐방설계, 문화유산 해설 안내, 문화유산 건의·신고로 구분된다. 문화유산 탐방설계는 본인 인증을 한 후 LBS를 활용하여 문화재를 검색하고 직접 문화재 탐방 코스를 만들 수 있는 기능이다. 「국민내비 김기사」와 연동하여 문화재 길 안내 서비스도 활용할 수 있다. 문화유산 해설 안내는 다양한 사진 및 영상과 함께 각종 외국어로 음성 해설을 제공하는 기능이다. 또한, 문화유산 관련 웹사이트와 연결되며 관련 정보를 페이스북이나 트위터로 공유할 수 있다. 문화유산 건의·신고기능을 활용하여 문화재 안전, 문화재 방재, 문화재 안내판 오류 등에 대한 신고를 할 수 있다. 이 서비스는 국민신문고 민원신고 웹사이트와 연동되어 있기 때문에, 본인 확인을 거친 후 사진을 첨부하여 앞서 제시된 사항들을 신고·접수할 수 있다.

다. 「알기 쉬운 수산용어」

이 앱의 주요 기능은 수산용어에 대한 해설을 제공하는 것이다. 한자나 일본어로 통용되고 있는 수많은 수산용어들의 개념 및 의미를 정확하고 쉽게 풀어 제공하는 서비스를 제공한다.

라. 「매일매일 건강게임」

이 앱은 게임을 통해 사용자에게 식품과 건강에 대한 정보를 제공한다. 즉, 칼로리 배틀, 나트륨 줄이기, 콜레스테롤 팡, 칼슘 배틀 등 문답식 게임을 통해 사용자에게 식품 정보를 제공한다. 게임을 통해 사용자들의 흥미를 유발하고 만족도를 높이기 위한 것이다. 이에 더하여, 비만, 당뇨병, 고혈압, 골다공증의 관리를 위한 식습관 안내, 주의사항, 음식 조리법, 상차림 등의 건강 정보를 제공한다.

3) 자료의 수집 및 분석

2015년에 조사된 중앙행정기관 공공 모바일 앱 중에서 비교 대상으로 선정된 공공 모바일 앱의 구축과정과 공공 모바일 앱 구축과정에서의 성공 요인에 대한 자료는 각 공공 모바일 앱의 개발자 및 관리자에 대한 설문조사와 심층 인터뷰를 통해 수집되었다.[18] 자료의 분석은 비교사례연구방법 중 '차이법'의 원리에 따라 공공 모바일 앱 발전단계의 차이를 가져오는 차별 요인들을 식별하는 분석방법을 채택하였다.

구체적인 자료의 수집 및 분석 방법은 다음과 같다. 첫째, 분석틀에서 제시된 각 단계별 요인들에 대해 리커트 5점 척도로 구성된 설문지를 구성하여, 조사 대상 공공 모바일 앱 개발자 및 관리자를 대상으로 구조화된 면접설문을 실시하였다.[19] 둘째, 설문조사 결과를 분석하여 상·하위 수준 공공 모바일 앱 간의 차이가 1.0 이상인 요인들을 발전 수준의 차이를 가져오는 요인으로 가설적으로 선정하였다. 셋째, 응답자들을 대상으로 한 심층 인터뷰를 실시하여 가설적으로 선정한 요인들이 실제로 공공 모바일 앱 성숙 수준에 영향을 미쳤는지, 영향 요인들이 공공 모바일 앱 구축과정에서 실제로 어떻게 작동하였는지 확인하였다.[20]

18 인터뷰 대상자는 「안전디딤돌」의 경우 국민안전처 재난정보통신과 담당자(전산주사), 「나만의 문화유산 해설사」의 경우 문화재청 정보화담당관실 담당관(주무관), 「알기쉬운 수산용어」의 경우 앱 개발회사인 ㈜씨앤닷컴 개발팀장(과장), 「매일매일 건강게임」의 경우 국립농업과학원 담당자(연구원)이다.

19 이 연구의 사례로 선정된 각 공공 모바일 앱에 대한 설문지의 배포 시기와 회수 시기는 다음과 같다. 첫째, 「안전디딤돌」에 대한 설문지는 2015년 4월 16일에 배포되었고 2015년 5월 7일에 회수되었다. 둘째, 「나만의 문화유산 해설사」에 대한 설문지는 2015년 4월 1일에 배포되었고 2015년 4월 6일에 회수되었다. 셋째, 「알기 쉬운 수산용어」에 대한 설문지는 2015년 4월 16일에 배포되었고 2015년 4월 17일에 회수되었다. 넷째, 「매일매일 건강게임」은 2015년 5월 6일에 배포되었고 2015년 5월 13일에 회수되었다. 설문지 세부 내용은 이 장의 〈부록〉 참조.

20 심층 인터뷰는 이 연구의 사례로 선정된 각 공공 모바일 앱에 대한 설문지가 회수된 시점에 설문지 응답자를 대상으로 실시되었다.

4) 분석 결과

가. 기획단계

2015년에 조사된 공공 모바일 앱 중에서 비교 대상으로 선정된 공공 모바일 앱의 기획 및 구축과정에 대한 설문조사 결과를 분석한 결과, 기획단계에서 상·하위 수준 공공 모바일 앱의 성숙 수준 결정 요인들의 총평균값은 각각 3.97점과 3.37점이었다. [그림 8.8]은 상·하위수준 공공 모바일 앱의 결정 요인별 평균값을 방사형 그래프와

[그림 8.8] 기획단계에서의 성숙 수준 결정 요인 비교

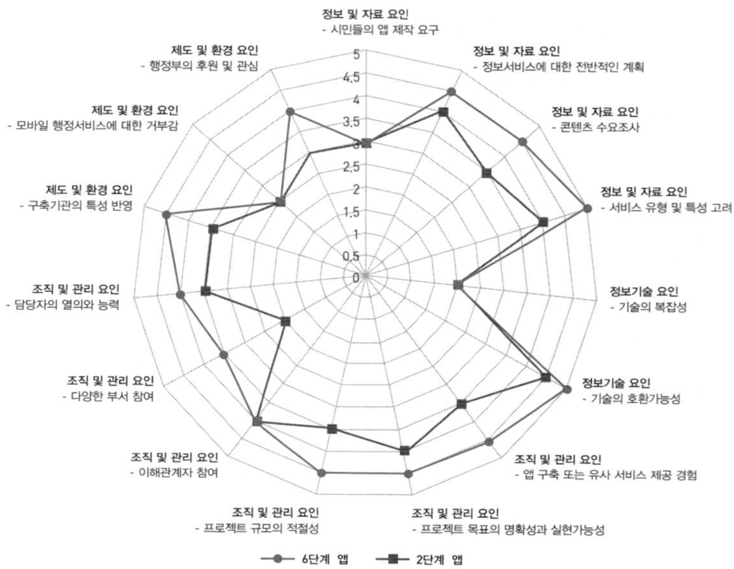

구분	정보 및 자료 요인				정보기술 요인		조직 및 관리 요인						제도 및 환경 요인			
요인	시민들의 앱 제작 요구	정보 서비스에 대한 전반적인 계획	**콘텐츠 수요조사**	**서비스 유형 및 특성 고려**	기술의 복잡성	기술의 호환 가능성	**공공앱 구축 또는 유사경험**	프로젝트 목표의 명확성과 실현 가능성	**프로젝트 규모의 적절성**	이해 관계자 참여	**다양한 부서 참여**	담당자의 열의와 능력	**구축 기관의 특성 반영**	모바일 행정 서비스에 대한 거부감	**행정부의 후원 및 관심**	평균 (표준 편차)
6단계 앱	3	4.5	**4.5**	**5**	2	5	**4.5**	4.5	**4.5**	4	**3.5**	4	**4.5**	2.5	**4**	4 (0.86)
2단계 앱	3	4	**3.5**	**4**	2	4.5	**3.5**	4	**3.5**	4	**2**	3.5	**3.5**	2.5	**3**	3.37 (0.72)
평균값의 차이	0	0.5	**1**	**1**	0	0.5	**1**	0.5	**1**	0	**1.5**	0.5	**1**	0	**1**	0.63 (0.46)

표로 제시한 것이다.

첫째, 정보 및 자료 요인의 경우, 상위 수준 공공 모바일 앱에서 상대적으로 더 중요하게 고려된 요인은 '콘텐츠 수요조사'와 '서비스 유형 및 특성 고려' 요인으로 확인되었다. 특히, 「나만의 문화유산 해설사」 담당 공무원의 인터뷰 내용에 따르면, 기획단계에서 진행된 콘텐츠 수요조사는 실행단계에서의 앱 구축 활동에 영향을 미치며, 궁극적으로 공공 모바일 앱 발전 수준에 영향을 미치게 된다. 문화재청은 「나만의 문화유산 해설사」 기획단계에서 국민들의 의견을 적극적으로 수렴하여, 국민권익위원회가 제공하는 국민신문고의 기능을 연계하였다.

> "문화재청에서는 문화유산 3.0 아이디어 공모전을 매년 하는데, 2014년도에 의견이 들어온 게 문화유산탐방 같은 것을 할 때 '어디를 가면 좋을지', '어떻게 가면 좋을 것 같다'는 기능이 있었으면 좋겠다는 의견이 있었구요. 또 현장에 갔을 때 '혹시 문화재 관련된 신고를 하고 싶은데 … 그 당시에는 국민신문고밖에 없었는데, … 이것을 보완할 수 있는 것이 있을까?'에 대한 의견이 당선되어 이 의견들이 앱에 반영되었습니다."

하위 수준 공공 모바일 앱 담당자의 인터뷰 결과에 따르면, 공공 모바일 앱 기획단계에서 수요 예측이 이루어지지 않았을 뿐만 아니라, 공급자 중심의 앱 제공 행태 등이 나타났다고 한다.

> "공공 모바일 앱 또는 웹 서비스 구축, 제작 프로젝트를 몇 번 참여해본 경험으로 말씀해 드리면, 솔직히 사용자에 대한 수요조사나 필요기능 등에 대한 사전조사는 잘 하지 않더군요. '이렇게 만들어 놓으면 쓸 사람은 쓰겠지'라는 생각과 함께, 공무원 개인의 실적이 중심이 되어 진행하는 경우가 대부분입니다. 즉 수요는 담당행정관의 주관적인 예측 수요, 예측 수요라고 하기에도 민망하지만, 중심으로 진행되는 것이 대부분입니다."

둘째, 정보기술 요인의 경우, 상위 수준 공공 모바일 앱과 하위 수준 공공 모바일 앱 사이에 뚜렷한 차이를 나타내는 변수는 발견되지 않았다. 구체적으로, '기술적 복잡성'은 상·하위 수준의 공공 모바일 앱 평균이 모두 2.0점을 기록하였고, '기술의 호환가능성'도 각각 5점과 4.5점을 기록하였다. 이와 같은 분석 결과는 기획단계에서 정보기술 관련 요인들이 공공 모바일 앱 성숙 수준에 결정적인 영향을 미치지 않음을 시사한다.

셋째, 조직 및 관리 요인의 경우, 상위 수준 공공 모바일 앱에서 상대적으로 더 중요하게 고려된 요인은 '다양한 부서 참여', ' 공공 모바일 앱 구축 또는 유사 서비스 제공 경험', 그리고 '프로젝트 규모의 적절성'으로 분석되었다. 먼저, '다양한 부서 참여' 요인의 경우, 상·하위 수준 앱 간에 1.5점의 차이가 나타났다. 이는 6단계 공공 모바일 앱의 핵심이 다부처 업무 처리에 있기 때문에 공공 모바일 앱 구축의 기획단계에서도 다양한 부서의 참여가 중요했기 때문인 것으로 해석된다.[21]

'공공 모바일 앱 구축 또는 유사 서비스 제공 경험' 요인도 상·하위 수준 앱 간에 1.0점의 차이가 있었다. 예를 들어, 「안전디딤돌」은 기존에 제공되고 있었던 15개의 재난안전정보 관련 공공 모바일 앱을 통합하여 제작된 것이었다. 「나만의 문화유산 해설사」 담당자와의 인터뷰 결과에 따르면, 문화재청은 문화재와 연관된 공공 모바일 앱 서비스를 제공해오고 있었으며, 이러한 경험이 더욱 고도화된 공공 모바일 앱 서비스 기획과 기술적 업데이트에 도움이 되었다고 한다.[22]

"「나만의 문화유산 해설사」는 「문화와 문화유산」으로 처음 시작했구요. 그때는 우리 문화유산에 대한 정보를 모바일로도 국민들에게 제공하고자 하는 교육적 목적으로 최초로 시도를 한거죠. 처음에 시작한 후로 조금씩 명칭을 바꾸면서 업그레이드 했어요."

넷째, 제도 및 환경 요인의 경우, '구축 기관의 특성 반영' 요인이나 행정환경의 변화나 사회적 요구에 따른 '행정부의 후원과 관심' 요인이 공공 모바일 앱 성숙 수준에 영향을 미치는 것으로 분석되었다. 예를 들면, 「안전디딤돌」은 구축 당시에 세월호 사건의 여파로 인해 안전에 대한 사회적 관심이 증가하고 재난안전 관리에 대한 국민의 요구에 정부가 부응하면서 충분한 관심과 호응 아래 구축되었기 때문에 기관 간 협력이나 예산 확보가 원활할 수 있었다.

지금까지의 요인과는 달리, 기획단계에서 상·하위 수준 공공 모바일 앱 간에 큰 차

21 그럼에도 불구하고, '다양한 부서 참여' 요인은 상위 수준 공공 모바일 앱 간에도 큰 차이를 보였다. 구체적으로, 「안전디딤돌」과 「나만의 문화유산 해설사」는 모두 6단계 앱이지만, '다양한 부서 참여' 요인의 경우, 전자에 5점, 후자에 2점이 부여되었다. '다양한 부서 참여'와 연관된 「나만의 문화유산 해설사」 담당자의 인터뷰 내용에 따르면, 공공 모바일 앱 「김기사」를 개발한 민간업체 등 몇몇 기관들과 업무 연계가 있었지만, 실질적인 주요 업무 연계 대상은 국민권익위원회가 유일했다고 한다. 이와 같은 결과는 앱 구축과정에서의 부서 간 업무 연계가 결코 쉬운 과제가 아님을 시사한다.

22 「나만의 문화유산 해설사」는 구축 당시에 이미 유사한 서비스를 제공하는 「왕릉이야기」, 「문화재대관 국보 스마트앱」이 제공되고 있었다. 「나만의 문화유산 해설사」도 기존의 문화유산 해설 서비스를 제공하는 공공 모바일 앱에 외국어, 문화재 검색, 길 찾기, 신고·건의기능을 추가시킨 것이다.

이가 나타나지 않은 요인들을 살펴보면 다음과 같다. 첫째, '시민들의 앱 제작 요구', '모바일 행정서비스에 대한 거부감' 요인은 공통적으로 '보통(3점)' 이하의 낮은 평가를 받았다. 예를 들면, '국민의 앱 제작 요청' 요인의 경우, 발전단계에 상관없이 모두 평균 3점이었다. 이는 앞서 인용한 인터뷰 결과에서 나타난 바와 같이 공공 모바일 앱 제공이 공급자 중심적으로 진행되고 있기 때문인 것으로 해석된다. '모바일 행정서비스에 대한 거부감' 요인 역시 모두 평균 2.5점으로 나타났다. 이는 조사 대상 공공 모바일 앱 제공기관들의 공무원들이나 그 고객들이 가지는 모바일 서비스에 대한 거부감이 그리 크지 않음을 시사한다.

둘째, '정보서비스에 대한 전반적인 계획' 요인과 '프로젝트 목표의 명확성과 실현가능성' 요인은 공공 모바일 앱의 성숙 수준 차이에 관계없이 4점 이상의 점수를 기록하였다. 공공 모바일 앱 제작의 초기단계에서 담당자들이 실현 가능하다고 인식할 만한 뚜렷한 목표를 설정하고 제작과정 전체를 아우를 수 있는 계획을 세우는 것은 공공 모바일 앱 제작에 있어서 공통적으로 중요하게 인식되는 것으로 이해될 수 있다.

나. 실행단계

실행단계에서 상·하위 수준 공공 모바일 앱의 성숙 수준 결정 요인들의 총평균값은 각각 3.79점과 3.38점이었다. [그림 8.9]는 상·하위수준 공공 모바일 앱의 결정 요인별 평균값을 방사형 그래프와 표로 제시한 것이다.

공공 모바일 앱이 실제로 구축되는 실행단계에서의 상·하위 수준 공공 모바일 앱 간에 평균값의 차이가 1.0점 이상인 요인들을 살펴보면 다음과 같다. 첫째, 정보 및 자료 요인의 경우, 상·하위 수준 공공 모바일 앱 사이에 뚜렷한 차이가 나타나는 요인은 발견되지 않았다. 즉, 공공 모바일 앱의 성숙 수준에 상관없이 '자료의 정확성' 요인은 높은 평가(5점)를 받았다. '자료의 충분성' 요인 역시 상·하위 수준 공공 모바일 앱 사이에 큰 차이가 없는 것으로 분석되었다.[23]

둘째, 정보기술 요인의 경우, '레거시 시스템 사용', '능력 있는 외주업체 선정' 요인 모두에서 상·하위 수준 공공 모바일 앱 간에 평균값의 차이가 나타났다. 인터뷰 결과에 따르면, '기존 정보시스템(레거시 시스템)의 활용' 요인의 경우, 6단계 공공 모바일 앱을 제공하고 있는 기관들은 이전부터 활용해온 유선 인터넷 기반의 정보시스템들과

23 구체적으로, '자료의 충분성' 요인에 대해, 「안전디딤돌」에서만 4점이었고, 「나만의 문화유산 해설사」, 「알기 쉬운 수산용어」, 「매일매일 건강게임」에서는 모두 3점이었다.

[그림 8.9] 실행단계에서의 성숙 수준 결정 요인 비교

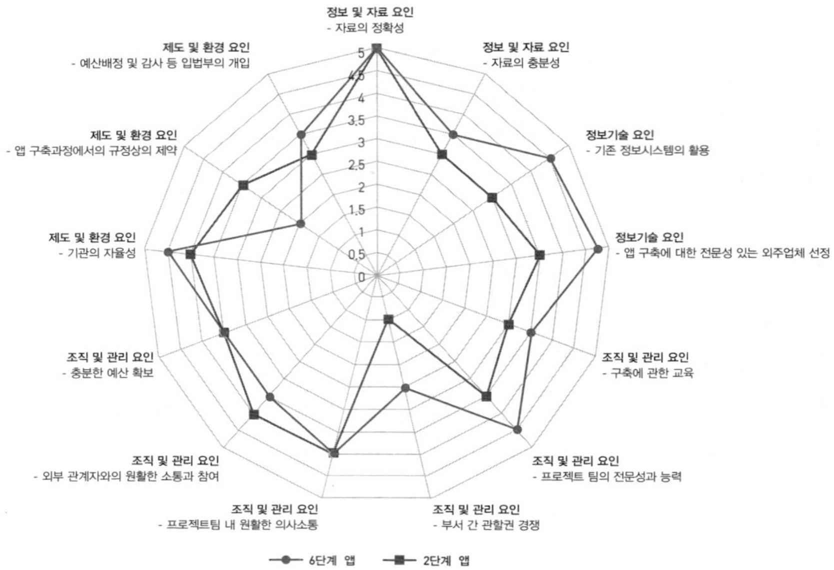

구분	정보 및 자료 요인		정보기술 요인		조직 및 관리 요인						제도 및 환경 요인			평균 (표준편차)
요인	자료의 정확성	자료의 충분성	**기존 정보 시스템의 활용**	**전문성 있는 외주업체 선정**	스마트폰 앱 구축에 관한 교육	**프로젝트 팀의 전문성과 능력**	**부서 간 관할권 경쟁**	프로젝트 팀 내 원활한 의사소통	외부 관계자와의 원활한 소통과 참여	충분한 예산확보	기관의 자율성	**앱 구축과정에서의 규정상의 제약**	예산배정 및 감사 등 입법부의 개입	
6단계 앱	5	3.5	**4.5**	**4.75**	3.5	**4.5**	**2.5**	4	3.5	3.5	4.5	**2**	3.5	3.79 (0.84)
2단계 앱	5	3	**3**	**3.5**	3	**3.5**	**1**	4	4	3.5	4	**3.5**	3	3.38 (0.88)
평균값의 차이	0	0.5	**1.5**	**1.25**	0.5	**1**	**1.5**	0	0.5	0	0.5	**1.5**	0.5	0.71 (0.55)

그 데이터를 공공 모바일 앱 구축과 서비스 제공에 활용하였다. 이를 통해, 공공 모바일 앱 제공을 위한 비용이나 기술적 문제들을 비교적 쉽게 해결할 수 있었다고 한다. 또한 상위 수준의 앱을 제공하는 기관들은 유사 사업 수행 경험 및 기술력을 갖춘 외주업체 선정을 공공 모바일 앱 구축의 성공 요인으로 인식하고 공공 모바일 앱 제작 경험 여부와 기술력을 외주업체 선정을 위한 평가 요소로 채택했다고 한다.

셋째, 조직 및 관리 요인의 경우, '프로젝트 팀의 전문성과 능력'과 '앱 구축과정에서의 부서 간 관할권 경쟁' 요인에서 차이가 두드러지게 나타났다. '프로젝트 팀의 전

문성과 능력' 요인의 경우, 상·하위 수준의 앱 간에 1.0점의 차이가 나타났다. 특히, 6단계 공공 모바일 앱 제공기관에 대한 설문조사 결과, 프로젝트를 총괄하는 프로젝트 매니저PM의 역량, 프로젝트에 대한 이해, 기술에 대한 전문지식 등이 모두 높은 것으로 분석되었다.

'앱 구축과정에서의 부서 간 관할권 경쟁' 요인 역시 상·하위 공공 모바일 앱 간에 차이가 큰 것으로 분석되었다(1.5점). 이와 관련하여 「안전디딤돌」 담당자와의 인터뷰 결과에 따르면, 상위 수준의 공공 모바일 앱은 다부처가 연계된 업무 처리의 기능을 포함하고 있기 때문에, 공공 모바일 앱 제작과정에서 기관 간 마찰이 발생할 수 있다고 한다. 기관 간 마찰을 줄이기 위해서는 부처 간 협업을 추진할 수 있는 제도 혹은 환경이 구축되어야 한다고 강조하였다.

> "「안전디딤돌」은 11개 기관 15개 재난안전정보 앱을 통합·연계하여 하나의 앱만 다운받으면 여러 기관의 서비스를 한 번에 이용할 수 있다는 편리함이 있습니다. 그러기 위해서는 기관에서는 개별적으로 보유하고 있는 정보를 통합, 연계하는 부분에 상호 협력이 수반되고 이해관계가 발생되어 구축의 목적성을 상호 동감할 수 있어야 국민들에게 정말 필요한 정보로 통합이 가능할 수 있었습니다. 이런 부분에서 관련 기관 간 상호 의사소통 과정이 매우 중요합니다."

넷째, 제도 및 환경 요인인 '기관의 자율성' 요인이나 '예산 배정 및 감사 등 입법부의 개입' 요인의 경우에는 상·하위 수준 공공 모바일 앱 간에 평균값의 차이가 0.5점으로 나타나 큰 차이가 없었다. 그러나 '앱 구축과정에서의 규정상의 제약' 요인은 상대적으로 큰 차이가 나타났다(1.5점). 구체적으로, '공공 모바일 앱 구축과정에 있어 법 또는 규제로 인한 제약이 있었나?'라는 설문 항목에 대해 상위 수준 공공 모바일 앱은 평균 2.0점인 반면, 하위 수준 공공 모바일 앱은 평균 3.5점을 기록하였다. 하위 수준의 공공 모바일 앱 구축과정에서 규정상의 제약이 상대적으로 더 강했던 것으로 분석되었다.

다. 평가단계

평가단계에서 상·하위 수준 공공 모바일 앱의 성숙 수준 결정 요인들의 총평균값은 각각 3.79점과 2.86점이었다. 상·하위 수준 공공 모바일 앱 간의 평균 점수의 차이가 1.21점으로 기획단계(0.63점)나 실행단계(0.71점)에 비해 상대적으로 큰 것으로 분석되었다. 공공 모바일 앱 제공단계의 측면에서 본다면, 기획단계나 실행단계보다

[그림 8.10] 평가단계에서의 성숙 수준 결정 요인 비교

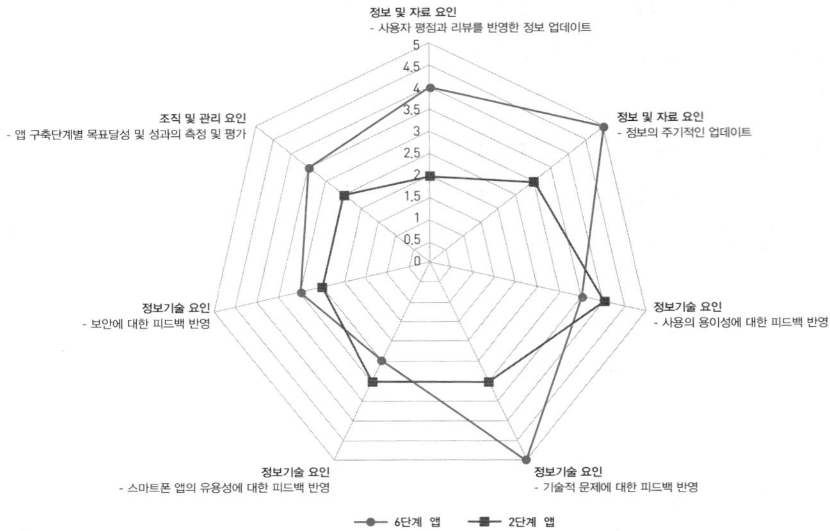

구분	정보 및 자료 요인		정보기술 요인				조직 및 관리 요인	평균 (표준편차)
요인	사용자 평점과 리뷰를 반영한 정보 업데이트	정보의 주기적인 업데이트	사용의 용이성에 대한 피드백 반영	기술적 문제에 대한 피드백 반영	모바일 앱의 유용성에 대한 피드백 반영	보안에 대한 피드백 반영	앱 구축단계별 목표달성 및 성과의 측정 및 평가	
6단계 앱	4	5	3.5	5	2.5	3	3.5	3.79 (0.88)
2단계 앱	2	3	4	3	3	2.5	2.5	2.86 (0.58)
평균값의 차이	2	2	0.5	2	0.5	0.5	1	1.21 (0.7)

는 평가단계가 상대적으로 강한 영향을 미치는 것으로 해석할 수 있을 것이다. [그림 8.10]은 상·하위 수준 공공 모바일 앱의 결정 요인별 평균값을 방사형 그래프와 표로 제시한 것이다.

첫째, 정보 및 자료 요인의 경우, '정보의 주기적 업데이트'와 '사용자 평점과 리뷰를 반영한 정보 업데이트' 요인 모두에서 상·하위 수준 공공 모바일 앱 간에 평균값의 차이가 크게 나타났다. 두 요인 모두에서 상·하위 수준 공공 모바일 앱 간에 평균 2.0점의 차이가 나타났다.[24] 하위 수준 공공 모바일 앱 담당자의 인터뷰 결과에 따르면,

24 이와 같은 설문조사 결과는 공공 모바일 앱 전수조사 결과를 통해서도 확인된다. 즉, 「안전디딤

공공 모바일 앱 기획단계에서 수요 예측이 이루어지지 않았을 뿐만 아니라, '실적 쌓기용'으로 공공 모바일 앱이 공급되었기 때문에, 일단 구축되어 제공된 후에는 사용자들의 리뷰 반영이나 앱 고도화를 위한 자료 업데이트 등에는 크게 관심을 두지 않는 경우가 많다고 한다.

"단순히 실적 쌓기용으로 제공된 공공 모바일 앱이 많으니, (공공 모바일 앱이 제공되어) 실적으로 등록된 후에는 사용자들의 리뷰나 정보 업데이트는 거의 이루어지지 않습니다. 개발사 측에서도 정보 업데이트 등에 관해 질문을 했지만 '다른 일을 하느라 시간이 없다', '더 이상 신경 쓸 여력이 없다' 등등의 답변을 듣고 끝나게 됩니다."

반면, 상위 수준 공공 모바일 앱 담당자의 인터뷰 결과에 따르면, 정보의 업데이트와 함께 사용자들의 만족도나 개선 의견을 향후 앱 고도화를 위한 중요 참고사항으로 고려한다고 한다. 이를 통해 공급자 중심의 일방적인 서비스 제공이 아닌 수요자 중심의 상호적인 서비스 제공을 지향하고 있다고 밝혔다.

"앱 다운로드 수준이 앱 품질을 측정하는 일반적인 방식으로 적용되는 사례가 많지만, 사용자가 마켓에서 주는 의견과 만족도도 중요한 측정 요소가 될 수 있다고 생각합니다. 즉, 다운로드 건수, 정보의 현행화 여부, 사용자 만족도 측정값 등이 앱 품질 수준 평가의 요소가 될 수 있다고 생각됩니다."

둘째, 정보기술 요인의 경우, '기술적 문제에 대한 피드백' 요인에서 상·하위 수준 공공 모바일 앱 간에 평균 2.0점 차이가 나타났다. 상의 수준 공공 모바일 앱 제공기관은 기술적 결함이 발견되는 경우 빠른 시일 내에 문제를 해결하는 데 반해, 하위 수준 공공 모바일 앱 제공 기관은 제공 앱에 대한 사후 관리에 관심을 가지고 있지 않기 때문에 기술적인 문제가 발생하더라도 방치하는 경우가 대부분이기 때문이다. 반면, '사용의 용이성에 대한 피드백', '기술의 유용성에 대한 피드백', '보안에 대한 피드백' 요인은 상·하위 수준 공공 모바일 앱 간에 평균값의 큰 차이가 없이 대체로 낮은 점수를 얻은 것으로 분석되었다. 이와 같은 분석 결과는 공공 모바일 앱의 성숙 수준에 상관없이 기술적 유용성이나 사용상의 편리성, 보안 문제 등에 대한 평가와 피드백이 원활히 이루어지지 않음을 보여주는 것으로 해석될 수 있다.

돌」(6단계)은 2014년 4월 18일에 서비스를 시작한 이래로 2015년 5월 8일까지 총 19회의 업데이트가 이루어진 반면, 「매일매일 건강게임」과 「알기 쉬운 수산용어」(2단계)는 서비스가 시작된 이래로 불과 1회의 업데이트만 이루어진 것으로 확인되었다.

셋째, 조직 및 관리 요인의 경우, '앱 구축단계별 목표 달성 및 성과의 측정 및 평가' 요인에서 6단계 공공 모바일 앱은 3.5점을 기록한 반면, 2단계 공공 모바일 앱은 2.5점을 기록하였다. 즉, 상위 수준 공공 모바일 앱이 하위 수준 공공 모바일 앱에 비해 '구축과정에서 성과 평가'에 있어서 더욱 높은 점수로 응답된 것으로 나타났으나, 전반적으로 낮은 점수가 나타난 것은 공공 모바일 앱 구축과정에서의 성과 측정이 충분히 실시되지 않는다는 점을 시사하는 것으로 보인다.

라. 사례분석 결과 요약 및 함의

중앙행정기관이 제공하는 공공 모바일 앱의 성숙 수준에 대한 영향 요인들 중에 상·하위 수준 공공 모바일 앱 간의 차이가 1.0점 이상인 요인들을 제시하면 〈표 8.15〉와 같다. 이 중 앱 구축의 각 단계에서 상대적으로 더 큰 차이가 나타나는 요인들(1.5점 이상)을 중심으로 정리하면 다음과 같다. 첫째, 기획단계에서 가장 큰 차이가 나타난 요인은 조직 및 관리 요인의 '다양한 부서 참여' 요인이다. 즉, 공공 모바일 앱 제작 기획단계에서부터 관련 부서 및 기관 간 정보 교류 및 업무 조정을 위한 참여가 높은 발전단계의 공공 모바일 앱을 제공하는 데 다른 요인들보다 상대적으로 더 강한 영향을 미치는 것으로 나타났다.

둘째, 실행단계에서 가장 중요한 영향 요인은 정보기술 요인의 '기존 정보시스템

〈표 8.15〉 공공 모바일 앱 구축단계별 성숙 수준 결정 요인

단계	기획단계	실행단계	평가단계
정보 및 자료 요인	• 콘텐츠 수요조사(1.0) • 서비스 유형 고려(1.0)		• **정보의 주기적 업데이트 (2.0)** • **사용자 평점과 리뷰를 반영한 정보 업데이트(2.0)**
정보기술 요인		• **기존 정보시스템(레거시 시스템)의 활용(1.5)** • 전문성 있는 외주업체 선정 (1.25)	• **기술적 문제에 대한 피드백 반영(2.0)**
조직 및 관리 요인	• 공공 모바일 앱 구축 또는 유사 서비스 제공 경험(1.0) • **다양한 부서의 참여(1.5)** • 프로젝트 규모의 적절성(1)	• **부서 간 관할권 경쟁(1.5)** • 프로젝트 팀의 전문성과 능력(1.0)	• 앱 구축 단계별 목표 달성 및 성과의 측정 및 평가(1.0)
제도 및 환경 요인	• 구축기관의 특성 반영(1.0) • 행정부의 후원과 관심(1.0)	• **앱 구축과정에서의 규정상의 제약(1.5)**	

주: 괄호 안은 상하위 수준 앱의 결정 요인 간의 평균값 차이

(레거시 시스템)의 활용', 조직 및 관리 요인의 '부서 간 관할권 경쟁', 그리고 제도 및 환경 요인의 '앱 구축과정에서의 규정상의 제약' 요인이었다. 즉, ① 공공 모바일 앱 제공 비용을 줄일 수 있는 기존 시스템의 활용과 ② 다부처 연계적 통합 서비스를 제공하기 위한 기관 간 조정과 협력 촉진을 위한 기반 구축, 그리고 ③ 공공 모바일 앱 구축과정에서 적용되는 법적 규제가 성숙 수준 높은 공공 모바일 앱을 제공하는 데 상대적으로 더 강한 영향을 미치는 것으로 해석된다.

셋째, 평가단계에서 상대적으로 강한 중요성을 보이는 요인으로는 정보 및 자료 요인의 '정보의 주기적 업데이트'와 '사용자 평점과 리뷰를 반영한 정보 업데이트', 그리고 정보기술 요인의 '기술적 문제에 대한 피드백 반영' 요인이었다. 즉, 공공 모바일 앱을 구축하여 제공하는 데 그치는 것이 아니라, ① 공공 모바일 앱을 통해 제공되는 정보를 지속적으로 업데이트하고, ② 사용자의 평가에 나타난 요구사항을 적극 반영하며, ③ 기술적 결함이나 오작동 등과 같은 기술적 문제에 대한 신속한 대응이 수준 높은 공공 모바일 앱을 제공하는 데 상대적으로 더 강한 영향을 미치는 것으로 분석되었다.

이와 같은 분석 결과는 다음과 같은 이론적, 정책적 함의로 이어진다. 첫째, 공공 모바일 앱을 중심으로 한 모바일 전자정부의 발전을 위해서는 공공 모바일 앱이 구축되는 실행단계뿐만 아니라, 콘텐츠 수요조사 및 서비스에 대한 설계와 프로젝트 계획이 이루어지는 기획단계, 그리고 사용자의 요구사항을 반영한 정보와 기술의 업그레이드가 이루어지는 평가단계의 중요성이 강조되어야 한다. 둘째, 공공 모바일 앱의 고도화를 위해서는 다양한 기관이 제공하는 정보와 서비스의 연계가 요구되며, 이는 다시 다양한 참여자들 간의 협력의 중요성이 강조되어야 함을 시사한다. 또한 공공 모바일 앱 구축을 위한 정보기술적 요인 이외에 프로젝트 팀의 전문성과 능력, 공공 모바일 앱 구축과정에서의 규제, 프로젝트 단계별 성과 측정과 같은 조직 및 관리적 요인과 제도적 요인들의 영향력도 함께 고려될 필요가 있다. 결론적으로 스마트폰 기반의 모바일 전자정부의 발전은 한편으로는 수요자 중심적이고 사용자 친화적인 실행방안이 바탕이 되어야 하며, 또 다른 한편으로는 관련 정보기술의 적용과 함께 다부처 연계적 통합 서비스 제공을 위한 조직 간 협력과 관리, 제도적 혁신이 함께 이루어져야 함을 시사하고 있다.

V
결론

이 장에서는 모바일 기기의 보편화와 디지털 환경의 혁신으로 인해 정부의 행정서비스가 모바일 채널을 통해 제공되고 있는 모바일 전자정부에 대해 기술적 특징과 국내외의 이용 현황 및 관련 양적·질적 연구사례를 살펴보았다. 이러한 논의는 다음과 같은 의의가 있다. 첫째, 중앙행정기관과 지방자치단체에서 제공하고 있는 공공 모바일 앱에 대한 전수조사 결과를 바탕으로 한국 지방 수준에서의 스마트폰 기반 모바일 전자정부의 현황과 수준을 제시하고 있다는 점이다. 둘째, 공공 모바일 앱의 성숙모형과 그에 따른 성숙 수준에 대한 영향 요인을 실증적으로 분석함으로써, 스마트폰 기반 모바일 전자정부의 발전을 위한 정책제언을 제시하고 있다는 점이다.

이와 같은 의의에도 불구하고 이 장에서 제시한 분석의 한계도 명백하다. 첫째, 공공 모바일 앱 성숙 수준에 대한 영향 요인 분석이 탐색적 분석 수준을 벗어나고 있지 못하다는 점이다. 공공 모바일 앱에 대한 시민들의 요구 등 수요 측면의 요인들을 반영하는 등 좀 더 타당하고 현실 적합적인 모형의 구성과 정교한 분석기법의 적용이 요구된다. 또한, 유선 전자정부의 성공 요인으로 지목되었던 변수들이 공공 모바일 앱 성숙 수준에는 부정적 영향을 미치는 결과에 대해 명쾌한 설명을 제시하지 못하였다. 기존 유선 인터넷 전자정부 구축과정에서 상대적으로 높은 정보화 역량을 갖추고 높은 성과를 달성한 자치단체일수록 낮은 수준의 스마트폰 기반 모바일 전자정부 성숙 수준을 보여주는 일종의 유선과 무선 전자정부 사이의 '불연속'을 어떻게 이해할 수 있을 것인가는 향후 연구에서 좀 더 자세히 다루어져야 할 이 연구의 한계이자 연구과제라 하겠다.

둘째, 좀 더 정교한 공공 모바일 앱 발전모형이 개발되어야 하고, 개발된 공공 모바일 앱 발전모형의 타당성, 적절성 등이 검증되어야 한다. 이론적으로는 더욱 정교하고 타당한 발전모형의 개발이 스마트폰 기반의 모바일 전자정부와 관련된 현상을 더욱 깊이 있게 이해하는 데 도움이 될 것이기 때문이다. 실무적으로는 정교하고 타당한 공공 모바일 앱 발전모형이 향후 개발될 공공 모바일 앱의 기능 및 서비스를 개발하고 발전시키는 가이드라인이자 실무 지침으로 작용할 수 있기 때문이다.

마지막으로 스마트폰 기반 모바일 전자정부 및 공공 모바일 앱의 활용에 대한 심층적인 사례연구와 정교한 양적 분석이 진행되어야 한다. 이러한 분석은 짧은 기간 동안에 스마트폰 기반 전자정부가 양적, 질적으로 발전하게 된 원동력은 무엇인지, 광역과 기초자치단체, 또는 중앙정부 간에 스마트폰 기반 전자정부의 성숙 수준 차이와 구축 환경의 차이가 나타나는 이유는 무엇인지, 스마트폰 기반 전자정부의 잠재력을 실현하기 위해 정부는 어떤 전략과 역량을 채택해야 하는지, 스마트폰 기반 전자정부의 활용도를 제고하기 위한 구체적 정책대안은 무엇인지 등과 같은 이론적, 실무적 논의에 기여할 수 있을 것으로 기대되기 때문이다. 결국 이 연구는 스마트폰 기반의 모바일 전자정부에 대한 현황을 제시하고 탐색적인 영향 요인 분석을 바탕으로 향후 연구과제를 제시하는 시론적 성격의 연구의 의미를 갖는다고 하겠다.

모바일 전자정부는 모바일 기기를 통해 시간과 장소에 상관없이 정부서비스를 제공받을 수 있다는 점에서 행정서비스의 혁신적인 변화를 불러일으켰다. 하지만, 2015년을 전후로 중앙행정기관, 지방자치단체, 그리고 공공기관에 의해 제공되는 공공 모바일 앱을 비롯한 모바일 서비스에 대한 비판적인 시각이 대두되었다. 공공 모바일 앱을 비롯한 모바일 서비스에 대한 비판가들은 공공부문에서 이용률이 저조하고 콘텐츠 및 기능 측면에서 유사하거나 중복되는 공공 모바일 앱들이 많다고 지적하였다.[25] 이에 따라, 행정안전부는 공공 모바일 앱의 정비 기준[방문자 수(5,000명/월 이하), 참여 실적(1,000개/년 이하), 유사·중복(79%)]에 따라 정기적인 성과관리를 실시하고, 정비 기준에 부합하는 공공 모바일 앱들은 폐지하기로 계획하였다.[26] 특히, 행정안전부는 2014년 12월부로 제공되고 있는 총 1,222개의 공공부문 공공 모바일 앱들 중에서 이용률이 낮은 429개의 공공부문 공공 모바일 앱들을 2015년 말까지 폐지하기로 계획하였다(〈표 8.16〉 참조).

그럼에도 불구하고, 전자정부 서비스 사용자 중 모바일 전자정부를 통해 서비스를

25 『매일경제』. (2015. 6. 12.). 「혈세 낭비하는 공공기관 앱 사라질까?」.

26 행정안전부. (2015. 5. 19.). 「행정·공공기관 홈페이지 및 공공 모바일 앱 관리개선 방안」.

〈표 8.16〉 공공 앱 운영 현황 및 정비 결과

구 분	합계	중앙부처	지자체	공공기관
운영 앱 개수	895개	216개	436개	243개
유 지	510개	162개	198개	150개
개 선	215개	18개	145개	52개
폐 기	147개	23개	90개	34개

출처: 행정안전부. (2018. 3. 19.). 「2017 공공앱 운영현황 및 정비결과」.

사용하는 비율은 약 78.8% 정도로 굉장히 높은 편이다[27]. 또한, 이용 목적이 단순 정보 문의와 조회부터 민원서비스, 공공서비스, 국민 제안과 참여, 불편 신고, 세금 납부 등인 것으로 보아, 우리 실생활에 필요한 다양한 분야에서 모바일 전자정부 서비스가 이루어진다는 것을 알 수 있다. 즉, 모바일 전자정부 서비스의 높은 이용률과 실생활과 밀접한 이용 현황에 맞게 공공 모바일 앱이 제공되어야 한다는 점을 시사한다. 더욱이 갈수록 고도화되는 기술(5G 환경, 클라우드, 플랫폼 공유 등)과 빅데이터를 비롯한 인공지능, 챗봇 등은 모바일 전자정부의 발전에 있어 사용자 맞춤의 서비스를 제공할 수 있는 가능성을 제시한다.

먼저, 인공지능 기반의 기술을 활용하여 모바일 전자정부 서비스의 접근성을 높일 수 있다. 한국정보화진흥원에서 실시한 「2018년 전자정부서비스 이용실태 조사결과」에 따르면 모바일 전자정부 서비스에 대해 불만족하는 응답의 이유 중 하나는 '서비스가 어렵고 복잡했다'와 '적절한 안내와 도움을 받을 수 없었다' 등이 제시되었다. 이러한 모바일 전자정부 서비스의 불편함은 인공지능을 통한 음성 인식, 언어 분석과 이해, 대화 처리, 자동 번역, 영상 이해 등을 통해 보다 신속하고 빠른 응답과 해결이 가능하다. 또한, 청각·언어·시각 지능 분야에 대한 인공지능 도입을 통해 모바일 기기에 접근이 어려운 장애인, 노인, 외국인의 접근성을 높여 모바일 전자정부 서비스에 최대한 많은 참여를 이끌어낼 수 있다.

또한, 공공데이터 개방과 플랫폼 공유를 통해 개방되고 시민 맞춤형의 공공 모바일 앱을 제작할 수 있다. 중앙행정기관과 지방자치단체는 국민의 실생활과 밀접하게 연관되어 있는 공공데이터를 개방하고 공공 모바일 앱 플랫폼 공유를 통해 국민 맞춤형의 데이터 제작과 참여를 이끌어낼 수 있다. 예컨대, 현재 서울시에서 운영하고 있

27 한국정보화진흥원. (2019. 3. 22.). 『2018년 전자정부서비스 이용실태조사 결과보고서』.

는「서울시 모바일 플랫폼」[28]은 서울시에서 제작하고 있는 공공 모바일 앱의 주요 기능 API와 공공데이터 개방을 통해 시민이 직접 필요한 앱을 제작할 수 있다. 현재 제공하고 있는 대표적인 API는 교통, 대기, 둘레길, 문화, 자전거 대여, 자동차 대여 항목이다. 지자체에서 제공하고 있는 지리, 대기, 문화 정보를 통해 사용자가 직접 앱을 제작할 수 있는 것이다. 이는 모바일 전자정부의 기술적 고도화와 함께 참여를 이끌어낼 수 있다는 점에서 큰 의의가 있다.

하지만, 이러한 전망은 몇 가지 쟁점사항이 함께 수반된다. 첫째, 개인정보보호와 관련된 이슈이다. 한국정보화진흥원에서 실시한「2018년 전자정부서비스 이용실태 조사결과」결과 보고에 따르면 모바일 전자정부를 이용하지 않는 이유 중 하나는 개인정보가 유출되는 것에 대한 우려인 경우가 꽤 높게 나타났다. 하지만 모바일 환경에서 보안을 강화하기 위해서 보안 프로그램 설치 등의 요구는 사용자의 사용 용이성 감소를 유발할 수 있고 이는 이용률 저하로 이어질 수 있다.

둘째, 부처 간 데이터 공유와 협업을 통해 공공 모바일 앱의 품질을 높일 수 있다. 현재 지방자치단체에서 제공하는 공공 모바일 앱은 지역 제한 정보 제공인 경우가 많다. 지방자치단체가 중앙의 서비스나 다른 지자체의 정보와 연계하여 서비스를 제공하는 공공 모바일 앱을 제작한다면 공공 모바일 앱의 질적인 측면을 향상시킬 수 있을 것이다. 다만 이를 위해서는 부처 간의 정보표준 마련과 데이터 개방이 먼저 이루어져야 할 것이다.

셋째, 공공 모바일 앱의 이용 홍보와 지속적인 성과관리가 요구된다. 정부가 제공하는 공공 모바일 앱은 홍보가 부족하여 국민들이 인식하고 있지 못하는 경우가 많다. 아무리 앱의 품질이 좋고 우수해도 잘 알려지지 않고 실사용자가 없다면 의미가 없기 때문에 홍보는 반드시 필요하다. 현재 행정안전부에서는 공공분야 내 모든 앱에 대해 성과평가를 실시하고 정량지표에서 만점을 받은 공공 모바일 앱을 공개하여 홍보를 하고 있지만 홈페이지 게시 외에 특별한 홍보는 이루어지고 있지 않다. 즉 다각적인 홍보 채널을 마련하여 많은 사용자 참여를 이끌어낼 수 있다. 이용 홍보와 더불어 공공 모바일 앱이 지속적으로 발전할 수 있도록 품질관리와 성과관리가 필요하다. 현재 행정안전부에서 매해 실시하고 있는 공공 모바일 앱 모니터링과 성과관리 평가지표의 정교화를 통해 보다 품질이 확보된 공공 모바일 앱 제공으로 발전할 수 있을 것이다.

28 서울시 모바일 플랫폼(http://mplatform.seoul.go.kr)

참고문헌

경태원. (2012). 「모바일 앱 활용 현황 및 공공분야에서의 활성화 전략」. 『한국콘텐츠학회지』, 10(1), 16-19.

국회입법조사처. (2011). 「공공앱 현황과 발전방안」. 『현안보고서』, 141. 서울: 국회입법조사처.

김지숙·임종인. (2010). 「스마트폰 이용 환경에서 국가기관 정보보호 관리방안」. 『정보보호학회논문지』, 20(6), 83-96.

남형우. (2012). 「준정부기관의 재무적 특성과 조직성과간의 상관관계 연구」. 『국제회계연구』, 41, 399-422.

방지호·하란·강필용·김홍근. (2012). 「전자정부 모바일 앱 보안성 검증체계」. 『한국통신학회논문지』, 37(2), 119-131.

배재권. (2010). 「모바일 애플리케이션 마켓(앱스토어)의 수용의도 영향요인에 관한 연구」. 『대한경영학회지』, 23(5), 2399-2422.

양순애·유광민. (2009). 「지방자치단체 정보화조직의 환경 대응과 역량 강화 방안」. 『한국지역정보화학회지』, 12(2), 159-182.

오관석. (2010). 「소셜 미디어 시대에 있어서 모바일 전자정부를 위한 전략적 접근」. 『지역과 세계(구 사회과학연구)』, 34(2), 135-161.

이명진. (2009). 「공공기관의 정보공개행태에 관한 연구: 정보공개 회피요인과 부처기능을 중심으로」. 연세대학교 대학원 석사학위논문.

이영균. (2001). 「전자정부를 위한 광역지방지단체의 정보화정책 분석: 경기도 전자결재사업 사례를 중심으로」. 『자치행정연구』, 2(1), 233-258.

임수정·최현식·정연돈. (2010). 「전자정부 모바일 웹 서비스의 웹 호환성 및 접근성 준수 현황」. 『한국정보과학회 학술발표논문집』, 37(2B), 119-124.

이승종 외. (2008). 『지방정부의 역량과 정책혁신: 국내·외 사례연구』. 서울: 박영사.

서용원·김태하. (2010). 「모바일 전자정부 서비스 유형분류에 따른 국내외 현황 분석 및 발전방향」. 『한국산학기술학회논문지』, 11(4), 1475-1482.

전영평·이곤수. (2000). 「정부의 정보화와 공무원의 적응 행태: 경상북도 사례」. 『한국정책학회보』, 9(1), 191-214.

정대성. (2013). 「정보속으로: IT이슈; 모바일 전자정부 공통기반 구축 및 서비스 개발」. 『지역정보화』, 80, 30-33.

정보화진흥원. (2018). 『2018년 전자정부서비스 이용실태조사 결과보고서』. 정보화진흥원

정상훈. (2010). 「디지털 컨버전스와 앱스토어-저작권의 보호 및 정책 시사점」. 『Law & Technology』, 6(3), 85-105.

정수희·홍순구·차윤숙·김종원. (2013). 「지방자치단체의 모바일 앱 서비스 이용 활성화 방안에 관한 연구: 부산광역시를 중심으로」. 『한국산업정보학회논문지』, 18(2), 71-83.

정진우. (2012). 「우리나라의 지역정보화 조직에 관한 연구」. 『한국지역정보화학회지』, 15(4), 71-87.

조희정. (2011). 「전자정부 시민참여 서비스의 전환과 정부 모바일 애플리케이션의 쟁점: 중앙정부와 지방정부의 활용 현황을 중심으로」. 『의정연구』, 17(2), 71-109.

한기훈·김진수. (2013). 「모바일 전자정부 서비스 수용의도의 영향요인에 관한 연구」. 『Asia Pacific Journal of Information Systems』, 23(3), 77-104.

한세억. (2008). 「지방정부의 u-City 전략과 정책: 제도주의 관점」. 『한국지역정보화학회지』, 11(1), 181-206.

한인섭. (2009). 「성과지표와 고객만족도의 연계성에 관한 연구」. 『한국행정학보』, 43(2), 177-200.

허훈. (2008). 「전자지방정부 구축에 의한 한·일 행정개혁연구」. 『한국지역정보화학회지』, 11(2), 23-49.

Accenture (2012). Build It & They Will Come? The Accenture Digital Citizen Pulse Survey & the Future of Government Operations. Retrieved from https://www.accenture.com/t20150703T035243__w__/sg-en/_acnmedia/Accenture/Conversion-Assets/DotCom/Documents/Global/PDF/Industries_14/Accenture-Digital-Citizen-Full-Survey.pdf/

Amailef, K., & Lu, J. (2011). A Mobile-based Emergency Response System for Intelligent M-government Services. *Journal of Enterprise Information Management*, 24(4), 338-359.

Andersen, K., & Henriksen, H. (2006). E-government Maturity Models: Extension of the Layne & Lee Model. *Government Information Quarterly*, 23(2), 236-248.

Baum, C., & Di Maio, A. (2000). Gartner's Four Phases of E-Government Model. Retrieved from http://aln.hha.dk/IFI/Hdi/2001/ITstrat/Download/Gartner_eGovernment.pdf/

Barret, K., & Green, R. (2001). *Powering up: How Public Managers Can Take Control of Information Technology*. Washington, D.C.: CQ Press.

Borucki, C., Arat, S., & Kushchu, I. (2005). Mobile Government & Organizational Effectiveness. Proceedings of the First European Conference on Mobile Government. Brighton, UK: Mobile Government Consortium International.

Bratton, M. (2013). *Voting & Democratic Citizenship in Africa*. Boulder, CO: Lynne Rienner Publishers.

Brown, M., & Brudney, J. (1998). A Smarter, Better, Faster, & Cheaper Government: Contracting & Geographic Information Systems. *Public Administration Review*, 58(4), 335-345.

Campbell, S., & Kwak, N. (2011). Political Involvement in "Mobilized" Society: The Interactive Relationships among Mobile Communication, Network Characteristics, & Political Participation. *Journal of Communication*, 61(6), 1005-1024.

Chatzinotas, S., Sampson, D., & Kastradas, K. (2005). A Web-based Architecture for Empowering Learning Communities through the Learning Object Paradigm. Proceedings of the Web Based Communities(International Association for Development of the Information Society).

Cilingir, D., & Kushchu, I. (2004). E-government & M-government: Current Leaps by Turkey. Proceedings of the European Conference on e-Government. Dublin: Trinity College.

Coursey, D., & Norris, D. (2008). Models of E-government: Are They Correct? An Empirical Assessment. *Public Administration Review*, 68(3), 523-536.

Crowe, M., Pandy, S., Tavilla, E., & Jenkins, C. (2013). US mobile payments landscape: Two years later. Federal Reserve Bank of Boston and Federal Reserve Bank of Atlanta.

Dawes, S. (1996). Interagency Information Sharing: Expected Benefits, Manageable Risks. *Journal of Policy Analysis & Management*, 15(3), 377-394.

Dawes, S., & Nelson, M. (1995). Pool the Risks, Share the Benefits: Partnership in IT Innovation. Keyes, J. (Eds.). *Technology Trendliness: Technology Success Stories from Today's Visionaries*. New York: Van Nostr& Reinhold.

Deise, M. V., Nowikow, C., King, P., & Wright, A. (2000). *Executive's Guide to E-business: From Tactics to Strategy*. John Wiley & Sons.

Deloitte & Touche. (2001). The Citizen as Customer. *CMA Management*, 74(10), 58.

Duchessi, P., & Chengalur-Smith, I. (1998). Client/Server Benefits, Problems, Best Practices. *Communications of the ACM*, 41(5), 87-94.

El-Kiki, T., Lawrence, E., & Steele, R. (2005). A Management Framework for Mobile Government Services. Proceedings of the Collector. Sydney, Australia.

Eom, S. (2013). Institutional Dimensions of E-government Development: Implementing the Business Reference Model in the United States & Korea. *Administration & Society*, 45(7), 875-907.

Eom, S., & Kim, J. (2014). The Adoption of Public Smartphone Applications in Korea: Empirical Analysis on Maturity Level & Influential Factors. *Government Information Quarterly*, 31(S1), S26-S36.

Ganapati, S. (2015). Using mobile apps in government. IBM Center for The Business of Government.

Garson, G. (2003). *Public Information Technology: Policy & Management Issues*. Harrisburg: Idea Group Publishing.

Georgiadis, C., & Stiakakis, E. (2010). Extending & E-government Service Measurement Framework to M-government Services. Proceedings of the Ninth International Conference on Mobile Business & the Ninth Global Mobility Roundtable. Athens, Greece: Institute of Electrical & Electronics Engineers.

Gil-Garcia, J. (2012). *Enacting Electronic Government Success: An Integrative Study of Government-wide Websites, Organizational Capabilities, & Institutions*. New York: Springer.

Gil-Garcia, J., & Martinez-Moyano, I. (2007). Understanding the Evolution of E-government: The Influence of Systems of Rules on Public Sector Dynamics. *Government Information Quarterly*, 24(2), 266-290.

Gil-Garcia, J., Helbig, N., & Ojo, A. (2014). Being Smart: Emerging Technologies & Innovation in the Public Sector. *Government Information Quarterly*, 31(S1), I1-I8.

Gil-Garcia, J., & Pardo, T. (2005). E-government Success Factors: Mapping Practical Tools to Theoretical Foundations. *Government Information Quarterly*, 22(2), 187-216.

Heitkotter, H., Majchrzak, T. A., & Kuchen, H. (2013). Cross-platform model-driven development of mobile applications with md 2. The Proceedings of the 28th Annual ACM Symposium on Applied Computing. Association for Computing Machinery.

Holden, S., Norris, D., & Fletcher, P. (2003). Electronic Government at the Local Level: Progress to Date & Future Issues. *Public Performance & Management Review*, 26(4), 325-344.

Holzer, A., & Ondrus, J. (2011). Mobile Application Market: A Developer's Perspective. *Telematics & Informatics*, 28(1), 22-31.

Hood, C., & Schuppert, G. F. (1990). Para-government organizations in the provision of public services: Three explanations. *The Third Sector: Comparative Studies of Nonprofit Organizations*. Walter de Gruyter, New York, 93-106.

Hung, S., Chang, C., & Kuo, S. (2013). User Acceptance of Mobile E-government Services: An Empirical Study. *Government Information Quarterly*, 30(1), 33-44.

Ingrams, A. (2015). Mobile Phones, Smartphones, & the Transformation of Civic Behavior through Mobile Information & Connectivity. *Government Information Quarterly*, 32(4), 506-515.

Ishmatova, D., & Obi, T. (2009). M-government Services: User Needs & Value. *I-Ways Journal of E-Government Policy & Regulation*, 32, 39-46.

Jaeger, P. T., & Thompson, K. M. (2003). E-government around the world: Lessons, challenges, and future directions. *Government information quarterly*, 20(4), 389-394.

Kotz, D., Gunter, C. A., Kumar, S., & Weiner, J. P. (2016). Privacy and security in mobile health: A research agenda. *Computer*, 49(6), 22-30.

King, L., & Kraemer, L. (1984). Evolution & Organizational Information Systems: An Assessment of Nolan's Stage Model. *Communications of the ACM*, 27(5), 466-475.

Kumar, M., & Sinha, O. (2007). M-government: Mobile Technology for E-government. Proceedings of the Fifth International Conference on E-Governance. Hyderabad, India.

Kushchu, I. (2007). *Mobile Government: An Emerging Direction in E-government*. Hershey, PA: IGI Publishing.

Kushchu, I., & Kuscue, H. (2003). From E-government to M-government: Facing the Inevitable. Proceedings of the European Conference on e-Government. Dublin: Trinity College.

Landsbergen, D., & Wolken, G. (2001). Realizing the Promise: Government Information Systems & the Fourth Generation of Information Technology. *Public Administration Review*, 61(2), 206-220.

Layne, K., & Lee, J. (2001). Developing Fully Functional E-government: A Four Stage Model. *Government Information Quarterly*, 18(2), 122-136.

Lee-Gosselin, M., & Miranda-Moreno, L. (2009). What Is Different about Urban Activities of Those with Access to ICTs? Some Early Evidence from Quebec, Canada. *Journal of Transport Geography*, 17(2), 104-114.

Leonardi, P. M., & Barley, S. R. (2008). Materiality and change: Challenges to building better theory about technology and organizing. *Information and Organization*, 18(3), 159-176.

Lorenzi, D., Vaidya, J., Chun, S., Shafiq, B., & Atluri, V. (2014). Enhancing the Government Service Experience through QR Codes on Mobile Platforms. *Government Information Quarterly*, 31(1), 6-16.

Mergel, I., Rethemeyer, R. K., & Isett, K. (2016). Big data in public affairs. *Public Administration Review*, 76(6), 928-937.

Nolan, R. (1973). Managing the Computer Resource: A Stage Hypothesis. *Communications of the ACM*, 16(7), 399-405.

Ntaliani, M., Costopoulou, C., & Karetsos, S. (2008). Mobile Government: A Challenge for Agriculture. *Government Information Quarterly*, 25(4), 699-716.

OECD. (2011). *M-Government: Mobile Technologies for Responsive Governments & Connected Societies*. OECD Publishing.

Orlikowski, W. J. (2008). Using technology and constituting structures: A practice lens for studying technology in organizations. Ackerman, M. S., Halverson, C. A., Erickson, T., & Kellogg, W. A. (Eds.). *Resources, co-evolution and artifacts: Theory in CSCW*. London: Springer Science & Business Media.

O'Reilly, T., & Battelle, J. (2009). *Web squared: Web 2.0 five years on*. O'Reilly Media, Inc.

Redman, T. (1998). The Impact of Poor Data Quality on the Typical Enterprise. *Communications of the ACM*, 41(2), 79-82.

Rice, R., & Katz, J. (2003). Comparing Internet & Mobile Phone Usage: Digital Divides of Usage, Adoption, & Dropouts. *Telecommunications Policy*, 27(8-9), 597-623.

Shah, D. V., Cho, J., Eveland, JR., W. P., & Kwak, N. (2005). Information & Expression in a Digital Age: Modeling Internet Effects on Civic Participation. *Communication Research*, 32(5), 531-565.

Siau, K., & Long, Y. (2005). Synthesizing E-government Stage Models: A Meta-synthesis Based on Meta-ethnography Approach. *Industrial Management & Data Systems*, 105(4), 443-458.

Tayi, G., & Ballou, D. (1998). Examining Data Quality. *Communications of the ACM*, 41(2), 54-56.

United Nations. (2008). *UN E-government Survey 2008: From E-government to Connected Governance*. New York: United Nations.

United Nations & American Society of Public Administration. (2002). *Global E-government Survey 2002*. New York: United Nations.

Venkatraman, N. (1994). IT-enabled Business Transformation: From Automation to Business Scope Redefinition. *Sloan Management Review*, 35(2), 73-87.

West, D. (2005). *Digital Government: Technology & Public Sector Performance*. Princeton & Oxford: Princeton University Press.

World Economic Forum. (2011). *The Future of Government: Lesson Learned from around the World*. Geneva, Switzerland.

| 부록 | 설문지

1. 귀하께서 공공 모바일 앱 구축과정에서 담당하신 업무에 대해 설명해 주시기 바랍니다.

( )

2. 세부적인 활동과 책임에 대해 자세히 말씀해 주시기 바랍니다.

( )

3. 공공 모바일 앱이 제공된 후 총 몇 회의 업데이트가 이루어졌습니까?

(회)

4-1. 앱 구축과정의 정보 및 자료와 관련된 질문입니다.

정보 및 자료	전혀 그렇지 않다	그렇지 않다	보통이다	그렇다	매우 그렇다
국민들의 공공 모바일 앱 제작에 대한 요청이 있었는가?					
공공 모바일 앱 구축에 앞서 정보를 어떻게 사용할 것인지에 대한 전반적인 계획이 있었는가?					
공공 모바일 앱을 제작하기 전에 콘텐츠에 대한 수요조사가 있었는가?					
공공 모바일 앱 서비스 유형(예: 라이프 스타일, 교육, 뉴스 및 잡지 등)에 대해 고려한 후 앱을 제작하였는가?					
공공 모바일 앱의 서비스 유형을 고려하지 않았다면, 앱 제작 후 서비스 내용에 따라 유형을 정의하였는가?					
공공 모바일 앱 서비스에 사용되는 자료의 출처는 정확한가?					
정보의 업데이트는 주기적으로 실시되는가?					
충분한 정보가 제공되고 있는가?					
사용자의 평점과 리뷰에 반응하여 정보를 수정하고 업데이트하는가?					

4-2. 앱 구축과정에서의 정보기술과 관련된 질문입니다.

정보 기술	전혀 그렇지 않다	그렇지 않다	보통 이다	그렇다	매우 그렇다
공공 모바일 앱 구축에 사용되는 기술이 복잡한가?					
공공 모바일 앱 구축에 사용하는 기술이 다른 기기와도 호환 가능한가?					
레거시 시스템(기존 시스템)을 사용하였는가?					
공공 모바일 앱 구축에 외주업체를 선정하였다면 선정과정에서 과거 앱을 만든 경험을 고려했는가?					
외주업체의 기술력을 평가하여 선정하였는가?					
공공 모바일 앱의 기술적 문제에 대한 피드백을 받았다면 다음 업데이트에 반영했는가?					
공공 모바일 앱 사용이 용이하다는 피드백을 받았는가?					
기술의 유용성(LBS, 증강현실, 업무 처리 등)에 대한 피드백을 받았는가?					
기술의 유용성에 대한 피드백을 받았다면 다음 업데이트에 반영하였는가?					
공공 모바일 앱 보안 프로그램 설치에 대한 피드백을 받았는가?					
보안 프로그램 설치에 대한 피드백을 받았다면 다음 업데이트에 반영했는가?					

4-3. 앱 구축과정에서의 조직 및 관리와 관련된 질문입니다.

조직 및 관리	전혀 그렇지 않다	그렇지 않다	보통 이다	그렇다	매우 그렇다
공공 모바일 앱 프로젝트가 팀 수준에서 담당할 수 있는 규모인가?					
프로젝트와 관련된 이해관계자를 파악하였는가?					
제작과정에 이해관계자가 참여하였는가?					
프로젝트 목표가 확실하였는가?					
프로젝트 목표 수립에 있어 실현가능성을 고려했는가?					
예산은 충분히 배정되었는가?					
앱 구축과정에 다양한 부서가 참여하였는가?					
다양한 부서가 참여했다면 부서 간 관할권 경쟁 등이 있었는가?					
공공 모바일 앱 담당자가 공공 모바일 앱 구축에 대한 열의를 가지고 있었는가?					
담당자가 기술적 지식을 가지고 있었는가?					
담당 부서의 리더의 조직 통솔 능력이 있었는가?					
조직 구성원의 프로젝트에 관한 이해 수준이 높았는가?					
조직 구성원이 기술에 대한 전문적 지식을 가지고 있었는가?					
팀 내 원활한 의사소통이 있었는가?					
팀 외부의 이해관계자와의 원활한 의사소통이 있었는가?					
공공 모바일 앱 구축과정에서 각 단계마다 목표 달성 여부 또는 성과에 대한 측정을 하였는가?					

4-4. 앱 구축과정의 제도 및 환경과 관련된 질문입니다.

제도 및 환경	전혀 그렇지 않다	그렇지 않다	보통 이다	그렇다	매우 그렇다
공공 모바일 앱 구축과정에 있어 법 또는 규제로 인한 제약이 있었는가?					
공공 모바일 앱의 서비스를 계획하면서 기관(예: 행정자치부, 교육부, 환경부 등)의 특성 및 행정서비스 내용을 고려하고 반영하려 하였는가?					
귀하 기관의 공공 앱 서비스 경험이 풍부한가?					
프로젝트 수행에 있어 귀하의 기관의 자율성은 충분히 확보되었는가?					
모바일 행정서비스에 대한 거부감이 있었는가?					
공공 모바일 앱 서비스와 관련하여 행정부의 지원 또는 관심이 있었는가?					
예산 배정 및 감사 등 입법부의 개입이 있었는가?					

※ 담당자님께서 생각하시기에 업무 진행과정에 있어 위 네 가지 요인(정보 및 자료, 정보기술, 조직 및 관리, 제도 및 환경) 중 공공 모바일 앱 구축에 있어 가장 중요하다고 생각되는 요인은 무엇입니까?

( )

※ 설문 문항에 포함되지 않았던 항목 중, 실제 공공 모바일 앱 구축과정에서 중요하게 고려되었던 점이 있다면 무엇입니까?

( )

※ 위 연구 주제와 관련하여 추가로 말씀해 주실 사항이 있습니까?

( )

감사합니다.

제 9 장

스마트 워크

I

서론

스마트 워크smart work란 특정한 공간 내에서 이루어지던 기존의 업무방식에서 탈피하여 스마트 기기, 클라우드 서비스 등의 정보통신기술을 활용하여 언제, 어디서나 업무를 수행할 수 있는 유연하고 미래 지향적인 근무방식을 의미한다. 기존의 정보기술을 활용한 업무혁신은 업무의 자동화에 따른 업무처리 용이성의 증진, 대량 정보와 지식의 저장 및 활용, 업무 프로세스의 개선에 따른 노동시간의 단축과 업무효율성 증진이라는 기계적 관점에서 이루어졌다. 반면 스마트 워크는 정보의 생산, 이동, 공유, 활용이 상호 연결과 협업, 신뢰를 토대로 이루어지는 인간 중심적인 혁신이며 업무 프로세스뿐만 아니라 근무자의 일상생활 및 일하는 방식 전반에 걸쳐 근본적인 탈바꿈이 이루어진다.

스마트 워크는 비용 절감과 업무효율성의 증진 측면이 강조되었던 텔레워크tele-work와 달리 구성원의 웰빙well-being과 업무환경의 질적 향상, 서비스 전달 방식의 변화 등 더 높은 수준의 가치를 추구하는 혁신적인 근무 형태라고 볼 수 있다. 스마트 워크는 '스마트smartness' 전략에 따라 세계적인 저출산 문제와 일과 가정의 양립을 위한 육아 문제의 해결방안으로 주목받고 있으며, 출퇴근 시간의 단축을 통한 화석에너지 사용의 감소와 저탄소 녹색성장, 구성원들의 업무생산성 향상과 복지 증진, 이직률 감소 등의 효과를 얻을 수 있는 방안으로 강조되고 있다. 스마트 워크의 실행을 통해 가족 친화적인 근로환경을 제공함으로써 근로자들은 업무 중심적인 생활에서 벗어나 개인의 생활과 만족을 중시하는 '일과 삶의 균형work and life balance'이라는 가치를 추구할 수 있다. 선진국에서는 선도적인 기업을 중심으로 스마트 워크의 도입이 이루어졌으며 공공부문으로 확대되어 왔다.

이 장에서는 스마트 워크의 개념과 유형(제2절), 주요 국가와 한국의 스마트 워크 확산 현황, 스마트 워크 도입 및 활성화를 위한 제도적 장치를 살펴본다(제3절). 제4절에서는 스마트 워크의 성공을 위한 이론적 접근 방법과 선행 요인들을 검토하고 선행 연구 결과를 바탕으로 스마트 워크 활용과정에서 나타나는 촉진 요인과 저해 요인들에 대해 실증분석을 수행하고자 한다. 이를 통해 스마트 워크를 이용하고자 하는 의도와 실제 이용에 미치는 효과를 검증하고자 하였다. 스마트 워크의 도입과 확산 과정에서 개인별로 스마트 워크 이용에 차이가 나타나는 원인에 대한 분석과 함께 어떠한 특정 조건하에서 스마트 워크의 성공적인 도입과 활용이 이루어질 수 있으며 스마트 워크를 둘러싼 현상을 기술적, 제도적, 조직적 측면에서 어떻게 이해해야 할지에 대한 종합적인 설명을 제시하였다.

Ⅱ

스마트 워크의 개념과 유형

1. 스마트 워크의 개념과 등장 배경

스마트 워크에 대한 논의의 초기단계에서는 미국과 유럽을 중심으로 Nilles와 그의 동료들(1973)이 최초로 제시하였던 텔레워크 또는 텔레커뮤팅telecommuting 이라는 용어가 주로 사용되었다.[1] 스마트 워크라는 개념은 광대역 회선broadband, 컴퓨터, 전화 등을 기반으로 출퇴근 시간을 단축할 수 있는 근무 장소에서 업무를 수행하는 개념인 텔레커뮤팅telecommuting 과 기타 모든 유형의 기술들을 활용하여 시공간적으로 자유로운 근무 형태인 텔레워크telework 라는 개념에서 발전되어 온 것으로 볼 수 있다(이민혜·이준기, 2011; Olorunfemi, 2013; Nilles, 1976). 그러나, 원격근무telework 란 원격 기기를 활용하여 기존의 업무 공간이 아닌 곳에서 업무를 수행하는 방식을 의미하였으며 주로 재택근무에 가까운 좁은 개념으로 이해되었다. 이후 원격근무의 개념은 공식적인 업무 수행뿐만 아니라 개인적인 필요에 의해서도 시행될 수 있는 업무 형태로서 사무실이 아닌 공간 혹은 정규 시간 이외의 시간에 업무를 수행하는 형태를 모두 포함하는 좀 더 넓은 개념으로 확장되었다.

스마트 워크는 초고속 인터넷과 모바일 기기 등 정보통신 인프라를 토대로 시간과 장소에 구애받지 않고 업무를 수행할 수 있는 업무환경을 기반으로 하기 때문에 과거의 사무실 밖의 독립된 공간에서의 근무 수행을 강조하던 원격근무 개념보다 넓고 진화된 개념으로 볼 수 있다. 스마트 워크는 일하는 주체와 장소, 대상 업무, 업무 처리

1 Nilles와 그의 동료들이 1973년에 발간한 책 *Telecommunications-Transportation Tradeoff* 에서 'telework', 'telecommute'라는 용어를 사용한 것을 시초로 보고 있다. *The Atlantic*. (Dec, 3, 2015.). What Telecommuting Looked Like in 1973.

수단 등이 폭넓게 확장된 개념으로서 모든 직위의 근로자들이 상시 연결되어 있는 업무 네트워크에 접속하여 실시간으로 업무를 처리하고 협업할 수 있다는 특성을 갖는다. 스마트 워크 환경에서 구성원들은 네트워크로 상호 연결되어 있으며, 사무실 공간뿐만 아니라 집, 스마트 워크 센터, 혹은 이동 중에도 스마트 기기를 활용하여 업무를 수행할 수 있다. 최근 들어 스마트 워크는 클라우드 컴퓨팅, 화상회의 등의 기술들이 활용되면서 더욱 다양한 방식의 업무 처리와 의사소통이 가능해지고 있다.

2. 스마트 워크의 유형

스마트 워크는 근무가 이루어지는 장소와 형태에 따라서 크게 재택근무(홈, 오피스), 모바일 근무(현장, 이동), 스마트 워크 센터 근무로 구분할 수 있다. 첫째, 재택근무는 자신의 집에 업무에 필요한 시스템을 갖추고 이루어지는 1인 형태의 근무를 의미한다. 둘째, 모바일 근무는 스마트폰 또는 기타 모바일 기기를 활용하여 현장이나 이동 중에 이루어지는 근무 형태를 의미한다. 셋째, 스마트 워크 센터 근무는 자택에서 근거리에 있거나 현장에서 가까운 스마트 워크 센터로 출근하여 근무하는 것을 일컫는다.

1) 재택근무(home-based work)

재택근무란 정보통신기술을 활용하여 자택에 업무 처리가 가능한 시스템과 공간을 마련하고 근무하는 형태이다. 직장과 자택은 네트워크를 통해 연결되어 있어 화상회의, 업무 보고 및 결재가 가능하며, 직장의 인트라넷에 접속할 수 있는 보안시스템이 갖춰져 있는 환경에서 필요 시에는 원격으로 기술적 지원을 받을 수 있다. 재택근무는 전문성을 갖추고 개인이 비대면적인 업무를 수행할 수 있는 지식 노동자 knowledge worker 집단에게 유리한 근무 형태라고 할 수 있다. 한국의 경우 정부기관으로서는 특허청이 처음 도입하였으며 특허 심사와 심판 업무를 수행하는 심사관을 대상으로 시행되었다.

사례 1 특허청 재택근무

특허청에서는 2005년에 24시간 온라인 서비스가 가능한 특허행정정보시스템 '특허넷Ⅱ'를 개통하고 정부조직 최초로 특허심사관을 대상으로 재택근무제도를 도입하였으며, 「전자정부법」 제32조 제2항에 따른 재택근무 시행에 필요한 사항을 「특허청 재택근무 시행규정」(특허청훈령)에 규정하고 재택근무를 활성화시키고 있다. 재택근무 지정 시에는 심사·심판업무 경력, 특허청 근무 경력, 심사·심판업무와 관련한 공헌, 질병, 장애, 통근거리 등 개인적 여건을 고려하고 있다. 2009년을 기준으로 약 90명의 특허심사관이 재택근무를 시행하였으며, 근무생산성 17%, 근무만족도 87% 향상 효과를 거둔 것으로 나타났다(한국정보화진흥원, 2010).

[그림 9.1] 특허청 특허넷Ⅱ 시스템

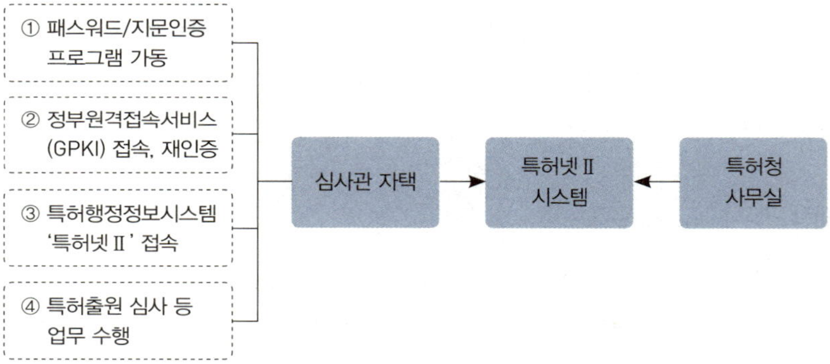

2012년에 특허청은 업무생산성 향상 차원에서 원격지에서 업무 처리가 가능하도록 '스마트 오피스'를 구축하였으며, 스마트 오피스 및 재택근무지와 같은 원격근무지에 클라우드 서비스를 개통하여 정보보안기능을 강화하고 장소에 구애받지 않고 업무를 처리할 수 있도록 지원함으로써 재택근무를 촉진하고 있다.

[그림 9.2] 특허청 원격근무지 클라우드 서비스 개념도

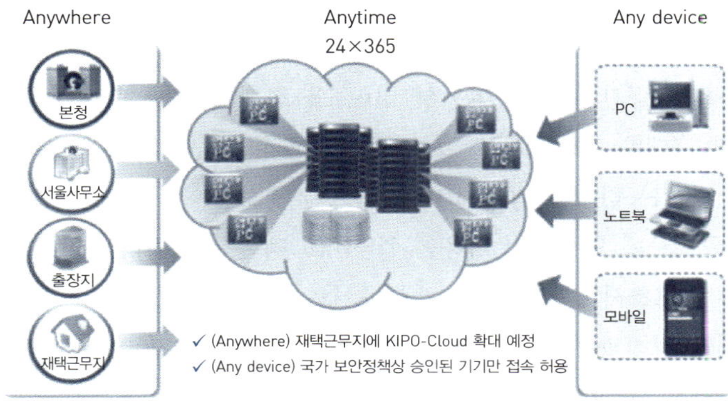

출처: 대한민국 정책브리핑(www.korea.kr)

특허청 상표디자인심사국의 김정은 사무관은 어린이집에 다니는 3형제를 키우는 워킹맘이다. 김 사무관은 매일 오후 5시 어린이집에서 아이들을 데려온다. 예전 같았으면 퇴근시간인 6시 이전에 아이들을 데리러 간다는 것을 엄두도 내지 못했지만 지금은 재택근무 덕분에 홀가분하게 아이들을 맞으러 갈 수 있다. 김 사무관은 "재택근무를 이용하니 어린이집에서 아이들을 일찍 데리고 올 수 있고 출퇴근에 소요되는 시간(약 1시간)을 절약해 아이들과 더 많은 시간을 보내고 있다."며 "재택근무를 지속적으로 이용하기 위해서는 최근 1년 이내에 심사 결과에 흠결이 없어야 하는 등 조건을 충족해야 돼 업무에 더욱 열심히 매진하고 있다."고 말한다. (『법률저널』, 2016. 9. 12.)

재택근무를 통해 가정과 직장에서 개인생활의 균형을 이룸으로써 업무만족, 육아와 업무의 병행, 통근시간의 감소 등에 있어서 긍정적인 효과를 기대할 수 있으며, 조직적으로는 생산성 증대, 이직률 감소, 고용의 형태와 범위의 확대, 비용 감소 등을 기대할 수 있다. 반면, 재택근무를 시행하는 개인의 경우에는 직장 동료와의 교류 기회 감소에 따른 고립감, 조직과 팀에 대한 소속감 저하, 가정에서 업무를 수행하면서 얻는 스트레스 등의 단점이 존재하고 조직적으로는 재택근무 시행자에 대한 통제의 어려움과 감독비용, 상호작용 감소로 인한 팀워크 저하 등의 한계가 지적된다. 따라서 재택근무 확산을 위해서는 재택근무에 적절한 업무의 유형을 발굴하고 재택근무자에 대한 동기부여, 평가, 보상 등에 관한 인사관리체계를 마련하는 것이 필요하다.

2) 모바일 근무

모바일 근무는 스마트폰, PDA와 같은 휴대용 스마트 기기와 정보통신기술, 네트워크 환경, 모바일 오피스 시스템mobile office system 등을 활용하여 사무실이나 자택과 같은 고정된 물리적 공간이 아닌 '이동성mobility'을 전제로 한 근무 형태를 의미한다. 정보통신기술과 휴대용 단말기가 결합된 모바일 환경을 구축하여 근무자는 이동 중에도 업무 처리가 가능하며 현장에서 바로 필요한 정보를 획득하여 전달하고 원격으로 업무를 처리함으로써 의사결정 비용을 절약하고 빠른 정보처리와 정보공유가 이루어진다. 과거에 현장조사 결과를 가지고 사무실로 돌아가 문서 형태로 작성하여 보고를 하던 업무 처리 방식과는 달리 현장에서 바로 보고와 결재가 이루어짐으로써 사무실로 돌아가야 하는 시간과 비용을 절약할 수 있다는 장점이 있다.

모바일 기반의 스마트 워크를 통해 현장의 정보를 손실 없이 빠른 시간에 처리할 수 있고 실시간으로 정보가 전달, 공유됨으로써 신속하고 정확한 조치가 가능하다. 또한 근무자들의 이동 시간과 기타 업무 처리에 필요한 시간과 비용을 절감하여 업무 효율성을 높일 수 있으며, 현장 인력과 전문 인력의 효율적인 배치와 서비스 품질 제고를 통해서 궁극적으로는 경제적 효과와 조직성과 향상으로도 이어질 수 있는 것으로 평가된다.

사례 2 **서울도시철도공사 SMRT Talk & Flash(STnF)**

서울도시철도공사에서 사무실과 현장, 통제센터를 연결하여 도시철도 시설을 점검하고 유지, 관리하는 SMRT Talk & Flash(STnF) 모바일 오피스를 구축한 것이 대표적인 사례이다. 2000년대 초반 서울도시철도공사는 시설물 유지보수시스템인 UTIMS(Urban Transit Infrastructure Maintenance System)을 구축하였으나 초기(1세대)에는 종이 문서를 통해 작업 지시, 결과 보고, 결재가 이루어져 많은 인력과 공간이 필요하였다.

인력이 직접 현장과 사무실을 오가며 업무를 처리하는 과정에서 많은 시간과 비용이 투입되었으며, 사무실에서는 다단계 결재가 이루어지고 생산된 방대한 서류를 관리하는 과정에서 비효율성이 초래되었다. 이와 같은 단점을 극복하고자 2005년

제2세대 UTIMS가 도입되었으나 종이 문서를 생산하는 업무는 유지되고 점검 결과를 사무실 PC에 전산입력 하는 절차가 추가되어 불편함이 초래되고 입력 과정에서 정보가 누락되는 등의 문제가 발생하였다.

[그림 9.3] 시설물유지보수시스템(UITMS) 운영 체계도(1세대)

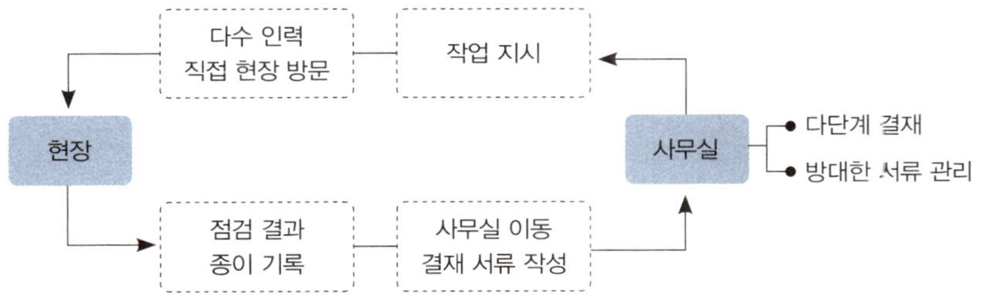

[그림 9.4] 시설물유지보수시스템(UITMS) 운영 체계도(2세대)

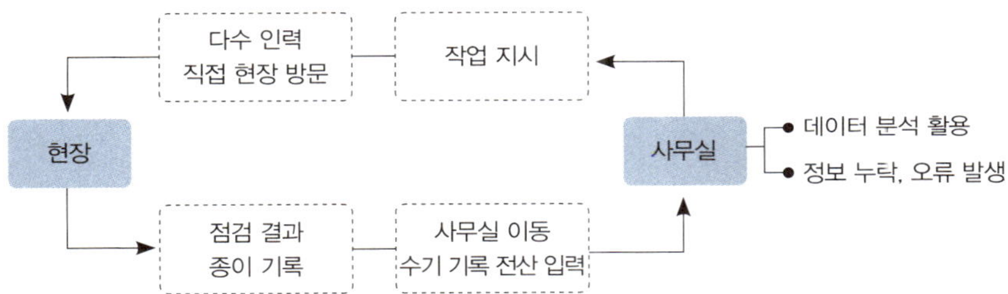

2008년 새롭게 도입된 STnF는 스마트폰을 기반으로 현장에서 점검 결과를 실시간으로 공유하고 사무실에서는 온라인으로 업무 지시와 결재가 이루어졌다. 통제센터에서는 CCTV와 센서를 통한 원격 모니터링을 실시하고 분석전문가를 통해 이루어진 진단 결과와 작업 지시 내용을 모바일로 공유함으로써 신속한 조치와 고장 감소를 통한 안전도 향상의 효과를 거둔 것으로 나타났다. 이처럼 모바일 근무는 현장에서 실시간으로 점검과 단속, 기록과 결과 보고가 이루어질 필요가 있는 통신, 전기, 운송, 설비 분야에서 주로 활용이 가능한 근무 형태이다.

[그림 9.5] SMRT Talk & Flash(STnF) 운영 체계도

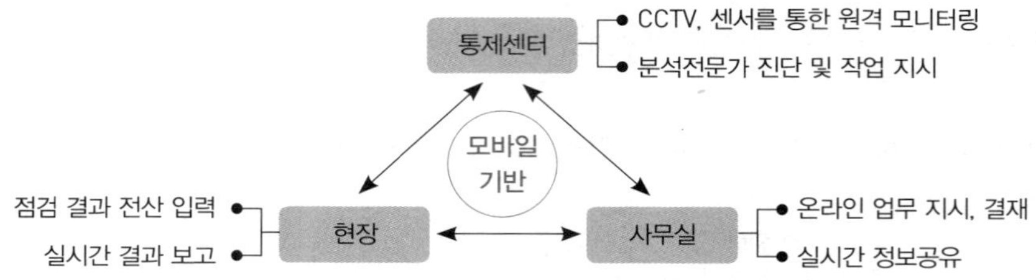

3) 스마트 워크 센터 근무

스마트 워크 센터 Smart Work Center 근무는 자신의 본래 근무지가 아닌 지정된 스마트 오피스에서 근무하는 형태를 의미한다. 스마트 워크 센터는 원격으로 근무할 수 있는 업무 공간과 환경을 제공하고 근무자는 자신의 주거지와 가까운 곳에 위치한 오피스를 선정하여 업무를 수행할 수 있다. 스마트 워크 센터에는 업무에 필요한 소프트웨어가 설치된 공용컴퓨터와 전산망, 원격회의시스템과 회의실, 사무용 책상 등이 구비되어 있다.

스마트 워크 센터 사용을 통해서 사용자는 본래의 근무지에서 제공되는 업무 환경과 유사한 공간을 활용하면서 불필요한 회의나 잡무를 줄이고 보고 과정의 간소화 등을 통해 업무의 효율성을 높일 수 있다는 장점이 있다. 또한 출퇴근 시간에 소요되는 시간과 에너지 낭비를 방지하고 거주지에서 가까운 곳에서 근무함으로써 육체적인 피로와 교통비를 절감할 수 있으며, 자동차 사용을 통한 탄소배출량을 감소시킬 수 있다는 장점이 존재한다. 또한 출퇴근 시간과 불필요한 업무를 처리하는 데에 소요되는 시간을 줄여 가족과 함께 하는 시간을 늘릴 수 있고 개인의 여가 시간과 자기 계발에 활용할 수 있기 때문에 삶의 질 향상을 가져올 수 있다는 장점이 존재한다.

사례 3 스마트 워크 센터

행정안전부는 2010년 도봉과 분당에 스마트 워크 센터를 개소한 이래로 국회, 서울역, 과천, 세종 등을 비롯하여 2019년 현재 총 17개 센터를 운영하고 있다. 스마트 워크 센터에는 사무실과 동일한 정보통신기술 환경이 조성되어 있고 전자칠판을 활용하여 노트북, 휴대폰에 저장된 자료를 회의 참석자들과 공유할 수 있다. 또한 영상회의실에서는 다자간 영상회의가 가능하여 여러 부처 근무자들과 원거리 회의를 진행할 수 있다.

세종시에 위치한 국토부 최 사무관은 산하 5개 지방 국토관리청(서울, 부산, 대전, 익산, 원주)과 함께 추진하고 있는 국가교통물류 개선프로젝트의 현황점검을 위해 실무 담당자 회의를 매주 주최하고 있다. 그동안 이들 산하기관들과의 회의를 위한 서울 시내 장소 임대와 출장에 많은 시간과 경비를 들여왔다. 그러나 최 사무관은 최근 개소한 서울역 출장형 스마트 워크 센터의 회의실을 이용하여 시간과 비용을 크게 절감하였고, 회의 참석자들로부터 서울역 KTX 및 철도를 이용하여 곧바로 각자의 근무지로 복귀할 수 있었다는 호평을 받았다.(행정안전부 제공)

[그림 9.6] 스마트 워크 센터 업무 공간

출처: 스마트 워크 센터 홈페이지(https://smartwork.go.kr)

행정안전부가 운영하는 정부 스마트 워크 센터 중에서는 세종과 서울역 센터의 사용자가 가장 많으며, 정부 및 공공기관 이전에 따라 기존의 거주지형 센터를 통폐합하고 주요 출장지 및 교통 요지를 중심으로 스마트 워크 센터를 확충할 계획에 있다. 이에 따라 가장 최근에는 수서역과 오송역에 추가로 스마트 워크 센터를 구축하였다.

Ⅲ

스마트 워크의 확산과 사례

1. 미국과 유럽연합(EU) 회원국들의 스마트 워크 도입과 활용

주요 선진국에서는 조직의 핵심 인력 유지를 위한 중요한 요건이 일과 개인의 생활 간의 균형이라는 인식이 확산되었으며, 가족 친화적인 근로환경 제공을 위한 노력의 일환으로 스마트 워크가 추진되어 왔다.[2] 미국의 경우, 1980년대 후반까지는 원격근무가 전체 정부 차원의 관심을 얻지는 못하였다. 그러나 1990년 미국 연방정부 관리예산처 OMB 의 내부 문서에서 재택근무와 유연한 근무 환경 flexiplace 에 대한 내용이 보고됨과 동시에 증가하는 전문 인력들의 업무효율성 저하 문제가 부각되면서 연방정부의 관심을 받기 시작하였다. 이에 따라 1990년 2월, 대통령 소속 관리개선위원회 President's Council on Management Improvement 에서 유연한 근무 환경 조성을 위한 가이드라인 Guidelines for Pilot Flexible Workplace Arrangement 이 마련되어 연방정부 및 지방정부, 민간부문으로 원격근무 프로그램이 확산되는 계기가 되었다.

1993년 클린턴 행정부는 연방 수준에서의 원격근무를 활성화시키기 위한 실행전략을 도입하였으며, 클린턴 행정부의 행정개혁 추진기구인 국가성과평과위원회 NPR 에서 '일과 삶의 질 제고'와 정부 효율성 제고를 위한 텔레워크 시행과 관련된 입법적 제의와 프로그램의 확산을 제안함에 따라서 더 많은 연방정부 공무원들에게 원격근무 시행이 확산되기 시작하였다. 클린턴 행정부 국가표준기술국 National Institute of Standards and Technology 에 공공/민간 태스크포스 팀을 구성하여 원격근무를 일과 생활

2 미국의 telework 정책의 발전 과정에 관한 주요 내용은 Office of Governmentwide Policy, US General Service Administration. (2000). *The evolution of telework in the federal government*. 보고서를 참고하였음.

에 적용시켜 삶의 질을 높이는 방안을 강구하고 백서를 발행하는 등의 노력을 기울였다.

1993년 미국 인사관리처OPM: Office of Personnel Management 보고서에서는 13개 기관의 약 700명의 연방정부 공무원이 유연근무에 참여하였다고 발표하였으며, 1996년 대통령 소속의 관리위원회President's Management Council는 2002년까지 연간 16만 명의 원격근무 이용을 목표로 하는 「국가원격근무계획National Telecommuting Initiative」을 발표하여 시행하였다. 2000년도까지 원격근무 정착을 위해 연방조달청General Service Administration과 인사관리처는 공무원들의 공식적인 근무지에 대한 정의를 내리고 그에 따른 출장비 정산에 관한 기준을 정립함과 동시에 기존 사무실 이외의 대안적인 사무 공간을 증진하는 정책적인 노력을 기울였다. 미국 통계국Census bureau 보고서에 따르면 전체 근로자(정규직) 중에서 재택근무 또는 원격근무와 같이 근무지 이외의 장소에서 업무를 수행한 경험이 있는 사람은 1997년 7.0%에서 2010년 9.5%로 증가하였고, 대부분의 업무를 원격근무 형태로 수행하는 사람은 2005년 3.6%에서 2010년에는 4.3%로 증가하였다(U.S. Census bureau, 2010). 2016년 발표된 조사에 따르면 전체 근로자의 약 37%가 원격근무 또는 ICT를 활용한 모바일 근무와 같은 형태의 스마트 워크를 시행하고 있는 것으로 나타났다(Gallup, 2016).

관련된 조사 결과를 통해서도 주요 선진국과 해외 선진 기업에서도 스마트 워크 확

[그림 9.7] 스마트 워크/원격근무(telework) 현황

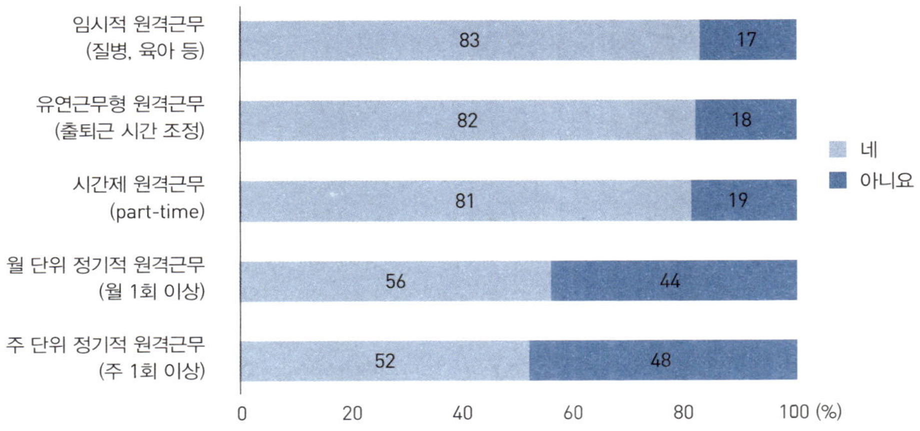

출처: WorldatWork(2013)

산 경향이 뚜렷이 나타나고 있다. WorldatWork가 발표한 'Trends in Workplace Flexibility 2013'에 따르면 2013년을 기준으로 조사 대상의[3] 약 88%의 기관에서 어떤 형태로든지 원격근무를 제공하고 있으며, 약 33%의 기관이 상시형 full-time 원격근무를 제공하고 있는 것으로 나타났다. 한편 월 단위, 주 단위로 이루어지는 전형적인 원격근무의 형태는 과거에 비해 줄어드는 추세이나 업무시간을 유연하게 조정하는 수시형 occasional 또는 임시형 ad-hoc 원격근무 방식이 가장 널리 선호되어 활용되고 있는 것으로 나타났다 ([그림 9.7] 참조).

Eurofound에서 발표한 조사 결과에 따르면 EU 회원국의 경우에는 2015년을 기준으로 약 17%의 근로자들이 상시 재택근무 또는 수시형 원격근무 형태의 스마트 워크를 시행하고 있는 것으로 조사되었다. 특히 덴마크, 스웨덴의 경우, 전체 근로자의 약 30% 이상이 스마트 워크를 활용하고 있는 것으로 나타났다(Eurofound, 2017).[4] [그림 9.8]

[그림 9.8] EU 회원국 스마트 워크 현황 (단위: %)

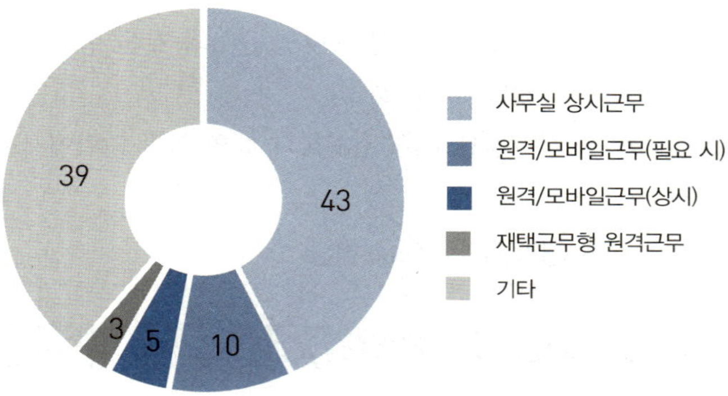

출처: Eurofound and the International Labour Office(2017)

3 WorldatWork는 미국의 비영리기관으로서 근로자의 보상, 일과 삶(work-life)의 조화, 조직의 근로환경 등에 관한 연구를 수행한다. 2013년을 기준으로 전 세계 5,137명의 근로자를 회원으로 갖고 있으며, 2013년 시행된 설문조사에서는 총 834명이 설문에 참여하였으며(응답률 16%), 이 중에서 566명을 최종 분석에 활용하였다.

4 Eurofound에서는 1991년부터 European Working Conditions Survey(EWCS)를 시행하고 있으며, 2015년 시행된 조사에서 유럽 35개 국가 약 4만 명의 근로자를 대상으로 고용 상태, 근무지, 훈련 및 업무 시간, 일과 삶의 균형(work-life balance), 임금에 관한 사항을 자기기입식 설문으로 측정하였다.

[그림 9.9] EU 회원국 스마트 워크 현황(전체 근로자 대비 비율) (단위: %)

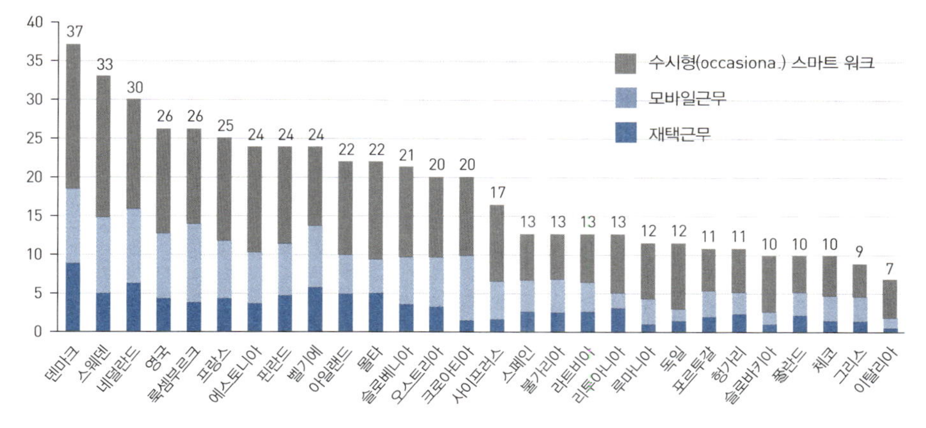

출처: Eurofound and the International Labour Office(2017)

에서 나타나고 있는 바와 같이, EU 28개 회원국에서 조사 대상의 약 43%에 해당하는 근무자들은 본래의 사무실에서 상시적으로 근무하고 있으며 정기적인 재택근무형 원격근무(3%), 모바일 원격근무 및 ICT를 활용한 근무(15%), 기타 유형(39%) 등의 다양한 형태로 업무를 수행하고 있는 것으로 나타났다.

주요 국가별 현황을 살펴보면, 스칸디나비아 국가를 중심으로 재택근무 및 원격/모바일근무를 시행하는 비율이 높게 나타나고 있으며(덴마크 37%, 스웨덴 33%), 그 밖에 네덜란드(30%), 영국(26%), 프랑스(25%) 등에서도 높게 활용되고 있는 것으로 나타났다([그림 9.9] 참조).

2. 한국 정부의 스마트 워크 도입과 활용

한국에서는 중앙행정기관의 세종시 이전과 공공기관의 지방 이전에 따라 업무 공백을 해소하고 이동 시간 등을 줄여 행정효율성을 제고하기 위한 방안으로 스마트 워크의 중요성이 제기되기 시작했다. 공공부문의 일하는 방식의 총체적인 혁신 추구와 함께, '일과 삶의 균형', 출퇴근 시간의 단축을 통한 화석 에너지 사용의 감소 및 환경 친화적 성장 등을 위한 방안 중 하나로 스마트 워크가 적극 추진되었다.

한국에서의 스마트 워크 이행과 확산과 관련된 주요한 특징 중 하나는 공공부문이 선도적으로 스마트 워크 초기 시장을 창출하고자 하였으며 성공 사례를 공유함으로

〈표 9.1〉 유연근무제 형태

<table>
<tr><th colspan="2">유 형</th><th>활용 방법</th></tr>
<tr><td colspan="2">시간선택제 전환 근무제</td><td>• 기본 개념: 주 40시간보다 짧은 시간 근무</td></tr>
<tr><td rowspan="5">탄력 근무제</td><td colspan="2">• 주 40시간 근무하되, 출퇴근 시각·근무시간·근무일을 자율 조정</td></tr>
<tr><td>시차 출퇴근형</td><td>• 기본 개념: 1일 8시간 근무체제 유지, 출퇴근시간 자율 조정</td></tr>
<tr><td>근무시간 선택형</td><td>• 기본 개념: 1일 8시간에 구애받지 않음(일 4~12시간 근무), 주 5일 근무 준수</td></tr>
<tr><td>집약 근무형</td><td>• 기본 개념: 1일 8시간에 구애받지 않음(일 4~12시간 근무), 주 3.5~4일 근무</td></tr>
<tr><td>재량 근무형</td><td>• 기본 개념: 출퇴근 의무 없이 프로젝트 수행으로 주 40시간 인정
• 고도의 전문적 지식과 기술이 필요해 업무 수행 방법이나 시간 배분을 담당자의 재량에 맡길 필요가 있는 분야</td></tr>
<tr><td rowspan="3">원격 근무제</td><td colspan="2">• 특정한 근무장소를 정하지 않고 정보통신망을 이용하여 근무</td></tr>
<tr><td>재택 근무형</td><td>• 기본 개념: 사무실이 아닌 자택에서 근무</td></tr>
<tr><td>스마트 워크 근무형</td><td>• 기본 개념: 자택 인근 스마트 워크 센터 등 별도 사무실에서 근무</td></tr>
</table>

출처: 국가공무원 복무·징계 관련 예규

써 사회적인 인식의 전환과 민간부문으로의 확산을 추구하였다는 점이다. 이를 위해 정부는 스마트 워크 센터를 구축해오고 있으며, 스마트 워크가 가능할 수 있도록 관련 복무 규정을 개선하고 유연근무제를 도입하는 등 제도적 개선 노력을 기울여왔다(〈표 9.1〉 참조).

정부는 전자정부서비스의 고도화에 따라 정보통신망을 이용한 행정업무의 전자적 수행을 확산시키기 위해 관련 법을 제·개정하는 등의 노력을 기울이고 있다.「전자정부법」 제32조(전자적 업무수행)에서는 정보통신망을 이용한 행정업무의 수행과 온라인 영상회의, 원격근무에 대한 활용을 규정하고 있으며, 동법 시행령 제36조(온라인 원격근무)에서는 원격근무에 대한 예외 조건과 활성화 대책의 수립에 대한 내용을 규정하고 있다. 또한「국가공무원 복무규정」 제9조와 제10조,「지방공무원 복무규정」 제2조 등에 의거하여 행정기관의 스마트 워크 시행을 위한 근거 규정을 마련하였다. 〈표 9.2〉에 나타나고 있는 바와 같이 스마트 워크에 적합한 직무를 발굴하여 제시함으로써 스마트 워크 확산을 위한 제도 보완을 진행하였다.

스마트 워크의 확산에 따라 정부는 행정안전부 예규로 스마트 워크의 실질적인 이용을 위한 지침을 마련하였다(스마트 워크 센터 능률적 이용 가이드 운영지침 안전행정부, 2014; 스마트 워크센터 이용 및 운영지침, 2016). 이 지침에서 스마트 워크는 "정보통신기술을 이용하여 시간과 장소에 제약 없이 언제 어디서나 일할 수 있는 유연한 근무방식"으로 정의

〈표 9.2〉 스마트 워크 적합 직무

직무	세부 업무 유형	예외
통계조사	현장 조사, 자료 입력, 통계 업무, 자료 수집, 자료 분석	
심판 심사	불공정 거래 사건 처리, 행정심판, 행정처분, 기술 심사	
회계	회계 업무, 채권	
교육 기획	교육 총괄, 교육훈련 기획, 교육 지원, 사이버 교육 운영	
지출	지출, 관서 출납, 일상경비 지출, 디브레인 처리	
시스템 운영	행정시스템 관리, 인사시스템 관리, 정보시스템 운영	
예산	예산편성, 예산집행, 결산	
성과, 평가	성과관리, 성과평가, 평가 운영	자치단체평가 등 현장 위주 평가 업무
기획	정보화 기획, 청소행정 기획, 신사업 기획, 도시 계획	시설, 청사, 고통정보 기획 등
부내 교육 담당	교육생 선발, 교육 연수, 부처 내 직무교육, 교육 홍보	
운영 지원	보수, 재정, 재산 관리, 복리후생, 급여, 건강보험	
국제 교류	국제개발협력, 국제교류 지원, 국제통상, 국제기구협력	
계약	계약, 계약심사, 조달계약, 구매계약, 구매	
사업 관리	민자사업 관리, 기술개발사업 관리, 정보화사업 추진	생활공간 조성, 도로, 건설 등 현장 위주 사업

출처: 「스마트 워크센터 이용 및 운영지침」(행자부 예규)

된다. 스마트 워크의 기본 원칙으로는 대국민 행정서비스에 차질이 없는 범위 내에서 시행, 유연근무 실시자에 대한 불이익 금지, 각 기관별 특성에 맞는 범위 내에서 자율적 실시, 근무 기강의 확립을 제시하고 있다. 또한 스마트 워크 활용 대상자별 활용 가이드라인, 능률적인 스마트 워크 근무 요령, 스마트 워크 센터 운영 지침, 스마트 워크 센터 인프라 등의 내용을 포함하고 있다. 그 밖에도 「도시교통정비 촉진법」에서 원격근무와 재택근무 지원에 대한 규정을 두고 있으며(제33조), 「가족친화 사회환경의 조성 촉진에 관한 법률」에서도 가족친화제도의 일환으로 탄력적 근무지도를 규정하고 시차출퇴근제, 재택근무제, 시간제 근무 등을 포함하는 개념으로 규정하고 있다.

이와 같은 제도적 개선과 기술적 발전은 스마트 워크 이행을 위한 제도적, 환경적 조건을 형성해왔으며, 스마트 워크 센터 설립을 중심으로 한 정책적 노력과 결합되어 스마트 워크의 확산으로 이어지고 있다. 2015년 스마트 워크 이용현황조사에 따르면 공공부문 종사자의 71.8%가 스마트 워크에 대하여 상세히 알고 있으며, 약 88.7%가 스마트 워크를 이용한 경험이 있다고 응답하였다(한국정보화진흥원, 2015). 자주 이용한 스마트 워크 유형으로는 스마트 워크 센터가 85.8%로 가장 높게 나타났다(재택근무 1.9%, 모바일근무 1.1%, 경험 없음 11.3%). 스마트 워크 센터 구축을 중심으로 한 정부의 스마트 워크 확산정책에 따른 결과로 볼 수 있으며, 전체 스마트 워크 센터 사용 현황도 매년 지속적으로 증가하고 있다(행정안전부, 2018).

〈표 9.3〉 정부 스마트 워크 센터 사용자 현황

구분	2014년	2015년	2016년	2017년	2018년
사용자 수	100,750명	114,351명	133,317명	141,255명	145,255명

출처: 행정안전부(2018)

정부 스마트 워크 센터는 2010년 도봉센터와 분당센터를 개소한 이래로 2011년 추가로 8개 센터를 개소하였으며, 2012년에 세종청사, 서울청사, 국회에 출장형 스마트 워크 센터를 개소하여 총 13개 센터를 운영하였다. 최근에는 정부 및 공공기관 이전으로 인해 일부 거주지형 센터의 사용자가 감소함에 따라서 일부 센터를 통폐합하고 주요 교통 요지에 센터를 신설하여 2019년 기준 총 17개가 구축되어 운영 중이다.[5]

스마트 워크를 가능하게 만드는 정부의 유연근무제도는 지속적인 복무제도 개선을 통해 사용자가 매년 증가하는 추세이다. 2015년에는 총 27,257명(이용률 18.9%)이 유연근무를 이용하였으며, 2016년 37,301명(이용률 22.0%), 2017년 116,131명(이용률 66.4%)으로 증가하였다. 전체 유연근무 사용자 중에서 스마트 워크형은 1,591명(1.3%), 재택근무형은 204명(0.2%)으로 나타났다(인사혁신처, 2018).

5 17개 스마트 워크 센터의 위치는 다음과 같다. 서울청사(2개소), 연풍문, 서울역, 국회, 구로, 강남, 수서, 서초, 잠실, 고양, 과천, 분당, 대전청사, 세종청사(2개소), 오송역.

Ⅳ

분석

1. 스마트 워크 도입 및 활용에 대한 접근법

스마트 워크가 개인적, 조직적, 사회적으로 갖는 긍정적인 효과에도 불구하고 스마트 워크가 가져올 효과가 실현되기 위해서는 다양한 관리적, 제도적 개선 및 전략적 접근이 필요하다는 주장이 제시되어 왔다. 스마트 워크는 기존의 사무실 공간이 아닌 스마트 오피스 또는 자택과 같은 별도의 공간에서 이루어지기 때문에 동료 및 상사와의 면대면 접촉 결여로 인한 직장으로부터의 소외감, 의사소통 부족, 인사상 불이익에 대한 우려, 재택근무 시 가족에 의한 업무능률성 저하 등의 문제가 나타날 수 있다. 그 밖에도 스마트 워크에 적절한 업무의 부족, 관리자의 부정적 태도와 부정적인 조직문화, 경력 단절, 기술적 문제, 가족과의 갈등과 같은 요인들이 스마트 워크에 대한 걸림돌로 지적되고 있다.

즉, 스마트 워크의 도입과 활용은 기존의 업무방식에 기술적인 수단을 도입하여 업무의 효율성을 높이는 데에만 초점이 맞춰져 있는 것이 아니며, 정보시스템의 도입에 따른 일하는 방식의 근본적인 변화와 업무 수행의 스마트화work smart의 관점에서 바라볼 필요가 있다. 따라서 스마트 워크의 이행과 관련된 현상은 개인과 조직에 의해서 기술과 정보시스템이 채택되고 활용되는 과정에서 이를 둘러싼 기술적, 제도적, 조직적 환경의 영향을 종합적으로 고려하는 사회기술적인 관점socio technical perspective에서 바라볼 필요가 있다. 이는 업무 환경, 직무 설계, 조직적 요인과 구성원들의 행태를 종합적으로 고려함으로써 조직 내에서 스마트 워크가 혁신적인 업무 수행 방식으로서 이해되고 실질적인 이행을 위한 기술적, 제도적 환경이 조성될 때 비로소 스마트 워크의 성공을 기대할 수 있다는 것을 의미한다.

특히, 스마트 워크의 도입과 활용은 개인의 정보통신기술 활용에 대한 태도와 더불어 조직 내 기술의 도입과 확산을 종합적으로 고려하는 관점에서 바라볼 필요가 있다. Davis(1989)는 조직 내에서 새로운 기술이 채택되는 과정에서 조직의 구성원들이 갖는 기술 활용에 대한 의도와 행동이 미치는 영향을 기술수용모형Technology Acceptance Model, TAM으로 제시하였다. 기술수용모형은 새로운 ICT 수단을 채택하고 사용하는 개인의 행동을 예측하기 위해 개발되었다. '인지된 유용성perceived usefulness'과 '인지된 사용의 용이성perceived ease of use'이 개인의 ICT 사용 의도와 행동을 결정한다는 기본 가정을 바탕으로 초기 모델의 주요 변수들과 관계를 갖는 선행변수들이 추가되어 더 확장된 모델로 제시된다. Venkatesh & Davis(2000)는 새로운 정보기술의 도입에 있어서 개인의 인지된 유용성이 실제 활용에 중요한 영향을 미친다고 보았으며, 동기이론motivation theory, 행동식별이론action identification theory, 행동결정이론behavioral decision theory에 근거하여 개인의 행동에 영향을 미치는 인지적 도구의 작동 원리와 과정을 설명하기 위한 사회적 영향, 업무의 적합성, 업무성과 향상과의 연계성 등의 변수를 추가하였다. 기존의 선행연구들을 통해 기술수용모형이 갖고 있는 기본적인 가정과 변수들 간의 관계는 새로운 기술과 시스템이 조직 내에 도입되고 확산되는 현상을 잘 설명할 수 있는 것으로 증명되어 왔다. 후속 연구에서는 인지된 유용성에 영향을 미칠 수 있는 변수로 주관적 규범subjective norm, 이미지image와 같은 사회적 영향, 업무 연관성, 업무 결과output의 질적 향상, 결과 실현과 같은 시스템 특성이 제시되고 있다.[6]

이와 같은 시각에서 볼 때, 스마트 워크의 도입과 수준의 결정은 정보기술, 사용자, 업무프로세스, 조직의 구조와 문화, 업무의 특성과 근로제도, 법률 등의 제도적 조건에 대한 종합적인 고려가 이루어지는 개방체제적open system인 접근이 필요하다. 스마트 워크를 정보시스템에 의한 조직혁신의 개념으로 파악할 필요가 있으며 수용에 대한 결정과 실제 개인과 조직의 활용으로 이어지는 인지적 과정을 고려하고 스마트 워크의 수단으로 도입되는 정보통신기술의 성숙 수준과 그것이 갖고 있는 고유의 속성을 반영해야 한다. 원격근무telework가 주로 혼자서 수행할 수 있는 단독 업무를 대상으로 이루어졌다면 스마트 워크는 스마트 기기, 클라우드 컴퓨팅 등의 기술을 활용한 협업 가능 업무로 확대되어 적용된다. 따라서 스마트 워크는 일부의 직무나 직군에 한

6 기술수용모형에 대한 자세한 내용은 제4장 제2절 참조.

정되지 않고 광범위한 직무에 도입이 가능하고 조직 전체적으로 공유된 문화와 환경 속에서 총체적인 인사제도와 성과관리제도를 통해서 이행될 수 있기 때문에 스마트 워크의 이행은 조직적, 개인적 특성들을 포함한 다수준multi-level의 결정 요인들이 복합적으로 작용할 수 있다.

2. 선행연구 결과

기술수용모델의 기본 가정을 바탕으로 기본 모델에 다양한 맥락적인 변수들이 추가된 수용모델이 제시되고 있으며, 정보기술분야의 연구에 폭넓게 적용되고 있다(Williams *et al*., 2015). 스마트 워크 또는 원격근무의 수용에 대하여 사용에 대한 의도나 실제 사용에 미치는 결정 요인과 제약 요인들이 제시되고 있으며 국외 선행연구들에서는 주로 원격근무의 수용 또는 확산 요인 등이 분석되었다. 예를 들어, Clark(1998)은 기술수용모형을 확장시켜 개인의 신념belief과 행동behavior 간의 관계에 대한 계획된 행동이론theory of planned behavior과 맥락적 요소를 적용하여 원격근무 도입에 대한 결정 요인을 분석하였다. 개인의 원격근무 결정에 영향을 미치는 선행변수로 ① 경제적 요인(인지된 개인적 효용, 근무 기간, 고용의 형태, 통근의 유형, 비용 절감), ② 제도적 요인(조직적 요구, 관련 업계의 채택), ③ 태도적 요인(지각된 유용성, 지각된 용이성), ④ 개인적, 주관적 요인(직장과 가정의 사회적 구조), ⑤ 기타 지각된 행동통제 요인(자기효능감, 자원과 기술의 활용 조건, 회사와 정부의 정책)을 제시하였다.

Kowalski와 Swanson(2005)은 스마트 워크가 확산되는 세 가지 주요 요인으로 조직 요인, 관리 요인, 개인 요인을 제시하고, 조직 요인에는 경영층과 최상의 기술 지원, 관리 요인에는 관리자들과 운영상의 교육, 개인 요인으로는 가족의 지원과 근무자 교육 등을 예시로 제시한 바 있다. Igbaria와 Ilvari(1995)는 정보기술의 수용에 미치는 영향 요인으로 개인특성과 과업특성을 제시하였고, Pérez 등(2002)은 원격근무의 제약 요인으로 투자 요인, 관리 요인, 문화 요인, 구성원의 인식 요인, 신뢰 요인, 변화 요인 등을 제시하였다. 또한 여성 근무자의 경우에는 남성 근무자에 비해 원격근무의 효용에 대하여 더 높게 인식하는 동시에 제약 요인에 대해서도 높게 인식하고 있는 것으로 나타났다. 개인의 성별, 연령, 근무 기간과 조직의 유형과 조직의 변화와 같은 요인들도 기술수용모형 연구에서 중요한 변수들로 지적되고 있다(Yousafzai *et al*., 2007).

스마트 워크는 조직 내의 정책과 지침, 규칙과 관리의 맥락하에서 개인이 이용했을 때 얻는 이익과 잃게 되는 손해를 고려하여 선택되므로 조직의 유형과 활동에 관한 내용을 고려할 필요가 있다. 조직에 부여되는 법적, 제도적 조건과 조직마다 갖고 있는 관리방안들이 스마트 워크 이용에 영향을 줄 수 있으며, 스마트 워크가 전통적인 업무 방식에 대한 혁신과 변화로 이해되는 만큼 조직의 혁신에 대한 태도 역시 중요한 변수가 될 수 있다. 일반적으로 외부의 환경 변화에 덜 민감한 공공조직에서는 새로운 제도에 대한 수용도가 낮기 때문에 스마트 워크의 채택 수준은 조직의 공조직성 publicness에 따라 다르게 나타날 수 있다. Neirrotti 등(2013)은 조직이 속해 있는 산업구조에 따라서 원격근무의 필요성은 조직마다 다르게 나타날 수 있으며, 사업 절차상 정보 집약도information intensity가 높은 경우에는 원격근무를 채택하게 될 가능성이 더 높아진다고 보았다.

국내 연구에서 강문석 등(2013)은 스마트 워크의 수용에는 사회적 영향을 추가하여 세 가지 요인을 고려해야 한다고 주장하였다. 구체적으로 각각의 요인을 구성하는 개념을 살펴보면, 개인적 특성에는 혁신에 대한 의지와 자기효능감을 들었으며, 사회적 영향에는 주변인의 영향을 의미하는 주관적 규범을 제시하고, 과업특성에는 업무수행 중 생길 수 있는 예외적인 상황과 자율성의 정도가 있다고 제시하였다.

3. 연구설계

1) 스마트 워크 촉진 요인

선행연구에서 스마트 워크의 이용 의도와 실제 이용에 영향을 미치는 독립변수는 크게 촉진 요인drivers과 제약 요인constraints으로 구분할 수 있다. 촉진 요인에는 객관적 요소, 주관적 요소, 제도 및 문화 요소, 가족 요소가 포함된다. 객관적 요소에는 통근시간, 통근 스트레스, 외근 및 출장 빈도, 외근 및 출장 스트레스가 포함된다. 주관적 요소는 개인의 업무 환경 개선과 관련된 것으로서 업무 자율성, 업무 스트레스 해소, 야근 및 초과근무 시간, 업무에 대한 집중과 생산성이 포함되는 개념이다. 제도 및 문화 요소는 스마트 워크와 관련한 제도와 인프라에 대한 지원과 관련된 것으로서 정책적 중요도, 관련 제도의 정비, 기관 이전과 관련한 스마트 워크 수요, 정보시스템에 대한 기술적 지원이 포함된다. 마지막으로 가족 요소에는 유치원 이하의 자녀 양육여부와 가족과 보내는 시간, 부양가족 숫자 등이 포함되는 개념이다.

과거 1970년대 미국에서는 석유파동으로 인하여 장거리 출퇴근자와 교통 체증이 심각한 대도시 지역 거주자들을 중심으로 원격근무의 활용이 증가하였다. 따라서 원격근무를 다룬 선행연구에서는 교통과 관련된 요인들을 검증하려는 시도가 이어졌다. 실증연구 결과는 다소 상반되게 나타나기도 하였으나 일부 선행연구에서는 출퇴근 거리가 긴 근무자들이 원격근무를 더 선호하는 것으로 나타났다(Baruch & Nicholson, 1997; Olszewski & Mokhtarian, 1994). 따라서 출퇴근 소요 시간, 교통 체증, 출장과 외근 업무에 소요되는 이동 시간 등으로 인해 인식되는 출퇴근과 출장에 대한 부담은 개인으로 하여금 스마트 워크 사용을 선호하게 만들 것이라고 볼 수 있다.

Pérez 등(2002)은 원격근무를 통해 얻을 수 있는 가장 큰 효용은 바로 근로자들의 생산성 향상과 노동시간의 유연화에 있다고 보았다. 기술수용모형TAM을 적용한 선행연구들에서도 새로운 기술을 사용하는 것이 업무성과를 향상시킬 것이라는 인지된 유용성은 기술의 실제 활용에 긍정적인 영향을 미친다는 것이 지속적으로 검증되어 왔다. 스마트 워크는 기존의 사무실이 아닌 공간에서 독립적으로 업무를 수행할 수 있다는 점에서 주변의 환경이나 타인으로부터 받을 수 있는 방해를 최소화하고 자율적으로 시간을 활용할 수 있다는 장점이 있으며, 업무 스트레스를 줄이고 개인의 성과를 향상시킬 수 있는 것으로 기대될 수 있다(Bloom, 2014).

정보통신기술 채택과 활용에 있어서 제도적 조건과 기술적 지원이 갖춰져 있는지 여부는 특히 공공부문에서의 기술 도입에 대한 중요한 촉진 요인이 될 수 있다. 민간부문에 비해 혁신의 속도가 더디고 변화에 대한 기존 세력의 저항 수준이 상대적으로 높은 공공부문에서는 새로운 정보통신기술의 도입에 대한 법, 정책, 조직 내 지침의 존재는 중요한 촉진 요인이 된다. 선행연구에서도 제도적 지원과 정보통신기술 촉진 정책의 마련은 공공부문에서 새로운 정보통신기술의 채택 과정에서 강조되어야 한다고 지적되고 있다(Dunleavy, 2007; Ruppel & Howard, 1998).

또한 스마트 워크가 이루어지기 위한 기술적인 기반을 마련하는 것이 중요하다. Neirotti 등(2013)은 조직의 전반적인 업무 프로세스를 통합하여 관련 정보를 공유하고 하나의 체계로 구축하는 전사적 자원관리ERP: Enterprise Resource Planning와 고객관리시스템CRM: Customer Relationship Management, 이러닝 시스템은 원격근무의 활용과 밀접한 관계가 있음을 제시하였다.

스마트 워크를 통해서 출퇴근 부담이 줄어들고 개인 시간의 활용이 용이하기 때문에 자녀 부양 의무가 크거나 자녀의 수가 많을수록 활용 의도는 높아질 수 있다. Mokhtarian & Salomon(1997)은 가족에 대한 중요성을 높게 인식하거나 가족과 더 많은 시간을 보내고자 하는 경우 원격근무에 대한 태도는 더 긍정적으로 나타남을 제시하였다.

2) 스마트 워크 제약 요인

제약 요인에는 촉진 요인과 마찬가지로 객관적 요소, 주관적 요소, 제도 및 문화 요인이 제시된다. 객관적 요소로서 업무적합성은 업무 자체가 스마트 워크 방식과 적합한지에 대한 것으로 업무가 갖고 있는 고객 응대의 중요성, 업무 관계자와의 협업 중요성, 대면방식 업무의 중요성, 보안이 중시되는 업무 여부에 따라 결정된다. 주관적 요소는 스마트 워크를 시행하였을 때 개인이 얻을 수 있는 상대적 불이익에 대한 인식으로서 의사소통의 어려움, 근무자의 소외 가능성, 대화 및 소통 단절에 대한 불안감, 인사상 불이익 가능성에 대한 인식 등이 포함된다. 마지막으로 기관문화 요인에는 기관장과 간부의 스마트 워크에 대한 관심 부족, 상급자의 변화에 대한 저항감, 장비 및 비용투자에 대한 부담감, 기관문화에 맞지 않는다는 인식 등이 포함된다.

스마트 워크는 전통적인 사무공간에서 벗어나서 개인이 업무를 수행한다는 점에서 상사, 동료, 고객과의 면대면face to face 업무 처리가 빈번하게 일어나는 업무를 담당하고 있는 경우에는 스마트 워크에 대한 부정적인 태도를 가질 수 있다(Bailey & Kurland, 2002). Yen과 Mahmassani(1994)의 연구에서는 구성원들이 자신의 직무가 원격근무에 적합하다고 인식하는 정도가 원격근무를 채택하게 만드는 세 가지 주요 요인 중의 하나라고 보았다.

전통적인 조직 내에서는 구성원들 간에 공식/비공식적인 관계가 형성되고 지속적인 의사소통이 이루어지기 때문에 물리적인 사무 공간에서 분리되어 독립적인 공간에서 이루어지는 스마트 워크 근무자의 경우에는 사회적으로 고립될 가능성이 존재한다. 상호작용은 온라인상에서 이루어지거나 제한되기 때문에 사회적 상호작용을 중요시하는 근로자라면 스마트 워크에 대하여 부정적인 인식과 태도를 가질 가능성이 존재한다. Mokhtarian과 Salomon(1997)의 연구에서는 타인과의 의사소통 부족에서 야기되는 상대적인 불이익에 대한 인식은 원격근무의 제약 요인으로 작용할 수 있다고 보았다.

스마트 워크 근로자는 상관이나 관리자에 의해 직접적인 통제나 관찰이 어려운 근무 환경에서 일을 하기 때문에 전통적인 관리방식을 선호하는 상관이나 관리자들 입장에서는 부정적인 태도를 가질 가능성이 존재한다. 관리자들이 정보통신기술의 도입에 의한 혁신과 변화에 대하여 부정적인 태도를 갖고 있을 경우에도 스마트 워크의 확산에는 제약 요인이 될 수 있다. 공공부문의 스마트 워크에 대하여 살펴본 성욱준(2013)의 연구에서는 중간관리자들이 갖고 있는 스마트 워크에 대한 이해도는 스마트 워크 채택에 있어서 주된 제약 요인으로 작용하고 있음이 지적되었다.

3) 분석틀과 자료

Eom 등(2016)의 연구에서는 기술수용모형의 기본 전제를 바탕으로 하여 스마트 워크의 채택에 대한 촉진 요인과 제약 요인, 한국적 맥락에서의 기관 이전과 조직 유형, 개인의 인구사회학적 특성을 포함한 분석틀을 마련하고 공공부문의 스마트 워크 사용에 대한 개인의 태도를 분석하였다.[7] 구체적으로 촉진 요인을 개인적, 조직적, 제도적 요인으로 구분하고 총 다섯 가지 변수를 고려하였다. 출퇴근 부담, 출장 부담, 업무생산성과 효율성 향상, 제도적/기술적 지원, 부양가족에 대한 의무감이 클수록 스마트 워크에 대한 사용 의도와 실제 사용의 수준이 높아질 것이라고 보았다. 제약 요인으로는 업무의 부적합성, 스마트 워크 사용에 따른 의사소통 부족과 고립에 대한 우려, 관리자의 스마트 워크 근무에 대한 부정적인 태도를 선정하였다. 통제변수로는 성별과 직급, 조직 유형(중앙정부, 부속기관, 지방정부, 기타 공공기관)과 공공기관 이전 여부가 고려되었다.

위 연구모형에서 촉진 요인으로서 출퇴근 부담은 근무자의 출퇴근 시간과 출퇴근으로 인한 스트레스를 의미하며, 출장 부담은 출장과 외근 빈도, 출장과 외근으로 인한 스트레스로 측정되었다. 업무생산성과 효율성 향상은 스마트워크 시행에 따른 업무 자율성에 대한 기대, 업무생산성과 성과 향상에 대한 기대, 가족과 보내는 시간 증가에 대한 기대를 의미하며, 제도적·기술적 지원은 스마트 워크 채택을 위한 제도적 지원, 정보통신기술 기반 시설을 위한 기술적 지원, 스마트 워크 정책에 대한 정부의 관심으로 측정되었다. 마지막으로 가족 부양에 대한 부담은 육아 부담, 집안일 부담

7 이 연구에서 분석을 위한 자료는 안전행정부와 한국정보화진흥원(NIA)에서 2013년에 공공부문 종사자를 대상으로 실시하였던 스마트 워크 실태조사 결과를 활용하였다. 인터넷 설문조사 시스템을 활용하여 2013년 8월부터 9월 한 달간 총 17,214명으로부터 응답을 받았으며, 응답자들은 중앙정부와 지방정부, 기타 공공기관을 포함한 공공부문 종사자들로 구성되었다. 스마트 워크의 실제 활용에 영향을 미치는 요인들 간의 관계를 분석하기 위해서 실제로 한 번이라도 스마트 워크를 실시해본 경험이 있다고 응답한 1,048명을 최종 분석에 활용하였다.

[그림 9.10] Eom 등(2016) 연구의 스마트 워크 사용 분석틀

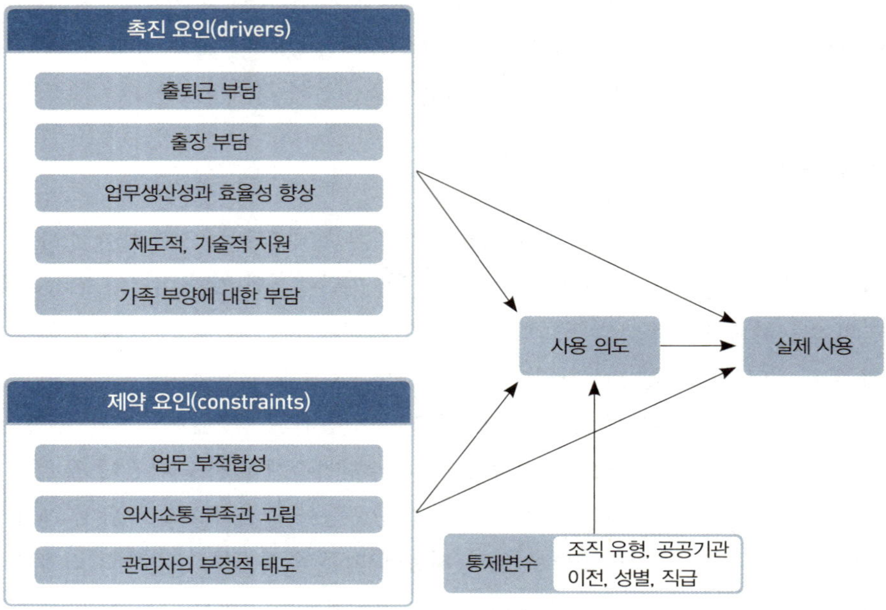

으로 측정되었다.

제약 요인으로서 업무 부적합성은 이해관계자와의 협업 중요성의 수준, 동료와의 면대면 상호작용의 필요성 수준, 고객과의 면대면 상호작용 필요성 수준을 의미한다. 의사소통 부족과 고립은 스마트 워크 근무자의 정보공유 부족에 따른 고립, 인간관계와 의사소통 부족에 따른 불안감, 의사소통 어려움에 대한 인식을 의미한다. 관리자의 부정적인 태도는 관리자들의 스마트 워크에 대한 이해 부족, 스마트 워크 채택에 따른 변화에 대한 관리자들의 저항, 정보통신기술 투자와 재정지원에 대한 조직의 부정적인 태도로 측정되었다. '사용 의도'는 스마트 워크 센터를 활용하고자 하는 의도를 측정하였고 '실제 사용'은 스마트 워크 센터를 활용한 빈도를 5점 척도로 구분하여 측정하였다.[8]

8 이 연구에서 '사용 의도'는 5점 척도로 측정하였고(1=매우 낮음, 2=낮음, 3=보통, 4=높음, 5=매우 높음), '실제 사용'은 1=한두 번 사용, 2=연간 한두 번 사용, 3=분기당 한두 번 사용, 4=월간 한두 번 사용, 5=일주일에 한두 번 사용으로 측정하였다.

4. 분석 결과

한국의 스마트 워크 채택 과정에서 나타나는 특징은 앞서 언급한 바와 같이 공공부문의 주도로 이루어졌다는 점에 있다. 설문조사 결과에서는 17,214명의 응답자 중에서 실제로 한 번이라도 스마트 워크 센터를 이용해본 경험이 있는 사람은 1,048명으로 나타나 스마트 워크 활용에 대한 확산의 수준은 설문조사 당시(2013년)를 기준으로 그다지 높지 않았음을 알 수 있다. 스마트 워크에 대한 인식을 측정한 문항에서는 전체 응답자 중에서 약 19.0%에 해당하는 3,270명은 전혀 들어본 적이 없다고 응답하였고 약 25.9%에 해당하는 4,454명은 개념 정도를 알고 있다고 응답하였다. 약 45.4%에 해당하는 7,817명의 응답자는 세부적인 내용에 대하여 어느 정도 알고 있다고 응답하였으며, 약 9.7%에 해당하는 1,673명의 응답자는 세부 내용에 대하여 충분히 알고 있다고 응답하였다(〈표 9.4 참조〉).

〈표 9.4〉 스마트 워크 인식

문항	N	%
전혀 들어본 적이 없다	3,270	19.0
개념 정도를 알고 있다	4,454	25.9
세부 내용에 대해 어느 정도 알고 있다	7,817	45.4
세부 내용에 대해 충분히 알고 있다	1,673	9.7
합계	17,214	100.0

이처럼 스마트 워크에 대한 낮은 인식과 실제 활용에도 불구하고 스마트 워크를 사용하고자 하는 사용 의도에 있어서는 높음(4)이라고 응답한 경우가 약 27.0%, 매우 높음(5)이라고 응답한 경우가 약 11.4%로 나타나 실제 사용에 비해서는 상대적으로 높은 수준으로 나타났다(〈표 9.5〉 참조).

스마트 워크를 실제로 경험해본 집단을 구분하여 살펴본 결과에서는 사용 경험이 있는 경우에 스마트 워크에 대한 사용 의도는 상대적으로 더 높은 것으로 나타났다. 인구통계학적 특성인 성별, 연령, 결혼 여부, 수입, 근무 기간, 조직 유형, 직급, 직무 분야, 기관 이전 여부에 따른 스마트 워크의 실제 사용과 사용 의도에 대한 분석 결과에서는 정부기관보다는 준정부기관 종사자들의 스마트 워크 활용과 사용 의도 수준이 높게 나타났다. 또한 상위직급에서 스마트 워크 사용자의 빈도가 더 높게 나타

〈표 9.5〉 스마트 워크 사용 의도

문항	N	%
매우 낮음	2,174	12.6
낮음	3,344	19.4
보통	5,099	29.6
높음	4,642	27.0
매우 높음	1,955	11.4
합계	17,214	100.0

났으며, 기혼자, 남성, 맞벌이 부부의 경우에 스마트 워크 경험이 더 많은 것으로 나타났다. 마지막으로 근무 기간이 상대적으로 짧은 집단에서 스마트 워크 사용 빈도가 더 많은 것으로 나타났다(〈표 9.6〉 참조).

스마트 워크 사용자들의 특성에 따른 사용 의도와 실제 사용의 집단별 평균값 차이를 t-test와 ANOVA를 통해 분석한 결과, 실제 사용에 있어서는 조직 유형과 직급에 따른 집단별 평균값 차이가 통계적으로 유의미한 것으로 나타났다(〈표 9.7〉 참조). 조직 유형의 경우, 부속기관과 준정부기관에 소속되어 있는 응답자의 평균값이 상대적으로 높게 나타났으며, 지방정부에 비해서는 중앙정부 집단의 평균값이 더 높게 나타났다($F=5.36$, $p<.01$). 사후검정 결과에서는 지방정부와 준정부기관 집단 간의 평균값 차이가 통계적으로 유의미한 것으로 나타났다. 직급에 있어서는 직급이 높을수록 실제 사용의 빈도는 더 높은 것으로 나타났다($F=1.49$, $p<.05$).

사용 의도에 있어서는 근무 기간, 조직 유형, 기관 이전 여부에 따라서 평균값은 통계적으로 유의미한 것으로 나타났다. 근무 기간에 있어서 30년 이상의 집단에서 평

〈표 9.6〉 스마트 워크 실제 사용과 사용 의도 빈도분석

	실제 사용		사용 의도	
	N	%	N	%
매우 낮음	699	66.7	59	5.63
낮음	19	1.81	114	10.88
보통	70	6.68	260	24.81
높음	171	16.32	344	32.82
매우 높음	89	8.49	271	25.86
계	1,048	100.0	1,048	100.0

〈표 9.7〉 스마트 워크 사용자들의 특성과 평균값 비교

구분		N	%	사용 의도		실제 사용	
				평균	F	평균	F
성별	남	734	70.0	3.59	1.30 (t)	1.93	.18 (t)
	여	314	30.0	3.64		1.97	
연령	29세 이하	66	6.3	3.73	1.13	2.01	.93
	30세~39세	388	37.0	3.64		1.91	
	40세~49세	393	37.5	3.65		1.98	
	50세 이상	201	19.2	3.50		2.2[illegible]	
결혼 여부	기혼	833	79.5	3.64	.63 (t)	1.99	.26 (t)
	미혼	215	20.5	3.58		1.96	
맞벌이 여부	맞벌이	500	60.0	3.66	.38 (t)	2.00	.22 (t)
	외벌이	333	39.9	3.59		1.97	
근무 기간	10년 미만	443	42.2	3.67	6.37***	2.00	1.16
	10년~19년	311	29.7	3.71		1.87	
	20년~29년	231	22.0	3.58		2.11	
	30년 이상	63	6.0	3.05		1.94	
조직 유형	중앙정부	243	23.2	3.57	9.48***	1.96	5.36**
	부속기관	245	23.4	3.57		2.10	
	지방정부	183	17.5	3.32		1.61	
	준정부기관	377	36.0	3.84		2.10	
직급 - 정부 조직	6급 이하	512	76.3	3.48	1.20	1.88	1.49*
	4, 5급	138	20.6	3.62		1.99	
	3급 이상	21	3.1	3.29		2.38	
직급 - 준정부 조직	실무자	303	80.4	3.84	1.37	2.12	2.14
	중간관리자	73	19.4	3.82		1.97	
	상급관리자	1	0.27	5.00		3.00	
근무 유형	행정직	657	62.7	3.66	4.52	2.02	11.60
	기술직	343	32.7	3.53		1.86	
	계약직	48	4.6	3.75		2.32	
지방 이전	예	263	71.7	4.01	6.40*** (t)	1.95	-.039 (t)
	아니요	751	25.1	3.50		1.99	
총계		1,048	100.0				

균값이 가장 낮게 나타났으며, 10년 이하의 집단의 평균값이 가장 높게 나타났다($F=6.37$, $p<.001$). 조직 유형의 경우, 준정부기관 종사자들의 평균값이 가장 높게 나타났으며($F=9.49$, $p<.001$) 지방으로 기관 이전이 되었거나 예정되어 있는 경우, 스마트 워크 사용 의도는 상대적으로 높게 나타나고 통계적으로도 유의미한 것으로 나타났다($t=6.40$, $p<.001$)

매개변수를 포함한 변수들 간의 관계는 구조방정식을 통해 분석이 이루어졌다. 확인적 요인분석 confirmatory factor analysis과 크론바하 알파값 도출을 통해 측정도구의 타당도와 신뢰도를 검증하였다. 최종적으로 제안된 구조모형의 적합도는 RMSEA =.050로 나타났으며, 그 밖의 적합도는 RFI=0.875를 제외하고 모두 0.9 이상으로

〈표 9.8〉 타당도와 신뢰도 분석 결과

변수	문항	요인 적잿값	크론바하 알파
출퇴근 부담	출퇴근 시간	.779	.847
	출퇴근 스트레스	.949	
출장 부담	출장과 외근 빈도	.762	.745
	출장과 외근으로 인한 스트레스	.781	
업무생산성, 효율성 향상	업무 자율성에 대한 기대	.774	.834
	업무생산성과 성과 향상에 대한 기대	.896	
	가족과 보내는 시간 증가에 대한 기대	.721	
제도적, 기술적 지원	스마트 워크 채택을 위한 제도적 지원	.799	.724
	정보통신기술 기반 시설을 위한 기술적 지원	.687	
	스마트 워크 정책에 대한 정부의 관심	.596	
가족 부양에 대한 부담	육아 부담	.963	.805
	집안일 부담	.710	
업무 부적합성	이해관계자와의 협업 중요성의 수준	.603	.697
	동료와의 면대면 상호작용의 필요성 수준	.855	
	고객과의 면대면 상호작용 필요성 수준	.578	
의사소통 부족과 고립	정보 공유 부족에 따른 고립	.931	.879
	인간관계와 의사소통 부족에 따른 불안감	.864	
	의사소통 어려움에 대한 인식	.740	
관리자의 부정적인 태도	관리자들의 스마트 워크에 대한 이해 부족	.674	.757
	스마트 워크에 대한 관리자들의 저항	.903	
	정보통신기술 투자와 재정 지원에 대한 부정적 태도	.514	

나타났다(〈표 9.8〉 참조). 변수들의 기술통계 분석 결과를 살펴보면 〈표 9.9〉와 같다.

〈표 9.9〉 변수들의 기술통계 분석 결과

변수	N	최솟값	최댓값	평균	표준편차
실제 사용	1,048	1	5	1.98	1.47
사용 의도	1,048	1	5	3.62	1.14
출퇴근 부담	1,048	1	5	2.98	1.38
출장 부담	1,048	1	5	2.87	1.07
업무생산성, 효율성 향상	1,048	1	5	3.68	0.92
제도적, 기술적 지원	1,048	1	5	3.35	0.78
가족 부양에 대한 부담	1,048	1	5	2.70	1.22
업무 부적합성	1,048	1	5	3.14	0.88
의사소통 부족과 고립	1,048	1	5	2.84	0.95
관리자의 부정적인 태도	1,048	1	5	3.13	0.85

변수들 간의 관계를 분석한 결과는 〈표 9.10〉에서 제시되는 바와 같다. 촉진 요인 중에서는 출장 부담과 제도적, 기술적 지원은 실제 사용에 통계적으로 유의미한 영향을 미치는 것으로 나타났지만 출퇴근 부담과 업무생산성, 효율성 향상은 유의미한 영향을 미치지 않는 것으로 나타났다. 제약 요인 중에서는 업무 부적합성과 의사소통 부족과 고립은 실제 사용에 유의미한 영향을 미치는 반면, 가족 부양에 대한 부담, 관리자의 스마트 워크에 대한 부정적인 태도는 유의미한 영향을 주지 않았다. 즉 출장 등의 외근에 대한 부담은 실질적으로 스마트 워크 센터에서 업무를 수행하게 만드는 수요를 창출하고 제도적, 기술적 지원이 뒷받침되는 것이 실제 사용을 위한 조건이 된다고 할 수 있다. 또한 스마트 워크 센터에서 일을 하는 것이 적합한 업무가 아니거나 독립된 공간에서 일을 하기 때문에 동료와의 상호작용이 부족해지고 관계적으로 고립될 수 있다는 것에 대한 우려는 저해 요인으로 작용할 수 있다.

스마트 워크 사용 의도에는 출퇴근에 대한 부담과 업무생산성, 효율성 향상에 대한 기대감이 긍정적인 영향을 주는 것으로 나타났다. 반면 업무의 부적합성은 부정적인 영향을 주는 것으로 나타났다. 마지막으로 스마트 워크 사용 의도는 실제 사용에 긍정적인 영향을 주는 것으로 나타나 기술수용모형에서 제시하는 기본 전제와 선행연구 결과와는 일치되는 것으로 나타났다.

통제변수 중에서는 공공기관 이전 변수가 사용 의도에 긍정적인 영향을 미치는 반

〈표 9.10〉 구조방정식 추정 결과

경로				계숫값	표준오차
사용 의도		→	실제 사용	.086*	.043
촉진 요인	출퇴근 부담	→	사용 의도	.128***	.029
	출장 부담	→	사용 의도	-.020	.055
	업무생산성, 효율성 향상	→	사용 의도	.337***	.056
	제도적, 기술적 지원	→	사용 의도	.018	.069
	가족 부양에 대한 부담	→	사용 의도	.063	.034
제약 요인	업무 부적합성	→	사용 의도	-.111**	.052
	의사소통 부족과 고립	→	사용 의도	-.042	.040
	관리자의 부정적인 태도	→	사용 의도	.011	.045
통제변수	조직 유형	→	사용 의도	.010	.084
	공공기관 이전	→	사용 의도	.152***	.092
	성별	→	사용 의도	-.005	.073
	직급	→	사용 의도	.031	.070
촉진 요인	출퇴근 부담	→	실제 사용	.019	.039
	출장 부담	→	실제 사용	.233***	.076
	업무생산성, 효율성 향상	→	실제 사용	.022	.077
	제도적, 기술적 지원	→	실제 사용	.140**	.094
	가족 부양에 대한 부담	→	실제 사용	-.065	.046
제약 요인	업무 부적합성	→	실제 사용	-.086*	.071
	의사소통 부족과 고립	→	실제 사용	-.179***	.054
	관리자의 부정적인 태도	→	실제 사용	-.063	.061
통제변수	조직 유형	→	실제 사용	.112**	.113
	공공기관 이전	→	실제 사용	-.120**	.125
	성별	→	실제 사용	-.023	.098
	직급	→	실제 사용	.006	.094

주: CMIN/DF=3.582, NFI=.915, IFI=.937, TLI=.907, CFI=.936, RMSEA=.050

* p<.05, ** p<.01, *** p<.001

면, 실제 사용에는 부정적인 영향을 주는 것으로 나타났다. 준정부기관에 소속된 경우 사용 의도는 더 높아지는 것으로 나타났다.

스마트 워크 사용 의도를 매개로 하여 촉진 요인과 제약 요인이 실제 사용에 미치는 영향에 대해서 분석한 결과에서는 출퇴근 부담, 업무생산성과 효율성 향상, 가족 부양에 대한 부담이 통계적으로 유의미한 영향을 가지는 것으로 나타났다. 세 개의

[그림 9.11] 구조방정식 추정 결과 요약

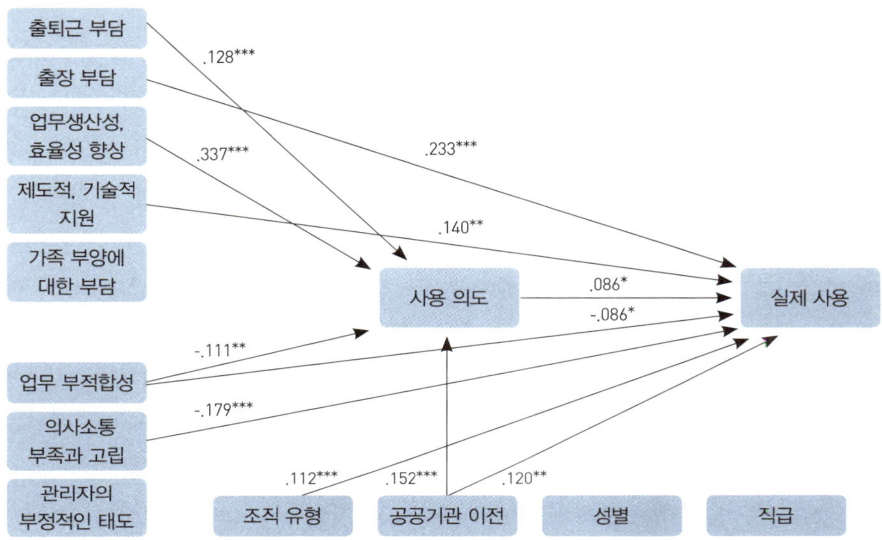

주: 통계적으로 유의미한 변수만 표시하였음

변수는 실제 사용에는 직접적인 영향을 미치지 못하지만 사용 의도를 매개했을 경우에 유의미한 영향을 미치고 있음을 알 수 있다. 업무 부적합성은 사용 의도에 직접적으로 부정적인 영향을 주는 동시에 사용 의도를 매개하여 유의미한 영향을 미치고 있어 두 변수 간의 관계에 있어서 사용 의도는 부분적인 매개효과를 갖는 것으로 나타났다(〈표 9.11〉 참조).

〈표 9.11〉 간접효과(indirect effect) 추정 결과

변수	간접효과	표준오차
출퇴근 부담	.011*	.006
업무생산성, 효율성 향상	.029*	.014
가족 부양에 대한 부담	.005*	.004
업무 부적합성	-.010*	.006
공공기관 이전	.013*	.007

주: 통계적으로 유의미한 변수만 제시됨. * $p<.05$, ** $p<.01$, *** $p<.001$

5. 스마트 워크 활성화를 위한 정책 방향

새로운 정보기술을 활용한 혁신적인 업무방식을 조직에 적용하는 것은 전통적인 업무 처리와 조직관리 방식에 대한 도전이 될 수 있다. 따라서 스마트 워크의 이행과 관련 현상을 설명함에 있어서 사회기술적 접근 방식과 분석틀을 적용하는 것은 전통적 조직 방식과 정보통신기술 혁신 간의 간극을 줄이는 데에 중요한 시사점을 제공할 수 있다. 정보통신기술을 활용한 혁신은 사회경제적, 정치, 법률, 정책, 조직관리, 정보, 기술 분야의 다양한 맥락과 기존의 경로의존 요인들의 결합에 의해 나타나는 복잡한 현상이다. 실증분석 결과를 통해 얻을 수 있는 시사점은 다음과 같다.

첫째, 분석 결과에서 나타나는 바와 같이 공공부문의 주도로 이루어졌던 한국의 스마트 워크는 실제로 의도했던 만큼의 확산이 일어나지 못하였음을 알 수 있다. 조직 구성원 간의 면대면 상호작용과 보고방식을 선호하는 기존의 업무방식이 지배적인 상황에서 제도적, 조직적 지원이 없이는 성공을 기대할 수 없다. 스마트 워크는 단순히 새로운 기술이 조직의 체계에 들어와 사용되는 것이 아니라 근무방식과 일하는 방식, 사람들 간에 소통하는 방식에 대한 근본적인 변화를 일으킨다. 따라서 스마트 워크를 사용하고자 하는 개인의 인식 변화와 그것을 수용하는 조직의 전반적인 분위기와 문화가 형성될 필요가 있으며, 업무방식의 변화와 유연화를 위한 제도적인 장치와 함께 스마트 워크 근무자에 대한 적절한 인사관리정책을 마련하고 관리자들의 인식 변화가 함께 이루어질 필요가 있다. 스마트 워크를 이행하는 구성원들이 업무생산성과 효율성의 증진, 개인의 삶의 질 향상 차원에서 스마트 워크를 채택하고 편안하게 활용할 수 있도록 하는 관리적 차원의 노력이 필요하다.

둘째, 스마트 워크에 대한 업무 부적합성은 사용 의도와 실제 사용에 대한 중요한 저해 요인으로 인식되고 있다. 기본적으로 스마트 워크의 목적과 효용성에 대한 구성원들의 이해가 바탕이 되지 않은 상태에서 개별적인 업무의 특성에 대한 충분한 고려 없이 조직 전체와 업무 전체를 대상으로 스마트 워크를 확산시키고자 할 경우에는 오히려 부정적인 인식을 가져다줄 가능성이 있다. 따라서 스마트 워크의 확산을 위해서는 스마트 워크에 적절한 업무를 발굴할 필요가 있다. 스마트 워크의 특성상 지속적인 면대면의 상호작용의 필요성이 낮거나 고유의 업무를 처리할 수 있는 전문영역일 경우 등이 스마트 워크에 더 적합할 수 있다. 또한 화상회의와 클라우드 컴퓨팅 기술의 발달로 인하여 새롭게 스마트 워크 방식이 적용될 수 있는 업무영역이 등장할 수 있기 때문에 스마트 워크에 적합한 업무에 대한 지속적인 발굴이 필요하다.

셋째, 업무생산성과 효율성 향상에 대한 인식은 스마트 워크의 사용 의도에 직접적으로 영향을 주며, 사용 의도를 매개로 하여 실제 사용에도 영향을 주는 것으로 나타났다. 따라서 스마트 워크를 이행하는 것 자체가 목적이 아니며 스마트 워크를 통해서 근본적으로는 업무 성과의 향상으로 이어질 수 있어야 한다. 스마트 워크를 통해 형식에 얽매이는 낡은 조직문화를 탈피하고 불필요한 업무와 내부 규제Red Tape; 繁文縟禮를 줄여 행정력 낭비를 방지함으로써 더욱 효과적인 업무 처리를 기대할 수 있다. 궁극적으로는 스마트 워크 이행으로 개인의 만족도가 향상되고 업무의 생산성과 효율성이 증진됨으로써 최종적으로 더 나은 공공서비스를 국민들에게 제공하고 생산성 향상으로 이어질 수 있도록 실행 결과에 대한 지속적인 평가가 이루어질 필요가 있다. 또한 성공 사례를 발굴하여 공유함으로써 실질적인 스마트 워크의 효용에 대한 긍정적인 인식이 확산되어 스마트 워크의 활성화로 이어지도록 할 필요가 있다.

V
결론

이 장에서는 정보통신기술을 활용하여 언제, 어디서나 업무를 수행할 수 있는 유연하고 미래 지향적인 근무 방식인 스마트 워크의 개념, 유형과 국내 주요 사례, 주요 선진국과 한국의 스마트 워크 확산 및 추진 현황을 살펴보았다. 또한 스마트 워크 도입과 활용의 촉진/저해 요인에 대한 선행연구와 기술수용모형을 바탕으로 한 실증분석 결과를 통해, 스마트 워크 활용의 촉진/저해 요인이 스마트 워크를 이용하고자 하는 의도와 실제 이용에 미치는 효과를 살펴보았다. 이를 통해 스마트 워크의 도입과 확산 과정에서 개인별로 스마트 워크 이용의 차이가 나타나는 원인에 대한 분석과 함께 어떠한 특정 조건하에서 스마트 워크의 성공적인 이행이 이루어질 수 있으며 스마트 워크를 둘러싼 현상을 기술적, 제도적, 조직적 측면에서 어떻게 이해해야 할지에 대해 설명하였다.

결론적으로, 스마트 워크의 도입과 활용은 정보시스템의 도입에 따른 일하는 방식의 근본적인 변화와 업무의 스마트화work smart의 관점에서 바라볼 필요가 있다. 따라서 스마트 워크의 도입 및 활용과 관련된 현상은 개인과 조직에 의해서 기술과 정보시스템이 채택되고 활용되는 과정에서 이를 둘러싼 기술적, 제도적, 조직적 환경의 영향을 종합적으로 고려하는 사회기술적인 관점에서 바라볼 필요가 있다. 업무 환경, 직무 설계, 조직적 요인과 구성원들의 행태를 종합적으로 고려함으로써 조직 내에서 스마트 워크가 혁신적인 업무 수행 방식으로서 이해되고 실질적인 활용을 위한 기술적, 제도적 환경이 조성될 때 비로소 스마트 워크의 성공을 기대할 수 있을 것이다.

참고문헌

강문석·정철호·정영수. (2013). 「스마트 워크 수용 영향요인에 관한 실증연구」. 『경영과 정보연구』, 제32권 제1호, 19-41.

노규성·유승엽·조현주. (2011). 「스마트 워크 지원기술과 산업유형 분석연구」. 『디지털정책연구』, 제9권 제4호, 9-18.

이경복·박태형·임종인. (2011). 「스마트 워크 환경 변화에 따른 보안위협과 대응방안」. 『디지털정책연구』, 제9권 제4호, 29-40.

이민혜·이준기. (2011). 「스마트 워크 연구에 대한 고찰과 향후 연구 주제」. 『정보화정책』, 제18권 제2호, 72-84.

인사혁신처. (2018). 「공직사회 유연근무제 활용, 많아지고 다양해졌다」. 보도자료.

조성일. (2018). 「스마트워크 시대, 글로벌기업의 일터 혁신」. 『대한상공회의소 대한상의 브리프』, 제53호.

최현호. (2011). 「스마트 워크: 스마트오피스 추진을 위한 주요정책 및 과제」. 『정보처리학회지』, 제18권 2호.

최호진. (2012). 『공공부문 스마트 워크(Smart Work) 추진에 따른 조직관리 혁신방안』. 한국행정연구원.

한국정보화진흥원. (2010). 『기업을 위한 스마트 워크 도입』. 운영 가이드북

______________. (2015). 『2015년 스마트 워크 이용현황 실태조사 결과 보고서』.

행정안전부. (2018). 「이젠, 오송역에서 일도 하고 회의도 해요!」. 스마트서비스과 참고자료.

Baruch, Y., & Nicholson, N. (1997). Home, sweet work: Requirements for effective home working. *Journal of General Management*, 23, 15-30.

Clark, S. D. (1998). The decision to telework: An investigation of influential factors. Ph.D Thesis, The Claremont Graduate university.

Dunleavy, P. (2007). Governance and state organization in the digital era. In Mansell, R., Avgerou, C., Quah, D., & Silverstone, R. (Eds.). *The Oxford handbook of information and communication technologies*. New York: Oxford University Press.

Eom, S. J., Choi, N. B., & Sung, W. J. (2016). The use of smart work in government: Empirical anlaysis of Korean experiences. *Government Information Quarterly*, 33, 562-571.

Eurofound. (2017). *Work-life balance and flexible working arrangements in the European Union*. Eurofound, Dublin.

Eurofound & the International Labour Office. (2017). *Working anytime, anywhere: The effects on the world of work*. Publications Office of the European Union, Luxembourg, and the International Labour Office, Geneva.

Gallup. (2016). In US, telecommuting for work climbs to 37%, Gallup.com, 9 August.

Gil-Garcia, J. R. (2012). *Enacting electronic government success: An Integrative Study of Govern-*

ment-wide Websites, Organizational Capabilities, and Institutions. N.Y.: Springer.

Global Workplace Analytics. (2017). *2017 State of Telecommuting in the U.S. Employee Workforce*.

Igbaria, M., Zinatelli, N., Cragg, P., & Cavate, A. L. (1997). Personal Computing Acceptance Factors in Small Firms: A Structure Equation Model. *MIS Quarterly*, 21, 297-305.

Joice, W. (2000). *The Evolution of Telework in the Federal Government*. Office of Governmentwide Policy, U.S. General Services Administration, Washington, D.C.

Kowalski, B. K., & Swanson, A. J. (2005). Critical Success Factors in Developing Teleworking Programs. *Benchmarking: An International Journal*, vol.12, 3.

Mergel, I. (2012). *Social media in the public sector: A guide to participation, collaboration, and transparency in the networked world*. San Francisco: John Wiley & Sons.

Neirotti, P., Paolucci, E., & Raguseo, E. (2013). Mapping the antecedents of telework diffusion: Firm-level evidence from Italy. *New Technology, Work and Employment*, 28(1), 16-36.

Nilles, J. M. (1976). *The Telecommunications-transportation tradeoff: options for tomorrow*. Wiley.

Olszewski, P., & Mokhtarian, P. L. (1994). Telecommuting frequency and impacts for State of California employees. *Technological Forcasting & Social Change*, 45, 275-286.

Olorunfemi, A. O. (2013). Telecommuting to Improve Quality-of-worklife of Women Workers in Lagos State Tertiary Institutions. *Journal of Studies in Education*, 3(2), 222-233.

Pérez, M. P., Sanchez, A. M., & Carnicer, de L. (2002). Benefits and barriers of telemwork: perception differences of human resources managers according to company's operations strategy. *Technovation*, 22, 775-783.

Ruppel, C., & Howard, G. S. (1998). The effect of environmental factors on the adoption and diffusion of telework. *Journal of End User Computing*, 10(4), 5-14.

U.S. Census bureau. (2010). *Home-Based Workers in the United State: 2010*. U.S. Department of Commerce, Economics and Statistics Administration.

Venkatech. V., & Bala, H. (2008). Technology Acceptance Model 3 and a Research Agenda o Interventions. *Decision Sciences*, 39(2), 273-315.

Yousafzai, S. Y., Foxall, G. R., & Pallister, J. G. (2007). Technology acceptance: A meta analysis of the TAM: Part 2. *Journal of Modeling in Management*, 2(3), 281-304.

Williams, M. D., Rana, N. P., & Dwivedi, Y. K. (2015). The unified theory of acceptance and use of technology (UTAUT): A literature review. *Journal of Enterprise Information Management*, 28(3), 443-488.

WorldatWork. (2013). Trends in Workplace Flexibility 2013.

제 10 장

정보공개제도와 공공데이터 개방

I

서론

현대 사회에서 공공데이터와 정보는 행정의 투명성 및 책임성과 같은 민주적 가치를 강화할 수 있는 원천으로 떠오르고 있다. 많은 양과 높은 질의 공공데이터와 정보가 시민들에게 시의적절하고 효율적인 방식을 통해 제공되면, 시민들은 정부의 전반적인 작동과정에 대하여 더욱 상세하고 정확하게 이해함으로써 알 권리를 보장받고 행정에 대한 참여를 더욱 쉽게 할 수 있다. 또한, 시민들은 데이터와 정보를 통해 공공부문 행위자들로 하여금 그들이 직무 수행에 관한 법률, 규칙, 윤리적 규범에 따라 행동해야 할 의무에 순응하도록 유도할 수 있다. 나아가, 정부와 공공기관이 이용자에게 정보를 재활용할 수 있도록 제공하고, 제공받은 정보를 상업적·비영리적으로 이용할 권한을 부여하는 등 정보와 데이터를 '개방'함으로써 국민 편의의 향상과 신규 비즈니스 및 일자리 창출에 기여할 수 있다.[1]

정보공개제도는 정부기관을 포함하는 공공기관이 보유·관리하고 있는 데이터와 정보를 국민에게 적극적으로 공개함으로써 국민의 알 권리를 보장하고 국정에 대한 국민의 참여와 국정운영의 투명성을 확보하는 것을 목적으로 한다. 이에 더하여, 공공데이터 개방은 공공기관이 보유·관리하는 데이터와 정보의 제공 및 활성화를 통해 국민의 공공데이터와 정보에 대한 이용권을 보장하고 공공데이터의 민간 활용을 통한 삶의 질 향상과 관련 산업의 성장을 통한 국민경제 발전에 기여하는 것을 목적으로 한다.

공공데이터와 정보의 공개와 개방의 중요성에도 불구하고, 공공데이터와 정보 공개의 수준을 측정하고 그 영향 요인을 분석하기 위한 연구는 활발하게 실시되지 않

1 공공데이터전략위원회 홈페이지(odmc.or.kr)

고 있는 것으로 보인다. 또한 정보공개제도와 공공데이터 개방의 기대효과는 정보기술의 도입과 활용 자체만으로 보장될 수 없는데, 그 이유는 정보공개제도와 공공데이터 개방을 포괄하는 전자정부사업의 결과는 정보기술과 사회적 구성 요소들(예: 개인, 사회적 관계, 조직, 제도, 환경) 간의 상호작용의 결과이기 때문이다. 그러므로, 공공데이터와 정보 공개의 수준에 영향을 미치는 다차원적인 요인들을 분석하고 공공데이터와 정보 공개의 수준을 높이기 위한 이론적·실무적 함의를 제시하기 위한 연구가 요청된다.

이 장은 다음과 같이 구성된다. 제2절에서는 행정의 투명성에 대한 이론적 논의(개념, 의의, 효과, 영향 요인, 확보방안)를 기술하고, 정보기술을 통해 행정의 투명성을 제고하기 위한 노력으로서 정보공개제도와 공공데이터 개방의 개념, 등장 배경, 연혁, 법률적 근거, 현황, 그리고 연도별 변화를 제시한다. 제3절에서는 공공데이터 개방에 대한 이론적 논의(개념, 등장 배경, 효과, 영향 요인, 실증분석에 대한 비판적 접근)를 제시한다. 제4절에서는 한국 광역자치단체를 대상으로 퍼지집합분석을 통해 공공데이터 개방 수준에 이르는 인과적 조합들을 분석하고, 한국 기초자치단체를 대상으로 다변량회귀분석을 통해 공공데이터 개방 성공에 영향을 미치는 요인들을 분석한다.

Ⅱ

정보공개제도

1. 정보공개를 통한 행정의 투명성 제고

1) 행정의 투명성의 개념과 의의

행정의 투명성은 넓은 의미에서 '정부 내부에서 진행되고 있는 활동이나 일어나고 있는 상황을 알아내는 능력'으로 정의된다(Piotrowski & Ryzin, 2007). 행정의 투명성 요소 중 정보의 측면을 강조한다면, 행정의 투명성은 '대중들에게 정부의 활동에 대하여 신뢰성, 관련성, 시의적절성을 갖춘 정보가 이용 가능한 상태'(Kondo, 2002), 또는 '시민들로 하여금 정부에 의해 제공되는 정보를 통해 정부가 수행하고 있는 업무를 학습할 수 있게 하는 것'을 의미한다(Florini, 1999; Meijer, 2009). 이러한 접근은 정부에 대한 정보를 공개하는 것뿐만 아니라, 정부의 전반적인 작동과정(결과에 대한 투명성에 더하여 과정과 공공조직 자체에 대한 투명성을 포함하는 개념)에 대한 정보까지 공개하는 것을 강조한다.

특히, 행정의 투명성은 정보 자유권freedom of information의 맥락에서 기본적인 인권으로 간주될 수 있다(Piotrowski & Ryzin, 2007). 시민들이 그들의 지식의 지평을 넓히고 성격 혹은 개성을 통해 지식을 드러내기 위하여 다양한 원천으로부터 정보를 획득하는 것은 기본적인 필요이자 욕구이다. 그러므로, 시민들은 그들의 정보의 원천과 대상을 그들 스스로의 힘으로 결정할 수 있어야 한다. 민주적 거버넌스의 시각에서, 민주주의의 역사는 정보 획득에 관한 권리 혹은 알 권리를 획득하기 위하여 노력하는 과정으로 이해될 수 있다. 더욱 많은 정보와 더욱 유용한 정보의 토대 위에서 여론이 형성되는 과정이 없는 경우, 민주주의는 확립되기 어렵다. 게다가, 투명성은 책임성, 참여, 그리고 대표성과 같은 다양한 민주적 가치를 관통하는 핵심적인 개념이다.

행정의 투명성의 구성 개념은 크게 정보의 양과 질, 그리고 정보에 대한 접근으로 구분된다. 정보의 양과 질 측면에서, 행정의 투명성은 다음과 같이 구분된다. 첫째, 정보의 양은 정부에 의해 제공되는 정보의 양과 범위를 일컫는다(Hernon, 1998). 정보의 양의 시각에서, 투명한 정부는 원칙적으로 다음과 같은 정보를 제공해야 한다: ① 정부가 공개하는 모든 자료 혹은 정부가 이미 소유하고 있는 자료, ② 대중에게 공개될 수 있는 모든 정책, ③ 법적 토대 위에서 창출되거나 수집된 모든 정보, ④ 대중들이 완성하기를 요구하는 모든 문서, ⑤ 대중이 관심을 가지고 있을 수 있는 법인(예: 기업, 재단, 비영리조직)에 관한 문서. 시민들에게 이용 가능한 정보의 양과 범위가 확장되는 데 있어서 언론, 정보기술, 그리고 비영리조직의 역할이 중요한 것으로 간주된다.

둘째, 정보의 질은 정보의 접근성, 정확성, 관련성, 적시성, 신뢰성, 명료성, 평이성, 일관성으로 구성된다(이정철, 2016; 박흥식, 2001; Vishwanath & Kaufmann, 1999). 즉, 정보의 획득과 이용을 가능하게 하는 제도나 절차가 갖추어진 경우(접근성), 공개된 정보와 사실이 일치하는 경우(정확성), 정보가 특정 사건의 이해에 도움을 줄 수 있는 수준이 높은 경우(관련성), 정보가 필요한 시기에 적절하게 제공되는 경우(적시성), 정보의 작성·수집·제공의 방법에 대하여 믿을 수 있는 수준이 높은 경우(신뢰성), 정보의 의미가 분명한 정도가 높은 경우(명료성), 정보의 의미에 대한 파악을 효과적으로 할 수 있는 정도가 높은 경우(평이성), 정보의 내용과 형식의 일관성이 높은 경우(일관성), 행정의 투명성이 확보될 수 있다. 〈표 10.1〉은 정보의 질의 시각에서 행정의 투명성의 구성 요소를 제시한다.

셋째, 정보에 대한 접근 측면에서, 행정의 투명성은 정보 요청에 대한 편의성 향상에 필요한 절차, 시설, 방법으로 구성된다(Vishwanath & Kaufmann, 1999). 정부에 대한 정보는 시민들이 이러한 정보를 어려움 없이 접근하고 획득할 수 있도록 쉽고, 광범위하고, 공평하게 이용될 수 있어야 한다. 법과 규정은 적어도 원칙적으로는 정보가 모든 사람들에게 이용 가능한 상태로 존재하는 것을 보장한다. 이는 신문, 라디오, 텔레비전, 그리고 인터넷을 포함하는 매체와 같이 정보의 흐름을 용이하게 만드는 제도와 시설의 도움을 받는다. 정보에 대한 접근과 정보의 양질은 행정의 투명성 향상에 있어서 상호 간에 의존적으로 연관된다. 즉, 정보의 양과 질이 충분하지 않다면 행정의 투명성은 정보에 대한 접근만으로 확보될 수 없고, 정보에 대한 접근이 충분하지 않다면 행정의 투명성은 정보의 양과 질만으로 확보될 수 없다.

〈표 10.1〉 정보의 질 시각에서의 행정의 투명성의 구성 요소

구성 요소	내용
접근성	정보 획득과 이용을 가능하게 하는 제도나 절차
정확성	공개된 정보와 사실 간의 일치 여부
관련성	정보가 특정 사건의 이해에 도움을 줄 수 있는 수준
적시성	정보의 시의적절한 제공, 정보의 가치 결정
신뢰성	정보 작성, 수집, 제공의 방법 등을 믿을 수 있는 수준(정보 조작 금지)
명료성	정보의 뜻이 분명한 정도
평이성	정보에 대한 의미 파악을 효과적으로 할 수 있는 정도
일관성	정보의 내용과 형식의 일관성

출처: Vishwanath & Kaufmann(1999); 이정철(2016); 박흥식(2001)의 관련 내용을 재구성

2) 행정의 투명성의 효과

행정의 투명성은 공공부문과 민간부문에 걸쳐 행정의 책임성 강화, 부패 감소, 정부신뢰 증가, 경제성장 촉진(개발도상국의 경우)과 같은 다양한 효과를 가져올 것으로 기대된다. 첫째, 행정의 투명성은 행정의 책임성 강화로 이어질 것으로 기대된다(Florini, 1999). 법적·윤리적 관점에서 행정의 책임성은 관료들을 포함한 공공부문 행위자들이 직무를 수행하는 데 있어서 법률, 규칙, 윤리적 규범에 따라 행동해야 할 의무를 일컫는다. 공공부문 행위자들의 행정활동을 평가할 수 있는 정보가 인터넷을 포함한 다양한 통로를 통해 국민들에게 공개되면, 공공부문 행위자들의 행정활동을 평가할 수 있는 정보에 대한 국민들의 접근성이 개선된다. 이는 국민들이 정부 및 권력을 감시하고 통제할 수 있는 정보에 대한 접근 가능성의 증가를 의미하고, 결과적으로 행정의 책임성 강화에 기여할 수 있다.

둘째, 행정의 투명성은 부패의 감소로 이어질 것으로 기대된다(Meijer, 2009). 행정의 투명성 증가는 정부와 국민 간의 정보의 비대칭성 혹은 정부의 일방적인 정보 우위의 감소를 초래하고, 이는 행정정보에 대한 외부로부터의 접근성 개선을 의미한다. 행정정보에 대한 외부로부터의 접근성 개선은 국민의 행정에 대한 감시 개선을 초래하고, 이는 결과적으로 행정활동에 대한 통제 개선 및 부패 감소로 귀결될 수 있다. 특히, 공직자의 공무수행 정보와 사생활 정보(예: 재산 공개)에 대한 접근이 확대되면, 공직자의 부패 행위(예: 공직을 이용한 부가적인 이익 추구, 퇴직 후 고용을 위한 특혜 제공)가 방지될 수 있다. 실증분석 결과에 따르면, 투명성과 부패 통제 사이에 강한 양(+)의 상관관계가 발

견되는데, 이는 투명성 개선이 부패를 효과적으로 감소시킬 수 있음을 보여준다.

셋째, 행정의 투명성은 정부신뢰를 증가시킬 것으로 기대된다(Kolstad & Wiig, 2009). 행정의 투명성 증가는 부패를 더욱 위험스럽고 불확실한 행위로 만들고 공무원들로 하여금 스스로를 공공서비스 제공에 있어서 정직하고 효율적인 공무원이 되는 것을 쉽게 선택하도록 유도하는 유인을 제공한다. 또한, 앞서 제시된 바와 같이, 행정의 투명성 증가는 부패 감소 및 행정의 책임성 강화를 초래할 수 있고, 이는 기회주의적 행위 혹은 지대추구적 행위보다는 협력적 행위를 촉진함으로써 국민들의 정부에 대한 신뢰를 증가시키는 데 기여한다.

넷째, 행정의 투명성은 개발도상국에서 경제성장을 촉진시킬 것으로 기대된다(Vishwanath & Kaufmann, 1999). 한편으로, 낮은 수준의 행정의 투명성은 경제행위에서의 거래비용의 증가를 초래하고, 이는 시장실패 증가로 이어지고 경제성장 감소로 귀결될 수 있다. 다른 한편으로, 높은 수준의 행정의 투명성은 경제적 효율성 향상으로 이어지고 경제성장 증가로 귀결될 수 있다. 실증분석 결과에 따르면, 더욱 높은 수준의 투명성을 보유한 나라들이 국제경제시장에서 더욱 높은 경쟁력을 보유하고 더욱 높은 수준의 경제적 부를 확보한다(Bellver & Kaufmann, 2005).

3) 행정의 투명성의 영향 요인 및 확보방안

행정의 투명성의 영향 요인 및 확보방안은 크게 거시 요인, 정부 내부·외부 요인, 제도 요인, 그리고 전자정부 요인으로 구분된다. 첫째, 거시적인 요인은 행정의 투명성의 영향 요인을 설명하기 위하여 행위 개념과 구조 개념을 결합시키고 특정한 이해관계의 권력(즉, 권력정치), 정치 공동체에서 광범위하게 받아들여지는 태도와 믿음의 반영(즉, 문화적 변화 해석), 정부와 다른 유형의 많은 조직들을 위한 지배적인 기술적·사회적 조건에 대한 적응(즉, 기능주의적 설명)의 개념을 제시한다(Hood & Heald, 2006; Jung *et al.*, 2012). 거시적인 요인을 강조하는 학자들과 실무자들에 따르면, 민주화, 세계화, 그리고 디지털화와 같은 거시적인 요인들이 행정의 투명성의 제도화를 촉진시키는 원동력으로서 작용한다. 예를 들어, 디지털화는 인터넷과 전자정부의 발전을 통해 정보의 검색·축적·배포 비용을 급격하게 감소시킴으로써 더욱 나은 정보 공개에 기여한다.

둘째, 정부 외부 요인을 강조하는 학자들과 실무자들은 시민, 기업, 그리고 그들의 대표의 압력 및 요구와 같은 민주정치시스템의 가치와 특성이 정부로 하여금 정보를 공개하게 만드는 핵심적인 요인임을 강조한다(Piotrowski & Van Ryzin, 2007; Rourke, 1960). 예를 들어, 시민사회집단은 정부로 하여금 정보를 공개하고 정보 자유에 관한 법률을 제정하도록 압력을 행사하는 데 핵심적인 역할을 한다. 주민참여예산제도는 재정투명성 수준을 높이는 데 효과적인 것으로 평가되는데, 그 이유는 시민들이 정부의 예산 심사과정에 적극적으로 관여하면서 정부로 하여금 행정과정을 투명하게 공개하도록 유도하기 때문이다. 또 다른 외부 요인의 사례는 민주화된 정치시스템에서 입법부의 권한을 향상시키는 것이다. 입법부에 의한 감시는 행정부로 하여금 낭비, 부패, 그리고 정치권력 행사에 있어서의 절대주의를 억제하고, 그럼으로써 행정의 투명성을 높이는 강력한 제도적 장치로 간주된다.

셋째, 정부 내부 요인을 강조하는 학자들과 실무자들은 행정의 투명성을 향상시키는 데 있어서 고위 공직자들의 리더십의 역할과 특성을 강조한다. 특히, 전략적 리더십 이론가들은 한 사회에서 상위 계층을 형성하는 개인들의 사회적 배경에 관한 특성이 그들의 전략적인 행동과 조직성과의 중요한 원인이라는 점에서 상위 계층의 중요성을 강조한다(Ma & Wu, 2011; Hambrick & Mason, 1984). 따라서 지도자들이 행정의 투명성에 관한 사안들에 대하여 묵인하는지 혹은 적극적으로 개입하는지 여부는 행정의 투명성에 커다란 영향을 미친다. 실증분석 결과에 따르면, 도시의 고위 공직자들의 재임기간, 경력, 그리고 사회적 배경은 행정의 투명성에 있어서의 변이variation를 설명하는 중요한 요인이다(Lorentzen *et al.*, 2010).

넷째, 공식적인 요인을 강조하는 학자들과 실무자들은 행정의 투명성을 확보하는 데 있어서 제도의 역할에 주목한다(Fountain, 2007; Piotrowski, 2007). 제도는 공공기관이 보유하고 있는 정보의 접근에 관한 권한, 범위, 수준을 정의할 뿐만 아니라, 정책과정에서 행위자들을 제약하고 행위자들 간의 상호작용에 영향을 미치는 구조적인 요인으로 기능하고, 정보기술과 다양한 환경적인 요인들을 매개함으로써 행정의 투명성의 수준에 영향을 미친다. 특히, 공무원들은 권력 관계의 변화를 야기하는 정보 등 특정한 정보의 공개를 꺼리는 유인을 가질 수 있기 때문에, 행정의 투명성을 향상시키기 위해서는 정보의 공개를 보장하는 제도 혹은 제도배열이 긴요하다. 이러한 이유로 인해 80개 이상의 나라들이 정보의 자유에 관한 법률을 통해 시민들에게 알 권리와 정보에 대한 접근 권한을 보장하고 있다.

다섯째, 전자정부 요인을 강조하는 학자들과 실무자들은 정보의 흐름을 원활하게 만드는 통로channel의 역할에 주목한다. 효과적이고 효율적인 정보 흐름을 위한 통로를 구축하는 것은 행정의 투명성에 커다란 영향을 미치는데, 그 이유는 정보 흐름을 위한 통로는 시민들이 접근할 수 있는 정보의 양과 질에 영향을 미칠 뿐만 아니라 정보와 관련된 숙의적인 활동의 범위와 편의성에도 영향을 미치기 때문이다. 정보 흐름을 위한 통로를 구축하는 데 있어서 중요한 요인은 공공기관에서의 정보기술의 도입과 활용이다(Bertot *et al.*, 2010; Bhatnagar, 2003). 공공기관에서의 정보기술의 도입과 활용은 정보의 이동·평가 비용을 감소시킴으로써 많은 양과 높은 질의 정보를 빠르고 정교하게 배포할 수 있게 만든다. 특히, 전자정부 시스템은 언제 어디서나 정보를 열람하고 검색할 수 있게 만들고, '묻고 답하기(Q&A)'와 같은 양방향 소통 기능을 제공함으로써 시민들로 하여금 공무원들로부터 질문에 대한 답변이나 정보의 활용에 관한 피드백 혹은 제안을 전달받을 수 있게 만든다.

2. 한국의 정보공개제도

1) 개관: 개념, 등장 배경 및 연혁

정보공개제도의 목적은 정부기관을 포함하는 공공기관이 보유·관리하고 있는 정보를 국민에게 적극적으로 공개함으로써 국민의 알 권리를 보장하고 국정에 대한 국민의 참여와 국정운영의 투명성을 확보하는 것이다(행정안전부, 2018). 정보공개제도는 국민의 알 권리를 구체적으로 실현하고 국민주권주의를 실질적으로 보장하는 민주주의의 핵심적인 장치 중의 하나로 이해된다. 그 이유는 정보공개제도는 국민의 정보에 대한 접근권을 실질적으로 보장하고, 국정에 대한 국민의 참여 욕구를 충족시키고, 정책과정을 투명하게 드러내도록 유도함으로써, 국민의 감시와 비판을 제도적으로 보장하기 위한 장치로 활용될 수 있기 때문이다.

한국에서 정보공개제도는 1996년 12월 31일 「공공기관의 정보공개에 관한 법률」의 제정·공포를 거쳐 1998년 1월 1일부터 시행되었다(행정안전부, 2018). 정보공개제도는 세계에서 13번째로 도입되었고, 아시아에서는 최초로 도입되었다.[2] 정보공개제도는 1990년대 들어 정부 차원에서 논의되었고, 1992년에 청주시가 행정정보공개조례를 제정하고 1994년 3월에 「행정정보공개 운영지침」(국무총리 훈령)이 제정·시행되면서 기본적인 모습을 갖추기 시작하였다. 이후 정부는 국민의 정보에 대한 접근권의 확대

2 일본은 1999년, 독일은 2005년, 중국은 2007년에 도입되었다.

〈표 10.2〉 정보공개제도의 주요 연혁

시기	연혁
1992. 1.	청주시 행정정보공개조례 제정
1994. 7.	총리훈령인 행정정보공개운영지침 시행
1996. 12.	공공기관의 정보공개에 관한 법률 제정(세계 13번째, 아시아 1번째)
2003. 6.	총리훈령인 행정정보공개의 확대를 위한 지침 제정
2004. 1.	공공기관의 정보공개에 관한 법률 개정(행정정보 공표 등 전면개정)
2006. 10.	공공기관의 정보공개에 관한 법률 개정(비공개 대상 정보 범위 세부기준 수립·공개)
2008. 2.	공공기관의 정보공개에 관한 법률 개정(정보공개위원회 소속 이관)
2011. 10.	공공기관의 정보공개에 관한 법률 시행령 개정(정보공개책임관 등)
2013. 8.	공공기관의 정보공개에 관한 법률 개정(원문정보공개 제도 도입)
2014. 12.	공공기관의 정보공개에 관한 법률 시행규칙 개정(별표: 수수료 개정)
2016. 5.	공공기관의 정보공개에 관한 법률 개정(정보공개청구조서 서명 허용)
2016. 12.	공공기관의 정보공개에 관한 법률 시행령 및 시행규칙 개정(출자기관의 범위 명확화 등)
2017. 12.	공공기관의 정보공개에 관한 법률 시행규칙 개정(별표: 수수료 개정)

출처: 행정안전부(2018)

를 위하여 국민 편의 위주의 정보공개시스템(www.open.go.kr)을 구축하여 온라인으로 편리하게 정보공개를 청구할 수 있도록 지원하였고, 공공기관에서 선제적이고 능동적으로 정보를 제공하는 적극적인 정보공개제도(예: 사전정보공표, 원문정보공개)로 발전하였다. 〈표 10.2〉는 정보공개제도의 주요 연혁을 보여준다.

2) 정보공개법

정부는 1994년에 학자, 언론인, 법조인 등을 포함하는 10인으로 구성된 '정보공개법안심의위원회'를 발족하여 여러 차례에 걸친 법안 심의와 공청회, 당정협의, 입법예고 등을 실시하였고, 1996년 12월 31일 「공공기관의 정보공개에 관한 법률」(이하 정보공개법)을 제정·공포하여 1998년 1월 1일부터 시행하였다. 이후 법령의 전부 또는 일부 개정 등을 거쳐 현재에 이르고 있다.

정보공개법에서 정한 정보란 문서(전자문서 포함), 도면, 사진, 필름, 테이프, 슬라이드, 이에 준하는 매체 등에 기록된 정보이다. 다만, 공공기록물 관리에 관한 법령에 따라 보존기간이 경과되어 폐기된 문서나 보유·관리하고 있지 않은 정보 등은 공개대상에서 제외된다.

정보공개 대상 기관은 국가기관, 지방자치단체, 「공공기관의 운영에 관한 법률」 제2조에 따른 공공기관 및 그 밖에 대통령령이 정하는 기관이다. 국가기관에는 국회, 법원, 헌법재판소, 중앙선거관리위원회, 중앙행정기관 및 그 소속기관, 「행정기관 소속 위원회의 설치·운영에 관한 법률」에 따른 위원회가 있고, 지방자치단체는 특별시·광역시·도, 특별자치시·도 및 시·군·구와 부속기관(사업소, 출장소, 소방기관, 교육훈련기관, 보건진료기관, 시험연구기관 등), 지방의회 등 합의제 행정기관, 시·도 교육청·교육위원회 및 교육지원청 등을 포함하고, 「공공기관의 운영에 관한 법률」 제2조에 따른 공공기관은 공기업, 준정부기관 및 기타공공기관이다.

그 밖에 유치원, 초·중고등학교, 대학교 등 각급 학교, 「지방공기업법」에 의한 지방공사 및 지방공단, 「지방자치단체 출자·출연 기관의 운영에 관한 법률」에 따른 출자기관 및 출연기관, 특별법에 의해 설립된 특수법인, 「사회복지사업법」 제42조 제1항의 규정에 의하여 국가 혹은 지방자치단체로부터 보조금을 받는 사회복지법인과 사회복지 사업을 하는 비영리법인, 「보조금 관리에 관한 법률」 제9조 혹은 「지방재정법」 제17조 제1항 각 호 외의 부분 단서에 따라 국가 또는 지방자치단체로부터 연간 5천만원 이상 보조금을 받는 기관 혹은 단체(해당 연도에 보조를 받은 사업으로 한정한다)를 포함한다. 정보공개에 관하여 다른 법률에 특별한 규정이 있는 경우를 제외하면 정보공개법에서 정하는 바에 따르고, 지방자치단체는 그 소관 사무에 관하여 법령의 범위에서 정보공개에 관한 조례를 정할 수 있다.

모든 국민은 정보공개를 청구할 수 있다. 여기에서 국민은 미성년자, 재외국민, 수용자뿐만 아니라 법인도 포함한다. 법인의 경우 사법私法상의 사단법인·재단법인, 공법公法상의 법인, 정부출연기관 등과 종중, 동창회 등 법인격이 없는 단체나 기관도 해당된다. 그뿐 아니라, 외국인의 경우에도 국내에 일정한 주소를 두고 거주하거나 학술·연구를 위하여 일시적으로 체류하는 개인, 국내에 사무소를 두고 있는 법인 또는 단체에 한하여 정보공개청구권이 인정된다. 공무원의 경우에도 사인私人의 지위에서 공공기관에 대하여 정보공개 청구를 할 수 있다.

정보공개의 절차는 접수(또는 이송), 제3자(존재하는 경우) 의견 청취, 공개 여부 결정, 공개 실시 등의 단계를 거친다. 정보공개청구서는 공공기관을 직접 방문하여 제출하거나 우편, 팩스, 혹은 정보통신망을 이용하여 제출하고, 성명·주민등록번호·주소·연락처(전화번호·전자우편주소 등) 및 청구정보의 내용, 공개방법 등을 기재하여 청구한다. 공공기관은 제출된 청구서를 접수한 후 소관부서로 분류하여 처리하도록 하고 다른 공공기관이 보유·관리하는 정보의 공개 청구를 받았을 때는 소관 기관으로 이송한다. 공공기관이 보유·관리하는 정보는 공개 대상이 된다. 다만, 정보공개법 제9조 제1항 각 호의 비공개 대상 정보는 공개하지 않을 수 있다. 정보공개법 제9조 제1항 각 호에 규정된 비공개 대상 정보는 다음과 같다.

① 법령상 비밀·비공개로 규정된 정보
② 국익침해 우려가 있는 정보
③ 공익침해 우려가 있는 정보
④ 재판에 관한 정보
⑤ 공정한 업무수행에 지장을 초래하는 정보
⑥ 개인의 사생활 침해 우려가 있는 정보
⑦ 법인 등의 경영상·영업상 비밀침해 우려가 있는 정보
⑧ 특정인에게 이익 또는 불이익을 줄 우려가 있는 정보

하지만, 비공개 대상 정보라 하더라도 기간의 경과 등으로 인해 비공개의 필요성이 사라진 경우에는 공개 대상으로 하여야 한다. [그림 10.1]은 정보공개업무 처리 절차도이다.

청구된 정보가 다른 공공기관이 생산한 정보인 경우 그 기관의 의견을 들어야 하고, 공개 대상 정보의 전부 또는 일부가 제3자와 관련되어 있다고 인정되는 때는 지체 없이 제3자에게 통지하고 필요한 경우에는 그 의견을 들을 수 있다. 공공기관이 정보공개를 결정한 경우에는 공개 일시·장소·방법·수수료 등을 명시하여 문서로 통지하고, 부분공개·비공개를 결정한 경우에는 불복의 방법·절차 등을 안내한다. 정보공개에 관한 불복구제절차는 이의신청, 행정심판, 행정소송이 있다. 비공개 또는 부분공개 결정에 대하여 불복이 있거나 정보공개 청구 후 20일이 경과하도록 정보공개 결정이 없을 때는 청구인이 결정통지를 받은 날 또는 정보공개 청구 후 20일이 경과한 날부터 30일 이내에 해당 기관에 이의신청을 할 수 있으며, 정보공개와 관련한 결정에 대하여 불복이 있거나 정보공개 청구 이후 20일이 경과하도록 정보공개 결정이 없는 때에는 행정심판법에 따른 행정심판을 청구하거나 행정소송법에서 정하는 바에 따라 행정소송을 제기할 수 있다. 제3자는 자신과 관련된 정보를 비공개로 요청하였음에도 불구하고 공공기관이 공개를 결정한 경우, 결정통지를 받은 날부터 7일 이내에 이의신청을 할 수 있고, 행정심판 청구 또는 행정소송 제기를 할 수 있다.

[그림 10.1] 정보공개업무 처리 절차도

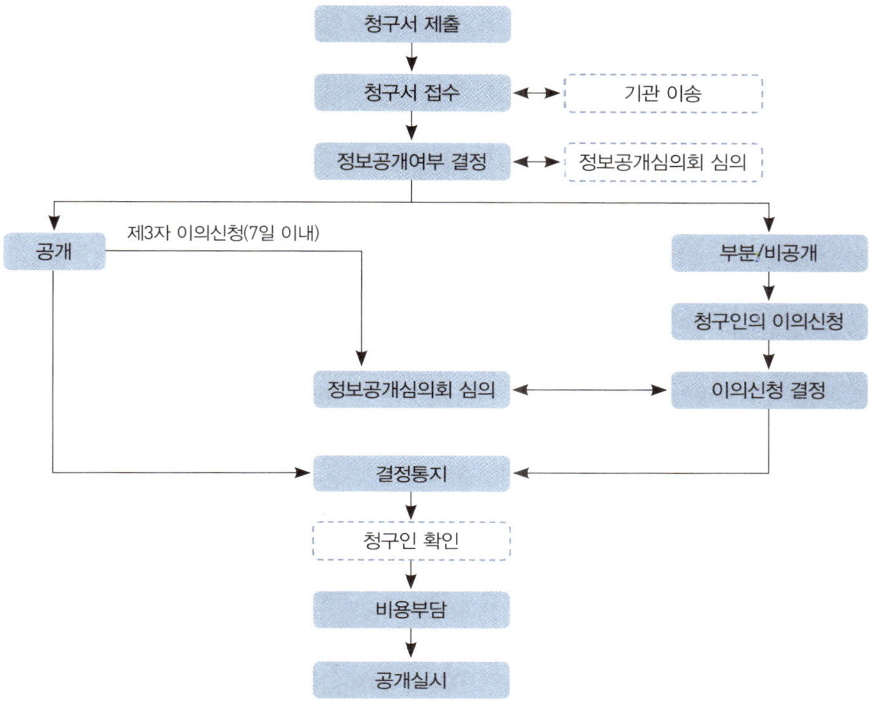

출처: 행정안전부(2018)

3) 정보공개청구 현황 및 연도별 변화

정보공개 청구 건수는 정보공개제도 시행 이후로 지속적으로 증가하는 것으로 나타났다. 2018년에는 1,065,549건의 정보공개 청구가 접수되어 2017년 855,021건 대비 24.6% 증가하였고, 정보공개법이 최초로 시행된 1998년에 접수된 26,338건 대비 약 40배 증가하였다. [그림 10.2]에 따르면, 정보공개시스템(www.open.go.kr)이 구축된 2006년과 2007년 사이에 청구 건수가 대폭 증가하였고 이후 지속적으로 증가하고 있다. 2018년 접수된 총 1,065,549건의 정보공개 청구를 기관별로 살펴보면, 지방자치단체 581,878건(55%), 중앙행정기관 264,611건(25%), 공공기관 181,204건(17%), 교육청 37,856건(3%) 순이다. 이는 지방자치단체의 경우 주민들의 이해관계를 조정하거나 행정서비스를 제공하는 등 국민 생활에 직접적으로 관련되거나 집행적 업무를 수행

[그림 10.2] 연도별 정보공개 접수 현황 (단위: 건)

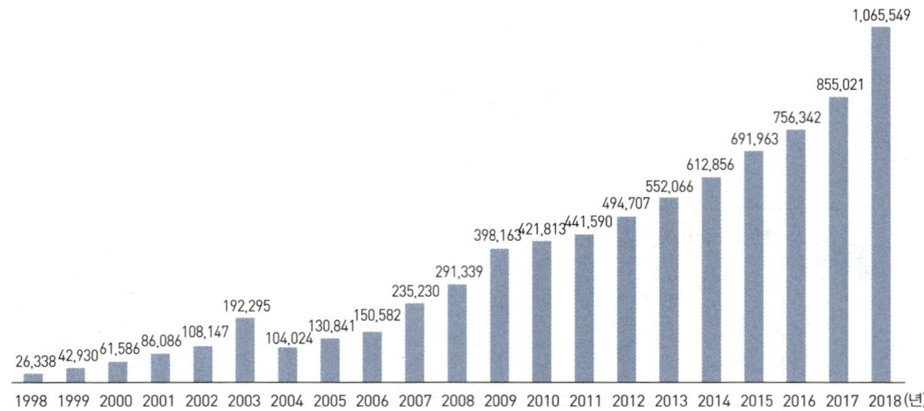

출처: 행정안전부(2018)

하기 때문인 것으로 보인다.

정보공개청구방법은 직접방문, 우편, 팩스, 정보통신망 등 다양한 방법이 인정된다. 2007년까지만 해도 국민이 직접 기관 방문 또는 우편 등으로 청구하는 사례가 전체 청구 건수의 48%를 차지하였지만, 이후 온라인 청구가 지속적으로 증가해왔으며 2018년에는 온라인 청구가 전체의 약 79%를 차지하였다(〈표 10.3〉 참조). 그 밖에 직접방문(15%), 팩스(4%), 우편(2%) 등의 순이다. 기관별 정보공개청구방법을 살펴보면, 지방자치단체 및 교육청, 중앙행정기관에 대해서는 주로 온라인을 통해 정보공개청구가 실시되는 반면, 공공기관에 대해서는 온라인을 통한 정보공개청구가 64%를 차지하였고 팩스나 직접방문을 통한 정보공개청구도 많은 것으로 나타났다.

〈표 10.4〉에 따르면, 2012년 이후 정보공개율은 95% 이상 수준이 지속적으로 유지되고 있다. 2018년 접수된 정보공개 신청 1,065,549건 중에서 청구인이 스스로 취하하거나 민원으로 처리된 경우 등을 제외하고 실제 정보공개 청구에 해당하는 671,504건에 대하여 처리한 결과를 살펴보면, 83%(555,598건)가 청구인의 요구에 따라 '전부공개'로 처리되었고, 12%(83,128건)는 '부분공개'로 처리되었으며, 5%(32,778건)는 '비공개'로 처리되었다. 2018년에 접수된 정보공개 청구 1,065,549건 중에서 394,045건은 정보 부존재인 경우이거나 취하 또는 민원으로 처리되는 건수가 상당한 비중을 차지한다. 기관별 정보공개율을 살펴보면, 중앙행정기관 91%(2017년 91%), 지방자치단체

〈표 10.3〉 연도별 정보공개청구방법 현황 (단위: 건, %)

구분	접수건수	직접방문	우편	팩스	정보통신망
2018년	1,065,549	160,689	18,360	44,834	841,666
	(100)	(15)	(2)	(4)	(79)
2017년	855,021	139,605	15,456	38,058	661,902
	(100)	(16)	(2)	(5)	(77)
2016년	756,342	135,121	14,824	36,060	570,337
	(100)	(18)	(2)	(5)	(75)
2015년	691,963	128,519	18,067	37,488	507,889
	(100)	(19)	(3)	(5)	(73)
2014년	612,856	118,082	16,809	31,017	446,948
	(100)	(19)	(3)	(5)	(73)
2013년	552,066	105,107	15,494	26,009	405,456
	(100)	(19)	(3)	(5)	(73)
2012년	494,707	103,341	14,064	25,786	351,516
	(100)	(21)	(3)	(5)	(71)

출처: 행정안전부(2018)

〈표 10.4〉 연도별 정보공개 처리 현황 (단위: 건, %)

구분	계	전부공개	부분공개	비공개
2018년	671,504	555,598	83,128	32,778
	(100)	(83)	(12)	(5)
2017년	563,597	477,870	60,596	25,131
	(100)	(85)	(11)	(4)
2016년	504,147	427,721	54,091	22,335
	(100)	(85)	(11)	(4)
2015년	458,059	392,330	47,686	18,043
	(100)	(86)	(10)	(4)
2014년	381,496	326,086	38,575	16,835
	(100)	(86)	(10)	(4)
2013년	364,806	316,367	33,149	15,290
	(100)	(87)	(9)	(4)
2012년	333,006	285,669	30,777	16,560
	(100)	(86)	(9)	(5)

출처: 행정안전부(2018)

97%(2017년 97%), 교육청 94%(2017년 95%), 공공기관 94%(2017년 95%)로 대부분의 기관에서 높은 정보공개율을 기록하고 있다.

정보공개법 제11조에 따라 공공기관은 정보공개 청구를 받은 날부터 10일 이내에 공개 여부를 결정하고, 부득이한 경우 10일 이내의 범위에서 기간을 연장하도록 되어 있다. 2018년에는 청구의 99.5%가 법령상의 처리기한인 20일 이내에 처리된 것으로 나타나는데, 이는 대부분의 정보공개 처리가 공개기한 내에 이루어지고 있음을 보여준다. 10일 이내 처리 비율도 95.3%로 나타나는데, 이는 정보공개 결정이 대체로 신속하게 처리되고 있음을 보여준다(〈표 10.5〉 참조). 기관별 정보공개 처리기간을 살펴보면, 중앙행정기관, 지방자치단체, 교육청, 공공기관에 관계없이 모든 기관들이 대부분의 정보공개 청구를 법령상의 처리기한인 20일 이내에 처리한 것으로 나타난다. 2018년 중앙행정기관, 지방자치단체, 교육청, 공공기관의 10일 이내 처리 비율은 각각 96%, 96%, 97%, 92%이다.

정보공개법은 특별한 사정이 없으면 열람·시청, 사본·출력물, 전자파일, 복제·인화물 등 청구인이 원하는 방법으로 정보를 공개하도록 규정하고 있다. 이에 따라, 정보공개방법으로는 주로 전자파일, 사본·출력물의 교부 등이 이용되고 있는데, 2018

〈표 10.5〉 연도별 정보공개 처리기간 현황 (단위: 건, %)

구분	계	당일(즉시)	10일 이내	20일 이내	20일 초과
2018년	671,504	52,530	587,448	28,348	3,178
	(100)	(8)	(88)	(4)	(0)
2017년	563,597	48,026	491,862	21,443	2,266
	(100)	(9)	(87)	(4)	(0)
2016년	504,147	42,117	440,948	18,944	2,138
	(100)	(8)	(88)	(4)	(0)
2015년	458,059	39,147	395,184	20,382	3,346
	(100)	(9)	(86)	(4)	(1)
2014년	381,496	34,959	331,823	13,452	1,262
	(100)	(9)	(87)	(4)	(0)
2013년	364,806	34,648	316,446	12,057	1,655
	(100)	(9)	(87)	(3)	(1)
2012년	333,006	30,851	291,343	9,760	1,052
	(100)	(9)	(87)	(3)	(1)

출처: 행정안전부(2018)

〈표 10.6〉 연도별 정보공개교부방법 현황 (단위: 건, %)

구분		공개건수	직접방문	우편	팩스	정보통신망	기타
2018년		638,726	17,475	152,550	467,363	1,338	0
		(100)	(3)	(24)	(73)	(0)	(0)
2017년		538,466	25,087	142,489	369,423	1,467	0
		(100)	(5)	(26)	(69)	(0)	(0)
2016년		481,812	15,139	47,276	317,375	2,022	0
		(100)	(3)	(31)	(66)	(0)	(0)
2015년		440,016	13,041	149,325	275,293	2,357	0
		(100)	(3)	(34)	(63)	(0)	(0)
2014년		364,661	9,041	136,968	216,661	1,991	0
		(100)	(2)	(38)	(59)	(1)	(0)
2013년		349,516	8,258	127,763	211,628	1,867	0
		(100)	(2)	(37)	(61)	(0)	(0)
2012년		316,446	12,551	128,326	173,478	2,091	0
		(100)	(4)	(40)	(55)	(1)	(0)

출처: 행정안전부(2018)

년에는 전자파일(73%), 사본·출력물(24%), 열람·시청(3%)의 순으로 나타났다(〈표 10.6〉 참조). 전자파일에 의한 공개는 2012년 55%에서 2018년 73%로 지속적으로 증가한 반면, 사본·출력물에 의한 공개는 감소하고 있다. 이러한 추세는 스마트폰의 대중화, 전자파일 수수료 무료 등에 따라 지속될 것으로 보이며, 사본·출력물 요구 시 자료를 복사해야 하는 공공기관의 업무 부담도 줄어든다는 점에서 바람직한 현상으로 보인다. 다만, 기관별로 살펴볼 때 중앙행정기관 및 공공기관에서는 사본·출력물이 여전히 높은 비중을 차지하는 것으로 나타났다.

정보공개법 제9조에 따라 비공개 대상 정보(예: 국가의 안전보장을 저해할 우려가 있는 정보, 개인 사생활 정보, 법인의 경영상·영업상 비밀에 관한 정보)는 공개하지 않을 수 있다. 2018년에는 정보공개청구 건수 중 약 5%에 해당하는 32,778건의 정보 비공개 결정이 있었다. 정보 비공개 결정의 주된 사유는 개인의 사생활 비밀침해 우려가 있는 정브(25%), 공정한 업무수행에 지장을 주는 정보(22%)인 경우가 많았다(〈표 10.7〉 참조). 기관별로 정보 비공개 사유를 살펴보면, 중앙행정기관은 법령상 비밀·비공개(30%), 지방자치단체는 개인의 사생활 보호(31%), 교육청은 공정한 업무수행 지장(32%)을 사유르 들어 비공

〈표 10.7〉 연도별 정보 비공개 사유 현황

(단위: 건, %)

구분	계	법령상 비밀·비공개	국방 등 국익침해	국민의 생명 등 공익침해	재판 관련 정보 등	공정한 업무수행 지장 등	개인의 사생활 보호	법인 등 영업상 비밀침해	특정인의 이익 불이익	정보 부존재 등
2018년	32,778	6,789	586	428	3,335	7,188	8,199	5,280	973	0
	(100)	(21)	(2)	(1)	(10)	(22)	(25)	(16)	(3)	(0)
2017년	25,131	6,218	351	329	2,518	4,935	6,482	3,583	715	0
	(100)	(25)	(1)	(1)	(10)	(20)	(26)	(14)	(3)	(0)
2016년	22,335	5,626	375	411	2,494	3,771	6,193	2,786	679	0
	(100)	(25)	(2)	(2)	(11)	(17)	(28)	(12)	(3)	(0)
2015년	18,043	4,578	280	412	2,128	2,681	5,278	2,117	569	0
	(100)	(25)	(2)	(2)	(12)	(15)	(29)	(12)	(3)	(0)
2014년	16,835	4,600	423	354	1,981	2,200	5,183	1,610	484	0
	(100)	(27)	(2)	(2)	(12)	(13)	(31)	(10)	(3)	(0)
2013년	15,290	4,381	179	262	1,504	2,358	4,434	1,665	507	0
	(100)	(29)	(1)	(2)	(10)	(15)	(29)	(11)	(3)	(0)
2012년	16,560	5,004	235	229	1,700	2,004	4,913	1,746	729	0
	(100)	(30)	(1)	(1)	(10)	(12)	(30)	(11)	(5)	(0)

출처: 행정안전부(2018)

개하는 경우가 많았다. 공공기관은 공정한 업무수행 지장(35%), 법인 등 영업상 비밀침해(32%), 개인의 사생활 보호(14%) 등을 사유로 들어 비공개하고 있는 것으로 나타났다.

Ⅲ 공공데이터 개방

1. 데이터 개방의 개념

데이터 개방은 '특정 종류의 데이터는 저작권, 특허권, 검열, 혹은 종종 데이터를 둘러싸고 있는 여타의 한도들을 포함하는 한계를 넘어 존재해야 한다'는 아이디어를 기반으로 한다(Bertot *et al.*, 2014). 바꾸어 말하면, 데이터 개방은 '데이터는 자유롭게 사용되고, 다시 출시되고, 새로운 제품으로 변형될 수 있도록 공개적으로 전파되어야 한다'는 문제의식으로부터 비롯된다. 정부의 맥락에서, 데이터 개방은 개인들, 민간부문 조직들, 그리고 비영리단체들로 하여금 데이터로부터 새로운 통찰을 발견하고 새로운 제품과 서비스를 생산할 수 있는 기회를 창출한다. 그러므로, 개방된 데이터는 일반적으로 공공자금으로 생산되고 사용과 배포에 대한 제한 없이 사용되는 데이터로서, 사생활privacy 보호로 인해 제약되지 않고 비밀로 취급되지 않는 데이터만을 의미한다(Kučera, Chlapek, & Nečasky, 2013; Reiche & Höfig, 2013; Janssen, Charalabidis, & Zuiderwijk, 2012). 전자정부와 공공정책의 맥락에서, 개방된 데이터는 일반인들에게 공개된 정부에 관한 데이터를 의미한다.

공공데이터 개방은 전자정부의 중요한 부분으로 이해되어 왔다(Bertot *et al.*, 2014). 데이터 개방은 공공서비스를 제공하고 민주적 가치(예: 투명성)를 촉진하기 위하여 정부에서 정보기술 혹은 정보시스템을 선정, 구현, 그리고 활용하는 것이고, 개방된 데이터를 공개하는 것은 기술적인 측면(예: 적절한 웹 서비스, API를 통해 접근할 수 있는 데이터), 조직적인 측면(예: 정확한 메타데이터의 존재, 데이터 표준 준수, 데이터집합의 업데이트), 그리고 법률적인 측면(예: 특정 데이터집합을 게시할 수 있는 법적 근거가 있는가? 개방된 데이터로 게시하기에 적합한 특정적인 데이터집합인가? 데이터집합이 '민감한 데이터' 시험을 통과하였는가?)을 필요로 하고(Janssen, Charalabidis, & Zuiderwijk, 2012), 이는 전자정부 및 그 성공 요인과 연관된다.

2. 데이터 개방의 등장 배경

데이터 개방은 더욱 투명하고 대응적이며 책임 있는 정부를 만들기 위한 전략의 선두에 있었고, 이에 따라 행정과정의 최적화, 신제품 및 서비스의 개발 등 공공 및 민간부문 전반에서 개방적인 혁신을 이끌어왔다(Janssen, Charalabidis, & Zuiderwijk, 2012; Lee & Kwak, 2012). 미국 오바마 행정부는 2009년 3월「행정부 기관장을 위한 각서 Memorandum for the Heads of Executive Departments and Agencies」에서 시민참여를 통해 투명하고 협력적인 정부를 만들고, 정부를 더욱 효율적으로 만들고, 정부로 하여금 디지털 시대의 도전에 대비하도록 만들기 위하여 열린 정부 open government 의 개념을 제시하였다(Wirtz & Birkmeyer, 2015). 열린 정부의 핵심 의제는 미국 정부의 접근성, 개방 수준, 그리고 투명성 증진을 위한 연방기관이 보유한 데이터 개방이었다(Attard *et al.*, 2015; Bertot *et al.*, 2014).[3]

데이터 개방의 주요 동기는 공공기금으로 조성된 데이터에 대한 공개된 접근이 (1) 공공투자로부터 발생하는 수익을 더욱 많이 제공할 수 있고, (2) 데이터의 연쇄적이고 후속적인 활용을 통해 부를 창출할 수 있고, (3) 정책입안자들에게 복잡한 문제들을 다루는 데 필요한 데이터를 제공할 수 있고, (4) 대량의 데이터집합의 분석에 대하여 시민들을 관여시키는 것을 도울 수 있다는 것이다(Janssen, Charalabidis, Zuiderwijk, 2012; Arzberger *et al.*, 2004). 세계 각국의 정부들은 이러한 데이터 개방의 유익한 효과를 달성하기 위하여 점차적으로 데이터 개방을 추진해왔다.

3. 데이터 개방의 효과

데이터 개방의 혜택은 〈표 10.8〉에 제시되고 있는 바와 같이 (1) 정치적·사회적 혜택, (2) 경제적 혜택, (3) 운영적·기술적 혜택으로 집약될 수 있다(Janssen, Charalabidis, & Zuiderwijk, 2012). 첫째, 가장 중요한 범주로 여겨지는 정치적·사회적 혜택은 투명성, 민주적 책임성, 시민참여와 시민에 대한 권한 이양 증대, 정부에 대한 신뢰의 창출, 정보의 공공참여와 데이터의 정밀화, 데이터에 대한 동등한 접근, 그리고 시민을 위한 새로운 정부서비스를 포함한다. 둘째, 경제적 혜택은 경제성장과 경쟁의 자극, 혁신의 자극, 프로세스·제품·서비스의 개선에 대한 기여, 새로운 제품과 서비스

3 자세한 사항은 제2장 제2절 참조.

〈표 10.8〉 데이터 개방의 혜택

범주	혜택
정치적·사회적 혜택	• 더욱 많은 투명성 • 민주적 책임성 • 더욱 많은 참여와 시민들(사용자들)의 자기역량 강화 • 정부에서의 신뢰의 창출 • 공공참여 및 데이터에 대한 정밀한 조사 • 데이터에 대한 동등한 접근 • 시민들을 위한 새로운 정부서비스 • 시민서비스의 개선 • 시민 만족의 개선 • 정책형성과정의 개선 • 데이터 제공자에 대한 더욱 많은 가시성 • 지식 발전의 자극 • 공공부문에서의 새로운 통찰력의 창출 • 새로운 (혁신적인) 사회서비스
경제적 혜택	• 경제 성장 및 경쟁의 자극 • 혁신의 자극 • 업무과정, 제품, 그리고/혹은 서비스에 대한 공헌 • 새로운 제품과 서비스의 개발 • 대중의 지혜의 활용: 집단지성의 활용 • 경제에 가치를 더하는 새로운 부문의 창출 • 투자자들과 회사들을 위한 정보의 이용가능성
운영적·기술적 혜택	• 데이터를 재활용하는 능력/동일한 데이터를 다시 수집할 필요가 없는 것과 (또한 여타의 공공기관들에 의한) 불필요한 중복과 이에 소요되는 비용에 대응하는 것 • 업무과정의 최적화 • 정책의 개선 • 외부적인 문제해결 능력에 대한 접근 • 가능해진 비교에 의한 공정한 의사결정 • 데이터에 대한 더욱 쉬운 접근과 발견 • 데이터의 결합을 기반으로 하는 새로운 데이터의 창출 • 외부로부터의 데이터 품질 점검(확인) • 데이터의 지속가능성(데이터 손실 없음) • 공공 및 민간 데이터를 병합하고 통합하고 꼭 들어맞게 사용하는 능력

출처: Janssen, Charalabidis, & Zuiderwijk(2012)

의 개발, 그리고 대중의 지혜 이용을 포괄한다. 셋째, 운영적·기술적 혜택은 행정과정의 최적화, 공공정책의 개선, 외부 문제 해결 역량에 대한 접근, 가능해진 비교를 통한 공정한 의사결정, 그리고 데이터에 대한 용이한 접근 및 데이터의 발견을 아우른다.

특히, 데이터 개방은 각종 사회문제를 해결하거나 완화하기 위한 '스마트 정부'의 근본적인 조건으로 떠오르고 있다. 전자정부 및 정보정책 학자들에 따르면, 공개된 데이터의 광범위한 사용은 간단하고 잘 알려진 처방으로는 해결할 수 없는 고약한 문제wicked problem에 대한 현명한 해결책을 제공하기 위한 노력을 촉발하는 전례 없는 기회를 제공한다(Bertot *et al.*, 2014; Gil-Garcia, 2012a). 그들은 사회적 난제의 복잡성과 불확실성을 처리할 수 있는 '스마트 정부'를 실현하기 위한 필수적인 토대로서 조정, 의사소통, 지속적인 관여, 공개된 데이터에 대한 접근, 정보공유를 제시한다. 그러므로, 공유되고, 시의적절하고, 획득 가능한 정보는 '스마트 정부'의 근본적인 토대가 된다.

4. 한국의 공공데이터 개방

1) 개관: 개념, 등장 배경 및 연혁

정부는 보유하고 있는 정보를 적극적으로 개방하여 국민과 공유함으로써 소통과 협력을 확대하기 위하여 공공데이터 개방을 적극적으로 추진하기 시작하였다. 한국의 공공데이터 개방은 국가기관, 지방자치단체 및 공공기관이 보유, 관리하는 데이터(DB, 전자화된 파일)를 민간에서 활용할 수 있도록 개방, 제공하는 것을 의미한다. 좀 더 구체적으로 공공데이터 개방에서 '개방'의 의미는 공공기관이 이용자에게 (1) 정보를 재활용할 수 있도록 제공하고, 제공받은 정보를 (2) 상업적, 비영리적으로 이용할 권한을 부여하는 것을 의미한다. 행정정보공개제도가 국민의 알권리 충족과 행정투명성 제고에 목적이 있다면 공공데이터 개방은 공공정보의 민간활용을 통한 국민 편의 향상과 신규 비즈니스 및 일자리 창출 등을 목적으로 한다.[4]

2) 공공데이터법

정부는 2013년 7월에 「공공데이터의 제공 및 이용 활성화에 관한 법률」(이하 공공데이터법)을 제정하고 10월부터 시행하였다. 공공데이터법에 따르면, 공공데이터는 데이터베이스, 전자화된 파일 등 공공기관이 법령 등에서 정하는 목적을 위하여 생성 또는 취득하여 관리하고 있는 광光 혹은 전자적 방식으로 처리된 자료 또는 정보로서 다음과 같은 대상을 지칭한다.

① 「전자정부법」에 따른 행정정보
② 「국가정보화 기본법」에 따른 정보 중 공공기관이 생산한 정보

4 공공데이터전략위원회 홈페이지(odmc.or.kr)

③ 「공공기록물 관리에 관한 법률」에 따른 전자기록물 중 대통령령으로 정하는 전자기록물

④ 그 밖에 대통령령으로 정하는 자료 또는 정보

따라서, 공공데이터는 개별 공공기관이 일상적 업무 수행의 결과물로 생성 또는 수집·취득한 다양한 형태(텍스트, 수치, 이미지, 동영상, 오디오 등)의 모든 자료 또는 정보를 대상으로 하며, '기계 판독이 가능한 형태'로 '제공'되어야 한다. 여기에서 '기계 판독이 가능한 형태'는 소프트웨어로 데이터의 개별 내용 또는 내부구조를 확인하거나 수정, 변환, 추출 등 가공할 수 있는 상태를 의미하고, '제공'은 공공기관이 사용자로 하여금 기계 판독이 가능한 형태의 공공데이터에 접근할 수 있게 하거나 이를 다양한 방식으로 전달하는 것을 의미한다.

공공데이터법에 따르면, 공공데이터의 제공 및 활용의 기본원칙은 다음과 같다. 첫째, 공공기관은 누구든지 공공데이터를 편리하게 이용할 수 있도록 노력해야 하고, 이용권의 보편적 확대를 위하여 필요한 조치를 취해야 한다. 둘째, 공공기관은 공공데이터에 관한 국민의 접근과 이용에 있어서 평등의 원칙을 보장해야 한다. 셋째, 공공기관은 정보통신망을 통해 일반에 공개된 공공데이터에 관하여 공공데이터의 제공 중단에 해당하는 경우를 제외하고는 이용자의 접근제한이나 차단 등 이용을 저해하는 행위를 하지 않아야 한다. 넷째, 공공기관은 다른 법률에 특별한 규정이 있는 경우 또는 공공데이터의 제공 중단에 해당하는 경우를 제외하고는 공공데이터의 영리적 이용인 경우에도 이를 금지 또는 제한하지 않아야 한다. 다섯째, 이용자는 공공데이터를 이용하는 경우 국가안전보장 등 공익이나 타인의 권리를 침해하지 않도록 법령이나 이용조건 등에 따른 의무를 준수해야 하고, 신의에 따라 성실하게 이용해야 한다.

공공데이터에 관한 정부의 주요 정책과 계획을 심의·조정하고 그 추진사항을 점검·평가하기 위하여 국무총리 소속으로 공공데이터전략위원회를 둔다. 공공데이터전략위원회는 공공데이터의 제공 및 이용 활성화에 관한 기본계획, 공공데이터의 제공 및 이용 활성화에 관한 시행계획의 수립·변경에 관한 사항 등을 심의한다. 정부는 공공데이터의 제공 및 이용 활성화에 관한 기본계획을 수립해야 하고, 기본계획은 행정안전부 장관이 과학기술정보통신부 장관과 협의하여 3년마다 국가 및 각 지방자치단체의 부문계획을 종합하여 수립하며, 전략위원회의 심의·의결을 거쳐 확정한다. 국가와 지방자치단체장은 기본계획에 따라 매년 공공데이터의 제공 및 이용 활성화

[그림 10.3] 공공데이터 개방 범정부 추진체계

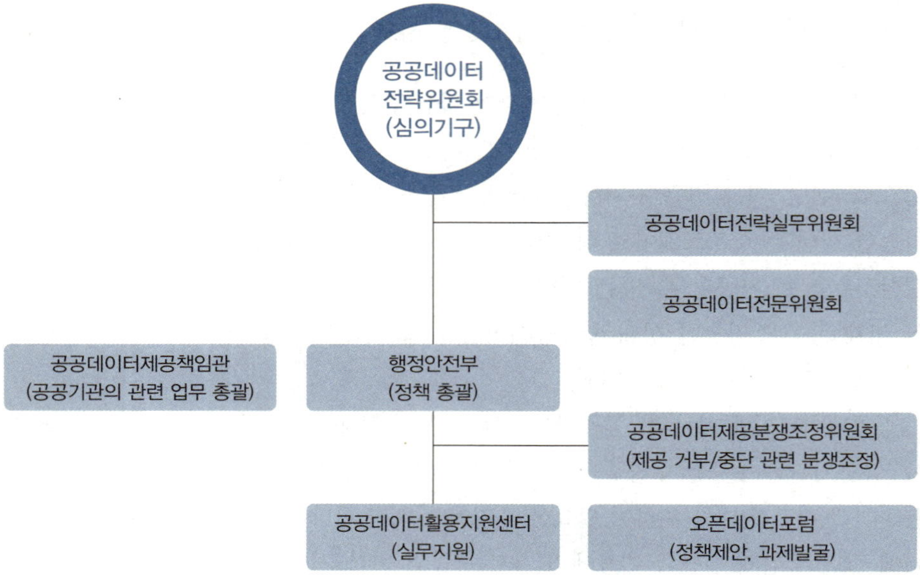

출처: 공공데이터전략위원회(https://www.odmc.or.kr/user/nd92501.do)

에 관한 시행계획을 수립하여야 한다. 중앙행정기관장과 지방자치단체장은 시행계획을 전략위원회에 제출하고, 전략위원회의 심의·의결을 거쳐 시행하여야 한다. [그림 10.3]은 공공데이터 개방 범정부 추진체계를 도식화한 것이다.

행정안전부 장관은 공공데이터의 효율적인 제공을 위하여 통합제공시스템(공공데이터 포털)을 구축·관리하고 활용을 촉진해야 한다. 행정안전부 장관은 공공기관장에게 공공데이터 포털의 구축과 운영에 필요한 공공데이터의 연계, 제공 등의 협력을 요청할 수 있다. 이 경우 요청을 받은 공공기관의 장은 특별한 사유가 없는 한 이에 따라야 한다. 공공데이터를 이용하고자 하는 자는 공표된 제공 대상인 공공데이터의 경우 소관 공공기관이나 공공데이터 포털 등에서 제공받을 수 있다. 다만, 공표된 제공 대상인 공공데이터 목록에 포함되지 않는 공공데이터의 경우 별도의 제공신청이 실시되어야 한다. 공공기관장은 해당 기관이 개발·제공하고 있거나 개발 예정인 서비스에 관련 공공데이터가 포함되어 있다는 사유로 공공데이터의 제공을 거부하지 않아야 한다. 공공기관장은 이용자의 요청에 따라 추가적으로 공공데이터를 생성하거나

[그림 10.4] 공공데이터 공표 절차

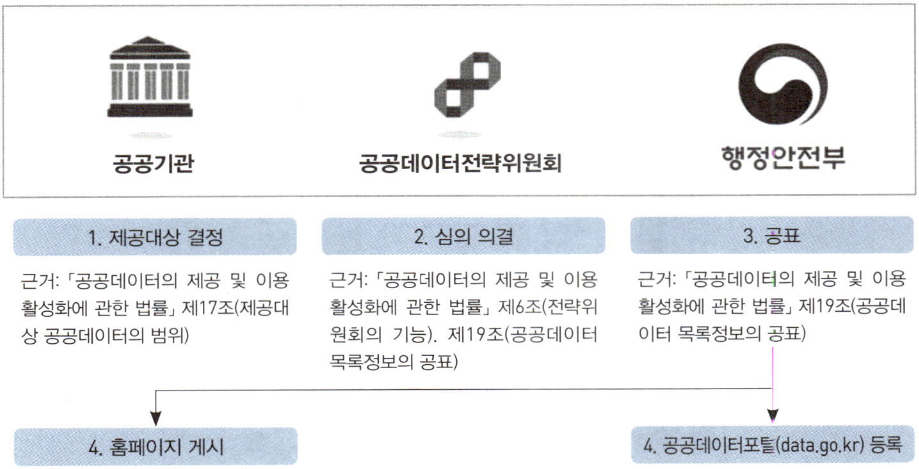

출처: 공공데이터전략위원회(https://www.odmc.or.kr/user/nd92501.do)

변형 또는 가공, 요약, 발췌하여 제공할 의무를 지지 않는다. [그림 10.4]는 공공데이터 공표 절차를 도식화한 것이다.

제공 대상인 공공데이터 목록에 포함되지 않는 공공데이터를 제공받고자 하는 이용자는 대통령령으로 정하는 바에 따라 소관 공공기관장 또는 공공데이터활용지원센터에 공공데이터 제공을 신청해야 한다. 공공데이터활용지원센터는 공공데이터 제공신청이 있는 경우 이를 즉시 소관 공공기관에 이첩하여야 한다. 제공 요청을 받은 공공기관장은 해당 공공데이터가 공공데이터의 제공 중단에 해당하는 정보를 포함하고 있는지를 검토하여 요청을 받은 날부터 10일 이내에 제공 여부를 결정하여야 한다. 공공기관장은 부득이한 사유로 규정된 기간 이내에 제공 여부를 결정할 수 없는 때는 그 기간의 만료일 다음 날부터 기산하여 10일 이내의 범위에서 제공 여부 결정기간을 연장할 수 있다. 이 경우 공공기관의 장은 연장된 사실과 연장 사유를 신청인에게 지체 없이 통보해야 한다. 공공기관장은 제3항에 따라 공공데이터의 제공을 결정한 때에는 지체 없이 제공방법·절차 등을 신청인에게 통지하고, 제18조에 따른 공공데이터 목록을 등록하여야 한다. 공공기관장은 제3항에 따라 공공데이터의 제공거부결정을 한 때에는 지체 없이 거부결정의 내용과 사유를 신청인과 행정안전부 장관에게 통보해야 한다. 공공기관의 공공데이터 제공거부 또는 중단을 통보받은 경우, 공공데이

[그림 10.5] 공공데이터 공표 절차

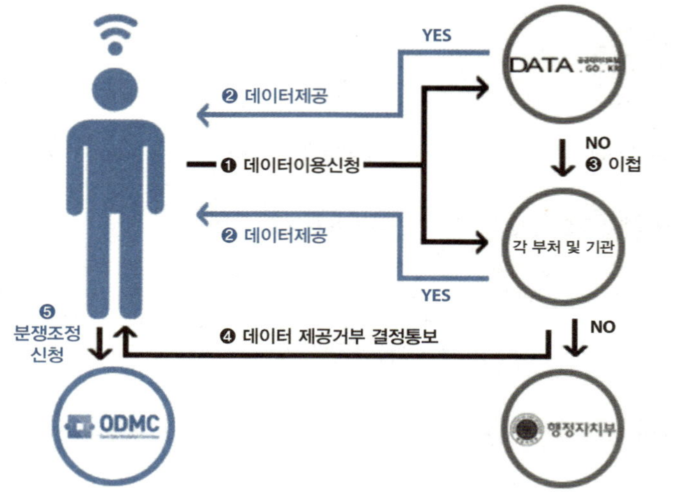

공공데이터의 제공 및 중단을 통보 받은 이후 60일 이내에 분쟁조정위원회에 분쟁조정 신청 가능

출처: 공공데이터 포털(https://www.data.go.kr/guide/guide/guide.do)

터제공분쟁조정위원회에 분쟁조정신청이 가능하다. [그림 10.5]는 공공데이터 공표 절차를 도식화한 것이다.

3) 공공데이터 개방 현황 및 연차별 변화

공공데이터 개방에 대한 성과는 다음과 같다(관계부처 합동, 2019). 첫째, 공공데이터 개방의 내용과 범위가 대폭적으로 확대되었다. 2018년 전체 공공기관(약 780개)을 대상으로 하는 공공데이터 보유 현황 전수조사가 실시되었고, 그 결과에 따라 32,743건의 데이터집합이 공공데이터로서 개방되었다([그림 10.6] 참조). 공공데이터로서 개방된 데이터집합의 누적 건수는 2016년 21,358건, 2017년 24,588건, 2018년 28,400건, 2019년 32,743건이다. 전체 공공데이터 중에서 사회경제적으로 파급효과가 높은 국가중점데이터(예: 부동산실거래가 정보, 상권 정보, 건축물 정보에 관한 데이터)의 경우, 96개 분야에서 492건의 데이터집합이 개방되었다. 국가중점데이터로서 개방된 데이터집합의 누적 건수는 2016년 33건, 2017년 48건, 2018년 77건, 2019년 96건이다.

[그림 10.6] 공공데이터 개방 현황 (단위: 건)

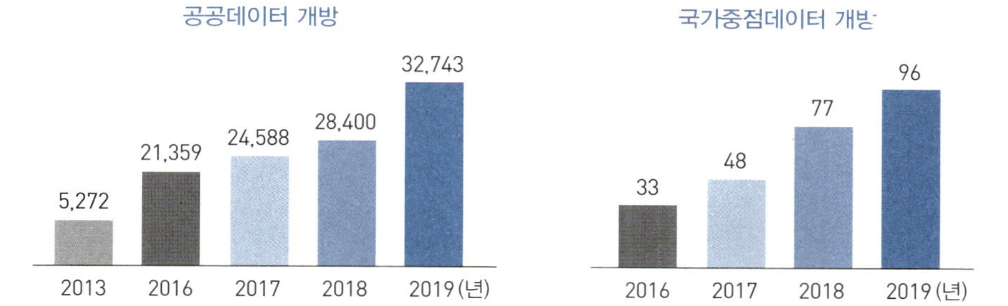

출처: 관계부처 합동(2019)

[그림 10.7] 공공데이터 활용 현황 (단위: 건)

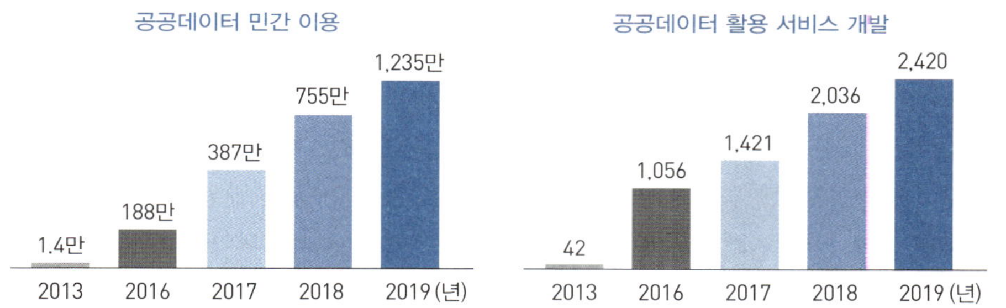

출처: 관계부처 합동(2019)

둘째, 공공데이터 민간 이용 및 창업 활성화가 이루어졌다. 공공데이터 포털을 통한 데이터 민간 이용은 1,200만 건 이상을 기록하였다([그림 10.7] 참조). 공공데이터 활용 누적 건수는 2016년 188만 건, 2017년 387만 건, 2018년 755만 건, 2019년 1,235만 건이다. 또한, 공공데이터를 활용한 민간서비스 2,420건이 개발되었다. 공공데이터 민간 활용 서비스 건수는 2016년 1,056건, 2017년 1,421건, 2018년 2,036건, 2019년 2,420건이다. 공공데이터 민간 활용 서비스의 사례는 '아이엠스쿨'(학교공지, 가정통신문 등 학교 알림장 정보 제공), '직방'(원룸, 아파트, 오피스텔 등 부동산 매물 및 전월세 증보 제공) 등이다. 또한 공공데이터를 활용한 창업 활성화 및 성장이 지원되었다. 공공데이터 활용 및 창업 지원 공간 '오픈스퀘어-D'가 2016년 서울, 2017년 부산, 2018년 강원·대전, 2019년 대구·광주에서 개소 및 운영되었고, 전문기관 협업을 통해 공공데이터 활용

[그림 10.8] 공공데이터 표준 현황

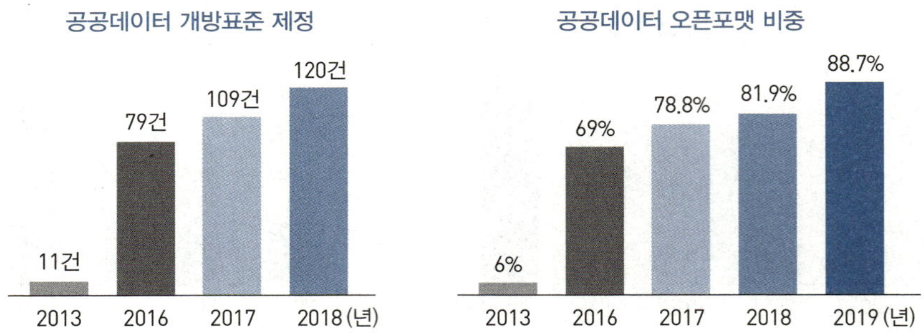

출처: 관계부처 합동(2019)

기업에 대한 종합적인 지원이 이루어졌다(13개 기관 협업, 77개 기업 130건 지원).

셋째, 공공데이터 표준화 등 데이터 관리 체계가 마련되었다. 민간 수요가 높은 다수기관이 공동으로 보유하고 있는 데이터(예: 주차장, 공중화장실, 지진해일대피소 등 전국 단위 통합 개방 시 파급효과가 높은 데이터)의 개방 표준 120종이 제정되었다([그림 10.8] 참조). 공공데이터 개방 표준 누적 건수는 2014년 11건, 2016년 79건, 2017년 109건, 2018년 120건이다. 또한, 개방된 공공데이터 중에서 기계 판독이 가능한 오픈 포맷 형태의 공공데이터 비중 88%를 확보하였다. 공공데이터 오픈 포맷 비중은 2013년 6%, 2016년 69%, 2017년 78.8%, 2018년 81.9%, 2019년 88.7%이다.

넷째, 공공데이터 국제평가 수준이 상승하였다. 한국은 OECD 공공데이터 평가에서 3회 연속 세계 1위를 달성하였다(2015년, 2017년, 2019년). OECD 공공데이터 평가 지

[그림 10.9] 공공데이터 국제평가 현황

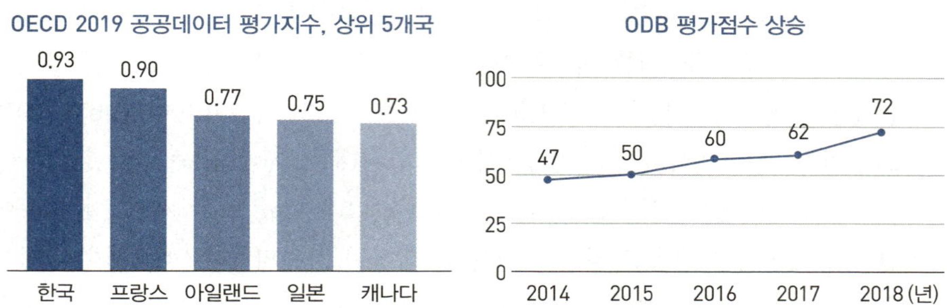

출처: 관계부처 합동(2019)

수는 한국(0.93), 프랑스(0.90), 아일랜드(0.77), 일본(0.75), 캐나다(0.73) 순으로 나타났다([그림 10.9] 참조). 또한, 한국은 WWW WorldWideWeb 재단 ODB Open Data Barometer 평가에서 세계 상위 4개 집단(챔피언 그룹)에 속하는 성과를 달성하였다. 한국의 ODB 평가 순위는 2015년 17위, 2016년 8위, 2017년 5위, 2018년 4위이다.

Ⅳ

분석: 공공데이터 개방의 결정 요인 – 지방자치단체의 경험을 중심으로

1. 이론적 배경: 데이터 개방의 장애 요인과 성공 요인

데이터 개방의 장애 요인들과 성공 요인들은 다음과 같이 4개의 범주들로 구분될 수 있다: (1) 정보·기술 요인, (2) 조직·관리 요인, (3) 제도·정치 요인, 그리고 (4) 맥락·환경 요인(Gil-Garcia & Sayogo, 2016; Gil-Garcia & Pardo, 2005).

첫째, 정보·기술 요인은 데이터 개방에 영향을 미치는 정보·기술 품질 혹은 특성을 포함한다(Petter, DeLone, & McLean, 2008; DeLone & McLean, 2003; Landsbergen Jr. & Wolken Jr., 2001; Dawes, 1996; Kim, 1995; Andersen & Dawes, 1991). 예를 들어, 데이터 개방 성공은 기술적인 기반시설의 이용가능성, 기술적 호환성, 정보보안과 정보보호 수준에 달려 있다. 또한, 데이터 개방 시스템이 사용되는 정도(예: 접근 가능성, 정보 유용성)와 이질적인 정보시스템이 통합되는 정도는 데이터 개방 성공에 영향을 미친다.

둘째, 조직·관리 요인은 데이터 개방에 영향을 미치는 조직의 특성, 과정, 구조, 그리고 관계로 구성된다(Klievink & Janssen, 2009; Korean Agency for Digital Opportunity & Promotion, 2009; Kwon, Pardo, & Burke, 2009; Gil-Garcia, Chengalur-Smith, & Duchessi, 2007; Lee & Kim, 2007; Fedorowicz, Gogan, & Williams, 2007). 예를 들어, 데이터 개방 성공은 조직구조(조직 간 의사소통 채널, 정보 흐름에 영향을 미치는 중앙집중화), 재정적인 자원의 규모, 리더십, 그리고 외부 자문위원들의 관여에 달려 있다. 또한, 정보시스템의 공유를 위한 조건들(사용자 중심적인 업무 전산화의 정도, 관련 기관들과 정보통신기술을 사용하는 능력, 직업 교육·훈련, 관련 기관들 간의 업무 협력체제, 최고경영진의 적극적인 지원과 의지)은 데이터 개방 성공에 영향을 미친다.

자원의존이론에 따르면, 조직의 정보기술 역량은 조직성과의 증가를 이끄는 핵심적인 요인이다. Bharadwaj(2000)는 정보기술 기반 자원을 유형 자원(정보기술 기반시설, 정보기술 인적 자원)과 무형 자원(지식 자산, 고객 지향, 시너지)으로 분류하고, 조직의 정보기술 역량을 정보기술 기반 자원을 동원·배치하는 능력 혹은 정보기술 기반 자원 및 역량과 여타의 자원 및 역량을 처리하는 능력으로 정의한다. 이와 유사하게, Ross Beath와 Goodhue(1996)는 정보시스템 자원을 인적 자원(예: 문제 해결 방향), 기술 자원(예: 하드웨어 및 소프트웨어), 관계 자원(예: 리스크 관리)으로 분류하고, 조직의 정보기술 역량을 기획, 비용 효과적인 운영, 그리고 반응성을 위한 조직 능력으로 정의한다.

셋째, 제도·정치 요인은 개인의 행동을 촉진하거나 제한하고, 그럼으로써 데이터 개방에 영향을 미치는 법률과 규범을 아우른다(Lee & Eom, 2014; Fourtain, 2013; 2016; Gil-Garcia, 2012a; 2012b). 예를 들어, 데이터 개방 성공은 제도적 정당성(예 고위급 정치인의 정보 프로젝트 참여), 정치인이 (프로젝트 참여자들 간의 존경과 신뢰 형성에 영향을 미치는) 권력을 행사하는 방식, 그리고 공공조직들을 둘러싼 정치적 환경(예: 정보 프로젝트에 참여하는 조직들 간의 이해관계의 충돌)에 달려 있다. 또한, 정치적·사회적 지원, 정보 소유를 둘러싼 권력관계, 책임성과 반응성을 확보하기 위한 공개적인 조사와 성과 평가, 그리고 사생활 보호를 보장하기 위한 법적 기반은 데이터 개방 성공에 영향을 미친다.

정보기술의 제도이론에 따르면, 정부의 맥락에서의 법령, 규정, 여타의 인지적, 문화적, 혹은 사회구조적 제약으로 정의되는 제도 혹은 제도배열은 공공부문에서의 정보기술의 채택과 활용에 있어서 지침이자 제약으로 작용한다(Lassinantti *et al.*, 2014). Fountain(2004)에 따르면, 조직이나 조직 행위자들은 그들을 둘러싼 환경으로부터 합법성을 획득하고 장기적 생존을 보장하기 위하여 제도적인 합의를 준수하는데, 이는 제도배열이 정보기술의 설계, 활용, 그리고 결과에 영향을 미치는 방식을 설명한다.

넷째, 맥락·환경 요인은 데이터 개방에 영향을 미치는 조직의 운영이 배태된 요인들을 포함한다(Gil-Garcia & Sayogo, 2016; Yang & Maxwell, 2011; Gil-Garcia & Pardo, 2005). 예를 들어, 데이터 개방 성공은 정치적, 경제적, 그리고 사회적 환경(예: 정보기술사업의 촉진 요인과 장애 요인으로서의 공간적인 환경, 경제적 조건, 인구통계학적 특성)과 정보기술사업에 참여하는 다양한 조직들의 지속적인 관여를 가능하게 만드는 신뢰받는 사회연결망에 달려 있다. 이에 더하여, 협력의 가치를 인정하는 문화는 데이터 개방에 대하여 비공식적인 유인을 제공하는 반면, 협력의 가치를 인식하는 문화의 결여는 데이터 개방을 촉진하기 위한 다른 종류의 유인(예: 재정적 동기)을 제공해야 할 필요성을 불러일으킨다.

환경결정론은 데이터 개방사업과 전자정부사업에 대한 맥락·환경 요인의 중요성을 더욱 넓은 의미에서 포착한다. 환경결정론에 따르면, 환경적 요인 혹은 상황적 요인은 조직 특성을 형성하고, 따라서 정보기술의 채택과 활용의 궁극적인 결과에 영향을 미친다. 극단적으로, 일부 환경결정론자들은 종종 환경적인 요인이 모든 것을 설명하고 관리적인 요인과 제도적인 요인을 무력화한다고 주장한다(Kraemer *et al.*, 1989). 이러한 환경적인 요인은 정치, 경제, 사회 및 인구통계학적 요인을 포함한다. 특히, 실증분석 결과는 경제적인 요인(예: 경제성장, 소득)과 인구통계학적 요인(예: 연령, 성별, 문화, 종교)이 정부 정보기술사업의 결과에 큰 영향을 미치는 것으로 분석한다.

2. 선행연구의 검토: 지방자치단체의 데이터 개방 성공의 결정 요인

지방자치단체의 데이터 개방 성공의 결정 요인에 관한 문헌에 따르면, 조직·관리 요인들과 제도·정치 요인들이 주로 데이터 개방의 성공 요인들인 반면, 정보·기술 요인들과 맥락·환경 요인들은 주로 데이터 개방의 실패 요인들이다(Kim, 2013; Yoon, 2012; Moon, 2009; Han & Kang, 2007; Kim & Oh, 2007; Han & Kim, 2003). 예를 들어, 지방정부들 간의 협력사업을 담당하는 공무원들이 인식하는 협력사업의 성공 요인들은 보조금 지원, 재정적인 혜택, 관리자의 긍정적인 가치, 이해관계 혹은 권력의 증가, 문제해결 및 서비스의 개선, 내부역량의 보완, 협력 정보에 대한 사전 공개, 그리고 법률에 명문화된 협력이다. 반면, 지방정부의 정보화를 담당하는 공무원이 인식하는 데이터 개방사업을 포함한 지역정보화사업의 실패 요인들은 정보담당관의 역량의 결여, 정보시스템 구축에 대한 평가 혹은 환류의 부족, 그리고 정보시스템의 유지·보수 및 관리의 소홀이다.

하지만, 지방자치단체의 데이터 개방 성공의 결정 요인에 대한 문헌들은 다음과 같은 한계와 후속 연구의 필요성을 지니고 있는 것으로 보인다. 첫째, 지방자치단체의 데이터 개방에 대한 대부분의 문헌은 종속변수와 다양한 독립변수들 간의 직접적인 관계를 분석하는 데 초점을 맞춘다. 종속변수와 다양한 독립변수들 간의 직접적인 관계에 초점을 맞추는 것은 데이터 개방 성공의 결정 요인들 간의 상호연결성 혹은 상호의존성을 간과할 가능성이 있고, 그럼으로써 데이터 개방을 둘러싼 인과관계의 역동성을 놓칠 수 있는데, 그 이유는 데이터 개방 성공의 결정 요인들은 매우 다양한 방식으로 상호 간에 긴밀하게 연관되어 있기 때문이다. 그러므로, 지방자치단체의 데이터 개방과 그 영향 요인을 분석하기 위하여, 종속변수와 다양한 독립변수들 간의 직접적인 관계에 대한 분석은 물론이고, 결과와 연관되어 있는 인과적 조건들의 결합을 발견하고 그럼으로써 지방자치단체에서 발견되는 데이터 개방 현상의 보편성과 특수성을 포착하는 연구가 필요하다.

둘째, 지방자치단체의 데이터 개방에 대한 대부분의 문헌은 방법론적 측면에서 개인을 분석 단위로 선정하고 응답자들의 인식을 조사하는 설문조사를 실시하는데(Kim, 2013; Kim & Oh, 2007), 이는 데이터 개방 성공의 결정 요인을 분석하기 위한 변수 중심 전략을 실행하는 수단이다. 하지만, 데이터 개방에 대한 응답자들의 인식은 데이터 개방의 실제 상태와 동일하지 않을 가능성이 있다. 또한, 개인들에 대한 대규모 표본으로부터 도출되는 연구 결과는 변수 중심 전략에 대한 제약(예: 단선적인 인과관계의 모형화, 전체 사례들의 동질성의 가정) 때문에 소규모 표본으로부터 도출될 수 있는 여타의 특유한 연구 결과를 포착하지 않을 가능성이 있다. 그러므로, 지방자치단체의 데이터 개방과 그 영향 요인을 분석하기 위하여, 기관들에 대한 대규모 표본을 통한 변수 중심 전략은 물론이고, 기관들에 대한 소규모 표본을 통한 사례 중심 전략을 채택하는 연구가 필요하다.

3. 한국 광역자치단체의 데이터 개방 결정 요인 분석: 퍼지집합분석의 적용

1) 분석틀: 데이터 개방 수준 결정 요인

이 연구는 퍼지집합분석을 통해 한국 광역자치단체들의 데이터 개방 수준에 영향을 미치는 다차원적 요인들 간의 조합을 분석하는 데 그 목적이 있다. 전통적인 통계분석을 채택하는 대신 퍼지집합분석을 채택한 이유는 다음과 같다(Andrews, Beynon, & McDermott, 2015). 첫째, 통계분석은 결과의 발생 가능성에 대한 변수의 독립적인 효과를 확인하는 것을 목표로 하지만, 이 연구는 결과와 관련된 조건들의 인과적 조합을 확인하는 것을 목표로 한다. 둘째, 통계분석은 연구자가 이론적 증거로부터 일련의 가설들을 세우고 그것들이 지지되는지 여부를 검증하는 연역적 접근법을 전제로 하지만, 이 연구는 이론을 검증하기보다는 이론을 생성하는 것을 목표로 하는 귀납적 접근을 전제로 한다. 바꾸어 말하면, 이 연구는 일련의 가설들을 세우고 그것이 지지되는지 여부를 확인하기보다는 다차원적인 요인들의 결과적인 조합들을 분석하는 것을 목표로 한다. 셋째, 통계분석은 보통 개인을 분석 단위로 설정하고 대규모 설문 데이터survey data를 기반으로 하지만, 이 연구는 지방정부를 분석 단위로 설정하고 소규모 경성 데이터hard data를 기반으로 한다. 마지막으로, 통계분석은 보통 많은 독립변수들과 하나 이상의 종속변수를 필요로 하지만, 이 연구는 간명하고 포괄적인 설명을 전달하기 위하여 단지 4개의 조건들과 1개의 결과만 채택한다. 따라서, 퍼지집합분석은 이 연구에서 방법론으로서 통계분석에 비해 더욱 적절하다.

이 연구에서 결과는 데이터 개방 수준이다. 데이터 개방 수준은 각 광역자치단체의 보유데이터 대비 공유데이터의 비중으로 측정된다. 보유데이터는 각 광역자치단체가 보유하고 있는 공공데이터 집합set의 수의 총합을 의미하고, 공유데이터는 각 광역자치단체가 보유하고 있는 공공데이터 집합 중에서 시민들에게 전체적으로 혹은 부분적으로 공개되고 있는 공공데이터 집합의 수의 총합을 의미한다. 각 광역자치단체는 동일한 표준에 따라 공유데이터와 보유데이터를 집계하므로, 공유데이터와 보유데이터의 비율은 데이터 개방 수준의 적절한 척도가 될 것으로 예상된다. 데이터 개방 수준은 정부데이터가 개방되는 정도(공급 측면의 강조) 또는 개방된 정부데이터가 사용되는 정도(수요 측면의 강조) 등의 지표로도 측정될 수 있다. 다만, 이 연구는 데이터 개방이 현재 한국에서 초기 단계이기 때문에, 데이터의 개방 수준의 척도로서 보유데이터 대비 공유데이터의 비중을 채택한다.

이 연구에서 선택된 조건들은 기술적 상호운용성, 재정투자, 제도적 지원, 그리고 경제규모로 구성된다. 첫째, 기술적 상호운용성은 각 광역자치단체의 전체 파일포맷 대비 3단계 이상 오픈파일포맷 비중으로 측정된다. 전체 파일포맷은 공공데이터 포털(http://data.go.kr)에 공개된 파일 수의 총합을 의미하고, 3단계 이상 오픈파일포맷은 공공데이터 포털에 공개된 파일 중에서 사용자에 의한 수정과 편집이 용이한 'open API' 파일 수의 총합을 의미한다. 정보기술사업에 있어서 기술적 비호환성은 주요한 장애 요인일 뿐만 아니라, 기술의 새로움과 복잡성 또한 정보기술사업의 결과에 영향을 미칠 수 있는 제약 요인이다(Gil-Garcia, 2012a; Ubaldi & Roy, 2010; Eynon & Margetts, 2007). 시민들에 의한 정부 정보의 손쉬운 수정은 정보의 원활한 교환을 보장하는 능력과 연관되기 때문에, 전체 파일포맷 대비 3단계 이상 오픈파일포맷 비중은 기술적 상호운용성의 적절한 지표가 될 것으로 예상된다.

둘째, 재정투자는 각 광역자치단체의 전체 예산 대비 정보화 예산 비중으로 측정된다. 재정적 자원의 제한된 이용가능성은 정보공유사업의 실패의 가장 명백한 이유들 중의 하나이다. 재정적 자원이 없다면, 지식과 정보 공유의 기반이 되는 협업을 시작하고 유지하는 일은 매우 어렵다(Gil-Garcia & Sayogo, 2016; Sanderson *et al.*, 2015; Yang & Maxwell, 2011; Gharawi & Dawes, 2010). 전자정부와 공개 데이터에 관한 문헌은 공공기관이 예산을 지원하고 강화하는 역량이 정보기술과 정보시스템 발전의 필수적인 요인임을 제시하고 있기 때문에, 전체 예산 대비 정보화 예산 비중은 재정투자의 적절한 지표가 될 것으로 예상된다.

셋째, 제도적 지원은 각 광역자치단체의 정보화담당관 수의 총합으로 측정된다. 조직의 행위자에게 지침이 되거나 조직의 행위자를 제한하는 법률, 규범, 그리고 의미체계로 간주될 수 있는 제도 또는 제도배열은 공공조직에서 정보기술을 선택, 설계, 실행, 그리고 사용하는 방법을 이해하는 데 있어서 핵심적인 요소이다(Gil-Garcia, 2012a; Criado, 2010; Currie, 2009; Fountain, 2008; Heeks & Bailure, 2007; Scott, 2001). 정보기술과 정보시스템 발전에 전문화된 인력의 제도화는 정보기술과 정보시스템의 성공적인 도입과 활용의 가능성을 높이기 때문에, 정보화담당관의 수의 총합은 제도적 지원의 적절한 지표가 될 것으로 예상된다.

마지막으로, 경제규모는 각 광역자치단체의 지역내총생산GRDP으로 측정된다. 지역내총생산은 일정한 기간 동안 일정한 지역에서 생산된 상품과 서비스의 가치를 시장가격으로 평가한 수치이다. 전자정부 문헌에 따르면, 정부 총수입 및 총부채와 같은 한 지역 또는 한 국가의 전반적인 경제 상황은 정부 정보기술사업 결과의 중요한 결정 요인들 중의 하나이다(West, 2005; Holden *et al.*, 2003; Brown & Brudney, 1998). 지역내총생산은 한 지역의 경제규모 혹은 생활수준을 측정하는 지표로 널리 사용되고 있기 때

〈표 10.9〉 결과와 조건들의 측정과 출처

	개념적 정의	조작적 정의	출처	연도
결과	데이터 개방 수준	(공유데이터 집합 / 보유데이터 집합) × 100	공공데이터전략위원회 (http://www.odsc.go.kr/)	2015
조건들	기술적 상호운용성	(3단계 이상 오픈파일포맷 / 전체 파일포맷) × 100	공공데이터전략위원회 (http://www.odsc.go.kr/)	2014
	재정 투자	(정보화 예산 / 전체 예산) × 100	2014지역정보화백서 (http://www.klid.or.kr/) 지방재정365 (http://lofin.moi.go.kr/)	2013
	제도적 지원	정보화담당관들의 수의 총합	정보공개 청구자료 [Jeong, Kim, & Eom (2016)]	2015
	경제 규모	지역내총생산(GRDP)	국가통계포털 (http://kosis.kr)	2014

문에 경제규모의 적절한 지표가 될 것으로 예상된다. 〈표 10.9〉는 이 연구에서 선정된 결과와 조건들의 측정과 출처를 보여준다.

2) 분석방법: 퍼지집합분석

가. 퍼지집합분석

결과와 연관되어 있는 인과적 조건들의 조합을 확인하기 위하여, 이 연구는 퍼지집합분석을 채택한다. 퍼지집합분석은 기존의 통계분석과 달리 결과의 발생 가능성에 변수가 미치는 독립적인 영향을 분석하지 않는 대신, 관심의 대상인 결과와 연관된 핵심 속성들의 인과적 조합을 분석하는 것을 전제로 한다. 퍼지집합분석은 다음과 같은 절차를 통해 실시된다(Jung, 2012; Ragin, 2000). 첫째, 연구자는 인과관계에 대한 이론적 근거를 바탕으로 결과변수와 원인변수를 선정한다. 선정된 각 변수는 개념으로서의 집합을 구성한다.

둘째, 연구자는 각 변수의 기초자료에 대한 퍼지소속점수fuzzy membership score를 계산한다. 각 변수의 기초자료는 간접방법indirect method 혹은 직접방법direct method을 통해 0에서 1까지의 값을 가지는 퍼지소속점수로 전환된다.

셋째, 연구자는 각 집합에 대한 소속점수를 바탕으로 원인조건 집합의 조합에 대한 소속점수를 계산한다. 배열configuration은 이러한 원인조건집합의 조합을 의미하고, 구성 가능한 배열은 2^n(n=조건들의 수)이다.

넷째, 연구자는 각 원인조건이 결과조건에 대해 필요적인지 혹은 원인배열이 결과조건에 대해 충분한지 검증하고, 유의한 배열들을 결과로 제시한다. 필요조건과 충분조건의 검증에는 하위집합의 원칙subset principle이 적용되는데, 이는 '집합 X의 소속점수가 집합 Y의 소속점수보다 낮거나 같다면 집합 X는 집합 Y의 하위 집합'이라는 것이다. 구체적으로, 결과집합이 원인집합의 하위 집합일 때, 원인조건은 결과조건의 필요조건이 된다. 반대로, 원인집합이 결과집합의 하위 집합일 때, 원인조건은 결과조건의 충분조건이 된다.

다섯째, 결과조건집합과 원인배열 혹은 원인조건집합 간의 관계를 바탕으로 한 분석에서의 관계의 유효성은 두 가지 기준을 통해 검증한다. 먼저, 일관성consistency은 원인조건집합이 결과조건집합의 하위 집합이 되는 정도를 의미한다. 즉, 일관성은 집합 간의 관계가 이론적 진술을 얼마나 지지하는지를 측정한다. 다음으로, 설명력coverage은 원인집합이 결과집합의 참고할 만한 사례가 되는 정도를 의미한다. 즉, 설명력은 각 사례들이 이론적 진술에 의해 얼마나 설명되는지를 측정한다.

나. 퍼지소속점수 측정

앞서 언급된 바와 같이, 퍼지집합분석에서는 각 결과와 조건의 값들이 집합의 퍼지소속점수로 변환되어야 한다. 이 연구는 다음과 같은 방법을 통해 각 변수의 값들을 집합의 퍼지소속점수로 변환하였다. 첫째, 이 연구는 퍼지소속점수를 구성하는 값으로서 0, 0.33, 0.67, 1로 구성된 4개 값 퍼지집합four-value fuzzy sets을 채택하였다. 둘째, 각 변수에서 ① 백분위수 80 이상에 해당하는 값에 1점이 부여되었고, ② 백분위수 80 미만 50 이상에 해당하는 값에 0.67점이 부여되었고, ③ 백분위수 50 미만 20 이상에 해당하는 값에 0.33점이 부여되었고, ④ 백분위수 20 미만에 해당하는 값에 0점이 부여되었다. 〈표 10.10〉은 결과와 조건들의 퍼지소속점수를 제시한다.

〈표 10.10〉 결과와 조건들의 퍼지소속점수

광역 자치단체	결과	조건들			
	데이터 개방 수준	기술적 상호운용성	재정 투자	제도적 지원	경제 규모
서울특별시	1.00	1.00	1.00	1.00	1.00
부산광역시	0.33	0.67	0.67	0.67	0.67
대구광역시	0.00	0.00	0.33	0.33	0.33
인천광역시	0.67	0.33	0.33	0.33	0.67
광주광역시	0.00	0.67	1.00	0.33	0.00
대전광역시	0.33	0.33	0.67	0.33	0.33
울산광역시	1.00	0.00	1.00	0.33	1.00
경기도	0.33	1.00	0.33	1.00	0.00
강원도	0.00	1.00	0.00	0.67	0.33
충청남도	0.67	0.67	1.00	0.67	1.00
충청북도	0.33	0.33	0.33	0.33	0.33
전라남도	0.67	0.33	0.67	0.67	0.67
전라북도	1.00	1.00	0.67	0.33	0.33
경상남도	0.33	0.67	0.33	1.00	1.00
경상북도	0.67	0.00	0.67	1.00	0.67
제주도	1.00	0.33	1.00	0.00	1.00

3) 분석 결과

가. 진리표 분석 결과

분석모형의 설정과 퍼지소속점수의 측정이 완료되면, 진리표truth table를 통해 원인조건의 논리적으로 가능한 조합(배열)이 확인되어야 한다. 진리표는 논리적으로 가능한 배열을 실제 사례를 중심으로 구성하는데, 이를 통해 각 사례와 조건 조합이 확인될 수 있다. 초기의 퍼지소속점수를 토대로 필요조건과 충분조건을 분석한 결과, 일관성의 기준 0.9를 통과한 변수가 존재하지 않는 것으로 확인되었다. 이에 따라, 퍼지집합 조정을 통해 퍼지소속점수에 대한 수정이 실시되었고, 수정된 퍼지소속점수를 통해 필요조건과 충분조건이 도출되었다. 이 연구의 분석 결과는 퍼지집합 조정을 통해 수정된 퍼지소속점수를 토대로 도출되었다.

이 분석에서 4개의 조건들의 존재(혹은 높은 수준) 혹은 부재(혹은 낮은 수준)의 논리적으로 가능한 모든 조합들의 수는 16개(=2^4)이다. 하지만, 높은 데이터 개방 수준과 낮은 데이터 개방 수준에 대한 진리표 분석 결과에 따르면, 2개의 진리표 분석 결과 모두에서 각각 적어도 1개의 실제 사례와의 연관성이 관찰되는 9개의 조합들이 존재한다. 진리표에 포함되지 않은 조합들은 논리적으로 가능하지만 경험적으로 존재하지 않는 조합들이다. 〈표 10.11〉과 〈표 10.12〉는 각각 높은 데이터 개방 수준과 낮은 데이터 개방 수준의 논리적 원인조건들에 대한 진리표를 보여준다.

〈표 10.11〉 높은 데이터 개방 수준의 논리적 원인조건들에 대한 진리표

기술적 상호운용성	재정적 투자	제도적 지원	경제 규모	높은 개방 수준	사례 수	개별 일관성
1	1	1	1	1	3	0.921
0	1	1	1	1	2	0.917
0	1	0	1	1	2	0.909
0	0	0	1	0	1	0.857
1	1	0	0	0	2	0.775
1	0	1	1	0	1	0.775
1	0	1	0	0	2	0.695
0	1	0	0	0	1	0.622
0	0	0	0	0	2	0.620

〈표 10.12〉 낮은 개방 수준의 논리적 원인조건들에 대한 진리표

기술적 상호운용성	재정적 투자	제도적 지원	경제 규모	낮은 개방 수준	사례 수	개별 일관성
0	0	0	0	1	2	1.000
0	1	0	0	1	1	1.000
1	0	1	0	1	2	0.900
1	0	1	1	0	1	0.889
0	0	0	1	0	1	0.853
1	1	0	0	0	2	0.775
0	1	1	1	0	2	0.746
0	1	0	1	0	2	0.632
1	1	1	1	0	3	0.613

높은 데이터 개방 수준의 논리적 원인조건들의 조합에 대한 진리표에서, 재정투자는 높은 데이터 개방 수준과 관련된 3개의 인과적 조건들의 조합들(개별일관성이 0.9 이상인 인과적 조건들의 조합들) 모두에서 존재한다. 유사하게, 경제규모는 높은 개방 수준과 관련된 3개의 인과적 조건들의 조합들(개별일관성이 0.9 이상인 인과적 조건들의 조합들) 모두에서 존재한다. 이는 높은 재정투자와 경제규모가 높은 데이터 개방 수준과 연관되어 있을 가능성이 높음을 시사한다. 반면, 낮은 데이터 개방 수준의 논리적 원인조건들의 조합에 대한 진실표에서, 경제규모는 낮은 데이터 개방 수준과 관련된 3개의 인과적 조건들의 조합들(개별일관성이 0.9 이상인 인과적 조건들의 조합들) 모두에서 부재한다. 이는 낮은 경제규모는 낮은 데이터 개방 수준과 연관되어 있음을 시사한다.

나. 필요조건 분석 결과

결과조건이 존재할 때 항상 어떤 조건이 존재하는 경우, 그 조건을 필요조건이라고 한다. 바꾸어 말하면, 필요조건이 존재하지 않는 경우 결과조건은 발생할 수 없지만, 필요조건이 존재한다고 해서 결과조건이 발생하는 것은 아니다. 일관성을 0.9로 설정한 필요조건 분석에 따르면, 재정투자의 존재 혹은 높은 수준만이 높은 데이터 개방 수준에 대한 필요조건으로 간주된다. 이러한 결과는 높은 데이터 개방 수준이 발생하기 위해서는 거의 항상 재정투자가 필요하다는 것을 의미한다(0.919). 반견, 일관성을 0.9로 설정한 필요조건 분석은 낮은 데이터 개방 수준이 발생하는 데 필요한 조건을 식별하지 않는다. 〈표 10.13〉은 필요조건 분석 결과를 제시한다.

〈표 10.13〉 필요조건 분석 결과

	높은 개방 수준		낮은 개방 수준	
	일관성	설명력	일관성	설명력
기술적 상호운용성	0.637	0.637	0.694	0.639
~기술적 상호운용성	0.639	0.694	0.606	0.606
재정적 투자	**0.919**	0.766	0.649	0.498
~재정적 투자	0.397	0.551	0.694	0.888
제도적 지원	0.678	0.628	0.693	0.591
~제도적 지원	0.559	0.664	0.564	0.617
경제규모	0.879	0.785	0.518	0.426
~경제규모	0.357	0.446	0.739	0.850

주: '~' 는 조건의 부재 혹은 낮은 수준을 의미한다.

다. 충분조건 분석 결과

원인조건집합이 결과조건집합의 하위 집합이 되는 경우, 그 원인조건을 충분조건이라고 한다. 더욱 직관적으로 설명하자면, 충분조건이 존재하는 경우 결과조건은 확실하게 발생한다. 또한, 단일한 조건만으로 어떤 결과조건이 발생하는 데 충분한 경우가 많지 않기 때문에, 충분조건은 여러 가지의 충분조건이 함께 작용하는 복합적인 것으로 나타날 수 있다. 이에 더하여, 결과조건에 대한 충분조건으로서의 배열은 1개가 아니라 2개 이상일 수 있다. 다시 말하면, 결과조건을 확실하게 발생시키는 충분조건의 조합이 2개 이상 존재할 가능성이 있다.

〈표 10.14〉에서, H1과 H2는 높은 데이터 개방 수준에 충분한 조합들인 반면, L1과 L2는 낮은 데이터 개방 수준에 충분한 조합들이다. 이러한 조합들 안에서, 빈 공간이 없는 원은 조건의 존재 혹은 높은 수준을 나타내는 반면, 빈 원은 조건의 부재 혹은 낮은 수준을 나타낸다. 또한, 큰 원은 간명하고parsimonious 복잡한complex 결합식의 일부인 핵심적인 조건을 나타내는 반면, 작은 원은 복잡한 결합식에서만 발생하는 주변적인 조건을 나타낸다. 개별설명력raw coverage은 각 원인경로가 데이터 개방 수준을 설명하는 데 있어서 개별적인 설명력을 의미한다. 구분설명력unique coverage은 다른 원인경로와 구분되는 각 원인경로의 독자적인 설명력의 범위를 의미한다. 일관성consistency은 각 결합식의 일관성을 의미한다. 결합식 설명력solution coverage과 결합식 일관성solution consistency은 각각 모든 원인경로들이 결합한 결합식의 총설명력과 총일

〈표 10.14〉 충분조건 분석 결과

	높은 데이터 개방 수준		낮은 데이터 개방 수준	
조건들	H1	H2	L1	L2
기술적 상호운용성	◦		○	•
재정투자	●	●		○
제도적 지원		•	◦	•
경제규모	●	●	○	○
복잡한 결합식(사례들)	울산, 전남, 경북, 제주	서울, 충남	대구, 대전	경기, 강원
일관성	0.937	0.888	1.000	0.900
개별 설명력	0.599	0.638	0.434	0.389
구분 설명력	0.160	0.200	0.219	0.174
결합식 일관성	0.908		0.934	
결합식 설명력	0.799		0.608	
간명한 결합식(사례들)	울산, 전남, 경북, 제주, 서울, 충남		대구, 대전	경기, 강원
일관성	0.874		1.000	0.929
개별 설명력	0.839		0.477	0.564
구분 설명력	0.839		0.087	0.174
결합식 일관성	0.874		0.938	
결합식 설명력	0.839		0.651	

관성을 의미한다.

충분조건 분석 결과에 따르면, 높은 재정투자와 높은 경제적 규모의 결합은 높은 데이터 개방 수준과 연관된 핵심적인 조건이다. 또한, 이 핵심적인 조건은 H1에서 낮은 기술적 상호운용성과 결합되고, H2에서 높은 제도적 지원과 결합된다. 4개의 광역자치단체들(울산, 전남, 경북, 제주)은 H1의 인과경로에 해당하고, 2개의 광역자치단체들(서울, 충남)은 H2의 인과경로에 해당한다. 반면, 낮은 기술적 상호운용성과 낮은 경제규모의 결합 그리고 낮은 재정투자와 낮은 경제규모의 결합은 낮은 데이터 개방 수준의 핵심적인 조건이다. 또한, 전자는 L1에서 낮은 제도적 지원과 결합되고, 후자는 L2에서 높은 기술적 상호운용성 및 높은 제도적 지원과 결합된다. 2개의 광역자치단체들(대구, 대전)이 L1의 인과경로에 해당하고, 2개의 광역자치단체들(경기, 강원)이 L2의 인과경로에 해당한다.

4) 해석 및 토론

이 연구는 퍼지집합분석을 통해 한국 광역자치단체들에서 높은 데이터 개방 수준 및 낮은 데이터 개방 수준과 연관된 인과적 조건들(기술적 상호운용성, 재정투자, 제도적 지원, 경제규모)의 조합들을 밝히는 것을 목표로 하였다. 주요 연구 결과는 다음과 같다. 첫째, 높은 재정투자와 높은 경제규모의 결합은 낮은 기술적 상호운용성의 존재에도 불구하고 높은 데이터 개방 수준의 충분조건이다. 둘째, 높은 제도적 지원과 결합되는 높은 재정투자와 높은 경제규모의 결합은 높은 데이터 개방 수준의 충분조건이다. 셋째, 낮은 제도적 지원과 결합되는 낮은 기술적 상호운용성과 낮은 경제규모의 결합은 낮은 데이터 개방 수준의 충분조건이다. 마지막으로, 낮은 재정투자와 낮은 경제규모의 결합은 높은 기술적 상호운용성의 존재에도 불구하고 낮은 데이터 개방 수준의 충분조건이다.

충분조건에 대한 분석은 높은 데이터 개방 수준과 낮은 데이터 개방 수준에 이르는 상이한 인과경로들을 보여준다. 한편으로, H1에서 높은 재정투자와 높은 경제규모의 결합은 낮은 기술적 상호운용성의 존재에도 불구하고 높은 데이터 개방 수준의 충분조건이다. 마찬가지로, H2에서 높은 제도적 지원과 결합되는 높은 재정투자와 높은 경제적 규모의 결합은 높은 데이터 개방 수준의 충분조건이다. 반면, L1에서 낮은 제도적 지원과 결합되는 낮은 기술적 상호운용성과 낮은 경제규모의 결합은 낮은 데이터 개방 수준의 충분조건이다. 마찬가지로, L2에서 낮은 재정투자와 낮은 경제규모의 결합은 높은 기술적 상호운용성과 높은 제도적 지원의 존재에도 불구하고 낮은 데이터 개방 수준의 충분조건이다.

높은 데이터 개방 수준 및 낮은 데이터 개방 수준과 연관되어 있는 인과적 조건들의 결합에 대한 함의는 다음과 같다. 첫째, 퍼지집합분석으로부터 도출된 분석 결과는 데이터 개방에 있어서 기술적 상호운용성만으로는 높은 데이터 개방 수준 및 낮은 데이터 개방 수준을 보장할 수 없음을 보여준다. 기술적 상호운용성은 높은 데이터 개방 수준 및 낮은 데이터 개방 수준에 대하여 대부분의 경우 주변적이고 양면적인 조건이다(〈표 10.14〉의 H1, H2, L2). 이는 광역자치단체들이 공공 및 민간부문의 데이터 개방을 계획하고 실행할 때 단순히 이미 존재하는 정보를 처리하고 기술적으로 앞선 정보시스템을 구축하는 데 집중하는 경향을 재검토해야 함을 시사한다.

둘째, 퍼지집합분석으로부터 도출된 분석 결과는 재정투자와 경제규모의 결합이 높은 데이터 개방 수준과 낮은 데이터 개방 수준을 이해하는 데 핵심임을 보여준다. 재정투자와 경제규모는 높은 데이터 개방 수준과 낮은 데이터 개방 수준에 대하여 대부분의 경우 핵심적인 조건들이다(〈표 10.14〉의 H1, H2, L2). 이는 광역자치단체들이 기술적 기반시설을 확장하고 정보의 상호운용성을 높이려는 노력은 물론이고, 데이터 개방사업을 추진하기 위한 재정적인 역량을 강화하고 지역경제를 활성화시키려는 노력에 더욱 많은 관심을 기울여야 함을 시사한다. 또한, 이러한 연구 결과는 재정투자 및 경제규모와 같이 전자정부 연구에서 '당연시되는' 또는 '관심을 덜 받았던' 요인들이 데이터 개방사업에 매우 중요할 수 있음을 암시하는데, 이는 종종 통제변수들로 간주되었던 변수들에 대한 연구자들의 관심을 필요로 한다.

가장 중요한 것은 높은 데이터 개방 수준은 다양한 차원들에 속하는 조건들이 통합된 조합으로서 작동할 때만 실현할 수 있음을 인식하는 것이다. 비록 기술적 상호운용성이 높은 데이터 개방 수준과 낮은 데이터 개방 수준에 대하여 주로 주변적이고 양면적인 조건이지만, 낮은 기술적 상호운용성과 낮은 경제규모의 결합이 낮은 데이터 개방 수준과 연관되는 핵심적인 조건이라는 점에서 여전히 정보기술과 정보시스템의 근본적인 요소들을 고려할 필요가 있다(〈표 10.14〉의 L1). 더욱 넓은 의미에서, 퍼지집합분석으로부터 도출된 연구 결과는 전자정부가 인터넷 및 이와 관련된 기술의 도입으로 촉발되는 완전하게 새로운 현상이라기보다는, 정부에 의한 정보기술 혹은 정보시스템의 선택, 설계, 실행, 그리고 활용의 사회-기술적 측면을 포함하는 광범위한 개념이라고 주장하는 견해와 일관된다(Gil-Garcia, Chengalur-Smith, & Duchessi, 2007).

이 연구는 다음과 같은 한계와 후속 연구의 필요성을 지닌다. 첫째, 이 연구는 연구의 범위가 광역자치단체들로 국한되기 때문에 외적 타당성을 충족시키기에 충분하지 않다. 따라서, 후속 연구는 지방정부 이외의 다른 정부기관들(예: 중앙정부, 공기업)에 대한 이론적, 방법론적 복제연구를 통해 더욱 일반화된 연구 결과를 도출할 필요가 있다. 둘째, 이 연구에서 퍼지집합분석으로부터 도출된 연구 결과에 대한 심층적인 해석이 충분하게 수행되지 않았다. 따라서, 후속 연구는 한국 광역자치단체에서의 데이터 개방에 관한 새롭고 객관적인 자료 혹은 문서를 발견하고, 연구 결과의 타당성을 설득력 있게 뒷받침하기 위하여 데이터 개방의 내부적인 역동성과 관련하여 문서에서 발견될 수 없는 심층적인 지식을 가진 정보제공자 informant를 찾아야 할 필요가 있다. 마지막으로, 이 연구는 중앙정부 또는 전체 지방정부 수준에서 이루어진 데이터 개방을 위한 노력이 미치는 합성 효과 confounding effect를 포착하지 않는다. 따라서, 후속 연구는 인과관계의 결합에 대한 설명력을 높이기 위하여 중앙정부 혹은 전체 지방정부가 추진하는 데이터 개방을 고려할 필요가 있다.

4. 한국 기초자치단체의 데이터 개방 결정 요인 분석: 다변량회귀분석의 적용

1) 분석틀: 데이터 개방 성공의 결정 요인

가. 연구모형

이 연구는 데이터 개방 성공에 영향을 미치는 관리 역량, 제도적 조건, 사회경제적 특성, 그리고 인구통계학적 특성을 분석하는 것을 목표로 한다. 첫째, 관리 역량은 행정 리더십, 인적 자원, 재정적 자원, 운영 경험으로 구성된다. 둘째, 제도적 조건은 최고정보책임자의 제도적 지위와 정보화의 제도화로 구성된다. 셋째, 사회경제적 특성은 재정규모와 재정독립성으로 구성된다. 넷째, 인구통계학적 특성은 고령화와 인구밀도로 구성된다. [그림 10.10]은 이 연구의 분석틀을 도식화한 것이다.

[그림 10.10] 연구 분석틀

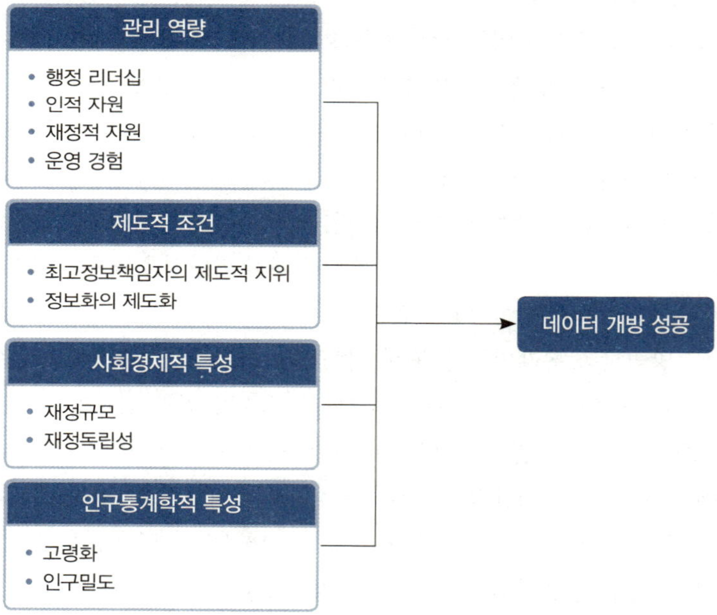

나. 연구가설

조직의 정보기술 역량에 대한 리더십은 변화를 통해 조직 목표를 달성하기 위한 정부조직의 지도자들과 추종자들의 영향력 있는 과정을 일컫는다(Lussier & Achua, 2016). 정보기술사업을 성공적으로 추진하기 위해서는 지도자들이 정부 정보기술 서비스를 좋은 거버넌스(예: 법치주의, 책임감, 투명성, 형평성)라는 목표와 연결하고, 아이디어에 관한 추종자들과의 의사소통방법을 발견하고, 비전과 전략의 수용을 촉진해야 한다. 한편으로, 정보기술사업을 추진하고 필요한 자원을 동원하려는 의지가 강한 지도자에 의해 선도되는 공공기관들은 종종 상충되는 복합적인 목표들을 추구하고 결국 저품질 정보기술 서비스의 양산으로 귀결되는 복잡한 정보기술 서비스를 개발할 가능성이 있다. 다른 한편으로, 많은 전자정부 학자들과 실무자들은 이러한 공공기관들이 양질의 정보기술 서비스를 제공할 가능성이 높다고 기술한다(Gil-Garcia, 2012a; Gil-Garcia & Pardo, 2005). 따라서, 정보기술사업을 추진하기 위하여 필요한 자원을 적극적으로 동원하려는 의지를 가진 지방자치단체장에 의해 선도되는 지방자치단체는 데이터 개방을 성공으로 이끌 것이다.

가설 1: 행정 리더십은 데이터 개방 성공에 유의미한 영향을 미친다.

조직의 정보기술 역량을 위한 인적 자원 관리는 정부 전자정부사업 성공에 필요한 인적 자원을 식별, 모집, 교육하는 능력과 연관된다(Gil-Garcia, 2012a; Irani *et al*., 2005). 특히, 전자정부사업에 관련된 이해관계자에게 발생하는 비용을 파악하는 것이 중요하다. 효과적인 인재 관리 능력을 갖춘 조직은 직무 수행에 필요한 훈련과 교육을 통해 인적 자원을 관리한다. 인적 자원이 풍부한 공공기관은 양질의 정부기술 서비스를 제공할 가능성이 높다(Gil-Garcia, 2012a; Landsbergen Jr. & Wolken Jr., 2001). 따라서, 인적 자원이 풍부한 지방자치단체는 데이터 개방을 성공으로 이끌 것이다.

가설 2: 인적 자원은 데이터 개방 성공에 유의미한 영향을 미친다.

조직의 정보기술 역량에 대한 재정적 자원 관리는 정부 정보기술사업 성공에 필요한 재정적 자원을 식별, 획득, 관리하는 능력과 연관된다(Pardo, Nam, & Burke, 2012). 특히, 정보기술에 관련된 이해관계자에게 발생하는 비용을 파악하는 것이 중요하다. 재정적 자원 관리 능력이 뛰어난 조직은 고도의 재무분석기법과 그 기법을 채택할 수 있는 권한에 기초하여 재정적 자원을 관리한다. 풍부한 재정적 자원을 보유한 공공기관이 양질의 정보기술 서비스를 제공할 가능성이 높다(Gil-Garcia & Sayogo, 2016). 따라서, 재정적 자원이 풍부한 지방자치단체는 데이터 개방을 성공으로 이끌 것이다.

가설 3: 재정적 자원은 데이터 개방 성공에 유의미한 영향을 미친다.

조직의 정보기술 역량을 위한 사업 관리는 조직 내에서 또는 여러 조직에서 효과적으로 정보기술사업을 관리할 수 있는 능력과 연관된다(Pardo, Nam, & Burke, 2012; Rivard & Dupre, 2009). 여기에는 기술적 도구, 프로젝트 성과를 지도하고 평가하기 위한 조직구조, 거버넌스와 정책목표에 대한 더욱 포괄적인 관점이 포함된다. 또한, 많은 조직에서 정보기술사업을 효과적으로 관리할 수 있는 능력은 정보기술사업의 이해관계자들 간의 합의와 적절한 프로젝트 관리과정의 구현을 필요로 한다. 정보기술사업 관리를 통해 충분한 운영 경험을 가지고 있는 공공기관은 양질의 정보기술 서비스를 제공할 가능성이 높다(Pardo, Nam, & Burke, 2012). 따라서, 정보기술사업 관리를 통해 충분한 운영 경험을 가지고 있는 지방자치단체는 데이터 개방을 성공으로 이끌 것이다.

가설 4: 운영 경험은 데이터 개방 성공에 유의미한 영향을 미친다.

2) 분석방법

가. 변수의 측정

종속변수는 데이터 개방 성공이고, 2018년에 개방된 데이터가 대중에 의해 활용된 정도에 대한 평가의 총점수로 측정된다. 데이터 개방 성공에 관한 데이터는 지방자치단체의 데이터 개방에 대한 평가 점수로부터 수집되었다. 행정안전부는 다음과 같은 기준을 토대로 개방된 데이터가 각 지방자치단체에서 활용된 정도를 평가하였다: ① 공공데이터 포털에 등록한 제공 목록별 실제 데이터 개방 유무, ② 신규 개방데이터 개방 실적 및 설문조사, 인터뷰 등 신규 개방데이터 발굴 노력, ③ 제공 신청을 받은 공공데이터의 공공데이터 포털 등록 여부, ④ 공공데이터 포털 내 개방데이터의 오픈포맷 비중, ⑤ 공공데이터 포털 내 개방데이터 제공주기 정의 여부 및 제공 주기 준수율.

이러한 기준은 정부의 데이터 개방을 위한 내부적인 노력뿐만 아니라 시민들의 편의를 위하여 데이터를 선제적으로 개방하려는 노력(예: 새로운 데이터의 발견, 시민들에 의해 요청되는 데이터의 등록)을 고려한다는 점에서 개방데이터의 수요 측면을 반영하고, 이는 데이터 개방은 정부를 대중에게 더욱 투명하고, 반응적이고, 책임을 갖도록 하는 것을 목표로 한다는 많은 데이터 개방 학자들과 실무자들의 규범에 부합한다(Mergel, 2015; Wirtz & Birkmeyer, 2015; Bertot *et al.*, 2014; Conradie & Choenni, 2014; Janssen, Charalabids, & Zuiderwijk, 2012).

독립변수들은 관리역량으로 분류되고, 행정 리더십, 인적 자원, 재정적 자원, 운영 경험으로 구성된다. 자원의존이론에 따르면, 정보기술사업과정에서 유능한 지도자의 지휘 아래 유·무형의 자원을 동원하고 적절한 장소나 과정에 배치할 수 있는 관리 역량은 데이터 개방 성공과 같은 조직 성과로 이끄는 핵심적인 요인이다(Bharadwaj, 2000; Ross, Beath, & Goodhue, 1996). 첫째, 행정 리더십은 현직 지방자치단체장이 취임사에서 정보기술사업을 추진하겠다는 의지를 표명하는지 여부에 의해 측정된다. 행정 리더십에 대한 데이터는 각 지방자치단체의 공식 홈페이지와 다양한 포털사이트로부터 수집되었다. 둘째, 인적 자원은 2017년 전체 인력 대비 정보화 인력의 비율에 의해 측정된다. 인적 자원에 대한 데이터는 지역정보화백서로부터 수집되었다. 셋째, 재정적 자원은 2017년 정보화 예산의 총액에 의해 측정된다. 재정적 자원에 대한 데이터는 지역정보화백서로부터 수집되었다. 넷째, 운영 경험은 2015년 추진 중인 정보기술사업의 수에 의해 측정된다. 운영 경험에 대한 데이터는 각 지방자치단체에 대한 정보공개요청 결과로부터 수집되었다.

통제변수는 제도적 조건, 사회경제적 특성, 인구통계학적 특성으로 분류된다. 정보기술의 제도이론에 따르면, '정부의 맥락에서의 법률, 규정, 그리고 여타의 인지적, 문화적, 사회구조적 제약'으로 정의되는 제도 혹은 제도배열은 공공부문에서의 정보기술의 채택과 활용에 관한 지침이자 제약으로 작동한다(Lassinantti *et al.*, 2014; Fountain, 2004). 제도적 조건은 최고정보책임자의 제도적 지위 및 정보화의 제도화로 구성된다. 첫째, 최고정보책임자의 제도적 위상은 2015년에 최고정보책임자의 직급이 3급 이상인지 여부에 의해 측정된다. 최고정보책임자의 제도적 위상에 대한 데이터는 각 지방자치단체에 대한 정보공개요청 결과로부터 수집되었다. 둘째, 정보화의 제도화는 2017년 정보화에 관한 법률과 규칙의 수로 측정된다. 정보화의 제도화에 관한 데이터는 지역정보화백서로부터 수집되었다.

환경결정론에 따르면, 환경적 요인 혹은 상황적 요인은 조직 특성을 형성하고, 따라서 정보기술의 채택과 활용의 궁극적인 결과에 영향을 미친다(Kraemer, 1989). 사회경제적 특성은 재정규모와 재정독립성으로 구성된다. 첫째, 재정규모는 2017년 각 지방자치단체의 세출예산의 총액으로 측정된다. 재정규모에 관한 데이터는 '내고장알리미(지방행정통합정보시스템)'로부터 수집되었다. 둘째, 재정독립성은 2017년 각 지방자치단체의 재정자립도로 측정된다. 재정독립성에 대한 데이터는 통계청에 의해 운영되는 국가통계포털로부터 수집되었다.

인구통계학적 특성은 고령화와 인구밀도로 구성된다. 첫째, 고령화는 2017년 각 지방자치단체의 고령화 비중에 의해 측정된다. 고령화에 대한 데이터는 '내고장알리미(지방행정통합정보시스템)'으로부터 수집되었다. 둘째, 인구밀도는 2017년 각 지방자치단체의 인구밀도에 의해 측정된다. 인구밀도에 대한 데이터는 통계청에 의해 운영되는 국가통계포털로부터 수집되었다. 〈표 10.15〉는 이 연구에서 채택된 변수의 측정과 출처를 제시한다.

〈표 10.15〉 변수의 측정 및 출처

<table>
<tr><th colspan="3">변수</th><th>조작적 정의</th><th>출처</th></tr>
<tr><td colspan="2">종속변수</td><td>데이터 개방 성공</td><td>개방된 데이터가 대중에 의해 활용되는 정도</td><td>행정안전부</td></tr>
<tr><td rowspan="4">독립
변수</td><td rowspan="4">관리
역량</td><td>행정 리더십</td><td>지방자치단체장이 취임사에서 정보기술사업을 추진하겠다는 의지를 표출했는지 여부</td><td>정보공개청구 결과</td></tr>
<tr><td>인적 자원</td><td>(정보화 인력/전체 인력)×100</td><td>지역정보화백서
(http://www.klid.or.kr/)</td></tr>
<tr><td>재정적 자원</td><td>정보화 예산의 총합</td><td>지역정보화백서
(http://www.klid.or.kr/)</td></tr>
<tr><td>운영 경험</td><td>진행 중인 정보화 사업의 수</td><td>정보공개청구 결과</td></tr>
<tr><td rowspan="6">통제
변수</td><td rowspan="2">제도적
조건</td><td>최고정보책임자의 제도적 지위</td><td>최고정보책임자의 직급이 3급 이상인지 여부</td><td>정보공개청구 결과</td></tr>
<tr><td>정보화의 제도화</td><td>정보화 관련 법률과 규칙의 수</td><td>지역정보화백서
(http://www.klid.or.kr/)</td></tr>
<tr><td rowspan="2">사회경제적
특성</td><td>재정규모</td><td>세출예산의 총합</td><td>내고장알리미
(http://laiis.go.kr)</td></tr>
<tr><td>재정독립성</td><td>각 지방자치단체의 재정자립도</td><td>지역정보화백서
(http://www.klid.or.kr/)</td></tr>
<tr><td rowspan="2">인구통계학적
특성</td><td>고령화</td><td>각 지역의 고령화 비율</td><td>내고장알리미
(http://laiis.go.kr)</td></tr>
<tr><td>인구밀도</td><td>각 지역의 인구밀도</td><td>국가통계포털
(http://kosis.kr)</td></tr>
</table>

나. 분석방법

이 연구는 다변량회귀분석을 통해 데이터 개방 성공에 영향을 미치는 관리 역량, 제도적 조건, 사회경제적 특성, 그리고 인구통계학적 특성을 분석한다. 이 연구의 몇 가지 방법론적 사안들은 다음과 같다. 첫째, 이 연구의 범위는 한국의 226개 기초자치단체이다. 17개 광역자치단체는 규모, 역할, 기능 측면에서 기초자치단체와 본질적인 차이를 가지고 있기 때문에 이 연구의 범위에서 제외된다. 둘째, 한국의 226개 기초자치단체는 3개의 행정구역(시, 구, 군)으로 분류되고, 관리 역량으로 분류되는 독립변수들이 데이터 개방 성공에 미치는 독립적인 영향을 더욱 타당하고 정확한 방법으로 포착하기 위하여 이들 행정구역에 대한 더미변수를 연구모형에 포함한다. 셋째, 이 연구에 채택된 각 연속형 변수의 수치들 간의 차이가 매우 크기 때문에, 이 연구는 다변량회귀분석을 실시하는 데 있어서 각 연속형 변수에 로그값을 적용한다. 넷째, 재정적 자원의 측정변수(정보화 예산의 총합)의 단위는 100원이고, 재정규모의 측정변수(세출예산의 총합)의 단위는 10만 원이다.

3) 분석 결과

가. 기술통계분석 결과

〈표 10.16〉은 연구모형에 포함된 전체 변수에 대한 기술통계분석 결과를 보여준다. 종속변수에 대한 기술통계분석 결과에 따르면, 데이터 개방 성공의 측정변수(개방된 데이터가 대중에 의해 활용된 정도)의 최댓값과 최솟값은 각각 3.2점과 19.2점이다. 서울(수도)에 위치한 종로구는 3.2점으로 가장 낮았고, 전남에 위치한 순천시는 19.2점으로 가장 높았다. 종속변수의 평균과 표준편차는 각각 9.3점과 2.9점이다.

서울과 수도권에서 멀리 떨어져 있고 인구밀도가 비교적 낮고 경제적인 활력이 보통인 순천시가 가장 높은 점수를 받은 반면, 서울과 수도권에 위치하고 인구밀도가 비교적 높고 경제적으로 활발한 종로구가 가장 낮은 점수를 받은 것은 주목할 만하다. 이는 한국에서 데이터 개방 성공은 수도권과의 근접성, 높은 인구밀도, 활발한 경제와 같이 당연하게 여겨지는 요인에 의한 것이 아니라 다양하고 예측하기 어려운 요인의 결과로서 나타나는 역동적인 현상임을 시사한다. 종속변수에 대한 기술통계분석 결과는 종속변수가 오른쪽이나 왼쪽으로 치우치지 않고 일정한 정도로 균등하게 분포되어 있음을 보여준다.

〈표 10.16〉 기술통계분석 결과

변수			평균	표준편차	최댓값	최솟값
종속변수		데이터 개방 성공	9.3	2.9	19.2	3.2
독립변수	관리역량	행정 리더십	0.1	0.3	1	0
		인적 자원	2.8	0.8	6.4	0.7
		재정적 자원	2,994,063.1	2,846,673.5	18,915,147.0	1,916.0
		운영 경험	31.2	24.9	161	2
통제변수	제도적 조건	최고정보책임자의 제도적 지위	0.4	0.5	1	0
		정보화의 제도화	3.7	2.4	18	1
	사회경제적 특성	재정규모	483,779.1	305,313.1	1,966,700.0	118,000.0
		재정독립성	27.4	13.9	72.2	8.6
	인구통계학적 특성	고령화	19.5	8.0	38.2	7.0
		인구밀도	3,942.8	6,245.0	27,840.8	20.2

이 연구에 채택된 10개의 독립변수들과 통제변수들은 8개의 연속형 변수들과 2개의 범주형 변수들로 구성된다. 〈표 10.17〉은 이러한 연속형 변수들에 대한 상관관계분석 결과를 보여준다. 상관관계분석 결과에 따르면, 재정독립성과 2개의 변수들(재정규모와 고령화) 간의 상관관계가 상대적으로 높다. 이 연구는 재정독립성과 2개의 변수

〈표 10.17〉 연속형 변수들에 대한 상관관계분석 결과

	1	2	3	4	5	6	7	8	9
1	1	-0.071	0.167*	0.129	0.218***	0.157*	0.100	-0.061	-0.305***
2	-	1	0.061	0.129	-0.026	-0.068	-0.048	0.027	-0.004
3	-	-	1	0.603***	0.117	-0.065	0.046	-0.037	0.041
4	-	-	-	1	0.064	-0.053	-0.076	0.042	0.026
5	-	-	-	-	1	0.369***	0.397***	-0.257***	0.007
6	-	-	-	-	-	1	0.532***	-0.407***	0.008
7	-	-	-	-	-	-	1	-0.721***	0.264***
8	-	-	-	-	-	-	-	1	-0.409***
9	-	-	-	-	-	-	-	-	1

주: * $p<0.1$, *** $p<0.01$.

1: 데이터 개방 성공, 2: 인적 자원, 3: 재정적 자원, 4: 운영 경험, 5: 정보화의 제도화, 6: 재정규모, 7: 재정독립성, 8: 고령화, 9: 인구밀도

들(재정규모와 고령화) 간의 상관관계가 다중공선성의 문제를 불러일으킬 만큼 심각하게 높지 않을 뿐만 아니라, 이러한 변수들이 모두 통제변수로 분류되기 때문에, 이러한 변수들을 연구모형에 포함시킨다. 앞서 언급된 사례들을 제외하면, 두 변수 간의 상관관계는 일반적으로 낮다.

이 연구에 채택된 10개의 독립변수들과 통제변수들은 8개의 연속형 변수들과 2개의 범주형 변수들로 구성된다. 〈표 10.18〉은 이러한 범주형 변수들에 대한 기초통계분석 결과를 제시한다. 첫째, 취임사에서 정보기술사업을 추진하겠다는 의사를 밝힌 지방자치단체장의 수는 32명인 반면, 취임사에서 정보기술사업을 추진하겠다는 의사를 밝히지 않은 지방자치단체장의 수는 194명이다. 이는 대부분의 지방자치단체장들이 자신들의 취임사에서 정보기술에 관한 사안을 언급하지 않음을 보여준다. 둘째, 3급 이상의 직급에 해당하는 최고정보책임자의 수는 79명인 반면, 3급 미만의 직급에 해당하는 최고정보책임자의 수는 147명이다. 이는 한국 지방자치단체에서 많은 최고정보책임자들의 지위가 3급보다 낮음을 보여준다.

〈표 10.18〉 범주형 변수들에 대한 기초통계분석 결과

변수		범주	개수	비중 (%)
관리 역량	행정 리더십	해당	32	14.2
		미해당	194	85.8
제도적 조건	최고정보책임자의 제도적 지위	해당	79	35.0
		미해당	147	65.0

나. 다변량회귀분석 결과

〈표 10.19〉는 이 연구의 다변량회귀분석 결과를 보여준다. 주요 분석 결과는 다음과 같다. 첫째, 재정적 자원은 데이터 개방 성공에 긍정적인 유의미한 영향을 미친다. 관리 역량으로 분류되는 여타의 변수들은 데이터 개방 성공에 유의미한 영향을 미치지 않는다. 둘째, 정보화의 제도화는 데이터 개방 성공에 긍정적인 유의미한 영향을 미치는 반면, 최고정보책임자의 제도적 지위는 데이터 개방 성공에 유의미한 영향을 미치지 않는다. 셋째, 재정규모와 재정독립성은 모두 데이터 개방 성공에 유의미한 영향을 미치지 않는다. 넷째, 고령화와 인구밀도는 모두 데이터 개방 성공에 부정적인 유의미한 영향을 미친다.

〈표 10.19〉 다변량회귀분석 결과

변수		B	S.E.	t	VIF
관리 역량	행정 리더십	-0.090	0.502	-0.179	1.072
	인적 자원	-0.365	0.533	-0.685	1.068
	재정적 자원	0.407*	0.222	1.836	1.482
	운영 경험	-0.188	0.276	-0.679	1.439
제도적 조건	최고정보책임자의 제도적 지위	0.227	0.363	0.627	1.047
	정보화의 제도화	0.534*	0.287	1.862	1.180
사회경제적 특성	재정 규모	-0.555	0.466	-1.190	1.847
	재정독립성	-0.531	0.647	-0.821	3.412
인구통계학적 특성	고령화	-2.357***	0.822	-2.868	4.027
	인구밀도	-0.366*	0.203	-1.807	6.616
F-statistic		6.677***	-	-	-
R^2 (Adjusted R^2)		0.524 (0.233)	-	-	-

주: * p<0.1, *** p<0.01.

B: 계수(coefficient), S.E: 표준오차(standard error), t: t값(t-value), VIF: 분산팽창지수(variance inflation factor), F-statistic: F-통계량, R^2: 결정계수, Adjusted R^2: 조정된 결정계수.

4) 해석 및 토론

분석 결과는 개방 데이터 연구자들과 실무자들이 데이터 개방 성공의 관리적인 차원에 더욱 높은 관심을 가져야 할 필요성을 시사한다. 첫째, 이 연구는 재정적 자원이 데이터 개방 성공에 긍정적인 유의미한 영향을 미친다는 점을 보여준다. 이는 정부 정보기술사업의 중요한 성공 요인으로서의 재정적 자원에 대한 이론적, 실증적 연구 결과와 일치한다. Gil-Garcia와 Sayogo(2016)에 따르면, 정부 정보기술사업의 실패는 주로 재정적 자원의 부족에 기인할 뿐만 아니라, 공공조직이 정부 정보기술사업을 단일 조직 내에서 혹은 여러 조직들에 걸쳐 시작할 때 특히 많은 재정적 자원이 중요하다. 따라서, 지방자치단체는 데이터 개방사업의 개시와 지속적인 집행에 필요한 충분한 재정적인 자원의 보장에 우선권을 부여할 필요가 있다.

둘째로, 이 연구는 행정 리더십, 인적 자원, 운영 경험이 데이터 개방 성공에 유의미한 영향을 미친다는 증거를 보여주지 않는다. 게다가, 이러한 요인들은 통계적 유의미성을 고려하지 않는 경우 데이터 개방 성공에 부정적인 영향을 미친다. 이는 행정 리더십, 정치적 지원, 데이터 개방 선도자의 존재, 그리고 충분한 역량, 인적 자원, 운영 경험을 정부 정보기술사업의 핵심적인 성공 요인으로 간주하는 이론적, 실증적 연구 결과들과 일관되지 않는다(Gil-Garcia, 2012; Pardo, Nam, & Burket, 2012; Gil-Garcia & Pardo, 2005; Irani *et al.*, 2005; Kok & Van Loenen, 2005; Landsbergen Jr. & Wolken Jr., 2001). Pardo 등(2012)에 따르면, 능력 있고 존경받는 지도자의 리더십, 직원의 전문성, 효과적인 업무 운영을 위해 유·무형의 자원을 동원하고 배치할 수 있는 조직의 능력은 정부 정보기술사업 성공에 연관된 관리적인 요소들이다(Yang & Maxwell, 2011). 따라서, 데이터 개방 연구자들과 실무자들은 데이터 개방사업에서 행정 리더십, 인적 자원, 운영 경험의 작동을 가로막는 제약이 있는지 여부를 검토할 필요가 있다.

셋째, 이 연구는 정보화의 제도화가 데이터 개방 성공에 긍정적인 유의미한 영향을 미치는 반면, 고령화와 인구밀도는 데이터 개방 성공에 부정적인 유의미한 영향을 미친다는 점을 보여주는데, 이는 관리 역량에 대한 중요한 참고가 될 수 있다. 앞서 언급된 환경결정론에 따르면, 환경적 요인 혹은 상황적 요인은 조직 특성을 형성하고, 따라서 정보기술의 채택과 활용의 궁극적인 결과에 영향을 미친다. 극단적으로, 일부 환경결정론자들은 종종 환경적 요인이 모든 현상을 설명하고 행정적인 요소들과 제도적인 요소들을 무력화시킨다고 주장한다. 환경결정론의 관점에서, 노인 거주자들과 인구밀도가 높은 지역의 거주자들은 의료 및 교통과 같은 다른 종류의 공공서비스를 위한 관리 역량을 요구할 수 있기 때문에, 높은 고령화와 인구밀도는 데이터 개방사업을 위한 관리 역량에 제약으로 작용할 가능성이 높다. 다시 말해, 높은 고령화 및 인구밀도와 같은 환경적 요인은 데이터 개방사업에 대한 관리 역량의 영향을 제한하고, 그럼으로써 데이터 개방 성공에 영향을 미칠 수 있다. 따라서, 데이터 개방 연구자들과 실무자들은 환경적인 특성이 관리 역량에 미치는 영향을 간과할 가능성에 대하여 신중할 필요가 있고, 데이터 개방사업의 개시와 실행에 있어서 관리 역량과 환경적인 특성을 종합적인 시각에서 고려할 필요가 있다.

앞서 언급된 논의를 종합하면, 이 연구는 기술결정론과 사회-기술적 관점 간의 대조적인 이론적 시각을 보여준다. 전 세계의 정부들은 종종 데이터 개방사업이 그들의 데이터를 최대한 대중에게 공개하고 있고, 데이터 개방 성공을 데이터 및 기술과 깊이 연관되어 있는 노력의 결과로서 이해한다. 따라서, 그들은 데이터 호환성(사양, 형식, 스타일이 다른 장치와 시스템 간의 데이터의 이용가능성)을 높이고 더욱 많은 데이터를 공개하는 데 필요한 기술적 기반 시설을 확대하는 데 초점을 맞추는 경향이 있는데, 이는 기술결정론의 이론적 기대를 반영한다. 한편, 이 연구는 관리적 요인, 제도적 요인, 그리고 환경적 요인이 데이터 개방 성공에 영향을 미친다는 점을 보여주는데, 이는 데이터 개방의 결과가 전적으로 기술에 관한 요인에 의존하지 않을 수 있고, 사회에 관한 요인에 따라 상당하게 혹은 부분적으로 좌우될 수 있음을 나타낸다.

더욱 넓은 의미에서, 이 연구는 궁극적으로 기술과 사회 간의 상호작용에 대한 이론적, 실증적 연구에 기여한다. 기술과 사회 간의 상호작용은 서로가 서로를 변화시키는 서로 얽혀 있는 과정이다. 새로운 기술은 다양한 사회적 구성 요소들에 의해 설계 및 활용되고, 이렇게 활용된 새로운 기술은 기존의 기술적 환경을 변화시키고 새로운 환경을 형성하면서 사회를 변화시킨다. 앞서 언급된 바와 같이, 기술결정론은 기술의 설계와 활용(예: 데이터 개방사업 및 여타의 전자정부사업)이 사회적 구성 요소(예: 개인, 조직, 기관)에 대하여 자율적으로 작용한다고 기술하면서 기술이 사회에 미치는 영향을 강조한다(Gil-Garcia, 2012; Fountain, 2004). 따라서, 기술결정론은 사회가 기술에 미치는 영향 혹은 사회적 구성 요소(예: 관리적인 요인, 제도적인 요인)가 기술의 설계와 활용(예: 데이터 개방사업 및 여타의 전자정부사업)에 미치는 영향을 과소평가한다. 이러한 의미에서, 이 연구는 실증분석을 통해 기술결정론과 사회가 기술에 미치는 영향에 대한 이론적 논의 사이의 균형 있는 관점의 필요성을 제기하고, 그럼으로써 기술과 사회의 상호작용에 대한 이론적 논의에 기여한다.

이러한 분석 결과는 관리 역량과 데이터 개방 성공 간의 관계에 다음과 같은 함의를 제공한다. 첫째, 지방자치단체는 데이터 개방사업의 개시와 지속적인 집행에 필요한 충분한 재정적 자원의 보장에 우선권을 부여할 필요가 있다. 둘째, 데이터 개방 연구자들과 실무자들은 데이터 개방사업에 있어서 행정 리더십 인적 자원, 운영 경험의 작동을 방해하는 제약이 있는지 여부를 검토할 필요가 있다. 셋째, 데이터 개방 연구자들과 실무자들은 환경적인 특성이 관리적인 능력에 미치는 영향을 간과하는 데 주의해야 하고, 데이터 개방사업의 개시와 실행에 있어서 관리적인 능력과 환경적인 특성을 통합적인 시각에서 고려할 필요가 있다.

반면, 이 연구는 다음과 같은 한계 및 후속 연구의 필요성을 지닌다. 첫째, 이 연구의 범위는 한국 기초자치단체에 한정되어 있기 때문에, 이 연구는 외적 타당성을 보장하지 않는다. 따라서, 후속 연구는 다른 공공기관에 대한 복제 연구를 통해 더욱 일반화된 분석 결과를 도출할 필요가 있다. 둘째, 이 연구는 한국 지방자치단체의 데이터 개방 노력과 다른 국제적인 데이터 개방 노력 간의 비교를 제공하지 않는다. 따라서, 후속 연구는 다른 국제적인 데이터 개방 노력과의 비교를 통해 한국 지방자치단체의 데이터 개방사업의 특성에 대한 설명을 제공할 필요가 있다. 마지막으로, 이 연구는 데이터 개방사업이 전자정부사업의 필수적인 부분이라는 전제 아래 데이터 개방사업의 제약 요인과 촉진 요인에 대한 이론적 기초로서 전자정부 성공 요인에 대한 이론적인 논의를 채택한다. 하지만, 전자정부사업과 데이터 개방사업을 동일시하기 어려울 뿐만 아니라, 데이터 개방의 정의는 공개된 데이터의 범위와 공개된 데이터에 필요한 기술이나 자원에 따라 다방면으로 이해될 수 있다. 따라서, 후속 연구는 데이터 개방에 특정적인 제약 요인과 촉진 요인에 대한 이론적 기초에 의해 뒷받침되는 실증분석을 수행할 필요가 있다.

V

결론

이 장에서는 정보공개제도와 공공데이터 개방에 대해 살펴보았다. 정보공개제도와 공공데이터 개방은 공공기관이 보유·관리하고 있는 데이터와 정보를 국민에게 적극적으로 공개함으로써 국민의 알 권리 및 정보에 대한 접근권 보장, 국정에 대한 국민의 참여 증진, 삶의 질 향상과 같은 민주적 가치의 실현, 그리고 데이터 기반 경제 구현 및 정보 관련 산업의 활성화를 그 목적으로 하고 있다.

행정의 투명성에 대한 이론적 논의에 따르면, 행정의 투명성은 정보의 양과 질, 그리고 정보에 대한 접근성 측면에서 이해될 수 있다. 정보의 공개를 통한 행정의 투명성 향상은 행정의 책임성 증가, 부패 감소, 정부신뢰 증가, 경제성장 촉진 등 다양한 효과를 가져올 것으로 기대된다. 행정의 투명성 수준은 거시 요인, 정부 내부·외부 요인, 제도 요인, 전자정부 요인 등 다차원적인 요인에 의해 영향을 받는다. 한국의 지방자치단체를 대상으로 한 공공데이터 개방수준 결정요인 분석결과는 주로 재정적 자원과 같은 관리 요인들과 재정 규모, 고령화 수준과 같은 환경적인 요인들이 공공데이터 개방 수준에 영향을 미치는 것으로 나타났다.

공공데이터 개방 수준에 대한 실증분석 결과는 정보기술을 통해 행정의 투명성을 확보하거나 강화하려는 전자정부사업에 대하여 다음과 같은 함의를 갖는다. 첫째, 정부 정보기술사업의 실패는 주로 재정적 자원의 부족에 기인할 뿐만 아니라, 공공조직이 정부 정보기술사업을 단일 조직 내에서 혹은 여러 조직들에 걸쳐 시작할 때 특히 많은 재정적 자원이 중요하다. 따라서, 전자정부사업의 개시와 지속적인 집행에 필요한 충분한 재정적인 자원의 보장에 우선권이 부여될 필요가 있다.

둘째, 노인 거주자들과 인구밀도가 높은 지역의 거주자들은 의료 및 교통과 같은 다른 종류의 공공서비스를 위한 관리 역량을 요구할 수 있기 때문에, 높은 고령화와 인구밀도는 전자정부사업을 위한 관리 역량에 제약으로 작용할 가능성이 있다. 따라서, 전자정부사업에 있어서 환경적인 특성이 관리 역량에 미치는 영향을 면밀하게 파악할 필요가 있고, 관리 역량과 환경적인 특성을 종합적인 시각에서 고려할 필요가 있다.

참고문헌

관계부처 합동. (2019). 「제3차('20～'22) 공공데이터 제공 및 이용활성화 계획」. 관계부처 합동.

박흥식. (2001). 「투명성 가치: 개념적 구조와 의미」. 『한국사회와 행정연구』, 12(3), 103-118.

이정철. (2016). 「정부투명성이 정부신뢰 및 성과에 미치는 영향」. 『국가정책연구』, 30(1), 73-96.

행정안전부. (2018). 『2018 정보공개 연차보고서』. 행정안전부.

Andersen, D. F., & Dawes, S. S. (1991). *Government information management: A primer and casebook*. Englewood Cliffs, NJ: Prentice Hall.

Andrews, R., Beynon, M. J., & McDermott, A. M. (2015). Organizational capability in the public sector: A configurational approach. *Journal of Public Administration Research and Theory*, 26(2), 239-258.

Arzberger, P. et al. (2004). An international framework to promote access to data. *Science*, 303(5665), 1777-1778.

________________. (2004). Promoting access to public research data for scientific, economic, and social development. *Data Science Journal*, 3, 135-152.

Attard, J., Orlandi, F., Scerri, S., & Auer, S. (2015). A Systematic review of open government data initiatives. *Government Information Quarterly*, 32(4), 399-418.

Bhatnagar, S. (2003). *E-government and access to information. Global corruption report 2003*. Washington, D.C.: Transparency International.

Bellver, A., & Kaufmann, D. (2005). Transparenting transparency: Initial empirics and policy applications. Preliminary draft discussion paper presented at the IMF conference on transparency and integrity. June 6-7 2005. Washington, D.C.: World Bank.

Bertot, J. C., Gorham, U., Jaeger, P. T., Sarin, L. C., & Choi, H. (2014). Big data, open government and e-government: Issues, policies and recommendations. *Information Polity*, 19(1, 2), 5-16.

Bertot, J. C., Jaeger, P. T., & Grimes, J. M. (2010). Using ICTs to create a culture of transparency: E-government and social media as openness and anti-corruption tools for societies. *Government Information Quarterly*, 27(3), 264-271.

Bharadwaj, A. S. (2000). A resource-based perspective on information technology capability and firm performance: An empirical investigation. *MIS Quarterly*, 24(1), 169-196.

Brown, M., & Brudney, J. (1998). A "smarter, better, faster, and cheaper" government: Contracting and geographic information systems. *Public Administration Review*, 58(4), 335-345.

Conradie, P., & Choenni, S. (2014). On the barriers for local government releasing open data. *Government Information Quarterly*, 31(S1), S10-S17.

Criado, J. (2010). The Politics of E-government in Spain: Between Recent Innovations and Old Inertias. In *Comparative E-government*, Reddick, C. (Eds.). New York: Springer.

Currie, W. (2009). Contexualising the IT artifact: Towards a wider research agenda for IS using institutional theory. *Information Technology & People*, 22(1), 63-77.

Dawes, S. S. (1996). Interagency information sharing: Expected benefits, manageable risks. *Journal of Policy Analysis and Management*, 15(3), 377-394.

DeLone, W. H., & McLean, E. R. (2003). The DeLone and McLean model of information systems success: A ten-year update. *Journal of Management Information Systems*, 19(4), 9-30.

Eynon, R., & Margetts, H. (2007). Organizational solutions for overcoming barriers to eGovernment projects. *European Journal of ePractice*, 1, 73-86.

Fedorowicz, J., Gogan, J., & Williams, C. (2007). A collaborative network for first responders: Lessons from the CapWIN case. *Government Information Quarterly*, 24(4), 785-807.

Florini, A. (1999). Does the invisible hand need a transparent glove? The Politics of Transparency. A paper presented in The World Bank Annual Conference on Development Economics. Washington, D.C.: USA June.

Fountain, J. E. (2004). *Building the virtual state: Information technology and institutional change*. Washington, D.C.: Brookings Institution Press.

__________. (2007). Challenges to organizational change: Multi-level integrated information structures (MIIS). In Mayer-Schoenberger, V., & Lazer, D. (Eds.). *Governance and information: From electronic government to information government*. Cambridge, MA: MIT Press.

__________. (2008). Bureaucratic reform and e-government in the United States: An institutional perspective. National Center for Digital Government.

__________. (2013). Implementing cross-agency collaboration: A guide for federal managers. IBM Center for the Business of Government.

__________. (2016). Building an enterprise government. IBM Center for the Business of Government.

Gharawi, M. A., & Dawes, S. S. (2010). Conceptualizing knowledge and information sharing in transnational governmental networks. Center for Technology in Government.

Gil-Garcia, R. J. (2012a). *Enacting electronic government success: An integrative study of government-wide websites, organizational capabilities, and institutions*. New York: Springer.

__________. (2012b). Towards a smart state? Inter-agency collaboration, information integration and beyond. *Information Polity*, 17(1), 269-280.

Gil-Garcia, R. J., Chengalur-Smith, I. S., & Duchessi, P. (2007). Collaborative e-Government: Impediments and benefits of information-sharing projects in the public sector. *European Journal of Information Systems*, 16(2), 121-133.

Gil-Garcia, R. J., Helbig, N., & Ojo, A. (2014). Being smart: Emerging technologies and innovation in the public sector. *Government Information Quarterly*, 31(S1), I1-I8.

Gil-Garcia R. J., & Pardo, T. A. (2005). E-government success factors: Mapping practical tools to theoretical foundations. *Government Information Quarterly*. 22(2), 187-216.

Gil-Garcia, R. J., & Sayogo, D. S. (2016). Government inter-organizational information sharing initiatives: Understanding the main determinants of success. *Government Information Quarterly*, 33(3), 572-582.

Hambrick, D. C., & Mason, P. A. (1984). Upper echelons: The organization as a reflection of its top managers. *Academy of management review*, 9(2), 193-206.

Han, S. Y., & Kang, H. M. (2007). Enhancing information sharing activities in local government. *The Korean Local Administration Review*, 21(1), 97-122.

Han, P. H., & Kim, S. K. (2003). Empirical analysis of the factors affecting the success or failure of cooperative projects among local governments. *Korean Public Administration Review*, 37(3), 217-239.

Heeks, R., & Bailur, S. (2007). Analyzing e-government research: Perspectives, philosophies, theories, methods, and practice. *Government Information Quarterly*, 24(2), 243-265.

Hernon, P. (1998). Government on the web: A comparison between the United States and New Zealand. *Government Information Quarterly*, 15(4), 419-443.

Holden, S., Norris, D., & Fletcher, P. (2003). Electronic government at the local level: Progress to data and future issues. *Public Performance and Management Review*, 26(4), 325-344.

Hood, C., & Heald, D. (2006). *Transparency: The key to better governance?* Oxford University Press for The British Academy.

Irani, Z., Love, P. E., Elliman, T., Jones, S., & Themistocleous, M. (2005). Evaluating e-government: learning from the experiences of two UK local authorities. *Information Systems Journal*, 15(1), 61-82.

Janssen, M., Charalabidis, Y., & Zuiderwijk, A. (2012). Benefits, adoption barriers and myths of open data and open government. *Information Systems Management*, 29(4), 258-268.

Jeong, H. J., Kim, J. H., & Eom, S. J. (2016). The adoption of smartphone-based mobile government by Korean local governments: Empirical analysis of the development level and its influential factors. *Korean Public Administration Review*, 50(2), 155-188.

Johnston, E. W., & Hansen, D. L. (2011). Design lessons for smart governance infrastructures. In Balutis, A. P., Buss, T. F., & Ink, D. (Eds.). *Transforming American governance: Rebooting the public square*. Routledge.

Jung, H. S. (2012). A comparative social policy study on the measurement and application of 'Social Quality (SQ)'. Ph.D. Dissertation. Seoul National University (SNU), Seoul, Korea.

Jung, J. W. (2009). Inside information: Special; Solutions to enhancing local governments' capacity to implement local informatization project. *Local Informatization*, 57, 12-17.

Jung, Y. D., Eom, S. J., Bae, K., & Kim, D. S. (2012). Institutionalization for improving transparency in Korea. *Korean Political Science Review*, 46(3), 31-53.

Kim, B. S. (2008). *Reducing prejudice and error: Logic and method of examination study*. Paju: Bubmoonsa.

Kim, D. W. (1995). Suggestions on the co-use of policy information in public sector. *Korean Journal of Public Administration*, 33(2), 2183-2210.

Kim, S. J. (2013). Systematic implementation and availability reinforcement of local informatization project: Focusing on perception survey of information officers in local governments. *Journal of Korean Association for Regional Information Society*, 16(2), 175-200.

Kim, S. W., & Oh, M. R. (2007). An empirical study of influential factors for use satisfaction on administrative information systems in primary governments. *Journal of Korean Association for*

Regional Information Society, 10(4), 59-86.

Klievink, B., & Janssen, M. (2009). Realizing joined-up government: Dynamic capabilities and stage models for transformation. *Government Information Quarterly*, 26(2), 275-284.

Kolstad, I., & Wiig, A. (2009). Is transparency the key to reducing corruption in resource-rich countries? *World Development*, 37(3), 521-532.

Kondo, S. (2002). Fostering dialogue to strengthen good governance. *Public sector transparency and accountability: Making it happen*.

Korean Agency for Digital Opportunity and Promotion. (2009). Policy solutions to promoting information sharing and diffusion. Korean Agency for Digital Opportunity and Promotion Research Paper.

Kraemer, K. L., Leslie, J., Dunkle, D. E., & Lane, J. P. (1989). *Managing information systems*. Jossey-Bass Inc. Publishers.

Kučera, J., Chlapek, D., & Nečaský, M. (2013). Open government data catalogs: Current approaches and quality perspective. In International conference on electronic government and the information systems perspective. Springer, Berlin, Heidelberg.

Kwon, H., Pardo, T., & Burke, G. (2009). Interorganizational collaboration and community building for the preservation of state government digital information: Lessons from NDIIPP state partnership initiative. *Government Information Quarterly*, 26(1), 186-192.

Landsbergen Jr, D., & Wolken Jr, G. (2001). Realizing the promise: Government information systems and the fourth generation of information technology. *Public Administration Review*, 61(2), 206-220.

Lassinantti, J., Bergvall-Kåreborn, B., & Ståhlbröst, A. (2014). Shaping local open data initiatives: Politics and implications. *Journal of Theoretical and Applied Electronic Commerce Research*, 9(2), 17-33.

Lee, G., & Kwak, Y. H. (2012). An open government maturity model for social media-based public engagement. *Government Information Quarterly*, 29(4), 492-503.

Lee, J. E., & Kim, G. H. (2007). An analysis of the information sharing determinants in the NDMS. *Modern Society and Public Administration*, 17(1), 155-185.

Lee, M. H., & Eom, S. J. (2014). Solutions to information sharing and system connection and integration. Korea Institute of Public Administration Research Paper.

Lorentzen, P., Landry, P., & Yasuda, J. (2010). Transparent authoritarianism? An analysis of political and economic barriers to greater government transparency in China. In APSA 2010 Annual Meeting Paper, Washington, D.C.

Lussier, R. N., & Achua, C. F. (2015). *Leadership: theory, application, & skill development*. Nelson Education.

Ma, L., & Wu, J. (2011). What drives fiscal transparency? Evidence from provincial governments in China. In 1st Global Conference on Transparency Research, Rutgers University-Newark.

Meijer, A. (2009). Understanding modern transparency. *International Review of Administrative Sciences*, 75(2), 255-269.

Mergel, I. (2015). Opening government: Designing open innovation processes to collaborate with external problem solvers. *Social Science Computer Review*, 33(5), 599-612.

Moon, S. Y. (2009). E-governance and citizens' online policy participation: Focusing on the case of the metropolitan government. *Journal of Korean Association for Regional Information Society*, 12(2), 59-84.

Pardo, T. A., Nam, T., & Burke, G. B. (2012). E-government interoperability: Interaction of policy, management, and technology dimensions. *Social Science Computer Review*, 30(1), 7-23.

Petter, S., DeLone, W., & McLean, E. (2008). Measuring information systems success: Models, dimensions, measures, and interrelationships. *European Journal of Information Systems*, 17(3), 236-263.

Piotrowski, S. J. (2008). *Governmental transparency in the path of administrative reform*. SUNY Press.

Piotrowski, S. J., & Van Ryzin, G. G. (2007). Citizen attitudes toward transparency in local government. *The American Review of Public Administration*, 37(3), 306-323.

Ragin, C. (2000). *Fuzzy-set social science*. Chicago and London: The University of Chicago Press.

Reiche, K. J., & Höfig, E. (2013). Implementation of metadata quality metrics and application on public government data. COMPSAC Workshops.

Rivard, S., & Dupré, R. (2009). Information systems project management in PMJ: A brief history. *Project Management Journal*, 40(4), 20-30.

Ross, J. W., Beath, C. M., & Goodhue, D. L. (1996). Develop long-term competitiveness through IT assets. *Sloan Management Review*, 38(1), 31-42.

Rourke, F. E. (1960). Administrative secrecy: A congressional dilemma. *American Political Science Review*, 54(3), 684-694.

Sanderson, P., Banks, D., Deakin, S., & Udagawa, C. (2015). Encouraging inter-regulator data sharing: The perceptions of regulators. Cambridge Centre for Housing and Planning Research.

Scott, W. (2001). *Institutions and organizations*. Thousand Oaks, CA: Sage.

Shin, Y. J. (2005). A plan for raising efficiency of wide self-government for local e-government: Focused on analysis of DEA and SWOT. *Korean Public Administration Quarterly*, 17(3), 811-832.

Ubaldi, B., & Roy, J. (2010). E-government and federalism in Italy and Canada: A comparative assessment. In Reddick, C. (Eds.). *Comparative e-government*. Berlin: Springer.

Vishwanath, T., & Kaufmann, D. (1999). Towards transparency in finance and governance. Working Paper. World Bank.

West, D. (2005). *Digital government: Technology and public sector performance*. Princeton and Oxford: Princeton University Press.

Wirtz, B. W., & Birkmeyer, S. (2015). Open government: origin, development, and conceptual perspectives. *International Journal of Public Administration*, 38(5), 381-396.

Yang, T. M., & Maxwell, T. A. (2011). Information-sharing in public organizations: A literature review of interpersonal, intra-organizational and inter-organizational success factors. *Government Information Quarterly*, 28(2), 164-175.

Yoon, K. S. (2012). Enhancing information sharing in the public sector: An empirical study. *Informatization Policy*, 19(4), 83-104.

제 11 장

지능정보시대의 정부의 디지털 혁신

I

서론

지금까지 우리는 인터넷이 보편화, 상용화되는 1990년대부터 지금까지 정보통신 기술의 활용을 통한 정부의 디지털 혁신의 다양한 측면들을 살펴보았다. 전자정부와 스마트정부 추진을 통해 축적된 정부의 디지털 혁신 역량은 2020년 상반기 전 세계적 차원에서 발생한 코로나19 COVID-19 바이러스 확산에 한국 정부가 비교적 효과적으로 대응하는 데 기반이 되었다(〈사례 1〉 참조). 그동안 구축해온 전자정부 시스템들 간의 연계, 스마트폰 기반의 정보 제공 및 행정서비스 전달체계 제도화, 그리고 공공데이터 개방 등을 통한 민관협력 등의 축적된 디지털 역량과 경험이 코로나19 확산을 막기 위한 정보기술 기반의 대응력을 확보하게 만들었고, 이는 전반적인 방역체계의 역량 강화로 이어졌다(한국행정연구원, 2020).

그러나 이와 같은 성과에도 불구하고 지금까지의 정부의 디지털 혁신은 혁신이되 '약한' 혁신에 머무르는 한계를 보이고 있다. 개별 사업 단위에서 일부 성과는 있었으나, 전반적으로 행정의 효율성을 대폭적으로 개선하지는 못하였다.[1] 이제 지능정보시대로의 진입에 따른 정보기술 패러다임의 전환적 발전을 적극적으로 활용하는 '강한' 디지털 혁신이 요구되는 시점이다. 초연결성과 초지능성의 특성을 갖는 지능정보시대의 정보기술을 활용하여 한국 사회가 당면한 어려운 난제들과 한국 행정의 문제점들을 해결해나가야 한다.

이를 위해서는 최근 급격하게 발전하고 있는 패러다임 전환 paradigm-shift 적인 정보기술의 활용과 더불어 행정의 구성 요소인 제도, 조직 및 관리, 인적 자원이 함께 공진화 co-evolution 하는 디지털 혁신 모델을 구상할 필요가 있다. 더 나아가 기술결정론

1 한국의 전자정부 및 스마트 정부 추진의 성과와 한계에 대한 내용은 제2장 참조.

적 시각의 한계를 넘어서서 정보기술과 사회, 제도 및 행위자들 간의 다양한 관계에 대한 종합적인 사고가 필요하다. '좋은' 정보기술과 '좋은' 거버넌스가 상호 선순환적 발전을 이룰 수 있는 제도적 혁신과 행위자들의 인식 역시 강조되어야 할 것이다.

위와 같은 문제의식하에 이 장에서는 지능정보시대의 정부의 디지털 혁신을 전망해본다. 제2절에서는 최근 주목받고 있는 기술들을 살펴보고 이들 기술들이 총체적으로 '가상 세계와 현실 세계의 역동'이라는 기술적, 사회적 특성으로 이어지고 있음을 제시한다. 제3절에서는 이와 같은 기술들의 적용이 가져올 행정환경의 변화와 정부의 디지털 혁신의 방향성을 살펴본다. 제4절에서는 이와 같은 기술 기반의 행정혁신에 대한 시각과 주요 실천과제를 검토한다.

사례 1 한국 정부의 코로나19 대응을 위한 정보기술의 활용

2020년 초, 코로나19 바이러스가 전 세계적으로 빠르게 퍼져나갔다. 한국에서도 코로나19 바이러스가 급격하게 확산됨에 따라, 정부가 계획하고 추진하는 대응전략은 대부분 전자정부 및 스마트 정부 정보 인프라 및 서비스를 활용하여 이루어졌다. 이러한 정부혁신은 크게 네 가지 측면에서 바라볼 수 있다.

1. 공공데이터 개방 및 전자정부시스템 기반의 민관협력

코로나19 바이러스 관련 공공데이터 개방에 따라 일반인들의 정부 데이터 활용 증가와 민관협력이 증가했다. 질병관리본부는 코로나바이러스에 관한 공공데이터를 민간부문에 공개했고, 민간부문 개발자들과 업체들은 코로나바이러스에 대처하기 위한 서비스를 적극적으로 개발 및 제작하였다. 이때 개방된 공공데이터는 확진자 이동 경로, 확진자 격리 장소, 확진자 수, 유증상자 수 등을 포함하며 공공데이터 포털과 자체 웹사이트를 통해 파일 또는 Open API 형태로 제공되었다. 민간업체들은 코로나바이러스 관련 현황을 확인할 수 있는 시각화 서비스인 코로나맵, 코로나 종합상황지도([그림 11.1] 참조) 등을 개발했다. 특히 코로나 종합상황지도는 확진자의 동선 확인, 확진자의 격리 장소 확인, 진단 및 치료를 위한 병원 위치 확인 등의 정보를 제공하여 사용자들이 자신의 활동 공간에서 맞춤형으로 활용할 수 있도록 제작되었다.

[그림 11.1] 코로나바이러스 현황 지도서비스

코로나맵 (2020년 2월 2일 기준)	코로나 종합상황지도 (2020년 3월 9일 기준)

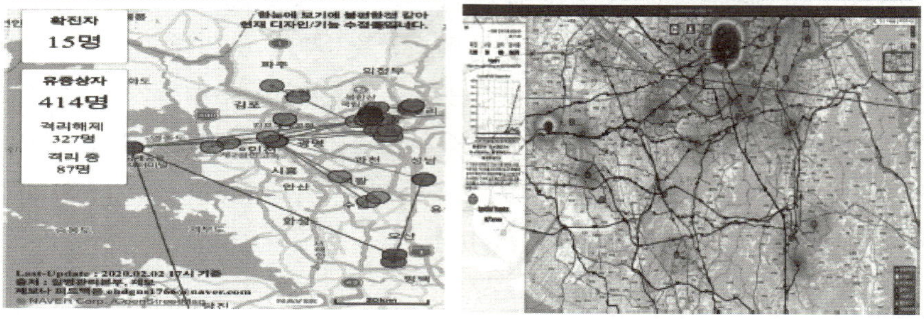

출처: 코로나맵(http://coronamap.site/); 코로나 종합상황지도(http://coronapath.info/)

코로나바이러스 확산으로 인한 마스크 수요 급증에 따른 마스크 대란을 극복하기 위하여 정부는 마스크 중복구매 확인시스템과 함께 공적 마스크 5부제를 도입하였다. 마스크 5부제의 현실화를 위해서는 중복구매 차단이 필수적이며, 이를 위한 정책수단이 모색되었다. 건강보험심사평가원의 요양기관업무포털은 약국을 비롯한 의료기관이 건강보험 적용을 받는 급여 항목의 비용을 청구하는 프로그램이며, 약국에서 즉시 조회가 가능한 장점이 있다. 이러한 요양기관업무포털에 마스크 판매 이력제 목록을 추가하는 통합시스템 구축을 통하여 마스크 사재기와 중복구매를 통제하고자 하였다. 나아가 공적 마스크 판매처로 지정된 우체국, 농협 등이 보유하는 각각의 마스크 판매시스템을 요양기관업무포털의 마스크 중복구매 확인시스템과 연계하여 통합시스템을 최종적으로 구축하였다. 정부는 통합시스템에 담긴 공적마스크 판매처별 재고 수량 데이터를 공공데이터 포털을 통해 공개하고 ICT 개발자 등으로 구성된 시민단체는 공적마스크 관련 공공데이터를 활용하여 마스크맵 앱을 제작하여 배포하였다.

2. 모바일 기기와 위치기반서비스를 활용한 정보 전파

둘째, 중앙정부와 지자체는 모바일 기기의 위치기반서비스LBS를 활용하여, 실시간으로 해당 지역 확진자의 이동 동선을 주민들에게 알리고, 동선 중복 확인 등을 통해 감염 확산을 방지하고자 하였다. [그림 11.1]의 '코로나 맵' 서비스와 같이 시민이 거주하는 해당 지역의 지자체에서 실시간으로 확진자 이동 경로를 제공하고, 동선이 겹치는 경우 검사를 권유하는 등의 알림을 매일 제공하였다. 또한, 코로나19 확산 방지를 위한 사회적 거리 두기 캠페인의 내용을 주기적으로 시민들에게 알리는 데에도 모바일기기의 기능을 적극 활용하였다([그림 11.2] 참조).

[그림 11.2] 모바일 위치기반서비스(LBS)를 통한 긴급재난문자

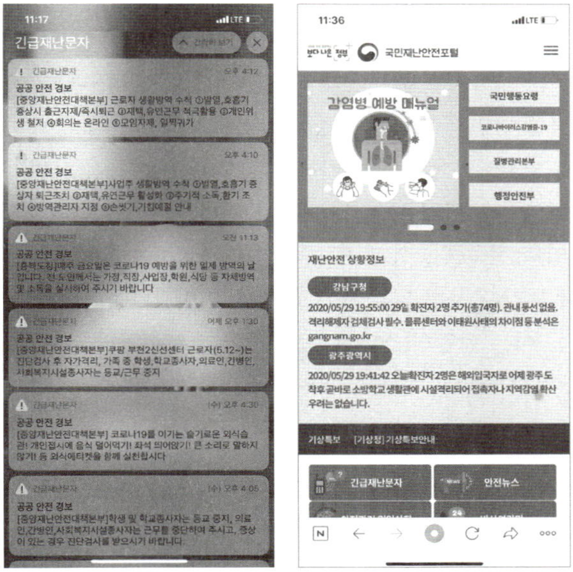

3. 정부기관 간 전자정부시스템 연계를 통한 신속한 정책집행

정부기관 간(정부부처 간, 중앙 – 지방 간, 정부기관 – 공공기관 간) 행정데이터 연계를 통해 영역별 지원금이 신속하게 처리되었다. 정부는 코로나19 바이러스가 경제사회적으로 타격을 받게 되자, 대부분의 부처(고용노동부, 여성가족부, 보건복지부, 기획재정부, 행정안전부, 국세청 등)는 지방자치단체 및 금융기관(은행, 카드사 등)과 전산망 연계를 통해 신속하게 지원금을 제공하였다. 고용유지지원금, 고용촉진장려금, 중소기업 대상 대출, 긴급재난지원금, 지자체에서 제공하는 지원금 등 모든 지원금 지급 시 필요한 세대주, 가족 수, 주소지를 비롯하여 고용보험 가입 여부, 직원 수, 소득 등의 정보를 연계하여, 지급 대상자를 신속하게 확인하고 지원금이 지급되도록 하였다.

4. 구축된 정보환경을 활용한 온라인 기반 교육 및 스마트 워크

기존의 오프라인 교육시스템과 회의 등이 모두 영상회의 시스템으로 대체되었다. 코로나19로 인해 전국의 어린이집, 유치원, 초등학교, 중학교, 고등학교, 대학교를 비롯하여 모든 교육시설은 학교(교육장)를 잠정 폐쇄 조치하고, 대신에 수업을 전부 온라인 수업으로 대체하였다. 또한, 회사에서도 접촉을 최소화하기 위해 영상회의 시스템을 통해 회의를 진행하였다. 비록 면대면 수업이나 회의보다 참여자 간 상호 작용이 떨어진다는 평가는 있지만, 강의 전달, 수업자료 실시간 공유, 참여자 간 동시 발언 및 채팅 기능 등을 통해 보완할 수 있었다. 이러한 긍정적 선례를 참고하여 향후 비대면 회의와 교육시스템도 더욱 진화할 것으로 전망된다.

국내의 많은 공공과 민간 기업에서 컴퓨터와 모바일 기반의 근무 즉, 스마트 워크(원격근무, 재택근무) 활용도가 급격히 증가하였다. 기존에는 특정 산업이나 직군에서만 스마트 워크가 주로 이루어져 왔었다. 코로나19 바이러스가 급격하게 전파되자, 확진자가 속한 기업의 전 직원, 학교 휴교로 인해 가정보육이 필요한 자녀를 둔 근로자, 사회적 거리 두기 운동의 일환 등으로 공공과 민간부문 모두 스마트 워크가 급격히 증가하였다. 이는 기존의 스마트 워크 제약 요인이었던 조직문화나 직무 적합도 등을 개선할 수 있는 좋은 선례로 작용할 것으로 보인다.

출처: 한국행정연구원(2020)

Ⅱ

지능정보시대의 주요 기술과 특성

1. 주요 기술 개관[2]

인공지능, 빅데이터, 사물인터넷 등 지능정보기술의 발전과 성숙, 사회·경제·정치 환경의 급속한 변화 등 전자정부를 둘러싼 생태계가 빠르게 변화하고 있다. 또한, 신기술의 적용 및 확산 속도가 점점 빨라지고, 기술이 사회 변화의 원동력으로 작용하며 미래 기술을 예측하고자 하는 수요도 지속적으로 증가하고 있다. 이제 각국의 정부는 유선 인터넷 기반의 전자정부, 모바일 기술 및 소셜미디어 기반의 스마트 정부에서 인공지능, 빅데이터, 사물인터넷, 클라우드 기반의 새로운 패러다임의 디지털 혁신을 진행하고 있다. 디지털 혁신의 새로운 전환점을 맞은 이 시점에서 새로운 기술에 대한 충분한 이해는 필수적이다.

새롭게 등장하는 기술에 대한 이해의 중요성이 부각됨에 따라 2015년부터 매년 전자정부에 가장 큰 영향을 주고 잠재력이 있을 것으로 전망되는 주요 기술들을 살펴본다. 2015년부터 선정된 전자정부 주요 유망기술은 인공지능 AI, 사물인터넷 IoT, 클라우드 Cloud, 데이터 Data, 보안기술 Security이 있으며, 블록체인, 가상현실 VR/증강현실 AR, 5G 등도 3년 연속 전자정부 유망기술로 선정되었다(〈표 11.1〉 참조).

1) 인공지능(AI: Artificial Intelligence)

인간의 지능으로 할 수 있는 사고, 학습, 자기 개발 등을 컴퓨터가 할 수 있도록 하

2 이 절의 내용은 한국정보화진흥원이 발간하는 『전자정부 기술트렌드』의 각 연도별 내용을 종합 정리한 것이다.

〈표 11.1〉 전자정부 기술 트렌드(2015~2019년)

구분	2015년	2016년	2017년	2018년	2019년
인공지능 (AI)	콘텍스트 딥러닝	지능형 머신러닝	강력해진 인공지능 상황인지 로보틱스	대화형 인공지능 플랫폼	감성 인공지능
사물인터넷 (IoT)	지능형 센싱 사물인터넷	개방형 사물인터넷 플랫폼	사물인터넷 트랜스포메이션	스마트시티 사물인터넷	반응형 사물인터넷
클라우드 (Cloud)	클라우드 클라이언트 클라우드 콜라보워크	스마트 퍼블릭 클라우드	멀티클라우드	클라우드 플랫폼	멀티 클라우드
데이터 (Data)	빅스트림 빅데이터	순간 빅데이터 알고리즘 기반 데이터 분석	빅데이터와 니치데이터	온디맨드 빅데이터	비정형 데이터분석
보안기술 (Security)	위험인식형 자기보안	생체인식기반 인증·보안	지능형 보안 아키텍처	지능형 자동보안 비접촉 생체인식	인공지능 자동 보안
기타 신기술	옴니채널 서비스화	모바일 증강현실	가상현실과 증강현실	혼합현실	확장현실 블록체인 플랫폼
	에브리웨어 웹	020 서비스 기술	블록체인	블록체인 네트워크	5G 인프라
	제3의 플랫폼	지능형 모바일 라이프케어	차세대 이동통신 5G	초고속 5G	엣지컴퓨팅
	웨어러블 사용자 경험	실감형 UX기반 웨어러블	스마트 시티 그리드	공공 멀티드론	인공지능 윤리

출처: 한국정보화진흥원. 『전자정부 기술트렌드』. 각 연도

는 방법을 연구하는 컴퓨터 공학 및 정보기술의 한 분야로서, "기계가 경험을 통해 학습하고 새로운 입력 내용에 따라 기존 지식을 조정하며 사람과 같은 방식으로 과제를 수행할 수 있도록 지원하는 기술"(SAS) 또는 "컴퓨터가 인간의 지능적인 행동을 모방할 수 있도록 하는 기술"(『두산백과』)을 인공지능이라고 한다. 인공지능기술이 지속적으로 발전함에 따라 관련 서비스도 증가하고 있고 공공부문에서도 적극적으로 도입 중이다. 대표적으로 국민이 가장 가까이에서 실감할 수 있는 인공지능 기반 대화형 플랫폼서비스인 챗봇이 있다. 수많은 데이터를 축적하고 학습한 챗봇은 언제 어디서나

채팅을 통해 국민이 원하는 질문에 대한 답변이 가능하며 향후 채팅뿐만 아니라 음성 등 다양한 인터페이스를 통해 서비스가 제공될 예정이다. 이러한 유형의 서비스는 공무원의 업무 지원을 위한 형태로도 개발되어 업무생산성 향상에 기여할 것으로 기대된다.[3] 그 밖에도 객체(시각) 인식, 텍스트 분석, 예측 등 다양한 인공지능 기반의 서비스가 제공되고 있다.

그러나 인공지능기술이 발전하고 관련 서비스가 증가할수록 인공지능기술의 부작용도 속출하고 있다. 인공지능기술의 신뢰성, 오작동 및 책임성, 데이터 편향성, 프라이버시 등의 문제가 대두되고 있으며 기술 자체의 문제뿐만 아니라 인공지능기술로 인한 업무 자동화로 향후 일자리 감소 문제, 공무원의 역할 등 사회적 문제에 대한 고민도 필요하다. 앞으로 정부에 인공지능기술 도입은 불가피할 것이다. 이에 충분한 분석데이터 확보, 알고리즘기술 등 충분한 기술적 검토가 요구되며 인공지능과 관련한 법·제도 마련 및 장기적 관점에서의 도입전략 마련이 필요하다.

사례 2 인공지능 챗봇 상담사 '뚜봇'

민원 상담 서비스의 효율화 및 서비스 품질 향상, 대국민서비스 만족도 제고를 위해 대구시에서는 인공지능 기반 지능형 챗봇, '뚜봇'을 도입하였다. 웹페이지와 카카오톡 플러스 친구를 통해 서비스가 제공되며, 여권 분야 및 120 달구벌콜센터의 빈발 민원인 자동차 등록, 시정 일반, 지역 축제 관련 민원에 답변이 가능하다. 5만 7,000여 건의 학습데이터 구축을 통해 단순 키워드 검색 수준의 상담에서 나아가 시민의 질문에 추론하여 답변하는 쌍방향 대화도 가능하고, 지도, 링크, 이미지 등 다양한 형태로 서비스를 제공한다. 향후 교통, 환경, 관광 등 시정 전 분야로 서비스를 확대할 예정이다.[4]

3 '인공지능 정책자문관'은 공무원들의 업무에 공통적으로 이용하는 통계자료·법령정보·보도자료 등을 지속적으로 학습하여 공무원들에게 챗봇이나 인공지능 스피커 등을 통해 제공하고, 점차 전문분야별 정책 자료·기술 자료·최신 동향 등을 스스로 학습하여 정책자문까지 가능한 서비스로 발전할 전망이다(출처: 정책브리핑. 「전자정부에 인공지능 등 지능정보 기술 적용한다」. 2018년 9월 12일.).

4 『세계일보』. (2018. 3. 24.). 「대구시 민원상담사 '뚜봇' 새롭게 태어난다」.

[그림 11.3] 대구광역시 챗봇 상담 '뚜봇'사례

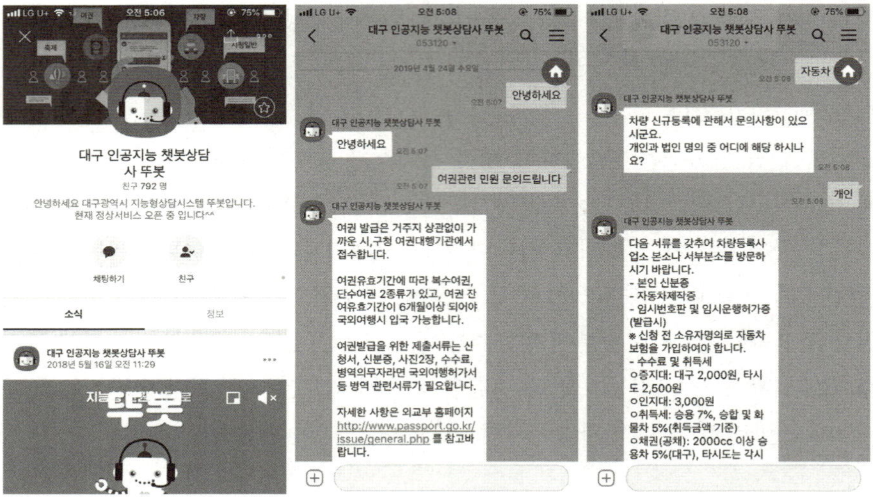

출처: 카카오톡 플러스 친구 '뚜봇' 사용 화면 캡처

사례 3 인공지능 객체인식 기반 대형 폐기물 처리

서울시 은평구청은 2018년 인공지능 객체인식 기반의 대형 폐기물 처리서비스를 개발하였다. 기존에는 가정용 대형 폐기물을 처리하기 위해 주민센터를 방문하여 신고필증 스티커를 발급받은 후 거점 지역에 배출해야 했지만, 서비스가 도입되면서 배출자는 모바일 앱을 통해 대형 폐기물 사진을 촬영하기만 하면 인공지능 객체인식 엔진이 사진을 인식하여 품목을 분류하고 간편 결제 기능을 제공한다. 또한, 대형 폐기물의 위치를 GPS로 수집하여 수거업체에 자동으로 전송하여 신속한 수거가 가능해졌다. 이로 인해 국민은 민원행정처리 간소화로 편리함은 물론 서비스 만족도가 향상되었고, 폐기물 처리서비스 개선에 따른 수수료 수입 증대(10% 상향 기준)로 연간 91억 2,000만 원가량의 폐기물 처리비용 절감이 가능하다.

[그림 11.4] 서울시 은평구의 인공지능 객체인식기술 기반의 대형 폐기물 처리시스템 사례

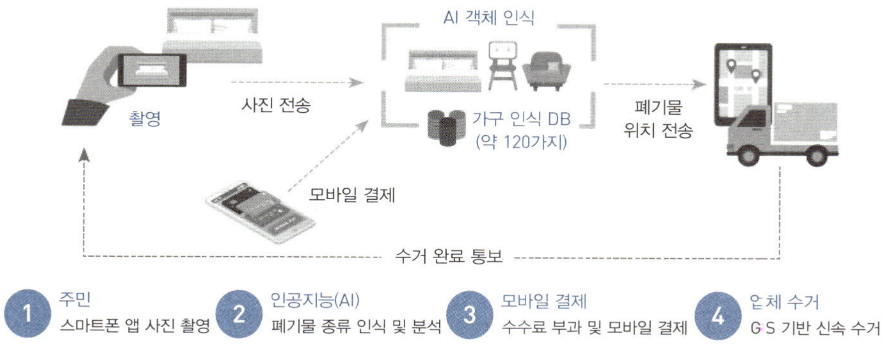

출처: 2018 SMART-NATION SERVICE CATALOG, 한국지역정보개발원

2) 빅데이터(big data)

PC, 스마트폰, 각종 IoT 기기 등이 보편화되면서 의료, 행정, 교통, 교육 등 다양한 분야에서 실시간으로 수집되는 데이터의 양이 증가하였다. 이렇게 쌓인 데이터는 빅데이터big data가 되고, 최근에는 빅데이터를 사용하여 유의미한 결과를 도출해내는 것이 비즈니스의 핵심이 되었다. 공공부문에서도 과학적 행정에 대한 수요에 따라 데이터 기반의 의사결정 및 정책 수립이 필수적인 요소가 되었다. 또한, 국민에게 개인 맞춤형 서비스 제공을 위해 국민의 상황별 수요, 특정 사건(이벤트) 기반의 실시간 데이터를 수집하여 분석하는 것이 서비스의 핵심이 되었다. 실제로 국토교통부에서는 공공데이터와 민간데이터를 활용하여 교통량 추정을 위한 빅데이터 서비스를 제공 중이며, 공공데이터 등을 활용하여 민간에서도 각종 서비스를 개발·제공하고 있다. 향후 전자정부 서비스는 텍스트, 이미지, 동영상 등 비정형 데이터까지 수집·분석하여 국민의 숨겨진 정책수요를 발견하고 정책을 수립할 것으로 기대된다. 그러나 데이터 활용이 증가함에 따라 데이터 관리체계 확립 및 법·제도를 정비하고 개인정보보호 등의 문제에 대한 대책도 수립해야 할 것이다.

사례 4 빅데이터를 활용한 교통량 추정 'View T 1.0'

한국교통연구원은 공공의 관측 교통량 자료와 국가 전역에서 수집되고 있는 민간의 내비게이션 빅데이터를 융합하여 전국 미관측 도로의 교통량을 추정할 수 있는 기술을 개발하여 교통빅데이터시스템(View-T)을 구축하여 서비스를 제공(http://viewt.ktdb.go.kr)하고 있다. 이를 통해 교통량 자료를 수집하지 않는 지자체에서도 지역의 교통 현황 파악이 가능하고, 국가교통정책 전반에 유용한 기반 자료로 사용할 뿐만 아니라 대규모 SOC 투자사업 지원은 물론 소규모 교통개선사업에도 활용이 가능하다.

[그림 11.5] 국토교통부 '교통빅데이터시스템(view-T)'

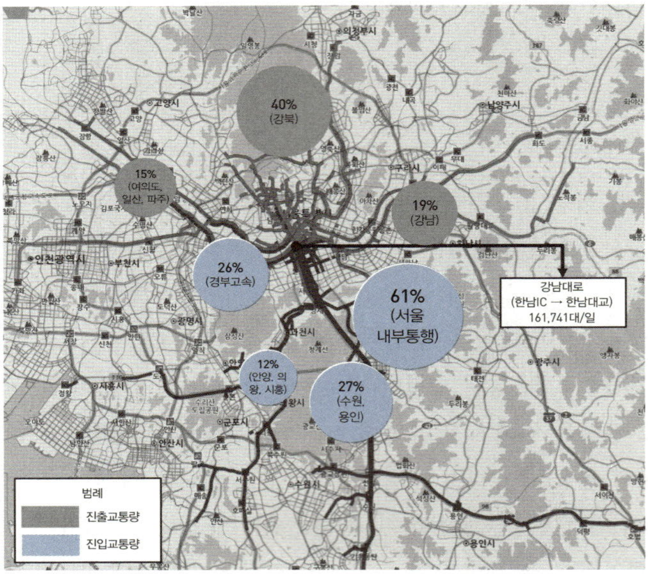

출처: 국토교통부 보도자료, 2017년 9월 4일

3) 사물인터넷(IoT: Internet of Things)

사물인터넷은 사물(기기)에 센서를 부착하여 실시간으로 데이터를 주고받는 기술 또는 환경을 의미한다. 빅데이터와 인공지능에 필요한 대규모 데이터 중 상당수를 차지할 만큼 사물인터넷은 4차 산업혁명의 중요한 인프라로 관심을 받고 있다.[5] 사물인터넷을 통해 만물의 연결이 가능해짐으로써 자율주행 도로체계, 스마트 그리드, 실시간 데이터 수집·분석 등이 구현되어 최근에는 특히 스마트 시티 분야에서 각광받고 있다. 또한, 환경, 사회 안전, 재난·재해 분야에서도 미세먼지 측정, 차량공유서비스, 재난·재해 예측 및 상황 전달 등의 서비스가 사물인터넷 기반의 센서를 통해 제공된다. 그러나 각종 사물인터넷 기기를 통한 데이터 수집으로 인해 보안 위협, 개인정보 침해, 데이터 위변조 등의 문제가 발생할 수 있어 이에 대한 선제적 대응책 마련이 필요할 것이다.

사례 5 저소득층을 위한 관용 차량 쉐어링서비스

경기도는 저소득층을 대상으로 주말에 사용하지 않는 관용 차량을 무상으로 대여해주는 '행복카쉐어링' 서비스를 추진 중이다. 경기도는 소외 계층 및 교통 약자의 이용편의성 향상을 위해 차량에 IoT 단말기를 설치하여 스마트폰을 통해 차 문을 개폐하고 차량을 무인반납 할 수 있게 만들 예정이며, 사고 발생 시 자동 신고, 위치 확인 등이 가능하도록 서비스를 구축할 것이다.

[그림 11.6] 경기도 '행복카쉐어링' 서비스 사례

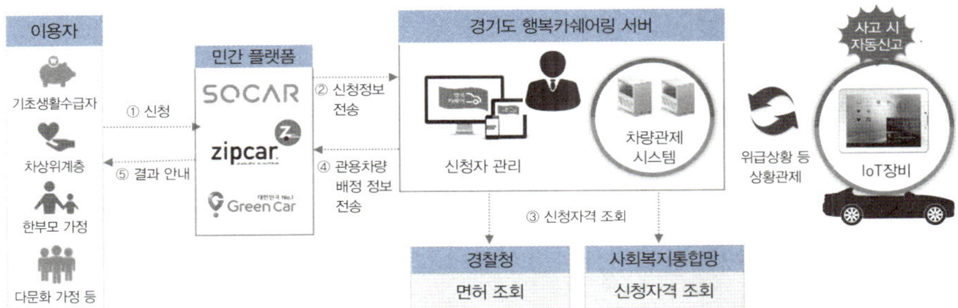

출처: 행정안전부(2017)

5 『D.gov 이슈매거진』, 2017, Vol.12.

4) 클라우드(cloud)

클라우드는 데이터를 인터넷과 연결된 중앙컴퓨터(서버)에 저장하여 인터넷을 접속하기만 하면 언제 어디서든 데이터를 이용할 수 있는 기술이다. 최근에는 클라우드가 인공지능, 사물인터넷 등 첨단 기술과 연계됨으로써 데이터를 저장하는 저장소의 역할을 뛰어넘어 다양한 서비스를 연결하는 플랫폼으로 거듭나고 있다. 정부에서도 행정기관의 ICT 자원 수요를 모으고 정보자원을 통합하여 G-클라우드를 구축하였다. 이를 통해 시간과 장소에 구애받지 않는 유연한 클라우드 기반의 업무 환경 조성 및 부처 간 협업을 위한 데이터 연계 강화가 기대된다. 또한, 지능형 전자정부 서비스 수요증가로 동일·유사한 사업이 중복 투자될 것을 대비하여, 전자정부 서비스를 쉽고 빠르게 개발·운영할 수 있는 전자정부 클라우드 플랫폼 구축을 계획 중이다. 향후 클라우드 서비스는 인공지능과 빅데이터의 중요성이 커짐에 따라 그 활용 범위가 더욱 확대될 것으로 전망된다.

사례 6 **중앙행정기관 전용 클라우드 서비스 G-클라우드**

G-클라우드란 스마트 전자정부 서비스를 위해 행정기관의 ICT자원 수요를 모아 정보자원을 통합하여 일괄 구축·공동 활용하고, 필요한 만큼 신속하게 제공하는 클라우드 서비스이다. G-클라우드는 중앙행정기관의 전자정부 서비스를 위해 공동 활용형 정보자원을 필요한 만큼 신속하게 제공하는 기술 및 서비스로, IaaS(Infrastructure as a Service), PaaS(Platform as a Service), SaaS(Software as a Service)를 모두 포괄하고 있다. 현재 연차별 로드맵에 따라 G-클라우드 인프라와 G-클라우드 관리 중심으로 시스템이 구축되었으며, 궁극적으로는 인사관리, 전자결재, 문서관리 등 12개의 부처 공통 행정업무와 행정 전자서명 등 전자정부 공통 기반 업무를 SaaS 방식으로 제공하는 것을 목표로 하고 있다. G-클라우드는 다음과 같은 특징을 갖는다.

〈표 11.2〉 중앙정부기관 전용 클라우드 서비스 주요 특징

정부 전용 사설 클라우드	표준화, 범용화, 규격화된 인프라	정부 클라우드 서비스에 최적화된 보안환경	범용 X86 서버, 공개SW 적용으로 관련 산업 육성
• 통합센터가 직접 구축하고 운영 • 행정기관 간 자원을 공동 활용하는 커뮤니티 클라우드 형태	• 공개 소프트웨어 기반으로 운영 환경 표준화 • 범용 하드웨어 사용을 통한 제조사 의존성 탈피 • 규격화된 인프라 구성을 통해 일관성 있는 시스템 구축	• 통합보안 9방어, 5분석 하에 클라우드 전용 보안 환경 추가 제공 • 네트워크 가상화를 통해 기관별 독립된 환경 제공 • 기술 내재화를 통한 공개 SW 기반의 보안 솔루션 적용	• G-클라우드 전용으로 국산화 가능한 x86 서버 4종 규격을 마련 • 공개 SW 및 국산 SW 사용 확대로 국내 중소 SW 업체 활성화

출처: 국가정보자원관리원 G-Cloud 소개 브로셔

5) 보안(security)

새로운 기술이 등장하고 발전함에 따라 예측하지 못한 보안 위협도 증가하고 있다. 사이버 공격은 점차 지능화·조직화되고 국제적인 해킹 공격까지 이루어짐에 따라 보안 패러다임도 변화가 필요한 시점이다. 이에 대응하여 최근에는 인공지능이 적용된 보안기술이 등장하였다. 인공지능이 방대한 보안 데이터를 학습하여 잠재적으로 다가올 수 있는 위험(변수)까지 탐지하고 시뮬레이션함으로써 사전 예측력을 강화하고 비정상적인 행위를 발견했을 때는 스스로 찾아 공격을 차단한다. 국가정보자원관리원에서도 현재 운영하는 1,500여 개의 전자정부시스템의 보안 강화를 위해 인공지능 기반 적응형 보안시스템을 구축 중이다. 또한, 국민들의 개인정보 보호를 위해 지문, 홍채, 얼굴 등 각종 생체인식기술 및 블록체인 등의 다양한 보안기술의 도입을 검토하고 있다.

6) 블록체인(blockchain)

블록체인은 여러 건의 거래 정보가 일정 시간마다 하나의 블록으로 묶여, 기존 블록체인처럼 연속해서 연결되는 데이터 구조이다. 새로운 거래 정보(데이터)가 담긴 블록이 생성되면 블록체인 네트워크 내 모든 구성원에게 전송되어 유효성이 확인되기 때문에 정보의 위변조가 어렵다는 특징이 있다. 이러한 블록체인의 장점으로 전 산업

분야에서는 블록체인에 집중하며 인증, 문서 거래, 전자투표 등 신뢰가 필요한 분야 및 서비스에 활발히 도입 논의가 이루어지고 있다. 국내 공공부문에서도 전자투표, 지역화폐 등에 활용되었으며, 행정안전부에서도 2020년까지 블록체인 기반 전자증명서 발급·유통 플랫폼을 구축하여 주민등록등본 등 각종 증명서를 모바일 기기를 통해 전자문서 형태로 발급받을 수 있게 안전한 플랫폼을 제공할 예정이다.

사례 7 노원구 블록체인 기반 지역화폐 '노원(No-Won)'

서울시 노원구는 가상화폐를 지역화폐로 활용함으로써 사용편의성 제고 및 지역화폐 이용의 활성화를 도모하고자 블록체인 기반의 '노원(NW) 플랫폼'을 개발하였다. 개인 및 단체가 노원구 내에서 자원봉사, 기부, 물품 기증 등의 활동을 하면 그 대가로 지역화폐 노원을 제공한다. 노원은 '홈페이지' 및 '앱'과 '카드'의 QR 코드를 통해 총 277개의 공공·민간의 가맹점(2019년 4월 기준)에서 화폐처럼 사용 가능하고, 사용자 간 거래(선물)도 할 수 있다.

[그림 11.7] 노원구 블록체인 기반 지역화폐 '노원(No-won)' 사례

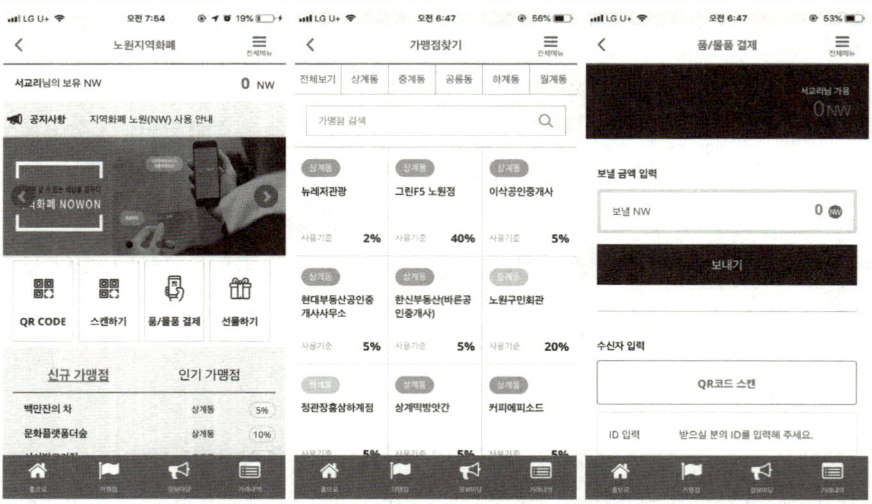

출처: 노원 지역화폐 앱 화면 캡처

7) 5세대 통신네트워크 인프라(5G: 5th Generation mobile communication)

5G는 초고대역 주파수를 활용하여 데이터 처리 속도를 획기적으로 향상시키고 지능정보기술의 상용화를 촉진할 수 있는 네트워크 인프라이다. LTE 등 4세대 통신 기술보다 20배 빠른 전송 속도, 10분의 1로 짧아진 전송 시간, 10배 늘어난 사물들의 연결을 지원하며 과거 네트워크의 한계로 제공이 어려웠던 서비스들이 초고속 5G 환경에서는 가능해질 전망이다.[6] 2018년 평창 동계올림픽에서의 시범 서비스를 시작으로 5G 기술이 본격적으로 실현되기 시작하였으며 5G 네트워크가 확산되면 실시간 대용량 데이터 전송, AR·VR 기반 콘텐츠 및 고화질 동영상 스트리밍 등이 가능해질 것이다. 전자정부에서도 이러한 새로운 지능정보기술을 뒷받침해 주는 5G 인프라를 바탕으로 스마트 시티 구현을 촉진하고, 영상회의 등을 통한 일하는 방식 변화, 국민이 체감할 수 있는 서비스 제공 등 다양한 분야에서 변화가 일어날 것으로 전망된다.

8) 가상현실(VR: Virtual Reality)·증강현실(AR: Augmented Reality)

가상현실은 실제로는 존재하지 않는 허구적 환경을 구현하는 기술로, 현실 환경을 새로운 환경으로 대체하는 기술을 말하며, 증강현실은 실제 환경에 가상의 이미지나 사물을 합성하여 현실에서 마치 실제처럼 보이게 하는 기술을 의미한다. 최근에는 가상현실의 몰입감과 증강현실의 현실감을 결합한 혼합현실 MR, Mixed Reality 이 현실과 가상이 자연스럽게 연결된 환경을 보여준다. 특히, 5G 기술을 비롯한 각종 지능정보기술과 디바이스의 발달로 3D 영상과 동영상 콘텐츠의 재생이 원활하게 이루어질 것으로 전망된다. 전자정부에서도 이러한 기술을 활용하여 이동이 어려운 국민, 소외 계층 등에게 교육, 관광, 스포츠, 엔터테인먼트 등 다양한 분야의 콘텐츠를 제공함으로써 국민이 실감할 수 있는 서비스를 제공해나갈 것으로 기대된다.

---

6 『D.gov 이슈매거진』, 2017, Vol.12.

사례 8 증강현실(AR) 기반 게임 '식중독잡GO'

식품의약품안전처는 식중독균에 대한 예방 및 교육을 위한 애플리케이션 '식중독잡GO'를 개발하였다. 식중독균(21종)을 3D 캐릭터로 제작하여 카메라 뷰(view)에서 증강현실로 구현하였다. 식중독균을 찾아서 발견하면 스토리가 있는 미니 게임을 통해 식중독 예방 3대 요령(손 씻기, 끓여 먹기, 익혀 먹기)을 쉽고 재미있게 알 수 있도록 만들었다.

[그림 11.8] 식품의약품안전처 '식중독잡GO' 앱 사례

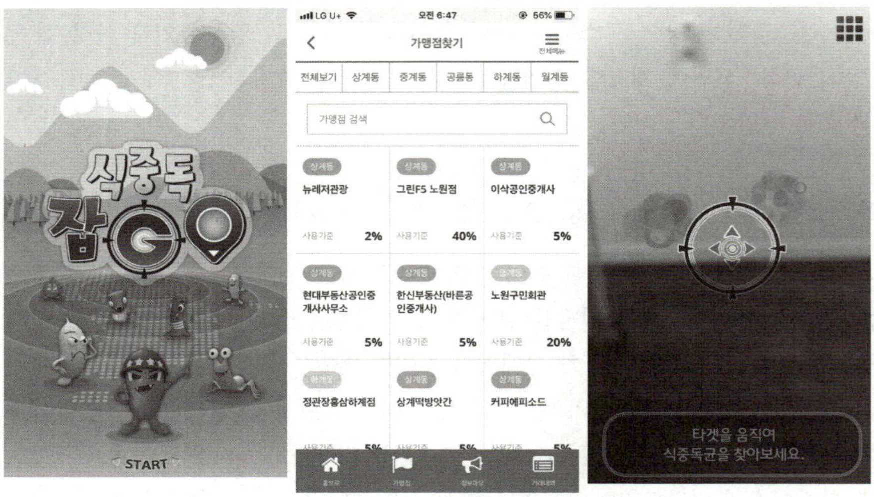

출처: Google Play, '식중독잡Go'

2. 가상 세계와 실제 세계의 역동

많은 전문가들은 소위 제4차 산업혁명을 앞서 언급한 각각의 정보통신기술들과 빅데이터와 인공지능이 연결되고 사물인터넷과 클라우드 컴퓨팅 기술들이 결합되는 것으로 정의하고 있다(Schwab, 2016). 이와 같은 개별적 기술발전이 결합되어 나타나는 기술적 특성은 무엇일까? 이와 같은 기술적 결합은 '초연결성'과 '초지능성'을 바탕으로 한 가상 세계와 실제 세계의 역동으로 발현되게 된다.

초연결성은 "인간과 인간을 둘러싼 환경적 요소들이 상호 간 연결되어 시공간의 제약을 극복하고 새로운 성장 기회와 가치를 창출할 가능성"을 의미한다(김현중, 2012). 초연결 시대는 네트워크로 연결된 조직 및 사회에서 이메일, 메신저, 휴대폰, 면대면 접촉 등 다양한 방법을 통해 주로 인간과 인간 간의 상호 소통이 가능함을 의미할 뿐만 아니라(Anable Quan-Haase & Barry Wellman, 2001), 최근 스마트 기기 및 소셜미디어의 등장과 활용으로 인간 간 연결과 소통은 물론, 사물통신IoT, 사물지능통신M2M 등 ICT의 기술적 발전에 따라 인간과 사물, 사물과 사물 등으로 연결 범위가 확대되고 있는 추세를 의미한다(김현중, 2012).

초지능성은 인공지능과 함께 등장한 개념으로 다양한 분야에서 인간의 두뇌를 뛰어넘는 총명한 지적 능력이 적용됨을 의미한다. 이는 단순히 사람보다 계산을 더 잘한다는 정도의 능력이 아니라 과학기술의 창조성, 일반적인 분야의 지식, 사회적인 능력에 있어서도 인류의 두뇌를 뛰어넘는 기계의 지능을 말하는 것이다.[7]

이와 같은 초연결성과 초지능성의 발현을 통해 더욱 연결적이고 지능적인 사회로 진화하게 되고 이는 사람, 사물, 공간, 시스템 측면에서 '실제 세계와 가상 세계의 역동적인 연계와 통합'으로 이어지게 된다. '실제 세계와 가상 세계의 역동적인 연계와 통합' 개념은 '스마트 공장'의 핵심인 '가상물리시스템Cyper-Physical System: CPS'의 개념에서부터 출발하였다. CPS는 "물리 세계에서 수집된 정보를 인공지능, 빅데이터 등 지능정보기술을 활용하여 처리하고 다시 물리 세계로 피드백함으로써 가상 세계와 물리 세계가 상호작용하는 시스템"(서준호, 2018)을 의미한다. 즉, 임베디드 컴퓨터와 사물인터넷 네트워크가 물리적 프로세스를 모니터하고 통제하며, 다시 변화된 물리적 프로세스가 컴퓨팅과 네트워킹에 피드백되는 시스템으로 정의된다. 이와 같은 CPS하에서는 현실 세계에 대한 방대하고 다양한 정보가 센서를 통해 실시간으로 그리고 유기적으로 가상 세계로 전송된다. 그리고 가상공간에서는 인공지능 기반의 강력한 컴퓨팅 파워가 방대한 데이터를 분석하고 그 결과를 바탕으로 현실 세계에서 새로운 가치를 창출하도록 기계들을 동작하거나 제어하게 된다([그림 11.9] 참조).

이와 같은 CPS의 개념을 추상화한 것이 [그림 11.10]이다. 현실 세계의 물리적 자산에 부착된 센서 등을 통해서 생산된 데이터가 가상 세계로 들어오게 되며, 여기에서 분석, 시뮬레이션, 예측 등의 과정을 거쳐 상태를 진단하거나 문제의 해결방안을

7 한국과학창의재단 사이언스올(www.scienceall.com) 과학백과사전 '초지능(슈퍼 인텔리전스)'

[그림 11.9] 가상물리시스템

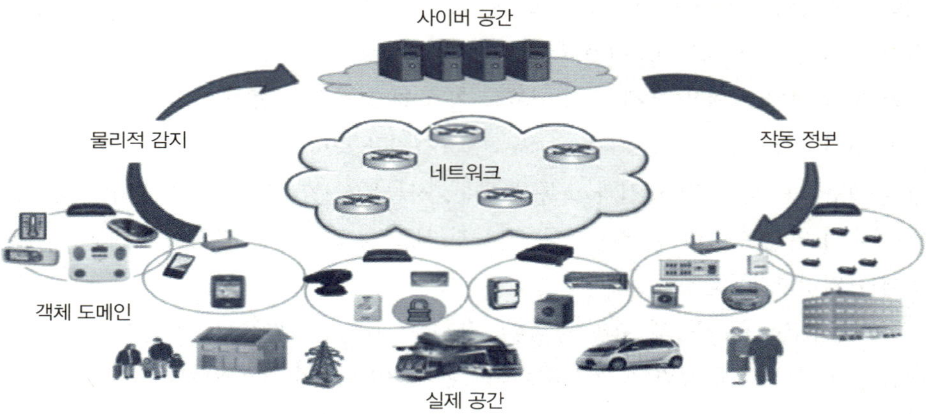

출처: WiSE Laboratory

모색한다. 가상 세계에서 분석된 결과가 현실 세계에 반영되어 상태를 최적화하거나 문제를 해결한다(국토연구원, 2017).

이와 같은 가상 세계와 현실 세계 간의 역동이라는 개념하에 다양한 형태의 새로운 기술 및 서비스들이 나타나고 있다. 그 대표적인 예가 드론, 로봇 및 자율주행자동차(〈사례 9〉 참조) 등이다. 또한 VR을 이용한 교육 및 훈련 프로그램이 대중화되고 있다.

[그림 11.10] 가상 세계와 현실 세계의 역동: 개념도

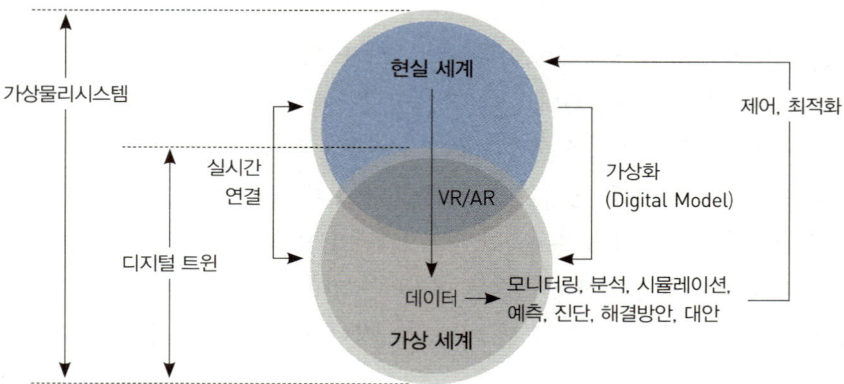

출처: 국토연구원(2017)

예를 들면, 고소공포증, 광장공포증 등 여러 공포증을 지닌 환자를 대상으로 VR을 통해 다양한 공포의 환경에 안전하게 노출시켜 공포증을 치료하는 방식이다. 특히, 미육군 등에서는 군인들의 외상 후 스트레스 장애PTSD: Posttraumatic Stress Disorder 등 심리치료에도 확대 적용하고 있다. 나아가, VR 시스템은 가상 훈련시스템으로도 도입되고 있다. 예를 들면, VR을 활용한 분대급 보병 훈련시스템DSTS: Dismounted Soldier Training System이 분대 단위 전술훈련에 높은 효과를 보이면서 나토NATO: North Atlantic Treaty Organization 회원국을 중심으로 도입되고 있다.[8]

사례 9 닛산(NISSAN)의 자율주행자동차 개념: 가상 세계와 실제 세계의 역동을 중심으로

닛산은 CES 2019 닛산 부스에서 실제 세계와 가상 세계를 융합하여 운전자에게 '보이지 않는 것을 시각화'함으로써 궁극적인 커넥티드 카 체험을 구현하는 자율주행자동차 서비스를 선보인 바 있다. 이와 같은 개념과 기술을 바탕으로 차량 내외부 센서가 수집한 정보와 클라우드상의 데이터를 통합해 자동차 주변 상황을 파악할 수 있을 뿐만 아니라 자동차 전방 상황을 예측하거나 건물 뒤편, 커브 구간의 상황을 보여주는 것도 가능하다. 운전의 즐거움을 향상시키기 위해 차 안에 아바타가 나타나, 사람과 쌍방향 커뮤니케이션을 하는 것처럼 운전을 도와주기도 한다. 차량에 부착된 다양한 센서로 차량 주변 360도에 가상공간을 매핑(mapping)해 도로 및 교차로 상황, 도로표지, 주변 보행자 등에 관한 정보를 제공해준다. 또 차량 내 탑승자의 상황도 실시간으로 파악해 무엇인가를 찾거나, 잠을 깨기 위해 잠시 휴식을 취할 수 있도록 하는 등 탑승자에게 필요한 서포트를 예측해 제공한다.

8 구체적인 사례는『월간 국방과 기술』에 실린「설계, 교육을 넘어 전술훈련까지... 확대되는 군사 분야 가상현실과 증강현실」기사(http://bemil.chosun.com/nbrd/bbs/view.html?b_bbs_id=10008&num=82#none) 참조.

[그림 11.11] 인공지능기술 기반 자동차(닛산 'I2V'사례)

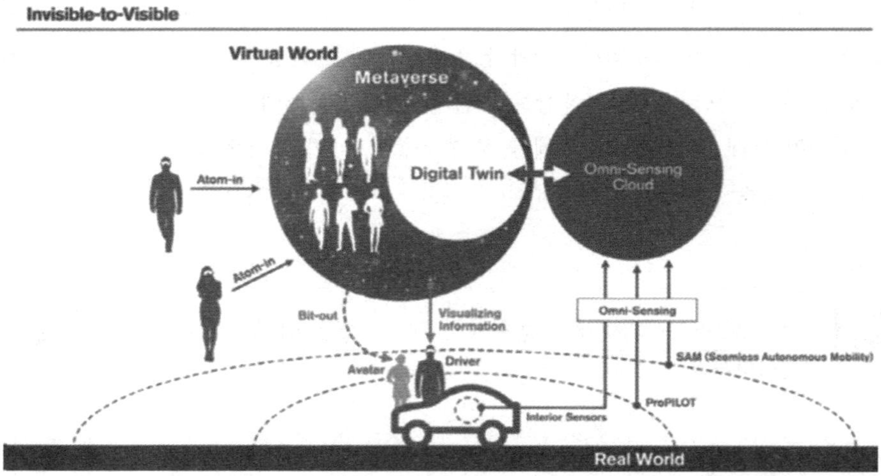

출처: NISSAN Global News(2019. 1. 4.); Global Auto News(2019. 1. 4.)

가상 세계와 실제 세계의 역동이 적용된 또 다른 예로서 디지털 트윈의 구축을 통한 정책시뮬레이션과 실험을 들 수 있다. 디지털 트윈은 3차원 모델링을 사용하여 물리적 자산이나 프로세스 및 시스템을 디지털 복제하는 것으로서 모양, 위치, 움직임, 상태 및 동작을 포함하며 모니터링, 진단 및 자산 성능과 활용도를 최적화하는 데 활용된다(Wikipedia; 국토연구원, 2017: 76에서 재인용). 도시정책분야의 경우, 지역경제(창업/일자리), 교통, 환경, 복지, 안전, 도시 건축 등 사회문제 해결 정책 수립을 위해 가상공간에 한 도시나 지역의 공간정보뿐만 아니라, 인구, 도시인프라, 도시환경 등 구성요소, 영향 요인, 사회현상 등 유기적 상호작용을 나타내는 디지털 플랫폼인 디지털 트윈을 구축하여 미시적·포괄적·통시적 도시계획·운영 지원 시스템을 개발하고 이를 통해 각종 정책 결과에 대한 시뮬레이션과 실험을 수행한다([그림 11.12] 참조). 시뮬레이션과 실험 결과는 실제 도시정부 또는 지방자치단체의 정책조합 및 의사결정에 활용된다. 이와 같은 정책은 증거 기반의 과학적 의사결정으로 이어지며 그 결과는 다시 디지털 트윈에 반영되어 새로운 시뮬레이션과 정책 의사결정 지원을 위한 데이터로 활용되며 좀 더 정교하고 적실성 있는 시뮬레이션과 정책실험의 원천 자료로 활용된다.

[그림 11.12] 디지털 트윈 개념도: 도시행정분야

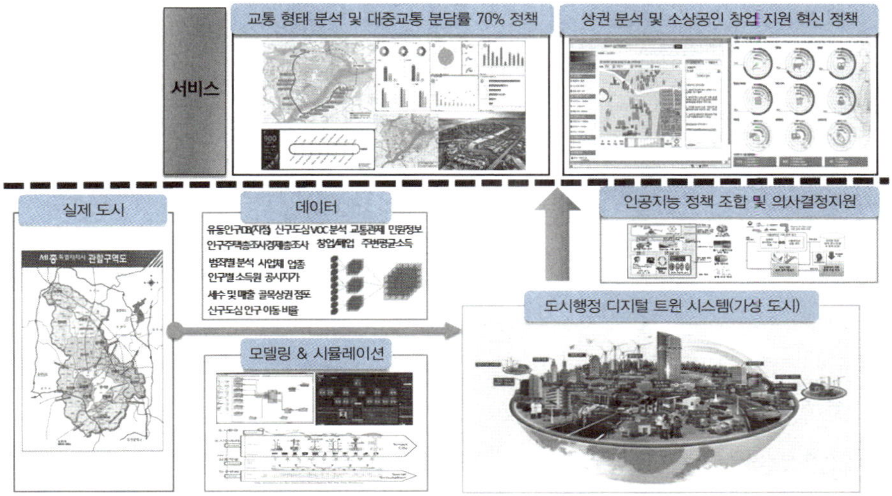

출처: 한국전자통신연구원(2018)

결론적으로 지능정보사회의 본질적 속성 중 하나로 '가상 세계와 현실 세계의 역동'을 제시할 수 있다. 전자정부와 스마트정부 시기까지의 정보기술의 활용은 현실 세계에서의 자동화automation를 목적으로 했다면, 지능정보사회에서의 정보기술의 활용은 강화된 컴퓨팅파워와 정보인프라를 기반으로 구축된 가상 세계가 실제 세계와 실시간으로 역동적으로 상호작용하면서 개인과 사회의 지능화intelligence를 추구한다.

가상 세계와의 연결하에서 현실 세계에서 작동하는 자율주행자동차, 드론, 로봇 등 '새로운' 기계들과 '공유경제서비스', '플랫폼 기반 서비스' 등은 기존의 산업 간, 생활상의 영역을 넘나들고 2차원적 공간에서 3차원적 공간으로 활동 범위를 확대하며, 인간의 두뇌가 있어야만 기능하던 '지능'을 외재화하고 탈희소재화하며 상품화하였다. 이는 생산력의 발전과 서비스 품질의 비약적 증대로 이어졌다(엄석진, 2018).

그렇기에 인공지능, IoT, 클라우드 등 각각의 정보기술의 특성과 활용에도 주목함과 동시에, 그 총체적 결과로서의 가상 세계와 실제 세계의 역동이라는 패러다임 전환적 현상과 그것이 정부와 사회라는 현실 세계에 주는 영향력, 그리고 가상 세계를 활용한 현실 세계의 개선이라는 정책적 함의에 주목할 필요가 있다(Schmidt & Cohen, 2013).

Ⅲ 지능정보시대의 행정의 변화 전망

1. 기술 중심적 낙관론

1) 초연결성을 활용한 행정혁신

지능정보사회는 소셜미디어 및 모바일 디바이스를 기반으로 '약한 연결 weak tie'의 사회의 특징을 가지게 될 것이다. 디지털기술로 인한 개인 간 연결성의 확대는 지식과 정보의 연결 및 매개로 확장되고, 사회 활동을 위한 조정비용을 줄이는 효과를 가져온다. 또한 연결성의 확대는 대규모 집합 행동에 수반되는 거래비용의 감소를 가져오면서 정치적 격변의 가능성이 높아지고 있다. 트위터나 메신저 등 가상 세계에서 서로 연결된 시민들이 특정한 정치적, 사회적 국면에서 다양한 형태의 집단행동을 실제 세계와 가상 세계에서 일으키게 된다(Margetts *et al.*, 2015).

개인들은 더욱 스마트해질 것이다. 이미 많은 개인들이 스마트 디바이스를 활용하여 자신의 생산성을 높이고 있을 뿐만 아니라, 웹이나 소셜미디어를 통해 다양한 지식과 정보를 흡수하고 이를 응용하고 있다. 나아가 향후 인공지능이 보편화되고 이를 개인들도 손쉽게 활용할 수 있게 되면 각종 정보와 상황을 좀 더 정확히 해석하고 판단할 수 있게 될 것으로 예상되며, 정부, 기업, 시민 간에 존재하는 정보 비대칭성이 약화될 가능성이 높다.

이와 같은 지능정보시대의 기술, 사회, 개인의 변화를 고려할 때, 행정은 다양한 행위자들이 당면한 사회문제를 협력적으로 해결하는 형태로 발전하게 될 것으로 전망된다. 다양한 이해관계자들이 자유롭게 참여하고 문제를 함께 발견, 진단하고 해결할 수 있는 플랫폼을 구축하고 이를 통해 상호작용하고 협력하는 행정으로의 변화를 추구할 필요가 있다.

첫째, 행정과 시민과의 관계 측면에서는 소셜미디어를 기반으로 한 새로운 행정혁신 모델이 등장하고 있다. 예를 들면, 앞서 제시한 바와 같이 현재 서울시는 박원순 시장의 개인 트위터 계정과 서울시의 공식 트위터 계정을 통해 시민들과 소통하고 시정 정보를 제공하며, 시민들로부터 정책제언을 받아 시정에 반영하는 '트위터 행정'을 본격화하고 있다. 특히 박 시장 개인의 소셜미디어 계정을 통해 제기되는 민원이나 정책제언들을 서울시 소셜미디어센터(2014년 3월 이후는 '서울시 응답소')의 계정과 연계하고 있다. 서울시 소셜미디어센터는 서울시장의 소셜미디어 계정을 포함하여 39개의 서울시 소셜미디어 계정으로 들어오는 시민 의견을 '접수 → 부서 배정 → 업무담당자 검토 및 답변 처리' 하고, 그 결과를 모든 시민에게 공개하는, 일종의 소셜미디어 기반의 민원 플랫폼이라 할 수 있다(Eom *et al.*, 2017).[9]

이와 같은 연결성은 집단지성 기반의 행정혁신이 이루어질 수 있는 기반이 된다. 예를 들면, 소셜미디어를 통한 시장-공무원-시민 간의 연결성이 극대화되는 과정에서, 공무원과 시민 개개인이 가지고 있는 시정과 관련된 정보와 지식이 연결되는 집단지성이 이루어짐으로써, 더욱 시민들의 요구에 반응적인 행정을 구현할 수 있다. 아울러, 행정은 시민들의 요구와 정책제언을 효율적으로 시정에 반영할 수 있게 된다(Eom *et al.*, 2017).

둘째, 행정 내부적으로는 클라우드 기반의 정보시스템 연계 및 통합을 통해 각 부처별로 나뉘어 있던 정보와 지식이 결합되는 행정혁신을 지향해야 한다. 정부의 각 부처 및 공공기관이 보유하는 정보시스템을 연계, 통합하는 정부 클라우드의 도입은 기존의 전자정부가 극복하지 못했던 '굴뚝 효과silo effect'[10]를 극복할 수 있는 기술적 기반이 될 것으로 판단된다. 나아가 정부부처 간, 공무원 개인 간 협업 수준의 제고와 그에 따른 정부의 정책역량 및 대민서비스의 질적 제고를 위한 정보 기반이 될 수 있을 것으로 보인다. 전산자원의 물리적 통합뿐만 아니라 데이터 및 서비스 수준에서의 통합을 통해 새로운 공공서비스의 제공 및 정부의 정책역량의 개선이 이루어질 수 있을 것으로 기대된다. 초연결성의 관점에서 해석한다면, 정부 클라우드 시스템이 정부 각 부처와 공공기관을 연결하여 부처 간, 공무원 개인 간 협력을 촉진하고, 개별 기관의 정책역량을 제고하는 플랫폼으로서의 역할을 하게 되는 것이다.

---

9 서울특별시. (2013). 『시민과 서울시, SNS로 통(通)하다』. 서울: 청송문화인쇄사.

10 '굴뚝효과'의 개념에 대해서는 제2장 제4절 참조.

2) 초지능성을 활용한 행정혁신

가. 데이터 기반 정부

초연결성을 통한 지식과 정보의 결합은 초지능성을 기반으로 하는 행정혁신의 기반이 된다. 정부가 보유한 데이터와 함께, 소셜미디어, 사물인터넷을 통해 수집·집적된 빅데이터는 데이터 기반의 의사결정을 가능케 한다. 그리고 이는 더 타당한 의사결정과 정책집행으로 이어진다. 예를 들면, CCTV 관제 정보를 활용하여 에너지, 교통, 환경, 재난 대비 영역 등에서 실시간 상황 모니터링이 가능할 것으로 예상된다. 또한 빅데이터 분석은 재정, 환경, 의료 등 각종 위기 상황의 징후를 사전에 포착하고 이에 대한 정부의 대응 능력을 높여줄 수 있을 것이다.

실제로 보건복지부는 2018년부터 사회보장 빅데이터를 활용하여 위기아동을 예측하는 'e아동행복지원시스템'을 구축하여 운영하고 있다. 장기결석, 정기건강검진 미실시 등 아동 특화정보(9종)와 복지사각지대 발굴 변수(27종), 사회보장정보원 보유 정보(5종) 등 총 41종의 정보를 수집·분석하여, 아동학대 등 위기 가능성이 높은 가구를 추출하고, 지방자치단체에 위기가구 추출 정보를 정기적으로 공유하여 위기아동 예측에 활용하여 대상자를 방문·조사·사례관리에 활용할 수 있도록 하는 사업이다.

'e아동행복지원시스템' 본격 운영으로 빅데이터 분석 결과로 추출된 위기가구 아동의 보호조치가 이루어졌다. 구체적으로는 2018년 3월부터 2019년 10월, 총 6차에 걸쳐 점검 추진되었고, 총 12만 4,134명 아동가정을 방문하여 4,414명을 복지서비스와 연계하였으며, 68명 사례는 아동학대로 신고조치 하였다.[11]

나. 인공지능 기반 정부

인공지능의 발전은 기존의 전자정부와 스마트정부를 넘어 인공지능 기반 정부AI-based government로 변모시킬 것으로 예상되고 있다. 실제로 호주 국세청은 인공지능을 활용한 회계감사를 통해 6,000만 건 이상의 세금 징수 사례, 메모, 활동 기록, 실시간 소스를 분석하였다. 이를 통해 탈세 등과 관련된 의심 동향을 파악하고 조사가 필요한 사례에 우선순위를 부여하고 있다. 국세청 업무에 인공지능을 도입함으로써 약 9,000명의 세금감사원, 조사분석관들이 작업 시간을 줄일 수 있었으며, 비정형 데이터 분석을 통해 감사 품질 및 결과의 정확도와 성과를 개선할 수 있었다(김경전, 2017).

11 2019년 정부혁신평가 중 보건복지부, 데이터기반 행정추진성과 내부자료.

좀 더 구체적으로, 인공지능의 도입의 효과는 무엇인가? Margetts와 Dorobantu(2019)는 크게 다음과 같은 세 가지의 기대효과를 제시하고 있다. 첫째, 각 개인이 처한 상황과 환경에 적합한 개인화된 행정서비스를 제공하는 데 인공지능이 적용될 수 있다. 실제로 호주 퀸즐랜드 주정부는 전자정부 플랫폼에 구축, 저장된 개인별 정보와 주정부와의 상호작용에 대한 과거 이력 정보 등을 활용하여 개인별 맞춤형 행정서비스를 제공하고 있다.

둘째, 인공지능은 정부가 미래를 예측하는 데 좀 더 정확성을 높여 정부의 계획 수립을 지원한다. 머신러닝 알고리즘은 데이터에서 패턴을 찾아내고 이를 통해 미래의 경향 및 발생 가능한 사건 등을 예측하는 데 도움이 된다. 예를 들면, 영국의 주정부에서는 머신러닝 모델을 이용해 특수 교육에 대한 수요를 예측하고 외부 요인들이나 정책이 변화함에 따라서 그와 같은 수요가 얼마나 변화할 것인지 예측한다. 미국 라스베가스시 보건당국은 소셜미디어 정보와 머신러닝 알고리즘을 활용하여 식중독이 발생할 가능성이 높은 음식점을 식별하고 점검하였다. 더 이상 과거와 같은 무작위 추출randomization에 기반해서 위생 및 안전 점검의 대상을 추출한 것이 아니다. 당연히 머신러닝 알고리즘을 활용한 대상 음식점의 추출과 점검은 성공적이었다고 평가받고 있다. 이와 같은 인공지능 기반의 예측 기능은 개인에게도 적용될 수 있다. 이미 미국과 뉴질랜드에서는 머신러닝 알고리즘을 활용하여 학교 생활에 부적응을 겪거나 그런 위험을 겪을 가능성이 높은 학생들을 찾아내고 있다.

셋째, 정부는 인공지능을 활용하여 서로 다른 정책 대안의 결과를 실험하고 시뮬레이션하여 실제로 집행하기 전에 의도하지 못한 결과를 식별하고 그 효과를 찾아낼 수 있다. 대규모 데이터와 결합된 행위자 기반 컴퓨팅 모델Agent computing model은 정책이 집행되기 이전에 실제 세계의 복잡성을 좀 더 잘 찾아낼 수 있다. 예를 들면, 영국의 중앙은행인 잉글랜드은행Bank of England은 금융 시장의 위험을 완화하기 위해 부동산 시장을 모델링하여 부동산 정책 및 시장개입의 효과를 시뮬레이션 한다.

정보기술을 핵심 요소로 활용하는 점에서는 전자정부와 인공지능 기반 정부가 비슷하지만, 가상 세계와 현실 세계를 연결하는 방식에서는 차이가 있다(황종성, 2017). 전자정부는 현실 세계를 가상 세계로 이동시키는 것을 핵심 전략으로 삼는다. 즉, 정부 문서에서부터 서비스 청구와 업무 공간까지 정부 운영에 필요한 거의 모든 요소를 사이버 공간으로 옮기며 자동화를 추구한다. 반면 인공지능 기반 정부는 가상 세계에 축적된 엄청난 양의 지식과 지능을 현실 공간에 적용하고, 이를 다시 가상 세계로 환류하는 순환적 관계를 구축하는 것을 핵심으로 한다. 가상 세계에 축적된 데이터를 인공지능을 활용하여 분석한 후 이를 실제 세계에서의 시설물 관리, 콜센터 운용 등 많은 업무를 무인화하고 그 데이터를 다시 가상 세계로 옮겨 의사결정의 타당성을 제고하고 현실 세계에서의 행정역량을 제고하는 것이 그 예이다.

정부의 인공지능 활용방식은 다음과 같이 세 가지로 구분될 수 있다. 첫째, 증강augmentation은 인공지능이 공무원의 정책결정에 필요한 기초 정보를 제공하고 결정은 공무원이 내리는 방식이다. 둘째, 자동화automation는 인간이 인공지능을 훈련시키면 정책결정은 인간의 감독하에 인공지능이 내리는 방식이다. 셋째, 자율화autonomous는 인간의 능력에 필적하는 초지능이 나타나 인간의 개입 없이 자율적으로 정책을 운영하는 방식이다. 현실적으로 자율화는 인공지능 현실주의 입장에서는 아직 받아들이기 어렵고, 증강과 자동화가 혼재된 형태로 지능정부가 발전할 것으로 전망된다(황종성, 2017).

이와 같이 인공지능이 가져올 효과로서 ① 증강과 ② 자동화는 정부 내부와 정부-민간 간 관계에 적용되면서 〈표 11.3〉과 같이 ① 정책지능, ② 공공지능, ③ 정

〈표 11.3〉 인공지능의 적용 영역과 기능 및 서비스

	정부 내부	정부-민간 간
증강 (augmentation)	**정책지능(policy intelligence)** • 정부가 올바른 의사결정을 내릴 수 있도록 지원하는 인공지능 서비스들이 해당 • 정책결정자들이 항상 정확한 데이터와 예측 결과를 지원받을 수 있는 기반 마련	**공공지능(public intelligence)** • 국민과 기업이 내리는 일상적인 의사결정에도 정부의 데이터와 인공지능에 기반한 서비스 제공 • 인공지능이 정부 내부만 지원하는 데 그치지 않고 국민들의 의사결정도 지원 • 국민이 올바른 정치적 판단을 내릴 수 있도록 인공지능 기반의 민주주의 플랫폼 구축 필요
자동화 (automation)	**정부 봇(Gov Bot)** • 공무원을 대신하여 업무를 수행하는 인공지능 • 단순 민원 처리, 문서 작성 등 보고와 정보 입력, 제도와 규정 검토 등 반복적이고 사소한 업무를 자동화하여 공무원들이 보다 중요한 의사결정에 집중할 수 있도록 도움	**지능형 서비스(Gov-Tech)** • 핀테크가 신기술을 활용하여 금융산업을 혁신하려는 시도인 것과 마찬가지로, 인공지능을 활용하여 정부서비스를 혁신하는 Gov-Tech 방식의 접근도 필요 • 챗봇, 선제적 맞춤형 서비스 등 인공지능 기반의 지능형 대민서비스로 대민서비스의 질적 제고 및 효율성 제고

출처: 황종성(2017)

부 봇,[12] ④ 지능형 서비스와 같은 구체적인 기능과 서비스를 제공하게 될 것으로 예상된다.

3) 행정의 민주성과 효율성의 공진화

그렇다면, 초연결성과 초지능성을 활용한 행정혁신이 과거의 행정혁신과는 어떤 차별점이 있는가? 행정의 양대 가치인 민주성과 효율성은 조직 내부 관리 및 행정활동 측면에서 상충하는 관계를 가지는 것으로 이해되어 왔다. 효율성은 소수의 전문가와 관료들이 모여서 분석적으로 결정을 하면 시간과 노력을 절약함으로써 확보되지만, 이해관계자들의 참여와 의견 투입의 기회가 적어져서 민주성이 저해될 수 있다. 반대로, 민주성은 공개성과 적법절차를 통해 확보되지만, 이는 효율적인 결정을 저해하는 경우가 많다(Denhardt *et al.*, 2013).

하지만, 지능정보시대의 초연결성과 초지능성을 활용한 행정혁신은 행정의 민주성과 효율성이 대립하는 관계보다는 공진화하는 관계로 나아갈 수 있는 가능성을 열어준다. 먼저, 혁신적인 정보기술은 행정의 민주성을 향상시킬 수 있다. 과거에는 높은 참여비용으로 인해 시민들의 요구가 행정에 적극적으로 반영되기 어려웠으나, 최근에는 소셜미디어 활용의 폭발적인 증가로 인해 시민들의 요구가 반영될 뿐만 아니라, 시민들의 '조직 없는 조직화'로 대안적인 행정서비스 제공이 가능해지고 있다.

다음으로, 혁신적인 정보기술로 인해 향상된 민주성은 효율성을 향상시킬 수 있다. 소셜미디어로 인해 변화된 정보환경은 소셜미디어 이전 시대에는 실현될 수 없었던 '약한 연결'의 힘을 창출함으로써, 시민들의 '한 번의 클릭'이 모여 공공재 공급이나 집합적 의사결정이 가능하게 되었다. 대규모 참여를 위한 거래비용의 감소와 효율화가 소셜미디어를 통해 이루어지는 것이다(Shirkey, 2008). 아울러, 소셜미디어 등 플랫폼을 통한 더 많은 참여는 더 많은 데이터를 생산하고 더 많은 데이터는 인공지능을 활용한 더 타당한 의사결정과 더 정확한 정책집행으로 이어지게 된다. 민주성이 더 큰 효율성으로 연결되는 것이다.

12 봇(bot)은 로봇의 줄임 말로써 데이터를 찾아주는 소프트웨어 도구. 인터넷 웹사이트를 방문하고 요청한 정보를 검색, 저장, 관리하는 에이전트의 역할을 한다(출처: 『IT 용어사전』). 봇을 활용한 업무자동화를 RPA(Robotic Process Automation)라고 하기도 한다.

2. 기술과 사회의 공진화를 강조하는 시각

1) 기술 중심적 사고를 넘어서

지능정보사회에서의 행정의 변화 방향을 고려하는 데에는 기술 이외에 다른 요인들과의 관계를 함께 고려하는 종합적 사고가 필요하다. 심지어는 위와 같은 기술 중심적인 낙관론적 전망을 실현해내기 위해서라도 다양한 정보기술과 사회, 제도 및 행위자들과의 관계에 대한 종합적인 사고가 필요하다. 공공조직에 도입된 기술이 기대한 효과를 발휘하기 위해서는 크게는 조직 전체의 거버넌스, 작게는 정보기술의 도입 및 활용과 관련된 ICT 거버넌스의 건강성이 확보되어야 하며, 이 과정에서 도입된 기술과 관련된 제도적 혁신과 사용자 및 관리자들의 행태 변화가 수반되어야 한다.

공공부문에 도입된 ICT의 효과성에 대한 선행연구들은 기존의 법령, 정부 형태 및 기관의 자율성, 문화 등 공식·비공식 제도의 특성에 따라 정보기술의 도입과 활용 및 그 결과가 차별화된다고 밝히고 있다. 또한 도입된 정보기술을 활용하는 사용자의 특성과 조직의 관리자층의 정보기술에 대한 인식과 태도, 그리고 정보기술을 관리하는 ICT 관리자staff의 역량도 정보기술의 구성 및 활용 양태에 차별적인 결과를 가져오는 요인으로 지적되어 왔다.[13]

세월호 참사 당시 논란의 중심에 있었던 해상교통관제시스템VTS: Vessel Traffic Service System[14]의 사례는 기술 중심적 사고의 위험성을 잘 보여준다. VTS는 도입 당시로서는 혁신적인 정보시스템이었다. 해상 안전을 위한 운항정보 제공, 해양 사고에 대한 즉각적인 초동 조치 및 전파를 위해 1993년 포항에 최초로 도입된 VTS는 2014년 총 18개 지역에 설치되기까지[15] 정보기술혁신[16], 대규모 민간투자[17], 정부의 지원[18]이 결합된 것이다. 그러나, 세월호 침몰 상황에서 VTS는 그야말로 '무용지물'이었다. 구체적으로, 세월호는 사고 직후 엉뚱하게 인근 해역을 관할하는 진도VTS센터가 아니라 제

13 자세한 내용은 이 책의 제3장과 제4장 참조.

14 VTS는 레이더, 선박자동식별장치, 초단파무선통신장비, 기상장비, 방향탐지기, 물표추적처리장치, 폐쇄회로텔레비전(CCTV), 경보통합처리장치, 운용콘솔, 재생장치, 기록장치 등으로 구성된 정보시스템이다(국민안전처 해상교통관제센터, http://www.vtskorea.info/Service.do?id=main/).

15 국민안전처 해상교통관제센터, http://www.vtskorea.info/Service.do?id=main/

16 『경인일보』, (2011. 2. 22.). 「신기술 안전시스템 도입…인천항 선박사고 막는다」.

17 『연합뉴스』, (1994. 1. 15.). 「주요 항만에 '첨단 교통관제시스템' 설치」.

18 『전자신문』, (2008. 2. 25.). 「해양수산부, 해상교통관제 시설 대폭 확충」.

주VTS센터에 신고를 했고,[19] 선박의 비정상적인 움직임을 감지했어야 했던 진도VTS 센터는 침몰이 한창 진행되던 시점까지 세월호와 일상적인 교신조차 하지 않았다. 교신을 시작한 이후에도 구체적인 대응 지침을 내리지 않았을 뿐만 아니라 탈출 결정도 선장에게 미루었다.[20] 심지어, 세월호 침몰 현장에 가장 먼저 도착했던 목포해경 123정은 진도VTS센터와 세월호 간의 교신 내용도 파악하지 못한 채 구조 작업에 돌입하였다.[21]

비록 인공지능이 중심이 되는 지능정보시대의 정보기술과 전자정부 또는 스마트 정부 시대의 정보기술과는 차이가 있을 수는 있겠으나, VTS를 비롯한 기존 ICT와 거버넌스 간의 상호작용, 거버넌스를 구성하는 제도와 행위자들의 특성이 ICT 활용 결과에 미치는 영향에 대한 기존 연구들은 앞으로 한국 사회에 본격적으로 도입될 인공지능 및 다양한 정보기술과 행정혁신 및 거버넌스 간의 관계를 '전망'하는 데 좋은 사례가 될 수 있을 것이다.

위와 같은 VTS의 운용상의 실패는 여러 수준의 제도적 미비점과 관련이 있다. 대표적인 것이 VTS 활용과 관련된 불분명한 권한-책임 관계와 업무관할권 문제이다. 한국의 선박교통관리체계는 국토해양부가 항만 내 교통질서와 관제업무를 관장하고, 해양경찰청이 항만 외 교통질서와 구난업무를 관장하도록 규정함으로써 해상안전관리업무를 이원화하도록 되어 있다. 이는 선박의 해상 교통사고 방지와 사고 시 구난활동에 있어서 국토해양부 소관인 VTS가 충분히 활용되지 않은 원인 중 하나로 작용하였다. 2010년 7월 연안VTS센터에 해당되는 진도VTS센터와 여수VTS센터의 관할권은 국토해양부에서 해양경찰청으로 이관되었고, 항만VTS에 해당되는 나머지 15개 VTS센터의 관할권은 종전처럼 국토해양부에 부여되었다.[22]

구체적으로, 해양수산부(구 국토해양부)는 「개항질서법」에 따라 관제 구역에 진입하는 일정 규모 이상의 선박에 대하여 입항보고의무를 부여하는 반면, 해양경찰청은 「해사안전법」에 따라 관제 구역에 진입하는 모든 선박에 대하여 입항보고의무를 부여하지 않는다. 그러므로, 연안VTS센터의 관할권 이관은 입항보고의무의 폐지를 의미한다. 이는 인천-제주 구간을 운행하던 세월호가 진도VTS센터의 관할 구역에서 침몰되기

19 『동아일보』. (2014. 4. 21.). 「[세월호 침몰] 제주VTS와 첫 교신…12분 허비」.

20 『부산일보』. (2014. 4. 23.). 「[세월호 침몰 사고] 한심한 해경·VTS 행태」.

21 『YTN』. (2014. 4. 28.). 「해경 123정 "세월호 승객 향해 탈출 방송"」.

22 『로이슈』. (2014. 5. 9.). 「민변 '세월호 참사 진상규명 17대 과제' 뭘 담았나?」.

시작했음에도 불구하고, 입항보고의무가 없는 진도VTS센터는 고려하지 않은 채 제주VTS와 처음으로 교신하면서 인명 구조를 위한 시간을 허비했다는 설명의 설득력을 높인다. VTS 사례에서 보듯이, ICT 활용의 기대효과를 실현하기 위해서는 제도 변화가 함께 이루어져야 한다(Brynjolfsson & McAfee, 2014; Eom, 2013).

VTS를 활용하는 관제사들의 행태와 활용방식 역시 VTS의 효과를 실현하는 데 장애요인으로 작용하였다. 세월호에 입항보고의무가 부여되지 않은 상황에서, 진도VTS센터의 관제사들은 세월호가 자신들의 관할 구역에 진입한 시점부터 지그재그 형태로 표류를 시작한 시점에 이르기까지 세월호와 한 차례도 교신을 시도하지 않았다. 해양경찰청은 진도VTS센터의 관제사들이 이 기간 동안 세월호를 관찰·감시했다고 해명했다. 만약 그것이 사실이라면, 문제는 더욱 심각하다. VTS상에 나타난 이상적 징후를 포착했음에도 불구하고 아무런 조치를 취하지 않았다면, VTS 비효과적 활용의 심각성과 함께 무언가를 은폐하는 것은 아닌가 하는 의심까지 들게 하기 때문이다.[23]

세월호 침몰 당시 진도VTS센터 관제사들의 근무 태도 역시 문제였다. 조사 결과에 따르면, 일부 진도VTS센터 관제사들은 세월호 침몰이 발생했던 시점에 이르기까지 야간 근무 시간대에 1명의 관제사에게 모든 업무를 떠넘기고 휴식을 취하는 변칙 근무를 했던 것으로 드러났고, 전前 진도VTS센터장은 그들의 나태한 근무 태도를 인지하고 있었으면서도 묵인했던 것으로 확인되었다.[24] 이러한 진도VTS센터 관제사들의 비정상적인 근무 태도와 사고 당시 소통의 문제는 왜 VTS가 세월호 침몰 당시 무용지물일 수밖에 없었는지를 분명하게 보여준다.

2) '사회적 구성물'로서의 정보기술

위너Langdon Winner는 『자율적 기술』(1977)이라는 저서에서 기술이 정치적이라는 사실을 이해하는 것이 기술사회의 문제를 해결하는 관건이라고 주장한다. 때로는 기술이 의도적이든 비의도적이든 결과적으로 소수자 차별과 같은 정치적 함의를 갖게 될 수도 있는 사회적 구성물로서의 성격을 가진다는 점을 지적하고 있다(손화철, 2006). 공공부문에서의 정보기술 활용과 관련된 앞서의 사례와 선행연구들은 정보기술이 정치적인 사회적 구성물일 수 있음을 암시하고 있다. 즉, 정보기술을 도입하고 활용하는

23 『해럴드경제뉴스』. (2014. 4. 22.). 「[세월호 침몰] 진도 연안 VTS…직무태만 혹은 미스터리」.

24 『경향신문』. (2015. 11. 27.). 「'세월호 부실관제' 진도 해상관제센터 관계자들, 직무유기 무죄 확정」.

행위자들의 인식과 이해관계, 그리고 그들 간의 상호작용의 특성이 정보기술의 구성과 활용에 반영될 수 있음을 보여준다. 나아가, 제도와 정보기술 간의 관계에 대한 연구 결과들은 정치적 과정과 선택을 통해 구성된 한 사회의 제도적 특성과 권력관계가 정보기술의 구성과 활용에 반영될 수 있음을 보여준다.

인공지능을 비롯한 지능정보시대의 정보기술 역시 이러한 측면에서는 크게 다르지 않을 것으로 예상된다. 비록 인공지능 그 자체는 중립적이라 하더라도 그것이 도입되고 활용되는 제도적, 행위자적 맥락의 특성이 반영되어 (결과적으로) 정치적 함의를 가지게 될 수도 있다. 예를 들면, 최근 성차별, 인종차별적 발언으로 운영이 중단된 마이크로소프트Microsoft의 인공지능 채팅 로봇 테이Tay의 사례는 누가 어떤 정보를 인공지능에 제공하느냐에 따라 인공지능이 산출하는 결과가 긍정적이지 않을 수 있음을 보여주는 사례로 제시된 바 있다.[25] 인공지능이 카드 사용한도를 부여하는 '애플카드Apple card'의 경우, 남성이 여성보다 카드이용 한도가 10배나 높아 논란이 되기도 했다.[26] 글로벌 기업 아마존Amazon은 인공지능 기반 채용시스템을 도입했다가 인공지능이 소프트웨어 개발자 등 기술직무 채용에 대해 이력서 등에 '여성'이라는 단어가 등장하면 감점을 부여하는 등 남성 지원자에게 유리한 결정을 내렸음을 확인하고는 인공지능 기반 채용시스템을 철회했다. 이와 같은 결과가 나온 이유는 기술직무의 지원자 대부분이 남성이기 때문에, 이력서 등 인공지능을 학습시키는 데 활용되는 데이터 자체에 남성의 데이터가 많기 때문이다.[27]

이러한 사례들은 딥러닝 등 최근 인공지능기술들이 특정 성향 또는 특정 그룹에 대한 편향성을 갖는 데이터로 학습이 이루어지게 되면 불공정한 결정을 너릴 수 있다는 취약점을 보이고 있음을 보여주는 사례들이라 할 수 있다. 이와 같은 학습 데이터의 편향성과 함께 알고리즘 등 인공지능 학습모델의 편향성에 따른 인공지능기술 적용 결과물의 편향성bias으로 인한 공정성 부족 우려가 고조되고 있는 것이 현실이다.[28]

25 *New York Times*. (Mar. 24. 2016.). Microsoft Created a Twitter Bot to Learn From Users. It Quickly Became a Racist Jerk.

26 *ZDNet*. (Nov. 11. 2019.) Apple Card issuer investigated over credit algorithm gender bias claims.

27 *Reuters*. (Oct. 10. 2018.). Amazon scraps secret AI recruiting tool that showed bias against women.

28 이와 같은 이유로 '공정한 인공지능(Fairness AI)'의 필요성이 대두되고 있으며 다양한 연구들이 진행되고 있다(정보통신기획평가원, 2019).

비단 공정성의 문제뿐만이 아니다. 인공 신경망을 포함한 대부분의 인공지능기술들은 정답을 도출해내는 과정을 설명하기 어렵다. 수많은 양의 학습 데이터와 계산자원으로 만들어낸 거대하고 복잡한 모델 속에서 어떤 일이 벌어지고 있는지 정확하게 알 수 없다. 구조적으로 학습 및 판단의 중간단계가 매우 복잡해서 어떻게 학습을 하고 어떻게 판단하는지를 사람이 이해하기가 어렵다(정보통신기획평가원, 2019). 따라서 판단 결과 못지않게 판단의 과정 및 이유가 중요해서 특정 정책이 추진되어야만 하는 이유와 그 과정에 대한 설명책임성accountability을 강조하는 행정 영역에서 인공지능의 적용이 정당성을 확보할 수 있을 것인지 의문이다. 이해관계가 첨예하게 대립하는 상황에서 인간이 설명할 수 없는 결과를 제시하는 인공지능의 판단 결과를 이해관계자들이 신뢰하며 받아들일 수 있을 것인가?[29]

결론적으로 인공지능 등 최근 발전하는 기술은 여전히 발전 과정에 있는, 충분히 성숙되지 않은 기술일 뿐만 아니라, 기술적 속성 자체가 정부 및 공공 부문의 의사결정 및 조직 활동이 갖추어야 할 규범과 가치와 충돌되는 측면이 있을 수 있다는 점을 간과해서는 안 될 것이다. 이러한 이유로 인공지능을 비롯한 새로운 신기술 도입과 활용에 있어서 제도적, 정치적, 윤리적 맥락에 대한 고려가 더욱 중요하다고 하겠다.

3) 미래 거버넌스 시나리오

결국, 지능정보시대의 정보기술의 활용을 통한 행정혁신은 결정론적이기보다는, 다양한 정보기술이 활용되는 사회의 제도적 특성, 행위자적 요인, 그리고 다양한 환경적 요인들의 영향력에 의해 상황적합적contingent으로 구성될 것으로 예상된다. 세계경제포럼World Economic Forum의 미래정부연구위원회Global Agenda Council on the Future of Government는 미래의 거버넌스 형성에 영향을 미치는 다양한 요인을 다음과 같이 제시하고 있다(World Economic Forum, 2014). ① 도시화urbanization와 대지역주의mega-regionalism, ② 공동체 형성과 정체성, ③ 정부의 역할에 대한 시민사회의 기대와 요구, ④ 정부가 활용할 수 있는 재정 자원, ⑤ 기업 또는 비영리단체 등을 통한 대안적인 공공서비스의 제공방식, ⑥ 서로 다른 행위자들과 지역, 국가 간의 분업체계와 역할 분담, ⑦ 빅데이터를 비롯한 정보기술의 활용 역량, ⑧ 정부, 기업, 시민들 간의 정보기술 접근

29 이러한 이유로 '설명 가능한 인공지능' 개발의 필요성이 대두되고 있으며 각국의 다양한 연구기관들에서 '설명 가능한 인공지능'에 대한 연구가 진행되고 있다(정보통신기획평가원, 2019).

성에 대한 차별과 불평등, ⑨ 한 사회가 당면한 문제와 그 해결을 위한 사회적 조정의 복잡성, ⑩ 거버넌스 모델과 그 성과에 대한 인식, ⑪ 거버넌스의 비전과 인적·물적 자원을 동원하는 리더십이 그것이다.

이와 같은 요인들의 결합을 바탕으로 다음과 같은 세 가지의 시나리오가 제시되었다(World Economic Forum, 2014). 첫째, '도시국가 city state' 시나리오이다. 현재의 중앙정부의 권한과 기능이 대도시로 분산되어 중앙정부의 기능과 맞먹는 수준의 도시국가들이 중심이 되는 거버넌스가 이루어질 것이라는 시나리오이다. 대도시는 다양하고 질 좋은 어메니티 amenity를 제공하면서 더 좋은 공공서비스와 높은 수준의 삶의 질을 제공하는 지역적, 사회적 기반이 되며, 정치적으로도 더 많은 자율성을 확보하게 된다. 이들 대도시는 서로 경쟁하면서 더 시민 지향적이고 덜 관료적인 도시 거버넌스를 구축할 것으로 예상된다. 이러한 거버넌스하에서 정보기술은 더 좋은 서비스를 제공하는 기술적 기반으로 작용하게 될 것이다.

둘째, '통제된 공동체 gated community' 시나리오이다. 이 시나리오는 비효율적인 정부와 효율적인 시장의 결합을 전제로 한다. 시민들은 자신들의 선호에 따라 민영화된 공공서비스 시장에서 서비스를 '구매'한다. 대부분의 공공서비스는 민간기업에 의해 생산, 관리되며 정부는 이러한 시장을 규제하는 역할을 담당하게 된다. ICT는 시장 기제의 효율성 제고에 기여한다. 나아가 정부의 정책을 실시간으로 평가하는 데 활용된다. 이와 같은 거버넌스하에서는 개인의 선택으 자유가 강조되며, 자신의 선호와 유사한 시민들끼리 모여 살게 될 것으로 예상된다. 당연히 개인 또는 민간기업이 더 많은 권력을 갖게 된다. 반면에 사회적 연대감이 취약해지며, 소득에 따른 불평등이 확대될 가능성이 높다.

이와 유사하게 민주주의의 위기를 전망하는 시나리오가 계속 제시되고 있다. 예를 들면, European Commission에서 발간한『정부의 미래 2030+』보고서는 여러 시나리오 중 거대 다국적 ICT 기업들이 시민들의 생활과 국가기능에 강력한 영향력을 미칠 것이라는 시나리오를 제시하고 있다. 이 시나리오에 따르면, 다국적 ICT 기업들이 제공하는 플랫폼을 통해 정부의 기능과 서비스가 제공되며 인공지능이 빅데이터에 기반하여 정책의사결정을 내리고 공공서비스를 자동화하여 비용을 최소화한다. 그러나, 왜 그런 결정이 내려졌는지에 대해 아무도 책임지지 않고 결정과정은 투명하지 않으며 시민들의 정치참여는 위축되는 수준을 넘어서서 정치적 무력감에 빠질 것이라는 전망이다(Vesnic-Alujevic *et al.*, 2019).

다른 시각에서 민주주의 쇠퇴와 사회적 불평등 확대를 전망하는 연구들도 있다. 앞으로 더 많은 사람들이 정보기술의 혜택을 누리기는 하겠지만, 경제적 능력에 따라 향유하는 정보기술의 수준 차이가 있을 수밖에 없고, 이는 다시 사회경제적 불평등으로 이어지게 된다. 소셜미디어 등과 같은 정보기술의 발전으로 누구나 마음만 먹으면 아주 낮은 비용으로 미디어를 가질 수 있는 시대가 되었지만, 정보기술이 개인의 선호를 표출하는 통로와 수단이 되면서 한편으로는 자신의 선호에만 맞는 정보를 편식하기도 하고, 자신의 선호와 비슷한 사람들과만 소통하게 되는 역효과가 나타나기도 한다. 나아가 소셜미디어를 통한 허위정보의 확산과 낮은 정치적 동원비용은 때때로 예상치 못한 정치적 불안정과 즉흥적 정책결정으로 이어질 수 있다(Margetts, 2019).

셋째, 'e-1984' 시나리오이다. 경제적, 지정학적 위협에 더해 사이버 위협이 상존하며, 이에 대응하기 위한 정치권력은 중앙정부로 집권화되는 시나리오이다. 반대로 시민들은 이와 같은 위협에 대한 대응 및 집단의 안전collective security을 위해 개인 수준의 자유를 희생한다. 이러한 시나리오에서는 빅데이터나 인공지능과 같은 새로운 정보기술의 잠재력은 충분히 실현될 것으로 전망된다. 정보기술의 힘을 바탕으로 정부는 시민들의 행태나 가치, 이해관계와 관련된 정보를 효과적이고 효율적으로 수집하고 활용한다.[30]

이와 같은 시나리오하에서, 제기될 수 있는 문제들 중 하나가 빅데이터나 인공지능이라는 도구의 정치적 정당성이 될 것이다. 나아가 '잘못된 손the wrong hands'이 새롭고 강력한 도구를 갖지 못하도록 하는 방안도 중요한 주제가 된다. 결국 투명성을 제고할 수 있는 '견제와 균형'에 기반한 제도의 강화가 그 해결책의 하나로 제시되고 있다.

30 실제로 'e-1984' 시나리오가 중국에서 실현되고 있는 것은 아닌가 하는 보도가 잇따르고 있다. 예를 들면, *Washington Post*(2018. 2. 22.) 등의 매체는 중국이 고해상도 CCTV와 안면인식기술, 빅데이터 분석기술 등을 활용하여 이념과 정보에 대한 통제, 언론매체에 대한 검열 등 시민의 자유를 통제하는 '디지털 전체주의 국가'로 떠오르고 있다고 보도한 바 있다. 최근 홍콩 민주화 시위대는 당국의 정보 수집 및 검열 등을 우려하여 홍콩 시가지에 설치된 최첨단 카메라와 센서가 장착된 '스마트 가로등'을 철거하기도 했다는 보도도 있었다(『한국일보』, 2019. 9. 12.). 빅데이터 기반의 전체주의 국가의 등장을 지속적으로 경고해온 유발 하라리(Yuval Harari)는 *Financial Times*에 실린 「코로나바이러스 이후의 세계(The world after coronavirus)」라는 제목의 기고문(2020. 3. 20.)에서 중국 정부가 코로나바이러스 사태를 계기로 시민들에 대한 생체측정 기반의 감시체제를 도입하고 있다고 경고하고 있다. 이미 견고하게 구축된 스마트폰 기반 시민감시도구와 안면인식카메라를 활용하여 시민들이 스스로 체온 및 의료·보건 정보를 정부에 제공하도록 만들고 있다고 주장한다. 이를 통해 중국 정부는 코로나바이러스 의심자를 색출할 수 있을 뿐만 아니라, 그들이 접촉하는 누구라도 식별해낼 수 있다고 주장하였다.

Ⅳ 무엇을 할 것인가?

1. 정부의 디지털 혁신을 위한 거버넌스 역량 강화

지능정보시대의 정부의 디지털 혁신이 '강한' 혁신으로 귀결되기 위해서는 정부를 구성하는 제도, 조직과 관리, 인적 자원이 함께 변화해야 한다. 이와 같은 총체적 변화를 이끌기 위해서는 디지털 혁신에 대한 새로운 비전을 구성하고, 관련된 정책결정 및 사업수행의 '방향 잡기steering'와 이해관계자 간의 조정을 수행하는 거버넌스 체계의 제도화가 우선적으로 이루어져야 한다.

실제로 디지털 혁신이 이루어지는 과정 또한 복잡하고 예측 불가능하다. 앞서 살펴본 바와 같이 정보기술의 성공적인 도입과 활용에는 다양하고 중층적인 요인들이 서로 얽혀 있어, 디지털 혁신을 저해하는 요인들을 분리해서 해결하기 어렵다. 아울러, 디지털 혁신 과정에서 적용되는 정보기술 그 자체의 복잡성에 더하여, 정보기술을 사용하는 사용자들의 행태가 복잡하기 때문에 그 결과가 어떻게 될지 예측·통제하기 어렵다. 특히, 최근에 도입되는 정보기술은 기존의 사회관계, 교육, 의사소통 등 사회 전반의 공식적, 비공식적 제도를 함께 바꿀 뿐만 아니라, 기술 도입으로 인해 산업구조의 변화를 가져오면서 첨예한 이해관계의 대립과 사회갈등을 유발시킬 수 있다. 이와 같은 디지털 혁신의 사회적 파급효과는 정보기술이 도입되는 사회와 조직 특유의 정치, 경제, 사회적 맥락과 상호작용을 하기 때문에 어느 한 국가나 조직에서의 사례가 그대로 다른 국가나 조직에서 적용되기 힘들다. 이와 같은 디지털 혁신의 특성은 사전적인 실험 프로젝트pilot project의 수행과 그 결과의 환류가 이루어지는 '민첩한 접근agile approach'과 함께, 다양한 이해관계자들이 참여하고 좀 더 포용적이고 융합적인 시각에서 디지털 혁신이 논의될 수 있는 협력적 거버넌스 구축이 요구된다(Fountain, 2019).

좀 더 거시적이고 장기적인 시각에서 볼 때, 역량 있는 거버넌스 체계의 구축은 급격한 기술발전에 따른 사회적 격동에 대응하고 그 역기능을 제어하기 위해서도 필수적이다. 실제로 초연결성과 초지능성에 기반한 정부와 사회의 디지털 혁신은 긍정성과 위험성을 동시에 내포하고 있다. 예를 들면, 소셜미디어를 활용한 플랫폼은 잘못하면 선출직 시장에 대한 정치적 반대자들을 체계적으로 배재할 위험성이 높다. 소셜미디어와 사물인터넷을 통해 수집되는 데이터와 정보의 활용과 분석으로 인한 사생활 침해나 감시사회로 귀결될 가능성도 크다. 이와 같은 부정적 결과를 막고 정보기술의 발전과 민주적 가치가 상호 선순환으로 이어지도록 하기 위해서도 역량 있는 거버넌스 체계의 구축은 필수적이다.

구체적으로, 성공적인 정부의 디지털 혁신을 위한 거버넌스 체계는 ① 정치적 지지의 확보를 위한 네트워크 역량, ② 행정혁신과 정보기술 활용 간의 일관성 및 지속가능성 확보를 위한 의사결정 및 조정 역량, ③ 정부부처와 정책영역을 넘나드는 협력 촉진을 위한 제도적 권한과 행정자원, ④ 공공부문에서의 초연결성과 초지능성을 활용을 위한 기술적 전문성 등의 역량을 확보해야 한다(Schwab, 2017).[31]

2. 정부의 데이터 및 정보자원 관리체계의 정비

데이터는 지능정보시대의 중요한 행정자원이다. 영국 정부는 2017년 2월에 발표한 『정부의 디지털 혁신 전략Government Transformation Strategy』 보고서에서 "데이터를 효과적으로 사용한다면, 더 바람직한 정책, 더 좋은 행정서비스 전달, 맞춤형 행정서비스를 실현할 수 있다."고 선언하고 있다. 이를 위해 ① 효과적인 데이터 사용에 장애가 되는 요인들의 제거, ② 데이터를 활용한 의사결정 수준의 향상과 정부의 데이터 사용역량 증진, ③ 공공부문 종사자들의 데이터 공유에 대한 윤리의식 함양, ④ 정부 데이터의 적절한 공개, ⑤ 정부의 주요 데이터 저장 및 관리소의 개혁 등을 2020년까지의 정책목표로 제시한 바 있다.[32] 영국 정부의 데이터 활용 정책은 우리에게도 많은 시사점을 준다.

지능정보시대의 정부의 디지털 혁신이 좀 더 원활히 이루어지기 위해서는 현재의 정

31 Schwab, K. (2017). A call for responsive and responsible leadership. World Economic Forum 2017 Chairman's briefing, https://www.weforum.org/agenda/2017/01/

32 Government Digital Service. (2017). *The Government Transformation Strategy*. London.

부 데이터 및 정보자원 관리체계가 정비될 필요가 있다. 정부는 데이터를 쌓는 것도 중요하지만 다양한 데이터들이 상호 연계되도록 개방적 환경을 구현하는 것이 더 중요하다는 점을 인식할 필요가 있다. 이를 위해서는 부처 간, 기관 간 데이터 공유를 위한 문화를 조성하고, 각 부처가 보유한 데이터가 원활히 유통될 수 있는 기반을 마련하는 것이 필요하다. 또한 데이터 및 정보자원에 대한 체계적 품질관리체계를 구축하여야 한다. 나아가, 공공부문 내의 데이터 연계 및 통합과 함께 민간데이터와의 융·복합을 촉진하고 대국민 공개를 위한 통합적 정보자원 관리체계가 구축되어야 할 것이다.

둘째, 데이터 분석 역량의 강화를 위한 다양한 조치들이 필요하다. 정책 역량 강화를 위해 범정부 차원의 데이터 융합 및 분석 체계가 마련되어야 한다. 대국민서비스 품질 제고와 정책분석 역량 강화를 위한 데이터 통합체계가 마련되어야 하며, 정부의 데이터 분석 역량 강화를 위한 인적 자원의 확보와 함께 지속적인 전문성 제고가 가능하도록 행정적·재정적 지원이 강화되어야 할 것이다.

3. 개인정보의 활용과 보호의 균형

지능정보사회로의 진입에 따른 가장 큰 딜레마는 개인정보의 보호와 활용 간의 딜레마라 할 수 있다. 개인정보의 활용과 보호를 둘러싼 딜레마는 다양한 시점에서 다양한 이슈의 형태로 반복적으로 진행되어 왔다. 결론적으로 개인정보는 보호와 활용의 '균형'의 관점에서 보아야 한다. 보호와 활용은 어느 하나만을 선택할 수 있는 것이 아닐 뿐만 아니라, 보호와 활용은 서로 맞물려 있다. 효과적인 보호 없이 구축된 데이터는 사용자의 신뢰를 얻을 수 없기 때문에 활용 수준이 낮을 것이며, 활용 수준이 낮은 정보를 보호할 실익이 낮기 때문이다. 이와 같은 관점에서 볼 때, 시기별로, 정책목적에 따라 보호와 활용 간의 균형점을 끊임없이 찾고 이동해 가는 노력이 요구된다.

보호와 활용의 균형이라는 관점에서 볼 때, 이를 달성하기 위한 세 가지 접근법을 생각해볼 수 있다. 첫째, 법적/규범적 접근이다. 대표적인 예가 유럽연합이 2016년 통과시킨 「일반데이터보호규제GDPR: General Data Protect on Regulation」이다. GDPR은 개인정보를 자유롭게 활용할 수 있도록 동의 요건 강화, 데이터 이동권/잊혀질 권리 등을 도입하는 등 정보주체의 권리를 확대하고, 정보보호책임자DPO: Data Protection Officer 지정, 개인정보 유출 통지 신고제 등을 도입함으로써 데이터를 활용하는 기업의 책임성 강화를 주요 목적으로 하고 있다. 구체적으로 국민 개개인에 대한 정보를 정부, 대기업 등이 마음대로 보유하거나 활용할 수 없도록 하고, 국민에 대한 데이터와 알고리즘을 정확하게 유지하여 국민들이 정당한 서비스를 받도록 보장하기 위한 제도적, 기술적 요구 사항을 규정하고 있다.

둘째, 관리적 접근이다. 예를 들면, 개인정보 보호와 활용의 균형 달성을 위한 사전·사후 모니터링 시스템을 구축하는 것이다. 구체적으로, 개인정보를 이용하는 정보시스템에 대한 원칙과 가이드라인(〈사례 10〉 참고)을 제정하고 이와 같은 원칙과 가이드라인이 준수되는지 관리체계를 구축하는 것이다. 관리적 시각에서 본다면, 각국은 서로 다른 관리체계를 보이고 있다.

셋째, 기술적 접근이다. 소위 프라이버시 강화기술PET: Privacy-Enhancing Technology을 활용하는 것이다. PET는 개인정보 침해 위험을 관리하기 위한 핵심 기술로 암호화, 익명화 등 개인정보를 보호하는 기술에서 사용자가 직접 개인정보를 통제하기 위한 기술까지 다양한 사용자 프라이버시 보호기술을 의미한다.[33] PET는 온라인 서비스 제공업체와 가맹점에서 관련된 약관의 시행을 원격으로 감사할 수 있는 가능성을 제공하며(보증), 사용자가 개인정보의 과거 전송을 기록, 보관 및 조회할 수 있도록 허용하며 데이터 검사, 수정 및 삭제 권한 등 법적 권리의 사용을 촉진한다.

마지막으로 각국의 특성에 부합하는 개인정보 보호체계의 다양성도 고려될 필요가 있다. 국가별로 제도적, 문화적 배경, 그리고 정보 인프라의 역량에 따라 활용과 보호 간의 균형점과 그 실현방법이 다를 수 있다는 것이다. 예를 들어, 개인정보를 기반으로 작동하는 코로나19 추적 앱Covid-19 tracking apps의 경우, 개인정보 수집 및 저장방식이 서로 다르다. 호주와 싱가포르는 중앙집중화된 시스템에 의존하고 있으며, 독일과 이탈리아는 분권화된 시스템에 의존하고 있다. 중앙집권화된 앱들은 사용자의 핸드폰에서 수집된 익명화된 데이터를 국가의 보건기관 같은 곳에 의해 통제되는 중앙의 데이터베이스로 보내고, 그곳에서 접촉을 확인하게 된다. 분권화된 접근은 이러한 방식 대신 사용자의 장비에서 접촉을 확인한다. 유럽연합의 집행기관이 4월에 권고한 것처럼, 앱의 사용은 자발적일 수도 그렇지 않을 수도 있다. 예를 들어 인도의 앱은 바이러스-억제 영역에 살고 있는 모든 시민과 정부와 민간 영역의 고용인들에 대하여 의무 사항이 된다. 아르헨티나와 영국의 앱들은 사용자들에게 그들의 증상을 자발적으로 보고할 것을 요청하는 반면, 노르웨이의 앱은 공식적인 진단 테스트를 받는 사용자에게 의존하고 있다(Morley *et al.*, 2020).

33 산업통상자원부 지식경제용어사전(https://terms.naver.com) '프라이버시 강화기술'

사례 10 개인정보 보호 가이드라인: 코로나19 추적 앱 사례

접촉 – 추적 앱들에 대하여 책임 있는 자들은 다음의 질문에 답해야 한다.

I. 원칙들: 앱 개발이 옳은 것인가?

1. 불가피한 것인가?

- 그렇다, 앱은 생명을 살리기 위해 반드시 개발되어야만 한다. (+)
- 아니다, 더 나은 해결책들이 있다. (–)

2. 비례적인 것인가?

- 그렇다, 사태의 중대함이 잠재적인 부정적 영향들을 정당화한다. (+)
- 아니다, 잠재적인 부정적 영향들은 현재의 사태와 비례하지 않는다. (–)

3. 충분히 효과적이고, 시의적절하며, 대중적이고 정확한 것인가?

- 그렇다, 앱이 효과적으로 작동할 것이고, 시의적절하며, 충분한 사람들에 의해 채택될 것이고 정확한 데이터와 통찰력을 생산한다는 증거가 있다. (+)
- 아니다, 앱은 효과적으로 작동하지 않고, 너무 늦거나 혹은 너무 빨리 사용 가능하며, 광범위하게 사용되지 않을 것이고 거짓양성 또는 거짓음성의 데이터를 수집할 것 같다. (–)

4. 일시적인 것인가?

- 그렇다, 앱의 사용을 언제 중단할지에 대한 명시적이고 합리적인 날짜가 있다. (+)
- 아니다, 중단 날짜가 정해져 있지 않다. (–)

II. 필요조건들: 앱이 올바른 방향으로 개발되고 있는가?

5. 앱의 사용이 자발적인 것인가?

- 그렇다, 앱의 다운로드와 설치는 선택 사항이다. (+)
- 아니다, 앱은 의무 사항이며 이를 준수하지 않는 사람들이 따로 표시될 수 있다. (–)

6. 동의를 필요로 하는가?

- 그렇다, 사람들은 어떤 데이터가 공유되고, 언제 데이터를 공유할지에 대하여 완전하게 선택할 수 있고, 언제든지 이를 바꿀 수 있다.
- 아니다, 항상 모두에게 공유하는 것이 기본 설정이며, 이것은 변경될 수 없다. (–)

7. 데이터가 사적인 것으로 유지되고 사용자의 익명성이 보장되는가?

- 그렇다, 데이터는 익명성을 가지고 오직 사용자의 핸드폰에서만 열린다. 접촉했던 다른 사람들에게는 전염의 위험이 있는 경우에만 알려진다. (+)
- 아니다, 데이터는 중앙에서 수집되고 저장되는 수준으로 인해 (재)식별 가능하다. 접촉 위치 또한 사용 가능하다. 사이버상에서의 회복력은 낮다. (−)

8. 사용자들이 데이터를 삭제할 수 있는가?

- 그렇다, 그들은 자신들의 의지대로 삭제할 수 있다. 모든 데이터는 궁극적으로 삭제된다. (+)
- 아니다, 데이터 삭제 조항도 없고, 삭제될 수 있다는 보장도 없다. (−)

9. 데이터 수집의 목적이 정의되어 있는가?

- 그렇다, 명시적으로 정의되어 있다. 사람들에게 그들이 잠재적으로 감염된 사람과 마주했다는 사실을 알리는 것이 그 예시가 된다. (+)
- 아니다, 데이터 수집의 목적이 명시적으로 정의되어 있지 않다. (−)

10. 목적이 제한되어 있는가?

- 그렇다, 앱은 COVID-19의 추적에만 사용된다. (+)
- 아니다, 앱은 그 기능을 확장하려는 부수적인 특징들을 추가하기 위해 정기적인 업데이트를 할 수 있다. (−)

11. 앱은 오직 예방을 위해서만 사용되는가?

- 그렇다, 앱은 사람들이 자발적으로 확산을 제한할 수 있도록만 사용된다. (+)
- 아니다, 앱은 사람들이 그들의 권리를 주장하거나 일터로 복귀하는 것을 가능하게 하는 열쇠로 사용될 수 있다. (−)

12. 앱이 명령에 따르는 것을 위해 사용되는가?

- 아니다, 앱은 행동을 강제하기 위해 사용되지 않는다. (+)
- 그렇다, 명령에 따르지 않는 것은 벌금 혹은 징역형과 같은 처벌을 초래할 수 있다. (−)

13. 앱의 소스 코드가 공개되는가?

- 그렇다, 코드는 점검, 공유, 협업, 개선을 위해 공개적으로 이용 가능하다. (+)
- 아니다, 소스 코드는 소유물이며, 그것에 관한 어떤 정보도 제공되지 않는다. (−)

14. 앱은 평등하게 이용 가능한가?

- 그렇다, 앱은 무료이며 누구에게나 제공된다. (+)
- 아니다, 앱은 어떤 사람에게만 임의로 주어진다. (−)

15. 앱은 평등하게 접근 가능한가?

- 그렇다, 앱은 고지식한 사용자에게조차 친화적이며, 가능한 한 가장 넓은 범위의 휴대 전화에서도 작동한다. (+)
- 아니다, 앱은 오직 특정한 기기를 가진 사람과 충분한 디지털 교육을 받은 사람에 의해서만 사용 가능하다. (–)

16. 앱에 대한 해체 절차가 존재하는가?

- 그렇다, 앱을 중단시키는 절차가 존재한다. (+)
- 아니다, 어떤 정책도 마련되어 있지 않다. (–)

(출처: Morley *et al*., 2020)

4. 기술혁명에 대응하는 포용적이고 책임 있는 리더십

기술혁명시대의 도전에 응전하기 위해서는 반응적이고 포용적이며, 책임 있는 리더십의 확보가 필수적이다. 급격한 기술변화가 가져올 급격한 경제적, 사회적 변화에 대응하면서 그 본질을 이해하고 이를 정부를 비롯한 전 사회적인 디지털 혁신의 기회로 전환하는 리더십이 필요하다. 이와 같은 전환과정에서 상대방의 가치와 경험, 사회적 요구를 이해하며 문제의 범위와 복잡성, 그리고 대응방안을 충실하게 설명하는 리더십 역량이 발휘될 필요가 있다. 반응적이고 책임 있는 리더십은 ① 개별 기술보다는 전체 시스템에 주목하며, ② 기술의 긍정적 잠재력이 쉽게 발휘될 수 있도록 사용자 및 시민들에게 권한을 부여하며, ③ 다양한 이해관계자들과 협력하고, ④ 기술이 가지는 긍정적 가치에 집중하는 특성을 갖는다(Schwab, 2017).[34]

나아가 앞으로의 리더십은 가상 세계와 실제 세계를 아우르며 두 세계를 연결하는 리더십이어야 할 것이다. 앞서 살펴본 소셜미디어 정부와 관련된 분석 결과는 한국 행정과 정치가 이제 실제 세계뿐만 아니라, 소셜미디어 네트워크 등으로 구성된 가상 세계에서도 이루어질 뿐만 아니라, 두 세계에서의 정치와 행정이 역동적으로 결합하고 있음을 보여준다. 실제 세계에서의 정치–행정 이슈가 특정 조건하에서 가상 세계에서 정치–행정 의제agenda로 성장하고, 소셜미디어를 통해 의제가 확대·전파·변용됨과 동

34 Schwab, K. (2017). A call for responsive and responsible leadership. World Economic Forum 2017 Chairman's briefing. https://www.weforum.org/agenda/2017/01/

시에 이와 같은 가상 세계에서의 움직임이 실제 세계에서 언론 및 정당에 의해 전파되고 이익 결집 및 표출에 활용된다. 이와 같은 실제 세계와 가상 세계에서의 활동과 단계들이 순환 반복하면서 실제 세계에서의 정치－행정적 의사결정 및 정책집행에 영향을 미치는 일종의 회오리 현상과 같은 구조들이 나타나는 현상을 보여주고 있다.

이와 같은 정치－행정에서의 가상 세계와 실제 세계 간의 역동은 정부와 행정가에게 시야를 넓혀 실제 세계와 가상 세계 간의 역동의 측면에서 정책이슈와 행정적 대응을 고려해야 함을 시사하고 있다. 나아가 지능정보시대의 정치가와 행정가는 가상 세계와 실제 세계에서의 정치와 행정을 결합하고 그 동학을 관리하며 혁신적 사회의제로 연결하는 과거에는 없었던 역량을 가져야 함을 의미한다. 가상 세계에서의 정보 흐름과 정책의제의 흐름을 포착하여 실제 세계의 행정체제를 통해 실현하고 이를 다시 가상 세계의 선순환으로 연결하는 '네트워크 혁신가network entrepreneur'로서의 역할과 그에 맞는 역량이 요청되는 것이다(엄석진, 2019).

V

결론

이 장에서는 지능정보시대의 정부의 디지털 혁신에 대해 살펴보았다. 인공지능 등 최근 부각되고 있는 새로운 기술들의 결합이 '가상 세계와 현실 세계의 역동'이라는 총체적 변화로 이어지고 있으며, 이와 같은 정보기술의 발전과 범사회적인 변화는 기존의 전자정부나 스마트 정부와는 근본적으로 다른 정부의 디지털 혁신을 추동하고 있음을 확인하였다. 이와 같은 현실 인식하에 디지털 행정혁신의 방향과 주요 실천과제들을 검토하였다.

앞서의 논의를 종합해 볼 때, 지능정보시대의 행정은 결정론적이기보다는, 정보기술이 활용되는 사회의 제도적 특성, 행위자적 요인, 그리고 다양한 환경적 요인들의 영향력에 의해 상황 적합적contingent으로 구성될 것으로 예상된다. 이와 같은 시각에 입각할 때, 지능정보시대의 정부의 디지털 혁신에 대해 먼저 고려되어야 할 문제는 '어떤 사회를 원하는가?', 또는 '어떻게 현재의 거버넌스를 더 건강하게 만들 것인가?'이어야 할 것이다. 적어도 1차적으로는 현재의 거버넌스를 구성하는 다양한 수준의 제도적 구성과 행위자들의 특성이 인공지능을 비롯한 정보기술의 구성과 활용에 영향을 미치게 되고, 그렇게 구성된 정보기술이 다시 향후 구현될 거버넌스의 성격에 영향을 미치게 될 것이기 때문이다. 물론, 새롭게 도입된 정보기술과 거버넌스의 상호과정 속에서 양자에 지속적인 변화가 발생할 수 있을 것이다. 그러나 정보기술 특유의 네트워크 효과나 잠금lock-in 효과 등을 고려할 때, 경로 의존path dependency과 자기 강화 메커니즘이 작동할 가능성이 높다. 인공지능과 새로운 정보기술의 본격적인 개발과 응용을 앞두고 있는 지금, 인공지능 그 자체에 대한 관심과 함께, '좋은' 인공지능과 '좋은' 거버넌스가 상호 선순환적 발전을 이룰 수 있는 제도적 혁신과 행위자들의 인식 역시 강조되어야 할 것이다. 결국 문제는 우리는 어떤 '사회'를 원하며, 우리는 어떤 '인간'이 되어야 하는가이다.

참고문헌

국토연구원. (2017). 「지능정보사회에 대응한 차세대 국가공간정보 전략연구」. 『국토연구원 연구보고서』.

김경전. (2017). 「IBM 인공지능 왓슨의 공공부문 활용사례」. 서울대학교 행정대학원 '정책&지식 포럼' 발표문.

김현중. (2012). 『초연결시대로의 변화와 대응방향』. 정보통신산업진흥원.

서준호. (2018). 「가상물리시스템의 보증 및 인증 기술 동향: 유럽(H2020-ECSEL)의 AMASS 프로젝트」. 『TTA Journal』, 179.

손화철. (2006). 『토플러 & 엘륄: 현대기술의 빛과 그림자』. 김영사.

엄석진. (2018). 「제4차 산업혁명시대의 행정」. 『카이스트 미래전략 2019』. 김영사.

_____. (2019). 「지능정보시대의 민주주의」. 국회입법조사처-한국행정학회 특별기획세미나 발표문.

정보통신기획평가원. (2019). 『인공지능 기술청사진, 2030』. 정보통신기획평가원.

한국전자통신연구원. (2018). 「과학적 정책 수립을 위한 도시행정 디지털트윈 핵심기술 개발」 1차년도 연차평가자료. 한국전자통신연구원.

한국행정연구원. (2020). 「COVID-19 이후 국가·사회 회복력(Resilience) 향상을 위한 정부혁신의 방향」. 『ISSUE PAPER』. 한국행정연구원.

황종성. (2017). 「지능시대의 정부: 인공지능이 어떻게 행정을 변화시킬 것인가?」. 서울대학교 행정대학원 '정책&지식 포럼' 발표문.

Brynjolfsson, E., & McAfee, A. (2014). *The second machine age: work, progress, and prosperity in a time of brilliant technologies*. WW Norton & Company.

Denhardt, R. B., Denhardt, J. V., & Blanc, T. A. (2013). *Public administration: An action orientation*. Cengage Learning.

Dunleavy, P., Margetts, H., Bastow, S., & Tinkler, J. (2006). *Digital Era Governance: IT Corporations, The State, and E-Government*. Oxford: Oxford University Press.

Eom, S. J. (2013). Institutional dimensions of e-government development: Implementing the business reference model in the United States and Korea. *Administration & Society*, 45(7).

Eom, S. J., Hwang, H., & Kim, J. H. (2018). Can social media increase government responsiveness? A case study of Seoul, Korea. *Government information quarterly*, 35(1), 109-122.

Eom, S. J., & Fountain, J. (2015). Enhancing Information Services through Public-Private Partnerships: Information Technology Knowledge Transfer underlying Structures to Develope Shared Services in the U.S. and Korea. In Merviö, M. M. (ed.). *Management and Participation on the Public Sphere*. N.Y.: IGI Global. 2015.

Fountain, J. (2001). *Building the Virtual State: Information Technology and Institutional Change*. Washington, D.C.: Brookings Institution Press.

__________. (2007). Challenges to Organizational Change: Multi-Level Integrated Information

Strucuture. In Lazer, D., & Mayer-Schoenberger., V. (ed.). *Information Government*. Cambridge, MA: MIT Press.

__________. (2019). The Wicked Nature of Digital Transformation: A Policy Perspective. *Dubai Policy Review*, 1.

Heintze, T., & Bretschneider, S. (2000). Information technology and restructuring in public organizations: Does adoption of information technology affect organizational structures, communications, and decision making? *Journal of Public Administration Research and Theory*, 10(4).

Henman, P., & Adler, M. (2001). Information technology and transformations in social Security policy and administration: A Review. *International Social Security Review*, 54(4).

Klein, H. K., & Hirschheim, R. (1983). Issues and Approaches to Appraising Technological Change in the Office: A Consequentialist Perspective. *Technology and People*, 2.

Kraemer, K. L., King, J. L., Dunkle, D. E., & Lane, J. P. (1989). *Managing Information Systems: Change and Control in Organizational Computing*. San Francisco: Jossey-Bass Publishers.

Laudon, K. C. (1985). Environmental and Institutional Models of Systems Development: A National Criminal History System. *Communications of the ACM*, 28(7).

Lyytinen, J. D. K. (2001). The role of intermediating institutions in the diffusion of electronic data interchange(EDI): How industry associations intervened in Denmark, Finland, and Hong Kong. *The Information Society*, 17(3), 195-210.

Margetts, H. (2006). E-Government in Britain-A Decade On. *Parliamentary Affairs*, 59(2).

__________. (2019). 9. Rethinking Democracy with Social Media. *The Political Quarterly*, 90.

Margetts, H. *et al*. (2015). *Political turbulence: How social media shape collective action*. Princeton University Press.

Margetts, H., & Dorobantu, C. (2019). Rethink government with AI. *Nature*, 568.

Margetts, H., & Dunleavy, P. (2002). *Cultural Barriers to e-Government*. London: National Audit Office.

Morley, J., Cowls, J., Taddeo, M., & Floridi, L. (2020). Ethical guidelines for COVID-19 tracing apps. *Nature*, 582.

OECD. (2005). *E-Government for Better Government*. Paris: Public Management Service, OECD.

______. (2014), OECD Survey on Digital Government Performance(dataset). OECD, Paris, http://qdd.oecd.org/subject.aspx?Subject=6C3F11AF-875E-4469-9C9E-AF93EE384796; desk research.

______. (2016). *Digital Government in Chile: Strengthening the Institutional and Governance Framework*. OECD Digital Government Studies. OECD Publishing, Paris.

Ivell, T., Wilkinson, B., & Helps, B. (2017). Future Proofing Privacy: GDPR Compliance in a Networked Banking System. Oliver Wyman.

Orlikowski, W. J. (2000). Using Technology and Constituting Structures: A Practice Lens for Studying Technology in Organizations. *Organization Science*, 11(4).

Sarker, S. (2000). Toward a methodology for managing information systems implementation: A social constructivist perspective. *Informing Science*, 3(4), 195-206.

Schmidt, E., & Cohen, J. (2013). *The new digital age: Reshaping the future of people, nations and business*. Hachette UK.

Schwab, K. (2016). *The fourth industrial revolution*. Crown Business.

Shirky, C. (2008). *Here comes everybody: The power of organizing without organizations*. Penguin.

Swan, J., Newell, S., & Robertson, M. (1999). Central Agencies in the Diffusion & Design of Technology: A comparison of the UK & Sweden. *Organization Studies*, 20(6), 905-931.

______________________________. (2000). The Diffusion, Design & Social Shaping of Production Management Information Systems in Europe. *Information Technology & People*, 13(1), 27-46.

Vesnic-Alujevic, L., Stoermer, E., Rudkin, J., Scapolo, F., Kimbell, L. (2019). The Future of Government 2030+: A Citizen-Centric Perspective on New Government Models. EUR 29664 EN. Publications Office of the European Union, Luxembourg.

Weber, M. 1921(1968). *Economy and Society: An Outline of Interpretive Sociology*. Translated by Roth, G., & Wittich, C. New York: Bedminster Press.

World Economic Forum. (2014). *Future of Government Smart Toolbox*. WEF.

Yildiz, M. (2004). Peeking into the Black-Box of e-Government: Evidence from Turkey. Ph.D Dissertation in Indiana University.

ㅊ

ㅋ

ㅌ

ㅍ

ㅎ

기타

연구 내용의 출처

이 책은 이미 출간된 저자들의 연구 결과물을 각 장의 주제에 따라 수정·보완하고 재구성한 것이다. 각 장에서 활용된 저자들의 연구 결과물은 다음과 같다.

제1장 정부의 디지털 혁신

엄석진. (2008).「전자정부 추진결과의 제도적 결정요인: 한국과 미국의 정부기능연계모델 사업을 중심으로」. 행정학 박사학위논문. 서울대학교.

엄석진. (2016).「스마트 정보기술의 발전에 따른 전자정부의 변화」. 김동욱 외.『정부 역할의 재정립: 행정편』. 파주: 박영사.

제2장 정부의 디지털 혁신: 미국과 한국의 사례

엄석진. (2008).「전자정부 추진결과의 제도적 결정요인: 한국과 미국의 정부기능연계모델 사업을 중심으로」. 행정학 박사학위논문. 서울대학교.

권헌영·엄석진 외. (2016).『전자정부 거버넌스 개선방안 및 법제도 개편방안 연구』. 한국정보화진흥원 연구보고서. 서울: 한국정보화진흥원.

엄석진 외. (2018).『국가정보화 사업 거버넌스 분석을 통한 예산효율화 방안 연구』. 국회예산정책처 연구보고서. 서울: 국회예산정책처.

엄석진. (2018).「제4차 산업혁명시대의 행정」. 카이스트 문술미래전략대학원.『카이스트 미래전략 2019』. 파주: 김영사.

엄석진. (2020).「행정정보화와 전자정부 추진」. 서울대학교 행정대학원.『한국행정의 역사적 분석』. 파주: 진인진.

제3장 정보시스템 성공의 정의와 영향 요인

엄석진. (2008).「전자정부 추진결과의 제도적 결정요인: 한국과 미국의 정부기능연계모델 사업을 중심으로」. 행정학 박사학위논문. 서울대학교.

제5장 전자정부 성공 요인에 대한 사례연구 1: 제도적 배열

엄석진. (2008).「전자정부 추진결과의 제도적 결정요인: 한국과 미국의 정부기능연계모델 사업을 중심으로」. 행정학 박사학위논문. 서울대학교.

Eom, Seok-Jin. (2013). Institutional dimensions of e-government development: Implementing the business reference model in the United States and Korea. *Administration & Society*, 45(7), 875-907.

Eom, Seok-Jin, & Fountain, J. E. (2015). Enhancing Information Services through Public-Private Partnerships: Information Technology Knowledge Transfer underlying Structures to Develop Shared Services in the U.S. and Korea. In Mika Markus Merviö (ed.). *Management and Participation on the Public Sphere*. N.Y.: IGI Global.

제6장 전자정부 성공 요인에 대한 사례연구 2: 행위자

엄석진. (2011). 「전자정부 추진과정에서의 낭중지추(囊中之錐): 다양한 참여자와 지식을 연결하는 지식중개자」. 『행정논총』, 49(4), 357-380.

엄석진. (2013). 「전자정부 추진과정의 다양한 참여자와 지식을 연결하는 지식중개자」. 임도빈 외. 『공직사회의 낭중지추를 찾아서』. 파주: 법문사.

제7장 소셜미디어 정부

엄석진·황한찬·윤영근. (2014). 「광역자치단체장의 트위터 활용: 누가 어떻게 트위터를 행정에 활용하는가」. 『한국행정학보』, 48(3), 381-412.

황한찬·엄석진. (2019). 「소셜미디어 활용을 통한 지방행정의 반응성 개선: 성남시의 트위터 활용 사례를 중심으로」. 『한국행정학보』, 53(4), 243-273.

Eom, Seok-Jin, Hwang, Han-Chan, & Kim, Jun-Houng. (2018). Can social media increase government responsiveness? A case study of Seoul, Korea. *Government Information Quarterly*, 35(1), 109-122.

제8장 모바일 전자정부: 공공 모바일앱

정희정·김준형·엄석진. (2016). 「스마트폰 기반 모바일 전자정부의 발전수준 측정 및 영향요인 분석: 지방자치단체의 스마트폰 모바일 애플리케이션을 중심으로」. 『한국행정학보』, 50(2), 155-188.

서교리·김준형·엄석진. (2016). 「한국 중앙정부의 모바일 전자정부 발전수준 측정 및 영향요인 분석: 공공 스마트폰 모바일 애플리케이션을 중심으로」. 『행정논총』, 54(4), 199-238.

Eom, Seok-Jin, & Kim, Jun-Houng. (2014). The Adoption of Public Smartphone Applications in Korea: Empirical Analysis on Maturity Level & Influential Factors. *Government Information Quarterly*, 31(S1), S26-S36.

제9장 스마트 워크

Eom, Seok-Jin, Choi, Nakbum, & Sung, Wookjoon. (2016). The use of smart work in government: Empirical analysis of Korean experiences. *Government Information Quarterly*, 33(3), 562-571.

제10장 정보공개제도와 공공데이터 개방

Jung, Yong-duck, Eom, Seok-Jin (2012). Institutionalization for Improving Transparency in Korea. *Korean Political Science Review*, 46(3), 31-53.

Eom, Seok-Jin. (2014). Improving Governmental Transparency in Korea: Toward Institutionalized and ICT-Enabled Transparency. *The Korean Journal of Policy Studies*, 29(1), 69-100.

Kim, Jun Houng, & Eom, Seok-Jin. (2018). Exploring the Determinants of Governments Data Openness: The Case of Open Data Initiatives in Korean Metropolitan Governments. *Journal of Advanced Research in Dynamical and Control Systems*, 10(S11), 9-21.

Kim, Jun Houng, & Eom, Seok-Jin. (2019). The Managerial Dimension of Open Data Success: Focusing on the Open Data Initiatives in Korean Local Governments. *Sustainability*, 11, 6758.

제11장 지능정보시대의 정부의 디지털 혁신

엄석진. (2017).「제4차 산업혁명시대의 행정혁신」. 2017 한국행정학회 동계학술대회 발표논문집. 서울: 한국행정학회.

엄석진. (2018).「제4차 산업혁명시대의 행정」. 카이스트 문술미래전략대학원.『카이스트 미래전략 2019』. 파주: 김영사.

엄석진. (2020).『디지털 트랜스포메이션 시대의 국가와 거버넌스의 변화』. 한국정보화진흥원 연구보고서. 대구: 한국정보화진흥원.

저자 소개

엄석진

서울대학교 행정대학원 교수 및 한국행정연구소 겸무연구원. 서울대학교 농경제학과를 졸업하고 서울대학교 행정대학원에서 행정학 석사와 행정학 박사 학위를 취득하였다. 대한민국 공군에서 계획 및 보급 장교, LG CNS Entrue Consulting Partners에서 컨설턴트로 실무 경력을 쌓았고 미국 University of Massachusetts Amherst의 National Center for Digital Government에서 Doctoral Fellow, 한국행정연구원 초청연구원, 순천향대학교 행정학과 전임강사를 역임하였다. 2017년 서울행정학회 학술상을 수상하였으며, 미국 Digital Government Society가 주관하는 DG.O 2020 Conference의 Program Co-Chair (2019-2020)로 활동하였다. 주요 연구 관심 분야는 정부의 디지털 혁신과 지능정보시대의 민주주의, 한국 행정의 역사적 변화와 연속성, 행정이론 간의 충돌과 논쟁 등이다. 주요 연구 실적으로는 “Can social media increase government responsiveness? A case of Seoul, Korea”(*Government Information Quarterly*, 2018: 공저), “The use of smart work in government: empirical analysis of Korean experiences”(*Government Information Quarterly*, 2016: 공저), 「일본 국가기구의 변화와 연속성」(서울대학교 출판문화원. 2015: 공저) 등이 있다(sjum21@snu.ac.kr).

김준형

한국행정연구원 정부혁신연구실 부연구위원. 서울대학교 행정대학원에서 행정학 박사학위를 취득하였고, 서울대학교 지능정보사회 정책연구센터에서 전임연구원으로 근무하였다. 주요 관심 분야는 정부혁신, 전자정부, 디지털 정부, 정보(통신)정책 등이다. 주요 논문으로는 “The managerial dimension of open data success”(2019), “Can social media increase responsiveness?”(2018), “스마트폰 기반 모바일 전자정부의 발전수준 측정 및 영향요인 분석”(2016) 등이 있다.

최낙범

서원대학교 경찰행정학과 교수 및 대학성과관리단장. 경찰대학 행정학과를 졸업하고 서울대학교 행정대학원에서 행정학 박사과정을 수료하였다. 주요 연구 분야는 경찰행정, 조직관리, 성과관리 등이다. 주요 논문으로는 “The use of smart work in government: empirical analysis of Korean experiences”(2016), “Understanding the effectiveness of performance management system: focus on the perception of South Korean police officers”(2019), “조직공정성 인식이 조직몰입에 미치는 영향: 경찰조직에서의 상호작용공정성을 중심으로”(2013) 등이 있다.

황한찬

서울대학교 사회학과를 졸업하고 서울대학교 행정대학원에서 행정학 석사학위를 취득하였다. 서울대학교 행정대학원에서 행정학 박사과정을 수료하였다. 주요 관심 분야는 조직이론과 네트워크/거버넌스 이론의 연계, 디지털 혁신을 통한 공공가치의 개선 등이다. 최근 논문으로는 「소셜미디어 활용을 통한 지방행정의 반응성 개선: 성남시의 트위터 활용 사례를 중심으로」, "Can social media increase government responsiveness? A case of Seoul, Korea"(2018) 등이 있다.

정희정

한국고용정보원 연구원. 서울대학교 행정대학원에서 정책학 석사학위를 취득하고 서울대학교 행정대학원 행정학 박사과정에 재학 중이다. 주요 관심 분야는 고용서비스, 고용정책 거버넌스, 전자정부 등이다. 주요 연구실적으로는 「청년 구직자의 취업 달성 요인에 관한 연구: 공공고용서비스 알선대상자를 중심으로」(2016), 「스마트폰 기반 모바일 전자정부의 발전수준 측정 및 영향요인 분석: 지방자치단체의 스마트폰 모바일 애플리케이션을 중심으로」(2016), 「고용서비스기관 인증평가 지표개발 연구」(2018) 등이 있다.

서교리

한국정보화진흥원 선임연구원. 서울대학교 행정대학원에서 행정학 석사학위를 취득하였다. 연구 분야는 전자정부, 디지털 정부혁신, 정보화 정책 등이다. 주요 연구실적으로는 「한국 중앙정부의 모바일 전자정부 발전수준 측정 및 영향요인 분석」(2016), 「2018 전자정부 기술트렌드 조사」(2017), 「인공지능 기반 챗봇 서비스의 국내외 동향분석 및 발전 전망」(2018), 「지능형정부 구현을 위한 블록체인 동향분석 및 정책 방향에 관한 연구」(2018) 등이 있다.